MÉMOIRES
DE LA
SOCIÉTÉ DES ANTIQUAIRES
DE PICARDIE.

DOCUMENTS INÉDITS CONCERNANT LA PROVINCE.
TOME QUATORZIÈME

CARTULAIRE DU CHAPITRE
DE LA
CATHÉDRALE D'AMIENS.
TOME I

AMIENS
Imprimerie YVERT et TELLIER, 37, Rue des Jacobins, et Rue des Trois-Cailloux, 52
A Paris, chez Alphonse PICARD et Fils, Libraires, Rue Bonaparte, 82

1905

CARTULAIRE DU CHAPITRE
DE LA
CATHÉDRALE D'AMIENS

MÉMOIRES
DE LA
SOCIÉTÉ DES ANTIQUAIRES
DE PICARDIE.

DOCUMENTS INÉDITS CONCERNANT LA PROVINCE.
TOME QUATORZIÈME

CARTULAIRE DU CHAPITRE
DE LA
CATHÉDRALE D'AMIENS.

TOME I

AMIENS
Imprimerie YVERT et TELLIER, 37, Rue des Jacobins, et Rue des Trois-Cailloux, 52
A Paris, chez Alphonse PICARD et Fils, Libraires, Rue Bonaparte, 82

1905

Le Chapitre d'Amiens a recueilli ses chartes dans sept volumes aujourd'hui déposés aux Archives du département de la Somme.

Il considérait sans doute les six premiers comme constituant plus spécialement son Cartulaire, car leur contenu est l'objet de deux tables d'ensemble placées à la fin du sixième, rédigées vraisemblablement l'une dans la deuxième moitié du xiv⁣ᵉ siècle, l'autre au xviii⁣ᵉ siècle, et où les six tomes sont désignés par les six premières lettres de l'alphabet.

La plus grande partie des chartes est répétée dans plusieurs, quelquefois dans cinq d'entre eux, mais surtout dans les quatre premiers. Le sixième comprend davantage de chartes non reproduites dans les autres; elles sont généralement plus récentes.

Quant au VII⁣ᵉ cartulaire, c'est un recueil d'une date bien postérieure, contenant des pièces de diverse nature, nous le laisserons donc en dehors de cette publication tout en lui empruntant les documents contemporains de ceux renfermés dans les six premiers.

La similitude de leur composition révèle de la part du Chapitre la préoccupation de soustraire ses titres, en déposant sans doute en des endroits différents des exemplaires multiples de son Cartulaire, aux chances de destruction que des incendies fréquents lui avaient appris à redouter.

On sait que déjà en 1137 le feu avait atteint l'un des édifices qui précédèrent la cathédrale actuelle, et qu'on attribue la construction de cette dernière à la nécessité de remplacer celle brûlée à une époque fixée d'ordinaire, d'ailleurs sans documents précis, vers 1218. Cette date concorde bien avec celle que l'examen des deux premiers cartulaires nous permet d'assigner à la confection de leur partie la plus ancienne.

On distingue en effet dans ces manuscrits deux genres d'écritures. L'une, plus ronde, garde encore l'allure quelque peu romane des manuscrits du commencement du xiii° siècle, l'autre présente l'aspect brisé de la minuscule gothique de la fin de ce siècle.

Si d'autre part nous remarquons que les documents copiés de la façon la plus archaïque ne descendent que jusqu'à 1205 dans le Cartulaire I et 1211 dans le Cartulaire II, nous sommes autorisés peut-être à trouver dans l'incendie de 1218 la cause qui détermina le Chapitre à prendre la sage précaution inspirée à tant d'autres églises et monastères à la même époque par un motif semblable. Quoique rien ne justifie l'allégation du P. Daire relativement à la combustion du chartrier du Chapitre en 1218, le danger fatalement couru par ce précieux dépôt en cette occurrence suffisait en tous cas à donner à ce corps l'idée de faire aussitôt reproduire en double exemplaire les titres ayant survécu jusque-là.

Qu'il ait attendu cet accident ou qu'il l'eût justement prévenu de quelques années, sa prudence n'était point vaine ; car, à peine quarante ans plus tard, en 1258, un nouvel incendie attaquait la nouvelle cathédrale encore inachevée. Les titres du Chapitre furent anéantis si complètement qu'il ne reste plus qu'une seule charte antérieure à cet événement. Mais faut-il attribuer ce désastre aux flammes ou à une audacieuse entreprise de personnes intéressées à faire disparaître les titres de droits qu'elles contestaient sans doute au Chapitre. Celui-ci adressa au Parlement une plainte contre trois hommes dont un appartenant à une famille connue dans les fastes de notre histoire municipale Enguerran de Croy, et le second Arncau, qualifié de sergent de la ville d'Amiens, ne peuvent être assimilés à des malfaiteurs vulgaires. Il les accusait d'avoir à la faveur de la nuit et de l'incendie, dérobé un coffre placé sous un mur de l'église et qui contenait son sceau et ses chartes. Une enquête ordonnée par le Parlement (*Olim*. t. I, 71) fit peser sur eux des soupçons assez graves pour motiver leur arrestation. Furent-ils l'objet d'un procès et quelle en fut l'issue ? Nous ne le savons pas. Il semble pourtant que les plaignants eux-mêmes reconnurent le mal fondé de leur accusation ; car ils déclarèrent au pape Urbain IV que leurs titres avaient été brûlés pour obtenir de lui la reconnaissance de leur Cartulaire comme titre valable à la place des originaux dont ils étaient privés. *(Voir pp. 444 et s. les chartes n°^{s} 395 à 398.)*

Le pape délégua le doyen du Chapitre de Noyon pour s'assurer personnellement de leur parfaite conformité par un examen sur place et l'audition sous la foi du serment des plus anciens membres du Chapitre qui avaient connu les documents incinérés. Ce personnage vint dans notre ville étudier les recueils anciens qu'on lui présenta « libros antiquos, registra et capitularia », sans doute nos deux premiers Cartulaires dont au moins la partie la plus ancienne existait déjà. Avait-on continué leur rédaction au fur et à mesure de la passation de nouveaux actes? L'unité d'aspect que présente leur deuxième partie qui comprend dans le premier une charte de février 1260 et dans le deuxième une charte du 26 janvier 1266 nous porte plutôt à croire qu'ils furent complétés après l'incendie, au moyen des doubles originaux restés entre les mains des cocontractants ou par des reconstitutions d'après divers documents et les souvenirs des membres du Chapitre.

Le doyen de Noyon, ayant interrogé le prévôt, le préchantre et quelques vieux chanoines sous la foi du serment, fut convaincu de la fidélité de ces copies, et tout en nommant deux commissaires pour recevoir les contredits qui pourraient se produire, ordonna de leur attacher la valeur d'un titre authentique : « Ipsa transcripta decrevimus in publica redigi monumenta ». Que le mot *transcripta* désigne bien nos cartulaires; c'est ce que nous prouve l'intitulé du Cartulaire III. Ce dernier et le Cartulaire IV sont d'une écriture tellement homogène, qu'ils ont dû être écrits d'un seul jet. Le Cartulaire III s'arrête précisément à la même date que la deuxième partie du Cartulaire I, février 1260, c'est-à-dire précisément à l'époque où le Chapitre sollicitait leur consécration de l'autorité papale; ils ont donc été probablement confectionnés pour être soumis au délégué du pape. Le Cartulaire IV, écrit aussi d'une manière trop uniforme pour ne pas l'avoir été d'un seul coup, allant jusqu'aux années 1266-1268, et la deuxième partie du Cartulaire II au 26 janvier 1266, dates postérieures à la mission du doyen de Noyon, on peut se demander s'ils lui ont été présentés et s'ils ont été complétés de la même main, ce que rend admissible le peu de temps écoulé depuis sa venue, ou bien s'ils ne sont pas plutôt dus à un excès de vigilance du Chapitre assez effrayé des conséquences de la catastrophe de 1258 pour vouloir posséder 5 exemplaires de ses titres. En effet le Cartulaire V a été également écrit d'un seul jet, seulement il ne renferme que 122 chartes, de 1190 à mars 1242.

Quant au sixième, il ne fut rédigé qu'un siècle plus tard dans la belle gothique de forme de la fin du xive siècle et, s'il semble dû à plusieurs mains, la première d'entre elles a copié une charte de 1377.

Donnons maintenant une description sommaire de chacun des volumes du Cartulaire.

CARTULAIRE I

Format 287 ᵐ/ᵐ sur 210. Parchemin.

Relié en peau sur plats de carton, 7 feuillets de table au commencement et 188 feuillets de texte à longues lignes entre raies tracées à l'encre. Ils portent plusieurs foliotations dont l'une en chiffres arabes à l'encre a sauté on ne sait pourquoi, après le folio 49 au chiffre 70 ; aussi a-t-elle été remplacée à partir du cinquantième feuillet par une foliotation également en chiffres arabes, mais au crayon. C'est celle que nous avons suivie dans cette édition, comme étant la seule véritable; en effet, l'interruption de la foliotation à l'encre se produit au milieu d'une charte qui continue sans lacune sur le feuillet suivant et la charte qui vient après porte bien le numéro subséquent. Il ne manque donc rien au manuscrit.

Les numéros des chartes s'élèvent à 334, mais il y a des chartes intercalées sans numéros; en revanche dans la liste des cens on a donné à plusieurs paragraphes des numéros de la série.

On y distingue deux mains. La première avait une minuscule aux traits encore assez arrondis pour rappeler les traditions romanes, et assez ample pour ne donner que 24 lignes à la page. On lui doit les trois premiers feuillets de la table qui comprennent les titres des 125 premières chartes, et les 135 premiers feuillets du manuscrit, consacrés jusqu'au feuillet 113 aux chartes dont la plus ancienne est de 847-850 et la plus récente de 1205, et du feuillet 113 au feuillet 135 à une liste des cens dus au Chapitre.

La seconde main a écrit en minuscule plus anguleuse, plus petite et d'aspect franchement gothique, assez serrée pour fournir 40 lignes à la page, les feuillets 4 à 7 de la table contenant les titres des chartes CXXVII à CCCXXXII, et les feuillets 136 à 184 du texte reproduisant des chartes dont la dernière est de février 1260 (v. st.).

Enfin les feuillets 185 à 188 sont remplis d'une cursive du XIII° siècle copiant des chartes dont la plus récente est de 1265.

Les titres des chartes et leurs numéros en chiffres romains sont en rouge. Les initiales sont rouges dans la partie due à la première main, et le corps de quelques-unes d'entre elles présente des dessins réservés en blanc. Dans la partie due à la seconde main les initiales sont alternativement bleues et rouges avec des antennes excédant dans la marge.

A la fin du volume 13 feuillets volants de papier contiennent une table dont l'écriture accuse le XVIII° siècle.

CARTULAIRE II

Format 31 c. sur 23 c. Parchemin.

Relié en parchemin sur ais de bois, traces de fermoirs disparus.

Le volume commence par 7 feuillets portant les numéros iii à x en chiffres romains. Le folio 1 porte ce titre « Registrum ecclesiarum capituli Ambianensis Iste sunt ecclesie quarum presbiteros capitulum Ambianense presentat episcopo ». Les folios iii à x sont occupés par une table à longues lignes comprenant les titres de 386 chartes. Une autre main en a ajouté une dont le numéro n'est pas rubriqué. Les initiales de cette table sont alternativement bleues et rouges et les numéros sont en rouge. Ensuite commence la série des 362 feuillets de texte, à pleines pages de 24 longues lignes entre raies à l'encre noire. Ils portent deux foliotations, l'une moderne en chiffres arabes que nous avons suivie dans cette édition, l'autre romaine, du xvie ou xviie siècle qui saute par erreur de viii^{xx}ix à cc.

Jusqu'au folio 144, l'écriture est du même genre que celle de la première main du premier Cartulaire et reproduit des chartes dont la plus ancienne est de 847-850 et la plus récente de 1211. Le reste du manuscrit présente une écriture d'aspect un peu moins ancien et beaucoup plus constant.

Les 31 premiers sont consacrés aux cens du Chapitre, à ses maisons claustrales et aux cures à sa présentation. Une charte de 1205 y est intercalée.

Folio 32, une charte portant le numéro CXIV qui effectivement lui est réservé dans la série des 386 chartes commençant au folio 33 v° pour s'étendre jusqu'au folio 352 v°. Les titres sont en rouge ainsi que les numéros, et les initiales bleues et rouges alternativement.

Des chartes en cursive gothique dont la plus récente est de 1369, occupent les folios 352 v° à 354 v°.

Enfin aux folios 355 à 362, on trouve encore en lettres de forme quelques chartes dont la plus récente à date certaine est de 1388, et qui portent à 395 le nombre total des pièces de ce cartulaire. Sur le verso du folio 362 on a transcrit une lettre du Chapitre de Saint-Fursy de Péronne sur la réception de certaines reliques de saint Honoré, puis on a ajouté deux feuillets contenant la fondation de la duchesse de Chaulnes.

Des feuillets de manuscrits liturgiques du xive siècle servent de garde. En tête du volume un cahier de papier volant de 16 feuillets renferme une table écrite au xviiie siècle.

CARTULAIRE III

Format 312 ᵐ/ᵐ sur 210 ᵐ/ᵐ. Parchemin.

Reliure en parchemin sur ais de bois. 209 feuillets à deux colonnes de 31 lignes d'une belle minuscule gothique du xiii° siècle, identique et constante d'un bout à l'autre, belles marges, les colonnes occupant le haut de la page entre raies à l'encre noire. Au folio 209 v°, colonne unique au milieu de la page pour terminer.

Sur les 8 premiers feuillets figure la charte de commune de la ville d'Amiens en latin puis en français, les deux versions séparées par une charte de 1260.

Du folio 9 au folio 14 table de 302 chartes avec initiales alternativement rouges et bleues ornées d'antennes s'étendant en haut et en bas dans la marge et chiffres rouges.

Du folio 15 au folio 28 cens du Chapitre.

Du folio 28 au folio 209 texte des chartes précédé de ce titre. « Hic incipiunt transcripta cartarum beate Marie Ambianensis ». La date de la plus ancienne est 847-850 et celle de la plus récente est février 1260.

Les numéros des chartes cessent avec la 301° et les titres avec la 302° quoiqu'il y en ait 306 et que la place du titre ait été réservée jusqu'au bout.

Enfin 4 feuillets, 210 à 213, ont été ajoutés portant en minuscule gothique du xiv° siècle de différentes mains, 3 chartes dont la dernière est de 1324.

14 feuillets volants de papier portant une table du xviii° siècle sont placés à la fin du volume.

CARTULAIRE IV

Format 230 ᵐ/ᵐ sur 312 ᵐ/ᵐ. Parchemin.

Reliure de peau fauve sur plats en carton.

162 feuillets dont un blanc à la fin.

Les 5 premiers, en minuscule gothique du xiii° siècle, sont remplis par la table sur deux colonnes comportant les titres de 380 chartes, numéros en rouge et initiales alternativement rouges et bleues. Il doit manquer un feuillet à la fin de la table car la foliotation romaine marque vii au sixième feuillet.

En tête de la table on lit : « Registrum beate Marie Ambianensis »

La foliotation arabe saute le numéro 103 et se retrouve d'accord avec l'autre au numéro 104, sans que rien ne manque au manuscrit. En revanche un 147 *bis* fait renaître le désaccord. Nous avons suivi la foliotation arabe.

Du folio 6 au folio 153, minuscule gothique du xiiie siècle à deux longues colonnes entre raies à l'encre noire de 36 lignes à la page.

Au folio 153 commence une suite de plusieurs écritures bien inférieures, gothiques aussi; à partir du feuillet 159 c'est de la cursive.

La numérotation des chartes cesse avec le numéro CCCLXXX. Les titres et numéros sont en rouge, les initiales alternativement rouges et bleues débordent souvent dans les marges. Elles sont ornées d'antennes de couleur bleue quand elles sont rouges et inversement.

La charte la plus ancienne remonte à 847-850. La plus récente de celles comprises dans la rédaction originaire est de mars 1268. En appendice il y en a une de 1294.

Enfin 16 feuillets de papier volants donnent une table du xviiie siècle.

CARTULAIRE V

Format 30 c. sur 22 c. Parchemin. Relié en peau sur ais de bois.

94 feuillets portant une seule foliotation en chiffres arabes, sont couverts d'une minuscule gothique du xiiie siècle, ayant la même physionomie que celle des premier et deuxième Cartulaires dans leur première partie. Ils semblent dus à une seule main. Les trois premiers présentent sur deux colonnes de 24 lignes une table de 122 chartes numérotées, plus deux sans numéros. Les 91 autres feuillets offrent des pages pleines de 24 longues lignes entre raies noires à l'encre. Les titres sont en rouge ainsi que les numéros jusqu'à la charte CXXII inclusivement et manquent ensuite, mais les initiales alternativement bleues et rouges avec antennes débordant dans la marge continuent jusqu'au bout. A la fin il reste un feuillet blanc.

La plus ancienne des chartes reproduites est de 1190 et la plus récente de mars 1242. Sur le feuillet de garde on trouve en cursive deux chartes dont la plus récente est de 1379.

Enfin 6 feuillets de papier volants portent une table toujours du xviiie siècle comme celle des autres Cartulaires.

CARTULAIRE VI

Format 31 c. sur 22 c. Parchemin.

Dans ce volume couvert de peau fauve sur plats de carton, des manuscrits d'origines différentes ont été reliés, sans doute au xviiie siècle, car il comprend des tables sur papier de cette époque : l'une placée en tête formée de 5 feuillets, est spéciale à ce sixième Cartulaire, l'autre, mise à la fin, de 46 feuillets écrits et quelques feuillets blancs, embrasse les six volumes du Cartulaire qu'elle analyse dans l'ordre alphabétique des noms de lieux.

182 feuillets portent deux foliotations, l'une en chiffres romains d'une cursive du xvı^e ou du xvıı^e siècle allant jusqu'à cııı^{xx}ııı et l'autre en chiffres arabes qui n'arrive qu'au chiffre de 178. Cela tient à ce que le premier feuillet ne porte que le numéro ıı et qu'il y a deux feuillets portant le numéro 25, deux le numéro 69, deux le numéro 115. Enfin il manque deux feuillets qui devaient porter les numéros vııı^{xx}vııı et 164, vııı^{xx}xıı et 168. Ils ont donc disparu après la foliotation en chiffres arabes, par conséquent à une époque relativement récente. Nous avons suivi cette dernière pour plus de commodité.

Les 27 premiers feuillets contiennent des pièces non numérotées relatives à des accords de 1337, 1375 et 1377, entre l'évêque d'Amiens Jean de Cherchemont et le Chapitre. Elles sont copiées en minuscule gothique assez haute et assez étroite. Des pièces dont la plus récente est de 1416, en cursives gothiques diverses occupent les folios 28 à 32.

Du folio 32 v° au folio 34 une écriture gothique irrégulière a tracé en lettres de forme 36 lignes à la page, ensuite des caractères du même genre, d'une main beaucoup plus habile, mais qui se gâte en avançant, ont rempli de 26 lignes à la page jusqu'au feuillet 106 et du feuillet 108 au feuillet 111.

Le nombre des chartes est peu considérable; elles ne portent pas de numéros anciens. Ceux qui y ont été apposés grossièrement en chiffres romains sont d'une époque postérieure.

Les titres sont en rouge, mais à partir de la soixante-deuxième charte on a négligé de les inscrire. Les initiales, dont la place avait été réservée également jusqu'au bout, n'ont été peintes que jusqu'à la neuvième charte.

Le folio 107 est rempli d'une cursive du xve siècle.

Du folio 111 au folio 118, une minuscule trahissant les habitudes graphiques anciennes reproduit pourtant des chartes de 1294; et des cursives du xıv^e siècle des chartes dont la dernière est de 1303.

Avec le folio 118 commence le nécrologe du Chapitre.

Du folio 118 v° au folio 160 est une liste des distributions auxquelles les membres du Chapitre avaient droit.

Du folio 161 au folio 182 se trouve une table générale des cartulaires en gothique qui date sans doute de la deuxième moitié du xıv^e siècle, car parmi les chartes qu'elle vise, certaines émanent de personnages du commencement de ce siècle. Aucune référence ne permet d'ailleurs de s'en servir pour retrouver ces chartes dans les divers volumes du Cartulaire.

Elle range d'abord les chartes données par de grands personnages dans l'ordre de dignité de ceux-ci, papes, rois, évêques, etc., ensuite les autres chartes par noms des lieux où sont situés les biens auxquels elles sont relatives.

Dans les blancs de cette table sont intercalées deux chartes en cursive du xive siècle.

M. l'abbé Rose, fit la copie du Cartulaire dans l'intention de le publier, mais n'ayant suivi qu'une seule des reproductions de la même charte, il était exposé à commettre de nombreuses erreurs, et d'autre part il n'avait point saisi l'importance au point de vue de l'histoire du droit d'un certain nombre de formules fréquentes dans les actes. La Société des Antiquaires de Picardie, avant de livrer la copie de M. Rose à l'impression, a voulu entourer cette publication de toutes les garanties de précision exigées par les méthodes modernes. Elle a confié à M. Soyez et à moi le soin d'y pourvoir. Nous avons commencé par collationner les chartes avec chacune de leurs reproductions dans les divers volumes du Cartulaire, et dû les relire ainsi pour la plupart de quatre à cinq fois; puis choisissant le Cartulaire du numéro le moins élevé, et semble-t-il, le plus ancien comme texte original, nous avons établi la copie d'après lui, mais nous avons rapporté en note toutes les variantes que présentaient les autres Cartulaires dans les noms propres et même dans le contexte lorsqu'elles offraient quelque intérêt. Toutefois après le xiie siècle nous avons négligé celles affectant des noms très communs comme *Radulfus*, *Radulphus*, etc. Lorsque nous avons retrouvé la charte originale dans les archives du Chapitre, nous avons suivi uniquement celle-ci sans plus tenir compte des Cartulaires.

Les épreuves ont été corrigées sur les cartulaires ou les originaux mêmes. Ces précautions nous permettent d'espérer avoir réduit au minimum les chances de fautes inhérentes à tout travail humain, mais elles nous ont pris un temps tellement considérable, surtout si l'on réfléchit à la difficulté pour deux personnes ayant des occupations différentes de trouver le loisir de se rendre ensemble aux Archives aux heures d'ouverture afin d'y travailler sur les documents mêmes, que la Société nous excusera de livrer ce volume si longtemps après en avoir commencé les préparatifs.

J. ROUX.

AVIS

La Société des Antiquaires de Picardie a résolu de distribuer à ses membres la première partie du Tome I du cartulaire du Chapitre de la Cathédrale d'Amiens sans attendre l'achèvement du volume dont l'impression est nécessairement fort lente.

En effet les chartes du Chapitre sont réunies en sept manuscrits in-4° dont les quatre premiers reproduisent à peu près les mêmes titres. Le cinquième, beaucoup moins volumineux, comprend encore une partie des mêmes pièces. Le sixième et le septième seuls contiennent des documents d'une époque plus récente.

Jaloux d'observer une scrupuleuse exactitude, les commissaires délégués n'ont pas hésité à collationner d'abord avec les quatre ou cinq manuscrits où figurait chacune des pièces copiées par M^r le chanoine ROSE, la transcription qu'il en avait faite ; puis, prenant comme type le cartulaire le plus ancien qui porte le n° I, ils ont noté toutes les variantes des autres ; enfin ils ont corrigé les épreuves d'après les textes et vérifié au cours de l'impression les différences qu'ils présentaient. Le lecteur en retrouve ainsi la physionomie dans les notes. Afin de la rendre plus fidèlement les commissaires ont relevé les variantes même des noms les plus communs renfermés dans les chartes antérieures au x ıı^e siècle. A partir de cette époque ils ont négligé celles des noms dont l'orthographe est indifférente comme *Radulphus*, *Radulfus*, etc.

Les feuillets du cartulaire I, portent plusieurs numérotations dont une seule en chiffres arabes écrite au crayon à une époque moderne. On a adopté cette dernière, comme étant la seule dont la suite est ininterrompue.

Les chartes que l'on n'a point pu dater d'une année précise ont été rejetées à la fin du siècle auquel elles paraissent appartenir.

Une couverture provisoire accompagne le fascicule livré au public ; elle sera remplacée par un titre définitif, lorsque le premier tome sera achevé.

Les Commissaires délégués,
ROUX, SOYEZ.

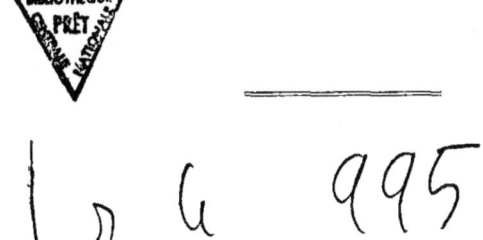

1.

De Fontanis.

Ille bene possidet res in presenti seculo, qui sibi caducis rebus comparat premia sempiterna, testante Evangelio, qui dicit: Date et dabitur vobis; et iterum: Date et ecce omnia munda sunt vobis; et in eodem: Quia sicut aqua extingit ignem, ita elemosina extinguit peccatum. Quapropter ego Angilguinus et conjunx mea Rumildis (1) his divinis admoniti preceptis, cogitantes de Dei timore vel eterna bona retributione, et ut Deus omnipotens in eterno suo regno nobis centuplicatum dignetur reddere fructum, donamus ad sacrassanctas basilicas sancte Marie et sancti Firmini in ambian*ensi* civitate, ubi ipse preciosus martyr in corpore requiescit, ubi etiam preest venerabilis vir Helmeradus episcopus, res proprietatis nostre quas quondam Ludovicus imperator et Karolus rex nobis jure proprietario per preceptum dederunt in pago ambianense in villa nuncupata Fontanas super fluvio Salam. Hoc sunt mansa XLVII, id est, mansum dominicatum cum ecclesia, cum casticiis et arboribus desuper positis, *per*viis et quadris campis legitimis *com*muniis, adjacentiis, silvis, campis, pratis, pascuis, aquis, aquarumve decursibus, farinariis duobus, ubi sunt rote IIII, cambis tribus, aspiciunt que ad ipsum mansum dominicatum per loca denominata de terra arabili plus minus bovorum CCCC, id est cultura que vocatur Prunerolis, tota peculiaris similiter, callem, furnum similiter, ad illos fagos similiter, et illa medietate de Dulci Melario que propior est de jam dicta villa que vocatur Fontanis, et quicquid de prata de subtus ipsa villa habere videmur usque Bonoglo, et de subtus Bonoglo usque ad pervium publicum qui vadit per Crisciacum. Donamus etiam de silva in altavio ad jam dictam villam pertinentem, ubi possunt saginari plusminus porci duo milia, cujus termini totum in giro isti sunt, per viam *que* ducitur ad Planias usque ad silvam de Spinosis, inde per silvam Ascutensem usque ad pervium Belvacensem. De altera vero parte per

---

(1) IIe et IIIe Cartul.: Rimuldis ; IVe Cartul.: Rimildis.

summo Dulcimelario et per summa profunda valle, et inde ad Arnigilisarte, deinde ad ecclesiam culturam, et inde a Duvaldo linisarte (1) ad illa cisterna et medianum montem totum. Donamus quoque in ipsa villa jam dicta et Trudoldivalle ad supradictum mansum dominicatum aspicientia mansa fisculina XLVI, cum mancipiis et omni ordine eorum et acclas plus minus XXX et VIII⁰. Hoc sunt curtili, unde manuum opus exit similiter cum edificiis et omni eorum ordine, cum casticiis et arboribus desuper positis, cum perviis et quadris campis legitimis communiis, adjacentiis, silvis, campis, pratis, pascuis, aquis, aquarumve decursibus, mobilibus et immobilibus, quesitum et inexquisitum totum ad integrum quicquid ad ipsa supradicta mansa XLVI aspicere videtur, et mansum dominicatum cum ecclesia, sicut superius diximus, ad prefata loca sanctorum Dei et sancte Marie, necnon sancti Firmini martyris XPI (2), seu etiam ad opus fratrum ibidem XPO (3) militantium dicimus esse traditum et elidatum, atque de nostro jure et dominatione in illorum jus et potestate perpetualiter transfundimus ad possidendum.

Nomina vero mancipiorum hec sunt : Aldrannus, Alesindis (4) cum infantibus et mancipia eorum, Stutbertus et Folchetrudis cum infantibus eorum, Hilbertus et Aeluvara (5) similiter, Madefridus, Guinemundus, Odelindis cum infantibus eorum, Amulbertus et Origildis similiter, Richerus, Gemoldus et Herlindis cum infantibus eorum, Aelgerus et Wildrada similiter, Ragembertus, Genesius et Idelindis cum infantibus eorum, Frobertus et Genelindis similiter, Erlulfus et Ysidrigilis (6) similiter, Beninus et Olegia similiter, Ermenfridus, Northoldus et Sigrada cum infantibus eorum, Gerardus et Vulfrida cum infantibus, Adelfridus, Magnulphus (7), Leigerus (8) et Oldeboda (9) cum infantibus eorum, Odelherus cum servis et ancillis, Teherus (10), Eriberga cum infantibus eorum, Speditus et Pedelai (11) cum infantibus eorum, et Fromundus cum uxore et infantibus eorum, Wlberta (12) cum infantibus suis, Evrumarus, Bernardus, Folbertus et Vuadelberta (13) cum infantibus eorum, Vuangilus (14), et

---

(1) IVᵉ Cartul.: Duvallo linisarte.
(2) IIᵉ, IIIᵉ et IVᵉ Cartul.: Dei.
(3) IIᵉ, IIIᵉ et IVᵉ Cartul.: Deo.
(4) IIᵉ et IIIᵉ Cartul.: Alefindis.
(5) IIᵉ et IVᵉ Cart.: Aeluvra ; IIIᵉ Cart.: Aluvra.
(6) IIIᵉ et IVᵉ Cartul.: Isidrigilis.
(7) IIIᵉ et IVᵉ Cartul.: Magnulfus.
(8) IIᵉ, IIIᵉ et IVᵉ Cartul.: Leigerius.
(9) IVᵉ Cartul.: Odeboda.
(10) IIIᵉ Cartul.: Therus ; IVᵉ Cartul.: Theerus.
(11) IIᵉ, IIIᵉ et IVᵉ Cartul.: Spedelai.
(12) IIIᵉ Cartul.: Vulberta ; IVᵉ Cartul.: Wiberta.
(13) IVᵉ Cartul.: Wadelberta.
(14) IIᵉ Cartul.: Vuangilius; IIIᵉ Cartul.: Wangilius.

Fodelida similiter, Severinus, Jungrada similiter, Molardus et Aebrarda similiter, Guandelbertus et Grimelidis (1) similiter, Teudevinus et Letsania similiter, Ratoldus et Ragmara (2) similiter cum servis et ancillis. Gondoldus, Godelherus et Deora cum infantibus eorum, Germirus et Tidrada (3) similiter, Righardus (4) et Teuberga simul, Gonhardus et Regintrudis (5) simul, Rodoldus et Godefia simul, Flodoldus et Reginbolda simul, Isop et Vuadelhildis simul, Sisbertus et Ermendrada simul, Gualofredus et Aletrudis similiter, Efinus et Vulfinus simul et domus, Guarnerus (6) et Leusinda (7) simul, Orgenteus et Emeltrudis simul, Restevinus et Gentissima simul, Hildefridus et Bentevidis, Raginfridus (8) et Mihilis cum infantibus eorum, Alevertus et Amuluuura (?) simul, Amulvinus et Plectrudis similiter, Item Speditus cum infant'bus suis, Lambertus, Dunfridus et Helena simul, Orfredus et Grinberta simul, Adelbertus et Vuarnevia simul, Maximina et Gelsisda (9).

In Trudoldi valle : Odelhardus et Adelsenildis (10) cum infantibus eorum, et mancipia, Teudoldus et Teufleda simul, Radoldus et Ageltrudis simul, Teuboldus et Lamberga simul, Altuinus et Electa simul, Trovadus (11) et Vuarentrudis simul, Ragerus et Domencia (12) simul, item Theudoldus (13) et Noctelindis simul cum infantibus eorum, Orfridus cum uxore sua et infantibus eorum Grimulfridus cum matre sua, Gerardus cum uxore sua et infantibus eorum, Guarnarius (14) cum uxore sua simul, Orgenteus cum uxore sua simul, Gualdelone cum uxore sua et infantibus eorum, Tetvinus cum uxore sua simul, Lambertus Jonathan cum uxore sua et infantibus eorum, Dumfridus cum uxore sua simul, Gerulphus cum uxore sua simul, Heniaminus cum uxore sua et infantibus eorum, Frolandus cum infantibus suis, Fubrandus cum uxore sua et infantibus eorum, Angilbertus cum uxore sua simul, Vualtrocus (15) cum uxore sua simul, Joseph cum uxore sua simul, Lanhardus cum uxore sua simul, Jordanis cum uxore sua simul, Berterus cum uxore sua simul, Herlevis simul (16), Ragnawardus (17)

(1) IIe, IIIe et IVe Cartul.: Grumelidis.
(2) IVe Cart.: Raginara.
(3) IIe, IIIe et IVe Cartul.: Titrada.
(4) IVe Cartul.: Rihardus.
(5) IIe, IIIe et IVe Cartul.: Regnitrudis.
(6) IVe Cartul.: Garnerus.
(7) IIIe Cartul.: Lensida.
(8) IVe Cartul.: Raingifridus.
(9) IIIe Cartul.: Gelsida.
(10) IIIe et IVe Cartul.: Adelsemildis.
(11) IVe Cartul.: Trovaldus.
(12) IIe, IIIe et IVe Cartul : Domentia.
(13) IVe Cartul.: Trudoldus.
(14) IVe Cartul.: Garnarius.
(15) IIe, IIIe et IVe Cartul.: Waltrocus.
(16) IIIe Cartul.: Herleius cum uxore sua simul.
(17) IIIe Cartul.: Ragnauvardus.

simul, Herleuvinus (1) simul, Gild*uvui*nus simul, Aelf*in*us simul, Nigivertus simul, Restivinus simul, Cristianus simul, Amulbertus simul, Adrevinus simul, Dadinus simul, Sulfridus simul, Restoldus cum matre sua, Angilardus cum uxore sua et infantibus eorum, Flotbertus (2) simul. Seu etiam cum omni supradictorum prole vel his qui extra intraque sunt ad hec pertinentia. Hec omnia superius comprehensa in ea ratione, sicut superius dictum est, donamus, ut dum in hoc seculo advixerimus, tam ipsas res quas nos ad prefata sanctorum loca condonavimus, seu etiam illas quas a largiflua benignitate vestra deprecati fuimus, hoc est, villa que vocatur Bonogilus cum omnibus appendiciis suis, et beneficium quod An*s*fredus (3), vassallus noster, nunc in presenti de rebus ecclesie vestre habere videtur usufructuario *munere* nobis et filio nostro Agelvino (4) clerico impendant servicium et pro ipso usu beneficioque vestro spondimus (5) vobis annis singulis ad festivitatem beati Firmini ad opus fratrum de denariis solidos decem, et decimam de Bonogilo et de Fontanis unoquoque anno de garbis, inter frumento et ordeo et avena carratria (6), et si de ipso censo tardi aut negligentes apparuerimus, fidem exinde faciamus et ipsas res dum advisserimus non perdamus et pontificium nullo modo habeamus de jam dictis rebus alicubi (?) nec vendere, nec condonare, nec non cambiare, nec ad aliam causam Dei delegare. Post nostrum vero de hac luce discessum, omnes res superius comprehensas vos vel successores vestri, seu agentes ecclesie vestre, cum omni integritate vel emelioratione seu quicquid supra ipsas res questum inventum fuerit, absque ullius judicis consignatione, vel heredum nostrorum contradictione, necnon aliqua expectata traditione (7) in vestra ac fratrum vestrorum ut perpetualiter ad illorum mensam qui a mercedis nostre emolumentum Dei serviant recipere faciatis potestatem et dominationem. Si quis vero, quod futurum esse non credo, si nos ipsi, aut unus de heredibus ac proheredibus nostris, vel certo quelibet ulla extranea vel apposita persona qui contra hanc donationem venire voluerit, aut eam infrangere voluerit, in primitiis iram Dei omnipotentis atque omnium sanctorum incurrat offensas, nec non nominibus sanctorum omnium efficiatur extraneus; et cum Juda traditore perpetua sit dampnatione percussus, et in nulla sanctarum ecclesiarum communione sit

---

(1) IIIe Cartul.: Herluvinus.
(2) IIIe et IVe Cartul.: Flobertus.
(3) IIIe Cart.: Aufredus; IVe Cartul.: Anffredus.
(4) IIe, IIIe et IVe Cartul.: Algevino.
(5) IIe et IVe Cartul.: Spopondimus.
(6) IIe, IIIe et IVe Cartul.: Carra tria.
(7) IIIe Cartul.: Conditione.

receptus, et insuper inferat partibus ecclesia Sancte Marie et Sancti Firmini una cum socio fisco distinguente auri libras C argento pondera mille coactus exsolvat, et quod repetit nichil evindicet, sed presens hec donatio atque prestaria firma et stabilis inviolabiliter permaneat constipulatione subnixa. Actum Ambianis civitate in mallo publico. Datum III Kal. Aprilis in anno X regnante domno nostro Karolo gloriosissimo Rege.

<small>Cartul. I, f° 73 v°, n° LXXV; II, f° 105, n° LXXX; III, f° 79, n° LXXXI; IV, f° 48 v°, n° LXXXII.</small>

2.

De Crissiaco (1) et Gaudiaco et Rivaria dimidia.

Ad devitandum extreme examinationis periculum et ad optinendum eterne retributionis premium tanto promptiori vigilantia expedit attendere, quanto differentia intelligitur animarum ab escarum excellere, sed et oleo pietatis lucernas bone operationis in manibus nostris pinguessere, ne repente veniens cum tremendo discrimine judex justus, fortis et patiens arguendo nos nesciat, sed emittens vocem leticie et exultationis ad se venire benedictos precipiat, ac deferentes manipulos justicie januam secum superne habitationis introducat. Cujus rei necessarium appetitum ingerit etiam ipsa ultronea celestis gracie facilitas, que se tante benignitatis exposuit, ut ex rerum temporalium distributione possit commutari beatitudo felicitatis sempiterne. Ego igitur Theobaldus et Stephanus, germanus meus (2), gracia Dei comites Francie, et Ermengardis comitissa, mater nostra, notum fieri decrevimus universis fidelibus presentibus et futuris quod his et ceteris divine eruditionis rationibus promotus F (ulco), presul Ambianorum, ad deprecationem nostram accessit ut fratribus Ambianensis ecclesie sancte Marie semper virginis et sancti martyris Firmini, ad supplendum victum eorum concederemus quoddam alodum nostrum situm in pago Ambianensi, super fluvium Sere, nomine Crisciacum (3), propter graciam scilicet divine remunerationis ad remedium anime patris nostri Odonis comitis, et cumulationem nostre salutis, ad profectum etiam ejusdem presulis, necnon ad premium Levuldi comitis et Hildiardis uxoris illius, eo videlicet tenore ut pro his qui de

1034

<small>(1) III° Cartul.: Creissiaco.   (3) II°, III° et IV° Cartul : Crissiacum.
(2) II°, III° et IV° Cartul.: frater meus germanus.</small>

nobis vixerint in eodem loco nominatim orationes et misse frequententur ac defun^tis anniversarie dies omnibus singillatim celebrentur. Cujus petitioni quanto approbanda fuit tanto non potuimus claudere viscera pietatis, precipue cum intelligimus profuturam ipsi qui nos ex se genitos affectu paterne diligentie educavit. Annuentes igitur bone voluntati presulis concedimus predictis fratribus supra dictum alodum cum appenditiis ejus Gaudiaco et Rivaria, ea videlicet dispositione ut episcopus si voluerit teneat in vita sua, et canonici habeant ad presens in singulis villis hospites singulos investitura (1). Post decessum vero episcopi cedat libere universa possessio alodi canonicorum deliberationi. Ut igitur stabilis, quieta et intacta donatio ista permaneat ad posteritatis monimentum in veritatis testimonium hujus carte propriis manibus insignimus firmamentum. Signum et confirmamentum Theobaldi comitis, Stephani comitis, Ermengardis comitisse matris eorum. Signa canonicorum de Sparneaco: S. Durandi abbatis, S. Gaufridi sacerdotis, S. F*u*lconis (2) sacerdotis, S. Guarini sacerdotis, S. Godefridi sacerdotis, S. Goiberti diaconi, S. Ernoldi diaconi, S. Gualteri diaconi, S. Raingeri (3) subdiaconi, S. Hugonis subdiaconi, S. Bavonis subdiaconi, S. Emmelini subdiaconi, S. Rogeri archidiaconi de Catalaunis, S. Theobaldi sacerdotis canonici de Castellano, S. Fulconis de Monte Felicio canonici de Remis, S. Hugonis canonici de Catalaunis, S. abbatis Mainardi de Orbaceo, S. Bucardi monachi. Signa eorum laicorum qui de curia comitum fuerunt : S. Goifredi comitis, S. Hugonis de Basiculis, S. Harduini filii Gelduini, S. Gelduini fratris ejus, S. Sagalonis de Miliaco, S. Milonis de Monte Leutherio (4), S. Hugonis de Monte Mauro, S. Drogonis de Monte Leutherio, S. Odonis de Britholio (5), S. Ogeri de Conteio, S. Milonis de Monte Felicio, S. Rogeri de Mariculo, S. Vivieni de Virtute, S. Huberti de Monte Felicio, S. Guermundi de Monte Mauro, S. Hescelini fratris ejus, S. Odonis filii Eilberti, S. Hugonis de Sollariis, S. Goiffridi de Castellario. Signum episcopi et eorum qui cum ipso fuerunt. S. Raineri thesaurarii, S. Roberti capellani de Conteio, S. Ursionis subdiaconi, S. Drogonis de Bova, S. Nevelonis de Bova, S. Alelmi filii Walteri de Tarota, S. Hugonis filii Rericonis, S. Balduini de Claromonte filii Balduini, S. Goselini de Belvaco, S. Tetacri (6), S. Agelini (7).

Actum Sparneaco monasterio super fluvium Materne, H. rege glorioso

---

(1) IIe, IIIe et IVe Cartul.: in vestitura.
(2) IIe, IIIe et IVe Cartul.: Fulconis.
(3) IVe Cartul.; Raineri.
(4) IIIe Cartul.: Leutherico.
(5) IIIe Cartul.: Britolio.
(6) IIe et IIIe Cartul.: Tetracri.
(7) IVe Cartul. Angelini.

regnante, anno a decessu patris sui R. regis jam X^mo, ab incarnatione Salvatoris M°XXXIIII°.

Cartul. I, f° 72, n° LXXIX; II, f° 104, n° LXXIX; III, f° 78, n° LXXX; IV, f° 48, n° LXXXI.

3.

DE LIBERTATE CLAUSTRI PRIVILEGIUM REGIS HENRICI.

In nomine Patris et Filii et Spiritus Sancti (1). Ego Henricus gratia Dei Francorum rex, omnibus regni nostri fidelibus tam presentibus quam futuris munus incolumitatis et pacis. Noverit industria vestra quod si quisquam mortalium regali preditus potestate, regni moderamina paccate atque serenissime tractare desiderat, ante omnia Deo cujus nutu vel permissu fiunt cuncta in totius mundi republica, munia debet impendere, et ecclesiarum ejus pacem et clericorum immunitatem, relegata procul omnium ingruentium malorumque hominum factiosa et perniciosa violentia, sue potestatis et auctoritatis vigore ad integrum stabilire. Sic enim regum jura melius firmiusque vigent, et gratius regni disponuntur habene, cum primum que Dei sunt providentur et in posterum nocitura, ingenii sollertissima vigilantia, propelluntur. Nec frustra nituntur majorem adipisci gloriam, insequentes ipsam, per quam reges regnant sapientiam, qui, correcta conservare et incorrecta toto nisu, student conmutare in melius. Quocirca, cernentes quedam sancta loca, perditis eorum per incuriam privilegiis, violenter impeti, maximeque ecclesiam que est Ambianis jam olim, Normannis insistentibus et usque ad solum eam perdentibus, non solum privilegia sed et terras et cetera que illius fuerant, amisisse; opere precium duximus, adhortante nos Fulcone episcopo Ambianensi, et Gualtero comite ad quem Ambianice civitatis ammistratio pertinebat concedente, sicut post redditam pacem plurima predia reparaverat, etiam restaurare privilegia. Et quum locus ille multorum reliquiis sanctorum insignitus fuerat, et multis donariis, quamvis supradicta tempestate amissis, fidelium testium relatione et scriptorum adhuc superstantium fide, ditatum cognoveramus, stabilibus ecclesiis, et multo dignis honore illum comparantes, eamdem libertatem quam predecessores nostri illis concesserunt, clericis inibi Deo militantibus condonamus et modernis veteres instauramus

1057

(1) II°, III° et IV° Cartulaires : Amen.

sanctionibus. Hiis nempe convenit omnem secularium inquietudinem regalibus imperiis amovere, quos Dei servicio mancipatos constat, pro totius regni, proque regum salute, precibus assiduis, die ac nocte, Deum deprecari. Precipimus ergo claustrum canonicorum ab omni redditu fieri absolutum, et illorum receptacula nullo exactionis genere penitus appetenda, nec hospitandi gratia quolibet eos violente molestari, nec terris eorum novas imponi consuetudines. Domus canonicorum immunes sint, sicut supradictum est, ab omni redibitione tam (1) ecclesiastica quam forensi, et res eorum proprie, sive clientum cum eis degentium tute, necnon res amicorum ob tutamen ad eos confugientium, ita tamen ut externi res suas intra claustrum vendendi potestatem non habeant. Cetera vero, preter hec que seposita sunt, sint sub ditione decani et canonicorum, ne quis eos impetendi deinceps habeat facultatem. Quicquid igitur intra claustrum in sanguinis effusione sive in aliquo commisso peccabitur decano et canonicis persolvetur. Actum publice Suessionis anno incarnati Verbi M° LVII°, et regni Henrici regis XXVI°. Ego Balduinus cancellarius relegendo subscripsi.

Cartul I, f° 47 v°, n° LII; II, f° 80 v°, n° LII; III, f° 62, n° LII; IV, f° 37 v°, n° LII.

4.

DE SANCTO MAURITIO (2).

In nomine Patris et Filii et Spiritus Sancti, amen. Nutu divine miserationis, ego Guido, Ambianorum episcopus, universis nostre ecclesie fidelibus, tam futuris quam presentibus in Domino et Salvatore nostro Jhesu XPO incrementum pacis ac salutis. Noverit Karitas (3) vestra quod canonici sancte Ambianensis ecclesie, nostre deputati providentie, nostram adierint presentiam, precantes ut terram abbatie Sancti Mauricii, in suburbio Ambianorum sitam, pene inhospitam ac desolatam, antiquitus vero Dei providentia divinitus sublimatam, omni consuetudine permitterem esse liberam. Quorum petitioni, quia erat idonea, simulque libertas ipsius terre usque ad id tempus permanserat illesa, presertim a predecessore meo Fulcone beate memorie sancita, quanquam primo passim contradixeram, tamen rem ut erat cognoscens, sponte condescendi, atque omni conditione tam ecclesiastica quam seculari predictam terram relaxavi. Ut autem

(1) II°, III° et IV° Cartulaires : tam pro ecclesiastica.

(2) II°, III° et IV° Cartulaires : Mauricio.

(3) II°, III° et IV° Cartulaires : Caritas.

hec nostra institutio stabilis et inconvulsa permaneat, scriptum hoc fieri mandavimus, ac manibus fidelium clericorum necnon laicorum firmandam censuimus. Cui institutioni si quis contraire temptaverit, feriatur gladio nostri anathematis, insuper maranatha sibi super ingeratur in die judicii. Amen. Fiat, fiat, fiat.

<small>Cartul I, f° 49, n° LIII; II, f° 81 v°, n° LIII; III, f° 62 v°, n° LIII; IV, f° 38, n° LIII.</small>

5.

Carta vicecomitum, G. episcopi et Rodulphi comitis.

Quoniam ego Rodulphus, divina clementia Ambianensis comes, secularis dignitatis gloriam sectando, multa me noveram delictorum sarcina pregravatum, disposui ecclesie sancte Dei genitricis Marie et beatissimi martiris Firmini fratribusque ibi constitutis, quedam ex his que mei juris erant tradere, ut interventu illorum peccatorum meorum indulgentiam valerem obtinere. Sed quia ex multis que possidebam visum est episcopo Guidoni utillimum potestatem quam vicecomites in terris predictorum fratrum exercebant relaxare, ipsius deprecatione et gratia, illis perpetuo jure habere concessi quicquid hujusmodi ad Contciense castellum pertinens ego et milites totius Contciensis honoris ubique terrarum seu villarum illorum obtinebamus. Et ut donationis hujus concessio firma et insolubilis perseveraret, Symon filius meus et Gualterus (1), Gualteri Tirelli natus, ultroneum assensum huic scripto prebuerunt, atque memorati milites, idem laudando, equipollentia beneficia pro amissis, me tribuente, alias susceperunt. Hac autem cartula, mea manu atque uxoris mee Anne, necnon Symonis filii mei et antedicti Gualteri, super altare beate Marie, sicut prescripta ratio perhibet, imposita, Guido presul omnes anathematizavit qui aliqua invasione quod ecclesie donavimus conati fuerint repetere. Nomina vero clericorum et laicorum qui presentes huic facto extiterunt, precepimus ad ultimum subscribere. Robertus archidiaconus; Balduinus archidiaconus et prepositus; Guido decanus; Guonfridus (2) cancellarius; Salomon, Berengerius (3), Drogo, sacerdotes; Radulphus comes, Anna uxor ejus, Gualterus Tirelli filius, Symon comitis filius, Gualterus, Guarefridus, Hugo, Robertus, Rorico, Robertus, Odo, diaconi; Robertus, Guido, Rogerus, Guasselinus (4), Urfio, Alulfus,

<small>1069</small>

<small>(1) IV° Cartul : Galterus, dans toute la charte.
(2) II, III° et IV° Cartul.: Gonfridus.
(3) II° Cartul.: Berengerus.
(4) IV° Cartul.: Gasselinus.</small>

Arnulfus, Adelelmus, Milo parisiensis, subdiaconi ; Rorico, Fulco, Robertus, Gualterus. Andreas, Firminus, acoliti. Laici : Drogo Bovensis, Robertus ejus filius, Oilardus miles ipsius, Infridus Incrensis (1), Gamelo. Hugo, Robertus, sui milites ; Drogo Turrensis, Adelelmus filius ejus, Guermundus frater vicedomini, Radulphus pincerna episcopi, Atrardus dapifer comitis, Milo cognomine Orphanus, Rorico, Anscherus, Ingelrannus, Hugo Abbatis Ville, milites ; preterea non parva multitudo tam clericorum quam laicorum. Actum Ambianis, in basilica beate Marie semper Virginis, anno incarnationis XPI M° LX^{mo} VIIII°, indictione VII^a, rege Francorum Philippo, Guidone Ambianorum episcopo, Radulpho filioque ejus Simone comitibus.

Cartul. I, f° 71, n° LXXVIII; II, f° 103, n° LXXVIII; III, f° 78, n° LXXIX ; IV, f° 47 v°, n° LXXX.

6.

DE ADVOCATIONE ET VICECOMITATU COSTENCEII (2).

1069-1074

Quoniam beneficia donationibus religiosorum virorum ecclesiis Dei collata ad laudem et exemplum boni operis posteris clarescere debent ; dignum esse existimavi ego W., gratia Dei Ambianensium episcopus, quoddam celebre factum Drogonis Bovensis litterarum assignatione presentibus futurisque innotescere. Ipse enim accedente vite sue termino ultima infirmitate pregravatus, ob anime sue liberationem ecclesie Dei Genitricis ac perpetue Virginis Marie sanctique Firmini martyris, atque canonicis in ea servientibus dimisit totam advocationem et comitatum ville Costenceii (3), atque sibi adjacentis territorii, excepto quod milites ejus de ipso comitatu suo beneficio possidebant. Tradidit etiam quicquid operis seu consuetudinis agricole ejusdem ville sibi exhibere solebant. Quo de medio tandem egresso, uxor illius ac filii Ingelrannus videlicet et Robertus, Ancellusque nos accesserunt, et voto patris benigne faventes, supradicte traditionis donum altari Beate Marie obtulerunt. Nos vero eadem hora omnes anathemate percussimus, qui deinceps nostram ecclesiam inde inquietabant, vel aliqua violentia quicquam subtrahere temptabunt. Ibi affuerunt Guido decanus, Robertus archidiaconus, Balduinus prepositus, Berengerus, Adelelmus, Guido, Drogo, presbyteri ; Bovo, Hugo, Rorico, Herbertus, diaconi ; Guonfridus 4

(1) IIIe Cartul. : Encrensis.
(2) IVe Cartul. : Costencheii.
(3) IVe Cartul. : Costencii.
(4) IIIe et IVe Cartul. : Gonfridus.

cancellarius, Robertus, Johannes, Arnulphus, subdiaconi, et reliqui fratres; Eustachius vicedominus, Guermundus frater ejus, Adelelmus dapifer, Radulphus pincerna, Botuenses(1). Fulbertus, Rainerus, Roculphus, Gillebertus, Ibertus, Fulco et alii plures (2).

Cartul. I, f° 70 v°, n° LVI; II, f° 82 v°, n° LVI; III, f° 63 v°, n° LVI; IV, f° 38 v°, n° LVI.

7.

LITTERE GUIDONIS EPISCOPI DE FUNDATIONE ECCLESIE SANCTI MARTINI DE GEMELLIS.

Pro nomine Patris, et Filii et Spiritus Sancti. Amen (3). Largitore omnium bonorum cooperante, clero et populo utriusque sexus acclamante, Gui presul et procurator rei publice Ambianensis, universis filiis adoptionis presentibus et futuris, XPI ducatu de potestate Egyptiorum per baptismum agni celestis cruore illustratum feliciter egressis, pro manna pane vivo qui de celo descendit in hujus peregrinationis heremo refectis, pro aqua de petra saliente evangelii liquore a petra justicie saliente interius debriatis, ut in terra viventium, que lacte et melle manat, videant bona Domini. Quoniam qui non mentitur Deus, sic preconatur : « Equitatis filius non portabit iniquitatem patris »; et quidam amicus sponsi fatetur : « Si bene penitet, nullus nos obfuscat nevus erroris ex vobis (4) », ne in die furoris Dei et cum exarserit ejus ira in brevi, cum illis qui dixerunt Domino Deo: « Recede a nobis », juste tradamur in igni inextinguibili ; qui loquitur per os sancti pueri sui David: « Declina a malo et fac bonum. » faciat nos filios correctionis, ne ulterius pro nostre lepre contagio eliminemur a castris Dei. Revera enim abusus est et non usus peccati. Adsit ergo summus pontifex, sol justitie, lumen de lumine, princeps de principe, lapis angularis, mediator Dei et hominis, initium et finis, brachium, virtus et Dei sapientia que clamitat in plateis ; loquatur et operetur in nobis, ut per me tanti capitis mem-

1073

1) IIIᵉ et IVᵉ Cartul.: Bovenses. Ce mot est écrit avec une majuscule au Iʳ cartulaire et y est placé entre deux signes de ponctuation d'une valeur égale; dans les IIᵉ et IVᵉ cartulaires également, mais son initiale est une minuscule; dans le IIIᵉ seul il n'est séparé par rien de pincerna, mais il y est suivi d'un point représentant une virgule.

(2) IIIᵉ Cartul.: alii quam plures.

(3 Dans le IVᵉ Cartulaire la charte ne commence qu'à *Largitore*.

(4) *Ex vobis* ne se trouve pas dans le Iᵉʳ et le IVᵉ cartulaires.

brum et dominici gregis peccora que mee credidit parvitati, quedam ad meliorem statum ducat, in quibus antiquitatis nostre oculus caligavit. Laudetur itaque, timeatur, ametur, est enim sui muneris, qui per os domni Martini ecclesia prestantius reedificatur sui egregii confessoris, id ea parte nostre urbis sita in qua Dominus IHC XPC in effigie pauperis apparens ab eodem catechumino adhuc clamydis partem accepit, et in ea clericorum servientium officia sollertia nostra deputavit ; victui quorum ego providens omnium novalium episcopalium ambianensium, segetum, lane et cujuslibet generis peccorum decimas dedi, exceptis his terris quas prius decimabant fratres almi martyris Firmini, ecclesiamque beati Petri que est ultra pontem, post obitum Huberti archilevite Tharanensis, vel si forte ad episcopale culmen pervenerit, vel quocumque casu ab eo alienata fuerit. Cunctis autem a me indesinenter petentibus militonibus prefati martyris, quia justa petitio erat, assensum dedi post decessum uniuscujusque canonici, quatinus fratris cujus prebenda fuerat, horis competentibus assidue memoriam habeant in suis orationibus, psalmodiis, missis et vigiliis uno integro proximo anno. prebende totum reditum attribui ; ita tamen ut si forte canonicorum aliquis cuilibet suo parenti vel familiari post ejus obitum prebendam suam emerit, illo mortuo, illius successor cum ceteris fratribus, si forte simul comederint, reficiatur; sin autem quicquid in refectorio comederet, ei detur, et omnia alia prefati sancti fratribus a canonicis martyris antedicti dentur ; et ne ab aliquo injuste valeant aggravari, in quacumque parte urbis habitent equalem libertatem habeant cum hiis qui deserviunt matri ecclesie ambianensi, neve ante aliquem, vel in aliquo quolibet loco dequacumque re agant, nisi ante decanum et canonicos et in capitulo sancti Firmini. Dederunt enim ecclesias sanctorum Lupi, Walarici, Desiderii, terras arabiles, hospites, omniaque bona que dicuntur abathia (1) Sancti Martini, et que habebant in villa que dicitur Gebardi Vallis, Amelledii et Piscei, et quia eorum beneficiis ista construitur fraternitas, tota hec dicatur, et sit in eorum ditione abathia, et omnes prebendas vendant, venditarumque precii duas partes in suos usus retorqueant, terciam vero ad edificandam ecclesiam, si forte necessarium erit, attribuant Recitata vero hec carta fuit acquiescentibus cunctis, prius in capitulo Sancti Firmini, deinde in synodis et conciliis, Philippo rege, domno Manasse archipresule, anno (2) M°. LXX III, indictione XI ab incarnatione Domini. Qua recitata, communi decreto a me et a reliquis sacerdotibus dictum fuit : « Si quis

(1) II° Cartul.: Abbacia.   (2) II° Cartul.: Domini

voluerit, quod absit, horum aliquid dissolvere, amoveat eum Dominus de libro vite. Amen ».

Cartul. I, f° 195, n° cccv; II, f° 298 v°, n° cccxxii; IV, f° 150 v°, n° ccclxvii.

8.

De pastu Landrici et Rainfridi.

R., Dei clementia (1) dispensante Domini (2) procurator ovilis, primoresque capituli sancte matris ecclesie Ambianensis, fratribus qui nunc sunt et futuris, in libro vite cum veste nuptiali asscribi. Quod per nos et in nobis pietas superna operatur, ordinat et disponit, ut a posteritate nostra illibatum et indelebile teneatur, quoad degimus in tabernaculo carnis, litteris presentibus annotare decrevimus et nostre innotescere successioni pactum inter Rainfridum et Landricum dispositum sacerdotem et canonicum nostre congregationis. Hic frater, ad anime sue remedium, ubi de medio abierit, et iter universe carnis arripuerit, ut a fratribus observetur et agatur sui terminus anniversarii, furnos duos quos habebat et partem molendini qui Incidens ferrum dicitur, que sui juris erat, senatus nostri consilio, prefato R. dedit, solidosque duos cum caponibus IIII^{or} in Natali Domini, beato Nicholao (2), cui fundus domus sue est, annuente Rogero canonico, se donaturum spopondit, donec aut emendo aut conventione qualibet permutando, predium sibi illud vindicaverit. Tali quidem conventione quatinus R. omnisque ejus successor, annis singulis, in celebritate sancti Firmini confessoris, beate Marie canonicis et sancti Firmini confessoris et custodi altaris ejus, refectionem preparet in refectorio perpetue virginis Marie et almi martyris Firmini. Ne autem negligentia nostra vel torpore detrimentum in aliquo patiatur, quod ecclesie nostre contulit devotio fratris, triticum, carnem, vinum, cervisiam, salem lignaque determinare libuit, ne forte aut cupiditatis causa preter statuta nostra quis exigat, aut favore injusto minuere presumat. Sunt autem hec que in apparatu prandii hujus debeant exigi: Tritici boni et optimi sextarii XII^{cim}, porci V^{que} ad edendum delectabiles et XXX^a capones; vini meri modii tres; cervisie duo sextarii, cum uno sextario salis et carrata una de lignis. Si igitur quis, quod absit, summe et individue Trinitatis adversarius, animeque sue hostis

1080 1088

(1) Dominici, IIe et IVe Cartul. (3) Nicolas, IIe Cartul.
(2) Gratia, IVe Cartul.

horum aliquid dissolvere temptaverit aut aliorsum retorquere presumpserit, hunc notantes oris gladio publice percutimus, ut cum his anathema, maranatha deputetur qui dixerunt Domino Deo : Recede a nobis; scientiam viarum tuarum nolumus ».

<small>Cartul. I, f° 42, n° xliii; II, f° 74 v°, n° xliii; III, f° 58, n° xliii; IV, f° 35, n° xliii.</small>

9.

De dono vicecomitatuum Guidonis et Ivonis comitum.

1091-1094

Quia auctoritate sacri eloquii didicimus quod non solum facientes mala sed qui eis consentiunt districte damnabuntur et horrendum est incidere in manus Dei viventis, idcirco nos disponente Deo comites Ambianis Guido scilicet et Ivo, attendentes quam miserabiliter plebs Dei in comitatu Ambianensi a vicecomitibus novis et inauditis calamitatibus affligebatur quasi populus Israel oppressus in Egypto ab exactoribus Pharaonis, zelo caritatis permoti condoluimus, et ad liberandos pauperes Dei, proximos nostros, confratres, et discretione æquitatis virgam tenentes procuravimus. Deliberavimus enim et militum nostrorum vicecomitum jus justicie censura nullatenus imminuere, et occasiones illicitas ac nefarias et omnem verborum ambitum superfluum et nocivum in accusationibus et responsis fidelium resecare. Non enim perplexa sed plana ac lucida decet esse veridica verba justorum. Clamore igitur ecclesiarum et gemitu fidelium ingravescente compuncti, consilio accepto a domno episcopo G. et archidiaconis Ansello et Fulcone, et a primoribus urbis et ab aliis juris autenticis in clero et plebe habentibus pondus testimonii, ex edicto decrevimus, modis omnibus prohibentes in urbe et extra urbem in toto comitatu Ambianensi, quod vicecomes de furto neminem respondere compellat, nullusque de furto a vicecomite accusatus respondeat, nisi clamor alicujus de eo ad aures vicecomitis pervenerit. Si vero accusator presens fuerit, qui accusatur furtum illud se perpetrasse, absque circuitu verborum tantum denegabit, et post negationem furti a vicecomite detur ei licentia consulendi, et consilio accepto verbis tantum utens que ad rem pertinent de re illa respondeat de qua accusatus fuerit. Si autem de furto legitime convictus fuerit, pecuniam quam furatus est clamatori restituat, et libras III tantum vicecomiti aut minus si forte culpati misertus fuerit; liber postea de negotio illo et nullam rationem ceteris vicecomitibus redditurus, si forte plures fuerint. Si autem vicecomes de inventione rei cujuslibet adversus aliquem clamorem fecerit, nullus ei respondeat nisi testis adsit, qui testetur aut presentem se fuisse quando rem illam invenit aut quod invenerit illi professus fuit. Si vero testis affuerit, aut legitime se purgabit consilio accepto, dicens quod ille neque vidit neque audivit. Aut si facere nequiverit rem inventam restituet comiti, et libras III aut infra si ei placuerit, ita quidem ut nullam rationem de hac re vicecomitibus aliis respondeat. Si autem plures vicecomites in loco fuerint, et unus ex illis aliquem accusaverit de furto aut de invento quod ad aliquem de sociis suis vicecomitibus concordiam fecerit, ne ei respondeat, nisi presens testis assistat qui testetur se affuisse, se vidisse quod de furto aut de invento adversus vicecomitem concordiam fecit. Si autem testis affuerit, aut legitime purgabit se, aut furtum aut inventum vicecomiti restituet, et libras tres aut minus si ei placuerit. Has igitur institutiones devotionis nostre, grata Deo libamina, si quis, quod absit, dissolvere presumpserit, sit anathema, et in puncto ad inferna descendat ; sit quoque eis societas cum Chore, Dathan et Abyron et cum omnibus persecutoribus crucifixoribusque sanctorum qui ecclesie Dei genitricis perpetueque virginis Marie sanctique martyris Firmini auferre temptaverint nostras partes vicecomitatus de villa Duri et Sancti Mauricii, quas propter remedium animarum nostrarum consilio procerum heredumque nostrorum eidem ecclesie perpetualiter habendam concessimus ; manumissionemque earum coram clero et populo in ecclesia predicta celebravimus, donumque super altare Virginis matris posuimus, Philippo in Gallia nostra regnante, archiepiscopo Reinaldo Remensi, episcopo Gervino Ambianensi cathedre presidentibus, hanc constitutionem nostram probantibus, dationemque predictarum maledictionum sentencia confirmantibus. Carta hec fuit recitata nullo contradicente in Sancta Matre nostra Amb'anensi in presentia cleri et populi, scilicet Guidonis decani, Fulconis et Anselli archidiaconorum, Raineri thesaurarii, Gonfridi cancellarii, Nantaudi, Herberti sacerdotum; Rogeri, Gileberti diaconorum ; Guarini, Geroldi Radulfi subdiaconorum; Balduini, Hugonis acolytorum, et plurimorum bone memorie et sinceri testimonii.

Cartul. I, f° 76 v°, n° LXXXI ; II, f° 108, n° LXXXI ; III, f° 81 v°, n° LXXXII ; IV, f° 50, n° LXXXIII.

10.

CARTA GERVINI EPISCOPI DE ARGOVIA.

In nomine Patris et Filii et Spiritus Sancti. Amen. Quoniam ea que mortalium

1091-1102

dispositione fieri solent longis temporum intervallis plerumque oblivioni traduntur, et usque ad posterorum noticiam descendere incuriosa providentia negliguntur, ideoque rixe, dissensiones, bella etiam cruenta inter successores oriuntur, summopere curavi ego Gervinus, divina clementia Ambianensis ecclesie presul, litteris adtestantibus quoddam nostre parvitatis opusculum cognitioni presentium futurorumque intimare. Si enim ab omni negocio quod inter bonos agitur nocitura dissensio debet excludi, consequenter in ecclesiasticis actionibus profutura tranquillitas probatur adhiberi; ne canonicus ordo qui pacis amator atque predicator fore precipitur, intestinis tumultibus perstrepere videatur. Quidam igitur nostre principalis congregationis canonicus, Salomon nomine, Roberti scilicet clerici filius, nostre paternitatis gratiam adiit et suis amicorumque suorum precibus postulavit quatinus altare ville que dicitur Arguvium cum appendiciis suis, scilicet Morolcurte et Bocenello, tali pacto ab ipso reciperem, quod illud solide et integerrime cum fratribus suis, videlicet canonicis beate Marie semperque Virginis sanctique Firmini preciosi martyris eternaliter habendum concederem ; cujus petitioni que plena fuit divine inspirationis et fraterne karitatis nolui resistendo cumulare. Tradidi enim prono animo ipsum altare cum membris suis supradictis canonicis liberum et quietum ab omni redidiitione quam antea solvere consueverat, solummodo retentis in manu nostra synodalibus consuetudinibus. Ansellus etiam Pontivensis et Vinmacensis archidiaconus terciam partem ipsius altaris que ex consuetudine archidiaconalis honoris ad eum pertinebat, eadem devotione et equali libertate prefatis canonicis in sempiternum possidendam nostro assensu concessit. Verumtamen ut hujus nostre donationis astipulatio indissolubilis eternaliter permaneret, a prefatis canonicis gratia mutue caritatis impetravi, quod me de presenti seculo quando Dominus voluerit egresso, per singulos annos redeunte mei obitus die meum anniversarium missa et aliis competentibus exequiis cum sonitu tintinnabulorum celebrabunt. Si quis vero successorum nostrorum cujuslibet cupiditatis stimulo artatus hanc nostre donationis cartam infirmare temptaverit, sue potestatis auctoritati repugnans facultatem disponendi simile opus amittat et in extrema examinatione ante districtum judicem perpetue damnationis sententiam suscipiat. Subscribuntur autem cum nostro signo nomina clericorum nostrorum in quorum presentia secundum canonicam auctoritatem hanc traditionem ratam deinceps permanere confirmamus. Signum Gervuini (1) episcopi. Fulcho (2) Archidiaconus,

(1) IIe et IVe Cartul.: Gervini.   (2) IIe et IVe Cartul.: Fulco.

Ansellus prepositus et archidiaconus. Raginerus thesaurarius, Rogerus decanus, Gonfridus cancellarius, Rogerus cantor, Andreas presbyter, Anscerus (1) presbiter, Nantaldus presbiter, Gislebertus presbiter, Guascelinus diaconus, Nantaldus diaconus, Rogerus diaconus, Clarus diaconus. Teze inus diaconus, Girardus subdiaconus, Willelmus subdiaconus, Balduinus subdiaconus, Acardus subdiaconus, Otbertus (2) subdiaconus, Radulphus subdiaconus, Gonfridus subdiaconus, Azo subdiaconus, Ingelrannus subdiaconus, Salomon subdiaconus, Giraldus (3 subdiaconus. Milo subdiaconus, Robertus subdiaconus, Warinus subdiaconus, Hugo puer, Andreas puer, Milo puer, Robertus miles, Hugo miles, Gotrannus miles.

Cartul. I, f° 42 v°, n° xliii; II, f° 75 v°, n° xliv; III, f° 58 v°, n° xliv; IV, f° 35, n° xliv.

11.

De altari de Torsincurt (4).

In nomine Patris et Filii et Spiritus Sancti. Amen. Godefridus, Dei gratia Ambianensis episcopus, fidelibus cunctis presentibus et futuris salutem et pacem. Agnoscat universa mater ecclesia canonicos Ambianensis ecclesie et Lehunensis monasterii fratres fedus et amicitiam inter se inivisse et fraterna caritate se conjunxisse, ob hocque in memoriam pignusque atque confirmationem amoris perpetui, nos voluntate et petitione predictorum canonicorum ecclesiam (5) Torsincurtis cum appendiciis suis que juris eorum existebant, predictis fratribus Lehunensibus perpetualiter possidenda concessisse, atque presenti scripto confirmasse. Unde quoque anno V modios frumenti canonicis persolvent, juxta mensuram Lehunensis modii, pro quibus in solempnitate sanctorum martyrum Dionisii, Rustici et Eleutherii canonici transmittent atque inde propriis amminiculis Ambianis adducent. Si quis hoc statutum dissolverit, nisi cito se correxerit, inrecuperabilis permanebit.

Actum est anno ab incarnatione Domini millesimo centesimo nono, in ecclesia sancte Marie, tempore synodi estivalis, G. episcopo cum omni synodo consentiente et confirmante feliciter. Amen.

1109

Cartul. I f° 38, n° xxxviii; II, f° 71, n° xxxviii; III, f° 55 v°, n° xxxviii IV, f° 33, n° xxxviii.

(1) II° et IV° Cartul . Anscherus.
(2) II° et III° Cartul.: Obertus.
3 IV° Cartul . Girardus.

(4) III° Cartul.: Torsincort; IV° : De altari de Torsincourt et de V° modiis frumenti.
5) III° Cartul.: Ecclesiam de Torsincurtis,

12.

De dono Odardi de Grant pont.

1121   Rogerus decanus et fratres Ambianensis ecclesie gloriose Dei Genitricis et perpetue Virginis Marie, fratribus Ambianensis territorii presentibus et futuris eternam in Domino salutem. Notificamus vobis, dilectissimi, quod anno ab incarnatione Domini M° C° XX I° quidam eques, Odo nomine, Henrici filius, gravi infirmitate depressus, ut eum visitaremus nos advocavit, et post visitationem, fraternitatem nostre ecclesie, orationes et beneficia sibi expetivit. Cujus postulationem libenter recipientes, que petierat devote ei gaudenter concessimus. Qui, ne ingratus nostris beneficiis inveniretur, ob retributionem officiorum nostrorum animeque sue salutem, mansum quem per LX^a annos, cum patre suo, liberum ab omni exactione reddituum comitis laicorumque principum nostre civitatis, ab ecclesia Ambianensi tenuerat, eidem ecclesie dimisit atque concessit duos quoque curtillos in villa Bertrici Curtis (1).

Postea vero, cum de infirmitate sua convaluisset, ad ecclesiam veniens, laudesque et graciarum actiones de sanitate concessa Domino referens, clero populoque convocatis, manumissionem quam fecerat in ecclesia coram omnibus recognovit celebriterque confirmavit, sub testimonio tam cleri quam populi. Cujus quidem populi eos quos idoneos ad testimonium intelleximus nominibus subscripsimus quorum primus est Mainerus monetarius et Robertus nepos ejus, Milo thelonearius et Robertus filius ejus, Adam quoque et Mainerus Abbatis Ville(2), Walcodus (3) quoque molendinarius, et alii quamplures. Actum est hoc in ecclesia Ambianensi perpetue Virginis Marie, die kalendarum augustarum, Ludovico regnante, Ingelranno episcopante, Karolo consule ; prepositis in civitate Milone Huberti, Nicholao (4) Emmelini feliciter. Amen.

Noverint autem omnes illum esse mansum qui porte Ambianensi, que est ad magnum pontem primus adjacet, egredientibus de civitate ad sinistram, introeuntibus ad partem dextram.

<small>Cartul. I, f° 49 v°, n° LIV ; II, f° 82, n° LIV ; III, f° 63, n° LIV, IV, f° 38, n° LIV.</small>

(1) IVe Cartul.: Bertricicurtis.
(2) IIe, IIIe et IVe Cartul.: Abbatisville.
(3) IIe, IIIe et IVe Cartul.: Walcotus
(4) IIe Cartul. Nicolao.

13.

De Balgenci.

In nomine Patris et Filii et Spiritus Sancti. Amen. Ingelrannus(1), Dei gratia Ambianensis ecclesie humilis episcopus, Guarinus quoque archidiaconus, Rogerus decanus, Symon prepositus et archidiaconus, totaque congregatio Ambianensis ecclesie, sancte Dei ecclesie filiis presentibus et futuris eternam in Domino salutem. Quoniam sanctorum institutionibus patrum laudabiliter approbatur et tenetur ut quicquid ecclesiarum beneficiis sancitur certis litterarum annotationibus signaretur et signatum sic ad memoriam servaretur ; visum est nobis utile ut ea que de castello Balgenci in antiquis ecclesie privilegiis repperimus, venerabili viro Radulpho de Balgenci annuente, temporibus nostris vetera renovantes posterorum nostrorum suorumque novis inscriptionibus tradamus memorie. Scriptis igitur nostris referentibus, eodemque Radulpho attestante, cognovimus castellum de Balgenci cum municipiis ad illud pertinentibus concessum predecessoribus suis sibique ab episcopis et canonicis Ambianensis ecclesie, tali tamen tenore ut unoquoque anno de sede turris et municipiis Ambianensi ecclesie XX^u solidos et obolum persolverent, hominiumque Ambianensi episcopo facerent. Nos itaque scriptorum veterum ejusdemque Radulphi testimonio contraire minime valentes, prescripto tenore castellum de Balgenci et municipium quod nominatur Braictels cum aliis appendiciis ad illud pertinentibus, salva dominicatura quam in eodem castello ecclesia Ambianensis ab antiquo quiete tenuerat et tenebat, eidem Radulpho, hominium ejus suscipientes, reddidimus ; cartamque presentem sigilli beati Firmini martyris et nostri testimonio insignitam, altera hec eadem continente penes nos retenta, eidem tradidimus ; quatinus post decessum ipsius hoc memoriale in perpetuum suis heredibus haberetur, nullamque occasionem haberent qua censum et honorem Ambianensi ecclesie debitum minuere vel subripere alicujus prava suggestione deinceps valerent. Si quis vero successorum cupiditatis stimulo artatus hujus carte sancitum infirmare temptaverit, in extrema examinatione ante districtum judicem perpetue dampnationis, nisi resipuerit, sententiam incurrat.

Cartul. I, f° 4 v°, n° II ; II, f° 37, n° IV, III, f° 31, n° IV ; IV, f° 17 v°, n° IV.

(1) II° et IV° Cartul. : Angelrannus.

Avant 1127

14.

CARTA SANCTI FIRMINI DE NONGENTEL.

Vers
1115-1118

Noscat omnium fraternitas Christianorum quoniam ex quo dominus noster JHC XPS discipulis suis precepit dicens : « Ite, predicate Evangelium omni creature », tanta eorumdem predicationibus discipulorum multis in locis christiane fidei inolevit auctoritas quod a Christicolis loca sacrosancta et ab aliis singulariter distributa quo sancte jubilatio Trinitatis fieret dedicata fuisse dicuntur. Sanctissimi autem patres Christi precepta memoriter tenentes dicentis: « Beati pauperes spiritu, quoniam ipsorum est regnum celorum, et qui non reliquerit patrem et matrem aut uxorem, aut filios... », et cetera, ista inquam precepta et multa alia que causa prolixitatis reticemus memoriter tenentes predia sua et ceteros redditus ecclesiis prebuerunt, de quibus corporaliter alerentur qui Dei servicio jugiter insistentes eos de inputrescibili pane, id est, verbo Dei spiritualiter pascebant. Ecclesie igitur Ambianensi beate Marie et sancti Firmini episcopi et martyris terre quedam et hospites apud Nogentel (1), villam Belvacensem, libere antiquitus dati sunt. Sed quoniam universalis ecclesia in membris suis persecutiones multimodas patitur, inter cetera que Ambianensi ecclesie a malefactoribus illata sunt, duo malefactores Radulphus (2) scilicet, filius Rainoldi, et Aubertus Escolart a prefate ville hospitibus talliam et intolerabiles causationes extorquere conati sunt. Deinceps vero omnipotentis Dei qui ubi vult spirat misericordia compuncti et quod male agerent recogitati, Dei Genitrici Marie et sancto Firmino taliam et malas causationes pro animarum suarum salute in perpetuum condonaverunt. Si vero aliquem de hospitibus nostris de aliqua occasione causati fuerunt, per tres ejusdem terre sancti Firmini hospites se ab objecta occasione purgabit. Illa autem condonatione facta, canonici nostri prefatis viris satisfacere volentes, per duos hospites nostros Rainoldum scilicet et Evrardum (3) jurejurando confirmari fecerunt, quatinus neutrius viri predecessores in terra sancti Firmini talliam jure vel consuetudine habuerunt. Hoc autem factum est tempore Rainoldi comitis, teste Guermundo ejusdem terre preposito, Acardo et Adelelmo canonicis, Ricardo thesaurario ; Guidone, Guor-

(1) IIe Cartul.: Nongentel.
(2) IIe Cartul : Radulfus.
(3) IIe Cartul.: Evrardum.

redo (1), Hugone canonicis Claromontis (2) ; Guiberto de Angivillario (3), Odone
de sancto Sansone, Petro filio Fredesendis, Guillelmo filio Berneri, Ansoldo filio
ejus, Radulpho fratre comitis, Radulpho filio Fulchonis, Drogone de Merloaco,
Guidone fratre suo. Si quis autem quod carte istius auctoritate confirmavimus
destruere presumpserit, Radulpho et Alberto concedentibus, anathematis gladio
feriatur. Herveus dixit que Rotroldus (4) bene scripsit.

Cartul. I, fº 78 vº, nº LXXVII; II, fº 109 vº, nº LXXXII; III, fº 82 vº, nº LXXXIII; IV, fº 50 vº, nº LXXXIV.

15.

Scriptum de traverso de Belvaiz (5).

In nomine Patris et Filii et Spiritus Sancti. Amen. Guarinus, Dei gratia Am‑
bianensis episcopus, omnibus sancte ecclesie filiis presentibus et futuris salutem
in Domino Jhesu. Quoniam fere de universis rebus licet diu transactis certiorem
noticiam posteris nostris inditio litterarum reservari videmus, et de preteritis
ut de presentibus per earumdem litterarum interpretationem loqui possumus,
idcirco visum est nobis fuisse bonum et utile hujus presentis carte pagina poste‑
rorum nostrorum memorie commendare quod domnus Ebrardus Britoliensis,
miles strenuus, virtute et sapientia preditus, quod suum non erat usurpando
terram Ambianensis ecclesie Belvacensem graviter oppressit, videlicet imperans
ut sive homo sive mulier de potestate ejusdem terre per terram ipsius iter ageret
emendo equum, bovem, vel asinum, ovem vel porcum, sive quodlibet animal
aut quamlibet rem venalem, non tamen ut iterum carius venderet, quod merca‑
torum est, sed ut in proprios usus retineret, quod antea factum non est, traver‑
sum sive transitum persolveret. Pro his igitur injuriis emendandis, sepe eo admo‑
nito et divina inspiratione compuncto, tandem convenimus et divina opitulatione
miserante, pacem inter nos reformavimus. Precavens autem ne ulterius inter
nos et ipsum et heredes suos super hac re ulla renasceretur querimonia, sive
discordia, firmavit, decrevit atque constituit omnes tam viros quam mulieres
de potestate predicte terre negotiantes infra calceiam sive publicum aggerem

1135

(1) IIᵉ, III et IVᵉ Cartul.; Gorredo.
(2) IIᵉ Cartul.: Clarimontis.
(3) IIᵉ, IIIᵉ et IVᵉ Cartul.: Angullario.
(4) IIᵉ, IIIᵉ et IVᵉ Cartul.. Retroldus.
5) IVᵉ Cartul.: Beauvais.

que per villam que Gois (1) dicitur vadit et per Escuts (2) usque Belvacum, ab omni consuetudine preter consuetos mercatores in perpetuum liberos et immunes esse. Et quia calceia sive publicus agger per Goi transit et ibi terra Ambianensis ecclesie ultra protenditur, et quandiu terra prefate ecclesie duraverit, homines ejusdem terre in eadem libertate manebunt. Concessum est etiam ut si homines predicte ecclesie pro stramine vel feno in terram suam intraverint, sive vendatur, sive donetur, similiter ab omni transitu liberi erunt. Hoc etiam scire vos volo quod idem Ebrardus eidem ecclesie sponte concessit ut si quando, habens guerram cum hostibus suis, vias et semitas solitas ob munitionem terre sue clauserit atque obstruxerit, et talis necessitas homines supradicte ecclesie publicum aggerem sive calceiam transire coegerit, et per terram suam videlicet per Frosci (3) et per Puz et per Escuz (4) Belvacum ire contigerit, donec que obstrusa fuerint restituantur, et que septa fuerint dissipentur et replanentur, iterum ab omni transitu liberi erunt. Hoc quoque eodem scripto, ipso annuente, firmatum atque statutum est ut omnis preda vel rapina que de terra ejusdem ecclesie ducta sit, in reductione ab omni transitu vel traverso libera erit. Similiter autem, ipso attestante, decretum est ut quisquis de eadem terra Britolium sive quodlibet castrum suum vel villam petierit, ibique qualibet re venali empta vel vendita, liber in reditu permanebit, nec aliam consuetudinem preter consuetam causa gravationis hominum ecclesie substituerit. Actum est hoc et confirmatum anno Verbi incarnati M° C° XXX° V°, indictione XIII^{ma}, sub testimonio donni Guarini Ambianensis episcopi, et aliorum quorum nomina subscribuntur. Signum Guarini Ambianensis episcopi, S. Symonis archidiaconi et prepositi, S. Radulphi et Balduini archidiaconorum, S. Radulphi de Hisli (5), S. Arnulphi diaconi, S. Hugonis militis filii Gamelonis, S. Eustachii de Hisli (6), S. Adelelmi, Gualteri (7), Radulphi, Rogeri, Dodomani, diaconorum, S. Andree, S. Fulconis et Balduini canonicorum ; S. Johannis sacerdotis Brituliensis, S. Begonis, S. Roberti de Perrosel (8), S. Petri de Saloel (9), S. Guernonis de Bouoculo, S. Petri nepotis Roberti de Perrosel (10), S. Bernardi de Goi (11), S. Guiberti

(1) IV° Cartul : Goys.
(2) II°, III° et IV° Cartul.: Escurs.
(3) II°, III° et IV° Cartul.: Froisci.
(4) II° et IV° Cartul.: Eschuz.
(5) II° et III° Cartul.: Helli ; IV° Cartul. Heilli.
(6) Idem.
(7) IV° Cartul.: Galteri.
(8) IV° Cartul.: Perrouzel.
(9) IV° Cartul : Saloiel
(10) IV° Cartul.: Perrouzel
(11) IV° Cartul.: Goy.

de Angisviler, S. Herberti filii Thome, S. Bernardi filii Adsonis (1) et Gilonis fratris sui, S. Hugonis Benement (2).

Cartul. I, f° 67, n° LXXII; II, f° 99, n° LXXII; III, f° 75, n° LXXIII; IV, f° 45 v°, n° LXXIV.

16.

DE VICECOMITATU DE BELVAISINS (3) QUI PERTINEBAT AD EBRARDUM DE BRITOLIO.

In nomine Patris et Filii et Spiritus Sancti. Amen. Tam presentium quam futurorum memorie per presens cyrographum traditur quod venerabilis miles et strenuus, dominus Brituliensis (4), Ebrardus partem suam vicecomitatus quam in terris et villis matris ecclesie Ambianensis possidet pro XX^{ti} libris Belvacensis monete ejusdem ecclesie canonicis. annuentibus filiis suis Gualeranno (5) et Ebrardo, in vadimonio commisit, tali siquidem pacto et conditione quod donec Manasses dominus Conteiensis partem suam quam in eodem vicecomitatu tenet, quam prefati canonici ab ipso similiter in vadimonio habent, vel heres ejus redemerit, ipsi domino Ebrardo partem suam redimere non licebit. Quod ut ratum et memoriale in posterum habeatur presenti sigillo beati Firmini martyris, sigillo quoque ipsius domini Ebrardi et eorum quorum nomina subscribuntur testimonio confirmatur. Signum Guarini Ambianensis episcopi. Hujus pignerationis testes sunt : Henricus Belvacensis archidiaconus, Matheus clericus ejus, Radulphus Ambianensis ecclesie decanus, Radulphus archidiaconus, Balduinus archidiaconus, Guarinus (6) thesaurarius, Fulco cantor, Adelelmus sacerdos, Adelelmus de Troumvilla (7), Balduinus Encreusis, Johannes sacerdos de Vaccaria, Rogerus sacerdos de Fontanis, Ebrardus quoque dominus Britoliensis, Gilo frater Bernardi, Hugo filius Gamelini, Hugo filius ejus, Bego Brituliensis, Drogo de Bulis, Radulphus Bascohels (8), Gualterus de Foilloy (9), Otsmundus (10) de Alfai (11), Stephanus de Erembocurt (12), Paganus maior de Fontanis, Paganus

1142

(1) IIe, IIIe et IVe Cartul. Assonis.
(2) IIe, IIIe et IVe Cartul.: Buenesment.
(3) IIe et IIIe Cartul.: Belveisis ; IVe Cartul.: Beauvesis.
(4) IIe, IIIe et IVe Cartul.: Britoliensis.
(5) IIIe Cartul.: Galeranno.
(6) IVe Cartul . Garinus.
(7) IIe et IIIe Cartul . Trounvile ; IVe Cartul : Tronville.
(8) IIe IIIe et IV Cartul . Bascoians.
(9) IVe Cartul . Foulloy.
(10) IIe et IVe Cartul : Osmundus.
(11) IVe Cartul : Alfay.
(12) IIIe Cartul . Erebocourt , IVe Cartul Lrembocourt.

de Dommeliers, Adelelmus maior de Dommorez, Gualterus (1 maior de Vaccaria, Gualterus (2 de Bonoculo. Actum est hoc anno dominice incarnationis M° C° X° LII°, indictione III (3) feliciter. Amen.

Cartul. I, f° 68, n° LXXIII, II, f° 100 n° LXXIII; III, f° 76, n° LXXIV; IV, f° 46, n° LXXV.

17.

DE PIGNERATIONE VICECOMITATUS DE BELVAISIS (4.

Vers 1142

In nomine Patris et Filii et Spiritus Sancti. Amen. Memorialis actio conventionis et pignerationis que facta est inter canonicos matris ecclesie Ambianensis et Manassem, dominum castelli Conteiensis, de vicecomitatu villarum (5) de Dommeliers, de Dommorez, de Vaccaria, de Bonoculo, de Fontanis, cujus vicecomitatus medietas est de possessione ejusdem ecclesie Ambianensis, medietas vero de feodo domini Conteiensis. Ego Manasses, dominus Conteiensis, tam presentium quam futurorum memorie trado quod adhortante et disponente venerabili viro, Brituliensi 6) domino, Ebrardo, quicquid vicecomitatus in prefatis villis habebam, partem videlicet octavam de dimidio et precipue summonitionem totius vicecomitatus vel evocationem pro XLV libris Belvacensis monete canonicis Ambianensis ecclesie in vadimonio dimisi, et ut inde certiores essent, sub assertione mee fidei et jurisjurandi me fideliter hoc tenere et observare promisi. Insuper et dominum Ebrardum inter me et ipsos obsidem inde et fidejussorem exhibui. Ipse quoque dominus Ebrardus partem suam, tantumdem scilicet, excepta submonitione quam in eodem vicecomitatu habebat, pro XX libris Belvacensis monete, et Petrus de Velana dimidium de dimidio quod in eodem vicecomitatu habebat pro sex libris Ambianensis monete eisdem canonicis in vadimonio posuerunt. Et quoniam a me partes illas jure hereditario tenebant, ut concederem petierunt. Ipsis itaque petentibus et annuentibus, ego quoque libenter concessi, tali siquidem conditione, sicut et ipsi petierant, quod donec partem meam redimam, suas eis partes redimere non licebit : et ne hoc in posterum oblivioni traderetur, vel aliqua inter successores meos et prefatos

(1) III° et IV° Cartul.: Galterus.
(2) IV° Cartul : Galterus.
(3) En 1142 l'indiction n'était pas III, mais V.
(4 II° et III° Cartul.: Belveisis ; IV° Cartul.:

Beauvesis.
(5) *Villarum* manque aux II°, III° et IV° Cartul.
(6) II°, III° et IV° Cartul Britoliensi.

canonicos super hoc quandoque dissensio oriretur, scriptum hoc inde fieri volui presentique sigillo beati Firmini martyris et meo, eorumque quorum nomina subscribuntur testimonio et fidejussione, sub uniuscujusque fidei assertione et jurejurando confirmavi, meque patronum et defensorem esse, si qua eis molestia vel injuria causa ejusdem vicecomitatus fieret, sub eadem fiducia promisi. Adjungens etiam in eadem fiducia quod ex quo filii mei ad me redierint et me canonici de concessione eorum super hoc facienda summonuerint, hanc conventionem ita dispositam infra XL dies, sicut juravi, eos concedere faciam. Hoc idem conjunx mea Eufemia concessit, et frater meus Rainaldus ut hec pactio sic firmiter teneretur juravit. Statutum est etiam in hac conventione, quod cum idem Rainaldus voluerit prefatam partem meam vicecomitatus eidem redimere licebit. Hanc conventionem sic firmiter constare ego Manasses juravi. Hoc etiam plegii mei Hugo de Cenpuiz (1) et Hugo de Contre et Balduinus Comus et Saxowalo (2) filius Alulfi Sanmeslet (3), et Petrus de Velana et Radulphus (4) prepositus juravere, tali scilicet conditione quod si me ex hac conventione, quod absit, deviare contingeret, aut me canonicis prefatis satisfacere cogerent, aut ex quo submoniti ab eis fuerint infra XL dies, in captione eorum, donec eis satisfactio haberetur, se spontanei ponerent. Henricus Belvacensis, Matheus clericus ejus, hujus conventionis testes sunt : Radulphus decanus et Radulphus archidiaconus, Balduinus archidiaconus, Guarinus thesaurarius, Fulco cantor, Adelelmus sacerdos, Adelelmus de Troumvilla, Balduinus Encrensis, Ebrardus quoque dominus Brituliensis (5), Gilo frater Bernardi, Hugo filius Gamelini, Hugo filius ejus, Bego Brituliensis, Drogo de Bulis, Radulphus (6) Bascoels, Gualterus de Foilloiz (7), Otsmundus (8) de Alfait, Stephanus de Erembocurt (9), Paganus maior de Fontainis. Paganus de Domeliers, Adelelmus major de Dommeret, Gualterus maior de Vaccaria, Gualterus de Bonoculo, Johannes sacerdos de Vacaria, Rogerus sacerdos de Fontanis (10).

Cartul. I, f° 65 v°, n° LXX ; II, f° 97 v°, n° LXX ; III, f° 74, n° LXXI ; IV, f° 45, n° LXXII.

(1) II° Cartul.: Centpuiz · IV° Cartul.: Centpuis.
(2) II°, III° et IV° Cartul.: Saxovualo.
(3) III° Cartul.: Sanmelet.
(4) IV° Cartul.: Radulfus.
(5) IV° Cartul.: Britoliensis.
(6) IV° Cartul.: Radulfus.
(7) IV° Cartul : Foulloiz.
(8) II°, III° et IV° Cartul. : Osmundus de Alfaiz.
(9) III° et IV° Cartul.: Erembocourt.
(10) II° Cartul.: Fontanis.

18.

DE ELEMOSINA NICHOLAI (1) FILII MAINERI.

1145

In nomine Patris et Filii et Spiritus Sancti. Amen. Propria rationis cognitione et sacri eloquii attestatione id nostra vere deprehendit intelligentia, quoniam pravi operis perpetratio non solum ejus auctori sed et illi qui assensum prebuerit culpam exaggerat, et quod bene agitur acquiescenti similiter in bonum cooperatur. Unde et certe perspicuum est quia sicut male facientibus minime consentire sic ad bona vota proximorum juvanda debemus accedere. Hac igitur fretus consideratione ego Guarinus (2), Dei patientia Ambianensis episcopus, boni operationem explere cupientibus pro modulo mee pusillanimitatis opem et consilium adhibere studui, quod nimirum etiam officio pastoralis sollicitudinis me potissimum debere consideravi. Proinde illorum qui temporalium rerum distributione eterna amplecti desiderant votis salutaribus acquiescens, quicquid talium dispensatione ex his quas possident facultatibus ad subsidium pauperum vel usum ecclesie strenue adoptatur, scripto memorieque mandare cupio, ne quoquomodo a statu sue positionis in posterum moveatur. Quocirca noverint universi tam presentes quam futuri quomodo Nicholaus, Maineri filius, Ambianice urbis civis stenuus, conjugalis vite sine prolis propagatione multis evolutis temporibus, demum melius arbitratus anime providere, Deo sibi dante consilium, hospites XL solidorum et XLV caponum censum annuatim solventes, redditumque quem in portu fluminis de navibus optinebat, vulgo appellatum caiagium, et proprie mansionis domum cum juxta adjacente terra post suum et uxoris sue Eve decessum sancte Matri Ambianensi ecclesie penitus habenda concessit, multisque presentibus clericis et laicis super altare Beate Marie donum posuit. In qua etiam donatione divino instructus consilio ex eisdem redditibus, postquam eos haberet ecclesia, die nativitatis Beate Marie Virginis, propter tante solempnitatatis reverentiam et beatam sui memoriam, totius civitatis canonicis et presbiteris commune prandium ritu indesinente constitui decrevit, diemque obitus sui et patris et uxoris debito officio singulis annis iterari, et si quid de pastu super habundaverit, die proprii anniversarii canonicis Beate Marie vini portionem distribui. Interim vero eo vivente canonici debent pontem reficere et omnia que ad portus necessitatem expetuntur diligenter

---

(1) IIe Cartul.: Nicolai.   (2) IVe Cartul.: Garinus dans toute la charte.

amministrare et ab ipso singulis dominicis diebus nummum propresenti investitura recipere. Si autem cellarium vel tristega ad merces negotiatorum reponendas construere voluerint, mercedis que inde accipietur media pars eorum ad presens erit; altera Nicholao in vita sua habebitur et post ejus obitum ea pars ecclesie adicietur. Ad hec eo mortuo, si uxor superstes fuerit, reliquorum omnium in vita sua medietatem, alteram vero ecclesia habebit, excepta domo quam dum vivet totam possidebit. Ipse autem N., sive ea superstite sive non, toto vite spacio hec integre possidebit. Preterea si isdem mortua uxore ad aliud forte conjugium transiens filium vel filiam habuerit, superveniens heres omnia que prediximus habebit, pro his tantum censum decem solidorum et totidem caponum singulis annis ecclesie redditurus. Cui iterum si heres non successerit ecclesia post illius decessum predicta prorsus obtinebit. Si quis autem hoc donum inquietare presumpserit anathema sit. Testes subsignati : Signum Guarini episcopi, Signum Radulphi (1) decani, Signum Guarini prepositi; Signum archidiaconorum Radulphi, Balduini ; Signum Fulconis cantoris ; Signum Symonis cancellarii; Signum sacerdotum Acardi (2), Adelelmi, Rogeri; Signum diaconorum Dodomani, Arnulphi (3); Signum subdiaconorum Rogeri, Radulphi, Guermundi; Signum laicorum Johannis de Cruce, Huberti Telonearii (4), Arnulphi (5) Prepositi, Guidonis Monachi, Bernardi Pincon (6), Hugonis Salenbien, Milonis Fabri, Firmini de Longa Maceria (7), Nicholai Dare, Adam filii prepositi.

Census singulorum hospitum : Helduinus IIII solidos et II capones ; Grimoldus de Quarreia VI sol. et VI capones ; Radulphus Tatevols II sol. et IIII capones ; Arnulphus Havegare III sol. et III capones ; Abelinus III sol. et III capones ; Ermenoldus VI sol. et VI capones. De orto juxta furnum II sol. et II capones ; Guarinus (8) Havegare III sol. et VI denarios et III capones. Item Arnulphus Havegare de domo que est ultra aquam II sol. et II capones ; Geroldus Vacarius (9) XII denarios et II capones, Otuinus XVIII denarios et II capones. De domo Ranulphi (10) Panuli II solidos et IIII capones ; Tiescelinus (11) filius Lonbardi (12) IV solidos et IV capones.

(1) IIe, IIIe et IVe Cartul. : Radulfi dans toute la charte.
(2) IIIe Cartul. : Achardi.
(3) II, IIIe et IVe Cartul. : Arnulfi.
(4) IIe, IIIe et IVe Cartul. : Thelonearii.
(5) IIe, IIIe et IVe Cartul. : Arnulfi.
(6) IVe Cartul. : Pinchon.
(7) IIIe Cartul. : Maceria.
(8) IIIe Cartul. : Garinus.
(9) IVe Cartul. : Vicarius.
(10) IIe, IIIe et IVe Cartul. : Radulfi.
(11) IVe Cartul. : Tiesselinus.
(12) IIIe et IVe Cartul. : Lombardi.

Consuetudines caiagii: De sacco lane quocumque, sive de Anglia sive de Pontivo, datur obolus. De unoquoque fardello obolus. De unaquaque carca piperis, alumi, vel grane obolus. De navata salis sextarius. De piscibus, sive pauci sive multi sint, nummus. De carrata cujuslibet annone vel vini vel wasdi (1 obolus. De carrata cujuslibet rei que illic oneratur obolus. De summa mellis vel olei, quocumque modo illuc feratur, obolus. De carrata pomorum vel nucum que illuc ducitur obolus. Et pro caiagio portiuncule terre que ibidem est XII^m denarii persolvuntur: sex Johanni de Cruce et sex Waltero filio Constantii. Actum anno dominice incarnationis M° C° XLV°, indictione VIII^a, regnante Ludovico Francorum rege et Aquitanorum (2) duce. Data (3) per manum Symonis cancellarii feliciter. Amen.

Cartul. I, f° 12, v°, n° xv; II, f° 45 v°, n° xv; III, f° 36 v°, n° xv; IV, f° 21 v°, n° xv.

19.

De abbatibus sancti Martini et sancti Acceoli (4).

1145

In nomine Patris et Filii et Spiritus Sancti. Amen. Ego Theodericus, Dei gratia Ambianensis episcopus, dilectis filiis nostris Radulpho 5) decano, Guarino (6) preposito, Radulpho, Balduino archidiaconis, Fulconi precentori, Symoni cancellario et toti capitulo beate Marie et sancti Firmini martyris, eorumque successoribus in perpetuum. Novit sancta ecclesia a sue originis primordio de bono in melius prosperari, et secundum successum temporis, successum semper habuit sui gradus et honoris. Unde vos, fratres karissimi, hoc incrementum vestre ecclesie vestris temporibus attentius considerantes, unanimi consilio et studio caritatis nostram parvitatem postulastis ut ecclesia sancti Aceoli (7) et ecclesia sancti Martini que sub vestra ditione semper sunt habite et a prioribus hactenus gubernate sub titulo abbatum ponerentur, et clerici eorumdem locorum salvo jure vestro sub nomine abbatum efficaciori cura et honorabiliori disciplina regerentur. Est autem, prout a vobis didicimus, utriusque loci consuetudo ut priore decedente, prior a fratribus canonice eligatur, et electio in

---

(1) II°, III° et IV° Cartul.: Waisdi.
(2) II° et IV° Cartul.: Acquitanorum.
(3) III° Cartul.: Datum.
(4) II° et III° Cartul.: Aceoli.

(5) II°, III° et IV° Cartul.: Radulfus dans toute la charte.
(6) III° et IV° Cartul.: Garino.
(7) III° Cartul.: Acheoli; IV° Cartul: Acceoli.

capitulo vestro presentetur; et laudata electione, pari favore tam a vobis quam ab ipsis electus requiratur. Concedimus siquidem ut quod hucusque de priore actum est, et ordo electionis et favor vestre concessionis in prerogativam abbatis utrobique transeat, et quicquid in priores habuit, in abbates capitulum vestrum habeat, et abbates a fratribus electi et a vobis laudati, benedictionem tantum ab episcopo recipiant, vobisque subjectionem et obedientiam promittant et a decano curam animarum suscipiant. Ut igitur vestre petitionis et nostre annuitionis concordia firma et illibata permaneat, presentem paginam vobis scribimus et nostro sigillo communimus, et perturbatorem hujus rei vinculo anathematis innodamus, testiumque sub assignatione, privilegium istud corroboramus. Signum Theoderici episcopi. Signum Radulphi decani. S. Guarini (1) prepositi. S. Radulphi, Balduini archidiaconorum. S. Fulconis precentoris. S. Symonis cancellarii. S. Theobaldi, Alelmi, Walteri, presbyterorum. S. Dodomani, Arnulphi (2), Radulphi diaconorum. S. Rogeri, Guermundi, Richeri, subdiaconorum. S. Theobaldi abbatis sancti Martini. S. Deodati abbatis sancti Aceoli (3). S. Gigomari abbatis sancti Fusciani. S. Fulconis abbatis sancti Johannis. S. Mainardi Gardiensis abbatis. S. Walteri de Serincurt (4). S. Adam abbatis sancti Judoci de Nemore. S. Theobaldi abbatis sancti Judoci supra Mare. S. Serlonis (5) abbatis sancti Luciani Belvacensis. S. Gorsvini abbatis Aquicinensis (6). S. Hugonis abbatis de Monte sancti Quintini. S. Fulberti abbatis Flaviacensis.

Actum anno dominice incarnationis M° C° XL° V°. Data per manum Symonis cancellarii.

Cartul. I, f° 9 v°, n° xii; II, f° 42 v°, n° xii; III, f° 34 v°, n° xii; IV, f° 20, n° xii.

20.

Scriptum Cathalaunensis episcopi.

G., Dei gratia Cathalaunensis episcopus, judicibus ecclesiasticis qui cause   1138 à 1147

(1) IV° Cartul.: Garini.
(2) II° et III° Cartul.: Arnulfi.
(3) III° Cartul.: Acheoli; IV° Cartul.: Acceoli.
(4) II° Cartul.: Selincurt; III° Cartul.: Silencurt écrit d'abord en minuscule comme le reste du texte, puis raturé et remplacé par Serincourt écrit en cursive au-dessus de la ligne; IV° Cartul.: Selincourt.
(5) IV° Cartul.: Sellonis.
(6) II°, III° et IV° Acquicinensis.

Ambianensis ecclesie domnique Everardi Britoliensis interfuerint salutem. Scriptum illud quod pro confirmanda pace inter ecclesiam Ambianensem domnumque Everardum (1) Britoliensem factum est audivimus in quo nichil dubietatis invenimus. Laudamus igitur et secundum scriptum judicamus domnum Everardum nullum transitum sive transversum infra calceiam prenominatam habere nisi de consuetudinariis mercatoribus per terram suam euntibus. Valete.

Cartul. I, f° 64, n° LXVIII ; II, f° 96, n° LXVIII ; III, f° 72 v°, n° LXIX ; IV, f° 44 v°, n° LXX.

21.

Confirmatio Suessionensis Episcopi. G. inter nos et Domnum Ebrardum Britholiensem.

1138 à 1148

G., Dei gratia Suessionensis episcopus, judicibus ecclesiasticis qui cause Ambianensis ecclesie domnique Ebrardi Brituliensis interfuerint salutem. Scriptum illud quo pro confirmanda pace inter ecclesiam Ambianensem domnumque Ebrardum Britoliensem factum est audivimus in quo nichil dubietatis invenimus. Mandamus igitur et secundum scriptum judicamus domnum Ebrardum nullum transitum sive traversum infra calceiam prenominatam habere nisi de consuetudinariis mercatoribus per terram suam euntibus. Valete.

Cart. IV, f° 45 v°, n° LXIII.

22.

Scriptum inter nos et Abbatem Atrebatensem. (2)

1146

In nomine sancte et individue Trinitatis. Amen. Ego Walterus, Dei gratia Attrebatensis cenobii abbas, tam presentibus quam futuris in Christo fidelibus in perpetuum. Quoniam per indissolubile pacis vinculum sancta ecclesia conectitur et proficit, ea que pacis sunt providere debemus quatinus quod ex studio bono geritur, per malum discordie non turbetur. Siquidem inter nos et domnum Theodericum venerabilem Ambianensem episcopum et canonicos ejus, consentientibus in hoc ex utraque parte capitulis, facta est quedam conventio ut canonici

---

(1) IIIe Cartul : Eberardum. (2) IIe, IIIe et IVe Cartul. : Attrebatensem.

terram quam Guarnerus Mollesac (1) sub censu III solidorum de nobis tenebat ab eo et uxore sua et filiis suis sub precio decem librarum emerent et idem Garnerus (2) cum uxore et filiis hanc ipsam terram sub testimonio multorum super altare beate Marie guerpirent, et jus in perpetuum facta manumissione transire concederent. Ego autem et capitulum nostrum hanc terram canonicis perpetuo possidendam concessimus, ita sane ut censum trium solidorum quem a Guarnero predicto pro terra ista receperamus, canonici ecclesie beati Vedasti apud Pontem in festo sancti Remigii singulis annis persolvant, et jure censuali deinceps respondeant. Ut igitur res ista firma permaneat, a nobis et a canonicis terminata et laudata est, ac cyrographo confirmata, et sigillo nostro corroborata est. Addimus etiam in prevaricatorem sententiam excommunicationis ut a communione sacri corporis XPI separetur, per quem pagine presentis sententia scripta violabitur. Hujus operis testes subpositi sunt : Henricus prior, Hunoldus, Johannes filius Hilwini, Evrardus prepositus, Balduinus cellerarius. Guillelmus sacrista, Hugo de Alennis et alii plures tam clerici quam laici quos scripto annotare supersedimus.

Actum est hoc anno ab incarnatione Domini M° C° XL° VI°, indictione VIIII°.

Cartul. I, f° 28, n° xxvi; II, f° 61 v°, n° xxvi; III, f° 48 v°, n° xxvi; IV, f° 29, n° xxvi.

23.

Scriptum inter canonicos et Robertum de Bova.

In nomine Patris et Filii et Spiritus Sancti. Amen. Ego Theodericus, Dei gratia Ambianensis episcopus, tam presentibus quam futuris in XPO fidelibus in perpetuum. Seriem facte conventionis inter canonicos beate Marie Ambianensis et Robertum de Bova, filium Thome, scripto suscepimus explanare, ut quomodo res gesta fuerit presentis pagine inspectione posteris appareat et sub tali testimonio firmiorem statum obtineat. Cum igitur postulasset Robertus de Bova ut LXX libras Ambianensis monete, quas de rapinis ab eo adversus ecclesiam perpetratis canonicis debebat, in feodum ei donarent atque ex eo hominium ejus acciperent, et ad pacem ab eo Ambianensi ecclesie in posterum deinceps servandam tali funiculo eum sibi obligarent, canonici super hoc consilium habuerunt et exquisita omnium sententia id quod poscebatur lege istius hominii fieri com-

1146

(1) IV° Cartul.: Garnerus Moullesac.   (2) II° et III° Cartul.: Guarnerus.

muniter approbaverunt. Communicato itaque capituli assensu tam Radulpho (1) decano et canonicis quam Roberto de Bova cum militibus suis in presentia nostra constitutis, predictas LXX^a libras eidem Roberto decanus et canonici in feodum dederunt, tali scilicet conditione ut quisquis post eum dominatum Bove oppidi tenuerit, simile hominium ecclesie Ambianensi debeat, quousque predicte pecunie summam, si ipse hanc partem potius elegerit, canonicis integre restituat, et si hoc frangere conatus fuerit, excommunicationi subjacebit, et oppidum Bova (2) cum terra ad eum pertinente a divinis cessabit. Preterea Thomas pater Roberti de duarum villarum pace quarum uni nomen est Dureum, alteri Longua aqua (3 , cum Ambianensi ecclesia pactum firmaverat ut, quecumque necessitas eum coartaret, ipse tamen sive ejus heres his duabus villis perpetuam pacem servaret. Si vero rustici harum villarum tempore guerrarum et persecutionum adversus milites de Bova foras cum armis ad persequendum exisse vel clamorem fecisse contenderentur, canonicis Ambianensibus et clamatoribus de Bova in valle de Braitel(4) hinc inde convenientibus, quisquis rusticorum nominatim reus ostenderetur, si se insontem cognosceret, solo sacramento sine consecutione duelli se excusaret. Obtinuerunt itaque etiam canonici ut alia villa ecclesie Ambianensis, Ver nomine, super fluvium Seilam sita, que a Roberto multa mala pertulerat, sub eadem lege concludatur et simili pace fruatur. Idem etiam Robertus id quod pater suus Thomas Ambianensi ecclesie in elemosinam in perpetuum donaverat, videlicet IIII^{or} modios frumenti singulis annis in molendinis de Bova, benigne confirmavit. Ut igitur istud ratum et immutabile permaneat, presentem paginam sigillo nostro communimus, et perturbatores hujus rei anathematizamus, et ut eadem veritas immobilis apud utramque partem teneatur, ipsum scriptum per cyrographum divisum canonicis et Roberto distribuimus et testium sub assignatione corroboramus. Signum Theoderici episcopi. S. Radulphi(5) decani. S. Guarini 6) prepositi. S. Radulphi(7), Balduini archidiaconorum. S. Fulconis precentoris. S. Acardi, Adelelmi, Walteri, sacerdotum. S. Dodomani, Arnulphi, Radulphi, diaconorum. S. Rogeri, Guermundi, Roberti, Theobaldi, Balduini, Ricardi, Guidonis, subdiaconorum. S. Ebrardi de Domuino. S. Girardi de Canniaco (8). S. Hiberti de Gemellis.

(1) IIIe et IVe Cartul.: Radulfus partout.
(2) IIIe Cartul.: De Bova.
(3) IIe, IIIe et IVe Cartul.: Longa Aqua.
(4) IIe, IIIe et IVe Cartul.: Braietel.
(5) IIe Cartul.: Radulfi.

(6) IVe Cartul.: Garini.
(7) IIe Cartul.: Radulfi.
(8) IIe Cartul.: Cainniaco; IIIe et IVe Cartul.: Caigniaco.

S. Raineri de Bova. S. Bernardi de Hangardo. S. Lamberti de Hilliaco. S. Petri de Gollencurt (1). S. Petri de Canniaco (2). Actum anno M° C° XL° VI° dominice incarnationis, indictione vIII° (3) feliciter. Amen. Ego Symon cancellarius subscripsi et relegi. Iterum signum Walteri de Hilli (4). S. Walteri de Folleo (5). S. Roberti Torcharth (6) et Thomo Coeth, prepositorum Bove.

Cartul. I, f° 32 v°, n° xxxii; II, f° 66, n° xxxii; III, f° 51 v°, n° xxxii; IV, f° 31, n° xxxii.

24.

DE VICECOMITATU DE BELVEISIS (7) QUI PERTINEBAT AD DOMINUM CONTEIENSEM.

In nomine Patris et Filii et Spiritus Sancti. Amen. Ego Theodericus, Dei gratia Ambianensis episcopus, tam presentibus quam futuris in XPO fidelibus notum facio quod Johannes dominus Conteiensis pro multimodis dampnis et injuriis Ambianensi ecclesie illatis, satisfacere desiderans et tandem ad emendationem veniens, quicquid in vicecomitatu villarum ad Ambianensem ecclesiam pertinentium in territorio Belvacensi habebat, ut ab excommunicatione qua pro forisfacto ecclesie ad valens ducentarum librarum tenebatur absolveretur. assensu domini nostri Ludovici regis et nostro, Ambianensi ecclesie per manum nostram reddidit et in perpetuam elemosinam guerpivit. Verum a tempore domini Manasse patris predicti Johannis predictum vicecomitatum canonici pro sexaginta libris Belvacensis monete in vadimonium tenebant quas de proprio ecclesie tam Manasses quam filius ejus Johannes super vicecomitatum illum acceperant. Nostris itaque temporibus, Johannes filius Manasse, in tot et tantis Ambianensi ecclesie obnoxius, concedente et laudante domino nostro Ludovico rege, ut dictum est, cujus privilegium et munimentum super hoc recepimus, vicecomitatum illum libere et absolute, concedente fratre suo Roberto, Ambianensi ecclesie per manum nostram reddidit, et in perpetuam elemosinam concessit, seque patronum ac deffensorem hujus elemosine, sub assertione sue fidei et jurejurando et

1144 1164

---

(1) III° Cartul.: Gollencort; IV° Cartul.: Gollencourt.
(2) III° Cartul.: Cainniaco; IV° Cartul.: Caigniaco.
(3) En 1146 l'indiction est 9.
(4) II° et III° Cartul.: Helli; IV° Cartul.: Heilli.
(5) II° et III° Cartul.: Foilloi; IV° Cartul.: Foulloi.
(6) II° et III° Cartul.: Torchart; IV° Cartul.: Trochart.
(7) III° Cartul: Belvesis; IV° Cartul: Bauvesis.

hominum suorum Otsmundi (1), Hugonis de Centum puteis, Guidonis filii ejus et aliorum promisit. Petrus etiam de Velana, quicquid in vicecomitatu illo de feodo Conteiensi tenebat, videlicet octavam partem, concedente domino suo Johanne Conteiensi, totum Ambianensi ecclesie in elemosinam donavit, et in recompensationem elemosine sue, de beneficiis ecclesie XII libras Ambianensis monete recepit. Otsmundus (2) vero de Conteio partem suam, tantumdem videlicet quantum et Petrus pro dampnis ad valens XX^{ti} librarum Belvacensis monete illatis, concedente domino suo Johanne Conteiensi, Ambianensi ecclesie in elemosinam donavit et guerpivit. Ne igitur rei geste noticia, videlicet quo pacto vicecomitatus iste in jus et possessionem Ambianensis ecclesie tandem devenerit a memoria hominum excidat sed ut decurrente tempore a modernis in posteros per etates et ipsa decurrat, presens scriptum facimus et sigillo nostro communimus, et hujus elemosine temerarios perturbatores excommunicamus. Ego Symon cancellarius relegi. Datum per manum Roberti Gigantis (3) notarii.

Cartul. I, f° 69, n° LXXIV ; II, f° 100 v°, n° LXXIV ; III f° 76, n° LXXV ; IV f° 46 v°, n° LXXVI.

25.

DE BANNO ET NOCTURNA (4).

Vers 1146

Notum sit tam presentibus quam futuris quod ego Alelmus de Ambianis pro banno vini et nocturna anguillarum que diu et quiete per elemosinam possessa ecclesia michi et successoribus meis habenda reddidit quindecim solidos et quindecim capones in recompensationem, assensu uxoris mee et filiorum meorum predicte ecclesie in elemosinam habendos concessi : et in terra hospitum meorum singulis annis recipiendos assignavi Ambianis quorum sunt nomina : Milo Monachus V sol. et V capones, Radulphus (5) de Raineval V sol. et V capones, Robertus frater ejus V sol. et V capones reddunt de mansionibus suis in castellione. Et hoc sigillo meo ecclesie Ambianensi confirmavi.

Cartul. I, f° 5, n° v; II, f° 38, n° v; III, f° 31, n° v; IV, f° 18, n° v.

(1) II° et III° Cartul. : Osmundi.
(2) II° et III° Cartul. : Osmundus.
(3) IV° Cartul. : Gygantis.

(4) II°, III° et IV° Cartul. : De banno vini et nocturna anguillarum.
(5) II°, III° et IV° Cartul. : Radulfus

26.

De banno vini et Nocturna.

In nomine Patris et Filii et Spiritus Sancti. Amen. Ego Theodericus, Dei gratia Ambianensis episcopus, tam presentibus quam futuris in XPO fidelibus in perpetuum. Ea que divina bonitas ad commodum Ambianensis ecclesie nostris temporibus operari dignata est, memorie mandare curavimus, quatinus quod bono studio agitur nulla in posterum inquietatione turbetur. Proinde notum facimus quod Alelmus de Ambianis cum ab ecclesia Ambianensi propter rapinas quas adversus eam exercuerat diu excommunicatus fuisset, tandem ipse et parentes ejus Guido et Mathildis (1) ante nostram constituti presentiam pro absolutione illius, Ambianensi ecclesie annuam piscium capturam quæ vulgali nomine appellatur nocturna, et dimidium banni per quindecim dies, circiter festum beati Johannis, totumque pratum de Francavilla et medietatem prati de Forest, cujus altera pars ejusdem erat ecclesie, et terram de Casneto perpetuo jure donaverunt; et donationem illam fide et sacramento firmaverunt, annuente hoc Roberto comite Ambianensi de cujus feodo pretaxata pendebant. Concedentes etiam ob remedium animarum suarum habitatoribus Sancti Mauritii et Vallis omnibusque ad Ambianensem ecclesiam pertinentibus pascua herbarum in territoriis suis in perpetuum, et si in quolibet feodo eorum agriculturam exercuerint omni statu temporis primam et secundam segetem quiete colligent (2). Preterea ab illis statutum est quatinus ipsi vel eorum successores propter culpas rusticorum de cetero ecclesiam inquietare non presumant sed facto clamore ad capitulum de accusatis quod justicia dictaverit recipiant. Ut igitur res ista in posterum firma et illibata permaneat, ad munimentum Ambianensis ecclesie presentem paginam scribimus et sigillo nostro corroboramus, et perturbatores hujus rei a communione dominici corporis et sanguinis et totius ecclesie separamus et testes subscribimus: Signum Theobaldi abbatis sancti Martini. S. Walteri (3) abbatis de sancto Aceolo (4). S. Fulconis abbatis de sancto Johanne (5). S. Walteri presbiteri de Flescicurt (6). S. magistri

1146

---

(1) IIIᵉ Cartul.: Matildis.
(2) IIIᵉ Cartul.: Possident.
(3) IIᵉ Cartul.: Vualteri.
(4) IIᵉ et IVᵉ Cartul.: Sancti Acceoli; IIIᵉ Cartul.: Sancti Aceoli.
(5) IIᵉ, IIIᵉ et IVᵉ Cartul.: Sancti Johannis.
(6) IIIᵉ Cartul.: Flescicort; IVᵉ Cartul,. Flescicourt.

Raineri de Pinconio (1). S. Rogeri castellani de Peronia (2). S. Radulphi (3 castellani de Nigella. S. Adam de Cagni (4). S. Lamberti de Hilli (5). S. Gilonis de Clari. S. Arnulphi (6) Busheredi. S. Johannis de Cruce. S. Huberti thelonearii. S. Bernardi de Pinconio (7). S. Guidonis monachi. Actum anno ab incarnatione Domini M° C° XL° VI°, indictione VIIII^a (8).

Cartul, I, f° 32, n° xxxi; II, f° 65, n° xxxi; III, f° 51, n° li: IV, f° 30 v°, n° xxxi.

27.

De terra Guarini Mollesac (9).

1146

In nomine Patris et Filii et Spiritus Sancti. Amen. Ego Theodericus, Dei gratia Ambianensium episcopus, tam presentibus quam futuris in XPO fidelibus iu perpetuum. Quoniam per indissolubile pacis vinculum sancta ecclesia connectitur et proficit, ea que pacis sunt providere debemus, quatinus quod ex studio bono geritur per malum discordie non turbetur. Siquidem inter canonicos nostros et domnum Walterum venerabilem abbatem sancti Vedasti Attrebatensis cenobii consentientibus in hoc ex utraque parte capitulis, facta est quedam conventio ut canonici nostri terram quam Guarnerus Mollesac (10) sub censu trium solidorum de ecclesia sancti Vedasti tenebat ab eodem Guarnero (11) et uxore sua et filiis suis sub precio decem librarum emerent, et idem Guarnerus cum uxore et filiis hanc ipsam terram sub testimonio multorum super altare beate Marie guerpirent, et in jus perpetuum ejusdem ecclesie facta manumissione transire concederent. Abbas autem sancti Vedasti et capitulum suum hanc terram canonicis nostris perpetuo possidendam concesserunt, ita sane ut censum trium solidorum quem a Guarnero (12 Mollesac pro terra ista

(1) II°, III° et IV° Cartul. : Pinchonio.
(2) II°, III° et IV° Cartul. : Perona.
(3) III° et IV° Cartul. : Radulfi.
(4) II°, III° et IV° Cartul. : Caigni.
(5) II° et III° Cartul. : Helli ; IV° Cartul. : Heilli.
(6) II°, III° et IV° Cartul. : Arnulfi.
(7) III° Cartul. : Pinchonio.

(8) IV° Cartul.: VIII^a.
(9) III° Cartul. : Moillesac ; IV° Cartul. : Moullesac.
(10) II° Cartul. : Moillesac ; IV° Cartl. : Moullesac.
(11) III° et IV° Cartul. : Garnero.
(12) III° Cartul. : Garnero ; IV° Cartul. : Garnero Moullesac.

monachi receperant, canonici nostri ecclesie beati Vedasti apud Pontem in festo sancti Remigii singulis annis persolvant, et jure censuali deinceps respondeant. Ut igitur res ista firma et illibata permaneat tam a canonicis quam a monachis, in conspectu nostro laudata est et cyrographo confirmata, et tam sigillo beati Firmini quam nostro corroborata. Addimus etiam (1) in prevaricatorem hujus pacti sententiam excommunicationis ut a communione sacri corporis XPI separetur, per quem pagine presentis sententia scripta violabitur. Hujus operis testes subpositi sunt: Radulphus (2) decanus, Guarinus prepositus, Balduinus archidiaconus, Fulco cantor, Acardus (3), Adelelmus (4) presbyteri; Dodomanus, Arnulphus diaconi; Rogerus, Andreas et Robertus subdiaconi; Robertus, Guermundus (5), Guido, Geroldus et Hugo pueri; Hubertus Thelonearius et Stephanus frater ejus et Nicholaus nepos ejus, Firminus Mole*sac*, Nicholaus Pistor, Robertus Cocus (6), Stephanus maior laici. Actum est hoc anno ab incarnatione Domni M° C° XLVI°, indictione VIIII.

<small>Cartul. I, f° 5 v°, n° vi; II, f° 38, n° vi; III, f° 31 v°, n° vi; IV, f° 18, n° vi.</small>

28.

De prebenda sancti Martini.

In nomine Patris et Filii et Spiritus Sancti. Amen. Ego Theodericus, Dei gratia Ambianensis episcopus, tam presentibus quam futuris in XPO fidelibus in perpetuum. Qui temporalia subsidia Deo militantibus adicit, spiritalium meritorum eorum procul dubio se participem facit. Hac consideratione promoti, frater Theobalde, abba venerabilis sancti Martini de Gemellis, in XPO plurimum dilecte, prebendam unam in ecclesia beate Marie ad ampliandum Dei servicium in eadem ecclesia, assensu decani et totius capituli, tibi et ecclesie tue perpetualiter possidendam donamus. Porro ad deserviendam canonicam istam, tu frater Theobalde, et successores tui abbates et ecclesia tua, ad voluntatem et electionem decani et capituli Ambianensis presbyterum de capitulo vestro qui tam die quam nocte convenienter se prestet assiduum perpetuo mancipabitis.

1148

---

(1) IIIe Cartul. : Autem.
(2) IIe, IIIe et IVe Cartul. : Radulfus.
(3) IIIe Cartul. : Achardus.
(4) IIIe Cartul. : Adelemus.
(5) IVe Cartul. : Guermondus.
(6) IIe, IIIe et IVe Cartul. : Coccus.

ita sane quod personam ab eis electam et a vobis concessam et traditam absque voluntate decani et capituli, nisi causa manifeste exordinationis nequaquam mutare vel transferre possitis. Quod si personam illam infirmari et languore vel aliqua infirmitate diu detineri, vel quod gravius est, manifesta exordinatione corrumpi contigerit, alium presbyterum de capitulo vestro ad voluntatem decani et capituli, ut supra dictum est, loco ejus substituetis. Siquidem de eligenda vel mutanda persona totum in arbitrio decani et capituli erit. Ut igitur hec nostra largitio et ipsa ejusdem rei ordinata distinctio firma et immobilis permaneat, dilectis filiis nostris canonicis matris ecclesie et ecclesie beati Martini que ad ipsam matrem ecclesiam specialiter pertinet, presens scriptum facimus, et ad conservandam utriusque ecclesie rationem, ipsum scriptum in cyrographum dividimus, et sigilli nostri appositione communimus, et testes subscribimus : Signum Theoderici Ambianensis episcopi. S. Radulphi decani (1. S. Guarini prepositi (2). S. Radulphi et Symonis archidiaconorum. S. Fulconis precentoris. S. Acardi, Rogeri, Gualteri (3), presbyterorum. S. Radulphi, Dodomani, diaconorum. S. Guermundi, Theobaldi, Richardi (4), subdiaconorum. S. Eustachii Monsteriolensis abbatis. S. Theobaldi sancti Judoci abbatis. S. Gigomari sancti Fusciani abbatis. S. Gualteri (5) sancti Acceoli (6) abbatis S. Fulconis sancti Johannis Ambianensis abbatis.

Actum anno dominice incarnationis M° C° XL° VIII, indictione undecima. Symon cancellarius per manum Roberti notarii scripsit et subscripsit.

<small>Cartul. I, f° 30 v°, n° xxix; II, f° 63 v°, n° xxix; III, f° 50, n° xxix; IV, f° 30, n° xxix.</small>

29.

DE ELEMOSINA NICHOLAI, FILII MAINERI.

1149 Ego Theodericus, Dei gracia Ambianensis episcopus, tam presentibus quam futuris in XPO fidelibus imperpetuum. Sicut pontificali sollicitudine unusquisque commonendus est ut de malo ad bonum transeat, sic per fomenta

---

(1) II*, III* et IV* Cartul. : Radulfi dans toute la charte.
(2) III* et IV* Cartul. : Garini.
(3) IV* Cartul. : Galteri.
(4) II*, III* et IV* Cartul. : Ricardi.
(5) IV* Cartul. : Galteri.
(6) III* Cartul. : Aceoli.

paterne mansuetudinis demulcendus est ut in bono perseverantiam teneat. Religiosum igitur desiderium viri illustris Nicholai filii Maineri attendentes, ea que matri ecclesie Ambianensi, post suum et uxoris sue Eve decessum, in perpetuam elemosinam possidenda donavit, sub tutela beatissimi Firmini episcopi et martyris et nostra suscipimus, et pontificali auctoritate confirmamus, hospites videlicet censum XL solidorum et XLV caponum annuatim solventes, et redditum, quem in portu fluminis Somene (1) de navibus obtinebat, vulgo appellatum caiagium, et proprie mansionis domum cum juxta adjacente terra. Sane idem N. ex eisdem redditibus, postquam eos habuerit ecclesia, die Nativitatis beate Marie totius civitatis canonicis et presbyteris commune prandium ritu indesinente fieri ordinavit, diemque obitus sui et patris et uxoris debito officio singulis annis iterari ; et si quid de pastu superhabundaverit, die proprii anniversarii canonicis beate Marie vinum distribui. Siquidem eo vivente canonici pontem reficiunt, et ea que ad portus necessitatem expetuntur, administrant, et pro presenti investitura ab ipso N. singulis dominicis nummum recipiunt. Cellarium etiam et tristega ad merces negotiatorum reponendas, idem canonici faciunt et mercedis que inde accipitur mediam partem recipiunt, alteram vero N. in vita sua relinquunt. Ad hec, eo mortuo, si uxor superstes fuerit, reliquorum omnium in vita sua medietatem, alteram vero ecclesia habebit, excepta domo, quam dum vivet, totam possidebit. Preterea si isdem, mortua uxore, ad aliud conjugium transiens heredem habuerit, heres que prediximus habebit, pro his tamen X solidos et totidem capones ecclesie singulis annis rediturus. Cui iterum si heres non successerit, ecclesia post illius decessum predicta integre obtinebit. Si quis autem hoc donum inquietare presumpserit. vel prandii institutionem mutaverit, anathema sit.

Porro idem N. pro quibusdam terris quas de ecclesia Ambianensi tenebat, tres solidos uno denario minus, et septem capones eidem ecclesie singulis annis persolvebat: pro terra Orialdis VI den. et II capones ; in caio XII den. et II capones, item V den. et I cap. ; de terra juxta furnum VI den. et I cap. ; de furno VI den. et I cap. Verum pro caritate et dilectione ejusdem N. cum fratri (2) et amico suo predictum censum et clausuram aque de magno ponte quamdiu vixerit canonici concesserunt; ita sane ut post ejus obitum vel vite conversionem predictus census et clausura libere et absque alicujus reclama-

---

(1) IV° Cartul. : Somone.   (2) IV° Cartul. : Confratri.

tione ad ecclesiam redeant. Signum Theoderici episcopi. S. Radulphi (1) decani. S. Guarini (2) prepositi. S. Radulphi (3) et Symonis archidiaconorum. S. Fulconis cantoris. S. Acardi (4), Radulphi, Theobaldi, Gualteri (5), presbyterorum. S. Radulphi. Roberti, Guidonis, diaconorum. Signum Rogeri, Andree, Theobaldi, Ricardi (6), Laurentii, subdiaconorum. Signum laicorum : Johannis de Cruce, Huberti Thelonearii, Stephani, Arnulphi Camerarii, Guidonis Monetarii, Bernardi Pincerne, Hugonis Saleng.. (7). Milonis Fabri, Firmini de Longa Maceria, Nicholai Dare, Adam *filii* prepositi.

Census singulorum hospitum : Helduinus IIII sol. et IIII capones. Henredus VI sol. et VI cap. Radulphus 8) Tatevols II sol. et IIII cap. Arnulphus 9 Havegare III sol. et III cap. Abelinus III sol. et III cap. Item Arnulphus Havegare de domo que est ultra aquam II sol. et II cap. Ermenoldus VI sol. et VI cap. De orto qui est juxta furnum II sol. et II cap. Guarinus (10 Havegare III sol. et vi den. et III cap. Geroldus vaccarius XII den. et II cap. Otvinus XVIII den. et II cap. De domo Radulphi Panuli II sol. et IIII cap. Tiescelinus Lonbardi (11) IIII sol. et IIII cap. In Choorun (12) de terra Orialdis.

Consuetudines caiagii : De sacco lane quocumque sive de Anglia, sive de Pontivo datur obolus. De unoquoque fardello, ob. De unaquaque carca piperis, alumi vel grane, ob. De navata salis, sextarius. De piscibus, sive pauci sive multi sint, nummus. De carrata cujuslibet annone. vel vini, vel wasdi, ob. De carrata cujuslibet rei que illic oneratur, ob. De summa mellis vel olei quocumque modo illuc feratur, ob. De carrata pomorum vel nucum que illuc ducitur, obolus. § Pro caiagio porciuncule terre que ibidem est, duodecim denarii persolvuntur : VI Johanni de Cruce et VI Waltero filio Constantii.

Actum anno dominice incarnationis M° C° XL° VIIII, indictione XII, regnante christianissimo Francorum rege et Aquitanorum (13 duce Ludovico.

Data per manum Roberti notarii feliciter. Amen.

Cartul. I, f° 22, n° xxi ; II, f° 55 v°, n° xxi : III, f° 44, n° xxi ; IV, f° 26, n° xxi.

(1) IV° Cartul. ; Radulfi dans toute la charte.
(2) III° et IV° Cartul. : Garini.
(3) III° Cartul. : Radulfi dans le reste de la charte.
(4) III° Cartul. : Achardi.
(5) IV° Cartul. : Galteri.
(6) III° Cartul. : Richardi.
(7) II°, III° et IV° Cartul. : Saleng manque.
Ce personnage est appelé Hugo Salenbien dans la charte n° 18.
(8) II° Cartul. : Radulfus
(9) II° et IV° Cartul. : Arnulfus.
(10) IV° Cartul. : Garinus.
(11) III° et IV° Cartul. : Lombardi.
(12) IV° Cartul. : Chouron.
(13) II°, III° et IV° Cartul. : Acquitanorum.

30.

Inter canonicos et Hubertum de Balgenci (1).

In nomine Patris et Filii et Spiritus Sancti. Amen. Quoniam rerum noticia a memoria hominum per temporum intervalla plerumque dilabitur, ordo rei in presenti geste ad tenendam ipsius memoriam et excludendam omnem controversiam litteris assignatur. Noverint igitur tam presentes quam futuri quod canonici matris ecclesie Ambianensis, communicato consilio, quicquid reddituum tam in censu quam in decimis apud Balgentiacum (2) ex antiquo jure beatissimi Firmini martyris possidebant, Huberto clerico ministro et officiali suo jure hereditario possidendum, sub censu LX^a et decem solidorum Aurelianensis monete singulis annis persolvendorum concesserunt; ita sane quod neque Hubertus de predicta summa aliquid diminuere, vel canonici prescripte summe aliquid addere deinceps possint. Sane sicut in Ambianensis ecclesie privilegiis confirmatum habetur, pro reverentia beati Firmini martyris, predictus Hubertus, eo quod minister et officialis sit predicte ecclesie, liber et ab omni consuetudine vel exactione seculari emancipatus habetur, et quicumque heredum suorum post ipsum custos reddituum beati Firmini martyris constituetur. Porro hec antiqua libertas a donno Symone de Balgentiaco (3) in presentia domni Manasse episcopi apud Maudunum recognita, concessa et confirmata fuit. Siquidem idem Hubertus vel heres ejus dominos suos canonicos Ambianensis ecclesie vel ministros eorum, cum ad recipiendum prescriptum censum missi fuerint, digna cum reverentia hospicio recipiet, expensas sufficienter administrabit, quamdiu eisdem canonicis vel ministris eorum ibidem commorari necesse fuerit. Ut igitur hec conventio firma et illibata permaneat, presens pagina in cyrographum dividitur et sigillo beati Firmini martyris communitur. Sciendum est autem quod Hubertus in capitulo Ambianensi ubi hec ordinata sunt, hominium et fidelitatem super hoc fecit sicut antecessores sui fecerant; quod et heredes sui facturi sunt et feodum suum in capitulo requisituri. Hec sunt que idem Hubertus de ecclesia Ambianensi sub prescripto censu tenet : Census

1149

---

(1) IIe Cartul. 1re rédaction : Scriptum inter canonicos et Hubertum de Balgenci; 2° réd. : Scriptum inter ecclesiam et Hubertum de Baugenci; IVe Cartul. : Scriptum inter uos et Hubertum de Balgenci.

(2 et 3) IVe Cartul. : Balgenciacum.

pro turre XX^a sol. De minuto censu V solidos. XII den. de mansione ejusdem Huberti de porta Vindocinensi. V sol. de decima ultra Ligerim et de decima de porta Blesensi (1) et de Bona Valle. Rotagium de Balgentiaco, de singulis quadrigis nummus. V sol. de prato Cemahalt (2). Familia Guitardi Ercenfredi (3). Duo etiam jugera terre arabilis que donna Mathildis tenet.

Actum est hoc anno ab incarnatione Domini M° C° XL* VIIII°. Signum Radulphi (4) decani. S. Guarini (5) prepositi et archidiaconi. S. Symonis archidiaconi. S. Fulconis cantoris. S. Guntselmi (6) abbatis de Balgentiaco. S. Theobaldi abbatis sancti Martini. S. Walteri abbatis sancti Acceoli (7). S. Adelelmi, Gualteri (8), presbyterorum. S. Radulphi, Roberti et Guidonis diaconorum. S. Balduini, Rogeri et Andree, Guermundi, Radulphi, Laurentii, Guillelmi, Guidonis, subdiaconorum. Ego Symon cancellarius legi et relegi. Datum per manum Roberti notarii.

Cartul. I, f° 28 v°, n° xxviii ; II, f° 62, n° xxvii et f° 113, n° lxxxviii ; III, f° 48 v°, n° xxvii ; IV, f° 29, n° xxvii.

31.

De pigneratione vicecomitatuum de Belvesis (9).

1150

Ego Theodericus, Dei gratia Ambianensis episcopus tam presentibus quam futuris in XPO fidelibus in perpetuum. Actionem conventionis et pignerationis que facta est inter canonicos matris ecclesie Ambianensis et Manassem dominum castelli Conteiensis et Johannem filium ipsius et Everardum (10) de Britolio et Petrum de Velana super vicecomitatu villarum ejusdem ecclesie de Dommeliers, de Dommorez (11), de Vacaria (12), de Bonoculo, de Fontanis, ad memoriam revocare et in medium producere necessarium duximus, quatinus veritas rei geste ad posteros transeat et error ambiguitatis excludatur, et omnis super hoc

(1) III° Cartul. : Blensensi.
(2) III° Cartul. : Chemehalt; II° Cartul. : 1re réd. et IV° Cartul. : Chcmahalt.
(3) II°, III° et IV° Cartul. : Ercenfridi.
(4) II°, III et IV° Cartul. : Radulfi; id. dans toute la charte.
(5) IV° Cartul. : Garini.
(6) II° Cartul. 2° réd. et IV° Cartul. : Gunselini.

(7) II° Cartul. : Aceoli.
(8) IV° Cartul. : Galteri.
(9) II° et III° Cartul. : Belveisis ; IV° Cartul. : Beauvesis.
(10) II° et IV° Cartul. : Eberardum ; III° Cartul. Ebrardum.
(11) Dommorez manque au III° Cartulaire.
(12) II° Cartul. : Vaccaria.

deinceps contentio quiescat. Verum inprimis ipsum vicecomitatum per partes suas distinguimus, ne per confusionem partium auditoris intellectum offendamus. Noverint igitur tam presentes quam futuri quod totius vicecomitatus medietas de jure et possessione Ambianensis ecclesie ab antiquo esse dinoscitur; reliqua vero medietas de feodo domini Conteiensis. Porro illius medietatis medietatem que de feodo Conteiensi pendet, ecclesia Ambianensis de elemosina Otsmundi (1) de Conteio nichilominus possidet. Predictus etenim Otsmundus, pro dampnis que Ambianensi ecclesie ad valens XX librarum Belvacensis monete intulerat, excommunicationem incurrit; et pro absolutione sua quartam partem quam in vicecomitatu habebat, annuente domino Conteiensi de quo illam tenebat, idem Otsmundus Ambianensi ecclesie concessit et in perpetuam elemosinam possidendam donavit, et ex toto dimisit. Quarte autem partis medietatem, videlicet octavam partem, Petrus de Velana pro octo libris Ambianensis monete, annuente domino Conteiensi, eisdem canonicis in vadimonium posuit. Domnus etiam Ebrardus de Britolio partem suam, quarte videlicet partis quadrantem, quam in eodem vicecomitatu habebat, pro viginti libris Belvacensis monete, annuente domino Conteiensi de cujus feodo pendebat, concedentibus etiam filiis suis Gualeranno et Hugone, eisdem canonicis nichilominus invadiavit. Dominus autem Manasses de Conteio partem suam tantumdem, scilicet quantum et domnus Ebrardus in eodem vicecomitatu habebat, id est, quarte partis quartam portionem, insuper et totam submonitionem sive evocationem totius vicecomitatus placitandi apud Conteium quam propriam tenebat, pro XLV libris Belvacensis monete, canonicis Ambianensis ecclesie in vadimonio dimisit, et ut inde certiores essent, sub assertione sue fidei et jurisjurandi se fideliter hoc tenere et observare promisit, et heredes suos idem concedere et tenere, quando ad annos discretionis pervenissent, spopondit. Statutum est autem communi dominorum illorum assensu quod donec dominus de Conteio, de quo et illi tenent, partem suam redimat, domino Ebrardo vel Petro de Velana partes suas redimere non liceat. Succedente vero tempore, Johannes filius Manasse, postquam ad annos suos pervenit, quicquid Manasses pater suus de predicto vicecomitatu fecerat, et libenter ipse concessit; et XXI libras Belvacensis monete predicte summe XLV librarum super additas, assensu et consilio hominum suorum, de proprio ecclesie

---

(1) II⁰ et III⁰ Cartul.: Osmundi; *id.* dans toute la charte.

recepit, seque patronum ac defensorem hujus pignerationis sub assertione sue fidei et jurejurando et hominum suorum quorum nomina subscribuntur promisit. Hii sunt qui interfuerunt et sub assertione sue fidei et fidejussione huic conventioni se obligaverunt: Otmundus de Conteio, Hugo de Centumputeis, Guido filius ejus, Ingelrannus de Pinconio, Alulfus (1) de Novavilla, Anselmus de Casneel (2), Gerardus frater ejus, Petrus de Rulli, Bernardus Lovez, Guermundus de Taisni, Ertoldus de Nanz, Radulphus (3) de sancto Albino. Ne igitur ullo unquam tempore ab aliquo ausu temerario, hec nostra compositio perturbetur presens scriptum sigillo nostro corroboratum ad munimentum ecclesie nostre facimus et violatorem hujus pacis pontificali auctoritate excommunicamus.

Actum est hoc anno dominice incarnationis M° C° L°, indictione XIII, regnante nobilissimo Francorum rege, et Aquitanorum (4) duce Ludovico, Ludovici christianissimi regis filio.

Datum per manum Roberti notarii.

<small>Cartul. I, f° 64, n° LXIX; II, f° 96, n° LXIX; III, f° 73, n° LXX; IV, f° 44 v°, n° LXII</small>

32.

DE REDDITIBUS ULTRA PONTEM ET DE REPORTAGIIS DE VALLIBUS.

1150

In nomine Patris et Filii et Spiritus Sancti. Amen. Ego Theodericus, Dei gratia Ambianensis episcopus, tam presentibus quam futuris in XPO in perpetuum. Quoniam auctore Deo sancte Ambianensi ecclesie presidemus jura sue dignitatis illesa et imminuta pro posse nostro tueri et conservare debemus; eapropter que ab antiquo de jure matris ecclesie Ambianensis, multorum attestatione et predecessorum nostrorum scriptis confirmata legimus, scripto explananda et sigilli nostri appositione confirmanda suscepimus. Noverint igitur tam presentes quam futuri quod mater ecclesia Ambianensis ex antiquo dignitatis sue privilegio obtinet medietatem decime que vulgo dicitur reportagium de labore carrucarum et omnium in terra laborantium qui de parrochia sua esse cognoscuntur. Homines sancti Mauricii et totius civitatis

---

(1) II°, III° et IV° Cartul.: Alulphus.
(2) II°, III° et IV° Cartul.: Caisneel.
(3) II°, III° et IV° Cartul.: Radulfus.
(4) II°, III° et IV° Cartul.: Acquitanorum.

ruricole ubicumque locorum laboraverint, sive eciam homines de parrochia sancti Petri infra calceiam de Renisvilla que vulgo dicitur calceia Otberti, medietatem decime, id est reportagium ecclesia Ambianensis recipit. Sciendum tamen quod quidam campi sunt ultra predictam calceiam in quibus ecclesia Ambianensis decimam cum terragio integre possidet, et tam terragium quam decimam ruricole ad horreum canonicorum reportant. Siquidem hanc eandem dignitatem quam Ambianensis ecclesia in parrochianis suis, ut prediximus, de reportatione decime possidet, de labore hominum suorum de Vals ubicumque et ipsi laboraverint, excepto in terra sancti Vedasti que adhuc sub controversia est, ipsa ecclesia libere et absque reclamatione nichilominus obtinet. Verum temporibus nostris quidam super hoc reclamaverunt, videlicet abbas sancti Martini de reportatione decime de terra de Estunbli (1) et monachi de Aquicinto apud Polivillam commorantes de reportatione decime de terra de Polivilla tam hominum de Vals quam etiam de sancto Mauricio et de sancto Petro, vel totius civitatis in predicta terra de Polivilla laborantium, jus antiquum ecclesie impugnantes et decimam ex integro sibi retinere attemptantes. Porro utraque parte ante nostram evocata presentiam causa agitata est, et canonici sicut eis adjudicatum fuit testimonio antiquorum hominum causam suam confirmaverunt et consuetudinem suam derationaverunt, et in pace et quiete super hoc deinceps remanserunt. Testes autem fuerunt hi : Contra abbatem de reportatione decime de Estunbli, Stephanus maior sancti Mauricii et Milo filius ejus, Herbertus de Folias, Martinus de Polivilla. Contra monachos de reportatione decime de terra de Polivilla, Ermecius (2) de Vals, Bartholomeus, Gervasius.

Preterea ecclesia Ambianensis in terram que dicitur Alodium Guermundi Calvi ex dono ejusdem Guermundi tertiam partem terragii integre cum justicia et consuetudinibus quas idem Guermundus in ea habebat per elemosinam tenet. Quodam autem tempore neptis ejusdem Guermundi justiciam de terra illa sibi voluit vendicare. Hoc autem canonico judicio canonici derationaverunt et IIII^{or} sol. quos illa de justicia terre injuste receperat rehabuerunt. Per totam autem terram que dicitur Alodium Guermundi Calvi Ambianensis ecclesia decimam integre possidet. § In quadam terra que est in territorio de Wasen Ambianensis ecclesia totam decimam habet : quam aliquanto tempore Leonardus de Vilers contradixit, et eandem decimam canonici adversus eum dera-

---

(1) IIe, IIIe et IVe Cartul. : Estumbli dans toute la charte.

(2) IIe, IIIe et IVe Cartul. : Ermechins.

tionaverunt. Post quem frater ejus Ernoldus eandem decimam contradixit, et tandem cogente justicia a calumpnia illa quam faciebat quievit. ⁊ In territorio de Guencurt (1) habet ecclesia Ambianensis duos curtillos de elemosina Ermecine de Moiliens et Ingelranni filii ejus : de uno debentur VI denarii et II capones ; de altero IIII den. et II capones. ⁊ In molendino de Haidincurt (2) habet ecclesia unum modium ordei. Domini ejusdem ville debent ecclesie in festivitate beati Firmini duos sol., Ingelrannus XII den. et Radulphus XII den. ⁊ In territorio de Argonia habet ecclesia tres campos de elemosina Ermentrudis, in quibus tam terragium quam decimam possidet integre. ⁊ In territorio de Longo Prato habet ecclesia terragium et decimam in tribus campis de alodio Bernardi qui Crassa Vaca dicebatur, et medietatem molendinarie in molendino ejusdem ville. ⁊ Sedem etiam molini (3) de Bertricurte. ⁊ In alodio Hugonis Benement habet ecclesia decimam. ⁊ De terra Guarneri (4) Mollesac 5) habet ecclesia VI den. ⁊ De terra quam quondam tenebat presbiter de sancto Sulpitio (6) habet ecclesia XVIII den. et II capones, et terragium cum decima. ⁊ In casa decime de Vilers (7) habet ecclesia de duabus partibus tertiam partem et personatum altaris, et de oblationibus : de VIIII den. duos den. ⁊ Tertiam partem decime de Coisi (8) habet de elemosina Ernoldi de Vilers. ⁊ De elemosina Eve de Perrosel (9) medietatem altaris de Polainvilla et duorum curtillorum. ⁊ Quartam partem ville que dicitur Henresart (10). ⁊ Villam que dicitur Nigellula. ⁊ In decima sancti Petri ultra pontem, habet ecclesia unum modium frumenti ; quod si frumentum defuerit, de meliori annona que ibi erit, modius ille supplebitur. Ut hec igitur matri nostre ecclesie Ambianensi firma et inconcussa permaneant presens scriptum sigillo nostro confirmamus, et hujus possessionis invasores et perturbatores officii nostra auctoritate excommunicamus. Huic etiam confirmationi nostre elemosinam Roberti de Perrosel subjicimus : siquidem idem Robertus pro utilitate ecclesie constituit ut si quis de hominibus ecclesie in defenso prato de Bertricurt (11) captus fuerit II^{os} sol.

(1) IIe, IIIe Cartul. : Guencort ; IVe Cartul. : Guencourt.

(2) IIe et IIIe Cartul. : Haidincort ; IVe Cartul. : Haidincourt.

(3) IVe Cartul. : Molendini.

(4) IIIe et IVe Cartul. : Guarineri.

(5) IIe et IIIe Cartul. : Moillesac ; IVe Cartul. : Moullesac.

(6) IIIe Cartul. : Suplicio.

(7) IIIe Cartul. : Vilcirs dans toute la charte.

(8) IIe et IIIe Cartul. : Choisi ; IVe Cartul. : Coisy.

(9) IVe Cartul. : Perrouzel dans toute la charte.

(10) IIIe et IVe Cartul. : Henrisart.

(11) IIe et IIIe Cartul. : Bertricort ; IVe Cartul. : Bertricourt.

et VI den. tantum pro lege prati persolvat. Extra vero defensum tam in pratis quam in terris II^m sol. tantum : terras eciam ejusdem territorii et in pace et in guerra hominibus ecclesie quiete in perpetuum excolendas concessit. Balduinus autem Calderons (1) hoc ipsum post modum concessit.

Actum anno (2) M° C° L°.

Cartul. I, f° 1, n° 1; II, f° 33 v°, n° 1; III, f° 28, n° 1; IV, f° 16, n° L.

33.

SCRIPTUM INTER CANONICOS ET RADULPHUM (3) DE CLARI.

Ego Theodericus, Dei gratia Ambianensis episcopus, tam presentibus quam futuris in XPO fidelibus in perpetuum. Quoniam malorum 4) hominum multiformis ad hoc proruppit cupiditas ut eos non pudeat ecclesiarum jura turbare et possessiones quas eisdem ecclesiis per predecessorum privilegia multa confirmavit antiquitas temeraria presumptione invadere, non incongruum nobis videtur in justam reclamationem Radulphi de Clari in altaria de Crisci (5), de Goy, (6) de Monz silvi, cum appendiciis eorum ex ordine digerere, et quomodo culpam suam idem Radulphus cum uxore sua recognoverit, et a reclamatione illa tandem quieverit ad retundendam (7) successorum audaciam breviter explicare. Noverint igitur tam presentes quam futuri quod predicta altaria cum appenditiis sive pertinenciis eorum ecclesia Ambianensis canonice possidebat, que ex dono illustris militis Roberti de Croi (8) per manum domni Ingelranni bone memorie venerabilis episcopi in elemosinam susceperat. Verum Radulphus de Clari, accepta sibi uxore filia Guermundi Naseth, fratris predicti Roberti de Croy (9) de cujus elemosina ecclesia predicta altaria, ut dictum est, possidebat, elemosinam illam aggressus est disturbare, et cum ecclesia ad justiciam se offerret, nichilominus idem Radulphus res ecclesie cepit violenter rapere et auferre. Cum autem pro tam aperta injuria et dampnis ecclesie illatis, tam Radulphus quam uxor ejus diu excommunicati fuissent, tandem religiosorum

1151

(1) IV° Cartul.: Cauderons.
(2) II° Cartul.: Ab incarnatione.
(3) II° et IV° Cartul.: Radulfum; III° Cartul.: Radulfum, *id.* dans toute la charte.
(4) II°, III° et IV° Cartul.: Multorum.
(5) II° et III° Cartul.: Creissi; IV° Cartul.: Cressi.
(6) II° et III° Cartul.: Goi.
(7) II°, III° et IV° Cartul.: Retinendam.
(8) IV° Cartul.: Croy.
(9) II° et III° Cartul.: Croi.

virorum et nostris consiliis acquiescentes culpam suam recognoverunt, et quicquid in predictis altaribus reclamabant, fide data in presentia nostra abjuraverunt, presente etiam et concedente Gerardo Pinconiense (1) vicedonno et filio ejus Guermundo, de cujus feodo illa pendere videbantur. Nos autem pro bono pacis, predicti Radulphi (2) filio in nostra ecclesia prebendam unam concessimus. Predicta igitur altaria ab omni reclamatione et manu laica per Dei gratiam liberata, per presens scriptum ecclesie Ambianensi in perpetuum confirmamus, et ipsum scriptum sigillo nostro et sigillo domni Gerardi Pinconiensis vicedomni, quo presente et cooperante jus ecclesie recognitum est, communimus, et ne ab aliqua ecclesiastica vel seculari persona predicta ecclesie possessio impetatur, sub anathemate interdicimus, et testes qui huic recognitioni interfuerunt subscribimus. Testes autem sunt hii : Radulphus (3) decanus, Guarinus et Symon archidiaconi, Petrus abbas sancti Richarii, Gigomarus abbas sancti Fusciani, Theobaldus abbas sancti Martini, frater Hugo de Folliaco (4) ; de militibus autem : Gerardus Pinconiensis vicedominus, Ibertus de Dorlenz (5), Ibertus de Altaribus, Geroldus de Estalonmaisnil et Petrus frater ejus, Ingelrannus de Saveusiis (6), Ertoldus de Nanz (7), Gislebertus de Walli (8), Hubertus Thelonearius, Milo Buticularius. § Ad tollendum vero omnem ambiguitatis vel controversie scrupulum, sciendum est quod predicto Radulphi (9) filio, postquam in sortem clericatus assignatus fuerit, prebendam primam que ad manum nostram venerit concesserimus.

Actum est hoc anno dominice incarnationis M° C° L° I°. Ego Symon cancellarius legi et relegi. Datum per manum Roberti Gigantis (10) notarii.

Cartul. I, f° 57 v°, n° LXI ; II, f° 89 v°, n° LXI ; III, f° 68, n° LXII ; IV, f° 41 v°, n° LXIII.

34.

Conventio inter canonicos et Johannem de Caiagio.

1151

In nomine Patris et Filii et Spiritus Sancti. Amen. Ego Theodericus, Dei gratia Ambianensis episcopus, tam presentibus quam futuris in XPO fidelibus

---

(1) IV° Cartul.: Pinchoniense; id. dans toute la charte.
(2) IV° Cartul.: Radulfi.
(3) IV° Cartul.: Radulfus.
(4) IV° Cartul.: Foulliaco.
(5) IV° Cartul.: Dourlens.
(6) II° et III° Cartul.: Saveuses; IV° Cartul:. Saveuzes.
(7) III° et IV° Cartul.: Nans.
(8) II° Cartul.: Vualli; IV° Cartul.: Wailli.
(9) II° et IV° Cartul.: Radulfi.
(10) II°, III° et IV° Cartul.: Gygantis.

imperpetuum. Opere precium est res gestas litteris assignare quatinus eorum que pro bono pacis ordinata sunt et noticia ad posteros transeat, et ordo rei statu firmiore persistat. Conventionem igitur que inter canonicos Beate Marie et Johannem de Cruce de caiagio in presentia nostra facta est scripto explanandam et cyrographo confirmandam suscipimus, et rei ordinem prout audivimus et vidimus explicamus. Nicholaus, Maineri filius, redditum quem in portu Somene (1) obtinebat, vulgo appellatum caiagium, per manum venerabilis predecessoris nostri donni Guarini (2) matri ecclesie Ambianensi imperpetuum possidendum pro anima sua et predecessorum suorum in elemosinam concessit et donum suum scripto et sigillo predicti donni Guarini episcopi confirmari fecit. Porro Johannes de Cruce in predicto portu terram contiguam flumini habebat, quam postmodum, ecclesia jam per elemosynam possidente, ad naves recipiendas idem Johannes preparabat et ibi caium facere disponebat. Unde inter canonicos et ipsum Johannem contentio emersit, que tandem Deo auctore, eis hinc inde bono consilio acquiescentibus, finem in hunc modum accepit. Siquidem canonici caium suum et Johannes suum quod de novo construebat sibi invicem communicaverunt et redditus ipsorum caiorum, sive multi, sive pauci sint, sive quocumque modo diminuti, communes in alterutrum concesserunt. Merces vero in portu venientes vel in granariis reposite, sive Johannis proprie, sive sociorum ejus vel cujuscumque sint, ea consuetudine caiagii libere non erunt ; quin potius redditu inde accepto canonici et Johannes communiter participabunt. Quod si idem Johannes aliud caium fecerit, emerit, vel acquisierit, illius caii redditus canonicis et Johanni nichilominus communis erit. Sane Johannes XII granaria de suo proprio nova construxit que canonicis communicavit ; canonici autem VIII° granaria que construxerunt Johanni nichilominus communicaverunt. Ut autem omnis controversie locus in posterum excludatur, sive pauciora fuerint granaria, vel quelibet ad recipiendas merces loca, quicquid redditus ex eis provenerit, canonicis et Johanni commune erit. Postmodum vero si per vetustatem aut ignem predicta granaria consumpta fuerint, sicut communes inter ipsos redditus caiorum vel granariorum habentur, ita tam caium quam granaria et cum ponte calceia omni tempore quo necesse fuerit communibus expensis reficientur. Verum ut inter canonicos et ipsum Johannem super hac conventione pax firmior habeatur, Johannes caium suum quod de novo construxerat, jure hereditario possiden-

(1) IV° Cartul.: Somone.   (2) IV° Cartul. : Garini dans toute la charte.

dum sine relevamento heredum suorum de canonicis recepit et super hoc eis hominium fecit, et tam ipse quam heres suus de caio illo facto canonicis hominio ad justiciam in capitulo veniet cum submonitus fuerit. Custos reddituum tam caiagii quam granariorum communiter eligetur et communem faciet in capitulum (1) fidelitatem. Quod si canonicis bonum visum fuerit, Johanni vel heredi suo in fidelitate hominii sui quamdiu eisdem canonicis placuerit custodia illa deputabitur. Ut igitur compositio ista tam a canonicis quam a Johanne in conspectu nostro laudata firma et illibata permaneat, presentem paginam in cyrographum dividimus, et sigilli nostri appositione utramque communimus et perturbatores hujus pacis vinculo anathematis (2) innodamus, et ad majorem ejusdem rei certitudinem, testium nomina subassignamus. Signum Theoderici episcopi. Signum Radulphi (3) decani. Signum Guarini, Symonis archidiaconorum. Signum Fulconis precentoris. Signum Accardi (4), Rogeri, Adelelmi, Walteri, presbyterorum. Signum Radulfi, Dodomani, Guidonis diaconorum. Signum Rogeri, Guermundi, Andree, Theobaldi, Ricardi (5), Guidonis, Roberti, subdiaconorum. Signum Bartholomei clerici. De laicis autem interfuerunt hi : Hubertus Thelonearius, Milo Pincerna, Adam, Arn., Oillardus Siccus (6), Rainardus (7) de Monz (8), Flovinus de Foro, Radulphus Bordons. Ego Symon cancellarius legi et relegi. Datum per manum Roberti notarii. Actum anno ab incarnatione Domini M° C° L° I°, indictione XIIII°.

Cartul. I, f° 11, n° xiv; II, f° 44, n° xiv; III, f° 35 v°, n° xiv; IV, f° 21, n° xiv.

35.

De prato de Laboies et de novo molendino (1).

1152

In nomine Patris et Filii et Spiritus Sancti. Amen. Ego Theodericus, Dei gratia Ambianensis episcopus, tam presentibus quam futuris in XPO fidelibus in perpetuum. Quoniam jura et possessiones ecclesiarum a malis et inportunis

(1) III° Cartul. : Capitulo.
(2) III° Cartul. : Excommunicationis.
(3) II°, III° et IV° Cartul. : Radulfi dans toute la charte.
(4) II° et IV° Cartul. : Acardi ; III° Cartul. : Achardi.

(5) III° Cartul. : Richardi.
(6) IV° Cartul. : Oilardus.
(7) II°, III° et IV° Cartul. : Rainaldus.
(8) IV° Cartul. : Mons.
(9) IV° Cartul. : Molino.

hominibus de die in diem diripi et diminui conspicimus; quedam que Ambianensi ecclesie diebus nostris vel ante collata sunt scripto et memorie tradere, et ipsum scriptum pontificalis bulle munimine corroborare curavimus. Noverint igitur tam presentes quam futuri quod Geroldus (1) Burnez quoddam pratum quod dicitur Laiboes (2), quod ecclesia Ambianensis ab antiquo possidebat et de dono Elinandi, domini Conteiensis, in elemosinam cum reliquo territorio de Camonz (3) susceperat, quorumdam perversorum hominum instinctu impulsus, diebus multis disturbaverit, et in jus et possessionem suam transferre conatus sit. Verum tandem bonis consiliis acquiescens, ut pote qui multos hujus veritatis probatores in presentia nostra sub sacramento suscepit, jus ecclesie recognovit et predictum pratum, sicut jus ecclesie postulabat, concedente uxore et filiis, liberum ecclesie reliquit, et fide data in manu nostra abjuravit. Hujus autem prati termini sunt a Camonz per rivulum de Riveri usque ad rascam que ab eodem rivulo incipit, et usque ad siccum juxta Le Marcais, non longe a monasterio, pertingit. Quasdam etiam consuetudines quas injuste acclamabat, videlicet duos arietes de quodam curtillo de Riveri, de elemosina predecessorum suorum, et quatuor albos anseres de terra Suplicien (4), nichilominus ecclesie in pace relinquit. Hujus rei testes sunt: Hubertus Telonearius (5), Milo Pincerna, Henricus Pistor, Guido Monachus et Milo filius ejus.

Bernardus etiam molendinarius de Ham (6) medietatem molendinarie novi molini super aquam Serain (7), quam jure hereditario sub censu duorum modiorum frumenti singulis annis persolvendorum de Ernoldo Tursello tenebat, Ambianensi ecclesie in elemosinam donavit, et donum super altare posuit, concedentibus tam filiis quam filiabus suis. Quicumque igitur hec ecclesie nostre jura sive donationes temere attemptare presumpserit, anathema sit. Hujus rei testes sunt: Hubertus Telonearius (8) et Stephanus et Mainerus fratres ejus, Bernardus de Pinconio (9), Guido Monachus et Milo filius ejus, Baldricus Molendinarius et Johannes frater ejus, Robertus de Baiart, Beroldus, Radulphus (10) de Domno, Gerardus Molendinarius.

(1) IVᵉ Cartul.: Giroldus.
(2) IIIᵉ Cartul.: Laboies.
(3) IVᵉ Cartul.: Camons; *id.* partout.
(4) IIᵉ, IIIᵉ et IVᵉ Cartul.: Supplichien.
(5) IIᵉ, IIIᵉ et IVᵉ Cartul.: Thelonearius.
(6) IIᵒ et IIIᵉ Cartul.: Hain; IVᵉ Cartul.: Ham.
(7) IIIᵉ Cartul.: Seram. Dans le IVᵉ cartulaire ce mot est illisible.
(8) IIIᵉ et IVᵉ Cartul.: Thelonearius.
(9) IIIᵉ Cartul.: Pynconio.
(10) IIᵉ et IIIᵉ Cartul.: Radulfus.

Actum publice anno M° C° L° II. Dat*um* per manum R. Gigantis (1).

Cartul. I, f° 7, n° ɪx : II, f° 40, n° ɪx ; III, f° 33, n° ɪx ; IV, f° 19, n° ɪx.

36.

Carta inter capitulum Ambianense et capitulum sancti Laurentii de IIII^{or} modiis frumenti et IIII^{or} avene.

1153

In nomine Patris et Filii et Spiritus Sancti. Amen. Ego Theodericus, Dei gratia Ambianensis episcopus, tam presentibus quam futuris in XPO fidelibus in perpetuum. Opere precium est ea que ad pacem et quietem ecclesie in posterum providentur diligentius tractare, et, cum bono studio et diligenti cura ordinata fuerint, litteris assignare, ut et eorum noticia ad posteros transeat, et litterarum testimonio tuta veritas insurgentium in se versutias repellat. Conventionem igitur inter canonicos matris ecclesie Ambianensis et ecclesiam sancti Laurentii de Nemore pro absolutione Balduini de Durz (2) et Beatricis uxoris ejus per manum domni Hugonis venerabilis ejusdem loci prioris communi capituli sui assensu factam sub brevitate transcurrimus ; ut tamen rei veritate servata, nullam ambiguitatis vel controversie questionem super hoc posteris relinquamus. Predictus siquidem Balduinus et uxor ejus Beatrix pro dampnis multis et pene inexplicabilibus Ambianensi ecclesie apud Camonz illatis diu excommunicati, terra etiam eorum ab omni divino officio preter baptisma interdicta et vacante, cum tandem absolutionem postulassent, nec in auro vel argento ad manum habentes unde ablata restituerent, vicecomitatum et advocationem de Berbieriis (3) et terram quam ibi in proprium jus obtinebant Ambianensi ecclesie pro obtinenda absolutione sua in elemosinam donaverunt. Feodum etiam et hominium decime ejusdem territorii quam Herbertus de Haslis tenebat, et quicquid juris in predicto territorio habebant, tam suum proprium quam hominia ad feodum de Berberiis (4) pertinentia, totum Ambianensi ecclesie in elemosinam donaverunt, et perpetuo possidendum guerpiverunt, et se acquietaturos adversus omnium hominum reclamationem, fide data, promiserunt. Addiderunt etiam

(1) IIIe Cartul. : Gygantis.
(2) IVe Cartul. : Dourz.
(3) IIIe Cartul. : Berberiis.
(4) IIe et IVe Cartul. : Berbieriis.

satisfacere desiderantes quod homines de Camonz in toto territorio de Durz (1), de Veschemonz(2), de Busci, concedentibus hominibus suis in predictis territoriis jus suum obtinentibus, communes herbas et communia pascua deinceps habeant et in predictis territoriis affinitatem et familiaritatem et vicinie legem in perpetuum obtineant. Verum quia hec ad recompensationem dampni illati exigua et quasi nullius momenti habebantur, predictus Balduinus et uxor ejus Beatrix, mediante et cooperante ecclesia sancti Laurentii, absolutionem suam tandem hoc modo impetraverunt : etenim predicte ecclesie sancti Laurentii in elemosinam donaverunt quicquid in territorio de Suulz habebant, excepto dimidio quartario Roberti majoris de Herensart (3), videlicet quartarium et dimidium que a Johanne Testefort, concedentibus uxore sua Matilde (4) et filiis eorum Radulpho (5) et Symone, et medietatem alterius quartarii quem a Hugone de Vilanicurt (6), concedentibus filiabus suis Elisabeth (7) et Maria, tam predictus Balduinus et uxor ejus Beatriz (8) quam fratres sancti Laurentii emerunt et alterius quartarii medietatem quam predictus Robertus mayor de Henresart (9) et mater ejus domno Drogoni patri Beatricis donaverunt, et molinum de Bosincurte cum nassa, eo tenore quod nichil in eo molatur nisi ad opus fratrum sancti Laurentii et curiarum ad predictum locum pertinentium, et aqua de fossatis fratrum circa molinum et domos eorum ab omni usu piscandi nisi ad opus eorum sit libera et emancipata et tantum in aquam inter Fercencurtem (10) et molinum idem fratres piscandi habeant licenciam ; quicquid etiam Radulphus filius Warengoti, concedentibus uxore sua Adelide et filio Warengoto et sorore sua Alpaiz et marito ejus Ascelino Ferre et Ivone (11) filio eorum, in territorio de Bosencurt (12) habebat, tam in aquis quam pratis, terra et nemore cum hominio Johannis de Nigellula, concedentibus etiam Adam filio Walteri (13) de Douncel, de quo tenebat feodum suum, et sorore sua Emelina (14) et Henrico marito ejus, Radulpho (15)

(1) IIIe et IVe Cartul. : Dourz.
(2) IVe Cartul. : Veskemont.
(3) IIe et IIIe Cartul. : Henresart.
(4) IIe et IIIe Cartul. : Mathilde.
(5) IIIe Cartul. : Radulfo ; IIe et IVe Cartul. *id.* dans toute la charte.
(6) IVe Cartul. : Vilanicurte.
(7) IIIe Cartul : Elysabeth.
(8) IIe, IIIe et IVe Cartul. : Beatrix.
(9) IIe, IIIe et IVe Cartul. : Henrisart.
(10) IVe Cartul. : Frencecurtem.
(11) IVe Cartul. : Yvone.
(12) IIe et IIIe Cartul. : Bosincurt ; IVe Cartul. : Bosincurte.
(13) IIe Cartul. : Vualteri.
(14) IIe, IIIe et IVe Cartul. : Emmelina.
(15) IIIe Cartul. : Radulfo.

quoque de Douncel et Firmino fratre ejus. Ordinatum est etiam et concessum quod predicto Roberto de Henresart (1) vel successori ejus, dimidium quartarium suum quem tenet, nulli nisi ecclesie sancti Laurentii vendere vel in elemosinam dare liceat quamdiu predicta ecclesia sancti Laurentii super hoc secundum estimationem feodi justum precium ei reddere voluerit. Quicquid etiam in territorio de Vilanacurte predictus Balduinus et uxor ejus Beatrix, concedente Hugone de Vilanacurte, ecclesie sancti Laurentii in elemosinam donaverant, et quicquid Drogo pater Beatricis in eodem territorio de Vilanacurte et in territorio de Bellensilva ecclesie sancti Laurentii in elemosinam ex olim donaverat, tam predictus Balduinus quam uxor ejus Beatrix (2) presenti privilegio annotari et confirmari postulaverunt. Hec igitur singulis capitulis distincta predictus Balduinus et uxor ejus Beatrix ecclesie sancti Laurentii donantes et concedentes obtinuerunt quod ecclesia sancti Laurentii Ambianensi ecclesie IIII^{or} modios Frumenti et IIII^{or} avene ad publicam et forensem urbis mensuram infra sollempnitatem omnium sanctorum persolvat singulis annis, et proprio labore et sumptu suo absque aliqua canonicorum Ambianensis ecclesie impensa ad cellarium Ambianensis ecclesie adducat (3). Statutum etiam et ordinatum est quod predicta ecclesia sancti Laurentii de meliore frumento suo post sementem salva conscientia sua IIII^{or} illos predictos modios persolvat, et singulos modios tam frumenti quam avene per XVIII sextarios ad publicam urbis mensuram, ut dictum est, expleat. Quod si aliquo tempore per communem guerram vel per aliquam alicujus contradictionem vel injuriam terra illa superius descripta vastata et inculta permanserit, nichilominus tantum ecclesia sancti Laurentii annuum censum ex integro persolvet. Ecclesia vero Ambianensis in malefactorem illum, jubente episcopo excommunicationis sententiam proferet. Quod si dominus de Durz (4) aliquam injuriam de rebus supra nominatis ecclesie sancti Laurentii intulerit, ecclesia Ambianensis eum excommunicabit, et terra ipsius, jubente episcopo, ut dictum est, ab omni divino officio, preter baptisma et viaticum interdicta vacabit. Sive autem culta sive inculta terra illa permanserit, ecclesia Ambianensis sine aliqua diminutione vel reclamatione censum sibi debitum singulis annis ex condicto

(1) IVe Cartul.: Henrissart.
(2) IIe et IIIe Cartul.: Beatris.
(3) En marge de cette phrase on trouve dans le IIe cartulaire cette note, dont l'écriture accuse le XVIIe siècle : « Redditus qui ab abbatia sancti Petri de Corbeia ratione prioratus sancti Laurentii ecclesie Ambianensi debetur annuatim.
(4) IIIe Cartul.: Dours.

integre habebit. Hanc conventionem in presentia nostra factam et in capitulo sancti Laurentii recognitam per presens cyrographum confirmamus, et ad majus ejusdem rei firmamentum, testes qui huic conventioni vel ejus recognitioni interfuerunt, subscribimus et hujus conventionis perturbatores officii nostri auctoritate excommunicamus. De capitulo sancti Laurentii testes sunt hi : Hugo prior, Rorico subprior, Haimo, Milo, Robertus, Willelmus, Stephanus, Rumodus (1) sacerdotes; Ingelrannus, Olricus, Guinemarus, Drogo, Petrus, Theobaldus, Radulphus (2), Guillelmus, Gerardus, Johannes, Lambertus. De capitulo sancti Nicholai (3): Geroldus prior, Theobaldus, Fulco, Radulphus, Bernardus, Ingelrannus, Gislebertus, frater Hugo, fr. Guibertus, fr. Restedus, fr. Rogerus, fr. Lambertus, fr. Petrus, fr. Ebrardus. De fratribus sancti Nicholai (4) : fr. Martinus, fr. Rainerus. De capitulo Ambianensi; Radulphus decanus, Guarinus (5) et Symon archidiaconi ; de sacerdotibus : Rogerus, Ramdulfus (6), Mainerus Guido ; de diaconibus : Fulcho, Gobertus, Gaufridus, Robertus Polet; de subdiaconibus : Rogerus, Andreas, Laurentius, Symon, Guermundus, Theobaldus, Guermundus.

Actum anno M° C° LIII° (7). Ego Symon cancellarius legi et relegi. Datum per manum Roberti Gigantis (8) notarii.

Cartul. I, f° 20, n° xx; II, f° 53, n° xx; III, f° 42, n° xx; IV, f° 25, n° xx.

37.

SCRIPTUM DOMINI REGIS LUDOVICI DE PACE CONFIRMATA INTER NOS ET DOMINUM CONTEIENSEM JOHANNEM (9).

In nomine sancte et individue Trinitatis. Amen. Ego Ludovicus Dei gratia Francorum rex et dux Aquitanorum. Quod ad honorem Dei et salutem ecclesiarum dignoscitur pertinere decet nos concedere et confirmare. Proinde

1154

(1) II°, III° et IV° Cartul. : Rumoldus.
(2) III° Cartul. : Radulfus, id. dans le reste de la charte.
(3) III° Cartul. : Nicolai.
(4) II° Cartul. : Nicolai.
(5) IV° Cartul. : Garinus.
(6) IV° Cartul. : Randulfus.
(7) III° et IV° Cartul. : M° L XII°.
(8) II° Cartul. : Gygantis.
(9) II°, III° et IV° Cartul. : Johannem de Conteio.

notum sit universis presentibus et futuris quod Johannes de Contiaco in villis sancte Marie Ambianensis que sunt in pago Belvacensi ad predictam ecclesiam pertinentes, in quibus vicecomitatus habebat, multa fecerat dampna rapinis et modis aliis. Submonitus a nobis emendare dampna, cum de propria substantia nullomodo posset, et tamen ecclesie pacem querere et clericis satisfacere necesse haberet, omnes vicecomitatus quos ubicumque habebat in terra sancte Marie Ambianensis perdonavit in perpetuum, et in elemosina quietos clamavit ecclesie, nostro et Theoderici episcopi de cujus feodo res constabat assensu, concedente etiam fratre suo et aliis parentibus suis. Quod ut ratum sit deinceps et inconcussum, sigillo nostro muniri et nominis nostri karactere confirmari precepimus.

Actum Belvaci anno dominice incarnationis M° C° LIIII° presentibus in palacio nostro quorum subtitulata sunt nomina et signa. S. Guidonis buticularii. S. Mathei camerarii. Signum Mathei constabularii. Dat*um* per manum Hugonis cancellarii.

<small>Cartul. I, f° 69 v°, n° LXXV; II, f° 101 v°, n° LXXV; IV, f° 47, n° LXXVII.</small>

38.

DE CURTE SANCTI MARTINI IN BOSCO DE DURI.

1155

In nomine Patris et Filii et Spiritus Sancti. Amen. Ego Radulphus, Ambianensis ecclesie decanus, tam presentibus quam futuris in XPO fidelibus in perpetuum. Quoniam juxta viri sapientis consilium, quicquid potest manus nostra instanter operari debemus, quo pacto concesserimus ecclesie sancti Martini curtem illam que in territorio de Duri sita est memoriali cyrographo conscribere et ad posteros transmittere intendimus, ut quod pro communi utilitate et bono pacis a nobis ordinatum est, sequens generatio cognoscat et teneat et nulla concordie vel controversie molestia inter successores nostros super hoc deinceps locum inveniat. Siquidem postulantibus dilecto nostro Theobaldo, abbate sancti Martini, et fratribus ejus, locum sibi dari in terra nostra ad curtem edificandam que eis necessaria videbatur, utilitatem etiam nostram de excolenda et stercoranda terra nostra, de qua decimam et terragium integre recipimus, eisdem fratribus nobis persuadentibus, communicato capituli nostri consilio, concessimus illis curtem in territorio de Duri que terminis suis, videlicet fossato, distinguitur et clauditur, omnino liberam absque decimatione animalium, pecorum, vel totius nutricature sue, sub censu quinque solidorum in Nativitate Domini singulis annis persolvendorum; ita sane quod in omnibus terris nostris, ubicumque eas excoluerint, decimam et terragium et donum pro consuetudine terre integre et absque querela nobis persolvant. In alienis autem terris in quibus nec decimam nec terragium habemus. ipsi reportagium de labore suo recipiant. Hujus concessionis testes sunt: Guarinus prepositus, Simon Pontivensis archidiaconus, Fulco cantor, Theobaldus, Radulphus, Mainerus, Guido, presbiteri; Robertus et alius Robertus, Guiffridus, diaconi. Ego Symon cancellarius relegi. Datum per manum Roberti Gygantis notarii. Actum anno incarnationis Dominice M° C° L° quinto.

Cartul. I, f° 6, n° vii; II, f° 38 v°, n° vii; III, f° 32, n° vii; IV, f° 18 v°. n° vii.

39.

Conventio inter ecclesiam et priorem de Bova.

In nomine Patris et Filii et Spiritus Sancti. Amen. Ego Theodericus, Dei gratia Ambianensis episcopus, tam presentibus quam futuris in XPO fidelibus in perpetuum. Humane devotionis affectus fructuosus procul dubio reperitur quando studet ab ecclesia Dei adversa repellere et de ejus pace et quiete in posterum providenda curam cum diligentia adhibere. Inde est quod conventionem inter canonicos matris ecclesie Ambianensis et priorem de Bova factam litteris annotare curavimus, quatinus rei geste veritas ad posteros transeat, et error ambiguitatis excludatur, et omnis deinceps super hoc intentio quiescat. Siquidem Radulphus(1) decanus, Guarinus et Symon archidiaconi et totum capitulum, communicato consilio, altaria de Costenci et de Paveri que ecclesia Ambianensis in personatum tenet, monachis sancti Ansberti de Bova in perpetuum tenenda concesserunt sub censu XXX^a et V solidorum, singulis annis persolvendorum, quindecim in Purificatione sancte Marie, viginti in Pascha, ita quod infra octo dies post Purificationem et octavas Pasche solidi constituti Ambianis officialibus ecclesie reddantur, et synodalia jura pro nobis persolvantur. Quod si forte prior censum constitutum non persolverit, predictorum altarium redditus absque ulla monachorum reclamatione in possessionem ecclesie Ambianensis libere redibit. Nos igitur pro bono pacis presens cyrographum sigilli nostri

1158

(1) III° et IV° Cartul.: Radulfus.

appositione communimus, et sigillum capituli apponi fecimus et testes subscribimus Radulphus (1) decanus ; Guarinus (2); Symon archidiaconi ; Fulco cantor, Mainerus, Guido presbyteri, Robertus, Gaufridus, Laurentius, diaconi ; Robertus, Theobaldus, Ricardus subdiaconi; de capitulo Lehunensi : Robertus sacrista, Petrus de Cais, Geroldus prior de Bova, Theobaldus abbas sancti Martini, Gualterus (3) abbas sancti Petri de Serincurte (4). Ego Symon cancellarius relegi. Datum per manus Roberti Gygantis (5) notarii anno M° C° L VIII°.

Cartul. I, f° 36, n° xxxv; II, f° 69. n° xxxv; III, f° 54, n° xxxv; IV, f° 32, n° xxxv.

40.

Scriptum decime de Renelet-Maisnil (6).

1146 à 1163

In nomine Patris et Filii et Spiritus Sancti. Amen. Ego Theodericus, Dei gratia Ambianensis episcopus, tam presentibus quam futuris in perpetuum. Actionem conventionis que inter ecclesiam nostram et Gualerannum dominum castelli Brituliensis in presentia nostra facta et ordinata est memoriali cyrographo conscribimus, quatinus rei ordo ad posteros transeat et omnis deinceps super hoc contentio quiescat. Noverint igitur tam presentes quam futuri quod predictus Gualerannus pro bono pacis inter ipsum et Ambianensem ecclesiam in posterum conservande conventionem illam que a diebus multis inter ecclesiam et antecessores suos extiterat, in presentia nostra recognovit, et se observaturum concessit et pepigit, videlicet quod neque Ambianensis ecclesia hospites suos, neque ipse vel homines ipsius hospites ecclesie deinceps possint recipere. Quod si forte contra conventionem istam homines ipsius Gualeranni hospites ecclesie receperint, predictus Gualerannus a canonicis super hoc requisitus per fidelitatem et hominium suum homines illos adjurabit quod hospites ecclesie non retineant. Si vero a domino suo adjurati reddere noluerint, canonici si voluerint de illis hominibus pro injuria et violentia sua facient justiciam. Dominus vero Gualerannus terram ecclesie quam hospites illi tenebant faciet liberam et quietam, ita ut nichil juris in ea deinceps possint reclamare, sive per violentiam retinere, nisi forte rupticium suum fuerit quod quidem secundum

(1) IV° Cartul.: Radulfus.
(2) III° et IV° Cartul.: Garinus.
(3) III° et IV° Cartul.: Galterus.
(4) III° Cart.: Silencurte; IV° Cart.: Selincurte.
(5) IV° Cartul.: Gigantis.
(6) II°, III° et IV° Cartul.: Rainelet Maisnil dans toute la charte.

considerationem prepositorum et majoris illius terre vendant alicui ex hominibus ecclesie. Preterea idem Gualerannus de dampnis et injuriis Ambianensi ecclesie illatis penitens et culpam suam recognoscens, quicquid juris in vicecomitatu per villas ecclesie habebat, quod tamen Ambianensis ecclesia de patre suo Heverardo (1) pro XX libris Belvacensis monete in vadimonium tenebat, pro anima patris sui et antecessorum suorum et sua, Ambianensi ecclesie per manum nostram in elemosinam reddidit. Herbagium etiam de Crothoi quod injuste reclamabat guerpivit. Verum in territorio de Renelet-Maisnil terciam partem decime, quicquid videlicet ad altare pertinet, Ambianensis ecclesia ab antiquo possidebat, et in eodem territorio quartam partem in terris et terragiis et nemore et decima case; sed facto concambio cum canonicis dominus Heverardus (2) Gualeranni pater reliquas tres decime partes, que de jure suo erant, pro illa quarta parte predicti territorii Ambianensi ecclesie concessit, et tota sic decima ex integro in jus et possessionem ecclesie nostre cessit; et hoc concambium domnus Gualerannus in presentia nostra postmodum recognovit et concessit; et, si quando adversus ecclesiam super hoc inquietatio emerserit, se advocatum fore, et guarandiam ferre promisit et pepigit. Ne igitur ullo unquam tempore ab aliquo hec conventio vel elemosina ausu temerario perturbetur, presens scriptum nostro et ipsius Gualeranni sigillo corroboratum ad munimentum ecclesie nostre et ad conservandum jus utriusque partis facimus et in cyrographum dividimus, et perturbatores hujus conventionis sive elemosine pontificali auctoritate excommunicamus.

Ego Symon cancellarius relegi. Datum per manum Roberti Gigantis (3) notarii.

Cartul. I, f° 63, n° LXVII; II, f° 95, n° LXVII; III, f° 72, n° LXVIII; IV, f° 44, n° LXIX.

41.

Pax confirmata inter nos et Manasserium de Bullis (4).

Ego Radulphus (5), comes Claromontanus. Noverint universi presentes et futuri quod Manasses de Bulis (6) dedit ecclesie de Cormellis terram ad decem

1162-1164

---

(1) II° et III° Cartul.: Eberardo; IV° Cartul.: Ebrardo.
(2) III° Cartul.: Everardus.
(3) II° et III° Cartul.: Gygantis.
(4) II° et IV° Cartul.: Manasserum de Bulis;

III° Cartul.: De confirmatione pacis inter nos et dominum Manasserum de Bulis.
(5) III° et IV° Cartul.: Radulfus.
(6) III° Cartul.: Buls.

minas sementis, et ecclesie de Albo Fossato terram ad dimidium modium sementis pro pace reformanda inter predictum M. et canonicos ecclesie Ambianensis, pro quibusdam querelis que inter eos versabantur, me laudante et concedente et assensu et voluntate Aelidis comitisse uxoris mee. Hac divisa, quod predicte ecclesie XV^{cim} solidos belvacensium canonicis ambianensis ecclesie singulis annis persolvent. Quod ut ratum et inconcussum habeatur sigilli mei impressione et nominis mei karactere confirmari mandavi. Ad hujus vero rei confirmationem dederunt sigilla sua in presenti subtus pendentia, Th. episcopus Ambianensis et predictus Manasses.

<small>Cartul. I, f° 71, n° LXXVII; II, f° 102 v°, n° LXXVII; III, f° 77 v°, n° LXXVIII; IV, f° 47 v°, n° LXXIX.</small>

42.

DE DECIMA DE SESSONLIU (1).

Avant 1164

In nomine Patris et Filii et Spiritus Sancti. Amen. Ego Theodericus, Dei gratia Ambianensis episcopus, tam presentibus quam futuris in XPO fidelibus in perpetuum. Cum ad rerum retro gestarum noticiam recolendam litterarum adnotatio admodum necessaria sit ut videlicet nobis tacentibus, sive etiam de medio cedentibus, ipse quodammodo loquantur, et que multa temporum antiquitate a memoria exciderunt earum formulis quotiens in manum venerint legentium vel auditorum sensibus renascantur. Quo pacto decima de Sessouliu in jus canonicorum Ambianensis ecclesie devenerit, litteris decrevimus adnotare ut earum testimonio rei ordo persistat immobilis, si quando ecclesie possessionem successura posteritas attemptaverit perturbare. Noverint igitur tam presentes quam futuri quod Adam de Sessouliu, pro dampnis ecclesie Ambianensi illatis excommunicatus, pro absolutione sua et dampnorum satisfactione duas partes totius decime de Sessouliu, excepta nona parte quam Oda de Perrosel (2) de Hugone de Perrosel (3) tenebat, concedente uxore sua et Guidone fratre suo, Ambianensi ecclesie in elemosinam per manum nostram reddidit et perpetuo habendam concessit. Porro advocationem duodecim curtillorum qui de antiqua possessione ecclesie sunt, videlicet viginti quatuor sextarios avene, quos ecclesie diu abstulerat, de jure ecclesie esse reco-

<small>(1) II° et III° Cartul.: Sessolliu dans toute la charte; IV° Cart.: Sessollieu dans toute la charte. (2 et 3) IV° Cartul.: Perrouzel.</small>

gnovit, et quietam dimisit; et unum modium frumenti, qui nichilominus per satisfactionem Drogonis patris sui pro dampnis ad valens viginti librarum ecclesie illatis per elemosinam ad ecclesiam descenderat, et ipse diu per peccatum suum detinuerat, in horreum suum de terragio suo sive de labore carrucarum suarum, singulis annis recipiendum esse ordinavit et pepigit, et istam elemosinam tam in data decima quam in advocatione et modio frumenti ecclesie recognitis sub fide et sacramento se observaturum et pro posse suo adquietaturum promisit, et donum super altare posuit, concedente et laudante Aelelmo de Flescicurte de cujus feodo res ipsa pendebat qui et ipse factam elemosinam concessit et in testimonium concessionis sue de beneficio ecclesie centum solidos recepit. Verum ne aliquo tempore Adam vel heres ejus predictam decimam repetere vel beneficio suo totum possit ascribere, certum est ipsum Adam et Guidonem fratrem ejus tam in dampnis ecclesie illatis quam in beneficiis eisdem fratribus de facultatibus ecclesie super hoc prestitis valens sexaginta librarum recepisse. Hec igitur in presentia nostra tam facta quam recognita pontificali auctoritate confirmamus, et ne ab aliqua ecclesiastica vel seculari persona ausu temerario impetatur sub anathemate interdicimus. Ego Symon cancellarius relegi. Datum per manum Roberti Gygantis notarii.

Cart. I, f° 3 v°, n° III; II, f° 36, n° III; III, f° 30, n° III; IV, f° 17, n° III,

43.

DE REDDITIBUS PER MANUS AMELII, FILII ADE ET RADULPHI (1) DE GISENCURT (2), ET ALIORUM IN MANUM NOSTRAM RESIGNATIS.

Avant 1165

In nomine Patris et Filii et Spiritus Sancti. Amen. Ego Theodericus, Dei gratia Ambianensis episcopus, tam presentibus quam futuris in XPO fidelibus in perpetuum. Novit sancta ecclesia de bono in melius prosperari, que quidem super dilectum innixa deliciis affluens et regum lactatur mamillis et indesinenter adhuc cotidianis proficit incrementis. Verum quod bono studio agitur, quod pia et abundanter a XPO remuneranda fidelium largitio largitur, ne aut oblivio deleat aut multiformis malorum versutia a statu suo aliquando mutare vel alienare prevaleat, ad confirmationem eorum que Ambianensi ecclesie collata, sive

(4) II°, III° et IV° Cartul.: Radulfi.   IV° Cartul.: Gisencourt dans toute la charte.
(5) III° Cartul.: Gisencort dans toute la charte;

eorum etiam que per negligentiam distracta et alienata in jus et dominicatum ecclesie temporibus nostris tandem reducta sunt, presens scriptum facimus et sigillo nostro communimus, et ne ab aliquo hec nostra confirmatio temere in posterum impetatur, sub excommunicationis interminatione prohibemus. Ad majorem quoque (1) evidentiam et omnem controversie contentionem, si quando emerserit, facilius enecandam, terras, decimas, seu alios quoslibet redditus ecclesie nostre temporibus nostris collatos ex nomine assignamus, quatinus res multiplici innodata funiculo indissolubili firmitate persistat, et quod longo temporum intervallo vel a memoria dilabi per oblivionem vel dissolvi per contentionem poterat, presentis pagine testimonio presentibus et futuris quasi novum ac semper redivivum accedat. Amelius de Poiz, filius Adam, vicecomitatum quem in quadam ecclesie nostre villa que Creusia (2) dicitur in feodum obtinebat, acceptis de beneficio ecclesie decem libris et IIII^{or} marcis argenti, in manum nostram reddidit et guerpivit et in perpetuum possidendum ecclesie in elemosinam concessit. Radulphus (3) de Gisencurt partem advocationis quam in villa de Ver se habere reclamabat, quam tamen de elemosina patris sui Guifridi ecclesia aliquandiu tenuerat, concedentibus Guifrido fratre suo et heredibus eorum, tandem culpam suam recognoscens Hierusalem iturus libere et quiete in perpetuum possidendam ecclesie nostre per manum nostram reddidit et sub testimonio multorum eam refutavit. Ernoldus senior de Vilers (4) decimam quam habebat in tribus campis circa domum infirmorum et in territorio de Bertricurt (5) et de Lonc Pre, que terra dicitur de feodo de Poiz, Ambianensi ecclesie in elemosinam ab antiquo donavit, et eam ecclesia diu quiete tenuit ; sed postea per negligentiam ministrorum qui decimam illam collaborabant, Ernoldus predicti Ernoldi filius decimam illam aliquandiu injuste occupatam et ad ultimum tamen culpam suam recognoscens de jure ecclesie esse recognovit, et reddidit, et patris sui elemosinam sua concessione confirmavit. Terra que dicitur Alodiorum inter domum infirmorum et Polivillam, de manu Algisi de Sancto Mauricio, Guiberti Attrebatensis et filiorum et filiarum Hugonis Troissextiere (4) possessorum cum terragio et tota decima que ab antiquo de jure ecclesie erat, excepta quarta parte terragii quam Mainerus cementarius tenebat, in jus et possessionem eccle-

(1) IIIe Cartul.: Autem.
(2) IIIe et IVe Cartul.: Creusa dans toute la charte.
(3) IVe Cartul.: Radulfus.
(4) IIIe Cartul.: Vileirs.
(5) IIIe Cartul.: Bertricort; IVe Cartul.: Bertricourt.
(6) IIe, IIIe et IVe Cartul.: Troissestiere.

sie nostre per manum nostram in elemosinam libere cessit. Martinus filius Guarneri Moillesac (1), concedentibus matre sua et fratribus, terragium quod habebat in duobus campis circa crucem lapideam, via que ducit Kyrriacum, et in tribus campis ante ecclesiam sancti Montani, ecclesie nostre in elemosinam concessit, et de beneficio ecclesie centum solidos accepit. Wilardus de Fonte tres partes terragii quas habebat in duobus campis, qui aliis duobus campis de elemosina Martini filii Guarneri Moillesac contigui sunt, uxore et filiis concedentibus, ecclesie nostre in elemosinam donavit. Stephanus de Glateigni (2) presbyter terram suam de Glateigni dedit ecclesie nostre in elemosinam, post modum autem de manu Radulphi (3) decani et capituli terram illam sub censu IIII^{or} solidorum singulis annis in Nativitate Domini persolvendorum recepit.

Cartul. I, f° 46 v°, n° LI; II, f° 79, n° LI; III, f° 61, n° LI; IV, f° 36 v°, n° LI.

44.

De Censu Caiagii.

Ego Radulphus (4), decanus, et totus Ambianensis ecclesie conventus dilectis filiis Miloni monacho, et Johanni fratri ejus, et sucessoribus eorum eternam in Domino salutem. Vir bone memorie Nicholaus, filius Maineri prepositi, affectum et fervorem caritatis quem erga matrem suam Ambianensem ecclesiam vivens habuit manifesta ostendit cum eam redditus sui quem in portu Somene (5) possidebat heredem constituit. Huncigitur redditum quem vulgo caiagium appellant et redditum granariorum, et quicquid cum Guiberto Rufo qui per hominagium de nobis tenet communiter tenemus, nec non et duas domos proprie mansionis ejusdem Nicholai, in quibus Wibertus (6) nichil juris habet, vobis et successoribus vestris, de capitulo Ambianensi tenenda concedimus, sub annuo censu centum solidorum singulis annis, XL in festivitate beati Firmini martyris, XXX^a in Nativitate Domini et XXX^a in Pascha persolvendorum. Porro cum censu isto hominagium et fidelitatem vos et successores vestri debetis. Ad tenendam igitur hujus rei memoriam presens scriptum facimus et in cyrographum dividimus et

1167

(1) IIIe Cartul.: Mollesac; IVe Cartul.: Moulesac dans toute la charte.
(2) IIe, IIIe et IVe Cartul.: Glategni, idem plus loin.
(3) IIIe et IVe Cartul.: Radulfi.
(4) IIIe et IVe Cartul.: Radulfus.
(5) IVe Cartul.: Somone.
(6) IIe, IIIe et IVe Cartul.: Guibertus.

testes de capitulo subscribimus domnus Theobaldus episcopus, tunc temporis archidiaconus, ego Radulphus (1) decanus, Guarinus (2) archidiaconus, Willermus prepositus, Robertus Polez, Richardus de Gerberro (3), Symon de Monsdisderio (4), Gerardus (5) de Beeloi (6), Andreas, Johannes, magister Laurentius, Olricus (7). Actum anno M° C° LX° VII°. Datum per manum Roberti cancellarii.

<small>Cartul. I, f° 8, n° x ; II f° 40 v°, n° x ; III f° 33 v°, n° x ; IV, f° 19, n° x.</small>

45.

DE VICECOMITATU QUEM TENEBAT HUGO DE SALUEL (8) IN VILLA DE VER ET DE SALEU ET DE MES (9).

1165-1169

In nomine Patris et Filii et Spiritus Sancti. Amen. Ego Robertus, Dei gratia Ambianensis episcopus, tam presentibus quam futuris eternam in Domino salutem. Quoniam exiguis momentis status rerum humanarum novatur, et tam processu temporum quam succedentium mutatione personarum indesinenter variatur, vicecomitatus de Ver, de Saleu, de Mes quem Hugo de Saluel in predictis villis de feodo domni Alelmi de Ambianis tenebat, quo ordine in jus et dominicatum Ambianensis ecclesie tandem devenerit, litteris explanare necessarium duximus, quatinus rei geste noticia ad posteros transeat et presentis scripti attestatione indissolubili firmitate persistat. Veniens igitur in presentia nostra Hugo de Saluel medietatem tocius vicecomitatus quem in eisdem villis ecclesie jure hereditario possidebat, quam utique portionem sub obligatione pignoris XXXV librarum diu ecclesia tenuerat, presente et concedente fratre suo Frumaldo. concedentibus et uxore sua et filiis, acceptis ultra de beneficio ecclesie XXV libris, in manum nostram reddidit, et in perpetuam elemosinam ecclesie Ambianensi tenendum concessit, retenta una sola corveia per annum in villis de Saleu et de Mez. Eo siquidem tenore quod si ex parte Hugonis homines submoniti venire contempserint, postmodum vero ad ministros

---

(1) IIe, IIIe et IVe Cartul. : Radulfus.
(2) IVe Cartul. : Garinus.
(3) IVe Cartul. : Ricardus de Gerberroy.
(4) IIe, IIIe et IVe Cartul. : Mondisderio.
(5) IIe et IIIe Cartul. : Girardus.
(6) IVe Cartul. : Beeloy.

(7) IIIe Cartul. : Olrius.
(8) IIe et IIIe Cartul. : Salocl dans toute la charte ; IVe Cartul. : Saloiel dans toute la charte.
(9) IIe, IIIe et IVe Cartul. : Mez dans toute la charte.

ecclesie clamore delato et per eos submonitione facta, die sibi constituta non venerint, singuli qui injuncto operi defuerint sex denarios pro forisfacto persolvent et dietas integras restituent. Recognovit etiam idem Hugo et perpetuo mansurum concessit, pascua per terram suam esse communia, hoc siquidem addito et tanquam pro lege in perpetuum habendo, si in prato suo defenso, tempore quo defensum est, jumenta seu quelibet animalia de Saleu, de Mez, sive etiam de Ver, capta fuerint, totum forisfactum XII^{cim} denariis redimetur. Dominus Alelmus de Ambianis de cujus feodo vicecomitatus ille pendebat, hoc concessit et ad majus firmamentum sigillum suum apposuit. Concessionis autem Hugonis et domini sui Alelmi testes hunt hii : Radulphus (1) decanus, Gaufridus, sacerdos, Ricardus de Gerberroi, Symon de Mondisderio, Johannes de Pinconio (2), Evrardus (3) de Folliaco (4), Hugo, prior Sancti Laurentii, Robertus de Naurs (5), et Ingelrannus filius ejus, Ernoldus de Artois et Ernoldus filius ejus, Ingelrannus Oil (6) de fer, Nicholaus Darei (7), Milo Monachus. Preterea de mercatoribus de Ver inter Ambianensem ecclesiam et Hugonem de Saluel hec habetur conventio, quod si idem mercatores merces aliunde sumptas ad villam de Ver adduxerint et ibi vendiderint traversum non dabunt. Si vero alibi vendiderint, dabunt. De proprio vero suo ubicumque vendiderint, nullam consuetudinem solvent. Hec igitur singulis expressa capitulis, ne aut oblivio deleat, aut multiformis malorum versutia a statu suo mutare vel alienare prevaleat, presens scriptum facimus et pro conservando jure ecclesie sigilli nostri impressione communimus, et hujus rei temerarios pervasores excommunicamus. Ego Robertus cancellarius relegi.

Cart. I, f° 56, n° LX; II, f° 88 v°, n° LX; III, f° 67 v°, n° LXI; IV, f° 41, n° LXII.

46.

De altari de Iseu (8).

In nomine Patris et Filii et Spiritus Sancti. Amen. Ego Theobaldus, Dei   1170

(1) III° Cartul.: Radulfus.
(2) II° et IV° Cartul.: Pinchonio.
(3) II°, III° et IV° Cartul.: Ebrardus.
(4) IV° Cartul.: Foulliaco.
(5) II° et III° Cartul.: Naors; IV° Cartul.: Naours.

(6) IV° Cartul.: Oel.
(7) II° Cartul.: Nicolaus Dare; III° et IV° Cartul.: Nicholaus Dare.
(8) II°, III° et IV° Cartul.: Yseu dans toute la charte.

gratia Ambianensis episcopus, tam presentibus quam futuris in XPO fidelibus eternam in Domino salutem. Res gestas litteris annotare non incongruum videtur, ut quod bono studio geritur per malum discordii non turbetur. Inde est quod petitionem tuam, fili in Domino dilecte Girarde, abbas venerabilis de Gardo, super confirmatione altaris de Iseu, quod ad honorem et dominium precenture Ambianensis pertinet, benigno favore suscipientes, ipsum altare cum appendiciis suis ex dono predecessoris nostri Theoderici bone memorie episcopi, concedente Fulcone precentore, tibi et ecclesie tue prius collatum, postulante et concedente Hugone precentore ejusdem Fulconis successore, communicato capituli nostri assensu, tibi et ecclesie tue in perpetuum mansurum sub censu X solidorum precentori Ambianensi in sollempnitate beati Firmini martyris persolvendorum, pontificali auctoritate concedimus et confirmamus; et ad majus rei ejusdem firmamentum et tenendam memoriam testes de capitulo nostro qui huic operi interfuerunt subscribimus. Signum Radulphi (1) decani. S. Guarini (2) archidiaconi. S. Ingerranni Pontivensis archidiaconi. S. Radulphi (3), Elewini, presbyterorum. S. Roberti, Ricardi (4), Guermundi, Laurentii, Symonis, diaconorum. S. Radulphi, Ebrardi, Johannis de Cruce, Johannis Pinconiensis subdiaconorum.

Actum est hoc anno incarnati Verbi M° C° LXX°. Datum per manum Roberti Gigantis (5) cancellarii.

<small>Cartul. I, f° 37 v°, n° xxxvii ; II, f° 70 v°, n° xxxvii ; III, f° 55, n° xxxvii ; IV. f° 33, n° xxxvii.</small>

47.

Confirmatio de consuetudinibus ecclesie.

1170   Alexander, episcopus, servus servorum Dei, dilectis filiis Radulpho (6) decano et canonicis Ambianensibus salutem et apostolicam benedictionem. Justis petentium desideriis dignum est nos facilem prebere consensum, et vota que a rationis tramite non discordant effectu sunt prosequente complenda. Eapropter, dilecti in Domino filii, vestris justis postulationibus grato concurrentes assensu, consuetudines ecclesie vestre quas eadem ecclesia contra suos malefactores habere dignoscitur rationabiliter vobis concessas auctoritate apostolica confirmamus

(1) IVᵉ Cartul. : Radulfi.
(2) IVᵉ Cartul. : Garini.
(3) IIIᵉ et IVᵉ Cartul. : Radulfi.
(4) IIIᵉ Cartul. : Rycardi.
(5) IIᵉ et IIIᵉ Cartul. : Gygantis.
(6) IIᵉ, IIIᵉ et IVᵉ Cartul. : Radulfo.

et presentis scripti patrocinio communimus. Statuentes ut nulli omnino hominum liceat hanc paginam nostre confirmationis infringere, vel ei aliquatenus contraire. Si quis autem hoc attemptare presumpserit, indignationem omnipotentis Dei et beatorum Petri et Pauli apostolorum ejus se noverit incursurum Datum Verul*arum* VII idus septembris.

Cartul. I, f° 43 v°, n° xlv ; II, f° 76 v°, n° xlv; III, f° 59 v°, n° xlv ; IV, f° 35 v°, n° xlv.

48.

Confirmatio super altari de Blangeio.

Alexander, episcopus, servus servorum Dei, dilectis filiis Radulpho (1) decano et canonicis Ambianensibus salutem et apostolicam benedictionem. Justis petentium desideriis dignum est nos facilem prebere concensum, et vota que a rationis tramite non discordant effectu sunt prosequente complenda. Eapropter, dilecti in Domino filii, vestris justis postulationibus grato concurrentes assensu, altare de Blangeio et kaagium cum quibusdam hospitibus et aliis pertinentiis suis rationabiliter vobis collatum devotioni vestre auctoritate apostolica confirmamus et presentis scripti patrocinio communimus. Statuentes ut nulli omnino hominum liceat hanc paginam nostro confirmationis infringere, vel ei aliquatenus contraire. Si quis autem hoc attemptare presumpserit, indignationem omnipotentis Dei et beatorum Petri et Pauli apostolorum ejus se noverit incursurum.

Datum Verul*arum* VI idus maii.

1170

Cartul. I, f° 44 v°, n° xlvii ; II, f° 77 v°, n° xlvii; III, f° 60, n° xlvii ; IV, f° 36, n° xlvi.

49.

Scriptum de Psalliaco (2).

In nomine Patris et Filii et Spiritus Sancti. Amen. Ego Andreas, Atrebatensis episcopus, universis in XPO fidelibus in perpetuum. Pontificalis officii sollicitudo nos admonet in eis que nobis commissa sunt ecclesiarum jura propensius conservare, et ne postcrorum malignitate distrahantur sollicite providere. Proinde compositionem inter ecclesiam Ambianensem et Heluinum de Psalliaco factam,

1170

---

(1) III° et IV° Cartul.: Radulfo.
(2) II° et III° Cartul.: Psailliaco dans toute la charte.

et in presentia nostra atque capituli ecclesie nostre recognitam litteris annotare et ad posterorum noticiam transmittere curavimus. Compositio autem super hoc est, et hujusmodi : Balduinus de Psalliaco, Heluini pater, ecclesie Ambianensi magna, sicut audivimus, dampna intulerat. Unde ipse excommunicatus et terra sua antecessoris nostri Atrebatensis episcopi mandato fuerat inbannita. Heluinus itaque, longo post tempore, se et terram suam ab excommunicationis et interdicti sententia liberare volens, in presentia nostra et capituli, Ambianensi ecclesie concessit, et fide data firmavit, quod quatuor annone modios, duos de frumento et duos de avena, ad cellarium canonicorum propriis vehiculis et expensis deportatos Ambianis ad mensuram cellarii singulis annis-intra festum omnium sanctorum in elemosinam et pro restauratione dampnorum predictorum daret. Aut si prefati IIII^{or} modii propter guerram secure duci aliquando non possent Ambianis, eos Atrebatum propriis similiter expensis duci faceret, et nuntio canonicorum sub eadem mensura reddi ; frumentum autem duobus denariis a meliori distans erit, et quoniam dampna ecclesie Ambianensi illata redditus talis non plene poterat resarcire, concessit idem Heluinus quod quicquid ultra redditus istius estimationem superesset, ipse et quilibet ejus heres, castelli prefati dominus, ab ecclesia Ambianensi teneret in feodum, et hominium super hoc faceret. Hec omnia Heluinus a se et heredibus suis in perpetuum conservanda promisit, et nisi conservarentur, se et terram suam ad eandem in qua fuerant sententiam redire concessit. Huic concessioni testes affuerunt : Frumaldus archidiaconus, Rogerus, prepositus, Anselmus cantor, Johannes cantor de Duaco, magister Hugo de Betunia (1), Fulco prepositus, Robertus Paululus, Symon de Mondisderio.

Actum anno incarnati Verbi M° C° LXX°.

Cartul. I, f° 10 v°, n° xiii ; II, f° 43 v°, n° xiii ; III, f° 35, n° xiii ; IV, f° 20 v°, n° xiii.

50.

De Fontenellis (2) carta.

1171

Ego Theobaldus, Dei miseratione Ambianensis dictus episcopus, tam presentibus quam futuris notam facio conventionem inter dilectos filios nostros canonicos matris ecclesie Ambianensis et Gregorium de Marcel de communi

(1) II°, III° et IV° Cartul. : Bethunia.   (2) IV° Cartul. : Fontanellis.

assensu factam que sic est : Per totum territorium de Fontenelles ecclesia Ambianensis totam decimam habet et medietatem terragii. Porro predictus Gregorius qui in eodem territorio quartam partem terragii habet, cum de communi territorio quod ad homines ecclesie de Duri ad agricolandum pertinet quosdam campos emisset, et terre que de agricultura sua erat eam adjungere vellet, ut pace ecclesie nostre eam teneret, assensu Eustachii de Rumeni (1) de quo ipse tenebat, concessit et pepigit se vel heredem suum nichil in territorio illo deinceps empturos. Siquidem terram illam propria carruca, si voluerit, excolet; sin autem cuicumque voluerit de hominibus ecclesie ad utilitatem suam ad excolendum tribuet, salvo redditu ecclesie nostre in eadem terra sicut in reliqua. Redditum suum Ambianis, sive apud Duri, ubi ipse Gregorius maluerit, homines ecclesie qui eam excolent propriis vehiculis adducent. Forisfactum suum jam dictus Gregorius apud Duri et non alibi absque contradictione adducet, et secundum consuetudinem et legem a decano et a capitulo ibi contitutam libere et integre accipiet, nisi gratis remissionem facere voluerit.

Actum est hoc anno M° C° LXX° I°, Radulpho (2) tunc temporis decano, Wille*l*mo preposito, Guarino (3), Ingelranno archidiaconis, Roberto cancellario, Guifrido presbytero, Symone cellerario.

<small>Cartul. I, f° 38 v°, n° xxxix ; II, f° 71, n° xxxix ; III, f° 33 v°, n° xxxix ; IV, f° 55 v°, n° xxxix.</small>

51.

Scriptum de Polivilla (4).

Ego Theobaldus, Dei gratia Ambianensis episcopus, tam presentibus quam futuris in perpetuum. Quoniam inter ceteras Spiritus Sancti virtutes Domini pacis evangelica auctoritas attestatur precipuum : Beati pacifici, quoniam filii Dei vocabuntur » ; pacem inter ecclesiam nostram et ecclesiam de Aquicincto(5), mediantibus domno Hugone, venerabili abbate sancti Amandi, et religiosis personis, a predecessore nostro bone memorie domno Theoderico episcopo, per gratiam Dei studiose elaboratam inexterminabilem conservari cupientes,

1172

(1) IIe, IIIe et IVe Cartul. : Rumegni.
(2) IIIe Cartul. : Radulfo.
(3) IIIe Cartul. : Garino.
(4) IIe Cartul. : Polainvilla.
(5) IIe, IIIe et IVe Cartul. : Aquicinto.

ut omne os obstruatur memoriale cyrographum conscribimus, modum quidem compositionis, et unde compositio emerserat per ordinem explicantes. Siquidem cum predicti monasterii fratres apud Flaisseroles (1) commorantes, reportagium, medietatem videlicet decime quam Ambianensis ecclesia de labore parrochianorum suorum in territoriis Poliville et Choisi (2) agricolantium de antiquo obtinuerat retinere attemptassent, et canonicos super hoc in causam traxissent, et causa ipsa ad cognitionem domni Remensis tandem per appellationem devenisset, placuit domno archiepiscopo Henrico et curie Remensi utramque partem ad prefatum predecessorem nostrum remittere ut, vocatis secum venerabilibus Theobaldo sancti Martini. Eustachio sancti Johannis abbatibus et domno Hugone priore sancti Laurentii, causam ipsam compositione vel judicio terminaret. Die igitur constituta, predicti monasterii venerabilis abbas Gozvinus (3) et de capitulo suo honeste persone Alexander prior, Eustachius camerarius cum in presentia ejusdem predecessoris nostri pro eadem causa dirimenda venissent, predictorum abbatum consiliis acquiescentes ut in prefatis territoriis Poliville et Coisi (4) reportagium illud Ambianensis ecclesia in perpetuum obtineat, benigne concesserunt. Radulphus (5) autem decanus, totius capituli assensu, predictis fratribus de Acquicincto (6) propter antiquam et mutuam caritatis dilectionem qua se predicte ecclesie invicem confovere et amplecti consueverant, de dignitate matris ecclesie Ambianensis participans eandem eis vicissitudinem concessit : ut si aliquo tempore parrochiani de Polivilla et Coisi (7) terram Ambianensis ecclesie excoluerint, in ea earumdem villarum ecclesie reportagium habeant, et presenti cyrographo hoc de novo adquisitum sibi defendant. Actum est hoc anno M° C° LXIII, communi utriusque partis assensu, presentibus domno Hugone sancti Amandi, Theobaldo sancti Martini, Eustachio sancti Johannis abbatibus, domno Hugone sancti Laurentii et multis religiosis personis ; anno autem M° C° LXXII° in presentia nostra recognitum et ad tenendam ejusdem rei memoriam et omnem contentionis occasionem enecandam sigillo nostro et sigillis utriusque capituli confirmatum. Ego Robertus cancellarius subscripsi.

Cartul. I, f° 24, n° xxii ; II, f° 57, n° xxii ; III, f° 45, n° xxii ; IV, f° 27, n° xxii.

(1) IV° Cartul.: Flaissores.
(2 III° Cartul.: Chosi ; IV° Cartul.: Coisy dans toute la charte.
(3) III° Cartul.: Guozvinus.
(4) II° et III° Cartul.: Choisi.
(5) III° et IV° Cartul.: Radulfus.
(6) II° et III° Cartul.: Aquicinto.
7) II° et III° Cartul.: Choisi

52.

Conventio inter canonicos et Guermundum et Guifridum milites de territorio de Argovia.

Ego Theobaldus, Dei gratia Ambianensis episcopus, tam presentibus quam futuris in XPO fidelibus in perpetuum. Pastoralis officii sollicitudine debitoque tenemur ut ea que pro bono pacis acta sunt in presentia nostra sive recognita firmiter observentur operam dare, et ne quorumlibet perversitate distrahantur in posterum vel oblivione deleantur quanta possumus diligentia providere. Hoc ergo intuitu conventionem quandam inter ecclesiam Ambianensem et Guermundum atque Guifridum milites factam in presentia nostra recognitam eo tenore quo ipsam utraque parte assistente recitari audivimus literis assignare et ad posterorum noticiam transmittere necessarium duximus. Conventio autem super hoc est, et hujusmodi : Inter ecclesiam Ambianensem et prefatos milites Guermundum scilicet atque Guifridum super territorio de Argovia habebatur controversia, cujus agriculturam homines de Vallibus jure hereditario habendam, salvo dominorum redditu. reclamabant. Quod ecclesia etiam se antiquitus in elemosinam accepisse et multis annis quiete possedisse dicebat. Militibus hec e contra negantibus, contentio mediantibus sapientibus viris sic tandem terminata est. Guermundus, uxore sua et filiabus assensum prebentibus, necnon et Guifridus cum uxore sua ad quam pars prefati territorii jure hereditario pertinebat, in territorio illo in ea parte que est ultra calceiam, videlicet inter villam de Vallibus et calceiam, duarum partium agriculturam in perpetuum possidendam hominibus ecclesie concesserunt ; salva justicia sua in latrone et sanguine effuso, et forisfacto terragii. Terciam vero partem sibi et hospitibus suis excolendam retinuerunt, ea tamen conditione, quod si nec ipsi propriis carrucis nec eorum hospites illam excoluerint, non nisi hominibus ecclesie eam ad excolendum tradere poterunt. Reliqua vero justicia quantum ad agriculturam pertinet, in manum decani et capituli perpetuo permanebit. Ecclesia autem et homines de Vallibus prefatis militibus popigerunt, quod quicumque de prefato territorio septem jornelios vel amplius tenebit, dominis terre illius duos capones in Natali Domini persolvet. Qui minus quam septem jornelios tenebit unum caponem dabit. Quod utique sic distinguendum est si aliquis sex jornelios tenens

1173

unum vel duos aut singulos etiam aut dimidium jornelium vendiderit, de singulis possessoribus singulos capones domini habebunt, et eadem ratione si septem jornelios tenens alios aliquot multos, vel pauciores emerit, non nisi duos tantum capones dabit. Si aliquam territorii partem venundari contigerit, domini venditiones habebunt, scilicet tot denarios quot venditor inde habebit solidos. Major vero terre illius pro wantis accipiet duos denarios. Et si aliquis terram invadiaverit, ille qui pecuniam commodaverit sex denarios dominis pro sextario vini, et duos majori pro wantis dabit. Si quis pro filie conjugio terram suam alii dederit, sive etiam uxorando filio reliquerit, novus possessor dominis terre prefate sex tantum denarios et majori pro wantis suos denarios dabit. Si post alicujus decessum heres terram relevare voluerit, dominis terre predicte pro singulis jorneliis denarios tres dabit, major vero pro wantis suis duos accipiet denarios. Quod si mortuo marito mulier vidua sibi vel heredibus suis terram relevaverit, et postea maritum acceperit, maritus ille sex tantum modo denarios pro sextario vini dominis dabit, et absque calumpnia dominorum terram excolere poterit. Hanc itaque conventionem sub forma cyrographi litteris assignatam ratam haberi volumus, et eam sigilli nostri munimine roboramus, et ne ausu temerario aliquis eam perturbare presumat sub anathemate prohibemus. Actum est hoc anno ab incarnatione Domini M° C° LXX° III°. Datum per manum Roberti cancellarii. Hujus conventionis testes sunt : Radulphus (1) decanus; Willermus prepositus; Guarinus (2), Ingelrannus archidiaconi; Guifridus, Erluinus presbiteri ; Symon, Ricardus (3), diaconi; Balduinus, Girardus de Beeloi (4) ; de laicis ipse Guermundus Pilars, Guermundus de Luicuel, Ingutio decanus de Centpuis, Hulertus monachus Sancti-Fusciani, Robertus Siccus.

Cartul. I, f° 18 v°, n° xix ; II, f° 51 v°, n° xix ; III, f° 41, n° xix ; IV, f° 24 v°, n° xix.

53.

Scriptum de decima de Morlaincurt (5).

1174   Ego Theobaldus, Dei miseratione Ambianensis dictus episcopus, dilectis in

(1) IV° Cartul. : Radulfus.
(2) IV° Cartul. : Garinus.
(3) III° Cartul. : Richardus.
(4) IV° Cartul. : Giroldus de Beeloy.
(5) III° Cartul. : Morlaincort; IV° Cartul : Mollaincourt.

XPO filiis Radulpho (1) decano et toti capitulo Ambianensi eternam in Domino salutem. Justa postulantium desideria que et de religiosa sollicitudine prodeunt, et de confortando in augmentum religionis dominico grege devotius accrescunt et studiosius accenduntur, opere sunt procul dubio prosequente complenda. Inde est quod petitionem vestram de confirmanda vobis et ecclesie Ambianensi decima de Morlaincurte (2), dilecti in Domino filii, benigne suscipientes, quo ordine decima illa, de manu laica studio vestro et laudabili munificentia ad ecclesiasticam possessionem tandem revocata, in jus vestrum et sempiternam possessionem devenerit litteris assignare necessarium duximus, ut res ipsa posteris innotescat et hec nostra confirmatio statum habeat firmiorem. Noverint igitur tam presentes quam futuri quod venientes in presentia nostra Radulphus de Aitineham (3) et Gila uxor ejus et Petrus filius eorum et heres, et Petrus castellanus de Braio, dominus eorum, predictam decimam de Morlaincurte (4), duas videlicet partes que ad casam pertinent, tam in campestri quam in minuta decima, quam jam dictus Radulphus per peccatum utpote laicus diu tenuerat, receptis de beneficio ecclesie $CCC^{tis} XX^{ti}$ libris, idem Radulphus (5) et uxor ejus et Petrus filius et heres, presente et concedente Petro castellano, domino suo, in manum nostram reddiderunt, et ut ecclesie Ambianensi eam in elemosinam donaremus satis devote postulaverunt, nichil in ea omnino retinentes. Promiserunt etiam sub fidei assertione quod si quis super decima illa ecclesiam infestare attemptaverit, se legitimam defensionem et guarandiam prestare in curia episcopi quantum justicia dictaverit.

Petrus quoque castellanus, de cujus feodo decima illa pendebat, totum dominium suum in decima illa pro anima patris sui et sua, et venerabilis viri Anselmi Candaveine (6) tunc temporis defuncti, et memoria eorum habenda, in elemosinam condonavit, et in manum nostram reddidit, data nichilominus fide se nichil deinceps in ea reclamaturum, et guarandiam prestaturum. Denique ad insinuandam devotionem suam et majorem elemosine sue firmitatem, in facie ecclesie super altare beate Marie donum hoc posuerunt. Elisabeth etiam, uxor ipsius Petri castellani, presente Johanne decano nostro de Encra (7) et propter hoc a nobis misso, hanc elemosinam concessit, et quantum ad ipsam pertinebat in manum ipsius reddidit, reliquis etiam filiis et filiabus predicti Radulphi (8) in pre-

---

(1) IIe, IIIe et IVe Cartul.: Radulfo.
(2) IVe Cartul.: Mollaincurte.
(3) IIIe Cartul.: Aitieneham dans toute la charte ; IVe Cartul.: Radulfus de Attineham dans toute la charte.
(4) IVe Cartul.: Mollaincurte.
(5) IIIe et IVe Cartul.: Radulfus.
(6) IIe, IIIe et IVe Cartul.: Campdavaine.
(7) IIe Cartul.: Enchra.
(8) IIe, IIIe et IVe Cartul.: Radulfi.

sentia ejusdem decani hoc ipsum concedentibus. Nos igitur pretaxatam decimam de manu laica per Dei gratiam liberatam vobis et matri nostre Ambianensi ecclesie in perpetuam elemosinam possidendam contradimus, et presenti pagina confirmamus, et hujus nostre confirmationis temerarios perturbatores excommunicamus. Ad majorem autem firmitatem et concessionis sue tenendam memoriam, Petrus Castellanus huic nostre confirmationi sigillum suum apposuit. Hujus rei testes sunt : Radulphus (1) decanus; Guarinus (2) archidiaconus; Herbertus sacerdos ; Symon de Mondisderio, Ricardus de Gerberroi, Simon de Wadencurt (3) diaconi ; subdiaconi : Balduinus de Pas, Johannes de Cruce, Girardus (4) de Beeloi (5) ; de laicis : Alexander de Wailliis (6), Matheus de Gainemont, Werricus de Carnoi (7), Effridus de Aitineham, Manasses de Floiscies (8), Bernardus de Cruce, Guibertus frater ejus, Arnulphus (9) li Camberlens, Beroldus de Baiart. Actum est hoc anno incarnati Verbi M° C° LXX° IIII. Datum per manum Roberti cancellarii.

Cartul. I, f° 17, n° xvii ; II, f° 56, n° xvii ; III, f° 40, n° xvii ; IV, f° 23 v°, n° xvii.

54.

De territorio de Gaiencurt (10) inter Vals et Calceiam.

1175   Ego Theobaldus, Dei miseratione Ambianensis dictus episcopus, tam presentibus quam futuris notum facio quod venientes in presentia nostra Alelmus de Nans et Herma uxor ejus, et filie eorum Pavia et Emelina, et Johannes de Rochemont (11) agriculturam totius territorii de Goiencurt (12) inter villam de Vals et Calceiam quod jure hereditario tenebant, concedente Roberto de Sancto Albino de cujus feodo predicta terra pendet, Ambianensi ecclesie in perpetuam elemosinam in usus et culturam hominum de Vals per manum nostram concesserunt, salvo terragio suo, retentis etiam quibusdam consuetudinibus que ad

(1) III° et IV° Cartul. : Radulfus.
(2) IV° Cartul. ; Garinus.
(3) II° et III° Cartul. : Wadencort ; IV° Cartul. : Wadencourt.
(4) III° Cartul. : Gyrardus.
(5) IV° Cartul. : Beeloy.
(6) II°, III° et IV° Cartul. : Warluis.
(7) IV° Cartul. : Carnoy.

(8) II°, III° et IV° Cartul. : Floscies.
(9) II°, III° et IV° Cartul. : Arnulfus.
(10) III°, Cartul. : Gaiencort ; IV° Cartul. : Goiencourt.
(11) II°, III° et IV° Cartul. : Rokemont.
(12) II° et III° Cartul. : Goiencort ; IV° Cartul. : Goiencourt

dominos terrarum specialiter spectare videntur, quas pro bono pacis et litigio in posterum precavendo in sequentibus distinguemus. Terragium itaque dominorum illorum homines de Vals apud Haisdincurt (1) deducent, et donum videlicet de sex jornalibus vel V^{que} vel VII tres garbas, de IIII^{or} vel tribus duas. Pro forisfacto autem terragii si manifestum fuerit vel probatum, quinque solidos et non amplius homines de Vals dominis illis dabunt. Si in territorio per rixam vel jurgium rusticorum sanguis effusus fuerit, domini illi, si presentes affuerint, forisfactum suum ex inde habebunt. Si autem presentes non fuerint, eos in causam trahere vel ad justiciam vocare nullatenus poterunt. Si de possessore ad alium possessorem colonum illorum possessio transierit, sive per hereditatem seu per invadiationem vel donationem, sex denarios pro sextario vini domini illi habebunt. De venditione autem, de singulis solidis unum denarium. Herbam territorii illius in pascua hominibus de Vals domini illi perpetuo habendam concesserunt. Custodia vero segetum vel messium territorii illius secundum legem et consuetudinem ceterorum territoriorum ad arbitrium et considerationem hominum de Vals deputabitur, et eadem lex hujus territorii que ceterorum territoriorum erit. Hanc igitur elemosinam sub prescripta forma in manum nostram resignatam presente cyrographo confirmamus et sigilli nostri appositione communimus et ne ab aliquo temere impetatur sub anathemate prohibemus. Actum anno M° C° LXX° V° sub testimonio eorum qui interfuerunt, quorum nomina subscribuntur : Robertus cancellarius, Symon de Mondisderio, Balduinus de Pas, Johannes de Cruce, Girardus de Beeloi (2), Guarinus (3), Gerardus Flandrigena ; de laicis : Walterus de Valle major, Giroldus major de Monte, Milo de Atrio, Milo Bursa, Remigius, Ainardus, Semis, Bartholomeus de Haisdincurt (4).

Cartul. I, f° 26, n° xxiv ; II, f° 59 v°, n° xxiv ; III, f° 47, n° xxiv ; IV, f° 28, n° xxiv.

55.

DE SATISFACTIONE VICEDOMINI GERARDI DE PINCONIO (5).

Ego Theobaldus, Dei miseratione Ambianensis dictus episcopus, dilectis in   1176

(1) IV° Cartul. : Haisdincourt.
(2) IV° Cartul. : Beeloy.
(3) IV° Cartul. : Garinus.
(4) II° Cartul. : Haidincort ; III° Cartul. : Haidincurt ; IV° Cartul. : Haisdincourt.
(5) II°, III° et IV° Cartul. : Pinchonio.

XPO filiis et fratribus Radulpho (1) decano et toti congregationi Ambianensis ecclesie eternam in Domino salutem. Cum ex injuncti oneris et suscepte professionis officio subditorum curam gerere et eorum utilitati debeam providere, vobis potissimum ad dirigenda negocia et adimplenda in bonis desideria vestra me debitorem esse profiteor, presertim cum postulationes et vota que a rationis tramite non discordant, opere sint procul dubio prosequente complenda. Inde est quod sollicitudinem vestram et laudabilem de providenda rerum vestrarum stabilitate, et tam eorum que temporibus nostris in jus et dominicatum Ambianensis ecclesie per manum nostram assignata devenerunt, quam etiam quarundam injuriarum et querelarum que, per gratiam Dei, studio nostro, consilio honestarum personarum sopite sunt, perpetuanda memoria petitionis vestre instantiam attendentes, scriptum confirmationis vobis facimus ea de quibus postulatis (2) per capitula distinguentes. Igitur vir nobilis Gerardus, vicedominus de Pinconio, cum pro multis et magnis ab eo illatis dampnis erga matrem suam Ambianensem ecclesiam obnoxius teneretur, ad sepius promissam et diu deliberatam satisfactionem tandem venit; et secundum formam quam ipse, assensu filiorum suorum Guermundi primogeniti sui et heredis et Petri, a tempore domni Theoderici bone memorie antecessoris nostri ordinaverat, quatuor modiorum frumenti et totidem avene de minagio suo ad cellarium ecclesie, sumptibus suis vel ministrorum ejus deducendorum et ad mensuram cellarii, singulis annis, persolvendorum per manum nostram assignationem fecit; quam utique assignationem de feodo nostro sumptam concedimus et ratam esse concedimus, et matri nostre Ambianensi ecclesie perpetue mansuram pontificali auctoritate confirmamus, et presentis scripti patrocinio communimus et testes subscribimus. Testes autem sunt hi : Ricardus (3) de Gerberroi (4), Geroldus castellanus de Hangest, Petrus frater ejus, Walterus de Saisceval, Helinandus de Calceia, Waldricus de Moiliens, Radulphus Burnez, Oilardus Siccus, Robertus filius ejus.

Gualterus (5) etiam, maior de Ver, assumpta querela super quibusdam consuetudinibus quas in nemoribus de Ver reclamabat de jure sibi competere et ad maioriam suam pertinere, quas neque ipse neque pater ejus, sicut ex parte capituli econtra dicebatur aliquando tenuerant, cum utique eas instanter

(1) IIe, IIIe et IVe Cartul. : Radulfo, même orthographe dans toute la charte.
(2) IIe, IIIe et IVe Cartul. : Postulastis.
(3) IIe Cartul. : Richardus ; IIIe Cartul. : Richardus dans toute la charte.
(4) IVe Cartul. : Gerberroy dans toute la charte.
(5) IIIe Cartul. : Vualterus ; IVe Cartul. : Galterus.

requisisset, et tamen justicie stare et judicium curie super hoc audire recusasset, et ita sibi oblate et semper parate justicie contemptor et refuga a curia minus prudenter recessisset, tandem ad pacem ecclesie rediit ; et consuetudines illas quas injuste reclamare videbatur, et omnem omnino querelam remisit, ut neque usum neque proprium, neque justiciam in eis deinceps habeat, vel in posterum debeat reclamare, retentis solummodo quibusdam de quibus cognitum fuerat ad feodum suum pertinere, videlicet si aliquis in nemore captus fuerit, vadium ad domum maioris deferetur, et ex eo maior unum denarium habebit et capitulum legem forisfacti, et de lege soluta maior sex denarios habebit pro districto suo. Si quis etiam (1) donante capitulo de nemoribus illis sartaverit vel extruncaverit, maior de singulis ligonibus (2) unum denarium habebit. Item si cui hospitum de Ver a decano et capitulo donatum fuerit de nemore ad construendam domum, ab eo maior duos denarios habebit, ab alio quolibet nichil ; immo libere dare, vendere nemora illa omnia capitulum poterit absque calumpnia vel reclamatione maioris. Verum ne maior in hac parte se gravatum diceret, vel in posterum querelandi occasionem possit assumere, capitulum consilio nostro dedit ei de nemore adjacente nemori de Garberimont ad sarcandum et extruncandum, quam utique terram sumptibus ecclesie XX videlicet libris de beneficio capituli acceptis, arabilem fecit, et salvo redditu ecclesie in terragio et decima et omni justicia, jure hereditario possidendam suscepit. Cujus rei testes sunt : Robertus de Bova, Adam de Cainni (3), Fulco Mala Terra, Petrus de Guiencurt (4).

Illud etiam summopere curavimus memorie commendare, mollendinarii Ambianenses, legii homines ecclesie et de capitulo tenentes, super quibusdam usibus sive proventibus molendinorum de quibus cum ad noticiam capituli pervenisset, contra rationem eos occupasse et velle detinere in causam tracti et secundum processum rei, et discussionem negocii tanquam injuriosi fuerant excommunicati, ita quidem quod excommunicatio illa pro eo quod justicie nostre quam eis super hoc reclamantibus offerebamus stare omnino recusabant, a nobis fuisset confirmata, quo tandem pacto vel ordine ad pacem ecclesie redierint. Formam etiam compositionis et pacis de communi assensu partium factam, nichilominus litteris assignare, que utique sic est ; Custodes

---

(1) IIIe Cartul. : Autem.
(2) IIIe Cartul. : Lingonibus.
(3) IVe Cartul. : Caigni.

(4) IIe Cartul. : Guiencort; IIIe et IVe Cartul.: Guiencourt.

molendinorum a capitulo deputati, molturam accipient, et ea sub duabus clavibus, una custodum, altera heredum custodienda, in unum reponetur, et termino de communi assensu constituto distribuetur. In molendinis siquidem in quibus heredes quartam solum modo portionem prius de jure habuerant, de cetero terciam in perpetuum habebunt, et tertiam partem universorum sumptuum dabunt, et ipsi magisterium suum, videlicet octo sextarios frumenti qui de proprio ecclesie accipiebantur de singulis molendinis remiserunt. In molendinis autem que magisterium non habebant, videlicet Clencain et Bocart (1) de communi moltura in unum reposita octo sextarios frumenti, quantum videlicet in aliis molendinis ab heredibus fuerat remissum, semel in anno accipiet ecclesia : reliquum autem in tres partes dividetur, duas ecclesie et terciam heredum. Et rursus de duabus partibus ecclesie, heredes terciam partem accipient, et secundum eandem partitionem et proportionem sumptus persolvent. Duo bostelli, unus frumenti, alter ordei quod vulgo appellatur affectatio molendinorum, singulis molendinis per singulas ebdomadas de communi dabuntur. Si vero plures necessarii fuerint, molendinarii de suo supplebunt. Ecclesia autem et heredes, sicut dictum est, omnes sumptus communes habebunt, secundum partes quas accipiunt. Preterea ab antiquo institutum est et in usu habitum et hic recognitum quod frumentum sive ordeum quod provenit de molendinis, si per singulos canonicos secundum porcionem que eis competit distribuatur, in asinis molendinorum ad hospicium eorum deferetur : quod sipriusquam deferatur molere voluerint, ibi absque moltura moletur, quam si in domibus eorum sumptum fuerit, de singulis duobus sextariis unum bostellum dabunt, et secundum eamdem legem et conditionem heredes faciunt. Itaque quod longo temporum intervallo a memoria dilabi per oblivionem vel dissolvi per contentionem poterat, presentis scripti testimonio indissolubili firmitate persistat, et presentibus et futuris semper tanquam novum ac velut redivivum accedat. Actum est hoc anno incarnati Verbi M° C° LXX° VI°, assensu totius capituli Ambianensis et heredum quorum nomina subscribuntur. De capitulo autem sunt hi : Radulphus decanus ; Willelmus prepositus ; Guarinus (2), Ingelrannus archidiaconi ; Erluinus, Radulphus, Robertus, Herbertus, presbiteri ; Robertus, Laurentius, Olricus, Simon (3) de Mondisderio, Ricardus de Gerberroi, Hugo, Symon de Wadencurt (4) diaconi ;

(1) IV° Cartul. : Boucart.
(2) IV° Cartul. . Garinus.
(3) II° Cartul. : Symon.

(4) II° et III° Cartul. : Wadencort ; IV° Cartul.: Wadencourt.

Balduinus de Pas, magister Radulphus, Evrardus de Foliaco (1), Johannes de Pinconio, Radulphus de Helli (2), Alelmus de Orivilla (3), Robertus Gigas (4), Girardus de Beeloi (5) subdiaconi ; de laicis heredibus molendinorum : Beroldus, Milo (6), Bartholomeus fratres de Baiart, Petrus Bechins (7), Leonardus frater ejus, Robertus, Johannes, Alulfus fratres, omnes isti heredes de Baiart; de Clencain : Milo Monachus, Johannes frater ejus, Mainerus Moniot (8) ; de Taillefer, Gilo ; de quatuor molendinis : Milo buticularius, Terricus filius ejus. Nicholaus filius Alulfi, Guido molendinarius, Gerardus filius Guermundi (9), Johannes et Robertus fratres magistri Raineri, Bartholomeus filius Johannis. de Passavant (10) : Henricus molendinarius ; de Bocart (11) : Mainerus Moniot (12) et Balduinus Rufus. Datum per manum Roberti cancellarii.

Cartul. I, f° 14, n° xvi ; II, f° 47, n° xvi ; III, f° 38, n° xvi ; IV, f° 22 v°, n° xvi.

56.

De porta claustri

In nomine Patris et Filii et Spiritus Sancti. Amen. Ego Theobaldus, Dei gratia Ambianensis episcopus, tam presentibus quam futuris in XPO fidelibus eternam in Domino salutem. Ad curam pastoralem summopere respicit jura ecclesiastica tueri et conservare, et cum extraordinarie libertas ecclesie ducitur, in quantum prevalet ad ordinis lineam revocare. Inde est quod cum inter canonicos et burgenses de porta claustri reedificanda querela emersisset, et propter contradictionem burgensium nostra diu vacasset ecclesia, nos contentionem per Dei gratiam ad pacem revocavimus in hunc modum. Recognitum est in presentia nostra et concessum : quod secundum antiquum statum porta reedificaretur cum clausura sua. Et ut libertas totius claustri intemerata conservetur et iter viatorum nullatenus impediatur, porta eadem duas habeat claves in eadem

1177

(1) II°, III° et IV° Cartul. : Ebrardus de Folliaco.
(2) IV° Cartul. : Heslli.
(3) II°, III° et IV° Cartul. : Orrivilla.
(4) III° Cartul. : Gygas.
(5) IV° Cartul. : Beeloy
(6) II° et IV° Cartul. : Beroldus Milo ne sont pas séparés par une virgule.

(7) II° et IV° Cartul. : Bekins ; III° Cartul. : Bekyus.
(8) II° et III° Cartul. : Monios ; IV° Cartul. : Mounios.
(9) IV° Cartul. : Guermondi.
(10) IV° Cartul. : Passe avant.
(11) III° Cartul. : Baiart ; IV° Cartul. : Boucart.
(12) III° Cartul. : Monios ; IV° Cartul. : Mounios.

sera. Quarum alteram habebunt canonici ut porte sue et suam, alteram episcopus cui voluerit de communia ad honorem et utilitatem tam claustri quam civitatis tradet ad custodiendam. Ita sane quod si de custodia clavis, et de amministratione illa querela ad episcopum delata fuerit, episcopus ab eo cui eam commiserat tollet, nec retinebit; sed alii de communia ad libitum suum servandam tradet. Custodes ad portam custodiendam deputati ante episcopum juramentum prestabunt quod ad honorem et securitatem tam claustri quam ville prefatam portam custodient. Quod si tempore aliquo, quod absit, per infestationem alicujus baronum periculum manifestum imminens fuerit, episcopus providebit quod per eandem portam civitas nullum patiatur detrimentum. Hanc constitutionem nostram omnes qui affuerunt de capitulo laudaverunt, et in futuro ratam permanere, tam a se, tam a successoribus suis concesserunt. Ego etiam Theobaldus, episcopus Ambianensis, hanc constitutionem ratam statuo teneri; tam a me quam a successoribus meis imperpetuum. Verum si ab hac constitutione, de communi assensu partium facta, canonici vel burgenses resilierint, tam ego Theobaldus episcopus quam successores mei per nos et per comitem, et per homines nostros adjutorium prestabimus illis, qui justam habuerint causam, et constitutionem teneri faciemus. Actum est hoc et recognitum; in capitulo Ambianensi anno M° C° LXX° VII°, presentibus Radulpho (1) decano; Guarino (2) Ingelranno archidiaconis; Roberto cancellario; magistro Roberto sacerdote ; Olrico, Laurentio diaconibus; Radulpho nepote decani, Ricardo, Johanne, Girardo de Beeleio (3), Evrardo de Folliaco, Symone, Hugone fratre ejus, Fulcone Corbeiensi, Guarino cantore, Theobaldo Remensi, Ogero, Petro, Waltero, Girardo et aliis multis ; de militibus : Waltero Attrebatensi, ministro et officiali Philippi comitis Flandriæ ac Viromanduorum, Girardo vicedonno Pinconiensi (4), Fulcone de Kyrriaco, Hugone preposito Corbeiensi, Waldrico de Moiliens; de burgensibus : Rogero majore, Girardo Clerico, Nicholao, Radulpho, Rogero prepositis, Bernardo de Cruce, Symone Sancti-Fusciani (5), Tainfrido, Emelino, Roberto de Mes (6), Russelino, Ogero, Ingelranno Le Mingre scabinis, Oilardo Sicco, Roberto filio ejus, Firmino de Cl..., Beroldo, Wilardo (7) de Rua, Johanne Moset (8)

(1) II° et III° Cartul. : Radulfo, *idem* dans toute la charte.
(2) III° Cartul. : Garino.
(3) II° et III° Cartul. : Beeloi ; IV° Cartul. : Beeloy.
(4) II°, III° et IV° Cartul. : Pinchoniensi.
(5) II°, III° et IV° Cartul.: De sancto Fusciano.
(6) II°, III° et IV° Cartul. : Mez.
(7) II°, III° et IV° Cartul. : Oilardo.
(8) III° Cartul.: Mouset ; IV° Cartul.: Mouzet.

et Guidone fratre ejus, Johanne de Longa Maceria, Milone Monacho, Guiberto Rufo, Milone Pincerna, Waltero de Canci, Johanne Batel, Rainero (1) preposito et multis aliis.

Cartul. I, f° 2 v°, n° II ; II, f° 35, n° II ; III, f° 29 v°, n° II ; IV, f° 16 v°, n° II.

57.

QUOD NON ORDINETUR CANONICUS IN ECCLESIA AMBIANENSI DE LEGITIMO NON NATUS MATRIMONIO.

Alexander, episcopus, servus servorum Dei, dilectis filiis R. decano et capitulo ecclesie Ambianensis salutem et apostolicam benedictionem. In his que ad rationem respiciunt et ad ecclesiasticam pertinent honestatem petitiones vestras benigne nos decet et libenter admittere, et eis effectum congruum indulgere ut facile gaudeatis vos et efficaciter assecutos quod ab apostolica sede ratione previa postulatis (2). Inde est quod, cum hactenus in ecclesia vestra longa sit consuetudine, sicut audivimus, observatum ut nullus in eadem ecclesia nisi sit de legitimo matrimonio natus in canonicum ordinetur, nos eandem consuetudinem approbantes, eam auctoritate apostolica confirmamus; presentis scripti pagina prohibentes ne aliquem contra illam consuetudinem qui non sit de legitimo matrimonio natus in fratrem et concanonicum vestrum recipere presumatis. Nulli ergo omnino hominum liceat hanc paginam nostre institutionis (3) et confirmationis infringere vel ei aliquatenus contraire. Si quis autem hoc attemptare presumpserit, indignationem omnipotentis Dei et beatorum Petri et Pauli apostolorum ejus se noverit incursurum. Datum Tusculani IIII kalendas augusti. 1171-1172

Cartul. I, f° 79 v°, n° LXXXIV ; II, f° 111, n° LXXXIV ; III, f° 83 v°, n° LXXXV ; IV, f° 51, n° LXXXVI

58.

CONVENTIO INTER CAPITULUM AMBIANENSE ET CAPITULUM SANCTI JOHANNIS.

Ego Theobaldus, Dei gratia Ambianensis episcopus, presentibus et futuris 1178

(1) IV° Cartul. : Renero.
(2) III° Cartul. : Postulastis.
(3) *Institutionis et*... manque dans les II°, III° et IV° cartulaires.

sancte ecclesie filiis in perpetuum. Ecclesia Ambianensis quasdam querelas habebat adversus ecclesiam Sancti Johannis, videlicet de duobus molendinis quorum alterum prefata sancti Johannis ecclesia jamdiu possederat alterum de novo construxerat, de parrochianis etiam extra muros civitatis nostre manentibus, necnon et de atrio sororum de Bertricurt (1); que omnes per auxilium gratie divine, mediantibus venerabilibus fratribus nostris abbate Premonstratensi, abbate Loci Restaurati, abbate Vallis Serene, abbate sancti Justi, abbate Kartovagi (2), abbate sancti Petri de Selincurt (3), abbate de Seri, finem in hunc modum acceperunt : In molendino extra curiam constituto ecclesia sancti Johannis ex condicto molere debet annonam ad usus proprios et omnium curtium ad ipsam pertinencium ; si qui extranei vehiculis suis annonam ad idem molendinum deportaverint, suscipere licebit et molere, sed propria ad hoc mittere vehicula minime licebit. Aliud molendinum, quod videlicet infra curiam construxerant, ab ecclesia Ambianensi stare concessum est; ita ut, omnibus aliis exclusis, propriis solummodo fratrum usibus in molendo brasio deserviat. In eodem tamen molendino molere poterunt annonam propriam ad usum domus ejusdem et curtium si exterius molendinum incendio vel alia necessitate cogente cessaverit ; et quamdiu ibi molent annonam, ad molendinum exterius, extranei non recipientur ; nullo autem tempore recipient ad molendinum aliquem quem ab ecclesia Ambianensi noverint excommunicatum. Parrochianos extra muros commorantes ecclesia sancti Johannis ecclesie Ambianensi in pace dimisit, et salvis decimis quas prius habuerat, totum jus parrochiale ad ecclesiam Ambianensem pertinere recognovit, civibus infra murum commorantibus antiquam tenentibus consuetudinem. Terra autem que ad atrii titulum ab ecclesia Ambianensi data erat ecclesie sancti Johannis eidem ecclesie libere concessa est in elemosinam quibuslibet sororum usibus profutura. Hanc itaque conventionem prius in capitulo sancti Johannis recitatam et approbatam deinde in presentia nostra recognitam litteris commendare sub cyrographo curavimus, et sigilli nostri impressione communire, sub anathematis interminatione prohibentes ne hujus nostre confirmationis scriptum ab aliquo ausu temerario perturbetur. Ad majorem etiam prefate conventionis firmitatem, sigillum ecclesie Ambianensis, sigillum ecclesie Premonstratensis, sigillum

---

(1) II° et III° Cartul.: Bertricort; IV° Cartul.: Bertricourt.

(2) II°, III° et IV° Cartul. : Curtovagi.

(3) II° et III° Cartul. ; Selincort; IV° Cartul. : Selincourt.

ecclesie sancti Judoci, cujus specialiter filia est ecclesia sancti Johannis, necnon et sigillum sancti Johannis apponi voluimus atque laudavimus. Hujus conventionis testes affuerunt : De nostro capitulo, Willelmus prepositus, Guarinus (1) et Ingelrannus archidiaconi, Heluinus et Robertus Polez presbiteri ; Robertus cancellarius ; et Ricardus (2), et Symon de Mondisderio, et Olricus et Symon diaconi Robertus, Gerardus de Beeloi (3), Evrardus (4), Theodericus, subdiaconi; De capitulo sancti Johannis : Eustachius abbas, Alelmus prior, Odo prepositus, Gualterus (5) sacrista, Odo, Thomas, Galo, Laurentius, Hamericus, Ogerus, Gamelinus, Isenbardus (6), Guiardus de Villa. Actum anno incarnationis M° C° LXX° VIII°. Datum per manum Roberti cancellarii.

Cartul. I, f° 27, n° xxv ; II, f° 60 v°, n° xxv ; III, f° 47 v°, n° xxv ; IV, f° 28 v°, n° xxv.

59.

Confirmatio apostolica super consuetudine inter nos et Dominum Castri Britoliensis.

Alexander, episcopus, servus servorum Dei, dilecto filio I. decano et capitulo Ambianensi salutem et apostolicam benedictionem. Ea que inter ecclesiasticas secularesque personas ad tollendam materiam jurgiorum provida sunt deliberatione statuta modis omnibus in sua stabilitate servare nos convenit, qui pro pace ecclesiarum ex officii nostri debito tenemur toto sollicitudinis studio satagere et jurgiis atque discordiis aditum fortius obserare. Intelleximus siquidem inter vos et dominum castri Britoliensis ab antiquis temporibus firmatum fuisse et usque ad hec tempora firmiter observatum quod, si hominem ecclesie vestre ab officialibus predicti Britoliensis super aliquo forisfacto in campo vel in nemore perpetrato contigerit conveniri, die sibi assignata, in loco ubi se deprehensum esse cognoscit, illos qui eum convenire debent expectans de forisfacto quod ei imponitur sola manu propria se purgabit. Eapropter, dilecti in Domino filii, paci et tranquillitati vestre et hominum vestrorum paterna volentes sollicitudine providere, prescriptam consuetudinem sicut ab antiquis temporibus observata fuisse dinoscitur ratam habemus eamque devotioni vestre

1178-1179

(1) IVᵉ Cartul. : Garinus.
(2) IIIᵉ Cartul. : Richardus.
(3) IVᵉ Cartul. : Beeloy.

(4) IIᵉ, IIIᵉ et IVᵉ Cartul. : Ebrardus.
(5) IVᵉ Cartul. : Galterus.
(6) IIIᵉ et IVᵉ Cartul. : Isembardus.

auctoritate apostolica confirmamus, et presentis scripti patrocinio communimus. Statuentes ut nulli omnino hominum liceat hanc paginam nostre confirmationis infringere vel ei ausu temerario contraire. Si quis autem hoc attemptare presumpserit indignationem omnipotentis Dei et beatorum Petri et Pauli apostolorum ejus se noverit incursurum. Datum Laterani IIII nonas aprilis.

<small>Cartul. I, f° 45, n° xlviii ; II, f° 77, n° xlviii ; III, f° 60 v°, n° xlviii ; IV, f° 36, u° xlviii.</small>

60.

De illis qui nolunt manere in ecclesia canonicis.

1170-1180 Alexander, episcopus, servus servorum Dei, dilectis filiis decano et capitulo Ambianensi salutem et apostolicam benedictionem. Ex litteris vestris nobis transmissis accepimus quod venerabilis frater noster episcopus vester, a multis nobilibus terre vestre frequenter requisitus, ad eorum instantiam, quam pluribus in ecclesia vestra que paucos habet canonicos prebendas confert ; sed cum alibi majora beneficia possideant, in civitate vestra nolunt esse mansionarii, vel in predicta ecclesia, prout deceret, assidue deservire. Unde vos eidem ecclesie vestre volentes in posterum utiliter providere, communicato cum predicto episcopo vestro consilio, ad quem prebendarum donatio spectat, de communi consensu et voluntate statuistis ut quicumque deinceps in prelibata ecclesia canonicus instituetur, si mansionarius non fuerit, duos modios frumenti et duos avene tantum ad magnam mensuram vestram et quadraginta solidos in festo beati Firmini, si interfuerit, per annum recipiat. Addidistis insuper quod si qui fratrum vestrorum de licentia vestra causa studii vel peregrinationis absentes fuerint, prebendam suam nichilominus debeant cum integritate percipere. Quam quidem constitutionem, sicut a vobis de communi consensu facta esse dinoscitur, ratam et firmam habentes eam auctoritate apostolica confirmamus, et presentis scripti patrocinio communimus. Statuentes ut nulli omnino hominum liceat hanc paginam nostre confirmationis infringere vel ei aliquatenus contraire ; si quis autem hoc attemptare presumpserit, indignationem omnipotentis Dei et beatorum Petri et Pauli apostolorum ejus se noverit incursurum. Datum Tusculani XIIII kalendas januarii.

<small>Cartul. I, f° 44, n° xlvi ; II, f° 77, n° xlvi ; III, f° 59 v°, n° xlvi ; IV, f° 36, n° xlvi.</small>

61.

DE TERRIS QUAS HABEBAT RADULPHUS (1) IN TERRITORIO DE DURI.

Ego In*gelrannus*, Dei gratia Ambianensis ecclesie decanus, totumque capitulum, tam futuris quam presentibus notum esse volumus quod Radulphus de Duri ad nostram veniens presentiam, assistente et concedente uxore sua Agnete, terras quas habebat in territorio de Duri, sive proprias sive pignori obligatas, que ad nostram pertinent jurisditionem, antequam proficisceretur Jherusalem, sic ordinavit : Siquidem ipse et frater ejus Petrus terras illas pro indiviso possidebant. Radulphus autem partem fratris sui pro XXX* libris attrebatensium sive parisiensium habebat pignori obligatam. Dimidiam itaque partem que ipsius propria erat concessit Radulphus ecclesie Ambianensi in perpetuum habendam, post suam et uxoris sue vitam ; hac inter ipsos et ecclesiam servata conditione, quod si Radulphum premori contigerit, uxor ejus terram tenebit, et ad ipsius Radulphi anniversarium celebrandum singulis annis, persolvet vini modium. Post vitam Agnetis, ecclesia terram illam habebit et pro utroque anniversarium celebrabit. Partem vero Petri quam Radulphus et uxor sua tenebant pignori obligatam, ipsa Agnes in manu sua tenebit ad faciendum quod voluerit, donec a Petro vel ejus herede XXX* libris redimatur, vel ab ecclesia Ambianensi, si illis deficientibus ecclesia redimere voluerit. Siquidem media pars prefate pecunie ipsius Agnetis erat ; reliquam partem concessit ei maritus suus Radulphus in elemosinam. Hec uterque sic ordinata a nobis observari postulavit, et ad conservationem memorie sub cyrographo scribi et sigillo nostro communiri impetravit. Testes sunt : Magister Robertus Paululus, Simon de Mondisderio, Drogo de Sancto Martino, Symon de Sancto Michaele, Ricardus de Gerborreo (2), Symon de Wadencort (3), Balduinus de Pas, Ebrardus de Foilloi (4), Ogerus de Kierru (5), Rogerus de Remis, Theobaldus de Remis, Willelmus de Borri, Johannes et Theobaldus fratres, Robertus de Abbatisvilla, Petrus de Fonte.

Actum est hoc anno incarnati Verbi M° C° LXXX°.

1180

Cart. I, f° 31, n° xxx ; Cart. II, f° 64 v°, n° xxx ; Cart. III, f° 50 v°, n° xxx ; Cart. IV, f° 30, n° xxx.

(1) III* Cartul. : Radulfus dans toute la charte.
(2) II*, III* et IV* Cartul. : Gerberroi.
(3) II* Cartul. : Wadencurt ; IV* Cartul. : Wadencourt.
(4) II*, III* et IV* Cartul. : Folloi.
(5) II* Cartul. : Kierreu ; III* Cartul. : Kyrreu ; IV* Cartul. : Kierrieu.

62.

SCRIPTUM ALEXANDRI PAPE AD JEROSOLIMITANUM PATRIARCHAM.

1159-1181
Alexander III^{us} Jerosolimitano patriarche. Novit plenius sicut credimus tue discretionis prudentia qualiter tu et fratres tui unum corpus sitis, ita quidem quod tu caput et fratres tui membra esse comprobentur. Unde non decet te, omissis membris, aliorum consilio in ecclesie tue negotiis uti. Cum idem non sit dubium et honestati tue et sanctorum tuorum institutionibus contraire. Innotuit siquidem auribus nostris quod tu sine consilio fratrum tuorum abbates et abbatissas et alias ecclesiasticas personas instituis et destituis, non considerans et attendens quomodo te non sit dubium statum sacrorum canonum transgredi, cum in hujusmodi causis clericorum et laicorum circa te commorantium, qui de corpore ipsius ecclesie non sunt, potius quam fratrum tuorum ducaris consilio. Inde est quod discretioni tue auctoritate apostolica prohibemus ne abbates vel abbatissas vel alias personas ecclesiasticas sine consilio et auxilio prioris et fratrum tuorum canonicorum Sancti Sepulcri (1), instituere vel destituere de cetero aliqua ratione presumas. Quod si forte, quod non credimus, prohibitionem nostram attemptare presumpseris, nos tales institutiones et destitutiones, si quas amodo feceris, auctoritate apostolica quassamus et omni robore decernimus et stabilitate carere.

Cart. I, f° 96 v°; II, f° 128 v°; IV, f° 58 v°.

63.

IDEM EIDEM.

1159-1181
Quanto majori dignitate Domino dante premines, tanto decet amplius et oportet te in omnibus eam diligentiam et gravitatem habere quod omnia videaris sine nota et reprehensione peragere et laudabiliter injuncte tibi sollicitudinis officium dispensare. Audivimus autem, unde mirati sumus, sicut mirari merito poteramus, quod in concessionibus et confirmationibus, omissis canonicis tue ecclesie, consilium clericorum et laicorum circa te commorantium

(1) II° et IV° Cartul. : Sepulchri.

qui non sunt de corpore ipsius ecclesie interdum, immo sepe, requiris. In eisdem concessionibus et confirmationibus juxta eorum consilium et voluntatem procedis et in privilegiis etiam, quod tuam prorsus dedecet honestatem, ad majorem auctoritatem et certitudinem nomina fratrum tuorum qui absentes fuerint tanquam si presentes fuissent facis subscribi. Quia ergo non decet prudentiam tuam in negotiis tibi commisse ecclesie consilium fratrum tuorum postponere cum quibus unum existere comprobaris, fraternitati tue per apostolica scripta precipiendo mandamus quatinus in concessionibus et confirmationibus et aliis ejusdem ecclesie negociis fratres tuos requiras, et cum eorum consilio vel sanioris partis eadem negocia peragas et pertractes, et que statuenda fuerint statuas, et errata corrigas et evellenda dissipes et evellas, nec absentium fratrum nomina inscribi aliquatenus facias, quia talia munimenta irrita sunt et falsa et exinde questionem falsi poteris non immerito formidare. Nos enim universa privilegia in quibus absentium nomina ipsis ignorantibus vel absentibus subscripta sunt vel amodo subscribentur irrita esse decernimus et nullius firmitatis robur habere censemus.

Cart. I, f° 96 v°, n° xcxix. II, f° 128 v°; IV, f° 58 v°.

64.

De dono Bernardi de Bartangle.

Ego Theobaldus, Dei miseratione Ambianensis episcopus, tam presentibus quam futuris, notum facio quod constitutus in presentia nostra Bernardus, miles de Bartangle, concedentibus uxore sua et filiis, totam terram de Noielete tam in nemore quam in plano, cujus etiam mediam partem possidebat propriam, alteram vero vavassores ejusdem territorii, videlicet Alulphus (1) miles de Haisdincurt (2), et Walterus major de Vallibus, et Bartholomeus de Vallibus ex parte Francaudis uxoris sue, et Himarus filius Bartholomei Tinctoris, de eodem Bernardo in feodum tenebant, ecclesie Ambianensi concessit ; et predictos vavassores hominagium quod sibi debebant predicte ecclesie fieri precipiens, tam proprium suum quam predictum feodum jamdicte ecclesie se et heredem suum in perpetuum guarandire promisit, ob predictam elemosinam receptis ab

1182

(1) III° Cartul. : Alulfus. (2) II° Cartul. : Haidincurt; III° Cartul. : Haidincort ; IV° Cartul. : Haidincourt.

eadem ecclesia LXXX* libris. Hanc autem donationem dominus suus Bernardus de Morolio concessit et recepta sufficienti commutatione pro feodo suo idem Bernardus et alter Bernardus de Baretangle (1) totam predictam terram in manu nostra resignaverunt; et nos eidem ecclesie predictam terram in elemosinam perpetuam possidendam concessimus. Preterea Milo de Sarton, frater predicti Bernardi, Leonardus de Vilers (2), Petrus et Radulphus (3) de Vilers (4, Matheus de Settainvile (5), Ingelrannus de Haisdincurt (6) hujus donationis fide interposita se fidejussores constituerunt. Ita quod si qua dampna inde provenirent se reddituros promiserunt. Ut autem hujus donatio elemosine in posterum firma et stabilis habeatur, presens scriptum sigilli nostri appositione et testium subscriptione corroborari fecimus. Testes autem sunt isti : Ingelrannus decanus, Symon de Mondisderio, magister Robertus Paululus (7), Richardus (8) de Gerberroi, magister Radulphus de Auco (9), Symon de Wadencurt (10, Balduinus de Pas, Gerardus de Beeloi (11), Ebrardus de Folloi (12), Guarinus 13) cantor, Petrus de Sarton ; de laicis : Remigius de Vals, Bartholomeus Tinctor et Himarus (14) filius ejus.

Actum est hoc anno Domini M° C° LXXX° II°. Datum per manum Roberti cancellarii.

<small>Cartul. I, f° 29 v°, n° xxviii ; II, f° 63, n° xxviii ; III, f° 49 v°, n° xxviii ; IV, f° 29 v°, n° xxviii.</small>

65.

CONVENTIO INTER CANONICOS SANCTI MARTINI ET CANONICOS SANCTI ACCEOLI (15).

1182

Ego Ingelrannus, Dei miseratione Ambianensis ecclesie decanus, et totum capitulum tam futuris quam presentibus (16) in perpetuum. Ad memoriam reduci debet quod cum ecclesia Beati Martini, ex antiquo dono precedentium episco-

(1) III° Cartul. : Bartangle
(2) III° Cartul. : Vilcirs.
(3) IV Cartul. : Radulfus dans toute la charte.
(4) III° Cartul. : Vileirs.
(5) II° et IV° Cartul. : Setainvile.
(6) II° Cartul. : Haidincurt ; III° Cartul. : Haidincort ; IV° Cartul. : Haidincourt.
(7) II° III° et IV° Cartul. : Polez.
(8) II° Cartul.: Ricardus ; III° Cartul.:Robertus.
(9) II°, III° et IV° Cartul. : Augo.

(10) III° Cartul. : Wadencort ; IV° Cartul. : Wadencourt.
(11) IV° Cartul. : Beeloy.
(12) II° et III° Cartul. : Foilloi ; IV° Cartul. : Foulloi.
(13) IV° Cartul. : Garinus.
(14) III° Cartul. : Hymarus.
(15) II° et III° Cartul. : Acceoli.
(16) II° et III° Cartul. : *Futuris* occupe la place de *presentibus* et inversement.

porum, in ecclesia Beate Marie et beati Firmini martyris annualia prebendarum decedentium canonicorum possideret, consequenti post tempore Gervinus episcopus canonicis sanctorum Acii et Aceoli (1) prebendam unam in eadem ecclesia in elemosinam dare voluit ; quod et fecit, ea tamen conditione ut illi ex seipsis personam eligerent, post cujus decessum ecclesia beati Martini in eadem prebenda quam illi acceperant suum annuale sicut justum erat perciperet. Evolutis autem postea plurimis annis canonici sanctorum Acii et Aceoli (2) jus annualis quod ecclesia beati Martini in prebenda quam ipsi acceperant eatenus habuerat retrahere conati sunt ; unde et in capitulo nostro questio erat, et querela jam grandis emerserat. Sed bonis et sapientibus viris de capitulo nostro mediantibus, hoc demum fine lis sopita et querela ad pacem cohibita est, quod canonici sanctorum Acii et Aceoli (3) personam ex seipsis eligent, post cujus decessum ecclesia beati Martini de prebenda ipsorum suum annuale per annum integrum percipiet. Post unius vero decessum, infra quindecim dies, alius loco illius substituetur. Quod si contigerit ut ille cui personatus prebende fuerit assignatus ab ecclesia sanctorum Acii et Aceoli aliqua levitate, quod absit, se absentet, si fuerit ignoratum ubi sit, tribus annis expectabitur. Post finem vero trium annorum, ecclesia beati Martini suum annuale percipiet, et infra quindecim dies alius loco illius qui se absentavit substituendus erit, et expectatio ecclesie beati Martini transibit de illo qui se absentavit ad illum qui eidem successit. Quod si forte redierit, prefata ecclesia pro eo deinceps nichil habebit. Si autem vivere in sua absentatione sciatur, toto vite sue tempore ab ecclesia beati Martini expectabitur. Pro pace autem et amicitia inter ecclesias conservanda, consilio totius capituli nostri statutum est quod ecclesia beati Martini ad sustentationem canonici sanctorum Acii et Aceoli ut presentia ipsius ad servitium matris ecclesie assidua sit, de proprio marsupio et granario, decem solidos et tres modios frumenti in anno quo prebendam habuerit, eidem canonico dabit de meliori quod prebenda anni illius attulerit. Actum est hoc in capitulo nostro, concedentibus utriusque ecclesie capitulis et abbatibus, in verbo Domini hoc ipsum attestantibus se tenere sub pena etiam centum librarum ab eo alii persolvendarum qui primus ab hoc statuto resilierit et contraire temptaverit. Ut igitur hoc ratum apud posteros

(1) IIe et IVe Cartul. : Acheoli ; IIIe Cartul.: même orthographe dans tout le reste de la charte.

(2) IIe et IVe Cartul. : Acceoli.

(3) IVe Cartul. : Acceoli dans le reste de la charte.

habeatur, scripto mandari, testes subscribi, et ipsum scriptum per cyrographum partiri fecimus, ut parti quam ecclesia beati Martini habuerit canonici sanctorum Acii et Aceoli sigillum suum cum nostro appendant et parti quam ipsi habuerint sigillum sancti Martini cum nostro appendetur. Ad majorem etiam cautelam, alii scripto simili sigilla utriusque ecclesie placuit apponi, et in thesauro ecclesie nostre in posterum reservari. Signum Ingelranni decani. S. Willelmi (1) prepositi. S. archidiaconorum Guarini et Radulphi (2). S. presbiterorum Roberti, Symonis. S. diaconorum Laurentii, Radulphi, Ricardi, Symonis, Nicholai. S. subdiaconorum Alelmi, Gerardi, Roberti, Guarini (3), Fulconis, Theoderici, Ogeri, Theobaldi, Balduini, Ebrardi, Johannis, Gerardi. Ingelranni, Mathei, Walteri, Gaufridi, Theobaldi, Manasse.

Actum anno ab incarnatione Domini M° C° LXXXII°. Datum per manum Roberti cancellarii.

<small>Cart. I, f° 8 v°, n° xi ; II, f° 41, n° xi ; III, f° 34, n° xi ; IV, f° 19 v°, n° xi.</small>

66.

Scriptum decime de Saivieres (4).

1183

Ego Theobaldus, Dei miseratione Ambianensis dictus episcopus, tam presentibus quam futuris notum facio quod dominus Drogo de Ambianis, pro dampnis illatis hominibus de Vaus (5) sexcentarum quinquaginta librarum scilicet, dedit ecclesie Ambianensi terciam partem decime de Savieres in perpetuam elemosinam, concedente Ingelranno qui eandem decimam ab eodem Drogone in feodum tenuerat, et eidem Drogoni vendiderat, concedentibus etiam filiis ejusdem Ingelranni, et tam Drogo quam Ingelrannus et filii ejus in manum nostram eam reddiderunt, et super altare Ambianensis ecclesie donum fecerunt et se nichil amplius in eadem decima reclamaturos sub religione jurisjurandi promiserunt. Preterea idem Drogo contra omnes se defensorem constituit et sub juramento promisit. Statutum est etiam inter ecclesiam Ambianensem et dominum Drogonem quod custos Ambianensis ecclesie et ejusdem Drogonis custos ad colligendam et servandam decimam illam in domo de Savieres per tres annos deputabuntur,

<small>(1) IIe, IIIe et IVe Cartul. : Guillermi.
(2) IIe IIIe et IVe Cart. : *Radulfi* partout.
(3) IVe Cartul. : Garini.

(4) IIe, IIIe et IVe Cartul. : Savieres dans toute la charte.
(5) IIe, IIIe et IVe Cartul. : Vals.</small>

et in tribus annis illis et deinceps custos Ambianensis ecclesie, expensis ejusdem domus de Saivieres sustentabitur, et decima illa propriis vehiculis [fratrum domus ad cellarium Ambianensis ecclesie deducetur. Estimata autem ab ipso Drogone et adpreciata XXV modiorum singulis annis et idcirco per tres annos collecta, si inventa fuerit XXV modiorum, dominus Drogo in hac parte liber erit. Si autem minus valens inventa fuerit, idem Drogo, sub religione jurisjurandi, usque ad XXV modios singulis annis in perpetuum supplebit. Et quoniam infra terminos ejusdem decimationis de Saivieres est pars cujusdam nemoris quam tenentur fratres beati Johannis ad culturam reducere et rupticia facere, concessum est ab eodem Drogone quod usque ad tres annos unoquoque, quatuor modios annone, medium frumenti, medium avene, donec terra ad culturam et rupticia fuerit redacta, ecclesie persolvet. Ita quidem quod si infra illos tres annos de predictis rupticiis aliquid acceperit ecclesia tantum de predictis IIII^{or} modiis diminuetur, quantum recipiet. Si vero eadem terra ad culturam infra illos tres annos fuerit redacta, decimam illius terre tantum accipiet ecclesia, et ipse Drogo a prestatione IIII^{or} modiorum liber erit. Sciendum est igitur quod totam decimam predictorum rupticiorum cum XXV modiis singulis annis in perpetuum debet habere ecclesia Ambianensis. Preterea concessum est ab eodem Drogone quod homines ville de Vals territoria ista, scilicet de Frivarcurt (1), Frovecurt (2), Driencurt (3), Renotval (4), Brovecort (5), Wadencort (6), Desfeus, Diencurt (7), Loncpre, secundum illas consuetudines quas ipsi homines ville de Vals habebant in territoriis illis antequam a domino Drogone depredarentur, in perpetuum excolere poterunt. Ita quidem quod si super tali consuetudine vel terra orta fuerit controversia inter dominum Drogonem aut territoriorum predictorum vavassores aut eorumdem heredes et aliquem hominum de Vals, a me sive a successoribus meis veritate diligenter inquisita, sub juramento trium legitimorum virorum ville de Vals, quod inde dictum fuerit utraque pars observare tenebitur. Hoc autem sub religione jurisjurandi dominus Drogo et predictorum territoriorum vavassores se observaturos promiserunt. Vavassores autem sunt isti : Walerannus de Mez, Oda, Johannes de Choisi (8), Alelmus de Grantcurt (9), Arnulphus (10) de

---

(1) IVe Cartul. : Frivacourt.
(2) IVe Cartul. : Frovecourt.
(3) IVe Cartul. : Driencourt.
(4) IIe et IIIe Cartul. : Renoltval ; IVe Cartul. : Renautval.
(5) IIe et IIIe Cartul. : Brovecurt ; IVe Cartul. : Brovecourt.
(6) IIe et IIIe Cartul. : Wadencurt ; IVe Cartul. : Waudencourt.
(7) IVe Cartul. : Diencourt.
(8) IIIe Cartul. : Chosi ; IVe Cartul. : Coisy.
(9) IIe et IIIe Cartul. : Grancurt ; IVe Cartul. : Grancourt.
(10) IIe, IIIe et IVe Cartul. : Arnulfus.

Artois, Rogerus Oculus de ferro, Gulterus (1) Molniers, Bartholomeus Barrabans, Aloldus de Haisdincurt (2), Francaus, Hugo de Vals, Adam de Choisi (3), Laurentius de Vinacurt (4), Walo de Bochon (5), Gilo de Clari. Ita quidem quod si aliquis vavassorum aliquam terram in predictis territoriis propria carruca tempore depredationis ville colebat, eandem terram propria carruca in eadem villa de Vals recumbente colere poterit. Statutum est etiam et concessum tam a domino Drogone quam a predictis vavassoribus, quod si aliqua terra in predictis territoriis fertilis non fuerit, per tres annos colonus a cultura cessare poterit sine forisfacto. Transactis tribus annis, dominus terre colonum ut terram colat submonere poterit : qui si non coluerit dominus terre hoc significare ecclesie Ambianensi tenetur, et ecclesia debet invenire, si poterit, colonum de eadem villa. Alioquin vavassor eandem terram secundum beneplacitum suum colere poterit. Ad hec sciendum quod dominus Drogo concessit hominibus ville de Vals pascua in omni terra et feodo suo in perpetuum habenda, exceptis nemoribus et bladis. Quod si forte animalia hominum ville de Vals in nemore vel in bladis feodi domini Drogonis capta fuerint, lege terre communi forisfactum emendabunt. Concessum est etiam tam a predicto Drogone quam a predictis vavassoribus quod si fortuito casu villa de Vals devastaretur et postea reedificaretur, predicta jura et consuetudines predictas tam in pascuis quam in feodis predictis, homines ville de Vals in perpetuum habebunt. Hec autem omnia dominus Drogo sub religione jurisjurandi se observaturum promisit, et hos fidejussores dedit, videlicet Symonem de Alli (6), Bernardum de Moroil (7), Petrum Canapes, Alelmum de Fontibus, Hugonem de Fontibus, Fulconem de Kierru (8), Bernardum de Baretangle (9), Walerannum de Mez.

Actum anno Domini M° C° LXXX° III°.

Cartul. I, f° 24, n° xxiii ; II, f° 58, n° xxiii ; III, f° 45 v°, n° xxiii ; IV, f° 27 v°, n° xxiii.

(1) II° et III° Cartul. : Gualterus.
(2) II° et III° Cartul. : Haidincurt ; IV° Cartul. : Haisdincourt.
(3) IV° Cartul. : Coizi.
(4) II° Cartul. : Vinarcort ; III° : Vinarcurt ; IV° : Vinarcourt.
(5) III° et IV° Cartul. : Bouchon.
(6) II° et IV° Cartul. : Dailli ; III °Cartul. : de Ailli.
(7) II° et III° Cartul. : Moruel ; IV° Cartul. : Moroel.
(8) II° Cartul. : Kierreu ; III° Cartul. : Kyerreu ; IV° Cartul. : Kierrieu.
(9) II°, III° et IV° Cartul. : Bartangle.

67.

DE ELEMOSINA DOMINI DROGONIS DE AMBIANIS, SCILICET DE TERCIA PARTE DECIME DE SAVIERES (1).

Theobaldus, Dei gratia Ambianensis dictus episcopus, presentibus et futuris in XPO fidelibus eternam in Domino salutem. Quoniam tempora labuntur tacitisque senescimus annis, et fugiunt freno non remorante dies, ad publicam posterorum nostrorum volumus venire noticiam quod nobilis vir dominus Drogo de Ambianis pro dampnis illatis hominibus de Vals, sexcentarum quinquaginta librarum scilicet, dedit ecclesie Ambianensi tertiam partem decime de Saveres in perpetuam elemosinam, concedente Ingelranno qui eamdem decimam ab eodem Drogone in feodum tenuerat et eidem Drogoni vendiderat, concedentibus etiam filiis ejusdem Ingelranni, et tam Drogo quam Ingelrannus et filii ejus in manum nostram eam reddiderunt et super altare Ambianensis ecclesie donum fecerunt, et se nichil amplius in eadem decima reclamaturos sub religione jurisjurandi promiserunt. Preterea idem Drogo contra omnes se defensorem constituit, et sub juramento promisit. Statutum est etiam inter ecclesiam Ambianensem et eumdem Drogonem quod custos ecclesie Ambianensis qui ad servandam predictam decimam deputabitur singulis annis, expensis domus de Savieres sustentabitur, et tota illa decima vehiculis fratrum ejusdem domus ad cellarium ecclesie Ambianensis deducetur. Si quid autem de predictis conventionibus imminutum fuerit, idem dominus Drogo vel heres ejus ecclesie Ambianensi restituere tenebitur. Preterea concessum est ab eodem Drogone quod homines ville de Vals territoria ista, scilicet Frivarcurt (2), Frovecurt (3), Driercurt (4), Renolval (5), Brovencurt (6), Wadencurt (7), Desfeus, Driencurt (8), Loncpre, secundum illas consuetudines quas ipsi homines ville de Vals habebant

1183

---

(1) IVe Cartul. : Et agricultura in territoriis circa Vals et de pascuis et defensione ecclesie.

(2) IIe Cartul. : Frivarcort ; IIIe Cartul. : Frivacort ; IVe Cartul. : Frivarcourt.

(3) IIIe Cartul. : Frovecort ; IVe Cartul. : Frovecourt.

(4) IIe Cartul. : Driencurt ; IIIe Cartul. Driencort ; IVe Cartul. : Driencourt.

(5) IIe, IIIe et IVe Cartul. : Renoltval.

(6) IIIe Cartul. : Brovencort ; IVe Cartul : Brovencourt

(7) IIIe Cartul. : Wadencort ; IVe Cartul. : Wadencourt.

(8) Ce nom manque aux trois derniers cartulaires, mais il pourrait bien n'être dans le premier que la répétition de Driercurt.

in territoriis illis antequam a domino Drogone depredarentur, in perpetuum excolere poterunt : ita quidem quod si super tali consuetudine vel terra orta fuerit controversia inter dominum Drogonem aut territoriorum predictorum vavassores aut eorumdem heredes et aliquem hominum ville de Vals, a nobis sive a successoribus nostris veritate diligenter inquisita, sub juramento trium legitimorum virorum ville de Vals quod inde dictum fuerit utraque pars observare tenebitur. Hoc autem sub religione jurisjurandi dominus Drogo et predictorum territoriorum vavassores se observaturos promiserunt. Vavassores autem sunt isti : Gualerandus de Mes (1), Oda, Johannes de Choisi (2), Alelmus de Grantcurt (3), Arnulphus (4) de Arthois (5), Rogerus Oildefer (6), Galterus (7) Mouniers (8), Bartholomeus Barrabans, Aloldus (9) de Haisdincurt (10), Francauz (11), Hugo de Vals, Adam de Choisi (12), Laurentius de Vinarcurt (13), Walo de Bochon (14), Gilo de Clari. Ita quidem quod si aliquis vavassorum aliquam terram in predictis territoriis propria carruca tempore depredationis ville colebat, eandem terram nisi propria carruca in eadem villa de Vals recumbente colere non poterit. Statutum est etiam et concessum tam a domino Drogone quam a predictis vavassoribus quod si aliqua terra in predictis territoriis fertilis non fuerit, per tres annos colonus a cultura cessare poterit sine forisfacto. Transactis tribus annis dominus terre colonum ut terram colat submonere poterit. Qui si non coluerit, dominus terre hoc significare ecclesie Ambianensi tenetur, et ecclesia debet invenire si poterit colonum de eadem villa ; alioquin vavassor eamdem terram secundum beneplacitum suum colere poterit. Ad hec sciendum est quod dominus Drogo concessit hominibus ville de Vals pascua in omni terra et feodo suo in perpetuum habenda, exceptis nemoribus et bladis. Quod si forte animalia hominum ville de Vals in nemore vel in bladis feodi domini Drogonis capta fuerint, lege terre communi forisfactum emendabunt. Concessum est etiam tam a predicto Drogone quam a predictis vavassoribus quod si fortuito casu villa de Vals devastaretur et postea

(1) IIe, IIIe et IVe Cartul. : Mez.
(2) IIe Cartul. : Coisi ; IIIe Cartul. : Chosi ; IVe Cartul. : Coisy.
(3) IIe et IIIe Cartul. : Grantcort ; IVe Cartul. : Grantcourt.
(4) IIIe Cartul. : Arnulfus.
(5) IIe, IIIe et IVe Cartul. : Artois.
(6) IVe Cartul. : Oel de Fer.
(7) IIe Cartul. : Gualterus.
(8) IIe IIIe et IVe Cartul. : Molniers.
(9) IIe, IIIe et IVe Cartul. : Aloudus.
(10) IIe Cartul. : Haidincurt ; IIIe Cartul. Haidincort ; IVe Cartul. : Haidincourt.
(11) IIe et IVe Cartul. : Franchauz.
(12) IIe et IIIe Cartul. : Coisi ; IVe Cartul. : Coizy.
(13) IIe et IIIe Cartul. : Vinarcort ; IVe Cartul. : Vinarcourt.
(14) IVe Cartul. : Bouchon.

reedificaretur, predicta jura et consuetudines predictas tam in pascuis quam in feodis predictis homines ville de Vals in perpetuum habebunt. Hec autem omnia dominus Drogo sub religione jurisjurandi se observaturum promisit et hos fidejussores dedit, videlicet : Symonem de Ailli, Bernardum de Moroil (1), Petrum de Canapes, Alelmum de Fontibus, Hugonem de Fontibus, Fulconem de Kierru (2), Bernardum de Bartangle, Walerranum de Met (3). Hanc autem conventionem coram nobis recognitam jam sepedictus Drogo sigilli nostri munimine, proprio sigillo suo apposito, quia habundans cautela non nocet, a nobis impetravit confirmari. Acta sunt hec Verbi incarnati anno M° C° LXXX° III°, et in presentia nostra pluribus assistantibus recognita; et ne super hoc aliqua in posterum oriatur dissensio, totam conditionem istam sub cyrographo scriptam sigillo nostro et domini Drogonis sigillo confirmatam utrique parti pro bono pacis fecimus assignari.

Cartul. I, f° 40 v°, n° XLII ; II, f° 73, n° XLII ; III, f° 57, n° XLII ; IV, f° 34, n° XLII.

68.

Scriptum de Rehermaisnil (4).

Ego Ingerrannus decanus et Ambianensis ecclesie capitulum notum facimus tam futuris quam presentibus quod omnia que in villa de Rehermaisnil (5) et in territorio predicte ville ad jus nostrum pertinere dinoscuntur, sub eodem censu et eisdem conditionibus quibus Ricardus de Gerborredo concanonicus noster ea diu tenuerat, Johanni de Pinconio (6) concanonico nostro, si predicto Ricardo supervixerit, tota vita sua tenenda concessimus. Ne autem super hoc aliqua controversia oriatur, tam censum quam conditiones presenti scripto annotari precepimus, videlicet quod quinque modios frumenti ad mensuram cellarii nostri per XVIII^{to} sextarios et sex modios avene ad eamdem mensuram per XX^{ti} et II^{os} sextarios idem Ricardus et Johannes post ipsum ad horreum nostrum vel ad domos concanicorum nostrorum quibus predictum censum assignaverimus sine sumptu nostro adducent, et IIII^{or} solidos et IIII^{or} denarios in festo beati Firmini, viginti etiam solidos in festo sancti Remigii persolvent, et XX^{ti} IIII^{or} capones in

1184

(1) IIe et IIIe Cartul. : Moruel ; IVe Cartul. : Moroell.
(2) IIe Cartul. : Kierreu ; IIIe Cartul. : Kyerreu ; IVe Cartul. : Kierrieu.
(3) IIe, IIIe et IVe Cartul. : Mez.
(4) IIe, IIIe et IVe Cartul. : Riesmaisnil.
(5) IIIe Cartul. : Riesmaisnil.
(6) IIIe et IVe Cartul. : Pinchonio.

Nativitate Domini nobis persolvent. De herbagio etiam predicte ville novem partes habebimus et ipsi decimam. De nemoribus etiam ad eandem villam pertinentibus preter usuarium suum in proprios usus nichil inflectere poterunt. Sed si ea vendiderint precium eorum ad emendos redditus consilio nostro reservabitur. Qui redditus post ipsos cum universis que ibidem adquisierint vel edificaverint, in proprietatem ecclesie nostre revertentur. Predictus etiam Johannes, memor beneficii ecclesie que benigne eum vocavit et extulit, tres partes decime quas in tribus partibus territorii de Gameignicurt (1) habebat et impositionem sacerdotis ejusdem ville et II^{os} solidos quos annuatim sacerdos ei persolvebat, per manus Theobaldi archidiaconi et magistri Gaufridi bone memorie tunc canonici nostri et officialis domini episcopi nobis tradidit. Pro fructu etiam predicte decime quem sub nomine ecclesie eidem Johanni in vita sua tenendum concessimus, ita quod ipsum de horreo nostro recipiet, Johannes XX^{ti} solidos in festo sancti Mauricii, singulis annis, nobis persolvet. Si autem in vita predicti Johannis ecclesiam de Gamegnicurt vacare contigerit, sacerdotem quem predictus Johannes elegerit, decano et capitulo presentabit, et decanus eum postea tanquam clericum ecclesie representabit episcopo. Nos autem, considerata devotione quam erga ecclesiam nostram eos habere credimus, predictis fratribus nostris tam Ricardo quam Johanni concessimus quod obitus eorum anniversarius dies, singulis annis, in ecclesia nostra recolatur. Actum anno ab incarnatione Domini M° C° LXXX° IIII°, presentibus in capitulo nostro et conventionem istam laudantibus, Willelmo preposito ; Theobaldo et Radulpho (2) archidiaconis; Roberto cancellario; Symone de Mondisderio, et magistri Roberto Paululo sacerdotibus ; magistro Laurentio, Hugone de Mondisderio, Symone de Wadencurt (3), Nicholao (4) de Gollencurt (5), diaconibus; Balduino de Pas, Evrardo de Foilloi (6), Ingerranno de Croi (7), Roberto Gigante (8), Gerardo de Beeloi (9), Theoderico Theloneario, Guarino (10) cantore, Fulcone de Corbeia, subdiaconibus ; communi etiam capituli nostri assensu idem approbante.

Cartul. I, f° 34 v°, n° xxxiv ; II, f° 68 , n° xxxiv ; III, f° 53, n° xxxiv ; IV, f° 31 v°, n° xxxiv.

(1) IIe et IIIe Cartul. : Gamegnicort dans toute la charte ; IVe Cartul. : Gamegnicourt dans toute la charte.
(2) IIIe et IVe Cartul. : Radulfo.
(3) IIIe et IVe Cartul. : Wadencourt.
(4) IIe Cartul. : Nicolao.
(5) IIe Cartul. : Gollencort; IIIe et IVe Cartul. : Gollencourt.
(6) IIe, IIIe et IVe Cartul. : Ebrardo de Folloi.
(7) IVe Cartul. : Croy.
(8) IIe et IIIe Cartul. : Gygante.
(9) IVe Cartul. : Girardo de Beeloy.
(10) IVe Cartul. : Garino.

69.

Confirmatio quod nemini decimas exsolvere (1) debeamus.

Lucius episcopus, servus servorum Dei, dilectis filiis decano et capitulo Ambianensis ecclesie salutem et apostolicam benedictionem. Justis petentium desideriis facilem nos convenit prebere consensum et vota que a rationis tramite non discordant effectu prosequente complere. Eapropter, dilecti in Domino filii, vestris justis postulationibus grato concurrentes assensu, ad preces venerabilis fratris nostri T. episcopi vestri, presentibus vobis litteris indulgemus ut de novalibus vestris seu de vestrorum animalium nutrimentis nemini decimas exsolvere debeatis. Nulli ergo omnino hominum liceat hanc paginam nostre concessionis infringere vel ei ausu temerario contraire. Si quis autem hoc attemptare presumpserit indignationem omnipotentis Dei et beatorum Petri et Pauli apostolorum ejus se noverit incursurum.

Datum Veronæ, idus novembris.

Cartul. I, f° 46, n° L ; II, f° 78 v°, n° L ; III, f° 61, n° L ; IV, f° 36, n° L.

1184-1185

70.

De canonicis non residentibus in ecclesia.

Theobaldus, Dei gracia Ambianensis episcopus, omnibus in XPO fidelibus presentibus et futuris perpetuam in Domino salutem. Quanto latius hodie pro defectu nostri temporis in ministris ecclesie vicia pullulare cernimus, tanto instantius occurrere et emergentium laborum causam precidere ex officio pastorali tenemur. Quia ergo in ecclesia nostra quidam canonici sunt longe ab apostolo dissidentes qui labore manuum suarum sibi victualia comparans non minus indulgebat spiritualibus, et ipsi e contrario vix aut nunquam in ecclesia nostra residentes, nec in ea spiritualibus vel horis canonicis vacantes, integra tamen ecclesie stipendia ac si in ea diligenter militarent reportare contendunt, non recolentes quod qui non laborat non manducet. In suggillationem igitur avaritie, cupiditatis, negligentie hujusmodi ministrorum, communicato discretorum virorum consilio, totius nostri capituli coniventia statuimus ut canonici qui

1186

(1) IV° Cartul. : Exhibere.

de cetero in ecclesia nostra canonicabuntur et in ea non fuerint residentes, non nisi LX solidos communis terre monete de prebendarum suarum obventionibus percipere debeant, ut et eorum puniatur negligentia et tam avaricia quam cupiditas eorum a stipendiis ecclesie cohibeatur.

Actum anno incarnationis M° C° LXXX° VI°.

<small>Cartul. I, f° 6 v°, n° viii ; II, f° 39 v°, n° viii ; III, f° 32 v°, n° viii ; IV, f° 19, n° viii.</small>

71.

De prebendis canonicorum in ecclesia non residentium.

1186-1187

Urbanus, episcopus, servus servorum Dei, venerabili fratri episcopo et dilectis filiis capitulo Ambianensi salutem et apostolicam benedictionem. Que a fratribus et coepiscopis nostris pro divinis augmentandis obsequiis rationabiliter statuuntur firma debent et illibata manere, et ne processu temporis per alicujus maliciam valeant immutari apostolico presidio communiri. Sicut autem in audientia est nostra propositum, in ecclesia vestra provida est deliberatione statutum ut canonici qui in ea non fuerint residentes non nisi sexaginta solidos communis terre monete de prebendarum suarum obventionibus percipere debeant annuatim. Ut igitur hec institutio perpetuam habere valeat firmitatem, eam sicut pro servicio ecclesie provide facta est auctoritate apostolica confirmamus et presentis scripti patrocinio communimus. Nulli ergo omnino hominum liceat hanc paginam nostre confirmationis infringere vel ei ausu temerario contraire. Si quis autem hoc attemptare presumpserit indignationem omnipotentis Dei et beatorum Petri et Pauli apostolorum ejus se noverit incursurum.

Datum Veronæ VII idus junii.

<small>Cartul. I, f° 45 v°, n° xlix ; II, f° 78 v°, n° xlix ; III, f° 60, n° xlix ; IV, f° 36 v°, n° xlix.</small>

72.

Confirmatio Clementis Pape super consuetudinibus ecclesie (1).

1189

Clemens. episcopus, servus servorum Dei, dilectis filiis decano et capitulo Ambianensi salutem et apostolicam benedictionem. Cum in aliquos merito suorum excessuum ecclesiastica sententia promulgatur, nequaquam sunt ab aliis eccle-

---

<small>(1) II°, III° et IV° Cart. : Inhibitio Clementis pape ne alii prelati recipiant excommunicatos nostros.</small>

sia) um prelatis ad absolutionis seu cujusquam communionis ecclesiastice beneficium admittendi, donec ad mandatum ecclesie revertantur et ab eis de suis excessibus congrue satisfiat. Eapropter vestris justis petitionibus annuentes, auctoritate apostolica inhibemus ne, cum in malefactores ecclesie vestre sententia excommunicationis vel interdicti canonice promulgata fuerit, prelati aliarum ecclesiarum eos ad communionem admittant vel eis christianitatis solacium impertiri presumant quousque noverit illos ad sinum ecclesie rediisse. Nulli ergo omnino hominum liceat hanc paginam nostre prohibitionis infringere; vel ei ausu temerario contraire. Si quis autem hoc attemptare presumpserit, indignationem omnipotentis Dei et beatorum Petri et Pauli apostolorum ejus se noverit incursurum.

Dat*um* Latterani XVI° Kalendas Martii, pontificatus nostri anno secundo.

Cartul. I, f° 103 v°, n° cix ; II, f° 138, n° cix ; III, f° 103, n° cxii ; IV, f° 62 v°, n° cxiii.

73.

Scriptum de Folies (1).

Ego Ingelrannus, Ambianensis ecclesie decanus, totumque ejusdem ecclesie capitulum, tam futuris quam presentibus, notum facimus quod censuram de Folies cum appendiciis ejus, sicut eam felicis recordationis Radulphus (2) decanus tenuerat et Symon de Monsdisderio (3) post eundem decanum tenuit, Theobaldo Ambianensi archidiacono toto tempore vite sue tenendam concessimus, hac conditione quod conventionem inter nos et ipsum factam se legitime observaturum super textum Evangelii coram nobis juravit, nec de diminutione ejusdem conventionis per se vel per preces majorum molestare nos attemptaret. Hanc igitur conventionem, ut intemerata permaneat, singulis distinctam capitulis ad posterorum noticiam transmittere curavimus. In primis communi nostrorum et ipsius archidiaconi assensu statuentes quod singulis annis CXXX° modios boni frumenti ad mensuram cellarii nostri nobis persolvet, et infra Natale Domini totum ad domos nostras sine sumptu nostro adducet, ita quod per hominem ecclesie ad hoc deputatum, predictum frumentum mensurabitur. Statutum est etiam quod, aliquo dampno interveniente, a solutione predicti census liber esse non poterit, nisi per exercitum regium (4) vel per ignem communem qui per alium evenerit. His autem causis intervenientibus, si a solutione predicti census liber

1189

(1) III° Cartul. : De censura de Folies.
(2) III° Cartul. : Radulfus.
(3) II°, III° et IV° Cartul. : Mondisderio.
(4) II°, III° et IV° Cartul. : Regum.

esse voluerit, illo anno sub fidelitate juramenti quicquid dampno superfuerit, ecclesie nostre ex integro restituet. Post festum vero sancti Andree, quocumque modo dampnum supervenerit, nichilominus predictum censum cum integritate persolvet. Additum est etiam predicte conventioni quod in martyrio beati Firmini duos porcos legitime pensionis nobis persolvet : in Inventione ejusdem martyris unum ; in sollempnitate beate Marie Magdalene particionem integram boni vini per dimidios sextarios tam omnibus canonicis mansionariis quam feodatis servientibus eorumdem. In adventu Domini, dimidium modium vini boni. In natali Innocentium partitionem integram per dimidium sextarium, sicut supra diximus, tam canonicis mansionariis quam feodatis servientibus eorumdem. In anni renovatione quartam partem partitionis per integros sextarios, sicut supra dictum est, et servientibus et canonicis. De minutis eciam decimis ecclesiarum ad predictam censuram pertinentibus XXX^a sol. nobis persolvet, representatione sacerdotum earumdem ecclesiarum nobis retenta, ita tamen quod sine consilio ejus predictis ecclesiis sacerdotes ordinari non debemus. Omnia etiam relevamenta feodorum et omnes alios redditus preter segetem ad predictam censuram pertinentes in manu nostra retinuimus. Condictum (1) est etiam inter nos et ipsum quod si predictam censuram in manu nostra resignare vellet, et a predicta conventione cessare de cetero, quod quindecim dies ante Nativitatem beati Johannis Baptiste terram nostram omni genere sementis quod annus expetierit refertam et reliquum ad opus sequentis anni, sicut tempus exigerit, optime cultam nobis cum carrucis restituet. Si autem infra terminum illum a vita eumdem archidiaconum decedere contigerit, nos domum suam quam in claustro habet in manu nostra tenebimus, donec quod minus fuerit de supradicta conventione nobis suppleatur. Ut hoc ratum et inconcussum permaneat, presentem paginam sigilli nostri et predicti archidiaconi appositione roborari fecimus.

Actum est hoc anno incarnationis dominice M° C° LXXX° VIIII°, VIII° idus decembris.

Cartul. I, f° 36 v°, n° xxxvi ; II, f° 69 v°, n° xxxvi ; III, f° 54 v°, n° xxxvi ; IV, f° 32 v°, n° xxxvi.

74.

DE CONVENTIONE INTER PETRUM DE VILERS ET FRATREM SUUM.

1189

Theobaldus, Dei gratia (1) Ambianensis dictus episcopus, omnibus ad quos littere iste pervenerint salutem. Notum vobis fieri volumus quod Petrus miles de

(1) IIIe Cartul. : Conditum. (2) IIIe Cartul. : Miseratione.

Vilers in presentia nostra constitutus concessit dilecto filio nostro Waltero clerico fratri suo XII modios frumenti ad mensuram Ambianensem de granea sua de Vilers, quamdiu predictus Walterus vixerit, ipsi singulis annis infra festum omnium sanctorum persolvendos, et sine sumptu ejusdem Walteri Ambianis ad domum ejus deducendos. Cum autem predictus Walterus iter Hierosolimitanum aggredi deberet, assensu predicti Petri et uxoris ejus Ade et filiorum ipsorum, supradictum censum matri ecclesie Ambianensi quatuor annis habendum concessit pro anniversario patris sui singulis annis celebrando, et pro anniversario suo et Petri fratris sui et uxoris ejusdem Petri quando eos ab hac vita transire contigerit. Si autem infra supradictos quatuor annos idem Walterus non redierit, quicquid de predicto censu ultra habere deberet predicto Petro et nepotibus suis totum, dum ipse in itinere illo moram faceret, dono et sine reclamatione ulla habere concessit. Cum autem redierit, predictum censum deinceps tota vita sua ex integro recipiet. Post obitum autem predicti Walteri, jam dictus Petrus et heres ejus a supradicto censu liberi remanebunt, salvis tamen quatuor annis, quibus ecclesie nostre obligati sunt. Hanc conventionem ante nos factam et recognitam, ne aliquis contra eam possit malignari, presenti scripto confirmari et sigillo nostro muniri fecimus.

Actum est hoc anno incarnationis dominice M° C° LXXX° IX°.

Cartul. I, f° 39 v°, n° xli ; II, f° 72 v°, n° xli ; III, f° 56 v°, n° xli ; IV, f° 34, n° xli.

75.

De grangia de Sesselliu (1).

Ego Ingelrannus, dominus de Sisolle, omnibus tam presentibus quam futuris notum facio quod cum de nemore de Faeio (2) inter me et ecclesiam Ambianensem contentio orta fuisset, testimonio virorum legitimorum intellexi terciam partem predicti nemoris et terragii rupticiorum ad prefatam ecclesiam pertinere. Unde culpam meam recognoscens, jus predictum ecclesie Ambianensi in pace dimisi et mensuram (3), quam Laurentius ejusdem ecclesie quondam canonicus a patre meo tota vita sua possidendam impetraverat, ecclesie predicte in perpetuum

1190

(1) II°, III° et IV° Cartul. : De nemore de Faio, terragio novalium ejus et grangia saxosi loci ; V° Cartul. : Carta domini Ingerranni de Sisolliu.

(2) II°, III° et IV° Cartul. : Faio.

(3) II°, III° et IV° Cartul. : Masuram.

habendam concessi. Pro qua prefata ecclesia, salva hereditate quam predixi, a forisfactis meis preteritis me absolvi precepit ; et, intuitu misericordie, me et patrem meum et antecessores meos orationum suarum participes constituit, et anniversarium meum cum viam gradiens universe carnis vitam presentem finiero, se celebraturam singulis annis promisit. Ne ergo posterorum malignitate compositio bona fide facta permutari possit, presentem paginam assensu uxoris mee E. et fratris mei Drogonis et sororum mearum, appositione sigilli mei communiri feci, anno dominice incarnationis M° C° nonagesimo.

Cartul. I, f° 104, n° cx ; II, f° 138 v°, n° cx ; III, f° 103, n° cxiii ; IV, f° 62 v°, n° cxiv ; V, f° 82, n° cvi.

76.

De medietate vicecomitatus et advocarie de Folies.

1190

Theobaldus, Dei gratia Ambianensis dictus episcopus, omnibus in XPO fidelibus presentibus et futuris eternam in Domino salutem. Notum vobis fieri volumus quod Radulphus miles de sancto Taurino quicquid habet apud villam de Folies, medietatem scilicet vicecomitatus et advocarie, concedente domino nostro Philippo victoriosissimo Francorum rege, et domino Roricone de Roia, ad quorum feodum predicta pertinebant, per manum nostram ecclesie Ambianensi in perpetuam elemosinam tenenda concessit, retento sibi in commutationem predicte hereditatis sue censu sex librarum Parisiensis monete in festo sancti Remigii, singulis annis ipsi et heredibus ejus persolvendo ab hominibus predicte ville de Folies. Condictum est etiam inter ipsum Radulphum et ecclesiam nostram quod die constituta, in festo scilicet sancti Remigii, idem Radulphus sive heres ejus notam personam cui fides debeat adhiberi, si ipse ire non poterit, apud Folies mittet et censum predictum recipiet Si autem habere non poterit, forisfactum pena decem solidorum emendabitur. Si vero nec ipse venerit nec nuncius ejus sine aliquo forisfacto homines predicti censum retinebunt, donec ipsi vel alicui ex parte ejus cui credere debeant, legitime persolvi possit. Hoc totum concesserunt uxor predicti Radulphi et filii eorum et filie. Uxor etiam Hugonis filii sui primogeniti hoc idem concessit. Ad petitionem etiam domini nostri regis hoc ipsum confirmavimus, et sigilli nostri auctoritate et capituli Ambianensis sigillo presentem cartam muniri fecimus, sub periculo anathematis prohibentes ne quis predicte conventioni deinceps temere obviare presumat, vel in aliquo ecclesiam nostram molestare. Hec conventio facta est et recognita Parisius in conspectu domini regis, ipso assensum suum per omnia tribuente, assistentibus in presentia ejus comite Theobaldo dapifero ejus, Gualtero (1) camerario, Gerardo de Furnivallis, Bartholomeo de Diencurt (2).

Actum est hoc anno incarnationis dominice M° C° XC°.

Cartul. I, f° 80, n° lxxxv ; II, f° 3, n° lxxxv ; III, f° 84, n° lxxxvi ; IV, f° 51 v°, n° lxxxvii.

77.

De beneficiis in ecclesia nostra duobus presbiteris assignatis.

Theobaldus, Dei gratia Ambianensis dictus episcopus, omnibus in Christo fidelibus presentibus et futuris eternam in Domino salutem. Cum in postulandis ecclesiasticis beneficiis omnes fere, si audiri mereantur, debitum ecclesie promittunt obsequium ; post accepta vero beneficia nulli vel admodum pauci inveniuntur qui ad sacros ordines accedere et maxime in sacerdotali ordine deservire velint, tutius duximus ante suscepta beneficia ad ordinem sacerdotii jam promotos ecclesiarum servitio deputare, quam post impetrata beneficia de promovendis controversiam nectere. Inde est quod discretorum virorum consiliis accedentes, assensu capituli nostri, beneficium unius prebende, et de decimis quas de manu laica extorsimus aliud beneficium ad valens alterius prebende in ecclesia nostra duobus sacerdotibus assignavimus, qui horis canonicis assidui interesse et missas maiores et privatas celebrare tenerentur. Quod si in canonicis horis quantulecumque portionis distributio fiat canonicis, quanta portio unum ex aliis continget canonicis, tanta duobus sacerdotibus a domino episcopo constitutis conferetur. si et ipsi duo hore quam sequetur distributio interfuerint. Si vero eorundem sacerdotum tantum unus affuerit cuicumque hore canonice quam sequetur distributio, qui interfuit tantum sibi mediam partem portionis que alii canonicorum collata fuerit sibi recipiet. Si neuter affuerit, neuter sibi aliquid accipiet, cum tamen aliis canonicis qui interfuerint taxata ab eis portio distribuetur. Constituimus etiam ut predicti sacerdotes stallum in choro, vocem in capitulo, sicut canonici alii habentes, in propriis personis semper ibidem deserviant ; consuetudines etiamque propter servitium ecclesie a predicto capitulo institute fuerint, per omnia firmiter observent, nec ad alias ecclesias cum supra-

1190

(1) III° Cartul. : Galtero.   (2) III° Cartul. : Diencort ; IV° Cartul. : Diencourt.

dictis beneficiis transire permittantur, eisque decedentibus nulli nisi sacerdotes loco illorum institui possint. Hec omnia ut in perpetuum illibata et inconcussa permaneant, sigilli nostri auctoritate roborari fecimus, sigillo etiam capituli nostri, assensu totius capituli communita, in presentia ipsius lecta et approbata fuerunt. Ubi etiam sub periculo anathematis interdictum fuit ne quis supradictas institutiones immutare, aut ipsis in aliquo contraire presumat.

Actum est hoc anno dominice incarnationis M° C° nonagesimo, regnante Philippo victoriosissimo rege, Ludovici Regis filio.

Cartul. I, f° 34, n° xxxiii ; II, f° 67, n° xxxiii ; III, f° 52 v°, n° xxxiii ; IV, f° 31 v°, n° xxxiii.

78.

Scriptum inter nos et comitem Clarimontis et Radulphum (1).

1190 Theobaldus, Dei gratia Ambianensis dictus episcopus ,tam presentibus quam futuris in XPO fidelibus in Domino salutem. In publicam volumus venire noticiam quod compositio inter ecclesiam nostram Ambianensem et nobilem virum Radulphum comitem Claromont*is* (2), assensu et voluntate Aelidis comitisse uxoris sue, in presentia nostra facta talis fuit. In primis siquidem contentio de terminis nemorum predicte ecclesie et comitis ita fuit sopita, quod prefatorum nemorum termini certis metis consilio proborum virorum tam ecclesie quam comitis debent designari. Quartam etiam partem case decime de Reinclet-Maisnil, quam comes diu injuste detinuerat, prefate ecclesie in pace dimisit. Terram etiam predicte ecclesie, quam in molendino de Cateu faciendo, et stagno sive vivario ibidem construendo idem comes injuste occupaverat, predicto comiti ejusque sucessoribus prememorata ecclesia in pace dimisit, recepto ab eodem comite in concambium prato contiguo calceie prefati vivarii. In quo prato ipse comes nichil sibi retinuit, excepto usagio cespitis ad calceiam molendinorum cum necesse fuerit reficiendam. Preterea condictum est inter eos quod si quis hominum comitis sive ecclesie in forisfacto captus fuerit, per fidejussores reddetur ; et utrumque jure et lege deducetur. Et ut hoc ratum et inconcussum in perpetuum permaneat, presentem paginam sigilli nostri impressione, apposito etiam sigillo capituli ecclesie Ambianensis, necnon etiam sigillo comitisse prelibate cui comes vir ejus peregre proficiscens super hoc maxime vices suas commiserat, filiabus ipsorum

(1) IV° Cartul. : Radulfum.   (2) II°, III° et IV° Cartul. : Clarimont*is*.

etiam concedentibus ad majorem cautelam curavimus confirmari. Testes : Alvredus abbas Brituliensis, Galterus (1) abbas sanctorum (2) Acii et Aceoli (3), Johannes abbas sancti Martini de Gemellis, Johannes prepositus de Pinconio, Theobaldus archidiaconus, Ricardus de Geberoco (4), Symon de Monsdisderio (5), Evrardus de Foilloi (6), Garnerus, sacerdos de Clar*omonte*; milites : Symon de Pratellis, Hugo de Lis, Galterus (7) de Cepeio, Galterus de Ruil, Gilo de Croissi, Gilo de Noiers (8), Radulphus (9), castellanus de Britulio (10), Willelmus li Bugres (11) et multi alii.

Actum est hoc anno Verbi incarnati M° C° LXXXX° in festo sanctorum Cosme et Damiani martyrum.

Cartul. I, f° 70, n° LXXVI ; II, f° 102. n° LXXVI ; III, f° 77, n° LXXVII ; IV. f° 47, n° LXXVIII.

79.

Scriptum de furno de Creissi (12).

Ricardus (13), Dei gratia Ambianensis ecclesie decanus, totumque ejusdem ecclesie capitulum omnibus ad quos littere iste pervenerint in Domino salutem. Cum pro furno quem prepositus de Creissi (14) in terra sua habebat et pro furno communi ejusdem ville multe sepius inter nos et ipsum contentiones emergerent, nostro et communi ecclesie nostre et ejusdem prepositi consilio, sic pax ordinata fuit et concessa : quod ubicumque sive in terra prepositi sive in nostra furnus de cetero esset, communis nobis et ipsi haberetur, ita quod IIII^{or} partes in proprietatem nostram cederent, quintam vero prepositus de nobis teneret. Expensas etiam et sumptus predicti furni nos et predictus prepositus communiter persolvemus secundum quantitatem obventionum predictarum que nobis et ipsi debentur. Si autem infra domum furni aliquis aliquod forisfactum fecerit, vel contra institutionem furni jus nostrum imminuere presumpserit, consilio ecclesie

1191

(1) II° Cartul. : Galterus dans toute la charte.
(2) II° et III° Cartul. : Abbas sancti Aceoli.
(3) IV° Cartul.: Acceoli.
(4) II°, III° et IV° Cartul. : Gerberroi.
(5) II°, III° et IV° Cartul. : Mondisderio.
(6) IV° Cartul. : Foulloi.
(7) II° Cartul. : Gualterus dans toute la charte.
(8) IV° Cartul. : Noiiers.
(9) III° et IV° Cartul. : Radulfus.
(10) II°, III° et IV° Cartul. : Britolio.
(11) IV° Cartul. : Li Bougres.
(12) II° et III° Cartul. : Cresci.
(13) II° Cartul. (1re et 2° copies) et III° Cartul.: Richardus.
(14) II° Cartul. (2° copie) et III° Cartul. : Cressi.

nostre bona fide pena taxabitur, et quod pro forisfacto ille persolverit nobis et preposito secundum predictas proportiones commune erit. Acta sunt hec presentibus his : Johanne preposito, magistro Roberto Paululo (1), Symone de Monsde*siderio* (2) sacerdotibus ; Symone de Wadencurt (3), Balduino de Pas, Nicholao (4) de Gollaincurt (5), diaconibus, Evrardo de Foilloi (6), Theoderico, Ingelranno de Croi (7), subdiaconibus; Johanne de Canremi (8), Johanne de Paillart, Gil. de Fontibus (9), Petro Daufai (10) militibus, anno ab incarnatione Domini, M° C° nonagesimo primo.

<small>Cartul. I, f° 79, n° LXXXIII ; II, f° 110 v°, n° LXXXIII et f° 154, n° LXXXV ; III, f° 83 v°, n° LXXXIV ; IV, f° 51, n° LXXXV.</small>

80.

Scriptum de Molendinis.

1191

Ego Theobaldus, Dei miseratione Ambianensis dictus episcopus, omnibus ad quos littere iste pervenerint in Domino salutem. Notum vobis fieri volumus quod cum molendinarii Ambianenses, ligii homines ecclesie nostre et de capitulo tenentes, pro quibusdam usibus sive proventibus molendinorum quos injuste occupaverant, in causam tracti secundum processum rei et discutionem(11 negotii, tanquam injuriosi rationabiliter excommunicati fuissent, et predicta excommunicatio propter defectum eorum a nobis esset confirmata, quo tandem (12) pacto vel ordine ad pacem ecclesie redierint, formam etiam compositionis et pacis communi assensu partium factam litteris annotare et in cyrographum dividere curavimus; pacem itaque sic factam et in presentia nostra recognitam esse noveritis. Custodes molendinorum a capitulo deputati, molturam accipient, et ea sub duabus clavibus una custodum altera heredum custodienda in unum

(1) II° Cartul. (1re copie), III° et IV° Cartul. : Polet ; II° Cartul. : 2° copie) : Poleth.
(2) II°, III° et IV° Cartul. : Mondisderio ; II° Cartul. (2° copie) ; Montdiderio.
(3) II° Cartul. (1° copie) : Vuadencurt ; (2° copie) : Wadencort ; III° et IV° Cartul. : Wadencourt.
(4) II° Cartul. (1re copie) : Nicolao.
(5) II° Cartul. (2° copie) et III° Cartul. : Gollaincort ; IV° Cartul. : Gollaincourt.

(6) IV° Cartul. : Foulloi.
(7) II° Cartul. (2° copie) et IV° Cartul. : Croy.
(8) II° Cartul. (1re et 2° copie), III et IV° Cartul. : Campremi.
(9) II° Cartul. (2° copie) : Fontanis.
(10) II° Cart. (2° copie) et IV° Cartul. : Daufay.
(11) II° et III° Cartul. : Discretionem.
(12) III° Cartul. : Tamen.

reponetur et termino de communi assensu constituto distribuetur. In molendinis siquidem in quibus heredes quartam solummodo portionem prius de jure habuerant, decetero terciam inperpetuum habebunt, et terciam partem universorum sumptuum dabunt; et ipsi magisterium suum, videlicet octo sextarios frumenti qui de proprio ecclesie accipiebantur, de singulis molendinis remiserunt. In molendinis autem que magisterium non habebant, Cleincaim (1) et Bocart (2), de communi moltura in unum reposita octo sextarios frumenti, quantum videlicet in aliis molendinis ab heredibus fuerat remissum, semel in anno accipiet ecclesia; reliquum autem in tres partes dividetur, duas ecclesie et tertiam heredum ; et rursus de duabus partibus ecclesie heredes terciam partem accipient, et secundum eandem partitionem et proportionem sumptus persolvent. Duo bostelli (3), unus frumenti, alter ordei, quod vulgo appellatur affectatio molendinorum, singulis molendinis per singulas ebdomadas de communi dabuntur. Si vero plures necessarii fuerint, molendinarii de suo implebunt. Ecclesia autem et heredes, sicut dictum est, omnes sumptus communes habebunt, secundum partes quas accipiunt. Preterea ab antiquo institutum est et in usu habitum et hic recognitum, quod frumentum sive ordeum quod provenit de molendinis, si per singulos canonicos secundum portionem que eis competit (4) distribuatur, in asinis molendinorum ad hospicium deferetur ; quod si priusquam deferatur molere voluerint, ibi absque moltura moletur; *quonia*m si in domibus eorum sumptum fuerit, de singulis duobus sextariis unum bostellum dabunt, et secundum eandem legem et conditionem heredes faciunt. Itaque quod longo temporum intervallo a memoria dilabi per oblivionem vel dissolvi per contentionem poterat, presentis scripti testimonio indissolubili firmitate persistat, et presentibus et futuris semper tanquam novum ac velut redivivum accedat. Addidimus etiam utriusque partis assensu, ad majorem conservande pacis diligentiam, ut nullus qui partem ecclesie sub censu tenuerit, partem alicujus heredis tenere possit, nec aliquis qui tenuerit partem alicujus, alterius partes tenere possit, ut singule partes proprium habentes defensorem illese permaneant, necaliqua occasio remaneat malignandi. Actum est hoc anno incarnationis dominice M° C° XC° primo, assistentibus in curia nostra et predictam conventionem laudantibus, Ricardo decano, Johanne preposito, Symone de Mondisderio,

---

(1) II°, III° et IV° Cartul. : Clencain.
(2) IV° Cartul. : Boucart.

(3) II° et III° Cartul. : Bustelli ; IV° Cartul. : Boistelli dans toute la charte.
(4) IV° Cartul. : Convenit.

magistro Roberto Paululo (1), Ebrardo de Roie, Gregorio, sacerdotibus; Balduino de Pas, Bodino, Symone de Wadencort (2), Nicholao de Gosleincurt (3), diaconibus; Evrardo de Foilloi (4), Ingelranno de Croi (5), Theoderico le Tonloier (6), Theobaldo de Rains, subdiaconibus; de feodatis autem ecclesie : Johanne Monacho, Arnulpho (7) Moniot (8), Bartholomeo Molendinario, Theoderico Moniot, Bartholomeo de Baiart, Johanne molendinario, Guidone molendinario, Milone le Borgne, Johanne de Cruce, Theoderico filio Maineri Moniot.

Cartul. I, f° 51, n° LVII ; II, f° 83, n° LVII ; III, f° 64, n° LVII ; IV, f° 38 v°, n° LVII.

81.

SCRIPTUM DE DECIMA DE REVELLA QUAM GUARINUS (9) BURNET (10) VENDIDIT.

1192   Theobaldus, Dei gratia Ambianensis dictus episcopus, omnibus ad quos littere iste pervenerint in Domino salutem. Notum vobis fieri volumus quod Guarinus Burnez quinque modios frumenti et quinque aveue quos habebat in decima de Revella suscipiendos singulis annis, antequam capellanus de Flui aliquid inde reciperet, duos etiam hospites quos habebat in eadem villa matri ecclesie nostre per manum nostram in perpetuum tenendos concessit, susceptis a predicta ecclesia septuaginta et quinque libris Attrebatensis monete. Hoc etiam domnus Eustachius de Encra (11) ex parte vicedomini, coram nobis concessit, asserens a vicedomino Pinconiensi (12) qui tunc Jhierosolimis erat hanc potestatem sibi indultam fuisse, matre etiam vicedomini et ejus hominibus hoc idem testificantibus. Hoc etiam Ingelrannus, frater vicedomini et mater predicti Guarini et fratres ejus Thomas et Hugo et sorores eorum concesserunt. Promisit etiam predictus Guarinus quod cum predictus vicedominus rediret, ipsum predictam venditionem laudare et sigillo suo confirmare faceret, et si predicta ecclesia aliquod dampnum super hoc incurreret, ipse illud ex integro resarciret. Predictus

(1) II°, III° et IV° Cartul. : Polet.
(2) II° Cartul. : Wadencurt ; IV° Cartul. : Wadencourt.
(3) II° et III° Cartul. : Gollaincurt ; IV° Cartul. : Gollaincourt.
(4) IV° Cartul. : Foulloi.
(5) IV° Cartul. : Croy.
(6) IV° Cartul. : Tonloiier.
(7) II° Cartul. : Arnulfo.
(8) IV° Cartul. : Mouniot dans tout le reste de la charte.
(9) III° et IV° Cartul. . Garinus.
(10) II°, III° et IV° Cartul. : Burnez dans toute la charte.
(11) II° et IV° Cartul. : Enchra.
(12) II° et IV° Cartul. : Pinchoniensi.

etiam Guarinus se et heredes suos et terram suam sub periculo anathematis et banni ecclesie nostre super hoc obligavit. Quod si aliquid de conventionibus supra dictis imminutum esset, inde ecclesie nostre sine aliqua contradictione et dilatione satisfaceret. Hoc igitur ut ratum et inconcussum permaneat, presentem cartulam sigilli nostri impressione munientes, sub periculo anathematis prohibemus ne quis de cetero predictam ecclesiam super hoc molestare aut injuste inquietare presumat. Actum est hoc anno incarnationis dominice M° C° L° XXXX° II°, assistentibus in curia nostra Ricardo decano, Johanne preposito; Theobaldo archidiacono, magistro Roberto Paululo, Symone de Montedisderio (1), Gregorio, Evrardo (2). sacerdotibus ; Balduino de Pas, Nicholao de Gorlaincurt (3), Symone Gruele, Bodino, diaconibus ; Evrardo de Foilloi (4), Ingelranno de Croi (5), Theoderico, Theobaldo, subdiaconibus.

<small>Cartul. I, f° 56, n° LIX ; II, f° 87 v°, n° LIX ; III, f° 67, n° LX ; IV, f° 40 v°, n° LXI.</small>

82.

DE PACE REFORMATA (6) INTER RADULPHUM (7) GONSCELINI (8) ET THIESCETAM (9).

Richardus (10), Dei gratia Ambianensis ecclesie decanus, totumque ejusdem ecclesie capitulum, omnibus ad quos littere iste pervenerint in Domino salutem. Notum vobis fieri volumus quod cum inter Radulphum Gonscelini de le Ride et Thiesceta, amitam ejus querimonia verteretur super quadam terra del Maisnil, ita ad ultimum inter eos coram nobis pax reformata est quod predicta Thiesceta, susceptis a predicto nepote suo Radulpho centum solidis Parisiensis monete, terram predictam eidem nepoti in pace dimisit, concedente Asselina (11) filia predicte Thiescete, et Galtero viro ejusdem Asceline, et Fromundo (12) filio ipsius Asceline. Supradictus autem R., pro necessitate sua, duas partes predicte terre Johanni majori nostro de Doumeliers (13) et sororio ejus Huiberto

1192

(1) IIe, IIIe et IVe Cartul. : Mondisderio.
(2) IIe, IIIe et IVe Cartul. : Ebrardo dans toute la charte.
(3) IIe Cartul. : Gollaincurt ; IIIe Cartul. ; Gollaincort ; IVe Cartul. : Gollaincourt.
(4) IIe et IIIe Cartul. : Folloi ; IVe Cartul. : Foulloi.
(5) IVe Cartul. : Croy.
(6) Ve Cartul. : De terris de Doumeliers.

(7) IIe Cartul. : Radulfum.
(8) IIe, IIIe et IVe Cartul. : Goscelini dans toute la charte.
(9) IIIe et IVe Cartul. : Tiescetam.
(10) IIe Cartul. : Ricardus.
(11) IIe, IIIe, IVe et Ve Cartul. : Ascelina.
(12) IIIe et IVe Cartul. : Fromondo.
(13) IIe Cartul.: Domeliers ; IIIe et IVe Cartul. : Dommeliers ; Ve Cartul. : Doumeliers.

pignoravit pro XIIIe libris Belvacensis monete usque ad XV annos, hac conditione quod si predicta terra alicui obligata fuerit, quicquid pro liberatione ejusdem terre predicti creditores dederint fideli computatione predicte summe accrescet. Si autem expletis quindecim annis predictus Radulphus vel heres ejus predictos nummos habere non potuerit, singulis annis in festo sancti Remigii, eam redimere poterit : ita sane quod si ipse vel heres ejus eam tenere voluerit, mansionarius debet esse in terra nostra, et omnes consuetudines terre nobis tenebitur persolvere. Hanc etiam conventionem laudaverunt et concessesunt fratres predicti Radulphi (1), Ainardus et Johannes et sorores ejusdem Radulphi Aelis, et Maria, Ysabeax (2), et Gila (3 . Sciendum etiam quod supradictus Radulphus tertiam partem predicte terre quam retinuerat homini nostro Stephano Taringe pignori obligavit pro octo libris Belvacensis monete similiter usque ad XV annos, hac interveniente conditione quod singulis annis, expletis XV annis, si predictus Radulphus vel heres ejus, in festo sancti Remigii, predictas VIII libras reddiderit, supradictus Stephanus vel heres ejus supradictam terciam partem quam in pignore receperat, liberam predicto Radulpho sive heredi ejus in pace restituet, salvis consuetudinibus quas terra predicta ecclesie nostre debere dinoscitur. Hanc etiam conventionem laudaverunt supradicti fratres ejusdem Radulphi et sorores.

Actum est hoc anno incarnationis Dominice M° C° nonagesimo secundo, quinto Kalendas februarii, assistentibus in capitulo nostro Johanne preposito ; Symone de Montedesiderio, Gregorio, sacerdotibus ; Balduino de Pas, Nicholao de Gollincort (4) dyaconibus; Ebrardo de Folloi (5), Theobaldo de Rains, subdiaconibus; de laicis : (6) Bernardo de sancto Mauritio (7), Adam, custode molendinorum, Firmino de Castenoi, Radulpho (8) de Monte de Fontenis et quam pluribus aliis.

Cartul. I, f° 148, n° ccxviii ; II, f° 182 v°, n° clxvii ; III, f° 127, n° clxiv ; IV, f° 76 v°, n° clxv ; V, f° 63 v°, n° lxxiv.

(1) IIIe et IVe Cartul. : Radulfi.
(2) IIe Cartul. : Ysabiaus; IIIe Cartul. : Isabiaux ; IVe Cartul. : Ysabieaus ; Ve Cartul. : Isabeax.
(3) IIe Cartul. : Ghila ; IVe Cartul. ; Gyla.
(4) IIe Cartul.: Goillaincort ; IIIe Cartul. : Gollaincort ; IVe Cartul. : Gollaincourt ; Ve Cartul.: Gollencort.
(5) IIe et Ve Cartul. : Foilloi.
(6) IIe, IIIe et IVe Cartul. : De laicis autem.
(7) IIe, IIIe et IVe Cartul. : Mauricio.
(8) IVe Cartul. : Radulfo.

83.

DE ALTARI SANCTI HILARII (1) ET DE ALTARI ET DECIMA DE MOTUNVILER (2).

Theobaldus, Dei gratia Ambianensis dictus episcopus, omnibus ad quos littere iste pervenerint, in Domino salutem. Cum labilis sit hominum memoria et multi etiam habundante iniquitate scienter moliantur derogare veritati ; nos in utroque posterorum paci providentes quedam que in ministerio nostro facta sunt litteris annotare curavimus ut nescientibus veritas innotescat et scientibus, eadem veritate testimonio nostro roborata, occasio tollatur malignandi. Inde est quod tam futuris quam presentibus notum esse volumus quod matris nostre ecclesie Ambianensis honorem et possessiones augmentare volentes, altare sancti Hilarii et ea que ad personatum ejusdem altaris pertinent cum representatione sacerdotis, concedente dilecto filio nostro Radulpho (3) Pontivensi archidiacono, eidem ecclesie contulimus, statuentes ut de redditibus ejusdem altaris in duabus sollempnitatibus victoriosissime crucis inventione, scilicet et Exaltatione, sex libre illis qui predictis sollempnitatibus intererunt canonicis erogentur, sexaginta solidi in una et sexaginta in altera. Addentes etiam ut in anniversariis bone memorie antecessorum nostrorum Theoderici et Roberti episcoporum, de ejusdem altaris redditibus XL^a solidi similiter illis qui predictis intererunt anniversariis erogentur, viginti in uno et viginti in alio. Sciendum etiam quod decimam et altare de Moltumviler (4) et representationem sacerdotis que Theobaldus, filius Bernardi de Cruce, canonicus noster, de nobis in personatum tenebat, ab ipso in manu nostra resignata predicte ecclesie nostre contulimus perpetuo possidenda. Dilectus etiam filius noster Johannes de Pinconio, ecclesie nostre prepositus, tres partes decime de Gamenicort (5), quas de manu laica extorsit, et representationem sacerdotis in manu nostra resignavit; et nos illa predicte ecclesie nostre perpetuo possidenda concessimus, salva cantuaria sacerdotis qui in predictis tribus partibus decime, et in quarta que adhuc a manu laica injuste detinetur, quartam partem pro cantuario suo habet; totam etiam

1192

(1) IIe, IIIe et IVe Cartul. : Hylarii.
(2) IIe, IIIe et IVe Cartul. : Moutonviler.
(3) IIe, IIIe et IVe Cartul. : Radulfo.

(4) IIe et IIIe Cartul. : Moltonviler; IVe Cartul. : Moutonviler.
(5) IIe et IIIe Cartul. : Gamegnicort; IVe Cartul. : Gamegnicourt.

minutam decimam et obventiones oblationum pro duobus solidis, quos singulis annis idem sacerdos ecclesie nostre reddere tenetur, habere debet. Hujus nostre donationis testes sunt : Ricardus (1) decanus; Johannes prepositus; Theobaldus et Radulphus archidiaconi ; Symon, Ebrardus, Gregorius, Hugo sacerdotes; Balduinus de Pas, Bodinus, Symon, Nicholaus (2) diaconi ; Ebrardus, Ingerrannus (3), Theodericus, Theobaldus subdiaconi.

Actum est hoc anno incarnationis dominice, M° C° nonagesimo secundo.

Cartul. I, f° 39, n° xl ; II, f° 72, n° xl ; III, f° 56, n° xl ; IV, f° 33 v°, n° xxxix.

84.

De grangia Roberti Sicci quam habebat ante sanctum Laurentium.

1192

Theobaldus, Dei gratia Ambianensis episcopus, omnibus ad quos littere iste pervenerint in Domino salutem. Notum vobis fieri volumus quod veniens in presentia nostra dilectus filius noster Robertus Siccus grangiam quam habebat ante sanctum Laurentium et totam mansionem a porta exteriori usque ad metas quibus distinguitur predicta mansio a virgulto supradicti Roberti, pro anima sua et pro anima uxoris sue Gile cujus tempore predictam mansionem acquisierat, et pro anima Roberti clerici filii sui, matri ecclesie nostre per manum nostram in perpetuam elemosinam concessit. Decanus eciam Ricardus (4) et canonici predicte ecclesie supradicto Roberto clerico tres modios frumenti et tres avene ad mensuram publicam Ambianensem quamdiu viveret, singulis annis, nomine elemosine se daturos promiserunt, ita quod post mortem predicti clerici predicta ecclesia libera erit a solutione supradicte annone. Sciendum etiam quod pro censu predicte mansionis, ecclesia singulis annis Giloni de Clari et heredibus ejus quatuor tantum denarios tenetur persolvere, nullam aliam consuetudinem redditura. Hanc conventionem concesserunt filii predicti Roberti Symon et Robertus, clerici ; laici autem Mainerus, Geroldus, Oillardus (5), Johannes.

Actum est hoc anno incarnationis dominice M° C° nonagesimo secundo, presentibus Ricardo ecclesie nostre decano ; Johanne preposito ; Theobaldo et

(1) III° Cartul. : Richardus.
(2) II° Cartul. : Nicolaus.
(3) II° III° et IV° Cartul. : Ingelrannus.

(4) III° Cartul. : Richardus dans toute la charte.
(5) II°, III° et IV Cartul. : Oilardus.

Radulpho(1)archidiaconibus; Symone de Moudisderio, Evrardo, Gregorio sacerdotibus; Balduino de Pas, Nicholao (2 , Symone Gruelle diaconibus; Evrardo (3) de Foilloi (4), Ingelranno de Croi (5), Theoderico subdiaconibus; presente etiam Tainfrido fratre Roberti et Oillardo (6) clerico nepote ejus, et Johanne clerico de Bova.

Cartul. I, f° 18 v°, n° xviii ; II, f° 51, n° xviii ; III, f° 40 v°, n° xviii ; IV, f° 24, n° xviii.

85.

DE CONVENTIONE INTER ECCLESIAM ET RAINERUM DE DURI.

Theobaldus, Dei gratia Ambianensis dictus episcopus, omnibus ad quos littere iste pervenerint eternam in Domino salutem. Approbate consuetudinis patrum institutionem sequentes, necessarium duximus in his que coram nobis gesta sunt utilitati et paci posterorum videre (7) et rei geste veritatem litteris annotare, ne oblivione quandoque subprimatur aut malignitate aliqua in posterum pervertatur. Inde est quod contentio, que inter matrem ecclesiam nostram et Rainerum grangerium de Duri, hominem ligium predicte ecclesie, diutius agitata est, qualiter ad ultimum sopita fuerit scripto memoriali annotare et posterorum memorie commendare curavimus. Noverint igitur tam futuri quam presentes quod, cum idem Rainerus in predicta villa de Duri et in medietate nemorum ejusdem ville quasdam consuetudines quas predicta ecclesia inficiabatur ad jus suum pertinere assereret, viri discreti inter eos mediantes sic domum eos ad concordiam reduxerunt quod idem Rainerus in medietate nemoris de Duri usuarium et reliquias cesi nemoris quas cupparios vulgo vocant, et quod ipse sui juris esse dicebat, in pace ecclesie dimisit, susceptis ab ecclesia viginti libris attrebatensis monete, de quibus terram aut redditus emere debet et de predicta ecclesia tenere cum alio feodo suo. Pro necessitate etiam ipsius viginti alias libras ejusdem monete ipsi contulit predicta ecclesia in usus proprios convertendas. Recognovit etiam idem Rainerus

1192

(1) IIIe et IVe Cartul. : Radulfo.
(2) IIe Cartul. : Nicolao.
(3) IIIe et IVe Cartul. : Ehrardo.
(4) IVe Cartul. : Folloy.
(5) IVe Cartul. : Croy.
(6) IVe Cartul. : Oilardo.
(7) IIe, IIIe et IVe Cartul. : Providere.

predictam partem nemoris, cum ecclesia voluerit, se debere custodire. Si autem alii predictam custodiam voluerit assignare, idem Rainerus seu heres ejus contradicere non poterunt; ita tamen quod ipse et heres ejus post ipsum singulis annis debent habere ab ecclesia II sol. pro sotularibus, et vadia eorum qui capti fuerint in predicto nemore, ita quod sarpa uno denario et securis duobus redimetur. Preter hoc ipse autem aut heres ejus nichil juris in predicto nemore reclamare poterunt. Conditum est etiam inter predictam ecclesiam et Rainerum quod, si ecclesia voluerit, omnes redditus predicte ville Rainerus colligere debet, et reddere ecclesie, et nichil inde recipere preter procurationem suam in festo beati Firmini, sicut alii servientes ecclesie: in collectione vinagii, capouum, corveie, herbagii pro singulis serviciis VI den. de procuratione. Si autem predictum servicium ecclesia alii assignare voluerit, Rainerus aut heres ejus contradicere non poterunt, salvis tamen predictis procurationibus ipsi et heredi suo post ipsum. Sciendum est etiam quod omnes terre quas idem Rainerus excolit in territorio de Duri, terragium et donum et omnes alias rusticanas consuetudines persolvere debent. Hanc conventionem coram nobis recognitam predictus Rainerus et Petrus filius ejus concesserunt, et fide interposita firmaverunt. Nos autem auctoritate sigilli nostri presentem cartam munientes sub anathemate prohibemus ne quis predictam conventionem pervertere aut absque consensu partium de cetero immutare presumat. Nomina etiam testium qui huic conventioni interfuerint subjunximus: Ricardus (1) decanus, Johannes prepositus, et Robertus Paululus (2), Symon de Monsdisderio (3), Evrardus (4, Gregorius, sacerdotes; Balduinus de Pas, Symon de Wadencurt (5), Nicholaus de Gollaincurt (6) et Bodinus, diaconi; Evrardus (7) de Foilloi (8), Theodericus Thelonearius, Ingelrannus de Croi (9), Theobaldus de Rains, subdiaconi ; de hominibus ecclesie : Walterus major de Ver, Walterus (10) major del Mesge (11).

Actum est hoc anno incarnationis dominice M° C° LXXXX° II°.

Cartul. I, f° 52, n° LVIII ; II, f° 84 v°, n° LVIII ; III, f° 65, n° LVIII ; IV, f° 39, n° LVIII.

(1) II° Cartul. : Richardus.
(2) II°, III° et IV° Cartul. : Polez.
(3) II°, III° et IV° Cartul. : Mondisderio.
(4) II°, III° et IV° Cartul.: Ebrardus.
(5) III° Cartul. : Wadencort ; IV° Cartul. : Wadencourt.
(6) II° et III° Cartul. : Gollencurt ; IV° Cartul ; Gollencourt.
(7) II°, III° et IV° Cartul. : Ebrardus.
(8) III° Cartul. : Folloi ; IV° Cartul. : Foulloi.
(9) IV° Cartul. : Croy.
(10) II° et IV° Gualterus ; III° Cartul. : Galterus.
(11) II°, III° et IV° Cartul. : Maior de Mege.

86.

De hominagio Ingelranni de Bova et sex modiis frumenti in molendino ejusdem ville (1).

Ego Ingerrannus de Bova omnibus ad quos littere iste pervenerint notum facio quod ego, memor beneficii quo vir illustris Robertus pater meus hereditatem meam fovit et extulit, et de eadem hereditate pro anima ipsius et forisfactis ejus emendandis, et annua ejus memoria recolenda, matri ecclesie Ambianensi duos modios frumenti in perpetuam elemosinam concessi, statuens ut quatuor modiis frumenti quos predicta ecclesia in molendinis de Bova ab antiquo habebat, istis duobus superadditis eadem ecclesia singulis annis in predictis molendinis sex modios frumenti recipiat. Sciendum etiam quod cum eadem ecclesia patri meo sexaginta libras in feodum dedisset, ipsa intuitu dilectionis quam erga me habebat viginti libras superaddidit. Et ego molendinum et vivarium de Molniaus (2) que in vadium habebam pro predicta summa in feodum supradicte ecclesie misi, promittens quod si predictum vadium redimi contigeret, ego octoginta libras parisienses in terra assignarem, quam ego et heres meus quicumque castellum de Bova tenuerit in feodum et hominagium de predicta ecclesia tenere debemus. Hec igitur ut rata et inconcussa in perpetuum permaneant, presenti scripto confirmari feci et sigilli mei appositione muniri. Actum est hoc anno incarnationis dominice M° C° nonagesimo secundo, in presentia Ricardi decani et capituli Ambianensis, presente etiam Beatrice matre mea et Roberto fratre meo hoc idem laudante; presentibus etiam Matheo preposito meo et Bernardo de Cruce. Et post hec in curia mea coram hominibus meis hoc idem recognitum est et approbatum.

1192

Cartul. I, f° 108 v°, n° cxix ; II, f° 32, cxiii et f° 155 v°, n° cxxxix ; III, f° 105, n° cxvii ; IV, f° 63, n° cxviii.

87.

De censura Archidiaconi de Folies.

Ego Radulphus, Dei gratia Ambianensis ecclesie dictus decanus, totumque

1193

1) II°, III° et IV° Cartul. : De sex modiis.   (2) II° Cartul. (2° version), III° et IV° Cartul. : Molnians.

ejusdem ecclesie capitulum omnibus ad quos littere iste pervenerint in Domino salutem. Notum vobis fieri volumus quod censuram de Folies cum appenditiis ejus viro venerabili Theobaldo Ambianensi archidiacono, sicut eam dilectus et concanicus noster Symon de Mondisderio ante eum tenuit usque ad septem annos tenendam concessimus, sub annuo censu centum et viginti trium modiorum frumenti agriculture et reddituum de Folies, quod infra Natale Domini idem archidiaconus ad domos nostras sine sumptu nostro adducere tenetur, ita quod per hominem ecclesie ad hoc deputatum predictum frumentum mensurabitur. Statutum est eciam quod aliquo dampno interveniente, a solutione predicti census liber esse non poterit, nisi per exercitum regium, vel per ignem communem qui per alium evenerit, vel per communem tempestatem que in territorio de Folies acciderit. His autem causis intervenientibus, si a solutione predicti census liber esse voluerit, illo anno sub fidelitate juramenti quicquid dampno superfuerit, ecclesie nostre ex integro restituet. Post festum vero sancti Andree quocumque modo dampnum supervenerit, nichilominus predictum censum cum integritate persolvet. Additum est etiam predicte conventioni quod in martyrio beati Firmini duos porcos legitime pensionis nobis persolvet, in Inventione ejusdem martyris, unum, quos ei dimisimus pro viginti solidis quos ei debebamus pro prebenda sua de Bonoil (1), quos etiam ipsi solvere tenemur, si predictam censuram dimiserit. Debet etiam in sollempnitate beate Marie Magdalene partitionem integram boni vini per dimidios sextarios tam omnibus canonicis mansionariis quam feodatis servientibus eorumdem ; in adventu Domini, dimidium modium boni vini, in natali Innocentium, partitionem integram per dimidios sextarios sicut supra diximus tam canonicis mansionariis quam feodatis servientibus eorumdem ; in anni renovatione, quartam partem partitionis per integros sextarios, sicut supra dictum est, et servientibus et canonicis. De minutis etiam decimis ecclesiarum ad predictam censuram pertinentibus, triginta solidos nobis persolvet, representatione sacerdotum earumdem ecclesiarum nobis retenta, ita tamen quod sine consilio ejus predictis ecclesiis sacerdotes ordinare non debemus. Omnia etiam relevamenta feodorum et omnes alios redditus preter segetem et minutas decimas ad predictam censuram pertinentes in manu nostra retinuimus. Condictum est etiam inter nos et predictum archidiaconum quod septimo anno expleto terram nostram omni genere sementis quod annus expetierit refertam, et reliquam ad opus sequentis anni, sicut tempus exegerit,

(1) IV° Cartul. : Bounoell.

optime cultam nobis cum tribus carrucis, equos etiam cum utensilibus ad predictas carrucas necessariis nobis restituet. Si autem infra terminum illum, quod absit, a vita eundem archidiaconum decedere contigerit, nos domum suam quam in claustro habet in manu nostra tenebimus, donec quod minus fuerit de supradicta conventione nobis suppleatur.

Actum est hoc et capituli nostri et ejusdem archidiaconi sigillis firmatum, anno incarnationis dominice M° C° LXXXX° III°, V° nonas. Julii.

Cartul. I, f° 59, n° LXIII ; II, f° 91, n° LXIII ; III, f° 69 v°, n° LXIII ; IV, f° 42, n° LXV.

88.

SCRIPTUM INTER ECCLESIAM ET JOHANNEM MILITEM DE NOIENTHEL. (1).

Philippus, Dei gratia Belvacensis episcopus, omnibus qui presentem paginam inspexerint salutem in Domino. Notum sit presentibus et futuris quod accedens ad presentiam nostram Johannes de Noientel, miles, recognovit se cum ecclesia Ambianensi hanc conventionem iniisse quod idem Johannes nemus, quod eadem ecclesia apud Noientel habebat, in perpetuum ad extirpandum et excolendum haberet ; hac conditione quod ipse et heredes ejus, singulis annis, in vinea sua que vocatur vinea Berneri regis, persolvet ecclesie Ambianensi apud Noientel ad mensuram ejusdem ville de meliori vino quod ex eadem vinea proveniet viginti et octo sextarios, modium unum pro predicto nemore et IIII^{or} sextarios quos ab antiquo eidem ecclesie debebat. Si autem predicta vinea ad persolvendum censum supradictum sufficere non poterit, de meliori vino vinearum suarum Clarimontis defectum predicti census supplebit, et si nec ita predicte ecclesie satisfacere poterit secundum estimationem melioris vini patrie eidem ecclesie satisfacere tenetur. Hanc conventionem laudavit et approbavit Maria uxor ejusdem Johannis in presentia nostra, et coram nobis ambo concesserunt quod si ipsi vel heredes eorum ab hac conventione resilirent, episcopus Belvacensis, quicumque esset, eos et terras eorum excommunicationi et banno subjiceret, donec prefate ecclesie satisfaceret de conventione predicta, et de dampno quod propter hoc ecclesia incurreret. Quod ut ratum habeatur presens scriptum sigilli nostri munimine confirmamus.

Actum anno incarnati Verbi M° C° LXXXX° V°.

1195

Cartul. I, f° 81, n° LXXXV ; II, f° 112 v°, n° LXXXVII ; III, f° 85, n° LXXXVIII ; IV, f° 51 v°, n° LXXXIX.

(1) IIe, IIIe et IVe Cartul. . Noientel.

89.

DE TRIBUS MODIIS FRUMENTI QUOS HABEMUS (1) IN TERRA JOHANNIS DE LIVIERE ET DE MAJORIA DE DURI.

1195

Theobaldus, Dei gratia Ambianensis dictus episcopus, omnibus ad quos littere iste pervenerint in Domino salutem. Notum vobis facimus quod veniens in presentia nostra Johannes filius et heres Savalonis (2) de Liveria, presente et concedente uxore sua, tres modios frumenti de redditu et agricultura quam habebat in territorio de Liveria et quam in feodum de ecclesia nostra tenebat per manum nostram in perpetuam elemosinam concessit, statuens et concedens ut omnes segetes quas in predicto territorio de Liveria ipse aut heres ejus de cetero percepturus erat apud villam ecclesie nostre que Vaccaria dicitur, singulis annis sub custodia ipsius et ecclesie adducerentur conservande, et ibi ecclesia primum tres modios frumenti ad publicam mensuram Ambianensem reciperet, et si non sufficeret, frumentum de reliqua annona ad valens predicti frumenti suppleretur : soluto autem frumento, quod reliquum fuerit de predicta annona predictus Johannes et heres ejus in pace recipiet. Hanc autem conventionem perpetuo conservandam predictus Johannes et uxor ejus, fide interposita, firmaverunt, assistentibus in curia nostra Ricardo decano, Johanne preposito, Symone de Monsdisderio(3), Symone de Wadencurt 4), Ebrardo de Foilloi(5), Petro de Monsdisderio cererariis ; Petro milite de Aufai, Bernardo majore de Crissi (6), Stephano fratre ejus. Actum anno incarnationis dominice M° C° nonagesimo quinto. Preterea nos scire volumus universos qui presens scriptum inspexerint quod majoriam de Duri, cum Petrus Cecus maior ejusdem ville ecclesie nostre Ambianensi vendiderat et quam predicta ecclesia triginta annis et amplius in pace tenuerat, idem Petrus coram nobis veniens se vendidisse, et in pace ecclesie dimisisse recognovit ; et, ne quis contra venditionem suam legitime factam aliquid malignari posset, in communi audientia personarum nostrarum predictam venditionem a nobis confirmari et ratam haberi in perpetuum postulavit.

Cartul. I, f° 60 v°, n° LXV ; II, f° 93, n° LXV ; III, f° 70 v°, n° LXXI ; IV, f° 43, n° LXVII.

(1) IIe, IIIe et IVe Cartul. : Habebamus.
(2) IIe, IIIe et IVe Cartul. : Sawalonis.
(3) IIe, IIIe et IVe Cartul. : Mondisderio partout.
(4) IIIe Cartul. : Wadencort ; IVe Cartul. : Wadencourt.
(5) IIIe Cartul. : Folloi ; IVe Cartul. : Foulloi.
(6) IIe et IVe Cartul. : Creissi ; IIIe Cartul. : Cressi.

90.

DE EMENDATIONE QUAM FECIT PETRUS DE AMBIANIS PRO VICECOMITATU
DE WALS (1) QUEM INFREGIT.

Theobaldus, Dei gratia Ambianensis dictus episcopus, omnibus ad quos littere iste pervenerint in Domino salutem. Notum vobis facimus quod, cum homines Petri de Ambianis apud Vinarcurt (2) commorantes hominem quemdam quem pro furto quod ibidem fecisse dicebatur prosequerentur, in villa ecclesie nostre que Vallis (3) dicitur consecuti sunt eum ; et cum sine licentia decani et capituli nostri eum capere non deberent, cum predicta villa ad jurisdictionem eorum in omnibus justiciis pertineat, homines predicti Petri nichilominus hominem illum quem de furto arguebant ibi comprehenderunt, et cum violenter a villa educentes apud Vinarcurt reduxerunt, et ibi eum suspendio dampnaverunt. Unde cum decanus et capitulum ad nos super hoc gravem querimoniam detulissent, predictus Petrus, sub interminatione anathematis a nobis ammonitus, coram nobis veniens culpam suam recognovit et enorme forisfactum in manu decani in communi audientia curie nostre emendavit, et Petrum, prepositum domini regis qui tunc ibi presens erat, de satisfactione facienda ad consilium ecclesie nostre fidejussorem constituit. Nos autem super hoc prudentum virorum habito consilio, scientes quod plures injuriam cognoverant quam satisfactionem, ne alicui contra ecclesiam nostram in posterum super hoc tacita veritate liceat maligvari, asserenti quod Petrus hoc quod contra rationem fecerat de jure suo facere debuerat, et sic sub nomine juris trahatur ad consequentiam injuria, enorme factum quod fecit et satisfactionem celebriter coram nobis factam litteris annotare decrevimus, sub anathemate prohibentes ne alicui de cetero in predicta villa (4) sine licentia ecclesie nostre justiciam secularem exercere liceat, nec super hoc ecclesiam nostram in aliquo molestare Actum est hoc anno incarnationis dominice M° C° nonagesimo sexto, assistentibus in curia nostra Johanne preposito, Theobaldo et Radulpho (5) archidiaconis, Gregorio presbytero, Petro de Sartun (6) subdiacono, Ingelranno vicedomino, Eustachio

1196

(1) IIe, IIIe et IVe Cartul. : Vals.
(2) IIe et IIIe Cartul. : Vinarcort part out ; IVe Cartul. : Vinarcourt.
(3) IIe, IIIe et IVe Cartul. : Vals.
(4) IIe, IIIe et IVe Cartul. : De Vals.
(5) IIe, IIIe et IVe Cartul. : Radulfo.
(6) IVe Cartul. : Sartun.

de Eincra (1) et hominibus vicedomini quamplurimis et predicti Petri de Ambianis matre et multis ejus hominibus.

Datum per manum Manasserii cancellarii.

Cartul. I, f° 58 v°, n° LXII ; II, f° 90 v°, n° LXII ; III, f° 69, n° LXIII ; IV, f° 42, n° LXIV.

91.

De decima de Gamegnicort (2) et de Bogainvile (3) et de institutione Capellanie Johannis de Pinchonio (4).

1190

Theobaldus, Dei gratia Ambianensis dictus episcopus, omnibus ad quos littere iste pervenerint eternam in domino salutem. Ex injuncta nobis pastorali sollicitudine matri nostre ecclesie Ambianensi cui Deo volente ministramus ita providere tenemur ut divinis proficiat institutis et temporalibus non destituatur auxiliis, quod in presenti diligenter attendentes, illustris viri et Deo amabilis filii nostri Johannis de Pinconio, quondam ecclesie nostre prepositi, beneficium quod predicte ecclesie nostre per manum nostram contulit litteris annotare curavimus, ne, quod absit, veritate suppressa alicui contra dispositionem legitime factam liceat malignari, sed intentio ejus laudabilis posteris suis in exemplum veniat probitatis. Ut cognoscat igitur generatio altera quam benigne inter nos vivens conversatus fuerit, quod de rebus suis ordinavit sana mente sanoque consilio, presenti scripto posterorum memorie commendantes, presentibus et futuris notum fieri volumus quod decimas quasdam et altaria que de manu laica non sine magno sumptu prudenter extorserat et que triginta annis et eo amplius, nullo reclamante, sub ecclesiastica libertate in pace tenuerat, in jus perpetuum ecclesie nostre cedere constituit, et a nobis humiliter postulavit ut quod inde ordinaverat benigno prosequeremur assensu. Universa igitur propriis distinguentes capitulis, prius annotari fecimus quod totam decimam trium partium territorii de Guamegnicurt, salvo cantuario sacerdotis, et ejusdem sacerdotis representationem per manum nostram ecclesie nostre contulit, ita quod in die anniversarii ejus precium totius decime canonicis qui

(1) IIe, IIIe et IVe Cartul.: Encra.
(2) IIe Cartul.: Gamegnicurt partout ; IIIe Cartul.: Gamegnicort partout ; IVe Cartul.: Gamegnicourt partout.
(3) IIIe et IVe Cartul.: Bougainvile partout.
(4) IIe Cartul.: Pinconio partout.

predicto anniversario interfuerint distribui constituit, et ut memoria ejus in benedictione vivat in seculum, supradicto addens beneficio, duos presbyteros qui in ecclesia nostra die ac nocte horis canonicis interessent instituit, et qui pro ipso et pro viro nobili fratre suo Guermundo vicedomino et illustri filio suo Girardo domino in perpetuum deservirent, assignans eis perpetuum beneficium, totam videlicet decimam minutam et magnam de Bogainvile, et de Haudricurt (1), et de Coteigni (2), et omnes proventus ecclesie predicte ville de Bogainvile, salvo per omnia cantuario sacerdotis. Representationem etiam predicti sacerdotis que ad illum pertinebat assensu nostro assignavit predictis capellanis in perpetuum cum terra personatus predicte ecclesie. Hoc etiam ordinans et constituens ut uni clerico ad subdiaconatus ordinem ad minus provecto quem in eadem ecclesia nostra in perpetuum instituit, ut similiter horis canonicis assidue interesset, predicti capellani duos modios frumenti et duos avenè ad mensuram publicam Ambianensem de predicta decima singulis annis persolvent, et sumptu proprio ei Ambianis adducant. Ordinavit etiam ut in anniversariis predicti fratris sui Guermundi vicedomini et filii ejus Girardi (3) XL^a solidos monete publice ecclesie nostre persolvant, viginti in uno anniversario et viginti in alio; ita quod in partitione denariorum tantum recipiet uterque capellanorum quantum unusquisque canonicus. Hec igitur ut in perpetuum rata et inconcussa permaneant, presentem paginam pontificali qua fungimur auctoritate confirmantes et sigilli nostri impressione munientes, sub periculo anathematis prohibemus ne aliquis ausu temerario huic pie et sancte institutioni presumat obviare, vel ex his que ordinata sunt aliquid irrationabiliter immutare. Quod si quis attemptaverit, indignationem omnipotentis Dei et beate Virginis, necnon patroni nostri beatissimi Firmini martyris se noverit incursurum.

Actum est hoc anno incarnationis dominice M° C° XC° sexto, XII Kl. octobris, constitutis in presentia nostra et predictam institutionem laudantibus, Ricardo decano, Theobaldo preposito, Theobaldo et Radulpho (4) archidiaconis ; Symone de Monsdisderio (5), Ebrardo capellano, Gregorio, Hugone sacerdotibus; Balduino de Pas, Bodino, magistro Nicholao, Ebrardo de Foilloi (6), Symone de

(1) IV° Cartul.; Haudricourt.
(2) II°, III° et IV° Cartul.: Contegni.
(3) II°, III° et IV° Cartul.: Gerardi.
(4) III° et IV° Cartul.: Radulfo.
(5) II°, III° et IV° Cartul.: Mondisderio.
(6) III° Cartul.: Folloi.

Wadencurt (1), Nicholao, Petro, diaconibus ; Ingelranno de Croi (2), Hugone, Theobaldo de Remis, Ivone (3), Petro de Sartun (4) subdiaconibus. Datum per manum Manasserii cancellarii.

Cartul. I, f° 61, n° LXVI ; II, f° 93 v°, n° LXVI ; III, f° 71, n° LXVII ; IV, f° 43, n° LXVIII.

92.

DE CONVENTIONE NEMORUM ET CURTIS ET GRANGIE INTER NOS ET MAIOREM DE FONTAINES.

1197

Theobaldus, Dei gratia Ambianensis dictus episcopus, omnibus ad quos presens scriptum pervenerit in Domino salutem. Notum vobis facimus quod cum inter matrem nostram ecclesiam Ambianensem et Petrum maiorem de Fontanis multiplex querela verteretur et predictus Petrus quasdam consuetudines in nemoribus de Fontanis sibi competere diceret jure hereditario, et easdem retinere conaretur, predicta autem ecclesia nostra e contrario non de jure sed per peccatum predictas consuetudines eum assereret sibi vindicasse, viris tandem discretis et amicis ejusdem Petri mediantibus, coram nobis pax inter eum et ecclesiam nostram reformata est hoc modo. Ecclesia siquidem nostra rupticium quoddam certis metis designatum et in nemoribus de Fontanis versus territorium de Vaccaria factum, quod idem Petrus tenebat et ecclesia nostra calumpniabatur, predicta ecclesia ei in pace dimisit, salvo terragio et decima que sub testimonio custodis ecclesie reddere et ad grangiam canonicorum predictus Petrus et heres ejus tenentur adducere. Preterea propter consuetudines illas quas in nemoribus ecclesie predictus Petrus se habere declamabat, ecclesia nostra, pro bono pacis, ipsi et heredibus ejus in augmentum feodi sui concessit sexaginta jornalia nemoris, ad mensuram virge viginti quatuor pedes habentis, contigua predicto rupticio ex una parte et ex alia territorio de Catou (5) et versus forestam de Fontanis tendentia ; hac conditione interposita quod si extirpata fuerint, maior omnes proventus et terragium habebit, decimam vero sub testimonio custodis ecclesie reddet et ad grangiam canonicorum adducet.

(1) III° Cartul. : Wadencort.
(2) IV° Cartul. : Croy.
(3) IV° Cartul. : Yvoue.
(4) III° et IV° Cartul. : Sarton.
(5) III° Cartul. : Cateu.

Preterea in nemore illo quod campum Droardi nominant, sexaginta jornalia alia ejusdem mensure et sub eisdem conditionibus quibus alia concesserat ecclesia nostra predicto maiori concessit ; ita quod cetera alia nemora ad villam de Fontanis pertinentia et ea etiam que maior de Dommeliers et maior de Vaccaria ad custodiam suam pertinere dicebant, et se de maiore de Fontanis in feodum tenere dicebant, predictus maior ecclesie nostre in pace dimisit, ita quod in eisdem nemoribus nichil juris sibi retinuit, sed fide interposita concessit quod absque reclamatione aliqua ipsius et heredum suorum ecclesia nostra predicta nemora custodire et vendere et extirpare posset, et omnes proventus eorum, et donum etiam et vadia et omnem justitiam que prius ad jus suum pertinere dicebat, sibi de cetero de jure vindicaret. Condictam est etiam inter ecclesiam et ipsum quod forisfacta nemorum majoris ea lege emendabuntur qua forisfacta nemorum ecclesie. Preterea sciendum est quod curtem quam habebat maior contiguam ecclesie et curti canonicorum, et domum suam cum stabulo et grangiam suam que partim in terra canonicorum, partim in terra maioris sita erat, et virgultum quod injuste calumpniabatur et quicquid juris in predicta curte habebat et fossatum quo claudebatur, dimisit idem maior ecclesie perpetuo jure possidenda, ea conditione quod ecclesia ei concessit mansionem Bartholomei sacerdotis, et fratris sui Thanfridi (1) mansionem que in manu predicti Bartholomei devenerat, metis illis designatas quibus designate fuerant quando predictus Bartholomeus a vita discessit, quas idem maior cum duabus masuris contiguis illis mansionibus quarum una erat neptis predicti sacerdotis, alia cujusdam hospitis qui censum solvebat pro omnibus predictis mansionibus, libere cum alio feodo suo de ecclesia tenebit, ea conditione retenta, quod dum hospes ille vel alius in masuris illis duabus manebit, censum quem debebit major recipiet. In omnibus autem consuetudinibus ville ecclesie nostre obnoxius tenebitur. Si autem nullus ibi manserit preter maiorem ab omni predicta consuetudine terra illa libera majori permanebit. Preterea propter edificium grangie quam predictus maior de proprio construxerat in curte quam dimisit, ecclesia concessit ei domum quandam quam emerat Ricardus (2) canonicus noster, hac conditione quod edificium predicte domus supradictus maior ad usum suum quem voluerit a terra in qua sita est removebit, et tota terra sicut antea fuerat sub jurisdictione ecclesie remanebit. Sciendum preterea quod consuetudines omnes et obventiones quas predictus habebat in grangia canonicorum et excussorum institutionem

(1) IIe Cartul. : Tainfridi. (2) IIe et IIIe Cartul. : Richardus.

ecclesie in pace dimisit, nichil amplius in predicta grangia et in his que ad predictam grangiam venerint reclamaturus. Pro recompensatione autem excussorum quos dimisit et minarum quas habebat quando mensurabatur annona, ecclesia ei concessit quindecim minas avene de censu quem habet in villa de Fontanis in festo sancti Remigii. De duobus etiam modiis frumenti quos debebat idem maior ecclesie de molendino suo de Tousac, remisit ei ecclesia tres minas in perpetuum, ita quod nonnisi viginti et unam minam frumenti tantum de cetero reddere tenebitur. Sex etiam denarios quos predictus maior pro mansione quam dimisit debebat, ecclesia ei in perpetuum remisit. Has conventiones ab utraque parte in presentia nostra recognitas et approbatas pontificali auctoritate confirmantes et sigillo nostro et capituli nostri sigillo munientes sub anathemate prohibemus, ne quis eis irrationabiliter obviare aut eas in pejus commutare presumat.

Actum est hoc anno incarnationis dominice M° C° XC° VII°, presentibus Richardo (1) decano, Theobaldo preposito, Theobaldo et Radulpho (2) archidiaconis, Ebrardo cantore, et senioribus capituli nostri ; ex parte etiam Petri Johanne milite de Campreni (3), Remero (4) Huquelin, Petro de Alfai (5), Gilone (6) preposito de Cresi (7). Datum per manum Manasseri cancellarii.

Cartul. I, f° 83, n° LXXXIX ; II, f° 114, n° LXXXIX ; III, f° 86, n° XC ; IV, f° 52 v°, n° XCI.

93.

DE CONFIRMATIONE INGERRANI (8) VICEDOMINI SUPER DECIMA DE BOGIENVILE (9) ET DE GAMEGNICORT (10); ET QUOMODO ANTE PREDICTUM VICEDOMINUM PHILIPPUS DE BLANFOSSEI (11) ET FILIUS EJUS RADULFUS ET HUGO DE VERRIGNES ET WILLELMUS (12) FRATER EJUS RENUNTIAVERUNT INJUSTE CALUMPNIE QUAM FACIEBANT SIMILITER SUPER DECIMA DE BOGIENVILE (13).

1197   Ego Ingerrannus (14) vicedominus de Pinchonio (15), presentibus et futuris notum

(1) II° et IV° Cartul. : Ricardo.
(2) II° et III° Cartul. : Radulfo.
(3) II° et III° Cartul. : Camp Remi ; IV° Cartul. : Campremi.
(4) IV° Cartul. : Reinero.
(5) II°, III° et IV° Cartul. : Aufai.
(6) IV° Cartul. : Gillone.
(7) II°, III° et IV° Cartul. : Creissi.
(8) II°, III° et IV° Cartul. : Ingelranni.
(9) II°, III° et IV° Cartul. : Bougainvile.

(10) II° Cartul. : Gamegnicurt ; IV° Cartul. : Gamegnicourt partout.
(11) II°, III° et IV° Cartul. : Blancfosse dans toute la charte.
(12) III et IV° Cartul. : Guillelmus.
(13) II° Cartul. ; Bogainvile dans le reste de la charte ; IV° Cartul. : Bougainvile dans le reste de la charte.
(14) III° et IV° Cartul. : Ingelrannus.
(15) III° et IV° Cartul. : Pinconio.

facio quod vir bone memorie patruus meus Johannes de Pinchonio (1) quondam Ambianensis ecclesie prepositus, sicut amicos et propinquos suos in vita sua dilexit, ita et in morte quam veraciter eos dilexisset pio demonstravit affectu. Patris etenim mei Wermondi (2), vicedomini, fratris sui et fratris mei primogeniti Gerardi nepotis sui memoriam in matre nostra ecclesia Ambianensi in perpetuum retinere volens, pro animabus eorum et sua et amicorum suorum defunctorum et vivorum salute, in predicta ecclesia duos capellanos instituit, qui altari beatorum apostolorum Johannis et Jacobi fratris ejus in perpetuum deservirent et horis canonicis assidue interessent. Decimam igitur et personatum ecclesie de Bogainvile (3) que propriis sumptibus acquisierat, ad sustentationem capellanorum in perpetuum concessit et tradidit, ita quod predicti capellani juxta formam que in autentico domini episcopi continetur, in anniversariis predictorum patris et fratris mei ea que disposita sunt et debentur canonicis de proprio providebunt. Cum autem, Deo jubente, me de hac vita transire contigerit, tantumdem in anniversario meo canonicis providebunt, quantum in uno predictorum anniversariorum reddere tenentur. Decimam etiam quam habebat apud Gamegnicort predictus patruus meus, pro anniversario suo juxta hoc quod ordinavit faciendo, canonicis predicte ecclesie similiter concessit et tribuit. Sciendum etiam quod duo vavassores Philippus de Blancfossei et Hugo de Verrignes qui decimam de Bogainvile injuste calumpniabantur, postea sano acquiescentes consilio, ante me venerunt, et prior predictus Philippus et filius ejus Radulfus (4) culpam suam recognoscentes, predictam calumpniam et quicquid juris in predicta decima se habere dicebant supradictis capellanis et ecclesie in pace dimiserunt, et se de cetero super hoc nichil reclamaturos fide data in manu Maloth (5) servientis mei in presentia mea promiserunt. Alia etiam die Hugo de Verrignes et frater ejus Willelmus (6) ante me venientes similiter predicte calumpnie et omni juri quod in predicta decima reclamabant renunciaverunt ; et, fide data in manu Boemundi, militis mei et sororii mei predicti Hugonis, se de cetero ecclesiam Ambianensem sive predictos capellanos nunquam molestaturos promiserunt. Hanc igitur elemosinam laudabiliter factam et patri meo et fratri, Deo miserante, profuturam, michi etiam, sicut credo, tam in vita quam in morte valde perutilem laudo et concedo, et sicut predictus vir venera-

(1) IIIe et IVe Cartul. : Pinconio.
(2) IIe, IIIe et IVe Cartul. : Wermundi.
(3) IIIe Cartul. : Bougainvile.
(4) IIIe Cartul. : Radulphus.
(5) IIe et IIIe Cartul. : Malot.
(6) IIe, IIIe et IVe Cartul. : Guillelmus.

bilis patruus meus supradicta in pace tenuit, sepedictis capellanis et ecclesie Ambianensis sigilli mei impressione confirmo, et contra omnes qui super hoc eos molestaverint me adjutorem promitto

Actum est hoc anno incarnationis dominice M° C° XC° VII°, sub testimonio hominum meorum Gerardi, videlicet avunculi mei, Gilonis de Clari, Galteri (1) castellani Pinchoniensis, Roberti militis de Riencort (2), Garini (3) de Flui, Radulfi (4) Moret (5).

Cartul. I, f° 88 v°, n° xci ; II, f° 118 v°, n° xci ; III, f° 89 v°, n° xcii ; IV, f° 54 v°, n° xciii.

94.

ITEM QUOMODO ANTE DOMINUM AMBIANENSEM ET DECANUM ET CAPITULUM ET PETRUM, PREPOSITUM DOMINI REGIS, PREDICTI CALUMPNIATORES EIDEM RENUNTIAVERUNT INJURIE.

1197

Theobaldus, Dei gratia Ambianensis dictus episcopus, omnibus ad quos littere iste pervenerint in Domino salutem. Notum vobis facimus quod venientes in presentia nostra Philippus de Blancfossei (6) et Radulfus filius ejus coram nobis recognoverunt quod calumpniam illam quam proposuerant coram nobis et vicedomino de Pinchonio super decima de Bogainville (7) injuste fecerunt, cum pater predicti Philippi Nicholaus, ipso Philippo concedente, viro bone memorie Johanni quondam ecclesie nostre preposito jam pridem vendidisset ; unde sano usi consilio quicquid juris in predicta decima reclamabant, supra altare beate Marie virginis et in manu nostra resignaverunt et predictam calumpniam fide data in manu archidiaconi nostri Theobaldi in perpetuum dimiserunt, et postea super corpus beati Firmini martyris et aliorum sanctorum qui in ecclesia nostra continentur, se de cetero in predicta decima nichil reclamaturos juraverunt. Hoc idem Hugo miles de Verrignes et Willelmus (8) frater ejus de predicta decima quam similiter calumpniabantur coram nobis et Petro preposito regis et multis aliis personis nostris facientes, fide data in manu predicti prepositi, et

(1) II°, III° et IV° Cartul. : Gualteri.
(2) II° Cartul. : Riencurt ; IV° Cartul. : Riencourt.
(3) II° et III° Cartul. ; Guarini.
(4) II° et III° Cartul. : Radulphi.
(5) IV° Cartul. : Mouret.
(6) II°, III° et IV° Cartul. : Blancfosse.
(7) II° Cartul. : Bogainviler ; III° Cartul. : Bougainviler ; IV° Cartul. : Bougainvile.
(8) II°, III° et IV° Cartul. : Guillelmus.

juramento prestito super predictas reliquias sanctorum, predictam calumpniam, et si quid juris habebant in predicta decima ecclesie nostre per manum nostram in perpetuum dimiserunt. Ne aliquis ergo super hoc tacita veritate de cetero contra ecclesiam nostram possitmalignari, presentem cartam sigillo nostro et sigillis personarum que affuerunt, scilicet capituli Ambianensis ecclesie, Richardi(1) decani Ambianensis et Theobaldi archidiaconi et Petri tunc prepositi domini Regis, roborari precepimus, sub periculo anathematis ; prohibentes ne aliquis controversiam istam rationabiliter sopitam de cetero suscitare presumat, aut huic nostre confirmationi ausu temerario contraire.

Actum est hoc anno incarnationis dominice M° C° XC° VII°.

Cartul. I, f° 89, n° xcii ; II, f° 120, n° xcii ; III, f° 90, n° xciii ; IV, f° 55, n° xciv.

95.

DE DECIMIS NICOLAI DE GOLLENCORT (2) ET DE LINIERES ET APPENDITIIS EJUS. DE HOMINAGIO DE LULLI (3). DE NEMORIBUS CREUSE (4). DE DUABUS FORESTARIIS DE FONTAINES. DE NEMORIBUS DE BONIEL (5). DE GRANGIA DE CRESCI (6). DE VICE-COMITATU ET JUSTICIA SANCTI MAURICII ET DE PRATO (7) DE FOREST ET DE QUIBUSDAM ALTARIBUS.

Theobaldus, Dei gratia Ambianensis dictus episcopus, omnibus in XPO fidelibus presentibus et futuris in perpetuum. Cum ex injuncto nobis officio universis ecclesiis per diocesim nostram constitutis providere debeamus, matri nostre ecclesie Ambianensi propensiori debito tenemur astricti cujus nobis tamquam sacerdoti proprio cura commissa est specialis. Post copiosam igitur messem beneficiorum quam ibidem patres nostri Domino congregaverint. ne quod absit, tunc erubescamus vacui venientes cum predicti patres nostri ad aream venient cum exultatione portantes manipulos suos, nos interim ea que congregaverunt non tantum conservare, sed in quantum possumus ampliare tenemur, tam verbo quam exemplo alios invitantes, ne matri sue quam fovit et

1197

(1) II°, III° et IV° Cartul. : Ricardi.
(2) II° Cartul. : Nicolai de Gollencurt dans le reste de la charte ; IV° Cartul. : Gollencourt.
(3) II°, III° et IV° Cartul. : Luilli.
(4) II° Cartul. ; Creusie.

(5) II° et III° Cartul. : Bonuel ; IV° Cartul. ; Bounoel partout.
(6) II°, III° et IV° Cartul. : Creissi
(7) II°, III° et IV° Cartul. : Pratis.

extulit illos ingratitudinem rependant pro gratia, sed memores uberum ejus que dulciter eos educavit, ipsam honorare, defensare et promovere studeant, ut bonorum filiorum numero et merito semper gaudeat ampliori et inveniat in grege proprio cui precedentibus exemplis irritata tuto se committere debeat, et si opus fuerit dicere : Esto dominus fratrum tuorum. Inde est quod predicte matris nostre utilitati et paci in posterum providentes, quedam que sollicitudine nostra et quoramdam filiorum nostrorum munificentia in jus et proprietatem ejus per manum nostram devenerunt, litteris annotare curavimus aditientes quedam alia que a temporibus antiquis a predicta ecclesia quiete et pacifice possessa, diuturnitate temporum stabilitatem meruerunt habere perpetuam. Hec igitur omnia singulis distincta capitulis et propriis expressa nominibus inserere pagine subsequenti et posterorum memorie commendare precepimus. Noverint igitur presentes et futuri quod veniens in presentia nostra dilectus noster filius Nicholaus de Gollencort (1), ecclesie nostre canonicus, quasdam decimas quas antecessores sui per peccatum tenuerant et quas ipse hucusque minus licite tenuerat, pro animabus patris sui et antecessorum suorum et sua, predicte ecclesie Ambianensi per manum nostram contulit, Roberto nepote suo ad quem predicta hereditas devoluta fuerat hoc ipsum concedente et ad hanc elemosinam in manu nostra resignandam manum apponente. Secundum nomina igitur territoriorum et partes que ecclesie debentur predictas decimas designare curavimus hoc modo : duas videlicet partes decime de Hinnu (2), tertiam partem decime de Caumval (3), medietatem decime illius territorii quod dicitur territorium Hugerii, medietatem decime de Mellivileir (4). Has decimas debet predictus Nicholaus tota vita sua nomine ecclesie tenere ita quod, post decessum ejus, absque reclamatione aliqua, in proprietatem ecclesie remeare (5) debent. Preterea sciendum est quod vir pie recordationis Johannes quondam ecclesie nostre prepositus (6) preter alia multa beneficia que ecclesie nostre contulit, ipsi similiter per manum nostram contulit duas partes case decime de Lineriis et appenditiis ejus, videlicet de Betenbos, de Oflegnies, de Cavelieres; de Maisnius, de Malliers quas de manu laica extorserat, ita quod Guillelmus (7) frater ejus canonicus noster eas tota vita sua tenere debet nomine ecclesie. Post

(1) IIIe Cartul, : Gollaincourt.
(2) IIe et IIIe Cartul. : Hinny.
(3) IIe, IIIe et IVe Cartul. : Camval.
(4) IIe et IVe Cartul. : Melliviler.
(5) IIe, IIIe et IVe Cartul. : Remanere.
(6) IIIe Cartul. : Canonicus.
(7) IIIe Cartul. : Guillermus.

decessum vero ejus ad proprietatem ecclesie redire debent, eis qui canonicis horis assidue intererunt sine diminutione aliqua deputande. Sciendum etiam quod vir quondam nobilis Ingerrannus (1) de Pinchonio (2), dum municipium de Lulliaci (3) construeret, acceptis ab ecclesia nostra sexaginta libris publice monete Ambianensis, se et heredes suos inperpetue ita ecclesie nostre obligavit quod ipse et quicumque heredum suorum Lulliacum (4) teneret hominagium facerent ecclesie; quod et ipse fecit, et Eustachius de Encra (5) qui Mariam filiam ejus duxit uxorem, et predicta Maria, defuncto viro suo, hoc idem recognoverunt, et hoc ipsum heredes ipsorum facere tenentur. Maior etiam Creuse (6) qui in nemoribus ejusdem ville usuarium competere dicebat, submonitus inde ab ecclesia cum in probatione defecisset, predictam consuetudinem dimisit et abjuravit. In villa etiam de Fontanis quidam ecclesie forestarius, Galterus (7) nomine, curtillum unum quem habebat in predicta villa a censu liberum et ab omni angaria et justicia ville, et usuarium quod sibi competere dicebat in nemoribus de Fontanis ecclesie nostre vendidit, susceptis ab ea decem libris parisiensium quas dilectus filius noster Gregorius, ejusdem ecclesie canonicus, ipsi contulit ad hanc elemosinam redimendam pro anima patris sui et matris sue et memoria eorum una die annuatim in perpetuum ibidem recolenda. Alius etiam forestarius in predicta villa, Haimmericus (8) nomine, suam forestariam et quicquid habebat in predicta villa et nemoribus ejusdem ville ecclesie nostre similiter vendidit, et sic predicte forestarie due a supradictis heredibus, concedentibus uxoribus et propinquis, per manum nostram in manu decani resignate et abjurate fuerunt. Maior etiam de Bonuel qui in nemoribus ejusdem ville custodiam sibi competere et usuarium se habere dicebat, cum occasione predicti usuarii nemora que custodire debebat destrueret et vastaret, et cum de magnis et manifestis dampnis que super predicta custodia ecclesie irrogaverat in causam tractus ante ecclesiam rationabiliter se expedire non posset, amicis ejusdem maioris intervenientibus, quandam partem in predictis nemoribus certis metis designatam in augmentum feodi sui recepit ab ecclesia, ita quod in parte illa ecclesia sibi nichil retinuit preter dominium et decimam, si forte ad agriculturam redacta fuerit, sicut habet ecclesia in aliis terris ad feodum maioris pertinentibus. Hac igitur com-

---

(1) IIe et IVe Cartul. Ingelrannus.
(2) IIIe Cartul. : Pinconio.
(3) IIe, IIIe et IVe Cartul. : Luilliaco.
(4) IIe, IIIe et IVe Cartul. : Luillliacum.
(5) IIe, IIIe et IVe Cartul. : Enchra.
(6) IIe et IIIe Cartul. : Creusie.
(7) IIe, IIIe et IVe Cartul. : Gualterus.
(8) IIe, IIIe et IVe Cartul, : Haimericus.

mutatione suscepta, maior cetera nemora omnia predicte ville in pace dimisit ecclesie, ita quod nec ipse nec heres ejus in illis aliquid de cetero de jure reclamare posset, nec justiciam, nec forisfactum, nec vadium, nec donum, nec custodiam; sed pro voluntate sua decanus et capitulum ibidem custodes instituent, et vendere, et cedere, et extirpare absque contradictione maioris poterunt, et omnia emolumenta que exinde recipientur cum integritate sibi retinere. Maior etiam de Cresci (1), cum pro gravi forisfacto suo feodum suum in periculo videret, si decanus et capitulum secundum rigorem juris cum eo agere voluissent, ipse pro venia supplicans misericordiam quam non meruerat impetravit hoc modo, quod ipse et heres ejus quasdam pravas consuetudines quas in grangia ecclesie sibi competere dicebat, in pace dimisit, videlicet impositionem excussorum et quasdam minutas reliquias ; ecclesia autem pro bono pacis messionem suam quam antecessores sui habuerant in predicta grangia, ei reddidit, videlicet quindecim (2) minas frumenti et decem ordei ad mensuram de Cresci (3); ita quod nichil ultra predictam messionem in predicta grangia de cetero reclamaret. Preterea supradictis addere dignum duximus, possessionum antiquarum innovantes memoriam, villam sancti Mauricii contiguam civitati nostre et vicecomitatum ejusdem ville, et omnem secularem justiciam ad juridictionem ecclesie nostre pertinere ; pratum etiam de Forest ita quod nullus sibi aliquam consuetudinem absque consensu ecclesie nostre reclamare debet. Fossatum enim quod ibidem apertum est, per quod viam habent fratres sancti Johannis ad curiam suam de Bertricort (4), non in perpetuum eis concessa est, sed quamdiu canonicis nostris placuerit, qui illam pro voluntate sua claudere et aperire possunt. Habet etiam ecclesia nostra personatus et impositiones, sacerdotum in ecclesia de Bertoucort (5) juxta Ruam, et in ecclesia de Maioch, de Tormunt (6), de Nempont (7), in ecclesia etiam de Mautort (8), de Stella et appenditiis ejus ; in ecclesia de Vileirs (9) de Boschagio, de Bus, de Morlaincort (10), de Berbieres (11) et Blangi ; in ecclesia de Cilli, de Waus (12) juxta Mondisderium ; in

(1) IIe, IIIe et IVe Cartul. : Creissi.
(2) IIIe Cartul. : Undecim.
(3) IIe, IIIe et IVe Cartul. : Creissi.
(4) IIIe Cartul. : Betricourt ; IVe Cartul. : Bertricourt.
(5) IIe Cartul. : Bertolcurt ; IIIe et IVe Cartul. : Bertolcourt.
(6) IIe, IIIe et IVe Cartul. : Tormont.

(7) IIe Cartul. : Nenpont.
(8) IIe, IIIe et IVe Cartul. : Maltort.
(9) IIe et IVe Cartul. : Vilers in Boscagio ; IIIe Cartul. : Boscagio.
(10) IIe Cartul. : Morlaincurt ; IVe Cartul. : Mollaincourt.
(11) IVe Cartul. : Berbiieres.
(12) IIe, IIIe et IVe Cartul. : Vals.

ecclesia de Costenci et de Paveri et de Mainieres. Super his igitur omnibus in communi audientia curie nostre et personarum nostrarum solempniter recognitis, et scripto memoriali diligenter commendatis, ne quis de cetero contra ecclesiam nostram malignari possit, presentem cartam sigilli nostri impressione muniri fecimus, anathematis vinculo innodantes omnes qui predictis possessionibus aliquid detrahere aut imminuere irrationabiliter presumpserint.

Datum per manum Manasserii cancellarii anno incarnati Verbi M° C° XC° VII°.

Cartul. I, f° 85, n° xc ; II, f° 115 v°, n° xc ; III, f° 87, n° xci ; IV, f° 53, n° xcii.

96.

De Furno de Fontanis (1).

Richardus (2), Ambianensis ecclesie dictus decanus, et ejusdem ecclesie capitulum omnibus ad quos littere iste pervenerint in Domino salutem. Cum rependere meritis gratiam nos ab ingratitudinis vicio liberet et absolvat, et ampliora promerenda condigna retributio bonos invitare soleat, et condempnare debeat eos qui panem suum comedunt ociosi ; nos dilecti fratris et concanonici nostri Richardi Theutonici (3) devotam sedulitatem attendentes, quam in promovendis ecclesie nostre negociis habere dinoscitur ex his in quibus laboravit, ei debitam recompensationem assignare curavimus. In villa siquidem de Fontaines (4), in qua eum satis laudabiliter ad utilitatem ecclesie laborasse certis cognovimus argumentis, furnum quem ibidem ante eum ecclesia nostra numquam habuerat et quem propriis edificavit sumptibus ei, sub annuo censu viginti solidorum parisiensis monete, tota vita sua tenendum concessimus, aditientes ut ad calefaciendum predictum furnum usuarium rationabile in nemoribus nostris de Fontanis accipiat. Mansionem etiam Gerardi (5) de Catheu (6) quam ab heredibus ejusdem Gerardi emerat, ipsi similiter tenendam concessimus, salvo censu qui pro eadem mansione nobis antea debebatur. Sciendum etiam quod preter predicti furni censum masure (7)

1198

---

(1) Pas de titre au Ier Cartul. ni dans la première rédaction du IIe Cartul. — IIIe et IVe Cartul.: Fontanis.

(2) IIe Cartul., 2e réd., et IIIe Cartul. : Ricardus partout.

(3) IIe Cartul., 1re réd., IIIe et IVe Cartul. : Teutonici ; IIe Cartul., 2e réd.: Teuthonici.

(4) IVe Cartul. : Fontanis.

(5) IIe Cartul., 2e réd. : Girardi partout.

(6) IIe Cartul., 1re réd., IIIe et IVe Cartul. : Cateu.

(7) IVe Cartul. : Mansure.

in qua furnus edificatus est predictus Richardus nobis reddere tenetur, ne quid per eum de antiqua pensione nostra videatur imminutum.

Actum est hoc anno incarnationis dominice M° C°, nonagesimo octavo, mense Augusto.

Cartul., I, f° 93 ; II, f° 123 v°, et 155 v°, n° cxxxviii ; III, f° 92 v° ; IV, f° 56, v°.

97.

De confirmatione domini Attrebatensis episcopi super hominagio hominis domini de Salli (1).

1198

Petrus, divina patientia Attrebatensis ecclesie minister humilis, omnibus ad quos presens scripti noticia pervenerit, salutem in Domino. Noverit universitas vestra nos litteras Richardi (2) decani Ambianensis, in hunc modum recepisse. « Reverendo Patri et domino suo P., Dei gratia Attrebatensi episcopo, R. Ambianensis ecclesie dictus decanus salutem et cum honore debito devotum obsequium. Super justicia bona et inconcussa quam nobis fecistis de Heluino de Salli (3) et filio ejus Balduino, multiplices vobis gratias referentes, notum fieri volumus quod idem Heluinus et filius ejus, pro pensione annua quam nobis debebant, sufficientem recompensationem nobis in episcopatu nostro assignaverunt; unde ipsi et heredes eorum in perpetuum liberi remanserunt a predicta pensione, salvo tamen hominagio quod heredes eorum qui dominium de Salli (4) tenebunt ecclesie nostre facere tenentur, pro dampnis supra predictam pensionem nobis illatis, et pro XII^{m} (5) modiis frumenti quos nobis debebant et quos in augmentum feodi sui eis concessimus. Si igitur predictus Heluinus et filius ejus Balduinus predictam conventionem coram nobis (6) recognoverint, et de hominagio quod nobis debent et heredes eorum a vobis impetraverint ut autenticum vestrum super predicto feodo nobis tribuatis in testimonium, si vobis placet ut ipsos et terram eorum a sententia qua tenentur absolvatis, et nos vobis sicut patri et domino nostro pro beneficiis nobis impensis libenter serviemus in tempore opportuno. » Quia igitur supradicti Heluinus et filius ejus Balduinus in nostra et nostrorum clericorum

(1) IIe, IIIe et IVe Cartul. : Sailli.
(2) IIIe et IVe Cartul. : Ricardi
(3) IVe Cartul. : Sailli.
(4) IIe et IVe Cartul. : Sailli.
(5) IVe Cartul. : XIIII^{tm}.
(6) Il faut évidemment vobis.

presentia recognoverunt supradictam conventionem, et se eam firmiter observaturos prout in litteris suprascriptis continetur promiserunt, se et suos heredes qui dominium de Salli (1) tenebunt ad hominagium ecclesie Ambianensi, faciendum in perpetuum obligantes, ipsos et terram eorum absolvimus, et ad eorum petitionem presens scriptum fieri fecimus, et sigilli nostri munimine confirmari.

Actum anno ab incarnatione Domini, millesimo centesimo nonagesimo octavo, mense Augusto.

Cartul. I, f° 93 v°, n° xcvi ; II, f° 124, n° xcvi ; III, f° 93, n° xcix ; IV, f° 56 v°, n° c.

98.

De concessione mansionis capellanorum apud Bogainville (2) et de decima adducenda ab agricolis ejusdem ville (3).

Theobaldus, Dei gratia Ambianensis dictus episcopus, omnibus ad quos littere iste pervenerint in Domino salutem. Notum fieri volumus presentibus et futuris quod veniens in presentia nostra Drogo, miles de Bogainvile (4), capellanis quos vir bone recordationis Johannes de Pinchonio, quondam ecclesie nostre prepositus, in ecclesia eadem instituerat, concessit mensuram unam, quam idem Johannes tempore Garini (5) patris predicti Drogonis apud Bogainvile (6) ante monasterium acquisierat, et quam idem Drogo injuste calumpniabatur, ab omni exactione et seculari justicia liberam. Recognovit etiam et concessit quod homines sui in perpetuum ad villam de Bogainvile (7) adducere debent decimam totius agriculture quam excolunt in territorio de Bogainvile 8) et de Haudricort (9) et de Cotegni (10), quod et participes predicte ville et homines eorum faciunt. Recognovit etiam quod custodes terragii nisi vocatis et presentibus custodibus decime terragiare non debent, ne portio decime in

1198

(1) II° et IV° Cartul. : Sailli.
(2) II° et V° Cartul. : Bogainvile, III° et IV° Cartul. : Bougainvile.
(3) V° Cartul. : Carta de donatione masure de Bogainvile et decima agriculture de Bogainvile et de Haudricort et de Contegni adducenda apud Bogainvile.

(4) II° Cartul. : Bogainville ; IV° Cartul. : Bougainvile.
(5) II° et III° Cartul. : Guarini.
(6-7-8) III° et IV° Cartul : Bogainvile.
(9) II° Cartul. : Haudricurt ; IV° Cartul. Haudricourt.
(10) II°, III° et IV° Cartul. : Contegni.

aliquo defraudetur. Hec omnia (1) ut rata et illibata permaneant, concessione predicti Drogonis et uxoris ejus et filii eorum Garini (2), episcopali auctoritate in perpetuum confirmari et sigilli nostri impressione communiri fecimus, assistentibus in presentia nostra Richardo (3) decano, Theobaldo archidiacono, Geremaro decano Abbatisville, Roberto capellano et multis aliis.

Actum est hoc anno incarnationis dominice M° C° XC° octavo.

Cartul. I, f° 91, n° xcııı; II, f° 122, n° xcıv ; III, f° 91 v°, n° xcvı ; IV, f° 55 v°, n° xcvıı ; V, f° 73 v°, n° xcııı.

99.

DE CONCESSIONE COMITIS SANCTI PAULI SUPER TERRA QUAM FRATRES SANCTI LAURENTII TENENT A NOBIS APUD FRAIMOLIN (4).

1198

Ego Hugo, comes de Sancto Paulo, tam futuris quam presentibus notum facio quod Balduinus Bodins partem curtis de Fresmulin et terram omnem quam habebat ante predictam curtem, assensu heredum (5) et propinquorum suorum et Roberti de Morlaincort (6) de quo predictam terram tenebat, assensu etiam meo ad cujus dominium predictum feodum spectabat, Balduino militi de Salli (7) concessit et idem Balduinus similiter assensu meo et predicti Roberti assensu, supradictam terram et curtem ecclesie Ambianensi liberam ab omni seculari potestate per manum domini episcopi Ambianensis in perpetuum tenendam concessit, ita quod canonici sancti Laurentii, sub annuo censu quo predictam terram et curtem ante tenebant de ecclesia Ambianensi tenebunt, et ego et heredes mei predictam elemosinam garandire et defensare rationabiliter tenemur. Unde ad petitionem predicti Roberti de Morlaincort presentem cartam sigilli mei appositione ad predicte conventionis recordationem muniri precipi.

Actum est anno dominice incarnationis M° C° nonagesimo octavo.

Cartul. I, f° 92, n° xcv ; II, f° 123 n° xcv ; III, f° 92 v°, n° xcvııı ; IV, f° 56, n° xcıx.

(1) III° Cartul. : Igitur *à la place de* omnia.
(2) II° et III° Cartul. : Guarini.
(3) II°, III°, IV° et V° Cartul. : Ricardo.
(4) II°, III° et IV° Cartul. : Frait Molin partout.
(5) II°, III° et IV° Cartul. : Heredis.
(6) II° Cartul. : Morlaincurt partout ; IV° Cartul. : Morlaincourt partout.
(7) II°, III° et IV° Cartul. : Sailli.

100.

DE CONVENTIONE INTER NOS ET EBRARDUM PRECENTOREM FACTA EMPTIONE MOLENDINARIE DE CRESCI (1).

Richardus (2), Ambianensis ecclesie dictus decanus, et ejusdem ecclesie capitulum omnibus ad quos littere iste pervenerint in Domino salutem. Cum lex pridem digito Dei scripta patrem et matrem nos honorare precipiat et lex idem doceat naturalis, que non calamo nec attramento scripta sed innate caritatis dulcedine filiorum manet impressa pectoribus, vir venerabilis et dilectus noster Ebrardus precentor ecclesie nostre, naturalis et scripte legis non immemor, patrem et matrem suam quos viventes honore debito coluerat post mortem etiam propensius studuit honorare. Ad perpetuam siquidem ipsorum memoriam in ecclesia nostra singulis annis recolendam, pro animabus eorum et sua, terciam partem molendini de Cresci (3) et omnia jura ad molendinarium (4) pertinentia, duas etiam mansiones predicto molendino contiguas et liberas, que omnia ab heredibus ejusdem molendini septuaginta libris parisiensibus emerat, nobis in perpetuum possidenda concessit, ea conditione apposita quod pro predictis obventionibus molendini et supradictis mansionibus eidem Ebrardo septem modios frumenti ad mensuram publicam Ambianensem de cellario nostro reddere tenemur, et ipse in anniversariis patris et matris sue, annuatim similiter quadraginta solidos nobis persolvere tenetur, viginti in uno anniversario et viginti in alio. Post decessum vero ejus, nos liberi a predicta pensione predicti fratris nostri anniversarium celebrare debemus, et eis qui anniversario ejus et predictis anniversariis patris et matris sue intererunt de predicto redditu septuaginta solidos, singulis annis, providere tenemur, triginta in anniversario predicti Ebrardi, et viginti in utroque anniversario patris et matris sue, sicut ipse prius instituerat.

1198

Actum est hoc anno incarnationis dominice M° C° XC° octavo, mense Augusto.

Cartul. I, f° 91 n° xciv ; II, f° 122 n° xciv ; III, f° 92 n° xcvii ; IV, f° 56 v°, n° xcviii.

(1) III° et IV° Cartul. : Creissi.
(2) III° Cartul. : Ricardus.
(3) II°, III° et IV° Cartul. : Creissi.
(4) III° Cartul. : Molendinum.

101.

DE COMPOSITIONE FACTA INTER NOS ET DOMINUM EPISCOPUM NOSTRUM, MEDIANTIBUS NOVIOMENSI ET ATTREBATENSI EPISCOPIS, ET SIGILLIS EORUM CONFIRMATA (1).

1199

Theobaldus, Dei gratia Ambianensis episcopus, omnibus quibus litteras istas videre contigerit salutem in Domino. Cum inter nos et capitulum nostrum super quibusdam capitulis controversia aliquantulum dura verteretur, tandem ad interventum venerabilium patrum nostrorum Stephani Noviomensis et Petri Attrebatensis episcoporum, omnis questio amicabiliter de medio est sublata penitus et sopita. De decima igitur de Rovroi (1) quam per privilegium domini Pape nobis concessum, sicuti nobis videbatur, retinere poteramus, privilegio et omni alii auxilio renunciantes, concessimus capitulo nostro quod eam eidem capitulo in bona pace deinceps exolvemus et exolvi legitime faciemus. De rivis aquarum que fluunt ad molendina canonicorum, secundum jus antiquum ecclesie, recognovimus quod nec episcopus nec alius potest ibi facere nisi per canonicos quod impediat molendina : nec canonici possunt ibi facere quod impediat piscationem episcopi, vel cursum navicularum. Preterea si in ecclesia nostra de cetero a divinis cessare contigerit, si contra episcopum cessetur, major ecclesia et ecclesia sancti Martini et sancti Aceoli (2) tantum cessabunt, nec alio modo poterit capitulum intra civitatem vel extra sententiam aggravare. Si vero propter injurias ecclesie nostre illatas contra alios quoslibet cessaretur, episcopus Ambianensis, requisitus a decano vel a capitulo, omnes alias ecclesias civitatis quamdiu major ecclesia cessaret, cessare faceret, nisi statim ad admonitionem episcopi, malefactores injurias ecclesie illatas emendarent. Si vero absens fuerit, hoc idem facient ejus ministeriales, alioquin in majori ecclesia super episcopum cessabitur. Pastus etiam quos ecclesia nostra a nobis requirebat, recognovimus nos debere. Ne igitur aliqua super hoc in posterum suscitetur occasio malignandi, presens scriptum fecimus annotari et sigilli nostri appositione (3) roborari. Et ad majorem hujus rei firmitatem, ad petitionem nostram, prenominati venerabiles

---

(1) Au VIIe Cartulaire ce titre est remplacé par le suivant : De decima de Roveroy et quod episcopus non potest impedire cursum aque molendinorum et de pastu debito per eum et de modo cessandi in ecclesia Ambianensi.

(2) IIe et IIIe Cartul. : Roveroi ; IVe et VIIe Cartul. : Rouveroi.

(3) VIIe Cartul. : Acheoli.

patres Noviomensis et Attrebatensis episcopi huic scripto nostro sigilla sua fecerunt apponi. Datum Ambianis per manum Manasseri cancellarii, anno ab incarnatione Domini M° C° nonagesimo nono, mense Augusto,

<small>Cartul. I, f° 94, n° xcvii; II, f° 124, n° xcvii ; III, f° 93 v°, n° c; IV, f° 57, n° ci; VII, f° 1, v°.</small>

102.

De Altari de Vilers (1) et decima de Coisi (2).

Ernoldus de Vilers, de occupationibus terrarum et decimarum et injuriis quas matri ecclesie Ambianensi et canonicis fecerat, humiliter veniam postulando, satisfaciens, terciam partem decime case ecclesie de Vilers, et decimam duorum camporum in eadem villa ubi decem modii frumenti seminari possunt, et terciam partem decime annone de Coisi (3) matri ecclesie Ambianensi, ut in eadem de eo memoria perpetualiter habeatur, dimisit, annuentibus uxore sua et filiis et filiabus, sub testimonio clericorum et laicorum ibi astantium. <small>xii° siècle.</small>

<small>Cartul. I, f° 50, n° lv; II, f° 82 v°, n° lv; III, f° 63 v°, n° lv; IV, f° 38 v°, n° lv.</small>

103.

Scriptum Ingerburgis regine ad nos missum (4),

Dilectis in XPO amicis decano et capitulo Ambianensi Ingerburgis, Dei gratia Francorum humilis regina, in Domino salutem. Incognitum vobis esse non credimus quod pene toti notum est orbi quanta perpesse sumus incommoda postquam regie dignitatis inunctionem adepte sumus pariter et coronam. Propter que tanto temporis interstitio sumus prepedite ut ecclesiam vestram, cui ex eo speciali debito et devotione sumus obnixie quod in ea, licet flebili auspicio, plenitudinem tamen honoris nostri et dignitatis suscepimus, prout voluimus nondum valuimus alicujus muneris obsequio honorare. Nunc autem ei <small>Avant 1201</small>

<small>(1) III° Cartul. : Vileirs.
(2) II° et III° Cartul. : Choisi.
(3) III° Cartul. : Chosi; IV° Cartul. : Coizi.

(4) Ce titre n'existe pas dans le premier cartulaire.</small>

planetam unam transmittimus, supplicantes ut in orationibus vestris nos colligatis et, intuitu devotionis et dilectionis quam ad vos et vestram ecclesiam gerimus et specialiter gerere volumus, officiorum et beneficiorum que in ea fiunt nos participes faciatis, scituri pro certo quod si Dominus gratiam suam nobis adauxerit et pacem nostram nobis reddiderit nos dilectionem nostram erga vos et vestram ecclesiam manifestabimus certioribus signis et indiciis. Licet vere casula quam vobis mittimus non sit quantum ad estimationem seu apparentiam multum preciosa, obtinere tamen apud vos cupimus ut in beate Virginis solempnitatibus solempnia missarum in ea celebrari faciatis.

Cart. I, f° 89 v°; II, f° 120 v° et 154; III, f° 90 v°, n° xciv; IV, f° 55, n° xcv.

104.

Rescriptum (1) ad ipsam Reginam (2).

Avant 1201

Excellentissime domine sue Ingerburgi, Dei gratia illustri Francorum regine, Richardus Ambianensis ecclesie dictus decanus et universum ejusdem ecclesie capitulum salutem, et cum honore debito paratum semper et devotum obsequium. Prout parvitatem nostram decet munus excellentie vestre gratanter accipere, hoc quod a vobis oblatum nuper accepimus multiplici prosequimur actione gratiarum. In vobis siquidem experti tam regii sanguinis munificentiam quam sanctorum devotionem patrum a quibus duxistis originem, in hoc plurimum gaudemus omnes et singuli quod ecclesiam nostram honorare voluistis planeta satis honorabili; que, licet ex se cunctis appareat preciosa, ad precium tamen ejus multum adicit auctoritas tribuentis. Cum igitur honor sit vester munere vestre largitatis honorare nostram ecclesiam, in qua sacre benedictionis unctionem et regni coronam suscepistis, a Domino ad honorem vestrum (3) predictum munus devote suscipimus semper in ecclesia nostra ob reverentiam vestri nominis pre ceteris gloriosum. De cetero sublimitati vestre notum esse volumus nos et nostra ac quicquid possumus aut valemus vestris exposita fore serviciis, et quod de patrocinio beate Virginis et patroni nostri beati Firmini martyris confidentes, licet indigni, pro vobis orare non desistimus, ut exaudiat Dominus petitiones vestras nec vos deserat in tempore malo. Audientes etiam

(1) III° et IV° Cartul. : Scriptum.
(2) Ce titre n'existe pas dans le 1er Cartul.
(3) II° Cartul. : 2e rédact. : Nostrum.

sancte vestre conversationis opinionem bonam, que velut unguentum preciosum oblatum pedibus Salvatoris totum regnum Francorum bono replevit odore, et que sicut aurum quod per ignem probatur tanto gloriosius effulget quanto gravius examinata de fornace tribulationis purior egreditur et exurgit, promittimus vobis, in Domino qui non deserit sperantes in se, quod ipse replebit in bonis desiderium vestrum, et sic honor vester de bono in melius proficiet in presenti, quod et id quod obtimum est in futuro vobis largietur Dominus justus judex.

Cartul. I, f° 90 ; II, f° 121 et 154 v° ; III, f° 91, n° xciv ; IV, f° 55 v°, xcvi.

105.

Conventio facta inter nos et Ingerrannum de Bova et Robertum fratrem ejus super IIII^{or} libris (1).

Ego Ingelrannus de Bova omnibus ad quos littere iste pervenerint notum facio quod Robertus frater meus, assensu meo, de censu octo librarum parisiensis monete quas ei debent homines de Cherisi singulis annis in festo sancti Petri ad vincula persolvendas, assignavit ecclesie Ambianensi LX° solidos, viginti pro anniversario suo et XL pro commutatione omnium que habebat predicta ecclesia apud Caious et appendicia ejus de elemosina Guermundi de Corbeia quondam ejusdem ecclesie canonici. Sciendum etiam quod predictus frater meus ea que pro commutatione ista recepit ab ecclesia Ambianensi in feodum meum posuit, ea conditione interposita quod Robertus frater meus et heredes in perpetuum nisi singulis annis in predicto festo sancti Petri ad vincula predictos solidos supradicte Ambianensi ecclesie cum integritate sine difficultate aliqua persolvi fecerit, ego et heredes mei defectum eorum in continenti emendare tenemur, et dampnum resarcire. Hoc concessit uxor ejus Maria et heredes ejusdem Roberti, hac conditione quod si quid juris habebat uxor ejus in his que vir ejus contulit ecclesie Ambianensi illud habebit in his que pro commutatione ista recepit vir ejus, nec in aliquo de his que assignata sunt ecclesie de cetero ipsam molestare poterit. Ad hujus rei memoriam et confirmationem ego et Robertus frater meus presentem cartulam sigillorum nostrorum appositione communiri fecimus, testibus his : Petro de Jumeles, Petro de Estrees, Fulchone (2) Malaterra,

1201

(1) Il s'agit pourtant de 5 livres dans la charte.   (2) IIe, IIIe et IVe Cartul.: Fulcone.

Ricoardo (3) sancti Fusciani preposito, Matheo Clerico preposito Bove. Actum anno incarnationis M° ducentesimo primo.

<small>Cartul. I, f° 97, n° c ; II, f° 129, v°, n° c ; III, f° 97, n° cIII ; IV, f° 59, n° cIV.</small>

106.

De censura de Folies ultima quam concessimus Archidiacono Ambianensi usque ad novem annos.

4 juin.
1201

Richardus decanus universumque Ambianensis ecclesie capitulum omnibus ad quos littere iste pervenerint, salutem in Domino. Notum vobis fieri volumus quod censuram de Folies cum appendiciis ejus viro venerabili Theobaldo Ambianensi archidiacono usque ad novem annos tenendam concessimus sub annuo censu centum et viginti trium modiorum frumenti ad mensuram publicam Ambianensem, ita quod ille quem predictus archidiaconus ad custodiam domus de Folies deputabit, sub juramento promittet quod nil de annona de Folies et appendiciis ejus in usus alios expendetur nisi ad necessariam sustentationem predicte domus, donec predictus census ex integro ecclesie nostre solutus fuerit ; ita tamen quod si archidiaconus aut alius, eo nolente, inde aliquid subtraxerit, nisi in continenti excessum predictum emendari fecerit quod de predicta annona subtractum fuerit capitulo fideliter nuntiabit, et ita super hoc liber erit a juramento. Statutum est etiam inter nos et predictum archidiaconum quod, singulis annis, infra octabam Epiphanie predictum frumentum nobis ex integro persolvetur de meliori quod habebit de agricultura et redditibus nostris, ita quod illud ad horrea nostra secundum ministrorum ecclesie nostre dispositionem, et sine sumptu nostro adduci faciet, et ita quod per hominem ecclesie ad hoc deputatum predictum frumentum sine sumptu aliquo nostro, sicut supra dictum est, mensurabitur. Condictum est etiam inter nos quod aliquo dampno interveniente a solutione predicti census archidiaconus liber esse non poterit, nisi per exercitum regium vel per ignem communem, vel per communem tempestatem que in territorio de Folies acciderit, dampnum manifestum ostendere potuerit. His autem causis intervenientibus, si a solutione predicti census archidiaconus liber esse voluerit, tam ille qui

<small>(1) II° Cartul. : Richoardo ; III et IV° Cartul : Ricardo.</small>

domum de Folies quam alii qui appendicia ejus custodient illo anno, sub fidelitate juramenti quicquid dampno superfuerit ex integro ecclesie nostre restituent. Ita tamen quod si nobis utile visum fuerit custodes nostros proprios cum custodibus archidiaconi instituemus, nec propter hoc custodes ejus liberi erunt a prestando fidelitatis juramento. Statutum est etiam quod post festum sancti Andree, quocumque modo dampnum supervenerit, archidiaconus nichilominus predictum censum cum integritate persolvet. Additum est etiam predicte conventioni quod in martyrio beati Firmini duos porcos legitime pensionis nobis persolvet, in Inventione ejusdem martyris unum ; quos ei dimisimus pro XX^{ti} solidis quos ei debebamus pro prebenda sua de Bonoil (1), quos etiam ipsi solvere tenemur, si predictam censuram dimiserit. Debet etiam in sollempnitate beate Marie Magdalene partitionem integram boni vini per dimidios sextarios tam omnibus canonicis mansionariis quam feodatis servientibus eorumdem ; in Adventu Domini, dimidium modium boni vini ; in Natali Innocentium, partitionem integram per dimidios sextarios, sicut supra dictum est, tam canonicis quam servientibus. De minutis etiam decimis ecclesiarum ad predictam censuram pertinentibus XXX^a solidos annuatim persolvere debet in Nativitate beati Johannis Baptiste, representatione sacerdotum earumdem ecclesiarum nobis retenta, ita tamen quod sine consilio ejus predictis ecclesiis sacerdotes ordinare non debemus. Omnia etiam relevamenta feodorum et masorum, et omnes alios redditus et proventus ad predictam censuram pertinentes in manu nostra retinuimus, que omnia sine sumptu nostro allata Ambianis ministris nostris reddere debet. Segetem igitur. sicut supra diximus, et minutas decimas ei dimittentes pari consensu ordinavimus quod homines nostros ad predictam censuram pertinentes manu tenere et pro causis eorum et negociis laborare sumptu proprio intra Ambianensem episcopatum tenetur. Si autem extra predictum episcopatum pro eis eum laborare oportuerit, sumptus ei providere tenemur, ita tamen quod ordinatione nostra modus de mensura constituatur in predicto negotio. Condictum est etiam inter nos et ipsum quod nono anno completo domos nostras et omnia munimenta earum et curtis nostre de Folies, in stabilitate et precio in quo erant quando illas suscepit, restituet, et nichil de omnibus que unquam expenderit in his que ad villam de Folies pertinent sive ad appendicia ejus a nobis repetere poterit ; terram etiam nostram omni genere sementis quod annus expetierit refertam et reliquam ad opus sequentis anni, sicut tempus exegerit, optime

(1) IIe et IIIe Cartul. : Bonuel ; IVe Cartul. : Bounoel.

cultam quinto decimo die ante Nativitatem beati Johannis Baptiste, cum tribus carrucis, equis etiam et utensilibus ad predictas carrucas necessariis nobis similiter restituet. Si autem equi quos nobis offeret ad voluntatem nostram non fuerint, quindecim libras pariensis monete nobis pro eis persolvet. De omnibus autem his conventionibus nobis plegios dedit confratres et concanonicos nostros Petrum de Sarton, Theobaldum de Selincurt (1), Gaufridum Galet, hac conditione interposita quod si de omnibus que supra diximus aliquid defraudatum fuerit, predictus archidiaconus et plegii sui a beneficio prebendarum suarum, a choro etiam et capitulo alieni fient, nisi in continenti secundum tenorem supradicti scripti, ad voluntatem capituli totum emendaverint.

Actum est hoc anno incarnati Verbi M° CC° primo, pridie nonas Junii.

Cartul. I, f° 94, n° xcviii ; II, f° 125. xcviii ; III, f° 94, n° ci ; IV, f° 57, n° cii,

107.

De indulgentia facta eis qui moriuntur post festum sancti Honorati, vel in ipso festo.

20 mars
1201
(1202 n. st.)

Theobaldus, Dei gratia Ambianensis episcopus, omnibus qui presentem paginam inspexerint eternam in Domino salutem. Cum petitiones filiorum nostrorum que de radice karitatis (2) procedunt benigne suscipere et affectu paterno fovere et ad effectum perducere teneamur, institutionem quandam quam ad petitionem decani et capituli nostre matris ecclesie ibidem perpetuo servandam constituimus litteris annotare dignum duximus et memorie commendare posterorum. Considerantes siquidem quosdam de predictis filiis nostris plerumque cum tenui rerum mobilium substantia a vita decedere et instante messis tempore, cum jam per totum annum in expectatione fructus sequentis Augusti deservierint, morte preventos de predictis fructibus nichil percipere, incongruum duximus et a fraterna caritate alienum predictos fratres vacuos exire, nec habere unde in necessitate extrema sibi possint providere ; eapropter peticioni predictorum filiorum nostrorum benigno concurrentes assensu, decrevimus ut quicumque de canonicis predicte ecclesie nostre de cetero post festum beati Honorati, sive in ipso festivitatis die, a vita decesserit, omnes fructus sequentis Augusti et

(1) III° et IV° Cartul. : Selincourt.   (2) II°, III° et IV° Cartul. : Caritatis.

obventiones omnes prebende sue quas percipere deberet si viveret, a die obitus sui usque ad festum sancti Remigii ex integro recipiet; ut (1) ad honorem ecclesie nostre de proprio suo habeat unde, si opus fuerit, solvere possit alienum, et res suas ita convenienter ordinare quod memoria ejus sit in benedictione, nec ab aliquo possit juste calumpniari. Ut hec igitur institutio intuitu karitatis ordinata rata et inconcussa in perpetuum permaneat, presentem cartulam nostro et capituli nostri sigillo muniri precipimus.

Datum per manum Manasseri cancellarii, anno incarnati Verbi M° ducentesimo primo, XIII Kalendas aprilis.

Cartul. I, f° 97 v°, n° ci; II, f° 130, n° ci; III, f° 97 v°, n° civ; IV, f° 59, n° cv.

108.

DE DECIMA DE BERBIÈRES (2).

Theobaldus, Dei gratia Ambianensis dictus episcopus, omnibus ad quos littere iste pervenerint in Domino salutem. Notum vobis fieri volumus quod accedentes ad presentiam nostram Fulco sacerdos et Petrus et Bernardus de Halles (3) fratres ejusdem Fulconis decimam de Berbieres (4) quam sibi hereditario jure competere dicebant, per manum nostram matri ecclesie Ambianensi ad cujus dominium predicta decima pertinebat, in perpetuum possidendam reddiderunt (5), susceptis ab eadem ecclesia centum libris parisiensium. Uxor etiam predicti Petri, que predictam decimam ad dotalicium suum pertinere dicebat, suscepta amicorum consilio suorum sufficienti commutatione, predicto dotalicio fide interposita coram nobis renunciavit. Oda etiam, Massa et Mabilia, sorores predictorum fratrum, per manum nostram decanum et capitulum de predicta decima saisierunt, et donum super altare portantes, omnes predicti fratres et sorores, fide interposita, promiserunt quod nullam de cetero contra ecclesiam nostram de predicta calumpniam movebunt. Sed si quis eam molestare presumpserit, ipsi pro posse suo sicut jus dictaverit garandiam prestabunt. Hoc etiam Herbertus, filius predicti Petri et Agnes, Ada et Savis filie ejusdem concesserunt. Actum anno

Avril 1202 (1203 ? n. st.)

(1) IV° Cartul. : Ita ut.
(2) IV° Cartul. : Berbiieres.
(3) IV° Cartul. : Hailles.
(4) IV° Cartul. : Berbiieres.
(5) II°, III° et IV° Cartul. : Concesserunt.

incarnationis dominice M° CC° secundo, mense Aprili, assistentibus in presentia nostra Richardo decano, Theobaldo preposito, Theobaldo et Radulfo archidiaconis, Ebrardo precentore, E. R. N. et D. sacerdotibus; Balduino de Pas, Symone de Wadencor (1) Petro de Mondisderio, diaconibus ; Ingerranno de Croi (2), Stephano de Belvaco, Hugone Burgund*iensi* subdiaconibus; Stephano capellano nostro, Claro, Richard et Laurentio clericis nostris ; Petro etiam de Estrees, Johanne de Riveria et Petro de Serincort(3), militibus. Datum per manum Manasseri, cancellarii.

<small>Cartul. I, f° 97 v°, n° cii ; II, f° 130 v°, n° cii ; III, f° 98, n° cv ; IV, f° 59 v°, n° cvi.</small>

109.

QUOMODO PERSONA QUE SERVIT IN ECCLESIA NOSTRA PRO ECCLESIA SANCTI ACHEOLI (4) ELIGI DEBEAT ET SERVICIUM SUUM EXHIBERE.

<small>10 juillet 1203</small>

Ricardus, (5) Ambianensis ecclesie dictus decanus, omnibus ad quos littere iste pervenerint in Domino salutem. Cum in navi que sentinam trahit periculosum sit differre subsidium, presertim cum hoc idem sepe faciat sentina neglecta, quod fluctus irruens facere consuevit, ecclesiam beate Virginis et sanctorum martyrum (6) Acii et Acceoli quam nos tanquam naviculam propriam per hujus mundi mare procellosum regendam et ad portum salutis Deo auctore perducendam suscepimus, ita circumspecte sanam et incolumem conservare tenemur, quod debitum nostri semper prosequamur officii : ne si forte fraude diabolica solutis juncturis sentinam contraxerit peccatorum negligentes inveniamur, sed semper cum opus fuerit fecem diabolicam festinemus exhaurire, et scissuris glutinam caritatis infundere curemus. Inde est quod cum tempore nostro predicta ecclesia, quibusdam fratribus inter se discordantibus, abbate etiam minus licite in partem alteram inclinato, naufragii periculum incurrerit, licet usque in lesionem nostram turbatio predicta processerit, tamen nosmetipsos affectu paterno predictis opponentes periculis, salvo vinculo caritatis plagis infundentes vinum et oleum eos ad pacem reduximus, jus eorum et nostrum

<small>(1) II° Cartul.: Wadencurt; III° Cartul. : Wadencort; IV° Cartul. : Wadencourt.
(2) IV° Cartul. : Croy.
(3) IV° Cartul. : Serincourt.
(4) II° et III° Cartul. : Aceoli dans toute la charte ; IV° Cartul. : Acceoli.
(5) IV° Cartul. : Dei gratia.
(6) IV° Cartul. : Accii.</small>

illibatum conservantes hoc modo : Cum predicte ecclesie, ab antiquis temporibus, in ecclesia nostra una prebenda ad sustentationem fratrum assignata fuerit, et a sanctis patribus nostris institutum fuerit et diutius observatum quod abbas et ecclesia sancti Acceoli ad voluntatem et electionem decani et capituli nostri presbiterum de capitulo suo qui servitio ecclesie nostre, tam die quam nocte convenienter se prestet assiduum nobis debeat providere et persona que ibidem instituta fuerit absque voluntate decani et capituli nostri, nisi causa manifeste exordinationis et eadem causa decano et capitulo legitime manifestata et cognita, mutari vel transferri non possit, dum sanum et incolumem predicto servicio predictus clericus se potuerit exhibere, abbas et predicti fratres contra hanc predictam institutionem venire conati, clericum qui in ecclesia nostra deserviebat nobis inconsultis amovere presumpserunt. Sed postea ad consilium salutis revertentes, et in capitulo nostro culpam suam confitentes, excessum suum humiliter emendaverunt, et ad consilium nostrum de predicto excessu Deo et ecclesie nostre se satisfacturos promiserunt. Ne igitur in posterum tacita satisfactione exemplum presumptionis eorum occasionem tribuat malignandi, communi ecclesie nostre et eorum consilio hanc cartam nostro et eorum sigillo fecimus roborari et testium nomina qui huic facto interfuerunt pariter subscribi. De capitulo nostro : Ego Ricardus decanus, Theobaldus prepositus, Radulphus archidiaconus Pontivensis, Ebrardus precentor, Gregorius, Hugo, Nicholaus (1) de Gollencurt (2) sacerdotes ; Bodinus, magister Nicholaus, Symon de Wadencurt (3), Petrus de Mondisderio, Petrus de Sarton, diaconi (4) ; Ingelrannus de Croi (5), Stephanus de Belvaco, Hugo de Nova Villa, Theobaldus de Remis, Theobaldus de Cruce, Willelmus de Pinconio (6), Ingelrannus de Hesli (7) subdiaconi ; Florentius abbas sancti Judoci de supra mare, Johannes prior Corbeiensis (8), Johannes abbas sancti Acceoli (9), Johannes prior, Johannes de Ambianis, Walterus de Rumeni (10), Petrus frater ejus, Gaufridus, Hugo cognomento Monachus, et alii quamplures cum assensu universorum de capitulo sancti Acceoli.

(1) II° Cartul. : Nicholaus archidiaconus de Gollencurt.
(2) III° Cartul. : Gollencort ; IV° Cartul. : Gollencourt.
(3) III° et IV° Cartul. : Wadencourt.
(4) Dans le III° cartulaire : *Diaconi* se trouve après Ingelrannus de Croi.
(5) IV° Cartul. : Croy.
(6) IV° Cartul. : Pinchonio.
(7) II° et III° Cartul. : Helli ; IV° Cartul. : Heilli.
(8) II°, III° et IV° Cartul. : Corbeie.
(9) Ce personnage manque au III° Cartulaire.
(10) II°, III° et IV° Cartul. : Rumegni.

Actum est hoc anno incarnationis dominice M° ducentesimo tertio, sexto (1) idus Julii.

<small>Cartul. I, f° 98, n° cııı ; II, f° 131, n° cııı ; III, f° 98 v°, n° cvı ; IV, f° 59 v°, n° cvıı.</small>

110.

De lege mansionarii.

16 Août 1203

Ricardus, Ambianensis ecclesie dictus decanus, totumque ejusdem ecclesie capitulum omnibus ad quos littere iste pervenerint salutem in Domino. Cum in ecclesia Dei quorumdam enormitates multipliciter increverint, qui ecclesiasticis beneficiis communicare volentes debitum pro eis servitium rependere recusant, et jam multis in locis patrum nostrorum severitas eorum excessibus studuerit obviare, nos eadem necessitate constricti ad aliorum exemplum ecclesie nostre utiliter providentes in posterum et sedis apostolice auctoritate muniti, domini episcopi et nostra pariter providentia in unam conveniente sentenciam, statuimus, tempus observantes quo hujus institutionis indulgentiam recepimus, ut quicumque ab anno incarnationis dominice M° C° LXXX^{mo} VI° usque nunc et deinceps institutus est vel instituetur in ecclesia nostra canonicus, nisi mansionarius ibidem fuerit, de omnibus obventionibus prebende sue non nisi sexaginta solidos publice monete per annum recipiet, et denarios qui festivitati beati Firmini assignati sunt si presens fuerit. Ne igitur super hoc quod bona fide factum est aliqua oriatur disceptatio que fraternam scindere possit unitatem, quantum temporis et qualiter mansionarius expendere debeat in ecclesie nostre servitio, metis certis designare studuimus. Hec igitur lex est mansionarii assensu communi et fideli instituta deliberatione quam annotari fecimus, ne personarum indulgentia aut earumdem offensa contrahi possit vel extendi, et ne forte, quod absit, apud nos inveniatur pondus et pondus, mensura et mensura, cum utrumque abominabile sit apud Deum. Debet ergo mansionarius unoquoque anno sex mensibus in ecclesia nostra presentiam suam exhibere, continuis diebus vel interpolatis ; ita quod uniuscujusque mensis spatium viginti et octo diebus taxabitur. Si autem cum licentia decani et capituli studii causa vel peregrinationis absens fuerit, dum moram ibi fecerit, fructus prebende sue ex integro percipiet, exceptis illis que non percipiunt etiam mansionarii nisi illi qui servitio presentes fuerint. Si vero totum annum in peregrinatione

<small>(1) *Sexto* manque dans le III° et le IV° cartulaires.</small>

sive studio non expleverint, de residuo ejusdem anni medietatem juxta legem mansionarii observare tenebitur. Addidimus etiam ad fraterne caritatis augmentum quod si alicui de suis negotiis necessitas incubuerit quominus supradictam mansionarii legem possit adimplere, si licentia decani et capituli absens fuerit et nichil nostre institutioni contrarium intenderit nullum ei prejudicium pariet hujus absentia. Constituimus etiam ut omnes mansionarii in festivitate beate Marie Magdalene in unum conveniant, ut tunc vel ante quam fructus sequentis Augusti recipiant, unusquisque eorum qui suspectus fuerit juramentum prestet se predictam institutionem legitime observasse. Si autem juramentum prestare noluerit, omnes fructus sequentis Augusti amittet, nec ad legem mansionarii revertetur, donec omnia que in illo anno recepit nomine mansionarii ex integro restituat. Sciendum est etiam quod uniuscujusque anni supputatio in kalendis septembris incipere debet, et infra kalendas sequentis anni sex menses, sicut diximus, oportet consummari. De illis autem qui antiquitus instituti fuerint canonici, legem antiquam innovantes, decrevimus quod de omnibus his que ad cellarium nostrum veniunt, vel de molendinis civitatis nostre, vel de proventibus de Folies et appenditiorum ejus, nichil recipient, sed tantum exteriorem prebendam; ita quod de proventibus ejusdem prebende, secundum institutionem antiquam assensu decani et capituli vicarius instituetur qui assiduum se exhibebit servitio ecclesie, et annonam pro servitio recipiet constitutam. Hanc igitur institutionem supradictis capitulis distinctam et in communi audientia capituli nostri recitatam omnes approbavimus, juxta formam etiam apostolici rescripti procedentes, ego Ricardus decanus et universi sacerdotes qui in capitulo nostro aderant ad petitionem aliorum universos hujus institutionis temerarios perturbatores sub stola excommunicavimus, et sigilli nostri appositione cartam istam munientes, nomina eorum qui presentes affuerunt et hoc fieri laudaverunt subscribi fecimus. Signum Ricardi decani. S. Theobaldi prepositi. S. Theobaldi et Radulphi archidiaconorum. S. Ebrardi precentoris. S. Manasserii cancellarii. S. Symonis de Mondisderio. S. Gregorii, Hugonis, Nicholai, sacerdotum, S. Bodini, S. magistri Nicholai, magistri Anfredi, Symonis de Wadencurt (1), Petri de Mondisderio, Petri de Sarton, diaconorum. S. Ingelranni de Croi (2), Stephani de Belvacco, Walteri de Beesloy (3), Hugonis Burgundiensis, Hugonis de Nova Villa (4), Gerardi de

---

(1) IIIe Cartul.: Wadencort; IVe Cartul.: Wadencourt.

(2) IVe Cartul.: Croy.

(3) IIe, IIIe et IVe Cartul.: Beeloi.

(4) IIIe Cartul.: Novavilla.

Parisius, Theobaldi de Remis, Theobaldi de Cruce, Willelmi de Pinconio (1), Ingelranni de Helliaco (2), Gaufridi Galet subdiaconorum.

Actum est hoc annno incarnationis dominice M° ducentesimo tercio, in crastino Assumptionis Beate Virginis.

<small>Cartul. I, f° 99, n° civ ; II, f° 132 v°. n° civ ; III, f° 99 v°, n° cvii ; IV, f° 60 v°, n° cviii.</small>

111.

DE PIGNORATIONE DECIME NICHOLAI MORET (3) DE RIMAISNIL (4).

Octobre 1203

Theobaldus, Dei gratia Ambianensis episcopus, tam presentibus quam futuris qui presens scriptum inspexerint eternam in Domino salutem. Noverit universitas vestra quod veniens in presentia nostra Nicholaus Moret (5) de Remaisnil miles invadiavit pro XX^{ti} marcis puri argenti ad pondus Trecense matri nostre ecclesie Ambianensi quicquid detinebat in decima de Remaisnil, hac conditione interposita quod prescriptus Nicholaus aut heres ejus poterunt redimere de anno in annum eandem decimam inter festum beati Remigii et Natale. Hanc conventionem prefatus Nicholaus et uxor ejus et filii, fide prestita, firmaverunt. Hoc etiam concessit Gerardus de Pinconio (6) ad cujus feodum medietas sepedicte (7) decime pertinere dicebatur, cum alia pertineat ad predictam ecclesiam. Hanc conventionem Ertoldus (8) de Nans et Radulphus Moret milites fidejusserunt. Et ut hec conventio stabilis et inconcussa teneatur, ad petitionem utriusque partis litteris hanc in cyrographo divisam fecimus annotari et sigilli nostri munimine cum sigillis capituli nostri et predicti Gerardi de Pinconio roborari. Testes hujus rei sunt : Ricardus decanus, Theobaldus prepositus, Petrus de Mondisderio, Stephanus de Belvaco cellerarii, Bodinus canonicus ejusdem ecclesie, magister Rogerus capellanus noster, Ricardus, Laurentius et Clarus clerici nostri, Alvredus clericus decani, Mainerus Parvus, Patricius (9) serviens noster. Datum per manum Manasserii cancellarii nostri, anno incarnati Verbi M° ducentesimo tertio, mense Octobri.

<small>Cartul. I, f° 101, n° cv ; II, f° 134, n° cv ; III, f° 100 v°, n° cviii ; IV, f° 61, n° cix.</small>

(1) II° et IV° Cartul. : Pinchonio.
(2) II°, III° et IV° Cartul. : Hilliaco.
(3) IV° Cartul. : Mouret.
(4) II°, III° et IV° Cartul. : Riesmaisnil dans toute la charte.
(5) II° et III° Cartul. : Mores dans le reste de la charte ; IV° Cartul. : Moures dans le reste de la charte.
(6) IV° Cartul. : Pinchonio.
(7) II°, III° et IV° Cartul. : Predicte.
(8) III° et IV° Cartul. : Ernoldus.
(9) II°, III° et IV° Cartul. : Patritius.

112.

DE PIGNORATIONE DECIME FULCONIS DOMINI DE KIRREU (1).

Ego Ingelrannus de Pinconio, vicedominus Ambianensis, omnibus ad quos littere iste pervenerint notum facio quod Fulcho dominus de Kyerru (2) quicquid habebat in decima de Kyerru (3) de Allunvilla (4), et appendiciis predictarum villarum, videlicet duas partes omnium que de terra nascuntur in predictis territoriis et duas partes reportagiorum de aliis territoriis que excolunt agricole predictarum villarum, invadiavit matri ecclesie Ambianensi pro CCC marcis puri argenti, ad pondus Trecense, hiis interpositis conditionibus quod predictus Fulcho nec aliquis ex parte ejus redimere poterit predictam decimam donec sex annis completis predicta ecclesia Ambianensis fructus ejusdem decime ex integro receperit. Completis autem sex annis eam redimere poterit de anno in annum idem Fulcho vel heres ejus infra vigesimum diem post Natale Domini. Concessit etiam idem Fulcho quod sub testimonio decimatoris predicte ecclesie decima totius agriculture sue fideliter numerata persolvetur, et quod similiter terragiator Fulchonis in agriculturis aliorum de quibus terragia recipiet, sub testimonio ejusdem decimatoris tam decimam quam terragium persolvi faciet. Si autem decimator vocatus interesse noluerit, nichilominus terragiator predictus sine contradictione aliqua quod suum est faciet. Sciendum est etiam quod uxor predicti Fulchonis quicquid habere dicebat nomine dotalicii in predicta decima in pace dimisit predicte ecclesie dum predictum vadium duraverit, recepta sufficienti commutatione in virgultis et vineis predictarum villarum, consilio et assensu patris sui Bernardi de Plesseio (5). Additum est etiam quod mansionem competentem liberam ab omni consuetudine ad conservandum predictam decimam debet supradictus Fulcho predicte ecclesie in villa sua providere, ita quod post redemptionem decime predictus Fulcho predictam mansionem rehabebit, salvo edificio quod remanebit ecclesie ad transferendum ubi voluerit. Hanc igitur conventionem a predicto Fulchone et fratribus ejus Stephano et Colino approbatam, ad petitionem ejusdem Fulchonis, approbavi,

6 avril
1204
(1205 n. st.)

(1) IIe et IIIe Cartul.: Kierreu; IVe Cartul.: Kierrieu dans toute la charte.
(2) IIe Cartul.: Kirreu; IIIe Cartul.: Kierreu.
(3) IIe Cartul.: Kirreu; IIIe Cartul.: Kierreu.
(4) IIe et IIIe Cartul.: Alunvile; IVe Cartul. Alonvile.
(5) IIe, IIIe et IVe Cartul.· Plaisseio.

et me garanditorem et plegium predicte matri ecclesie, nec non et heredes meos obligavi contra omnes qui super predictis conventionibus supradictam ecclesiam molestare presumpserint, et dampna si qua predicta ecclesia super hoc incurrerit per nominatum malefactorem, ego vel heres meus ex integro tenemur resarcire. Quod ut ratum et inconcussum permaneat, presentem cartam sigilli mei appositione muniri feci, et nomina eorum qui affuerunt subscribi : Gilo de Clari, Ingerrannus de Haidincurt (1), Henricus de Fontanis, Matheus de Estrees (2), Matheus de Ysou (3), Bernardus de Cruce, Mainerus Rufus, Fulcherus de Attrebato, Henricus Anglicus. Actum anno incarnati Verbi M° ducentesimo quarto, octavo idus Aprilis.

Cartul. I, f° 102, n° cvii ; II, f° 135 v°, n° cvii ; III, f° 101 v°, n° cx ; IV, f° 61 v°, n° cxi.

113.

De confirmatione domini episcopi super predicta decima.

6 Avril 1204 (1205 n. st.)

Theobaldus, Dei gratia Ambianensis episcopus, omnibus ad quos littere iste pervenerint in Domino salutem. Notum vobis facimus quod veniens in presentia nostra Fulcho dominus de Kyerru (4) quicquid habebat in decima de Kyerru et de Alunvilla (5)...(*Voir dans la charte précédente la suite identique du texte*).....ubi voluerit. Hanc etiam conventionem coram nobis approbavit Ingelrannus vicedominus et se garanditorem et plegium ... obligavit... et dampna... resarcire tenentur. Hanc etiam conventionem Bernardus de Plesseio (6) et Henricus de Fontanis se pro posse observaturos sub juramento promiserunt. Nos igitur predictam conventionem approbantes et omnes ejus temerarios perturbatores vinculo anathematis innodantes presentem cartam sigillo nostro et sigillis capituli nostri et predicti vicedomini muniri fecimus. Actum anno incarnationis dominice M° CC° IV°, octavo idus aprilis, assistentibus in curia nostra Ricardo decano, Theobaldo preposito, Ebrardo precentore, Nicholao de Gollaincurt (7) et

(1) III° Cartul.: Haidincort ; IV° Cartul.: Haidincourt.
(2) IV° Cartul.: Matheus Destrees.
(3) II°, III° et VI° Cartul.: Yseu.
(4) II° Cartul.: Kirreu ; III° Cartul.: Kierreu ; IV° Cartul.: Kierrieu.
(5) II° Cartul: Alumvilla; III° et IV° Cartul.: Alunvilla.
(6) II°, III° et IV° Cartul.: Plaisseio.
(7) III° Cartul.: Gollaincort ; IV° Cartul.: Gollaincourt.

Gregorio sacerdotibus ; Bodino et magistro Anfrido et Symone de Wadencurt (1) et Petro de Montedesiderio (2) diaconibus ; Ingelranno de Croi (3), Stephano de Belvaco, et Theobaldo de Cruce et Gerardo de Contre subdiaconibus; de militibus autem Bernardo de Plesseio (4), Henrico de Fontanis, Gilone de Clari, Matheo de Estrees. Datum per manum Manasserii cancellarii nostri.

<small>Cartul. I, f° 102 v°. n° cviii ; II. f° 136 v°, n° cviii; III, f° 102, n° cxi ; IV, f° 62, n° cxii.</small>

114

De ecclesiis de Loecort (5), de Tilloloi, de Doocort (6), de Cersoi.

Theobaldus, Dei gratia Ambianensis episcopus, omnibus ad quos littere iste pervenerint salutem. Cum pius et misericors Dominus, qui non vult mortem peccatorum sed ut convertantur et vivant, plagis diem ultimum prenunciantibus suos frequenter ammoneat juxta psalmographum tribuens metuentibus se significationem ut fugiant a facie arcus, ipsum recte laudare et benedicere debemus, qui nobis certis demonstrat indiciis diem supremum imminere. In proximo igitur exituri, preter alias curas quibus interdum premimur, nostre ecclesie matri Ambianensis cui, Deo permittente, ministramus, curam debita sollicitudine pre ceteris animo retractantes et memores uberum suorum quibus a juventute nostra clementer nos aluit, dignum esse judicavimus et Deo pariter acceptabile ut vicissitudinem ei rependentes de hiis que in manu nostra veniunt in sinu ejus refundere procuremus in posterum profutura. Ne, quod absit, de ingratitudine convinci valeamus in horreum nichil referentes de quo diu annonam recepimus temporalem. Inde est quod ecclesias de Loecort, de Tilloloi, de Doecort (7) et de Cersoi (8), et universa ad personatum predictarum ecclesiarum pertinentia que de nobis tenuit Robertus de sancto Petro quondam Roiensis canonicus, predicte matri nostre ecclesie Ambianensi in perpetuum tenenda concessimus, hanc beneficio nostro inserentes conditionem quod canonici predicte matris ecclesie nostre ecclesiis beati Nicholai et beati Firmini confessoris, de obven-

Avant 1206

<small>(1) IIIe Cartul.: Wadencort; IVe Cartul.: Wadencourt.
(2) IIe, IIIe et IVe Cartul.: Mondisderio.
(3) IVe Cartul.: Croy.
(4) IIIe Cartul.: Plasseio; IVe Cartul.: Plaisseio.
(5) IVe Cartul.: Loecourt dans toute la charte.
(6) IIe et IIIe Cartul.: Doecort; IVe Cartul.: Doecourt.
(7) IIe et IVe Cartul.: Gersoi.
(8)</small>

tionibus predictarum ecclesiarum annuatim persolvent XX^{ti} solidos publice monete, decem uni et decem alteri. Instituimus etiam quod capellani matris ecclesie nostre, si presentes fuerint servicio anniversarii nostri, de predicto beneficio recipient quantum et canonici. Quod ut ratum et inconcussum permaneat, presentem cartam sigilli nostri appositione munimus, et omnes hujus nostre elemosine perturbatores vinculo anathematis innodamus.

Cartul. I, f° 101 v°, n° cvi ; II, f° 135, n° cvi ; III, f° 101, n° cix ; IV, f° 61, n° cx.

115.

Scriptum Cantuariensis ecclesie.

avant 1206

Venerabilibus in XPO dominis et amicis, Ricardo decano totique capitulo sancti Firmini Ambianensis, conventus ecclesie XPI Cantuariensis salutem et se semper paratos ad obsequium. Ut in odore unguentorum vestrorum curreremus, non solum nominis vestri, sed et operum vestrorum quibus fides certior adhibenda est, fama effecit et opinio bona de vobis que se etiam in partes Occidentis effudit. Sane domno G(uarino), priore nostro et fratribus qui cum eo fuerant referentibus didicimus quam solliciti circa eos extiteritis, quot et quanta beneficia impenderitis, quam officiose, cum essent in angustiis, eos consolari studueritis ; pro quibus universis et singulis gratiarum ex animo referimus actiones, omnibus nobis reputantes impensum quod a sinceritate vestra eis est exhibitum. Licet autem insufficientes simus tantis et tam preclaris condigne respondere obsequiis, ne nomen vestrum apud nos oblivio deleat, sed potius memoria vestra in benedictione permaneat, omnes canonicos ecclesie Ambianensis., fratres capituli nostri constituimus, statuentes singulis annis anniversarium generale in conventu nostro fieri pro omnibus canonicis Ambianensis ecclesie. Ceterum sinceritati vestre significamus quod in obsequium vestrum sumus et semper erimus accincti, scientes quia quicquid honoris et gratie vobis de cetero poterimus impendere, sicut nostris non erit majus desideriis, ita vestris semper minus erit a meritis. Valete semper in Domino.

Cartul. I, f° 81, n° lxxxvi ; II, f° 112, n° lxxxvi ; III, f° 84 v°, n° lxxxvii ; IV, f° 51 v°, n° lxxxviii.

116.

Littere de fraternitate inter nos et Cantuariensem ecclesiam.

Avant 1206

Venerabilibus dominis et amicis suis priori et conventui sacrosancte ecclesie Christi Cantuariensis R., Ambianensis ecclesie dictus decanus, salutem et honorem, et tam de gratia vestra debitum obsequium. Fraternitatis vestre munus acceptabile quod gratia vestra nobis concessistis et anniversarium quod in perpetuum singulis annis pro defunctis ecclesie nostre fratribus in ecclesia vestra celebrari decrevistis multiplici gratiarum prosequimur actione. Litteras etiam vestras, quas super hoc sigillo vestro signatas recepimus, tanta animi jocunditate complectimur quod eas posterorum memorie reservantes, non inter rerum temporalium privilegia sed inter sanctorum reliquias habeamus, ita quod de quacumque tribulatione Dominum rogaturi, cum eas ad memoriam reducimus, non spem tantum sed quandam fiduciam habeamus impetrandi. Thesaurus enim desiderabilis est munus quod nobis concessistis quod nulla regum aut principum equari potest munificencia, cum preciosius sit cunctis opibus, et omnia que desiderantur huic non possent comparari. Ne igitur tanti immemores beneficii de ingratitudine convenienter argui debeamus, licet beneficio dispari tamen non dispari desiderio vestrum recumpensantes beneficium, tam presentibus quam futuris notum fieri volumus quod sub protectione sancte Dei Genitricis et beati Firmini martyris, quibus licet indigni die et nocte deservimus, tanquam fratres ecclesie nostre omnes ecclesie Cantuariensis fratres viventes et defunctos recipimus, decernentes in perpetuum ut omnium fratrum vestrorum defunctorum memoria in ecclesia nostra singulis annis celebris habeatur et anniversarium ipsorum XVI° Kal. februarii conventu publico solempniter celebretur, assignato competenter beneficio de bonis ecclesie nostre his qui predicto deservient officio. Provideat ergo sanctitas vestra ut et nostris fratribus defunctis promissum in ecclesia vestra conservetur auxilium. Sancta enim et salubris est cogitatio pro defunctis exorare ut a peccatis solvantur.

Cartul. I, f° 60, n° LXIV.

. 117.

DE EMPTIONE MESSIONIS QUAM MAJOR DE CRESCI (1) HABEBAT IN GRANGIA NOSTRA, ET DE COMPOSITIONE FACTA INTER NOS ET MAJOREM DE VACARIA (2) SUPER USUARIO QUOD INJUSTE CALUMNIABATUR IN QUADAM PARTE NEMORIS DE FONTAINES (3) ET SUPER MASURA QUADAM QUAM EI DEBEBAMUS REDDERE.

Avant 1206

Theobaldus, Dei gratia Ambianensis episcopus, omnibus ad quos presens scriptum pervenerit in Domino salutem. Notum facimus tam futuris quam presentibus quod Asselina majorissa de Cresci (4), ad nos veniens cum viro suo Willelmo, supplici nobis conquestione monstravit quod propter debita patris sui, a quo hereditas quam tenebat ad ipsam devoluta fuerat, tantis usuris et exactionibus a creditoribus et fidejussoribus predictorum debitorum molestabatur quod, si diutius sustineret eorum molestias, ex omnibus possessionibus suis tam mobilibus quam immobilibus summam usurarum non posset attingere. Unde cum predicto viro suo et amicis et propinquis suis super hoc habito consilio, communi deliberatione decreverunt tutius esse quod predicta mulier et vir ejus partem predicte hereditatis venderent, ut reliquum possent sibi reservare quam omnia que habebant usurariis exponerent, et nichil propter hoc ad ultimum de debito diminueretur. Hac igitur consideratione ipsa et vir ejus et propinqui ejus decanum et capitulum ecclesie nostre Ambianensis, ad quorum feodum predicta pertinebat hereditas, rogaverunt ut partem predicte hereditatis, totum videlicet quod habebant in grangia ecclesie nostre de Cresci (5), scilicet XV^{m} minas frumenti ad mensuram predicte ville singulis annis percipiendas et modium similiter ordei, liceret eis vendere, ut a predictis exactionibus liberarentur et usuris. Quorum precibus decano et capitulo misericorditer annuente, predicta mulier et vir ejus supradictam partem hereditatis sue quam habebant in grangia ecclesie nostre, assentientibus (6) et laudantibus amicis et propinquis suis eidem ecclesie vendiderunt, et per manum nostram in manum decani in perpetuum resignaverunt, susceptis a decano et capitulo XXVe libris parisiensium. Ita quod predicta mulier tactis reliquiis coram capitulo juravit quod bona fide et nulla interveniente coactione, nisi proprie necessitatis angustia, huic venditioni

---

(1) IIe, IIIe et IVe Cartul. : Creissi.
(2) IIe, IIIe et IVe Cartul. : Vaccaria.
(3) IIIe et IVe Cartul. : Fontanis.
(4) IIIe Cartul. : Cressi; IVe Cartul. : Creissi.
(5) IIIe et IVe Cartul. : Creissi.
(6) IIIe et IVe Cartul. : Assistentibus.

assensum prebuerat. Major etiam de Bonoil (1) et Hugo de Livenia, homines ecclesie et propinqui ejus, se cum feodis suis plegios constituerunt quod si super hoc ecclesie aliqua proveniret molestia ad valens predicte hereditatis quam emerat, de sua hereditate ecclesie nostre singulis annis satisfacerent. Hujus conventionis testes sunt : Ricardus Ambianensis decanus, Theobaldus prepositus, Ebrardus cantor, Nicholaus de Gollencurt (2), sacerdos ; Petrus de Mondisderio, Bodinus, Symon de Wadencurt (3) diaconi ; Theobaldus de Remis, Stephanus de Belvaco, Theobaldus de Cruce subdiaconi : Petrus domini regis prepositus, Nicholaus Moret de Remaisnil (4), Mainerus Rufus, Laurentius de Cresci (5), Bartholomeus de Vacaria (6).

Sciendum etiam quod Drogo major de Vacaria (7) in curia nostra, presente archidiacono nostro Theobaldo, masuram quamdam quam ecclesia apud Vaccariam ei assignare debebat, pro masura quam habuerat apud Fontaines et usuarium quod sibi competere dicebat in quadam parte nemorum de Fontanis quod tamen ecclesia inficiabatur, in pace dimisit ecclesie, prestito juramento quod nec de masura predicta nec de usuario ipse nec heres ejus de cetero in aliquo molestarent ecclesiam nostram, susceptis ab eadem ecclesia decem libris parisiensium quas ei pro bono pacis et pro hac conventione servanda, ecclesia predicta se daturam promiserat. Hanc conventionem concesserunt uxor predicti majoris et heredes ejus. Testes sunt isti : Ricardus Ambianensis decanus, Theobaldus archidiaconus, Robertus de Corbeia sancti Petri capellanus, Petrus de Sarton (8), subdiaconus, Walterus major de Ver, Bartholomeus de Vaccaria.

Cartul. I, f° 95 r°, n° xcix ; II, f° 127, n° xcix ; III, f° 95 v°, n° cii ; IV, f° 58. n° ciii.

118.

De decima de Belsart (9) quam habuit magister Martinus capellanus.

Ricardus, Dei gratia Ambianensis episcopus, omnibus presens scriptum   20 mars 1205 (1206 n. st.)

(1) II° et III° Cartul. : Bonuel ; IV° Cartul. : Bounoel.
(2) II° et III° Cartul. : Gollencort ; IV° Cartul. : Gollencourt.
(3) III° Cartul. : Wadencort ; IV° Cartul. : Wandencourt.
(4) II° et III° Cartul. : Mores de Riesmaisnil ;

IV° Cartul. : Moures de Riesmaisnil.
(5) II° et IV° Cartul. : Creissi ; III° Cartul. : Creisci.
(6) IV° Cartul. : Vaccaria.
(7) II°, III° et IV° Cartul. : Vaccaria.
(8) II° Cartul. : Sartun.
(9) IV° Cartul. : Beausart partout.

inspecturis salutem in Domino. Noverit universitas fidelium quod ad nostram accedens audientiam Robertus de Forcevile (1), miles, in presentia nostra recognovit se pignori obligasse pro sexaginta libris parisiensium Mainero clerico, filio Maineri Parvi, quicquid habere se dicebat in decima totius territorii de Belsar (2), videlicet duas partes ejusdem decime, sublata vero totalis decime tercia parte, et ab eodem Roberto fratribus hospitalis in elemosinam perpetuam collata. Ita quod decima illa redimi non poterit nisi prius evolutis novem annis : completo vero novem annorum numero, predicto Roberto vel heredi ejus prememoratam decimam de anno in annum infra festum beati Remigii redimere licebit. Hanc conventionem se fideliter observaturos affidaverunt predictus Robertus et heres ejus Balduinus, et se garandizaturos promiserunt si quis predictum Mainerum molestare presumpserit. Hoc etiam approbaverunt, sicut terre illius Balduini (3) et concesserunt Otto (4) de Encra (5) et Warinus 6) de Buiencort (7), milites. Nos autem prefate decime fructus sepedicto clerico Mainero benigne concessimus recipiendos quandiu nomine pignoris eidem obligata fuerit, ita tamen quod ei eandem decimam vel pecuniam solutam, cum redempta fuerit, nisi ecclesiastice persone que eam de episcopo teneat, nemini licebit assignare. Nos autem prescriptam conventionem sub tutela nostra ponentes, ad petitionem predicti militis Roberti illam litteram fecimus annotari, et sigilli nostri auctoritate roborari, presentibus istis, abbate sancti Martini de Gemellis, Symone decano, Nicholao de Gollaincort (8), Stephano de Belvacho (9), Theobaldo de Selincort (10), Theobaldo de Cruce canonicis ; magistro Radulpho de Augo, Richardo sancti Firmini Confessoris canonico, Alvredo, Johanne, magistro Michaele, clericis nostris.

Actum est anno Verbi incarnati M° CC° quinto, XIII kal. Aprilis.

Cartul. I, f° 180 v°, n° cccxv ; II, f° 223, n° ccxxxii ; III, f° 156, n° ccxvii ; IV, f° 92, n° clxviii ; V, f° 73, n° xcii.

119.

CARTA DE DIMISSIONE CALUMPNIE ALULFI IN TERRITORIO NIGELLULE.

Juin 1206

Ricardus, Dei gratia Ambianensis episcopus, omnibus ad quos littere iste perve-

(1) II° et IV° Cartul. : Forchevile.
(2) II°, III° et V° Cartul. : Belsart.
(3) III°, IV° et V° Cartul. : Balidivi.
(4) II° Cartul.: Oto.
(5) II°, III°, IV° et V° Cartul. : de Encra.
(6) V° Cartu . : Werricus.
(7) II° et III° Cartul. : Buiecort ; IV° Cartul. : Buiecourt ; V° Cartul. : Buiercort.
(8) IV° Cartul. : Gollaincourt ; V° Cartul. : Gollaincurt.
(9) IV et V° Cartul. : Belvaco.
(10) IV° Cartul. : Selincourt.

nerint in Domino salutem. Notum vobis facimus quod venientes in presentia nostra Alulphus de Haidincort et Eva uxor ejus agriculturam totius territorii Nigellule, cujus medietatem injuste calumpniabantur, hominibus ecclesie de Vaus in pace dimiserunt, salva tantummodo culture sue agricultura quam ipsi et antecessores predicti Alulphi et uxoris ejus ibidem ab antiquo habuerant. Huic recognitioni interfuerunt et predicte calumpnie fide interposita renunciaverunt filii predictorum Alulphi et Eve, Johannes, et Johannes, Michael, Galterus, Petrus et Maria predictorum Alulphi et Eve filia. Quod ut ratum permaneat, presentem cartulam in testimonium conscribi fecimus et sigilli nostri auctoritate muniri, sub anathemate prohibentes ne quis predictam calumpniam de cetero suscitare presumat, aut ecclesiam Ambianensem aut homines ejus in aliquo molestare. Hujus rei testes sunt : Symon decanus, Nicholaus de Gollencort, Gregorius presbiteri : Ingerrannus de Croi subdiaconus, Galterus sancti Aceoli, Alvredus presbiteri, magister Michael subdiaconus, Johannes de Conti diaconus.

Actum anno incarnationis dominice M° CC° sexto, mense Junio.

Cartul. I, f° 122, n° cli.

120.

De villa de Vallibus juxta Ambianum.

Ricardus, Dei gratia Ambianensis episcopus, omnibus in XPO fidelibus presentem paginam inspecturis eternam in Domino salutem. Noverit universitas vestra quod venientes in presentia nostra Ingelrannus de Haidincurt et Aloudus de Maiencurt, milites, recognoverunt se concessisse hominibus de Vals in perpetuum agriculturam medietatis territorii de Argovia inter calceiam et viam Walterenc siti, hac interjecta conditione quod quicumque de predictis hominibus sex jornalia illius territorii vel amplius tenebit predictis militibus aut heredibus eorum tenebitur in Natali duos capones solummodo solvere pro censu. Si vero minus quam VI jornalia possideat, unum tantummodo caponem predicto termino similiter persolvet ; si vero capones fuerint refutati tres denarios pro capone solvet, si bona conscientia jurare potuerit quod in domo sua non nutrierit meliores. Sciendum etiam quod quando aliquis hominum predictorum decesserit, ille qui in patris hereditatem successerit, pro unoquoque jornalio illius territorii quod habebit, pretaxatis militibus vel heredibus eorum

1206

tres denarios publice monete dabit pro relevamento. Condictum est etiam quod nec agricultura nec territorium potest vendi nisi hominibus de Vals. Pro venditione etiam terciusdecimus nummus debet exsolvi ab illo qui vendiderit ; Qui autem emerit, sex denarios tenebitur solvere pro sextario vini. Adjectum est preterea quod quicumque partem suam illius territorii invadiare voluerit, non poterit invadiari nisi hominibus de Vals, pro medietate tantummodo precii sui valoris. Et alio quocumque modo alienata fuerit terra predicta, supradicti milites sex denarios habebunt. Sciendum autem quod predicti milites in justicia sua retinuerunt sanguinem, latronem, duellum, bannum et terragii forisfactum ; reliquam autem justiciam decano et capitulo concesserunt. Notandum etiam quod si terra utilis ad excolendum non fuerit, per tres annos nec amplius potest remanere inculta. Completis vero tribus annis, si requisitis decano et capitulo, nullus hominum de Vals terram illam excolere voluerit, predicti milites eam assignare poterunt cui voluerint excolendam, donec veniat de hominibus de Vals qui eam velit excolere. Debent preterea pro predictis conventionibus homines predicti de Vals per annum unam corveiam militibus memoratis. Hec igitur omnia singulis distincta capitulis litteris fecimus annotari et sigilli nostri patrocinio communiri.

Actum anno Domini millesimo ducentesimo sexto.

Cartul. I, f° 108, n° cxix.

121.

De agricultura territorii de Argovia (1).

1206

Ricardus, Dei gratia Ambianensis episcopus, omnibus in XPO fidelibus presentem paginam inspecturis eternam in Domino salutem. Noverit universitas vestra quod venientes coram nobis Ingerrannus de Haidincort (2) et Aloudus de Maiencort (3) milites recognoverunt se concessisse hominibus de Vaus (4), inperpetuum agriculturam medietatis territorii de Argovia inter calceiam et perium Wauterenc siti, salvo terragio et dono et medietate decime ; hac interjecta conditione quod quicumque de predictis hominibus sex jornalia illius territorii vel amplius tenebit predictis militibus aut heredibus eorum tenebitur in Natali duos capones

---

(1) III° et IV° Cartul. : De medietate territorii de Argovia vendita hominibus de Vals.
(2) IV° Cartul. : Haidincourt.
(3) IV° Cartul. : Maiencourt.
(4) IV° Cartul. : Vals.

solummodo solvere pro censu. Si vero minus quam sex jornalia possideat, unum tantummodo caponem predicto termino similiter persolvet. Si vero capones fuerint refutati, tres denarios pro capone solvet si bona conscientia jurare potuerit quod in domo sua non nutrierit meliores. Quod si infra viginti dies natalis censum caponum non solverint vel denarios pro caponibus : supradicti milites emendationem habebunt si voluerint secundum consuetudinem terre. Et si aliquem terram alterius emere contigerit, emptor ille in vendentis hereditatem cum onere terre succedet, salvo censu suo prioris hereditatis. Sciendum etiam quod quando aliquis hominum predictorum decesserit, ille qui in patris hereditatem successerit, pro unoquoque jornalio illius territorii quod habebit pretaxatis militibus vel heredibus eorum tres denarios publice monete dabit pro relevamento. Condictum est etiam quod nec agricultura nec territorium potest vendi, nisi hominibus de Vaus (1). Pro venditione etiam terciusdecimus nummus debet exsolvi ab illo qui vendiderit ; qui autem emerit sex denarios tenebitur solvere pro sextario vini. Adjectum est preterea quod quicumque partem suam illius territorii invadiare voluerit, non poterit invadiari nisi hominibus de Vaus, pro medietate tantummodo precii sui valoris. Et alio quocumque modo alienata fuerit terra predicta, supradicti milites sex denarios habebunt. Sciendum autem quod predicti milites in justicia sua retinuerunt sanguinem, latronem, duellum, bannum et terragii forisfactum ; reliquam autem justiciam decano et capitulo concesserunt. Notandum etiam quod si terra utilis ad excolendum non fuerit, per tres annos nec amplius potest remanere inculta. Si etiam completis tribus annis dicta terra remanserit inculta, nichilominus ipsius terre possessor dictis persolvet militibus terragium, secundum proborum virorum estimationem. Adjunctum est preterea predicte conventioni quod si aliquem possessorum illorum decedere contigerit, et alicui filiorum suorum partem suam de terra quam tenebat dimiserit, ille qui patri succedet in hereditatem jurare tenebitur quod nullam a fratribus suis recepit vel eis dedit pecuniam ut dictorum militum redditum diminueret. Debent preterea pro predictis conventionibus homines predicti de Vaus per annum unam corveiam militibus memoratis. Hec igitur omnia singulis distincta capitibus litteris fecimus annotari et sigilli nostri patrocinio communiri.

Actum anno Domini M° CC° sexto.

Cartul. I, f° 109, n° cxxii ; II, f° 142, n° cxvi et 156 v°, n° cxli ; III, f° 105 v°, n° cxix ; IV, f° 164 v°, n° cxx.

(1) IV° Cartul. : Vals.

122.

De concordia inter episcopum Ambianensem et capitulum

1207

Ego Ricardus, divina miseratione Ambianensis episcopus, notum facio presentibus et futuris quod cum inter me ex una parte, et decanum et capitulum Ambianensem ex alia, super quibusdam questio verteretur, tandem pro bono pacis juxta arbitrium domini Noviomensis episcopi in quem compromiseramus, concessi me nec decanum majoris ecclesie Ambianensis nisi prius citatum et confessum vel convictum ordine judiciario excommunicare posse, nec alias personas vel canonicos ejusdem ecclesie, nisi per appellationem ad audientiam meam negotium deferatur. In cujus rei testimonium, ne qua deinceps super hoc possit questio suboriri, presens scriptum feci sigilli mei munimine roboratum.

Actum anno ab incarnatione Domini M° CC° septimo.

Cartul. I, f° 104, n° cxi ; II, f° 346, n° ccclxxiv.

123.

De anniversario vicedomini Pinchonii et uxoris ejus.

Avril
1209
ou 1210 n. st. ?

Presentibus innotescat et futuris quod ego, Ingelrannus de Pinchonio (1), vicedominus Ambianensis, donavi ecclesie beate Marie Ambianensis viginti solidos pro anniversario meo et viginti solidos pro anniversario uxoris mee Margarete, quos de meo pesagio lanarum Ambianensi annuatim capiendos assignavi, cum nos ambo ab hac vita decesserimus, et quam cito alter nostrum defecerit, pro eo statim anniversarium viginti solidorum solvetur annuatim. Quod quia ratum et inconcussum esse volui, presentem paginam sigilli mei appositione roboravi.

Actum anno dominice incarnationis M° ducentesimo nono, mense Aprili,

Cartul. I, f° 111 v°, n° cxxvii ; II, f° 235, n° ccxlviii ; III, f° 164, n° ccxxxiii ; IV, f° 96 v°, n° ccxxxii.

(6) III° Cartul. : Pynchonio.

124.

DE AGRICULTURA TERRITORII DE MATRICORT (1).

Ricardus, Dei gratia Ambianensis episcopus (2), omnibus presentibus et futuris presentem paginam inspecturis salutem in vero salutari. Noverit universitas vestra quod veniens in presentia nostra Fulcho (3) de Nigella, testimonio veritatis inductus, calumpnie quam faciebat in agricultura territorii de Matricort, siti scilicet ab antiqua via Sancti-Vedasti usque ad Vals (4) versus Vinarcort (5), coram nobis renunciavit et approbans elemosinam quam antecessores sui de predicta agricultura matri ecclesie Ambianensi fecerunt, fide interposita promisit quod super hoc predictam ecclesiam non presumeret ulterius molestare. Cum autem postea Johannes de Haidincort (6), miles, dominus predicti vavassoris, prefatam ecclesiam super prefata agricultura inquietaret, tandem ad se reversus et sano usus consilio, omni quam faciebat super hoc calumpnie renunciavit coram nobis ; et, sacramentum fidei interponens, promisit se nichil ulterius in prefata agricultura reclamaturum, et ejusdem agriculture contra omnes malefactores garandizatorem constituit et tutorem sub predicte fidei sacramento. Ut autem hujus remissio calumpnie sicut et ante scripta debitam obtineat firmitatem, quomodo nostra ecclesia absoluta est et quietata super calumpniis agriculture predicte litteris fecimus annotari, et sigilli pontificalis auctoritate confirmari, sub interminio anathematis inhibentes ne quis predictam ecclesiam super hoc indebite molestare apponat.

Actum anno Domini M° CC° nono, mense Aprili.

<small>Cartul. I, f° 108 v°, n° cxxi ; II, f° 142, n° cxv, et 156 v°, n° cxl ; III, f° 105 v°, n° cxviii ; IV, f° 64, n° cxix.</small>

Avril 1209 ou 1210 n. st. ?

125.

DE MAJORATU DE NOIELETE (7).

Ricardus, Dei gratia Ambianensis episcopus, omnibus ad quos littere iste per-

1209

---

(1) IV° Cartul. : Matricourt partout.
(2) II°, III° et IV° Cartul. : Dictus episcopus.
(3) II° Cartul. : 2° réd., et III° Cartul. : Fulco.
(4) II° Cartul., 2° réd. : Vaus.
(5) IV° Cartul. : Vinarcourt.
(6) IV° Cartul. : Haidincourt.
(7) II° Cartul. : Noielette.

venerint, salutem in Domino. Notum vobis facimus quod Robertus, major villa matris ecclesie nostre, in nostra presentia constitutus recognovit se eidem ecclesie vendidisse quicquid reclamabat vel reclamare poterat in majoratu et terris predicte ville, et fide data firmavit quod prefatam ecclesiam super hac venditione per se aut per alium nunquam de cetero molestaret. Et nos ad ipsius petitionem eandem venditionem dicte ecclesie confirmantes, excommunicationi subjacere decrevimus omnes illos qui huic nostre confirmationi de cetero se temere duxerint opponendos.

Actum anno Domini M° CC° nono.

Cartul. I. f° 106 v°, n° cxvii ; II, f° 351, n° ccclxxx.

126.

De grangiaria et domo nostra de Ver (1).

Juin 1209

Symon, Ambianensis ecclesie dictus decanus, totumque ejusdem ecclesie capitulum omnibus ad quos littere iste pervenerint eternam in Domino salutem. Noverit universitas vestra quod cum Hugo grangiarius, homo noster de Ver, in grangia nostra de Ver quosdam haberet redditus et quasdam consuetudines in feodum tenendas reclamaret et in eadem villa quendam curtillum teneret ad censum de nobis, ipse quidquid in prefata grangia reclamabat vel poterat reclamare, predictum etiam curtillum cum domo sita in curia nostra, que videlicet domus de prefato feodo descendebat, nobis in pace remisit, receptis a nobis in escangium duobus qui sunt in eadem villa furnis et L⁎ libris parisiensium. Hoc autem sciendum quod omnes de predicta villa per bannum debent panes suos in predictis furnis coquere et furnorum consuetudines eidem solvere. Bolengarii vero de singulis triginta panibus non plus debent quam unum panem dare, sed alii de singulis viginti quinque panibus unum dabunt. De hac igitur commutatione dictus Hugo factus homo noster, sicut erat de feodo memorato, super sacrosancta juravit quod adversus nos vel nostram ecclesiam nunquam de cetero suscitaret molestiam super hiis, nec ab aliquo ex parte sua sineret suscitari. Hec igitur omnia tam pro commodo ejusdem Hugonis, quam pro pace et utilitate ecclesie nostre facta, litterarum memorie duximus commendandum, ad petitionem ejusdem Hugonis,

(1) II⁎, III⁎ et IV⁎ Cartul. : Compositio inter nos et Hugonem grangiarum de Ver.

et sigilli nostri munimine roborandum ; presentem cartam in cirographum partiri fecimus ut idem Hugo partem ejusdem penes se haberet, et nos pro nobis partem alteram haberemus ad declarandum super premissis plenius veritatem.

Actum anno Verbi incarnati M° CC° nono, mense Junio.

Cartul. I, f° 109 v°, n° cxxiii ; II, f° 140 v°, n° cxiii ; III, f° 104 v°, n° cxvi ; IV, f° 63 v°, n° cxvii.

127.

DE QUATUOR MODIIS FRUMENTI QUOS ARCHIDIACONUS AMBIANENSIS NOBIS DEBET PRO DUABUS PARTIBUS MOLENDINI DE ARUNDEL (1).

Theobaldus, archidiaconus Ambianensis, XPI fidelibus presens scriptum inspecturis salutem in Domino. In publicam volumus venire notitiam quod nos debemus ecclesie nostre Ambianensi quatuor modios frumenti ad mensuram Ambianensem et ad valorem bladi molendinorum de Cresciaco (2) vel de Fontanis, pro duabus partibus molendini de Arundel apud Bonolium siti, singulis annis, tota vita nostra, infra Natale Domini Ambianis reddendos. Quos si forte non redderemus ad dictum terminum ecclesie, nos taliter obligavimus quod non intrabimus chorum donec videlicet ecclesie super hoc satisfecerimus competenter, et hoc sigilli nostri appositione confirmamus, anno Domini M°. CC°. nono, mense Junio.

Juin 1209

Cartul. I, f° 130, n° cxxiv ; II, f° 139, n° cxi ; III, f° 103 v°, n° cxiv ; IV, f° 63, n° cxv.

128.

LITTERE DE FUNDATIONE PRIMA COMMUNIE AMBIANENSIS (3).

Philippus, Dei gratia Francorum rex. Quoniam amici et fideles nostri fideliter cives Ambianenses sepius suum nobis exibuere servicium, nos eorumdem dilectionem erga nos et fidem plurimam attendentes, ad petitionem ipsorum, communiam eis concessimus sub servatione harum consuetudinum, quas se observaturos juramento firmaverunt.

1209

(1) II°, III° et IV° Cartul. : De firma Theobaldi archidiaconi de molendino de Arundel.
(2) III° et IV° Cartul. : Cressiaco.

(3) II° Cartul. : Carta communitatis ville Ambianis ; IV° Cartul. : Carta ville Ambianis.

Unusquisque jurato suo fidem, auxilium, consiliumque per omnia juste conservabit.

Quicumque furtum faciens intra metas communie comprehendetur, vel fecisse cognoscetur, preposito nostro tradetur, et quid de eo agendum judicio communionis judicabitur et fiet; reclamanti vero id quod furto sublatum est, si potest inveniri, prepositus noster reddet; reliqua in usu nostro convertentur.

Nullus aliquem intra communiam ipsam commorantem vel mercatores ad urbem cum mercibus venientes infra banleucam civitatis disturbare presumat. Quod si quis fecerit, sciat communiam de illo, ut de communie violator[e], si eum comprehendere poterit vel aliquid de suo, justitiam facere.

Si quis de communione alicui jurato suo res suas abstulerit, a preposito nostro submonitus justitiam prosequetur; si vero prepositus de justitia defecerit, a majore vel scabinis submonitus, in presentia communionis veniet, et quantum scabini inde judicaverint, salvo jure nostro, ibi fiet.

Qui autem de communione minime existens alicui de communia res suas abstulerit, justiciamque illi infra banlleucam se executurum negaverit, postquam hoc hominibus castelli ubi manserit notum fecerit, communia, si ipsum vel aliquid ad se pertinens, comprehendere poterit, donec ipse justiciam executus fuerit, prepositus noster retinebit, donec nos nostram et communia similiter suam habeat emendationem.

Qui pugno aut palma aliquem de communia, preter consuetudinarium, vel perturbatorem vel lecatorem, percusserit, nisi se deffendendo se fecisse duobus vel tribus testibus contra percussum durationare poterit, coram preposito nostro viginti solidos dabit, quindecim scilicet communie et quinque justicie dominorum.

Qui autem juratum suum armis vulneraverit, nisi similiter se defendendo legitimo testimonio et assertione sacramenti se contra vulneratum durationare poterit, pugnum amittet, aut novem libras, sex scilicet firmitati urbis et communie, et tres justicie dominorum, pro redemptione pugni persolvet; aut si persolvere non poterit, in miseria communie, salvo catallo dominorum, pugnum tradet.

Si vero ita superbus fuerit vulneratus, quod emendam nolit accipere ad arbitrium prepositi et majoris et scabinorum, vel securitatem prestare, domus ejus, si domum habuerit, destruetur, et catalla ejus capientur; si domum non habuerit, corpus ejus capietur donec vel emendam acceperit vel securitatem prestiterit.

Qui vero de communione minime existens, aliquem de communia percusserit, vel vulneraverit, nisi judicio communie coram preposito nostro justiciam exequi voluerit, domum illius si poterit communia prosternet et catalla erunt ; et si eum comprehendere poterit coram preposito regis per majorem et scabinos de eo vindicta capietur et catalla nostra erunt.

Qui jurato suo turpibus et inhonestis conviciis lacesserit, et duo vel tres audierint ipsum, per eos statuimus convinci, et quinque solidos, duos scilicet conviciato et tres communie dabit.

Qui inhonestum alicui de communia dixerit in audiencia quorundam, si communione propalatum fuerit, et se quod illud non dixerit judicio communie defendere noluerit, domum illius, si poterit, prosternet communia, ipsumque in communia commorari, donec emendaverit, non patietur, et si emendare noluerit, catalla ejus erunt in manu domini regis et communie.

Si quis de juratione erga juratum suum facta, vel fide mentita, comprobatus fuerit coram preposito et majore, judicio communie punietur.

Si quis de communia predam scienter emerit vel vendiderit, si inde comprobari poterit, predam amittet eamque predatis reddet, nisi ab ipsis predatis vel eorum dominis adversus dominos communie vel ipsam communiam aliquis committatur.

Qui clamore facto de adversario suo per prepositum et majorem et judices communie justiciam consequi non poterit, si postea adversus eum aliquid fecerit, illum rationabiliter communia conveniet, ejusque audita ratione quid inde postea agendum sit judicabit.

Qui a majoribus et judicibus et decanis. scilicet servientibus communie submonitus, justiciam et judicium subterfugerit, domum illius si poterint, prosternent ; ipsum vero inter eos morari donec satisfecerit, non permittent, et catalla erunt in misericordia prepositi et majoris.

Qui hostem communie in domo sua scienter receperit, eique vendendo et emendo edendo et bibendo, vel aliquod solacium impendendo, communicaverit, aut consilium aut auxilium adversus communiam dederit, reus communie efficietur, et nisi judicio communie cito satisfecerit, domum illius, si poterit, communia prosternet, et catalla regi erunt:

Infra fines communie non recipietur campio conductus contra hominem de communia.

Si quis communie constitutiones scienter et absque clamore violaverit, et inde convictus fuerit, mox domum illius si poterit communia, prosternet, eumque inter eos morari, donec satisfecerit, minime patietur.

Statutum est enim quod communia de terris sive de feodis dominorum non debet se intromittere.

Qui judices communie de falsitate judicii comprobare voluerit, nisi ut justum est comprobare potuerit in misericordia regis est et majoris et scabinorum de omni eo quod habet.

Mulier dotem quam tenet nec vendere nec in vadium mittere potest, nisi propinquiori heredi et nisi de anno in annnm. Si autem heres aut non possit, aut nolit emere, oportet mulierem tota vita sua tenere, per annum autem locare potest.

Si quis vir et uxor ejus infantes habuerint, et contingat mori infantibus, qui supervixerit, sive vir sive mulier quis eorum supervixerit, quicquid ipsi possederunt de conquisitis, qui superstes erit, quamdiu vixerit, in pace tenebit, nisi in vita premorientis donum vel legatum inde factum fuerit. Quod si antequam convenerint, vel vir vel uxor infantes habuerint, post decessum patris vel matris hereditas infantium ad eos redibit, nisi sit feodum.

Si mortuo marito uxor supervixerit, et infantes autem ejus vivi remanserint, mulier de omni possessione quam vir ejus in pace tenuerat, quamdiu infantes in custodia erunt, donec ipsa advocatum habeat, nisi sit vadimonium, non respondebit.

Si quis ab aliqua vidua pecuniam requisierit, ipsa contra unum testem non contra plures, per sacramentum se deffendet et in pace remanebit ; si vero ab ea aliquam ejus possessionem ut vadium requisierit, ipsa se per bellum deffendet.

Si quis terram aut aliquam hereditatem ab aliquo emerit, et illa, antequam empta fuerit, propinquiori heredi oblata fuerit, et heres eam emere noluerit, nunquam amplius de illa illi hereditate in causa respondebit. Si autem propinquiori heredi oblata non fuerit, et qui eam emerit, vidente et sciente herede, per annum eam in pace tenuerit, numquam de ea amplius respondebit.

Si quis septem annis aliquam suam possessionem presente adversario in pace tenuerit, nunquam de ea amplius respondebit.

Si quis alienus mercator aliquid vendiderit, et in ipsa hora pecuniam habere non potuerit, ad dominum emptoris aut ad prepositum domini prius clamorem faciet ; et si tunc a justicia defuerit, ad majorem clamorem deferet, et major ei cito pecuniam suam habere faciet, quecumque dies sit.

Quicumque de promissione clamorem fecerit, nichil recuperabit.

Si quis aut major, aut scabinus, aut aliquis qui de justitia majoris fuerit, premium vel acceperit vel requisierit, et ille qui dederit, vel a quo premium quesitum fuerit, ad majorem clamaverit, et testem super hoc habuerit, accusatus viginti solidos persolvet, et si premium acceperit, reddet.

Quod si accusator testem non habuerit, ille qui accusabitur per sacramentum se deffendet.

Si quis ad prepositum clamorem deferet, et prepositus ei justitiam facere noluerit, clamator ad majorem clamorem deferet, et major ad rationem prepositum mittet, ut ei justitiam faciat; quam si facere recusaverit, major, salvo jure regio, justitiam faciat; secundum statuta scabinorum.

Si quis super aliquem aliquid quod suum est intersciverit, et ille qui accusabitur respondebit se illud non a latrone scienter emisse, hoc pro quo accusabitur perdet, et ante justitiam per sacramentum se deffendet, si prepositus vel justitia voluerit, et postea in pace abibit; et hoc idem faciet garannus, si hoc idem dixerit, tam primus quam secundus et tertius; accusator autem hoc quod clamaverit, sacramento confirmabit, si voluerit ille qui justitiam tenebit.

In omni causa et accusator et accusatus et testis per advocatum loquentur, si voluerint.

De possessionibus ad urbem pertinentibus extra urbem nullus causam facere presumat.

Si vir et uxor aliquam possessionem in vita sua acquisierint, et eorum quispiam mortuus fuerit, qui superstes erit medietatem solus habebit, et infantes aliam. Si vir mortuus fuerit, an uxor mortua fuerit, et infantes vivi remanserint, possessionem, sive terra sive in redditu, que ex parte mortui venerit ille qui superstes erit nec vendere nec ad censum dare nec in vadium poterit mittere absque assensu propinquorum parentum mortui, aut donec infantes ejus absque custodia fuerint.

Si quis prepositum regis, in placito vel extra placitum, turpibus et inhonestis verbis provocaverit, in misericordia prepositi erit, ad arbitrium majoris et scabinorum.

Si quis majorem in placito turpibus et inhonestis verbis provocaverit, domus ejus prosternatur; aut secundum precium, domus in misericordia judicum redimatur.

Si quis juratum suum percusserit vel vulneraverit, et ille qui percussus fuerit clamorem fecerit quod pro veteri odio percussus sit, percussor rectum faciet, secundum statuta scabinorum, pro ictu et post hoc pro veteri odio ; aut per sacramentum se purgabit, aut rectum faciet communie, et novem libras dabit, VI libras scilicet communie et LX solidos justitie dominorum, et persolvet medietatem recti infra octo dies, si scabini voluerint. Nullus enim pro eo qui percusserit, quicumque sit, aut vir aut mulier aut puer, sacramentum faciet.

Si major cum communia et juratis in causam sedeat, et aliquis ibi juratum suum percusserit ; domus ejus prosternetur contra quem plures testes in causa exierint quod primus ictum dederit.

Qui autem in causa jurato suo conviciatus fuerit, viginti solidos persolvet, communie ibi justitia dominorum nichil capiet.

Qui juratum suum in aquam aut in paludem jactaverit, si clamator unum testem adduxerit, et major immundiciam viderit, ille malefactor sexaginta solidos persolvet et de hiis habebit justitia dominorum XX solidos. Si immundus nullum testem habuerit accusatus contra sanguinem vel immunditiam per sacramentum se deffendet, et liber abibit.

Qui juratum suum, servum recreditum, traditorem, *willot*, id est *coup*, appellaverit, viginti solidos persolvet.

Si filius aliquid forefactum fecerit, pater ejus pro filio justitiam communie exequetur. Si autem in custodia patris non fuerit et submonitus justiciam subterfugerit uno anno a civitate ipsum extraneum esse oportebit ; si anno preterito, redire voluerit, secundum statuta scabinorum preposito et majori rectum faciet.

Si conventio aliqua facta fuerit ante duos vel plures scabinos, de conventione illa amplius non surget campus nec duellum, si scabini, qui conventioni interfuerint, hoc testificati fuerint.

Omnia ista jura et precepta que prediximus majoris et communie, tantum sunt inter juratos. Non equum judicium inter juratum et non juratum.

Ambianis solebat esse consuetudo, quod in festis apostolorum de unaquaque quadriga per unam quatuor portarum urbis in villam introeunte Garinus, Ambianensis archidiaconus, obolum capiebat. Major vero et scabini, qui tunc erant, per consilium (1) tunc episcopi Ambianensis, consuetudinem prefatam ab archidiacono, quinque solidos et quatuor capones, emerunt et

---

(1) IIe et IIIe Cartul. : Theodorici ; IVe Cartul. : Theoderici.

ad censum illum ceperunt ; et censum illum ad furnum Firmini de Claustro, extra portam sancti Firmini de valle situm, archidiaconus sumit.

De omnibus tenementis ville justitia exhibebitur per prepositum nostrum ter in anno, in placito generali, videlicet in Natali Domini, in Pascha et in Penthecoste.

Omnia forefacta que infra banleucam tunc fient major et scabini judicabunt, et de illis justitiam facient, sicut debent, presente ballivo nostro, si ibi interesse voluerit; [si vero interesse noluerit, vel non poterit, pro ejus absentia justitiam facere non desinent, sed debitam justitiam facient], excepto multro et raptu, que nobis et successoribus nostris in perpetuum retinemus, sine parte alterius.

Catalla vero homicidarum, incendiariorum et proditorum nostra sunt absolute, sine parte alterius. Catalla vero aliorum forefactorum retinemus nobis et successoribus nostris id quod habuimus et habere debemus.

Bannum in villa nullus potest facere nisi per regem et episcopum.

Si quis bannitus est pro aliquo forifacto, excepto multro, homicidio, incendio, proditione, et raptu, rex, senescallus, vel prepositus regis, et episcopus, et major, unusquisque eorum semel in anno, [poterit] eum conducere in villam.

Volumus etiam et communie in perpetuum quittamus et concedimus, quod nec nobis nec successoribus nostris liceat civitatem Ambianensem vel communitatem extra manum nostram mittere, sed semper inhereat regie corone.

Que omnia ut in perpetuum rata et firma permaneant, presentem paginam sigilli nostri auctoritate et regiis nominibus caractere inferius annotato, salvo jure episcopi et ecclesiarum et procerum patrie et salvo alieno jure confirmamus.

Actum Parisius anno incarnati Verbi M° CC° nono, regni vero nostri anno tricesimo, astantibus in palatio nostro quorum nomina supposita sunt et signa. Dapifero nullo. S. Guidonis buticularii. S. Bartholomei camerarii. S. Droconis constabularii. Data vacante cancellaria.

Cartul. I, f° 177, n° cccvi ; II, f° 300, n° cccxxiii ; III, f° 1 ; IV, f° 123, n° cccrv.

129.

DE CARIAGIO ET MINUTA DECIMA DE LE FERIERE ET DE MEZ (1).

Ricardus, Dei gratia Ambianensis episcopus, omnibus ad quos presens

Fév. 1208 (1209 n. st.)

(1) II°, III°, IV° Cartul.: De cariagio decime de Hamello apud Mez.

scriptum pervenerit, eternam in Domino salutem. Inter cetera que nobis injuncte provisionis ministerio sunt gerenda, matris ecclesie nostre negociis cura tenemur intendere speciali ut, sicut nos licet immeritos ad pontificale fastigium permittente Domino preelegit, ita et pre ceteris provisioni nostre commissis, quod in nobis operata est, sibi sentiat profuisse. Inde est quod universitati vestre notum fieri volumus quod veniens coram nobis Symon, major de Mez (1) ville ejusdem ecclesie, recognovit se vendidisse eidem ecclesie pro viginti quinque libris parisiensium totum cariagium quod reclamabat in decima de Hamello apud Mez et exteriorum territoriorum et quicquid habere se dicebat in minuta decima de le Feriere et de Mez. Quicquid etiam reclamabat in foragio grangie de Mez et omnibus ad eandem grangiam pertinentibus similiter asseruit coram nobis se vendidisse, et illud feodum quod habebat quando bladum adducebatur Ambianis, videlicet unum sextarium frumenti et sex denarios. Hec omnia dictus major in manum nostram ad opus predicte ecclesie resignans fidei cautione firmavit quod nichil amplius reclamaret in illis, nec per se aut per alios dictam ecclesiam super premissis permitteret molestari. Sciendum etiam quod predicta ecclesia quatuor solidos in quibus annuatim solvendis dictus major tenebatur eidem pro forragio, scilicet duos, et pro decima duos, in pace remisit majori et super hoc absolvit eundem. Cum etiam major predictus unum panem et unum denarium in Natali, et in Purificatione unam candelam, unum etiam agnum quando decima agnorum colligebatur, et unum lane vellus in collectione decime lanarum diceret sibi a prefata ecclesia annuatim deberi, et assereret quod oblationes de Mez in diebus sollempnibus statutis debebat Ambianis afferre et nullus alius. Hec omnia similiter dicte ecclesie per manum nostram remisit. Dilectus etiam officialis noster magister Cristianus nobis testimonium perhibuit quod Ada mater majoris, Auda, Hodierna et Hawidis (2) sorores ejusdem majoris et Henricus predicte Aude maritus coram ipso concesserunt omnia que prescripta sunt, fidei religione firmantes quod nichil de cetero reclamarent contra predictam ecclesiam, nec eidem essent super hiis nocumento. Nos itaque conferentes dicte ecclesie patrimonium suum a manu laicali redemptum cum omnibus aliis in venditione et conventione predicta coram nobis et officiali nostro taxatis, presentem cartam sigilli nostri auctoritate confirmatam, ipsi pariter duximus concedendam, sub interminio anathematis prohibentes ne qua

---

(1) III⁰ Cartul. : Mes.   (2) IIII⁰ Cartul. : Haiwidis.

ecclesiastica secularisve persona eam de cetero super his temere inquietare presumat.

Actum anno dominice incarnationis M° CC° octavo, mense februario.

_{Cartul. I, f° 110 v°, n° cxxv ; II, f° 139 v°, n° cxii ; III, f° 103 v°, n° cxv ; IV, f° 63, n° cxvi.}

130.

De nemoribus de Cressci (1).

Ricardus, Dei gratia Ambianensis episcopus, omnibus XPI fidelibus presentem paginam inspecturis eternam in Domino salutem. Cum per iniquitatis abundantiam necnon et veritatis suppressionem multe que jam ceciderunt lites et discordie renascantur, nos pro nostre sollicitudinis officio nostre matri ecclesie pacem et utilitatem providere volentes ea que nostris acta sunt temporibus de pace inter eandem ecclesiam et Gilonem prepositum de Cressci tractata litteris fecimus annotari, ut cum perversorum iniquitas rei geste ordinem voluerit subticere, per litterarum seriem omnis possit falsitas aboleri. Inde est quod universitati vestre notum fieri volumus quod cum inter prefatam ecclesiam nostram ex una parte et predictum Gilonem ex altera, super hoc videlicet quod idem prepositus in nemore de Cresci prefate ecclesie suum usuagium et sex denarios de quolibet forisfacto in prefato nemore jure hereditario vendicabat, questio verteretur de qua in nos pars utraque compromiserat firmiter asserendo quod nostro super hoc starent judicio vel compositioni, tandem per verba pacis portantes, querela prefata sopita fuit in hunc modum et recognita coram nobis quod prefatus prepositus, receptis a prefata ecclesia nostra viginti libris parisiensium, in pace quitavit eidem quicquid in prefato nemore reclamabat, et in manum dilecti filii nostri ejusdem ecclesie decani prefatam hereditatem resignans abjuravit eandem, sub prestito juramento promittens quod nichil de cetero in prefato nemore aut per se aut per alium reclamaret, Galtero primogenito ejus filio hoc idem in nostra presentia concedente et omni renuncianti calumpnie per interpositum fidei sacramentum. Sed et dilectus canonicus et officialis noster magister Cristianus, apud Cresci propter hoc specialiter missus, nobis testificatus est quod Renaldus laicus, Henricus, Johannes et Johannes clerici, filii supradicti Gilonis, Petronilla etiam et Ermengardis filie, nec non et Maria

Mai 1210

_{(1) II° Cartul. : Cressi dans toute la charte.}

uxor sepedicti prepositi, quitationem hanc coram nobis factam benigne concedentes, se fideliter observaturos eandem per fidem interpositam promiserunt in ejusdem officialis nostri presentia, sicut ab ipsis ore recepimus. Nos autem sicut ad nostrum spectat officium et quod coram nobis factum est de premissis et coram officiali nostro concessum auctoritate pontificali nostre ecclesie confirmantes, anathematis vinculo subjacere decrevimus omnes illos qui de cetero huic nostre confirmationi se temere duxerint opponendos.

Actum anno incarnationis dominice M° CC° decimo, mense maio.

Cartul. I, f° 106, n° cxv ; II, f° 349, n° ccclxxxviii.

131.

De decima et terragio de Liviere.

Mai 1210

Ricardus, Dei gratia Ambianensis episcopus, omnibus ad quos littere iste pervenerint eternam in Domino salutem. Noverit universitas vestra quod constitutus in presentia nostra Hugo de Liviere recognovit se medietatem totius terragii de Liviere quam tenebat in feodum de nostra matre ecclesia eidem ecclesie, exceptis alodiis, vendidisse; nec non et duo hominagia que duo fratres sui faciebant eidem nostre ecclesie similiter vendidit cum relevamentis eorumdem hominagiorum. Fratres autem ejusdem Hugonis Radulfus laicus et Petrus clericus, prefatam venditionem concedentes, medietatem etiam totius decime territorii de Liviere, de qua nostram ecclesiam sine causa rationabili molestabant, cum eodem terragio dicte ecclesie quitaverunt, et tam clericus qui maxime super decima calumpniam suscitabat quam fratres sui laici, eandem decimam penitus abjurantes, prefatam venditionem in manum dilecti filii decani ecclesie nostre resignarunt. Nos autem ad petitionem ipsorum terragium et hominagia memorata cum prefata decima supradicte ecclesie per presens scriptum confirmantes, excommunicationi subjacere decrevimus omnes illos qui huic nostre confirmationi se temere duxerint opponendos.

Actum anno incarnationis dominice M° CC° decimo, mense maio.

Cartul. I, f° 106, n° cxvi ; II, f° 350 v°, n° ccclxxxix.

132.

DE CENTUM SOLIDIS QUOS RICARDUS EPISCOPUS NOBIS DEDIT IN DECOLLATIONE BEATI JOHANNIS BAPTISTE.

Ricardus, Dei gratia Ambianensis episcopus, universis XPI fidelibus presentem paginam inspecturis eternam in Domino salutem. Cum pius et misericors Dominus matrem ecclesiam nostram quasi speciali prerogativa complectens eandem ecclesiam preciosa facie Baptiste sui in eadem ecclesia perpetuis temporibus, Deo propitio, permansura, tempore amministrationis nostre dignatus sit adornare ; nos de tanto munere nomini sancto ejus, sicut dignum est, gratias referentes ipsum laudamus et glorificamus qui in sanctis suis gloriosus est. Et ne de ingratitudine convinci valeamus nichil refundentes in honorem prefati Baptiste de cujus beneficio nos et successores nostri percipiemus commodum temporale, statuimus ut singulis annis, in festo martyrii ipsius, centum solidi publice monete de beneficio thesaurarie nostre sumendi tam capellanis quam canonicis prefate ecclesie qui servicio predicti festi presentes fuerint, per manus cellelariorum (1) ejusdem ecclesie, equaliter dividantur ad honorem ejusdem sancti, de quo testatus est Dominus quod major inter natos mulierum non surrexit. Statuimus etiam ut prefati capellani cum eisdem canonicis equalem recipiant portionem in beneficio quod nostro anniversario fuerit assignatum, si tamen predicti capellani presentes fuerint anniversario memorato. Ne autem in posterum super prefatis centum solidis nostra posset ecclesia molestari, si hec nostra donatio ad vestram noticiam non venisset (2), presenti scripto eam fecimus annotari et sigilli pontificalis auctoritate muniri, excommunicationi subjacere decernentes omnes illos qui huic nostre confirmationi se temere duxerint opponendos.

Actum anno incarnationis dominice M° CC° decimo, mense maio.

<small>Cartul. I, f° 106 v°, n° cxviii ; II, f° 351, n° ccclxxxi.</small>

Mai 1210

133.

DE MAJORATU DE BONOIL (3) ET DUABUS PARTIBUS MOLTURE MOLENDINI DE ARUNDEL (4).

Ricardus, Dei gratia Ambianensis episcopus, omnibus XPI fidelibus

Mai 1210

---

(1) IIe Cartul. : Cellerariorum nostrorum.
(2) IIe Cartul. : Pervenisset.
(3) IIe Cartul. : Bonoeil.
(4) IIe Cartul. : Molendini Darondel.

presentem paginam inspecturis eternam in Domino salutem. Cum rerum retrogestarum notitiam antiqua patrum nostrorum provisio memoriali scripto perpetuare statuerit, nos eorum vestigiis inherentes ea maxime que ad commodum pertinent et profectum nostre matris ecclesie, quam speciali sicut justum est prerogativa diligimus, litteris curavimus commendare ut quod pro utilitate ipsius factum est et quiete nulla possit oblivione perverti, sed et nobis tacentibus veritatem protestetur series litterarum. Inde est quod universitati vestre volumus declarari quod constitutus coram nobis Radulfus major de Bonoil recognovit se majoratum suum de Bonoil et quicquid tenebat de ecclesia nostra apud Bonoil eidem ecclesie pro quinquaginta libris parisiensium vendidisse. Et ut hec majorem obtineret venditio firmitatem, in manum dilecti filii nostri Symonis tunc decani ejusdem ecclesie nostre dictam resignans hereditatem et eandem abjurans, sub facto juramento promisit quod nichil amplius reclamaret apud Bonoil, nec per se aut per alios adversus prefatam ecclesiam super hoc de cetero calumpniam suscitaret. Sciendum preterea quod Mainsendis mater Avicie uxoris ejusdem Radulfi et ipsa Avicia, necnon et Aelidis mater ipsius Radulfi venditionem istam laudantes benigne concesserunt eandem, et in manum nostram reddiderunt dotalicium, si quod in eadem hereditate poterant reclamare ; sub fidei postea religione firmantes quod de cetero sepedictam ecclesiam nostram occasione dotalitii aut hereditatis causa super hoc nullatenus presumerent molestare. Presenti etiam autentico duximus inserendum quod Agnes filia Gerardi molindinarii coram nobis constituta recognovit quod prefate ecclesie nostre vendiderat pro triginta quatuor libris parisiensium duas partes molture in molendino de Arundel (1) quas de eadem ecclesia nostra hereditate possidebat. Burga vero et Massa amite dicte Agnetis venditionem istam laudantes benigne concesserunt eandem, et hereditatem cum eadem Agnete in manu predicti decani nostri resignantes, per fidem interpositam promiserunt quod nullam de cetero super hoc calumpniam suscitarent, matre predicte Agnetis vidua venditionem similiter concedente et dotalitium, si quod ibidem reclamare poterat, nostram resignante in manum et penitus abjurante. Nos igitur de cotidiano ecclesie nostre incremento gaudentes prefatum majoratum et quecumque alia dictus major apud Bonoil tenebat de ipsa, cum prefate Agnetis venditione pontificali auctoritate confirmamus eidem ecclesie perpetuo possidenda, sub interminio anathematis districtius inhibentes ne quis

(1) IIe Cartul. : Harondel.

huic nostre confirmationi temere contraire presumat, aut aliqua versusia super premissis dictam ecclesiam perturbare.

Actum anno dominice incarnationis M° CC° decimo, mense maio.

Cartul. I, f° 105, n° cxiii ; II, f° 348, n° ccclxxvi.

134.

De terra Ingerranni de Revella et Roberti majoris ejusdem ville.

Ricardus, Dei gratia Ambianensis episcopus, omnibus XPI fidelibus presentem paginam inspecturis eternam in Domino salutem. Cum et sedis nostre et officii nobis injuncti necessitas nos compellat curam gerere subditorum, nostre matris ecclesie indempnitati pre ceteris tenemur intendere, que quanto nos inter alios filios suos licet immeritos extulit et promovit tanto debet precipui amoris nostri privilegio et speciali patrocinio gloriari. Eapropter universitati vestre notum fieri volumus quod constitutus in presentia nostra Ingerrannus de Revella, vavassor, recognovit se vendidisse pro sexaginta libris et triginta solidis parisiensium prefate ecclesie nostre totam terram suam quam tenebat apud Revellam de eadem ecclesia, videlicet viginti et unum jornalia que a vulgo culturelle ecclesie vocabantur. De mansione autem sua et quadam parte terre quam ad opus suum retinuit apud Revellam, recognovit quod annuatim in festo sancti Firmini martiris decem solidos dicte ecclesie nomine census reddere tenebatur. Et sciendum quod venditionem istam laudaverunt et concesserunt in nostra presentia Gila (1) uxor ejusdem Ingerranni, Robertus filius eorundem soror etiam ejusdem Ingerrani nomine Emelina cum eodem Ingerranno per fidem interpositam promittentes quod in terra predicta nichil amplius reclamarent, nec super hac venditione per se aut per alios calumpniam presumerent suscitare. Nos igitur prefate matris ecclesie nostre curam pre ceteris animo retractantes et memores uberum suorum quibus a juventute nostra clementer nos aluit, prefatum precium dicte donavimus ecclesie ad emendam terram predictam, quam a prefato venditore et venditionem concedentibus in manum decani prefate ecclesie nostre coram nobis resignatam dicte ecclesie concessimus et confirmavimus, eidem ecclesie pariter concedentes terram quam in eadem villa emimus a Roberto majore cum decanie officium gereremus. Ne autem in posterum venditio ista et hec

Mai
1210

(1) II° Cartul. : Ghila.

nostra elemosina ista aliqua possit oblivione perverti, et venditionem et elemosinam istam presenti carta fecimus annotari, pontificalis sigilli auctoritate roborantes eandem; et nichilominus excommunicationi subjacere decrevimus omnes illos qui huic nostre confirmationi temere contraire presumpt.

Actum anno incarnationis dominice M° CC° decimo, mense maio.

<small>Cartul. I, f° 105 v°, n° cxiv ; II, f° 349, n° ccclxxvii.</small>

135.

De personatu de Bertaucort.

1210

Ricardus, Dei gratia Ambianensis episcopus, universis XPI fidelibus presentem paginam inspecturis eternam in Domino salutem. Quod pridem in propheta scriptum legimus pinum videlicet paradisi concussam fuisse nec tamen evulsam, hoc nostris temporibus manifeste videmus adimpletum, dum nostra mater ecclesia nuper immensis procellarum turbinibus agitata subverti non potuit; quin potius divino suffulta presidio in sua stabilitate persistens laudat et benedicit Dominum, qui sibi adversantium superborum et sublimium colla propria virtute calcavit, et in manu forti et valida et brachio excelso suos de manu impia potenter eripuit et humiliavit calumpniatorem. Nos igitur, ut cognoscat generatio altera quod vere magnus Dominus et magna virtus ejus, rei geste ordinem scripto memoriali commendare dignum duximus, hoc in primis attendentes ut contra eos qui adversus Dominum et ecclesiam suam cogitaverunt consilia que non potuerunt stabilire, posteri nostri veritatis testimonio muniantur, ne adversarii sui querimoniam cui renunciaverunt suscitantes, suppressa veritate, materiam habeant malignandi; in hoc etiam posterorum agentes negotium, ut scripti nostri considerato tenore post contumelias quas nostris temporibus passa est ecclesia, veritate cognita, consolationis et vindicte commonitorium salutis habeant secuturi, ut non extendant ad iniquitatem manus suas. Credimus enim, sicut et credere dignum est, quod audito ad ultimum quam terribiliter super adversarios suos intonuerit ira Dei adversus ipsum omnis iniquitas opilabit os suum, et inimici ejus confusi terram lingent. Noverint igitur presentes et futuri quod cum quidam miles Adam cognomento de Daminois, diabolico seductus instinctu, sanctuarium Dei possidere niteretur, personatum ecclesie de Bertaucort, quem nostra mater ecclesia de dono antecessorum *nostror*um possidebat ex parte uxoris sue que a quodam sacerdote qui in predicta ecclesia ministraverat, enormiter traxerat, originem sibi diceret de jure competere, associatis sibi multis et malignis satellitibus diaboli non tantum in res predicti personatus sed et in universas possessiones ecclesie quas attingere manus ejus poterat, et etiam in sacerdotes XPOS Domini desevire cepit favore quorumdam suffultus, qui postea, Domino cooperante, transgressionis ejus vindices extiterunt. Regnante siquidem et imperante Domino a quo et Judas proditor reatus sui penam et latro confessionis sue premium sumpsit, quidam ex predictis sacrilegis jam patibulis suspensi perierunt, quidam salubriter compuncti ad sinum sancte matris ecclesie penitentes redierunt. Is etiam Adam qui predicti maleficii caput extiterat, cui tandem intellectum dedit vexatio, resarcitis ad integrum dampnis que ecclesie sancte et ministris ejus intulerat, data etiam fide quod post dampna de injuriis ad consilium nostrum satisfaceret, ad misericordiam capituli nostri humiliter veniens in ecclesia nostra, super altare beati Pauli apostoli calumpnie injuste quam excitaverat renuncians, iterum sub fidei religione promisit se deinceps nec per se nec per suos predictam calumpniam suscitaturum. Et quod viri venerabiles de sancto Walarico, de Forestensi monasterio, de Valoliis, et de Longovillari abbates, necnon et legitimi et discreti milites Symon de Donquere (1) et Eustachius Hasles de personatu de Bertaucort et pertinenciis ejus inquisierant, assensu et voluntate nostra et dilecti nostri illustris viri Willelmi Pontivi et Mosterioli (2) comitis, et sigillis suis confirmaverant in testimonium veritatis approbavit et concessit ; et hoc idem uxorem suam et heredes suos concessuros promisit, licet non haberent jus aliquod reclamandi. Predictus etiam Willelmus comes, fide interposita, coram nobis promisit, et etiam predicte ecclesie nostre heredes suos super hoc obligavit, quod predictum personatum et pertinentias ejus juxta predictorum abbatum et militum inquisitionem ab eis factam ecclesie nostre tanquam princeps terre bona fide de cetero garandiret. Quod etiam vir nobilis Willelmus de Caieto (3) ut dominus predicti Ade ligius se facturum promisit. Cum igitur prefata ecclesia nostra semper de inimicis suis vindictam a Domino reportaverit opportunam, nos de pace ipsius congratulantes eidem, benedicimus Dominum qui quasi in ea quietam sibi eligens mansionem liberat eam ab omni impugnatoris incursu; et remissionem memorate calumpnie cum his que superius sunt

(1) IIe Cartul. : Donquerre.
(2) IIe Cartul. : Mousterioll.
(3) IIe Cartul. : Kayeto.

expressa pontificalis sigilli testimonio roborantes, anathematis vinculo innodamus omnes illos qui super facto hoc et presente confirmatione nostra supradicte ecclesie nostre ausu temerario nocere apponent.

Actum anno Domini M° CC° decimo.

Cartul. I, f° 105, n° cxii ; II, f° 346, n° ccclxxv.

136.

Scriptum de distributionibus cotidianis.

Avril 1211

Th. prepositus, E. cantor, R. Siccus et P. de Monte Desiderii, canonici Ambianenses XPI fidelibus presens scriptum inspecturis salutem in Domino. Sicut hiis que perperam fiunt ecclesiasticam decet religionem obviare, ita ea que rationabiliter religioseque constituuntur, presertim cum ad honorem ecclesie et divini cultus ampliationem pertinent, dignum est approbare. Eapropter in publicam dignum duximus venire noticiam quod auctoritate venerabilis patris A, Dei gratia Remensis archiepiscopi, de voluntate etiam et assensu communi S(imonis) decani et capituli nostri Ambianensis, servicii ecclesie nostre ordinatores constituti habita consideratione diligenti, servitium ecclesie nostre ordinavimus in hunc modum : De nocte in quibuslibet matutinis singulis canonicis qui intererunt quatuor denarii dividentur preterquam in matutinis anniversariorum, matutinis etiam sollempnitatum, et omnibus aliis matutinis in quibus fieri solent ex consuetudine distributiones. In hiis autem omnibus prisca tenebit consuetudo, et nichil amplius addetur. De die vero sex denarii, videlicet singuli denarii singulis canonicis qui intererunt singulis horis, dividentur, manentibus etiam partitionibus antiquis. Ordinavimus etiam et concessimus ad distributiones istas faciendas quicquid habet ecclesia nostra apud Raimaisnil (1) preter nemora et preter illa que inde solent reddi, quicquid etiam habet ecclesia nostra vel habitura est apud Bertoucort (2) cum appenditiis suis, et quicquid habet in minutis decimis de Revele, de Pissi et de Kevalviler (3), preter XLII solidos qui exinde redduntur in festo beati Firmini, terram etiam illam quam bone memorie R. quondam episcopus emit apud Revele, et quicquid habet vel habitura est ecclesia nostra in decimatione de

(1) III° Cartul. : Riesmaisnil.
(2) II° Cartul. 2° rédaction : Bertaucort.
(3) II° Cartul. 2° rédaction : Kevauviler; III° Cartul. : Kevalvileir.

Kierreu (1), et insuper decimam quam Nicholaus de Gollencort (2) contulit ecclesie nostre, preter hec etiam octoginta modios frumenti ad molendina nostra Ambianensia singulis annis percipiendos. Ita tamen quod nisi dicti redditus ad predictas partitiones suffecerint de redditibus molendinorum nostrorum. Ambianensium supplebitur defectus. Ordinavimus etiam quod hec institutio sit perpetua et quod perpetuitas ista conservetur ; et ne per expensas majores vel minores quas per cellarios fieri oportet impediatur, ordinavimus ut distributiones iste per manus duorum concanonicorum residentium in ecclesia qui ad hoc instituentur per annum unum vel amplius, si capitulum voluerit, fiant, et dicti redditus conserventur. Actum anno Verbi incarnati M° CC° undecimo, mense aprili.

Cartul. I, f° 169, n° ccixxxviii ; II, f° 144, n° cxviii et 159, n° cxliii ; III, f° 107 v°, n° cxxi ; IV, f° 65, n° cxxii.

137.

CONFIRMATIO REMENSIS ARCHIEPISCOPI SCRIPTA DE DISTRIBUTIONIBUS QUOTIDIANIS.

A (lbericus), Dei gratia Remensis archiepiscopus, omnibus presentem paginam inspecturis in Domino salutem. Cum nos, vacante sede Ambianensis ecclesie, dilectos filios decanum et capitulum ecclesie ejusdem ut servitio ecclesie sue et divino cultui ampliando diligentiores existerent, amicabiliter sicut ex nostro tenebimur officio, moneremur, ipsi humiliter et devote monitioni nostre parentes consenserunt unanimiter et firmiter promiserunt se infragabiliter servaturos quicquid Th(omas) prepositus, Evrardus cantor, R. Siccus et P. de Monte Desiderii concanonici super hoc ratione previa ducerent statuendum. Qui ad mandatum nostrum suscipientes hoc onus, hanc super premissis ordinationem cujus tenor talis est ediderunt : ...(Suit le texte de la charte précédente)... Nos igitur ordinationem premissam, sicut rationabiliter et provide ad honorem Dei facta est et servitium ecclesie ampliandum, ratam habemus et approbamus, et presentis scripti patrocinio confirmamus vobis, dilecti filii decane et capitulum Ambianense, auctoritate Dei et nostra districtissime injungentes ut eam modis omnibus observare curetis.

Mai 1211

(1) II° Cartul. 1re rédaction : Kyerru ; 2° rédaction., et IV° Cartul. : Kierrieu.

(2) II° Cartul. 1re rédaction : Gollencurt ; IV° Cartul. : Gollaincourt.

Datum anno Domini M° CC° undecimo, mense maio, Ambianensi adhuc sede vacante.

<small>Cartul. I, f° 169, n° cclxxviii ; II, f° 143, n° cxvii et f° 158, n° cxlii ; III, f° 106 v°, n° cxx ; IV, f° 64 v°, n° cxxi.</small>

138.

DE MODIO BLADI EMPTO IN MOLENDINO DE VER.

Février 1211 (1212 n. st.)

Symon, Ambianensis ecclesie decanus et ejusdem capitulum, omnibus ad quos littere iste pervenerint eternam in Domino salutem. Notum vobis facimus quod unum modium frumenti quem emimus a Johanne, molendinario ville nostre de Ver, et filiis ejus recipiendum in archa molendini de Ver, dilecto nostro Odoni de Camons, canonico ecclesie nostre, concessimus tota vita sua tenendum et recipiendum singulis annis in cellario nostro Ambianensi, et de ipso cellario ad mensuram publicam ejusdem cellarii infra festum sancti Remigii. Et quia de pecunia ejusdem Odonis modium frumenti emimus memoratum, ne ingratitudinem pro gratia rependere videamur, benigne concessimus ut quod prefatus Odo de predicta emptione post decessum suum ordinavit faciendum in nostra dumtaxat ecclesia perpetuis temporibus tene*atur* et firmiter observetur. Quod ut ratum permaneat dicto Odoni presentem cartam sigillo nostro signatam dedimus in testimonium veritatis.

Actum anno Domini M° CC° XI°, mense februario.

<small>Cartul. I, f° 180 v°, n° cccxvi ; II, f° 224, n° ccxxxiii ; III, f° 156 v°, n° ccxxviii ; IV, f° 92 v°, n° ccxxix ; V, f° 74, n° lxxxiv.</small>

139.

COMPOSITIO INTER ECCLESIAM NOSTRAM ET ADAM DE DAMINOIS (1).

Octobre 1211

Ego Willelmus, Pontivi et Mousteroli (2) comes, omnibus tam futuris quam presentibus notum facio quod compositio inter ecclesiam Ambianensem et Adam de Daminois militem et uxorem suam coram me facta fuit tali modo : Predictus quidem Adam et uxor ipsius receptis ab eadem ecclesia

---

(1) II° Cartul. 1ʳᵉ réd. ; De personatu de Bertaucort.

(2) II° Cartul. : 1ʳᵉ réd. : Mosterioli.

sexaginta et decem libris parisiensium omnibus redditibus decimarum quas, reclamabant in feodis viri nobilis Willermi de Caieto et Reneri de Durcat (1), militis, renuntiaverunt ; retentis tantummodo sibi duobus hospitibus apud Maioch (2), et sex hospitibus apud Bertaucort (3), octo etiam modiis quorum tercia pars (4) mistelli, altera tercia baillardi, et reliqua tercia avene, singulis annis infra festum sancti Andree ipsis a predicta ecclesia solvendis ad mensuram de Rua. Sic abjurantes redditus supradictos cum terra in eisdem locis predicte ecclesie pridem elemosinata, sub juramento suo firmiter promiserunt quod predictam ecclesiam super predictis decimis nunquam de cetero molestarent. Sciendum preterea quod omnes minutas decimas lanarum, agnorum, lini, canabi et plaiz (5) et omnium aliorum que possunt in decimam provenire dicta ecclesia ex eadem compositione pacifice possidebit, sicut de Longo-Villari (6), de sancto Judoco, et de Forestensi monasterio abbates et homines nostri Symon de Donquere (7) et Eustachies (8) Halles, milites, inquisierunt. Nec illud pretermittendum est quod predicti Willermus et Renerus nichil possunt a predicta ecclesia pro feodo predicti Ade vel servitio amplius requirere quod predictos modios sicut superius sunt notati. Hec autem omnia ad petitionem ejusdem Ade et uxoris sue sigillo meo tamquam terrenus dominus confirmavi supradicte ecclesie et super his garandiam promisi.

Actum anno Domini M° CC° undecimo, mense octobri.

Cartul. I, f° 161, n° CCLVIII ; II, f° 160, n° CXLIV, et f° 144 v°, n° CXIX ; III, f° 108, n° CXXII, IV, f° 65 v°, n° CXXIII.

140.

Census minutarum decimarum Ambianensis et prati Forest.

Symon, decanus, totumque capitulum ecclesie Ambianensis, omnibus ad quos littere iste pervenerint in Domino salutem. Noverit universitas vestra quod nos dilecto concanonico nostro Ingelranno de Helli concessimus ad firmam minutas decimas Ambianenses tota vita sua tenendas, et pratum

Mars
1212
(ou 1213 n. st.)

(1) II° Cartul. 2° réd. : Durcath.
(2) II° Cartul. 2° réd. : Mayoch.
(3) IV° Cartul. : Bertoucort.
(4) II° Cartul. 1™ réd. ; Pars erit mistelli.
(5) II° Cartul. 2° réd. : Plais.
(6) IV° Cartul. : Longevillari.
(7) II° Cartul. 1™ réd. : Domquerre ; 2° réd. : Donquerre.
(8) II° Cartul. : Eustachius.

quod vocatur Forest, cum integritate juris, pro octoginta et quindecim libris parisiensium, et viginti solidis ad vinum annuatim ad terminos assignatos reddendis : in Nativitate scilicet beati Johannis Baptiste triginta libras : in festo sancti Remigii triginta : in Nativitate Domini, triginta quinque, et in Purificatione beate Marie viginti solidos ad vinum. Condictum est etiam quod pratum illud ad omnem utilitatem suam quam facere poterit deducere ipsi licebit preterquam ad turbas faciendas. Ipse autem Ingerrannus super solutione firme istius nobis plegios constituit dilectos concanonicos nostros Thomam de Bova, Walonem de Sarton et Symonem de Bestezi, tali forma quod si ipse Ingelrannus vel ipsi plegii dictam pecuniam ad prefatos terminos non persolverint ex tunc ab ingressu chori nostri et fructibus prebendarum suarum se suspensos haberent donec plenariam facerent solutionem. Si vero dictos plegios vel unum aut duos ex illis antequam Ingerrannus mori contigeret, ipse Ingerrannus teneretur nobis alios canonicos loco ipsorum substituere, tali modo sicut supra dictum est nobis obligatos. Predictus vero Ingerrannus firme illi renuntiare non poterit nisi de nostra licentia et concessimus eidem quod predictam firmam cuicumque voluerit, dum tamen canonico ecclesie nostre assignare poterit post decessum suum tota vita illius tenendam sub censa nominata ; ita quod substitutus ab eodem Ingerrano nobis securitatem faciet de eadem censa reddenda ad terminos memoratos. Nos autem hec omnia tam ipsi Ingerrano quam substituto ab eo garandire tenemur et (post) decessum amborum ad nos libere revertentur. Ut igitur hec omnia rata permaneant et inconcussa presens scriptum conscribi et in cyrographum dividi fecimus, sigilli nostri capituli testimonio roboratum et partem cyrographi ipsi Ingelranno donavimus, partem alteram penes nos retinentes.

Actum Ambiani anno Verbi incarnati M° CC° duodecimo, mense martio.

Cartul. I, f° 120, n° CL.

141.

DE RADULPHO VICHARZ ET UXORE EJUS UT PRIUS (1).

Mars 1212 (ou 1213 n. st.)

J. divina permissione decanus Belvacensis, omnibus presentem paginam

(1) IIe, IIIe et IVe Cartul. ; De emptione Enardi De La Ride. super eodem ; Ve Cartul. : De emptione Enardi

inspecturis, salutem in Domino. Universitati vestre notum fieri volumus quod constituti in presentia nostra Radulphus Wichars (1) et uxor ejus Aelidis, Hugo de Molendino, et Gila (2) uxor ejus, Godefridus de Castello et Elizabeth (3), uxor ejus, recognoverunt se vendidisse pro sexaginta libris parisiensium Enardo de la Ride quicquid habebant in furno ipsius Enardi sito juxta pontem Pinart (4), et quicquid habebant in terris de Doumeliers (5) ad faciendam omnem suam voluntatem. Omnes vero predicti Radulphus et uxor ejus A., Hugo et uxor ejus G., Godefridus et uxor ejus E., in presentia nostra fidei sue religione interposita firmaverunt quod numquam de cetero in predicto furno, vel in terris prefatis aliquid reclamabunt, nec super hiis omnibus amodo querelam contra Enardum vel uxorem ejus movebunt, nec sepedictis E. et uxori ejus aliquam super hiis inferent molestiam vel gravamen. Quod ut ratum imperpetuum permaneat et inconcussum scripti presentis attestatione et sigilli nostri munimine ad petitionem partium confirmare decrevimus.

Actum anno gratie M° CC° duodecimo mense marcio.

Cartul. I, f° 148, n° ccxxvii; II, f° 182, n° clxxvi; III, f° 127, n° clxiii; IV, f° 76, n° clxiv; V, f° 64, n° lxxv.

142.

Pro usu et pascuis de Thois (6).

Evrardus, divina permissione Ambianensis ecclesie minister humilis, omnibus ad quos littere iste pervenerint salutem in Domino. Noverit universitas vestra quod cum inter capitulum Ambianense ex parte una, et Johannem de Tois (7) militem ex altera, coram nobis controversia verteretur proponentem dicto capitulo quod homines sui ad opus animalium suorum pascua communiter habeant in territorio de Tois (8), de quibus pascuis idem Johannes prefatos homines violenter ejecerat, et instanter restitutionem petente,

1212

(1) IV° Cart. : Wicars,
(2) II° Cartul. : Ghila.
(3) III° et IV° Cartul. ; Elyzabeth.
(4) IV° Cartul. : Pinardi.
(5) II° Cartul. : Domeliers ; III° et IV° Cartul.: Dommeliers
(6) III° Cartul. : De possessione usus in communibus pascuis de Thois.
(7) II° Cartul. : Thois.
(8) II° Cartul. : Thois.

adiciente etiam quod si contigeret homines suos vel eorum animalia capi per oblationem de loco capture et prestationem juramenti ipsius qui captus esset vel custodis animalium captorum, portatis reliquiis a capto homine vel a custode animalium captorum in locum quo captura dicebatur facta, prestito juramento, liberi remanere deberent. Tandem auditis propositis et responsis utriusque partis et probationibus capituli super possessione vel quasi possessione predictorum ordine juris prout debuit observato, de prudentum virorum consilio, adjudicavimus capitulo possessionem vel quasi possessionem usus in communibus pascuis de Tois (1) ad opus animalium hominum dicti capituli, qui scilicet commorantur in villis vicinis territorio de Tois, et possessionem vel quasi possessionem liberationis hominum capituli vel animalium ipsorum, si contigerit eos capi a Johanne predicto per oblationem de loco capture, et prestationem juramenti ipsius qui captus fuerit vel custodis animalium captorum, portatis reliquiis a capto homine vel a custode animalium captorum ad locum in quo dicitur captura facta, salva questione proprietatis, supradictum Johannem condempnantes in expensis rationabilibus quas homines capituli pro captura sua vel animalium suorum fecerunt post oblationem juramenti faciendi pro liberatione sua. In cujus rei testimonium rei seriem presenti pagina fecimus annotari et sigilli nostri auctoritate communiri.

Actum anno gracie M° ducentesimo duodecimo.

Cartul. I, f° 111. n° cxxvi ; II, f° 160 v°, n° cxlv ; III, f° 111 v°, n° cxxxii ; IV, f° 67 v°, n° cxxxii.

143.

De decima de Bertramecort (2).

Juin 1213

Everardus, divina permissione Ambianensis ecclesie minister humilis, omnibus Christi fidelibus presens scriptum inspecturis eternam in Domino salutem. Noverit universitas vestra quod in nostra presentia constitutus Hugo de Belval (3) recognovit se nostre matri Ambianensi ecclesie pro centum libris parisiensium in perpetuum vendidisse decem modios medie-

---

(1) II° Cartul. : Thois.
(2) III° et IV° Cartul. : Bertramecourt.

(3) II° Cartul. : Biauval ; IV° Cartul. : Beleval dans toute la charte.

tatem frumenti et medietatem avene ad mensuram Ambianensem, singulis annis sumendos de decima quam per peccatum in territorio de Bertramecourt possidebat. Hec etiam intercessit conditio coram nobis quod, quamdiu custos ecclesie nostre ibidem apud Bertramecort morabitur pro predictis modiis colligendis et recipiendis, omnes sumptus suos percipiet de residuo decime memorate. Sciendum est etiam quod Gila, uxor predicti Hugonis coram nobis super hoc propter hoc constituta, publice protestata est quod nichil dotalicii habebat vel reclamabat in decima supradicta : et quod inde fecerat idem Hugo gratanter et benigne concessit promittens sub interposito fidei sacramento quod nunquam super venditione ista et conventione presumeret nostram per se vel per alium ecclesiam molestare, dicto Hugone hoc idem similiter affidante. Preterea Elizabeth (1), domina de Aveluis (2), que dictam decimam ad feodum suum pertineri (sic) dicebat, venditionem et conventionem istam benigne concessit et per suas litteras a nobis humiliter postulavit ut predictam venditionem et conventionem grato prosequeremur assensu, sicut in suo videremus autentico contineri quod talem formam habebat. — Ego Elizabeth (3), domina de Avelius (4), notum universis facio quod Hugo de Belval, homo meus, vendidit ecclesie Ambianensi, de assensu et voluntate mea, decem modios medietatem bladi et medietatem avene, ad mensuram Ambianensem, de decima quam de me tenebat in territorio de Bertramecourt annuatim in perpetuum capiendos, que me jure hereditario et feodali contigebat ; quam venditionem ego teneor fideliter guarandire. Condictum est etiam quod quamdiu custos ecclesie ibidem moram faciet ad colligendum et percipiendum modios predictos, sumptus omnes percipiet de residuo decime prenotate. In cujus rei testimonium sigillum meum apposui. Actum est hoc anno incarnati Verbi Mº CCº XIIIº, mense maio = Prefatos igitur X modios de decima memorata nobis ab eodem Hugone et uxore sua cum sumptibus supradictis resignatos predicte ecclesie reddidimus perpetuo possidendos, presentem cartam exinde confectam et nostri auctoritate sigilli munitam eidem pariter concedentes in testimonium veritatis.

Actum anno incarnationis dominice Mº CCº XIIIº, mense junio.

Cartul. I, fº 172, nº ccxc ; II, fº 161, nº cxlvi ; III, fº 112, nº cxxxiii ; IV, fº 68, nº cxxxiv.

(1 IIe Cartul.: Helyzabeth dans toute la charte
(2) IIe Cartul. : Avenis dans toute la charte.
(3) IVe Cartul. : Elyzabeth.
(4. *Aveluis* ?

144.

1215

Je Phelippes, rois de France, par le grace de Dieu fais savoir a tous ceaus ki ceste chartre verront pour ce ke nostre ami et nostre feel citoien d'Amiens nous ont servi ...ment pour l'amisté d'eus et pour leur requeste nous leur avons otrié kemugne a tes coustumes les queles il ont juré a tenir et a garder.

Cascuns gardera droiturierement en toutes coses a son juré foi et aide et consel.

Kiconkes faisans larrecin et en sera pris dedens les bornes de le vile, et il est couneu ke il l'ait fait, il sera livrés à nostre prevost et sera jugiés par jugement de kemugne, que il en sera a faire en sera fait.

Cil qui claime cose emblée se ele puet estre trouvée nostre prevos le rendera, les autres coses seront nostres. Nus ne preigne a destourber houme qui viegne dedens le kemugne, ne markeant qui viegne en le cité, a toute markeandise et dedens le banlieue de le cité, et se aucuns le faisoit, le kemugne en feroit justice, si comme d'enfraignement de kemugne, s'on le pooit prendre ou aucune cose du sien.

S'aucuns de kemugne tolt a son juré les sieues coses nostre prevos le semonra et poursieurra justice, et se li prevos defaut de justice, cil sera semons de maieur et d'eskevins, et venra par devant le kemugne, et fera il tant comme eskevin jugeront sauve nostre droiture.

S'aucuns qui nest mie de kemugne tolt a houme de kemugne les sieues coses et il ne li veut faire droit dedens le banlieue, puis ke le kemugne l'ara fait savoir as houmes du castel ou il maint se nostre prevos puet prendre li ou aucune cose du sien il le retenra tant ke il ara poursievi droiture, et ke nous arons en nostre droite amende et kemugne le sieue.

Qui fiert de poing ou de paume houme de kemugne, se n'est glouton ou leceeur, s'il ne se puet desfendre ou desraisnier contre le féru par II tesmoins ou par III, par devant nostre prevost il donra XX s. XV. a le kemugne et V s. as segneurs.

Qui navre sen jure d'arme, se il ne s'en puet desfendre par loial tesmoingnage ou par sairement encontre le navré, il perdera le poing ou IX l. pour le racat de son poing, a le fremeté de le cité VI l. et a le kemugne, et XL s. a le justice des seigneurs et se c'est cose ke il ne puist rendre il liverra sen poing en le merci de kemugne, sauf le castel as segneurs, mais se li navrés est si orgelleus ke il ne veille prendre amendise au jugement del maieur et des eskevins et del prevost ne seuurté douner, s'il a maison ele sera abatue, et li castel (1) pris ; s'il n'a maison ses cors sera pris tant ke il ait prise l'amendise et le seuurté dounée.

S'aucuns qui n'est de kemugne fiert ou navre houme de kemugne, s'il ne veut poursievir droiture par devant nostre par jugement de kemugne, le kemugne abatera se maison se ele puet, et li catel seront le roi, et s'il le pueent prendre par devant le prevost le roi en sera prise veniance, par maieur et par eskevins et li catel seront le roi.

Qui laidenge sen juré et laides paroles et deshounestes et II ou III loent et il en est atains, il donrra V s., II s au laidengié et III s. a le kemugne, qui dist cose deshouneste a aucun de kemugne en oiant de aucun, s'il le fait savoir a le kemugne, et il ne s'en veut desfendre par jugement de kemugne ke il ne l'ait dit le kemugne abatera se maison se ele puet, et ne li soufferra demourer en le kemugne, duskes a ce ke il l'ara amendé et se il ne le veut amender si catel seront en le main le roi, et le kemugne.

S'aucuns est atains de faus sairemement ou de foi mentie envers sen juré, il les peinra par jugement de kemugne par devant le prevost et par devant le maieur. S'aucuns de kemugne acate a escient ou vent cose pree s'il en puet estre atains, il perdera le proie et le rendera as prees, se li pree ou leur segneur n'ont fourfait aucune cose as seigneurs de le kemugne ou envers le kemugne, cil qui ne puet avoir justice de clameur ke il fait vers son aversaire par prevost, par jugement de kemugne, se il li fait après aucune cose le kemugne le metera a raison, et quant le raisons sera oïe le kemugne jugera que on en doit faire.

Cil qui est semons de maieur ou d'eskevins ou de serjant de kemugne et il defuit justice et jugement, il abateront se maison s'il pueent et ne le lairont demourer entreaus duskes a ce ke il l'ara amendé et li catel seront en le merci le prevost et le maieur.

Qui rechete en se maison a escient ennemi de kemugne et qui kemunité

---

(1) Le texte porte castel, mais c'est une faute, car le même mot figurait plus haut et l's y a été exponctuée.

li porte, soit en vendre ou en acater, nen boire, nen mangier ne en aucun confort ou qu'il li doigne conseill ne aide contre le kemugne il est coupables de kemugne et si ne l'amende isnelement par jugement de kemugne, le kemugne abatera se maison s'ele puet et li catel seront le roi, dedens le banlieue ne sera recheus campions louiis contre houme de kemugne.

S'aucuns enfraint a escient les establissemens de kemugne et sans clameur et il en est atains de ce, le kemugne abatera se maison se ele puet, et ne le laira demourer entreaus duskes a ce ke il l'ara amendé.

Il est establi que le kemugne ne se doit entremetre des fiefs des terres as seigneurs.

Qui veut prouver le jugeeur de kemugne de fauseté de jugement s'il ne le puet prouver si conme drois est, il sera en le merci le roi et le maieur et les eskevins de kankes il a.

Feme ne puet vendre ne metre en wages sen douaire fors au plus prochain oir, et de an en an, se li oirs ne le veut ou ne puet acater, il couvient le feme ke le tiegne se vie, et par an le puet lower.

S'aucuns hom ou se feme ont enfans ensamble, et il avient ke li enfant muerent, cil qui seurvivera soit li hom le feme, tenrra en pais ce que il tinrent ensamble de leur aconqueremens toute se vie, se dons ou lais n'en est fais, a le vie de celi qui avant muert, mais se li hom ou le feme ont enfans anchois ke il soient assamblé, le heritage des enfans revenra a eus, apres le dechès du pere ou de le mere se ce n'est fies. Se le feme seurvit apres le mort sen baron et li enfant remainent vif le feme ne respondera de toute le possession que ses barons avoit tenu en pais tant come li enfant seront en se warde de si la qu'il ait avowe se ce n'est wages.

S'aucuns demande avoir a aucune feme veve, ele se desfendera par sen sairement contre I tesmoing, nient contre pluiseurs et remanra en pais, et se on li demande aucune possession si conme wage ele se deffendera par bataille.

S'aucuns acate tere ou aucun heritage d'aucun, et ele est offerte au plus prochain oir, ains ke ele soit acatée et li oirs ne le veut acater, on n'en respondera puis a l'oir en plait et s'ele ne li est offerte, et cil qui acate ara tenu sen acat I an, et a sen seuu et a se veve n'en respondera ensement puis.

S'aucuns tient en pais aucune sieue possession son adversaire present n'en respondera puis.

S'aucuns markeans estranges vent aucune cose, et il ne puet avoir son paiement, il se clamera avant au seigneur del acateeur ou a son prevost, et se on li defaut de justice il se clamera au maieur et li maires li fera tanstot avoir, quel jour ke ce soit, qui se claime de promesse riens ne recevera.

S'aucuns ou maires ou eskevins ou autres de le justice le maieur prent loiier au demande, et cil qui le doune ou le demande se claime au maieur, et cil en a tesmoins, li atains donra XX s. et si rendera le loiier s'il l'a pris et se li encuserres n'a tesmoins, li acuses se desfendera par sen sairement.

S'aucuns se claime au prevost et li prevos ne li veut droit faire, il se clamera au maieur et li maires metera le prevost a raison ke droit li face, et se li prevos ne li veut faire droit, li maires li fera justice. sauve le droiture le roi selonc les establissemens des eskevins. S'aucuns enterce le sieue cose seur autrui et li acuses respont ke il ne l'a acatée a sen escient a larron, il perdera ce dont il iert acuses et si se desfendera par sen sairement se li prevos et le justice veut et en pais s'en ira et ce meisme sera ses garans s'il dist ce meisme, ausi fera li premiers et li secons et li acuserres affermera par sen sairement ce que il claime se le justice veut. En toutes causes li acuses et li acuserres et li tesmoing parleront par avocat s'il veulent.

Nus n'entrepreingne a plaidier hors de le vile de possessions qui aparticnent a le cité.

Se li hom ou le feme aconquerent aucune possession en leur vie et li uns muert, cil qui remanra ara a par li le moitié et li enfant l'autre, se li hom ou le feme muert, et li enfant remainent vif, cil qui remanra ne porra vendre ne douner a cens ne metre en wages le possession ki vient de le part au mort, soit en terre ou en rente sans lotrche des prochains parens au mort, ou desi la ke li enfant seront sans warde.

S'aucuns laidenge le prevost le roi en plait ne hors plait de laides paroles et deshounestes, il en sera en le merci le prevost par jugement del maieur et des eskevins. S'aucuns laidenge le maieur en plait ou hors plait de laides paroles et deshounestes se maisons sera abatue ou racatée selonc ce ke ele vaut en le merci des eskevins. S'aucuns fiert ou navre sen juré et li ferus se claime ke pour vies haine soit ferus, li fererres fera droit selonc les establissemens des eskevins pour le colp et apres pour le vies haine ou il se purgera par son sairement ou il fera droit a le kemugne par IX l., VI l. a le kemugne et LX s. a le justice des segneurs et rendant le moitie de sen droit dedens les VIII jours ou tout se li eskevin vuelent.

Nus ne fera sairement pour celi qui fiert quiconkes il soit ou hom ou feme ou valles se li maires siet aveuc le kemugne et avoec les jurés en plait et aucun fièrt sen juré iloec, le maison celi qui atains sera par pluisuers tesmoins k'il a douné le premier caup sera abatue ; qui laidengera sen juré en plait il paiera XX s et le justice des seigneurs ni partira nient.

Qui jete sen juré en iaue ou en palu, et cil qui se claime a I seul tesmoing et li maires voit le cuncieure li malfaisierres paiera LX s. ; de ce si ara le justice de segneurs XX s. et li maires le remanant, mais se li cuncies n'a nul tesmoing il se desfendera par son sairement encontre le cuncieure et ensi encontre sanc et en si s'en ira delivrés.

Qui apèle sen juré *serf* ou *recreant* ou *traiteur* ou *coup* il paiera XX s.

Se li fiex a bourgois fait aucun mesfait, li pères poursieurra droiture a le kemugne par son fill, et s'il n'est en le warde au père et il est semons et il fuit justice I an, sera hors de le cité, et s'il veut revenir apres l'an passé il fera droit au prevost et au maieur selon les establissemens des eskevins.

Se aucune recounissance est faite par devant II eskevins ou par devant pluisieurs de le couvenance ne sera puis ne cans ne bataille, se li eskevin tesmoingnent k'il furent a le counissance toutes ces droitures et cist kemandement que nous avons devant dit, sont tant seulement del maieur et de le kemugne, et entre les jures n'est pas ingaus jugemens de jure et de non jure.

Il soloit estre coustume a Amiens ke es festes des apostres de chascune carete qui entroit par le quele ke soit des IIII portes de le cité, li archidiacres Garins prendoit 1 s. Li maires et li eskevin qui adonc estoient l'acatèrent par le conseill le veske Tierri d'Amiens iceles coustumes a celi archediacre V s. et IIII et prisrent a cens et celi cens prent li archediacres au four Fremin delencloistre.

De tous les tenemens de le vile sera faite droiture par nostre prevost

III fois en l'an en plait general au Noel et a Paskes et a Pentecouste, tous les fourfais qui seront fait dedens le banlieue de le cite jugeront li maires et li eskevin et en feront justice si conme il deveront, pardevant nostre ballieu si veut, et s'il n'i veut estre il ne lairont mie pour ce a faire leur justice s'il n'i est fort de rat et de murdre que nous retenons avœc nos et a ceaus apres nous a tous jours sans part d'autrui, mais li catel des omecides et des ardeurs et des traiteurs sont nostre sans part d'autrui, et es cateus des autres fourfais retenons nous avœc nostre oes et avœc ceaus qui apres nous venront ce ke nos i avons euu et que nous i devons avoir.

Nus ne puet faire ban en le vile fors par le roi et par le veske.

S'aucuns est banis de le vile par aucun mesfait li rois, li sinescaus, li prevos le roi, li veskes, li maires, chascuns de ces le puet conduire une fois en l'an, fors de murdre et d'omecide d'arson, traison de rat. Nous volons et otrions tous jours a le kemugne ke il ne loise mie a nous ne a ceaus qui apres nous venront metre le cite d'Amiens ne le kemugne hors de nostre main, tous soit apendans a le couroune de France, et pour ce ke toutes ces coses soient fermes et estables a tous jours nous confremons cestre chartre par l'auctorite de nostre seel et par le fourme et par le figure des roiaus nons qui sont noté et escrit ci endroit, sauve le droiture le veske et des eglises et des barons del pais et sauve autrui droiture. Ceste chartre del roi Phelippe fu dounée et a Peroune renouvelée. En l'an de l'incarnation nostre Segneur M et CC et IX, el tresime an de sen règne. Ceste chartre fut confremée et renouvelée del roi Loeis a Hédin. En l'an de l'incarnation Nostre Segneur M et CC et XV el tierhc an de sen regno estans en sen palais, ses barons qui ci sont noume present Nul senes cal n'avoit en France. Li signes Robert le Boutellier. Li signes Bertremieu Le Cambellenc. Li signes Maihieu le counestable. Dounée fu par le main Garin le veske de Senlis.

Cartul. III, f° 5.

145.

Mandatum Honarii Pape Episcopo Ambianensi contra injuriatores et bonorum detractores capituli Ambianensis.

Honorius, episcopus Servus Servorum Dei venerabili fratri episcopo

3 Novembre 1216

Ambianensi salutem et apostolicam benedictionem. Cum dilecti filii Ambianense capitulum frequenter a multis, sicut accepimus, rapinis aliisque injuriis indebite molestentur, Nos contra molestatores hujusmodi volentes eisdem paterna sollicitudine providere, fraternitati tue per apostolica scripta precipiendo mandamus quatinus quotiens a prefato capitulo fueris requisitus, eorum injuriatores per Ambianensem civitatem et diocesim constitutos ut eis satisfaciant de injuriis irrogatis, et ab inferendis in posterum conquiescant, moneas efficaciter et inducas illos, qui monitis acquiescere non curaverint ad id per censuram ecclesiasticam appellatione postposita, sicut justum fuerit compellendo, mandatum apostolicum taliter impleturus quod idem capitulum pro defectu tuo non paciatur justicie detrimentum, et nos de negligentia reprehendere non possimus. Testes autem qui fuerint nominati si se gracia, vel odio, vel timore subtraxerint, per censuram eandem appellatione cessante compellas veritati testimonium perhibere.

Datum Laterani III nonas novembris, pontificatus nostri anno primo.

<small>Cartul. II, f° 147, n° cxxv ; IV, f° 66 v°, n° cxxviii bis.</small>

146.

MODERAMEN (1) HONORII DE CANONICIS IN SERVITIO EPISCOPI.

3 Novembre 1216

Honorius, episcopus, servus servorum Dei, dilectis filiis decano et capitulo Ambianensi salutem et apostolicam benedictionem. Ex parte vestra fuit propositum coram nobis quod quidam canonici vestri occasionem sumentes ex quadam indulgentia venerabili fratri nostro episcopo vestro a felicis memorie J. papa, predecessore nostro, concessa, qua indulsit eidem ut canonici existentes in servitio ejus equitantes cum eo prebendas et distributiones cotidianas percipiant ac si essent in vestra ecclesia residentes, ab eadem ecclesia se absentant, propter quod inter vos scandalum generatur, et ecclesia vestra tam in temporalibus quam spiritualibus grave potest incurrere detrimentum. Volentes sic indulgentiam moderari predictam quod episcopus fructum sentiat ex eadem, et ecclesia predicta per abusum grave dispendium non incurrat, presentium auctoritate decrevimus ut ultra

<small>(1) II° Cartul. : Moderatio.</small>

quam duobus canonicis vestris in obsequio ipsius episcopi ex causa necessaria existentibus prebendas et distributiones predictas non teneamini ministrare. Nulli ergo omnino hominum liceat hanc paginam nostre diffinitionis infringere vel ei ausu temerario contraire ; si quis autem hoc attemptare presumpserit, indignationem omnipotentis Dei et beatorum Petri et Pauli apostolorum ejus se noverit incursurum.

Datum Laterani III nonas novembris, pontificatus nostri anno primo.

Cartul. I, f° 170 v°, n° cclxxxiii ; II, f° 146 v°, n° cxxiii ; III, f° 109 v°, n° ccxvi ; IV, f° 66, n° cxxvii.

147.

CONFIRMATIO HONORII COMPOSITIONIS INTER NOS ET EPISCOPUM SUPER DECIMA (1) DE ROVEROI 2) ET FLUXU AQUARUM AD MOLENDINA NOSTRA AMBIAN[ENSIA".

Honorius, episcopus, servus servorum Dei, dilectis filiis decano et capitulo Ambian*ensi* salutem et apostolicam benedictionem. Ea que judicio vel concordia terminantur apostolico convenit presidio communiri ne in iterare labantur scrupulum questionis. Cum igitur, sicut ex parte vestra fuit propositum coram nobis, questio, que olim inter vos ex una parte et bone memorie Th. Ambianensem episcopum, ex altera, super decima de Roveroi (3) a rivis aquarum que ad vestra defluunt molendina, piscatione Ambianensis episcopi, ac cursu navium per aquas predictas, et quibusdam aliis articulis vertebatur, mediantibus venerabilibus fratribus nostris Attrebatensi et Noviomensi episcopis, fuerit amicabili compositione sopita. Nos vestris precibus inclinati compositionem ipsam, sicut sine pravitate provide facta est, et ab utraque parte sponte recepta est, necnon hactenus pacifice observata, auctoritate apostolica confirmamus et presentis scripti patrocinio communimus. Nulli ergo....

8 Novembre 1216

Datum Laterani VI idus novembris, pontificatus nostri anno primo.

Cartul. I, f° 170, n° cclxxxii ; II, f° 146, n° cxxii ; III, f° 109, n° cxxv ; IV, f° 66, n° cxxvi.

(1) Le mot *decima* est passé dans le premier et le troisième cartulaire, mais cette lacune n'existe pas dans les deuxième et quatrième.

(2) IV° Cartul. : Rouveroi.
(3) IV° Cartul. : Rouveroi.

148.

INHIBITIO HONORII PAPE NE ALII PRELATI EXCOMMUNICATOS PRO NOBIS RECIPIANT VEL ABSOLVANT.

10 Novembre 1216

Honorius, episcopus, servus servorum Dei, dilectis filiis decano et capitulo Ambian*ensi* salutem et apostolicam benedictionem. Cum in aliquos, merito suorum excessuum, ecclesiastica sententia promulgatur, nequaquam sunt ab aliis ecclesiarum prelatis ad absolutionis seu cujusquam communionis ecclesiastice beneficium admittendi, donec ad mandatum ecclesie revertantur, et ab eis de suis excessibus congrue satisfiat. Eapropter vestris justis petitionibus annuentes, auctoritate apostolica inhibemus ne, cum in malefactores ecclesie vestre sententia excommunicationis vel interdicti canonice fuerit promulgata, prelati aliarum ecclesiarum eos ad communionem admittant vel eis xpistianitatis solatium impertiri presumant quousque noverint illos ad sinum ecclesie redisse. Nulli ergo....

Datum Laterani IIII idus novembris, pontificatus nostri anno primo.

Cartul. I, f° 170 v°, n° cclxxxiv ; II, f° 146, n° cxxiv ; III, f° 109 v°, n° cxxvii ; IV, f° 66 v°, n° cxxviii.

149.

CONFIRMATIO HONORII BONORUM NOSTRORUM, ET NE QUIS INSTITUATUR NISI DE LEGITTIMO MATRIMONIO.

10 Novembre 1216

Honorius, episcopus, servus servorum Dei, dilectis filiis decano et capitulo Ambianensi salutem et apostolicam benedictionem. Cum a nobis petitur quod justum est et honestum, tam vigor equitatis quam ordo exigit rationis ut id per sollicitudinem officii nostri ad debitum perducatur effectum. Eapropter, dilecti in Domino filii, vestris justis precibus inclinati personas vestras et Ambianensem ecclesiam in qua divinis estis obsequiis mancipati cum omnibus bonis que in presentiarum rationabiliter possidetis, et in futurum, dante Deo, justis modis poteritis adipisci, sub beati Petri et nostra protectione suscipimus : specialiter autem possessiones, libertates et immunitates, necnon approbatas et rationabiles consuetudines ecclesie vestre, dummodo in nullo penitus obvenit canonicis institutis, sicut eas juste ac pacifice obtinetis, vobis et per vos eidem ecclesie auctoritate apostolica confirmamus et presentis scripti patrocinio communimus. Ad hec autem, auctoritate presentium inhibemus ne quisquam in ecclesia vestra in canonicum admittatur qui non sit de legittimo matrimonio procreatus, vel qui hoc, salva conscientia, suo firmare valeat juramento, sicut hactenus in ipsa ecclesia dicitur observatum, salva tamen apostolice sedis auctoritate. Nulli ergo....

Datum Laterani IIII idus novembris, pontificatus nostri anno primo.

Cartul. I, f° 170, n° ccixxxi ; II, f° 145 v°, n° cxxi ; III, f° 108 v°, n° cxxiv ; IV, f° 65 v°, n° cxxv.

150.

De decima de Cachi.

Ego Eustachius de Encra (1), miles, omnibus tam presentibus quam futuris presentes litteras inspecturis notum facio quod Guibertus de Sanctis vendidit ecclesie beate Marie Ambianensi, de assensu et concessione Emmeline (2) uxoris mee et Ingelranni primogeniti filii mei, quicquid habebat in decima de Cachi quam de me tenebat. Ita quod assensum istum ambo predicti, videlicet uxor mea et filius meus, juramento firmaverunt se in perpetuum ratum habituros. Hanc etiam venditionem concesserunt Johannes ejusdem Guiberti frater et soror eorum, necnon et uxor prenominati Guiberti cum liberis omnibus eorum, juramento firmantes quod nunquam prefatam ecclesiam super dicta decima molestarent. Ego quoque Eustachius juramento firmavi quod prefatam decimam ecclesie memorate sicut dominus terrenus guarandirem, ad idem obligans uxorem meam et meos heredes. Et ad majorem evidentiam istius contractus presentem cartam sigilli mei impressione munitam capitulo Ambianensi tradidi in testimonium veritatis.

Actum anno gratie M° CC° sexto decimo, mense aprili.

Avril 1216.

Cartul. I, f° 172 v°, n° ccxcii ; II, f° 162 v°, n° cxlviii ; III, f° 113, n° cxxxv ; IV, f° 68 v°, n° cxxxvi.

(1) II° Cartul. : Enchra. (2) II° Cartul. : Emeline.

151.

De emptione bosci de Gysonvile (1) a majore de Revella.

1216.

Ego Johannes, dominus de Riencort (2), universis tam presentibus quam futuris notum facio quod Guido, major de Revella, de assensu et voluntate Marie uxoris sue et heredum suorum, scilicet Radulphi, Nicholai, Ade, Marie, Agnetis, Hawidis, Emmeline (3), necnon et Honorate uxoris prenominati Radulphi, boscum suum qui dicitur de Gisonvile (4), quem de me tenebat, vendidit ecclesie beate Marie Ambianensi pro XXVII libris parisiensium, et pro sex jorneliis terre site in territorio de Revella, quam amodo debet de me tenere, et pro IIII^{or} modiis bladi, medietatem frumenti, medietatem avene, annuatim in perpetuum reddendis eidem majori et heredibus ejus de cellario ecclesie Ambianensis. Hanc vero venditionem prenominati major et uxor ejus, et filii eorum et filie, benigne concedentes et eam offerentes super altare beate Marie juramento firmarunt quod nunquam prefatam ecclesiam super hoc inquietarent sive in eadem venditione aliquid de cetero reclamarent. Ego autem Johannes, tunc presens in ecclesia eadem beate [Marie, sepedictam venditionem concessi et approbavi, et ab omni juridictione et justicia laicali eam absolvens, in manum magistri Bernardi tunc officialis et tunc agentis vices domini Ambianensis resignavi, firmans sub juramento quod prefatam ecclesiam super prenominata venditione non molestarem, et quod eandem dicte ecclesie guarandirem, obligans ad hoc me et heredes meos in perpetuum. Ad cujus rei evidentiam et perpetuam memoriam presens scriptum sigilli mei appositione roboravi.

Actum Ambiani anno gratie M° CC° sexto decimo.

Cartul. I, f° 173, n° ccxciii ; II, f° 163, n° cxlix ; III, f° 113 v°, n° cxxxvi ; IV, f° 68 v°, n° cxxxvii.

(1) IIe Cartul. : Guisonville ; IVe Cartul. : Gisonvile.
(2) IVe Cartul. : Riencourt.
(3) IIe Cartul. : Emeline.
(4) IIe Cartul. : Ghisonvile ; IIIe Cartul. : Gysonvile.

152.

CARTA DE CANTORIBUS, DE MAGISTRO SCOLARUM ET PENITENTIARIO (1).

Everardus, divina permissione Ambianensis ecclesie minister humilis, omnibus presens scriptum inspecturis eternam in Domino salutem. In publicam volumus venire noticiam quod de communi assensu et voluntate capituli nostri ad servicium nostre matris ecclesie et honorem ampliandum, pro utilitate etiam publica totius dyocesis, tres personatus in nostra ecclesia constituimus, precentoriam videlicet, magisteriam scolarum (2) et penitentiariam, ita quod cuilibet personatui proventus proprios duximus assignandos. Precentorie scilicet proventus qui ante hoc statutum cantorie fuerant assignati. Loco autem illorum proventuum in recompensatione ipsi cantorie viginti quinque libras de thesauraria nostra percipiendas annuatim assignavimus, donec vacent nobis aliqui redditus altarium per quos cantorie assignandos usque ad dictam summam XXV librarum thesaurariam nostram liberemus. Dictas autem XXV libras ab illo qui thesaurarie preerit cantori reddi volumus et precipimus ad hos terminos : scilicet ad festum sancti Remigii sex libras et quinque solidos, ad Natale Domini tantumdem, ad Pascha tantumdem, in festo sancti Johannis Baptiste tantumdem. Magisterie autem scolarum viginti quinque libras, penitentiarie vero XX assignavimus ad proventus altarium de sancto Maxentio et de Rambureles percipiendas annuatim, ita quod a presbyteris dictorum locorum fidelitatem faciemus exiberi personis que dictos personatus habebunt. Sic autem distincta sunt dictorum personatuum officia. Precentor proximum stallum post decanum : cantor proximum stallum post precentorem habebunt. Precentor in superiori stallo canonicos installabit, cantor in inferiori; uterque dabit regimen duarum scolarum cantus. Juridicio puerorum communis erit utrique : communi consilio recipient in choro pueros ; uterque poterit ejicere delinquentem ; ejectus (3) ab uno non introducetur ab alio nisi ejicientis satisfecerit arbitrio. Precentor audiet a pueris id quod debent cantare ; cantor eos pro

Avril
1218 (v. st.)

(1) IIe, IIIe et IVe Cartul. : De tribus personatibus additis in ecclesia Ambianensi.
(2) IVe Cartul. ; Scolarium.
(3) IIe, IIIe et IVe Cartul. : Eductus.

excessibus suis verberabit. Precentor et cantor simul regent chorum in Nativitate Domini, in Epiphania, in Pascha, in Ascensione, in Pentecoste 1), in festo Trinitatis, in quatuor festis beate Virginis, in duobus festis beati Firmini martyris, in duobus festis beati (2 Johannis Baptiste, in festo sancti Fusciani, in festo sancti Firmini Confessoris, in festo sancti Honorati, in festo Dedicationis, in festo sanctorum Petri et Pauli, in festo sancte Marie Magdalene, in festo Omnium Sanctorum. In aliis duplicibus cantor cum uno de canonicis reget chorum. In Ordinibus, in consecratione crismatis (3) et benedictionibus abbatum Precentor chorum reget. In synodo, prima dies est Precentoris, secunda cantoris. Precentor officium anni pronuntiabit et ni hiis omnibus si alter absens fuerit, ille qui presens erit supplebit defectum. Cantoris erit scribere tabulam cantorum. Si quid autem ad ipsorum officia adjitiendum fuerit, consilio nostro et capituli disponetur. Magister vero scolarum proximum stallum juxta archidiaconum Ambianensem, Penitentiarius proximum juxta Pontivensem habebunt. Magister etiam (4) scholarum signabit lectiones in matutinis et in missa legendas, et ascultabit si fuerit requisitus. Litteras capituli faciet. regimen scolarum conferet de anno in annum, tabulam lectorum scribet. Penitentiarius loco nostri vero confessiones audiet de quacumque parte dyocesis ad ipsum referantur, exceptis confessionibus curatorum nostrorum et magnatum ac baronum quas nobis reservamus. Ad illum etiam, tamquam ad illum quem post nos in hoc officio primum esse volumus, dubitationes si que emergent (5) in foro penitentiali jubemus reportari, penitentias injunctas ab aliis confessoribus relaxare poterit aut mutare prout secundum Deum viderit expedire. Provisionem et curam domus hospitalarie Ambianensis, loco nostri habebit. Ut autem hoc statutum in posterum inviolabiliter observetur, presens scriptum sigilli nostri munimine duximus roborandum.

Actum anno ab incarnatione Domini millesimo ducentesimo decimo octavo, in vigilia Pasche.

Certul. I, f° 140, n° CLXXXVI ; II, f° 174, n° CLXVIII ; III, f° 121 v°, n° CLV ; IV, f° 73 v°, n° CLVI.

(1) IIe, IIIe et IVe Cartul. : Pentecosten
(2) Ve Cartul. : Sancti.
(3) IVe Cartul. : Karismatis.
(4) IIe, IIIe et IVe Cartul. : Vero.
(5) IIe, IIIe et IVe Cartul. : Emergerent.

153.

**De Eodem decima de Bertramecort et duobus modiis additis
pro eadem sumptibus custodis.**

Magister Martinus, canonicus et officialis Ambianensis omnibus presens scriptum inspecturis, salutem in Domino. Noveritis quod cum Hugo de Bella Valle vendidisset Firmino clerico qui cognominatur. Rabuischons (1) decem modios bladi de decima de Bertramecort, ita quod de residuo ejusdem decime sumptus custodis erant persolvendi, quia de eisdem sumptibus poterat altercatio suboriri, tandem ut omnis contentio sopiretur, ita convenit inter dictos Hugonem et Firminum quod, de assensu capituli nostri Ambianensi, dictos sumptus custodis duobus modiis frumenti estimarunt de residuo predicte decime deducendis. Qui duo modii cum dictis decem modiis deinceps capitulo nostro et dicto Firmino solventur annuatim, ita quod sex modii ecclesie nostre, sex modii alii dicto Firmino reddentur quamdiu vixerit. Post decessum vero dicti Firmini, ad voluntatem ipsius ubicumque voluerit conferentur. In cujus rei testimonium presens scriptum sigillo curie tradimus communitum.

Actum anno Domini M° CC° XIX° (2), mense aprili.

Avril 1219.

Cartul. I, f° 172 v°, n° ccxci ; II, f° 162, n° cxlvii ; II, f° 113, n° cxxxiv ; IV, f° 68 v°, n° cxxxv.

154.

**De impignoratione decimarum de Haidincort (3), de Haudinval,
de Roiencort (4) et de Peernois.**

Ego Reginaldus de Ambianis, dominus de Vinarcort (5), tam presentibus quam futuris notum facio quod ego ecclesie Ambianensi, pro quadringentis libris parisiensium, pignori obligavi duas partes decime territorii de

Mai 1219

---

(1) II° Cartul. : Rabbuissons ; IV° Cartul. Rabuissons.
(2) II° Cartul. : M° CC° XIII.
(3) IV° Cartul. : Haudincourt.
(4) IV° Cartul. : Roiencourt partout.
(5) IV° Cartul. : Vinarcourt partout.

Haidincort (1), duas partes decime territorii de Haudinval et terciam partem decime in quinquaginta jornalibus territorii de Roiencort ; quas supradictas decimas Johannes de Embrevile et uxor ejus et Ermechins de Vaus de me tenebat in feodum, totam etiam illam quartam partem decime quam Rainaldus (2) de Savieres percipiebat in territorio de Peernois, et de me tenebat in feodum ; et si forte in supradictis territoriis aliquas terras essartari contigerit in quibus supradicti J. de Embrevile et uxor ejus Ermechins de Vaus et Rainaldus de Savieres decimas secundum predictas portiones perciperent si eas possiderent, ille decime pro dictis portionibus ad ecclesiam prefatam durante obligatione pertinebunt. Sciendum est autem quod ego, vel heres meus, vel dominus de Bova, vel heres suus, a festo beati Remigii proximo venturi in tres annos dictas decimas poterimus redimere et non ante. Elapso vero dicto termino infra festum beati Remigii et Epiphaniam quandocumque voluerimus annuatim ipsas nobis redimere licebit. Si autem dicte decime infra Epiphaniam redempte non fuerint, fructus sequentis augusti ad ecclesiam pertinebunt. Nec est pretermittendum quod Johannes de Embrevile, uxor ejus et Radulphus filius eorumdem, pro supradictis decimis quas pro parte sua dictis territoriis percipiebant, benigne et pacifice et absque ulla coactione in excambium a me receperunt LXX jornalia terre in territorio de Hornast, et Ermechins de Vaus, Moniotus filius suus et Maria soror Monioti quadraginta jornalia in dicto territorio de Hornast, Rainaldus etiam de Savieres quadraginta et quinque jornalia in cultura mea de Vinarcort. Et omnes volentes et absque coactione aliqua, juramento corporaliter prestito, promiserunt quod supradictam ecclesiam per se vel per alios super predictis nullatenus molestarent. Ego etiam R. de Ambianis et Mathildis (3), uxor mea, prestito similiter corporaliter juramento, promisimus quod super predictis eandem ecclesiam nullatenus molestaremus. Promisi insuper ipsas decimas dicte ecclesie garandire sub eodem juramento. Ita quod si prefata ecclesia per defectum meum aliqua dampna incurrerit, ego, uxor mea et heredes omnia dampna eidem ecclesie propter hoc illata teneremur resarcire. Et ut hoc ratum et firmum permaneat, presentes litteras sigilli mei munimine feci roborari.

(1) IIe Cartul. : Haidincort ; IVe Cartul. : Haudincourt.

(2) IIe Cartul. : Reinaldus partout.
(3) IIe, IIIe et IVe Cartul. : Matildis.

Actum anno Verbi incarnati M° CC° nonodecimo, mense maio.

Cartul. I, f° 172, n° ccxciv ; II, f° 163 v°, n° cl ; III, f° 114, n° cxxxvii ; IV, f° 69, n° cxxxviii.

155.

CONFIRMATIO DOMINI DE BOVA, SUPER EODEM.

Ego Ingerrannus, dominus de Bova, tam presentibus quam futuris notum facio quod ego ad petitionem dilecti et ligii hominis mei Reginaldi de Ambianis, benigne et pacifice concessi ecclesie Ambianensi decimas pertinentes ad feodum meum quas idem R. dicte ecclesie pignori obligavit, videlicet duas partes decime de Haudincort (1), duas partes decime de Haudinval et terciam partem decime de Roiencort (2) in quinquaginta jornalibus ejusdem territorii; quas omnes supradictas decimas Johannes de Embrevile et uxor ejus et Ermechins de Vaus a supradicto Reginaldo in feodum tenebant ; totam etiam illam quartam partem decime quam Renaldus de Savieres tenebat in feodum ab eodem Reginaldo in territorio de Peernois. Si vero in supradictis territoriis aliquas terras contigerit essartari in quibus Johannes de Embrevile et uxor sua Ermechins de Vaus et Renaldus de Savieres decimas perciperent, secundum dictas portiones si eas possiderent ille decime ad ecclesiam prefatam durante obligatione pertinebunt. Sciendum est autem quod supradictus Reginaldus vel heres ipsius, vel ego vel heres meus a festo beati Remigii proximo venturi in tres annos et non ante dictas decimas poterimus redimere, ita quod, elapso dicto termino, annuatim intra festum beati Remigii et Epiphaniam quandocumque voluerimus ipsas redimere nos licebit. Si autem infra Epiphaniam redempte non fuerint fructus augusti sequentis ad ecclesiam predictam pertinebunt. Omnia vero supradicta sepedictus Reginaldus et ego quantum ad ea que ad feodum meum pertinent tanquam superior dominus tenemur garandire. Et ad majorem hujus rei certitudinem presentes litteras sigilli mei munimine feci roborari.

Mai 1219

Actum anno Verbi incarnati M° CC° XIX°, mense maio.

Cartul. I, f° 173 v°, n° ccxcv ; II, f° 164 v°, n° cli ; III, f° 114 v°, n° cxxxviii ; IV, f° 69 v°, n° cxxxix.

(1) IV° Cartul. : Haudincourt.   (2) IV° Cartul. : Roiencourt.

156.

CONFIRMATIO E. EPISCOPI SUPER EODEM.

Mai 1219

E[verardus], divina permissione Ambianensis ecclesie minister humilis, omnibus XPI fidelibus presens scriptum inspecturis salutem in vero Salutari. Noverint universi quod nos, inspecto tenore litterarum dilecti fidelis nostri Reginaldi de Ambianis super impignoratione duarum partium decime territorii de Haudincort (1) et duarum partium decimarum de Haudinval et terciam partem decime in quinquaginta jornaliis terre territorii de Roiencort (2), impignorationem ipsam, quantum in nobis est, prout in cartula ipsius R. supradicti continetur, approbamus et auctoritate pontificali confirmamus. In cujus rei testimonium presens scriptum sigillo nostro duximus roborandum.

Actum anno Domini M° CC° XIX°, mense maio.

Cartul. I, f° 173 v°, n° ccxcvi ; II, f° 165, n° clii ; III, f° 115, n° cxxxix ; IV, f° 69 v°, n° cxl.

157.

DE DECIMA DE POLAINVILE EMPTA A FIRMINO RABUISSON.

Juin 1219

E[verardus], divina permissione Ambianensis episcopus, omnibus presens scriptum inspecturis in Domino salutem. Noverint universi quod Renoldus qui dicitur Maletere, miles, in presentia nostra constitutus recognovit se vendidisse Firmino clerico, qui dicitur Rabuissons, totam decimam quam habebat apud Polainvile. Fulco vero, canonicus Noviomensis, et Firminus, fratres dicti Renoldi, dictam venditionem benigne concesserunt; et juraverunt tam Renoldus quam fratres ejus supradicti quod de cetero possessorem dicte decime nec per se nec per alium presument molestare, in manu nostra resignantes quicquid in illa decima reclamabant aut poterant reclamare. Dominus vero Ingelrannus de Bova fidejussit coram nobis quod, quam cito Matheus, frater sepedicti Renoldi, a peregrinatione sua Albigensi redierit, eandem concessionem et abjurationem

(1) IV° Cartul. : Haudincourt.   (2) IV° Cartul. : Roiencourt.

faciet super decima memorata ; Hedierna (1) vero, uxor dicti R., eandem venditionem decime supradicte concessit et approbavit ; et juravit se in illa de cetero nichil reclamaturam et se recepisse commutationem competentem a marito pro dotalicio quod in ipsa decima reclamabat, sicut a Roberto de Wai (2), canonico Ambianensi, intelleximus, quem ad hoc specialiter duximus destinandum, sicut ipse nobis intimavit. Petrus vero de Foukencans, miles, qui dicebat dictam decimam ad suum feodum pertinere, dictam venditionem benigne concessit, et promisit adversus omnes molestatores ipsi Firmino et cuicumque ipse conferre voluerit ut dominus garandire. Nos vero memoratam venditionem, quantum in nobis est, approbamus auctoritate pontificali confirmantes, inhibentes sub districtione anathematis ne quis huic nostre confirmationi audeat obviare. In cujus rei testimonium presens scriptum sigilli nostri munimine fecimus roborari.

Actum anno Domini M° CC° XIX°, mense junio.

Cartul. I, f° 174, n° ccxcvii ; II f° 165 v°, n° cliii ; III, f° 115 v°, n°cxl ; IV, f° 69 v°, n° cxli.

158.

De invadiatione decime de Bus,

Ego Robertus Fretiaus (3), dominus de Bus, notum facio universis ad quos littere presentes pervenerint quod decanus Johannes et capitulum Ambianense, de assensu meo et voluntate mea invadiaverunt a Johanne et Radulpho vavassoribus meis totalem decimam quam apud Bus de me tenebant, concedentibus uxoribus et heredibus eorumdem invadiationem prenotatam. Talis est autem tenor et forma predicte invadiationis quod instanti festo sancti Remigii poterit uterque suam partem redimere duodecim annis transactis, Johannes videlicet suam de centum et triginta libris parisiensium, Radulphus suam de sexaginta et quinque libris. Dictis vero duodecim annis transactis, si dictarum decimarum non fiat redemptio termino prenotato ab eis vel heredibus eorum, non poterunt redimi ab aliis nisi a me qui dominus sum, si ipsi redimendi non habeant facultatem. Adjeci etiam quod si terminus dictus preterierit, oportet quod aliud

Décembre
1219

(1) II°, III° et IV° Cartul. : Hodierna.
(2) II° et IV° Cartul. : Way.
(3) IV° Cartul. : Fretiaux.

festum sancti Remigii expectetur, et sic de anno in annum. Ut autem hoc firmum et stabile permaneat presentem cartulam sigillo meo confirmavi, promittens deinceps quod super istis conventionibus observandis feram capitulo garandiam absque omni servitio et actione, et ad hoc me et meum obligo heredem.

Actum est hoc anno Domini M° CC°, nono decimo, mense decembri.

Cartul. I, f° 161 v°, n° ccLIX ; II, f° 224, n° ccxxxiv ; III, f° 156 v°, n° ccxxix ; IV, f° 92 v°, n° ccxx ; V, f° 67, n° LXXXI.

159.

SCRIPTUM EVERARDI EPISCOPI DE DECIMIS NOVALIUM INTER NOS ET ABBATEM FLAVIACENSEM.

Janvier 1219 (1220)

Everardus, divina permissione Ambianensis ecclesie minister humilis, omnibus XPI fidelibus presens scriptum inspecturis salutem in Domino. Noveritis quod cum ecclesie nostre Ambianensi donassemus in perpetuam elemosinam decimas novorum sartorum a tempore Lateranensis concilii domini Innocentii Pape factorum et faciendorum in parochiis ad jus patronatus abbatis et conventus Flaviacensis pertinentibus, dictis abbate et conventu reclamantibus, tandem de assensu utriusque partis pro bono pacis de dictis decimis sic duximus ordinandum : De predictis decimis sartorum separabitur tanta pars quantam partem dicti abbas et conventus percipiebant in veteribus terris et medietate partis illius separate contenti erunt abbas et conventus memorati, et residuum percipiet ecclesia nostra libere et quiete. Hoc salvo quod indulsimus dictis abbati et conventui ante ordinationem istam in parochia de Caieto (1), sicut in litteris quas eis exinde confecimus continetur. Excipimus autem a particione hujusmodi sarta nemorum que nullis parochiarum terminis includuntur, quorum sartorum decimas nostre ordinationi reservamus. In cujus rei testimonium presens scriptum sub cyrographo utrique parti sigillo nostro tradidimus roboratum.

Actum anno Domini M° CC° nono decimo, mense januario.

Cartul. I, f° 107 v°, n° cxviii ; II, f° 149, n° cxxviii ; III, f° 111, n° cxxx ; IV, f° 67 v°, n° cxxxi.

(1) II° Cartul. : Kaieto.

160.

De Cotidiana Distributione et de Maranchiis.

Everardus, divina permissione Ambianensis ecclesie minister humilis, omnibus XPI fidelibus ad quos littere iste pervenerint eternam in Domino salutem. Mandatum summi Pontificis recepimus in hanc formam :

Honorius, episcopus, servus servorum Dei, venerabili fratri episcopo Ambianensi salutem et apostolicam benedictionem. Ex parte tua fuit propositum coram nobis quod, cum Ambianensis ecclesie canonici sacerdotes suas non possint ebdomadas per capellanos idoneos adimplere, diaconi et subdiaconi ejusdem ecclesie pares existentes ipsis sacerdotibus in prebendis usque adeo se impares exhibent in ipsius ecclesie servitio personali quod in suis ebdomadis vicariis plerumque minus sufficientibus constitutis plures ex ipsis vix infra duorum annorum spatium in una serviunt personaliter septimana, vel semel in anno ad missam in suis ordinibus administrant. Ad hec cum in ipsa ecclesia de communi consensu capituli, metropolitano archiepiscopo approbante, ad cotidianas distributiones certi fuerint redditus assignati redditus ipsi non absque divini officii detrimento in usus alios sunt conversi. Cumque in anniversariis defunctorum distributiones fiant in vigiliis que ante vesperas sollempniter celebrantur, quia in missa que in sequenti crastino decantatur distributiones non fiunt, sine sollempnitate aliqua, voce submissa, non in conventu cantatur; que si aliquando sollempniter celebretur, missa non canitur tunc pro die. Preterea cum ex constitutione decani et capituli, de consensu episcopi communiter facta auctoritate sedis apostolice confirmata, canonicis foraneis sexaginta solidi annuatim tantummodo debeantur, absque consensu episcopi et auctoritate apostolica portiones foraneorum ipsorum esse noscuntur usque ad viginti modios bladi ampliate non sine ipsius ecclesie detrimento, unde nobis humiliter supplicasti ut super hiis omnibus dignaremur paterna sollicitudine providere. Quocirca fraternitati tue per apostolica scripta mandamus quatinus deliberatione adhibita diligenti super premissis, auctoritate nostra emendes et statuas, appellatione remota, que secundum Deum honestati et utilitati ecclesie supradicte videris expedire; contradictores, si qui fuerint vel rebelles, per censuram ecclesiasticam, sublato appellationis obstaculo compescendo. Dat*um* VIIII Kal. decembris. pontificatus nostri anno tercio.

1219

Nos itaque super premissis habita deliberatione diligenti, attendentes quid super eisdem articulis in ecclesiis ordinatis observetur, communicato bonorum et prudentum virorum consilio secundum quod ad honorem Dei utilitati et honestati ecclesie nostre decrevimus expedire, auctoritate apostolica nobis commissa, statuimus et perpetuis temporibus sub pena suspensionis et excommunicationis, in virtute Spiritus Sancti precepimus observari; in primis, ut diaconi et subdiaconi Ambianensis ecclesie canonici, de Epistola et Evangelio suas personaliter faciant septimanas, sicut canonici sacerdotes, ita quod eas non possint per temporales vicarios, poterunt autem per socios suos canonicos adimplere. In precipuis quoque sollempnitatibus in quibus, secundum morem ecclesie, plures diaconi et subdiaconi cum episcopo assistunt altaris ministerio, quicumque de canonicis ad regimen chori, ad legendum in matutinis, ad cantandum in missa, scriptus fuerit in tabula, sub forma predicta, officium impleat pretaxatum : si quis autem defectum fecerit in aliquo predictorum, pro singulis defectibus penam duorum solidorum decano persolvat infra diem tercium ; alioquin ab ingressu chori abstineat donec predicta pena fuerit persoluta. Quod autem de hiis penis provenerit arbitrio decani et capituli in usus congruos deducatur. Precipimus etiam ut redditus ad cotidianas et horarias distributiones deputati in usum distributionum inseparabiliter reducantur, videlicet quicquid habet ecclesia predicta apud Rismaisnil preter nemora et preter illa que inde solent reddi, quicquid etiam habet vel habitura est ecclesia ipsa apud Bertaucort cum appendiciis suis, et quicquid habet in minutis decimis de Revele, de Pissci, et de Kevauviler preter quadraginta duos solidos qui exinde redduntur in festo Beati Firmini, terram etiam illam quam bone memorie Ricardus quondam episcopus emit apud Revele, et quicquid habet vel habitura est eadem ecclesia in decimatione de Kierreu, et insuper decimam quam Nicholaus de Gollencort contulit ecclesie memorate; preter hoc etiam octoginta modios frumenti ad molendina quam habet sepedicta ecclesia Ambianensis singulis annis percipiendos; ita tamen quod nisi dicti redditus ad predictas partitiones suffecerint, de redditibus ipsorum molendinorum suppleatur defectus, sicut autentico super hoc confecto continetur. Statuimus etiam ut in eisdem distributionibus nullus quicquam accipiat nisi qui corporaliter officio in stallo suo curaverit interesse. Nolumus autem decanum et capitulum artare per presens statutum quin possint misericorditer agere cum canonicis infirmantibus et egrotantibus et hiis qui ad negocia ecclesie fuerint destinati, vel occupatione justa ad decani et capituli considerationem detenti, in dandis ipsis cotidianis distributionibus secundum quod viderint expedire. Si autem de licentia decani, vel decano absente de licentia hebdomadarii, canonicus sibi minuerit, presens judicetur Ad hec de anniversariis statuimus ut firmum et inconcussum permaneat quod missa sollempniter fiat cum diacono et subdiacono in sacris vestibus, et in choro, et medietas statuti beneficii in vigiliarum sollempnitate, medietas in missa dividatur, excepta portione que matutinis secundum antiquam consuetudinem reservatur. Concedimus autem canonicis diaconis et subdiaconis ut possint in missis defunctorum debitum officii sui per vicarios non canonicos in hec ipsis gratiam facientes cum presbiteri canonici personaliter adimplere teneantur. Preterea quia a multis temporibus, communi assensu capituli, approbante tunc hujus sedis episcopo bone memorie Theobaldo, statutum fuit et a sede apostolica confirmatum ut canonicus foraneus tantum sexaginta solidos currentis monete perciperet de prebenda, postmodum vero lex ista foraneitatis ad quasdam personas specialiter est restricta, nec non et portio foraneorum ad viginti bladi modios ampliata sine auctoritate sedis apostolice ; nos omnem mutationem predicti statuti reprobantes apostolica auctoritate precipimus ut quicumque consuetam et ordinatam in ecclesia nostra memorata non fecerit residentiam tantum sexaginta solidos percipiat de prebenda, et hac summa contentus amplius exigere non presumat, et ne plus detur foraneis sub anathemate prohibemus, tam super articulis premissis quam super ipso statuto, retenta nobis plenitudine potestatis. Hec autem omnia sicut prescripta sunt illibata manere sancimus. Si quis vero huic nostre ordinationi contradictor extiterit vel rebellis, excommunicationis sententia se noverit innodatum.

Actum Ambianis anno incarnationis dominice M° CC° nono decimo.

Arch. de la Somme, Fonds du Chapitre. Arm. I, liasse 6, n° 5. Cartul. I, f° 139, n° CLXXXV ; II, f° 206, n° CCVI ; III, f° 144, n° CXCI ; IV, f° 86, n° CXCII.

161.

De Venditione Vinearum apud Noientel.

Magistri Gaufridus (1) et Milo domni M (ilonis), Belvacensis electi,   Mai 1220

1) V° Cartul. : Godefridus.

officiales, omnibus Christi fidelibus presentem noticiam habituris in Domino salutem. Universitati vestre notum facimus quod accedentes ad presentiam nostram Symon, cognomento magister, et Ermengardis, uxor ejus, et Johannes, filius dicti Symonis et Adeluya (1), uxor ejus, et Petrus de de Camberona, et Helewis, uxor ejus, de Noientel (2), recognoverunt coram nobis se vendidisse in perpetuum domino Odoni, precentori Ambianensi, quasdam vineas apud Noientel (3) sitas, dictus Symon scilicet et Ermengardis, ejus uxor quicquid et quantum vinee habebant in vinea que dicitur del Perreth (4) pro quinquaginta et septem libris parisiensis monete. Johannes predictus et Adeluya, uxor ejus, quicquid et quantum vinee habebant in vinea que dicitur Boursein (5), pro XX et quatuor libris parisiensis monete, quemlibet arpennum, prefatus autem Petrus et Helewis, uxor ejus, unum arpennum vineæ situm in territorio quod dicitur Maleovent (6) pro XX et sex libris et decem solidis parisiensis monete. Recognoverunt etiam omnes predicte mulieres coram nobis quod in nullo coacte, nec fraude, metu vel dolo ad hoc inducte, sed spontanea voluntate sua, cum prenominatis maritis suis, istas fecerant venditiones, et quicquid dotalicii, vel cujuscumque juris in sepedictis vineis venditis habebant, una cum prenominatis maritis suis, in manu nostra resignaverunt, facta prius cuilibet dictarum mulierum a marito suo sufficiente recompensatione dotalicii, ut ille mulieres coram nobis recognoverunt, videlicet Ermengardi a Symone, marito suo, de vinea del Laas, et Aldeluye a Johanne, viro suo, de toto masagio suo, et de medietate totius alterius tenamenti sui, tam terre arabilis quam vinearum, Helewisi vero a Petro, marito suo, de tota masura desuper viam quam tenet de domino de Warci (7). Et tam predicti viri quam mulieres, omnes coram nobis fidem prestiterunt corporalem quod per se per alios aliquos prenominatis vineis venditis, ratione alicujus juris, de cetero nichil reclamarent, vel facerent reclamari. Et nos a dictorum omnium tam virorum quam mulierum petitionem, de ipsis vineis venditis predictum dominum Odonem, cantorem Ambianensem saisivimus et eidem litteras istas tradidimus. In cujus rei robur et testimonium sigillo curie

---

(1) IV• Cartul : Audeluya.
(2-3) V• Cartul. : Noentel.
(4) IV• Cartul. : Perrech.

(5) II° Cartul. : Borscin ; IV• Cartul. : Boursien.
(6) II•, III•, IV• et V• Cartul. : Malcovent.
(7) II° et V• Cartul. : Warti.

Belvacensis, salvo jure alieno, communitas, absente ob causam peregrinationis in terram sanctam venerabili patre et domino nostro M(ilone), Belvacensi electo, cujus vices gerimus.

Actum anno gratie M° CC° vigesimo, mense maio.

<small>Cartul. I, f° 175, n° cccm ; II, f° 170, n° clx ; III, f° 118 v°, n° xlvii ; IV, f° 71 v°, n° cxlviii ; V f° 55, n° lxii</small>

162.

Renovatio Ordinationis Distributionum Cotidianarum.

I(ohannes), decanus, totumque Ambianensis ecclesie capitulum omnibus ad quos littere iste pervenerint salutem in Domino. Cum olim in ecclesia nostra, de communi ordinatione capituli, fuerit institutum et per felicis memorie A., quondam archiepiscopum Remensem, confirmatum ut canonici ejusdem ecclesie servicio assidue residentes cotidiana temporalis beneficii distributione gauderent, exinde studiosius insistentes in hiis que pertinent ad Deum, sine quo nichil est validum, nichil sanctum, et dicta institutio non potuerit, sicut debuit, hactenus observari ; nos, opportunitate accepta, prefatam institutionem de communi consensu capituli renovantes, cotidianis distributionibus in ecclesia nostra de cetero faciendis assignavimus cuncta que in scripto archiepiscopi memorati videlicet proventus de Riesmaisnil (1) et de Bertaucort (2), decimam de Oresmiax (3) et de Kyrreu (4) et octoginta modios de molendinis nostris Ambianensibus, superaddentes decimam de Linieres, et de eisdem molendinis XL modios ; manente conditione contenta in autentico supradicto, hoc scilicet quod nisi predicta ad cotidianas distributiones suffecerint, de residuo molendinorum suppleatur defectus. Formam igitur distribuendi taliter duximus ordinandam quod in matutinis in quibus non fuerint distributiones ratione festivitatum vel anniversariorum IIII^{or} denarii dentur cuilibet canonicorum presentium ad *Benedictus*. Singulis autem horis singulis canonicis denarius distribuatur, hoc tamen adjecto quod in commendatione que non fiet pro anniversario,

<small>Mai 1220</small>

<small>
(1) IIe Cartul. : Rumaisnil.
(2) IVe Cartul. : Bertancourt.
(3) IIe Cartul. : Oresmaus.
(4) IIe Cartul. : Kyrrieu, IVe Cartul : Kierrieu
</small>

quilibet canonicus presens habebit denarium ; similiter in vigiliis defunctorum que pro anniversario non fiunt. Quando autem missa celebrabitur extra sollempnitates de beata Maria, vel de Sancto Firmino, singulis canonicis tres denarii dabuntur hora meridiana presentibus. Ordinavimus etiam preterea, sicut in crastino beate Magdalene in generali capitulo fuerat ordinatum, ut redditus de cetero accrescentes, exceptis hiis que pro anniversario advenient, in augmentum harum distributionum in perpetuum sine substractione aliqua deducantur. Sano etiam consilio est provisum et salubriter institutum ut redditus qui ad anniversaria de cetero conferentur, vel de collata ad emendos redditus anniversariorum pecunia acquirentur, in ipsis anniversariis distribuantur omnino, nec in usus alios convertantur. Verumtamen in hiis distributionibus, vel aliis, Robertus de Wai (1) et Girardus (2) de Conchi et successores ipsorum nichil percipient nisi quantum ad unius prebende pertinet portionem. Ne ergo institutiones predicte ad Dei cultum sano ordinate consilio possint amodo oblivione deleri, vel aliquorum malignitate perverti, ipsas presenti scripto fecimus sigilli nostri munimine roborari, districtius inhibentes ne quis huic nostre confirmationi temere se opponat aut contraire presumat.

Actum anno Domini M° CC° XX°, mense maio.

Cartul. I, f° 174, n° ccxcviii ; II, f° 166, n° cliv , III, f° 115 v°, n° cxli ; IV, f° 70, n° cxiii.

163.

Compositio inter nos et Majorem del (3) Sauchoi super Nemoribus du Sauchoi (4).

Août 1220

Everardus, divina permissione Ambianensis ecclesie minister humilis, omnibus ad quos littere iste pervenerint in Domino salutem. Noveritis quod cum inter canonicos nostros decanum et capitulum Ambianense ex una parte, et Gualterum majorem ipsorum de Sauchoi ex altera, contentio orta esset super nemoribus de Sauchoi, videlicet de Forestel, de Ploicis

(1) II° et IV° Cartul : Way.
(2) II° Cartul. : Gyrardus.
(3) II° Cartul. : Du Sauchoy.
(4) II° Cartul. : Sauchoy.

et de Fois (1) in quibus predictus Gualterus custodiam et usuagium reclamabat, tandem partes in nostra presentia constitute recognoverunt se composuisse in hunc modum. Galterus quidem predictam custodiam et usuagium et quicquid juris in prefatis nemoribus reclamabat, vel reclamare poterat, quitavit imperpetuum predicto capitulo, et penitus abjuravit, receptis in commutationem et in augmentum feodi sui XXV jornaliis in nemore de Forestel versus Cateu (2) sitis, que ei et heredibus suis assignavit capitulum libera et quieta ab ipso tenenda capitulo ; et capitulum residuam partem tenebit ejusdem nemoris, nec non et nemora de Forestel, de Sauchoi (3) et de Defois et Leploie de Sauchoi (4) libera tenebit et quieta, et in eisdem nemoribus vel fundo terre predictus major vel heres suus nichil omnino poterit reclamare, preterquam in parte sibi assignata. Si vero prefatus major vel heres ejus partem istam sibi assignatam redigerent in culturam omnia jura et consuetudines haberet in eadem terra preterquam in decima quam capitulum sibi retinuit. Si autem in nemore retinuerit, talem legem in forisfactis in parte sibi assignata habebit, qualem capitulum habet in nemoribus suis. Has conventiones dictus major coram nobis observandas juramento firmavit, sicut recognoverat in capitulo pleno se fecisse, et addidit sub juramento predicto quod si uxor sua in premissis dotalicium aliquod reclamaret, vel haberet, sufficiens excambium provideret eidem, ita quod capitulum nullam ex eo posset habere vexationem, et tenetur eandem inducere ut commutationem predictam concedens abjuraret premissa, recepto tamen a predicto marito suo assignamento dotalicii si quid haberet in premissis. Hec omnia ad petitionem partium in cyrographum conscribi fecimus et sigillo pontificali muniri.

Actum anno Domini M° CC° XX, mense augusto.

Cartul. I, f° 175, n° cccci, II, f° 168 v°, n° clviii ; III, f° 117, n° cxlv ; IV, f° 71, n° cxlvi.

164.

Compositio inter Capitulum et Molendinarios Ambianenses super Farinagio.

Johannes, decanus, et capitulum Ambianense omnibus presens scriptum inspecturis in Domino salutem. Noverit universitas vestra quod cum inter

Octobre
1220

(1) II° et IV° Cartul. . De Defois.
(2) II° Cartul. . Catheu, IV° Cartul. : Cauteu.
(3) II° Cartul. . Sauchoy.
(4) II° Cartul. : Le Ploieis du Sauchoi, IV° Cartul. : Le Ploieis de Sauchoi.

nos et molendinarios Ambianenses, homines ligios nostros, contentio verteretur super farinagio quod predicti molendinarii in molendinis nostris pro asinis et vanno percipiebant, tandem compositio intervenit in hunc modum : Quicumque bladum suum in vehiculo suo molendum deduxerit ad molendinos nostros nichil solvet de farinagio. Qui autem in asino molendini bladum suum molendum detulerit, utrum voluerit faciet de hiis duobus, videlicet pro modio integro dabit pro farinagio quatuor boistellos farine ad cumulum peslos non calcatos, pro dimidio modio duos, pro parte quarta modii unum et pro minori parte secundum hanc rationem ; aut, si maluerit, octo denarios dabit pro farinagio de modio integro, quatuor denarios de dimidio modio, duos denarios pro quarta parte modii, et deinceps pro singulis sextariis singulos obolos. In molendinis singulis non erant nisi unus molendinarius et unus asinarius vel duo si capitulum viderit expedire. Nec ibi erit alius qui farinam exigat a molentibus. Quicumque autem servitium molendinorum fecerit, molendinarius vel asinarius juramentum prestabit capitulo quod nichil amplius accipiet a molentibus quam supra dictum est, et sub forma predicta servitium molendinorum faciet bona fide. Si autem quod predictum est non servaverit, XX solidos solvet capitulo pro emenda. Et in nullo molendinorum nostrorum serviet per annum nisi de misericordia capituli fuerit revocatus. Nullus quoque molendinariorum hereditariorum nec firmarius noster vel custos noster molendinorum poterit emere farinam a molendinario substituto. Hanc autem compositionem coram venerabili patre nostro Ambianensi episcopo recognoscere utraque pars debemus ut ab ipso confirmetur perpetuis temporibus duratura. In cujus rei testimonium presens scriptum sub cyrographo sigilli nostri munimine roboravimus.

Actum anno Domini M° CC° XX°, mense octobri.

Cartul. I, f° 136, n° CLXXX ; II, f° 167, n° CLV ; III, f° 116, n° CXLII ; IV, f° 70 v°, n° CXIII

165.

Octobre 1220

DE RESIGNATIONE EJUS QUOD A[GNES] DE RUNDEL (1) HABEBAT IN MOLENDINO DE BONOLIO.

Magister Nicholaus de Divernia, canonicus et officialis Ambianensis,

(1) II° Cartul. : De Arondel ; III° et IV° Cartul. : Darundel.

omnibus ad quos presentes littere pervenerint salutem in Domino. Noverit universitas vestra quod Agnes de Arundel (1) coram nobis constituta quicquid habebat vel habere poterat in molendino de Bonolio ecclesie nostre in pace dimisit. et abjuravit ; et concessit ei ecclesia duos modios bladi ad grangiam suam de Bonolio, ad mensuram ejusdem ville, annuatim percipiendos et eidem solvendos iisdem terminis quibus hiis solventur qui habent in grangia memorata tota vita ipsius Agnetis, ita quod si ipsa A. indigeret vel aliquam infirmitatem incurreret pro qua dictos duos modios ipsam vendere oporteret, de consensu capituli hoc posset facere. Ipsa autem A. defuncta, si predicti duo modii a se non fuerint alienati, ad dictam ecclesiam libere revertentur, nisi habeat heredem de se et legittimo matrimonio oriundum, qui et ipse faciet hominagium prefate ecclesie sicut et ipsa A. fecit. In cujus rei testimonium presentes litteras sub cyrographo sigillo curie Ambianensis fecimus roborari.

Actum anno Domini M° CC° XX°, mense octobri.

Cartul. I, f° 174 v°, II, f° 168, n° CLVI ; III, f° 117, n° CXLIII ; IV, f° 70 v°, n° CXLIV.

166.

LIBELLUS NOSTER CONTRA ECCLESIAM SANCTI MARTINI SUPER ANNUALIBUS.

Dicit Johannes, Ambianensis ecclesie decanus, abbatem et conventum sancti Martini de Gemellis injuste et per errorem annualia percepisse in ecclesia sua Ambianensi a XXXIX annis retro ; unde petit idem decanus nomine ecclesie sue sub vobis, domne Everarde, Ambianensis episcope, ut sic percepta restitui faciatis, et eos ab hujusmodi perceptione de cetero cessare compellatis. Et hec petit salvo jure augendi et minuendi et mutandi.

1er Mars 1220 1221 (n. st.)

Actum anno Domini M° CC° XX°, mense marcio, prima die ipsius mensis.

Cartul. I, f° 175, n° CCC ; II, f° 168, n° CLVII ; III, f° 117, n° CXLIV ; IV, f° 71, n° CXLV.

(8) II° Cartul. , De Harondel.

167.

Carta de decima de Bus.

Juillet 1221

Universis presentes litteras inspecturis, ego Robertus Fretiaux (1), dominus de Bus, notum facio quod Thomas, filius Eustachii, vavassoris mei, homo meus, de assensu et voluntate mea pignori obligavit amico meo Waltero de Sarton, canonico Ambianensi, nonam garbam quam de meo feodo tenebat in majori decima de Bus, et similiter quicquid ibidem percipiebat in minori decima pro XXXe duabus marchis et dimidia marcha puri argenti ad pondus Trecense, ab instanti festo sancti Remigii, in quindecim annis complendis, ita quod redimi non poterunt quoadusque quindecim anni prefati sint completi, nec deinceps ullo tempore anni redimi poterunt nisi de anno in annum inter augustum et festum sancti Remigii. Hanc conventionem prestita fidei religione fidejusserunt tenere vavassores de Bus super omnia que de me tenent videlicet Girardus, Radulphus, Johannes et Petrus, avunculus predicti Thome. Et ego et heres meus tenemur sicut domini obligationem istam bona fide garandire. In cujus rei testimonium presentem cartam sigillo meo confirmatam ipsi canonico duxi conferendam, et hoc requiro a domino episcopo Ambianensi confirmari.

Actum anno Domini M° CC° vigesimo primo, mense julio.

Cartul. I, f° 162, n° cclxii ; II, f° 224 v°, n° ccxxxv ; III, f° 157, n° ccxx ; IV, f° 92 v°, n° ccxxi V, f° 66, n° lxxix.

168.

Carta de eodem.

Juillet 1221

Everardus, Dei gratia Ambianensis episcopus, universis presentes litteras inspecturis salutem in Domino. Noverit universitas vestra quod Thomas, filius Eustachii vavassoris de Bus, in nostra presentia constitutus recognovit se nonam garbam quam habebat in majori decima de Bus et similiter quicquid in minori decima percipiebat ibidem dilecto filio Waltero de

(1) II° III° et V° Cartul. : Fretiaus.

Sarton, canonico Ambianensi, pro triginta et duabus marchis et dimidia marcha puri argenti ad pondus Trecense eidem Thome numeratis, pignori obligasse ab instanti festo sancti Remigii in quindecim annos, tali modo quod predictum vadium redimi non poterit donec totalis terminus quindecim annorum sit elapsus, nec deinceps nisi de anno in annum inter augustum et sanctum Remigium. Promisit itaque dictus vavassor, fide prestita coram nobis, quod has conventiones fideliter observabit et garandizabit bona fide predictum vadimonium dicto Waltero vel cuicumque ecclesie vel ecclesiastice persone que post eundem W. vadium illud teneret. Maria autem, soror Thome, hanc invadiationem laudans et illi consentiens coram nobis promisit quod dictum W. vel quemlibet alium qui vadimonium illud post W. habebit, per se vel per alium nullatenus molestabit. Vir autem nobilis Robertus Fretiaux (1), dominus de Bus, de quo dictus vavassor predicta tenebat, in cujus etiam carta supradicta omnia vidimus contineri, nos rogavit ut dictum vadimonium dicto canonico confirmare vellemus. Nos justis precibus annuentes sepedictum vadimonium memorato Waltero, vel cuicumque ecclesie vel ecclesiastice persone illud foret post ipsum assignatum auctoritate pontificali confirmamus, tam vadium quam prefatas conventiones presentis scripti testimonio et sigilli nostri karactere roborantes ; ita tamen quod si vadium contigerit antedictum redimi, de predictis triginta et duabus et una (2) marcha dimidia puri argenti pro eodem vadio acceptis, ementur redditus alicui ecclesie vel ecclesiastice persone de consilio Ambianensis episcopi assignandi.

Actum anno Domini M° CC° vicesimo primo, mense julio.

Cartul. I, f° 162, n° ccxxiii ; II, f° 225 n° ccxxvi ; III, f° 157 v°, n° ccxxi.

169.

DE TERRA EMPTA A JOHANNE DE MAIENCORT (3) IN TERRITORIO DE NOIELE.

Everardus, divina permissione Ambianensis ecclesie minister humilis, omnibus presentes litteras inspecturis in Domino salutem. Noverit univer-

Août
1221

(1) II° et III° Cartul. : Fretiaus ; IV° Cartul. : Fretiax.

(2) V° Cartul. : Pro triginta et duabus marchis.

(3) IV° Cartul. : Maiencourt dans toute la charte.

sitas vestra quod dilectus ballivus noster magister Garnerus, a nobis ad hoc specialiter missus, testificatus est coram nobis quod Johannes de Maiencort miles, in ejus presentia constitutus, recognovit se capitulo nostro Ambianensi vendidisse in hereditatem perpetuam sex jugera terre sue site in territorio de Noiele juxta domum Johannis de Grandicurte, et quicquid habebat in predictis sex jugeribus in terragio. scilicet decima, dominio et omnibus aliis pro triginta libris parisiensium sibi numeratis ; et affidavit quod in predicta terra nichil de cetero reclamaret, nec ecclesiam per se vel per alium super hoc molestaret, sed bona fide garandiret predicte ecclesie dictam terram cum omnibus supradictis. Helvydis (1) autem, uxor ejus, propter hoc veniens coram nobis, dictam venditionem concessit pariter et laudavit non coacta, sicut confessa, sed spontanea voluntate ; et affidavit quod nichil in predicta terra de cetero reclamaret, sed pro posse suo ecclesie memorate garandiret, nichilominus recognoscens quod sufficientem receperat pro dotalicio quod in predicta terra habebat commutationem de alia terra predicti mariti sui sita retro monasterium de Maiencort, et sic dotalicium quod in predicta terra de Noiele habebat ad opus ecclesie predicte in manu nostra libere resignavit. Galterus vero, Petrus, Michael, fratres prefati Johannis, venditionem similiter coram nobis concedentes et laudantes, affidaverunt quod nullam super hoc adversus ecclesiam prefatam molestiam suscitarent, sed bona fide eandem dicte ecclesie garandirent. Nos autem terram predictam cum appenditiis supradictis in manu magistri Garneri, fungentis super hoc vice nostra, redditam, sicut ipse nobis retulit, et nobis ab aliis resignatam prefate ecclesie donavimus ad petitionem ipsorum perpetuo jure tenendam, presentem cartam ex inde confectam sigilli nostri munimine roborantes.

Actum anno Domini M° CC° XX° primo, mense augusto.

Cartul I, f° 175, n° CCCII ; II, f° 169, n° CLIX ; III, f° 118, n° CXLVI ; IV, f° 71 v°, CXLVII.

170.

PRO EMPTIONE SEX JUGERUM TERRE APUD NOIELE JUXTA GRANCOURT (2).

Aout 1221

Everardus, divina permissione Ambianensis episcopus, omnibus presentes

(1) II°, III° et IV° Cartul. : Helvidis.   (2) Cette charte ajoutee en cursive sur le

litteras inspecturis salutem in Domino. Noverit universitas vestra quod dilectus ballivus noster magister Garnerus a nobis specialiter ad hoc missus testificatus est coram nobis quod Johannes de Mainancort, miles, in ejus presentia constitutus, recognovit se capitulo nostro Ambianensi vendidisse in hereditatem perpetuam sex jugera terre sue site in territorio de Noiele juxta domum Johannis de Grandicurte, et quicquid habebat in predictis sex jugeribus in terragio, scilicet decima et dominio et omnibus aliis pro XXX libris parisiensium sibi numeratis et affidavit quod in predicta terra nichil de cetero reclamaret, nec ecclesiam per se vel per alium super hoc molestaret, sed bona fide garandiret predicte ecclesie dictam terram cum omnibus supradictis. Helvidis autem, uxor ejus, propter hoc veniens coram nobis dictam venditionem concessit pariter et laudavit, non coacta, sicut confessa est, sed spontanea voluntate, et affidavit quod nichil in predicta terra de cetero reclamaret, sed pro posse suo ecclesie memorate garandiret, nichilominus recognoscens quod sufficientem receperat pro dotalicio quod in predicta terra habebat commutationem de alia terra predicti mariti sui sita retro monasterium de Maiencort, et sic dotalicium quod in predicta terra de Noiele habebat ad opus ecclesie predicte in manu nostra libere resignavit. Galterus vero, Petrus et Michael, fratres prefati Johannis, prefatam venditionem similiter coram nobis concedentes et laudantes affidaverunt quod nullam super hoc adversus ecclesiam prefatam molestiam suscitarent sed bona fide eamdem dicte ecclesie garandirent. Nos autem terram predictam cum appendiciis supradictis in manu Garneri super hoc vice nostra fungentis redditam, sicut ipse nobis retulit, et nobis ab aliis resignatam prefate ecclesie donamus ad petitionem ipsorum perpetuo jure tenendam, presentem cartam exinde confectam sigilli nostri munimine roborantes.

Actum anno Domini M° CC° vigesimo primo, mense augusto.

Cartul. I, f° 112 v°, n° cxxix.

171.

Johannes, decanus, et capitulum Ambianense omnibus ad quos littere iste

Octobre 1221

verso blanc d'un feuillet n'a qu'un titre écrit à une date bien postérieure à celle de l'écriture du texte lui-même, sans doute au xvii° siècle.

pervenerint in Domino salutem. Noverint universi quod nos dilectis concanonicis nostris Theobaldo de Cruce et Symoni de Bestezi concessimus ad vitam suam pro prebendis suis quicquid habemus apud Bonolium Aquosum tam in terris quam in aquis, vinea, nemore et rebus aliis, et tres modios bladi et tres avene in cellario nostro Ambianensi per annum, et ipsi hac portione debent esse contenti, et hoc assignamentum tenere omnibus diebus vite sue; nec possunt illud dimittere nec ad particiones prebendarum reverti, sed de fortuitis casibus ipsis respondere tenemur secundum consuetudinem ecclesie nostre bona fide. Ipsi autem tenentur calceiam, vinarium, molendina et managium et omnia edificia et vineam sine sumptu *nostro* in eo statu in quo recipiunt aut in meliori confortiare; sed nos custus vinee et agriculturas terrarum de anno presenti ipsis usque ad Ascensionem Domini debemus resarcire. Ille vero de duobus dictis canonicis qui superstes erit usque ad dictum terminum Ascensionis custus agriculture et vinee nobis restituet. Si autem ipsi ibidem aliquid edificaverint vel acquisierint in terra ecclesie, post eorum decessum ecclesie erit. In hominibus autem nostris de Bonolio nichil amplius habebunt quam alii bailllivi in bailliviis suis, et in eisdem idem jus nobis retinemus quod habemus in aliis hominibus nostris, cum herbagiis et denariis festi beati Firmini. Altero quoque eorum decedente, qui superstes fuerit predictum tenebit assignamentum, sub conventionibus predictis, et reddet quolibet anno pro una prebenda quamdiu vixerit ubi ecclesia ordinaverit quadraginta quinque modios, medietatem bladi et medietatem avene, ad mensuram Ambianensem, de proventibus ipsius ville, adductos suis sumptibus ad cellarium nostrum, et sex libras. Nemus autem nostrum de Bonolio poterunt vendere nostro consilio, sed emptores de precio nobis respondebunt, et de precio ad opus ecclesie comparabitur hereditas vel vadimonium retinebitur; quorum tam hereditatis scilicet quam vadimonii proventus ipsi percipient quamdiu vixerint, et alter similiter eorum jam dictos proventus tota vita sua percipiet altero decedente. Et sciendum quod ipsi ea lege qua ceteri canonici residentiam facere tenentur. De hiis autem omnibus bona fide tenendis uterque ipsorum in capitulo prestitit juramentum. Hoc autem a nobis fuit adjectum quod si Johannes de Croi velit et possit prosequi conventiones quas ad nos habuit super Bonolio infra tempus instantis partitionis prebendarum, predicti canonici cedent ei et nos ipsis faciemus convenientes prebendas; et si sumptus fecerint quorum utilitas eidem Johanni remaneat, nos ipsis per fidelem computationem et bonorum virorum arbitrium reddi faciemus. In cujus rei testimonium presens scriptum cum cyrographo tradidimus roboratum.

Actum anno Domini M° CC° vicesimo primo, mense octobri (1).

Cartul. I, f° 112 v°, n° cxxx.

172

De centum solidis censualibus apud Mirovaut (2).

Ego Reginaldus de Ambianis, dominus de Vinardicuria, notum facio tam presentibus quam futuris quod ego in perpetuam elemosinam ob remedium anime Matildis, uxoris mee, sublate de medio, dum adhuc corpus ejus tradendum esset sepulture, donavi matrici ecclesie nostre Ambianensi quinquaginta solidos in censibus meis de Mirovaut (3), quos de domino meo episcopo Ambianensi teneo, in festo beati Remigii percipiendos annuatim a decano et capitulo ejusdem ecclesie et in anniversario dicte uxoris mee dictis canonicis erogandos. Insuper eisdem decano et capitulo predictis alios quinquaginta solidos concessi in eisdem censibus ad eundem terminum post decessum meum percipiendos annuatim et, me sublato de medio cum Domino placuerit, in anniversario meo distribuendos canonicis memoratis. Hanc autem elemosinam in manu domini mei venerabilis Ebrardi, episcopi Ambianensis, ex devotione resignavi, supplicans humiliter eidem ut, tamquam dominus terrestris et spiritualis, hanc elemosinam dicte ecclesie factam confirmaret et ratam haberet. Qui supplicationi mee et devotioni benigne condescendens dictam elemosinam approbavit. In cujus rei testimonium presens scriptum sigillo meo tradidi roboratum.

Actum anno Domini M° CC° XXI°, mense decembri.

Cartul. I, f° 178 v°, n° cccvii ; II, f° 171, n° clxi ; III, f° 119, n° cxlviii ; IV, f° 72, n° cxlix ; V, f° 58, n° lxv.

Décembre 1221

173.

De decima Sancti Medardi in Calceia.

Everardus, Dei gratia Ambianensis episcopus, omnibus ad quos littere

Décembre 1221

---

(1) Cette charte a été écrite dans un blanc du premier cartulaire, d'une écriture cursive de la fin du xiii° siècle, elle n'a pas de titre.

(2 et 3) V° Cartul. : Miroalt.

iste pervenerint salutem in Domino. Noveritis quod in nostra constituti presentia Johannes, dominus de Campremi et Avelina, uxor ejusdem Johannis, invadiaverunt pro quadringentis (1) libris parisiensium sibi numeratis karissimis filiis decano et capitulo Ambianensi decimam de Sancto Medardo in calceia sicut eam tenuerat dominus Colinus de Morolio ; sed et hec conditio intercessit quod prefata decima redimi non poterit a proximo preterito festo Omnium Sanctorum usque ad XIV annos. Et si ipsam infra dictum terminum per prefatum Johannem vel heredem suum redimi de taxata pecunia non contingat, proventus dicte decime capitulum libere percipiet in anno sequenti ; et sic de anno in annum, donec totalis summa pecunie memorate ad festum Omnium Sanctorum proximo sequens vel citra fuerit capitulo persoluta. Promiserunt autem predicti Johannes et uxor ejus sub fidei religione quod capitulum memoratum super prefata conventione non molestarent, sed adversus omnes dictam decimam garandirent. Et ad hoc suos obligarunt heredes. Hanc autem conventionem et invadiationem Bernardus, heres de Morolio, tamquam hiis qui predictam decimam de feodo suo pendere dicebat, concessit, laudavit et approbavit coram nobis, asserens et promittens sub prestita religione fidei quod, tamquam dominus terrenus, predictam invadiationem et conventionem dicto capitulo garandiret ; et ad hoc suum obligavit heredem, adiciens quod, quam cito sigillum haberet, cartam faceret nomine suo confici de hiis omnibus a se et herede suo firmiter observandis. Preterea nobilis vir Robertus de Bova, tunc bailliuus ejusdem Bernardi, concessit et asseruit coram nobis quod quamdiu bailliviam terre ipsius Bernardi haberet, sepedictam invadiationem et conventionem Ambianensi capitulo garandiret, et faceret firmiter observari. Nos itaque post resignationes dicte decime a dictis Johanne et Avelina, uxore ejus, tamquam ipsius decime detentoribus, a dicto autem Bernardo tamquam domino a quo tenebatur ipsa decima, a domino vero Roberto tamquam baillivo terre de Morolio, nomine pignoris factas in manu nostra predictam decimam concessimus capitulo predicto sub predictis conventionibus possidendam, presentes litteras exinde confectas et sigillo nostro munitas dantes pariter in testimonium veritatis.

Actum anno Domini M° CC° XX° primo, mense decembri.

Cartul. I, f° 180 v°, n° cccxvii ; II, f° 226, n° ccxxxviii ; III, f° 158 v°, n° ccxxiii ; IV, f° 93 v°, n° ccxxiv ; V, f° 86 v°, n° cxiii.

(1) II° Cartul. : Quadraginta

174.

De emptione decime de Bus (1).

Ego Robertus Fretiax, dominus de Bus, notum facio universis presentes litteras inspecturis quod Johannes de Corroi et Radulphus de Monchi, homines mei, in presentia mea constituti recognoverunt se vendidisse ecclesie Ambianensi quicquid habebant in decima de Bus ; et ad eorum instantiam, ego tamquam dominus quicquid habebant in decima de Bus, nichil penitus in eadem decima reclamaturus, imperpetuum ecclesie Ambianensi cum omni libertate possidendam concessi et garandire promisi, et ad hoc idem heredes meos obligavi. Quod ut ratum et firmum permaneat presentibus litteris sigillum meum apposui.

Actum anno Domini M° CC° vicesimo primo, mense januario.

Janvier 1221 (v. st.)

Cartul. I, f° 180, n° CCLX ; II, f° 171 v°, n° CLXII ; III, f° 119, n° CXLIX ; IV, f° 72, n° CL.

175.

De capellania de Vilers le Bretouneus.

Ego Egidius, miles, dominus de Vilers le Bretouneus (2), universis presens scriptum inspecturis notum facio quod ego, ad quandam capellaniam de Vilers instituendam, resignavi in manu domini Ambianensis episcopi reddecimationem totius terre mee. et sex libras super censam meam de Vilers ad festum sancti Remigii annuatim recipiendas. Ita tamen quod, quando ego vel heres meus sex libratas reddituum assignavero sufficientes de consilio domini episcopi predicti et capituli Ambianensis ad usum dicte capellanie, dicta censa a solutione memoratarum sex librarum libera remanebit. De hiis vero omnibus observandis fidem dedi. et ad hoc meum obligavi heredem. Sciendum est autem quod dilecto Nicholao, decano de Gentella, ex parte episcopi prefati apud Vilers propter hoc misso, Gila (3), uxor mea, et Hugo, filius meus, prefatos redditus ex parte predicti episcopi

Janvier 1221 (v. st.)

(1) IVᵉ Cartul. : Buz.
(2) IIIᵉ Cartul. : Bretoneus.
3) IIᵉ Cartul. : Ghila.

ad usum prefate capellanie benigne concesserunt, et in manu sua resignaverunt, et de hiis omnibus observandis fidem dederunt. Preterea sciendum est quod, in manu sepedicti episcopi ad usum predicte capellanie predictis redditibus a me resignatis, predictus episcopus prefatos reddltus ad usum prefate capellanie decano et capitulo Ambianensi reddidit, ad quos jam dicte capellanie in perpetuum donatio permanebit (1). In cujus rei testimonium presens scriptum sigillo meo roboravi.

Actum anno Domini M° CC° XXI°, mense januario.

Cartul. I, f° 178 v°, n° cccviii ; II, f° 171 v°, n° clxiii ; III, f° 119, n° cl ; IV, f° 72 v°, n° cli.

176.

Confirmatio episcopi super eodem.

Janvier
1221
(v. st.)

Everardus, divina permissione Ambianensis ecclesie minister humilis, omnibus ad quos presentes littere pervenerint in Domino salutem. Noverit universitas vestra quod dilectus filius noster Egidius, miles, dominus de Vilers le Bretouneus, in presentia nostra constitutus, in nostra manu resignavit ad quandam capellaniam in ecclesie de Vilers instituendam, redecimationem.... (*Cette charte reproduit ensuite les dispositions de la précédente*).

Actum anno Domini M° CC° XXI°, mense januario.

Cartul. I, f° 179, n° cccix ; II, f° 172, n° clxiv ; III, f° 119 v°, n° cli.

177.

De impignoratione decime de Bus (2).

Septembre
1222

Universis presentes litteras inspecturis ego Robertus Fretiax (3), dominus de Bus, notum facio quod Gerardus, vavassor meus de Bus, et uxor ejus Matildis, de assensu et voluntate mea obligaverunt decano et capitulo Ambianensi, nonam garbam quam in feodo meo tenebant in majori decima

---

(1) II°, III° et IV° Cartul. : Pertinebit.
(2) IV° Cartul. : Buz.

(3) II° Cartul. : Fretiaus.

de Bus, et similiter quicquid percipiebant in minori decima de Bus de hereditate ejusdem Matildis, pro septuaginta libris parisiensium, usque ad complementum decem annorum. Completis autem decem annis, poterit predicta decima redimi, et si peccunia redemptionis soluta non fuerit inter augustum et festum sancti Remigii, ecclesia Ambianensis percipiet fructus anni sequentis, et sic de anno in annum, donec predicta summa peccunie tempore prescripto a predictis Gerardo et uxore ejus et eorum heredibus ecclesie Ambianensi fuerit persoluta. Hoc autem concessit et fide firmavit fideliter observandum Adam, eorum primogenitus, et Thomas et Clementia eorum liberi idem concesserunt. Vavassores quoque de Bus super omnia que de me tenent, videlicet Thomas, Radulphus, Johannes et Petrus et ego sicut dominus tenemur invadiationem istam ecclesie memorate bona fide garandire, heredes nostros ad hoc ipsum obligantes. In cujus rei testimonium presentem cartam sigillo meo confirmatam ecclesie Ambianensi concessi, venerabilem patrem ac dominum Everardum, Dei gratia Ambianensem episcopum, humiliter requirens ut hoc ipsum auctoritate pontificali confirmare dignetur.

Actum anno Domini M° CC° vicesimo secundo, mense septembri.

Cartul. I, f° 161 v°, n° CCLXI; II, f° 172 v°, n° CLXV; III, f° 120, n° CLII; IV, f° 72 v°, n° CLIII; V, f° 66 v°, n° LXXX.

178.

De decima Nove Villule (1).

E(verardus) (2), divina permissione Ambianensis ecclesie minister humilis, omnibus presentes litteras inspecturis eternam in Domino salutem. De transitu fratris nostri Nicolai, bone memorie archidiaconi Pontivensis, compuncti non modicum et plurimum desolati, unicum nobis solatium de ejus morte reservamus quod in fide Trinitatis decessit, sacramentum dominice passionis profitendo, unde et pro ipso omnipotentem Deum securius exorare et elemosinam facere, eumque ecclesie suffragiis decernentes commendare, dilectos filios J(ohannem), decanum et capitulum Ambianense humiliter rogavimus ut, dicti fratris nostri anno a die obitus sui revoluto,

Septembre 1222

(1) IV° Cartul. : Villelle.   (2) L'initiale manque dans le premier cartulaire.

anniversarium fraterne caritatis affectu facerent annuatim ; quorum devotam et liberalem concessionem attendentes, eis decimam de Nova Villula, in decanatu Encre (1 , de manu laïca a nobis extortam, quam Balduinus, cognomine Potator, miles, quondam tenuerat, in perpetuam elemosinam (2) ; statuentes ut, singulis annis, dicte decime proventus in predicto anniversario dividantur.

Actum anno Domini M° CC° XX° II°, mense septembri.

Cartul. I, f 179, n° cccx ; II, f° 173 v°, n° clxvii ; III, f° 121, n° cliv, IV, f° 73 , n° clv.

179.

De canonicis post festum sancti Honorati decedentibus (3 .

Septembre 1222

E(verardus), divina permissione Ambianensis ecclesie minister humilis, omnibus presentes litteras inspecturis in Domino salutem. Instituta predecessorum nostrorum ad ampliandum ecclesie servicium pie facta et de radice caritatis exorta evacuare non decet usquequaque, sed ea in melius mutare pium est, vel aliquid adicere quod expediat unitati ecclesiastice et equalitatem inducat. Eapropter ad institutionem quamdam a venerabili predecessore nostro Th., bone memorie Ambianensi episcopo, factam, videlicet ut quicumque de canonicis nostre matris ecclesie post festum beati Honorati sive in ipso festivitatis die a vita decesserit, omnes fructus sequentis augusti ex integro recipiet, hec adjiciendum decrevimus quod quandocumque canonicus dicte matris ecclesie nostre debitam secundum legem capituli in ecclesia fecerit residentiam, scilicet per xxiiii^a septimanas, si ante festum beati Honorati decedat residentia facta, fructus sequentis augusti et instantis maii recipiat integrales, cum maxima inequalitas esset illum qui, facta residentia per sex menses in ecclesia, decederet ante festum predictum fructibus prebende sue defraudari, illum vero qui post festum decederet, nundum facta residentia, gaudere integra perceptione fructuum predictorum. Statuimus etiam ut in quacumque parte anni canonicus ejusdem ecclesie decesserit, a die obitus sui anno revoluto, successor

(1) II° Cartul. : Denchre.
(2) Cette phrase n'a pas de verbe.

(3 III° et IV° Cartul. : De canonicis morientibus ante festum sancti Honorati facta residentia.

ejus statim possit residentiam inchoare, et residens obventiones prebende recipiat integrales. Ut hec autem perpetuam optineant firmitatem, ad petitionem dilectorum filiorum J(ohannis) decani et capituli Ambianensis qui super hiis in crastino beatissimi (1) Firmini patroni nostri tractaverant in capitulo generali, auctoritate pontificali confirmamus, et sigilli nostri munimine roboramus.

Actum anno Domini M° CC° XXII° (26) mense septembri.

Cartul. I, f° 107, n° cxviii bis ; II, f° 173, n° clxvi ; III, f° 120, n° cliii ; IV, f° 73, n° cliv.

180.

CONFIRMATIO EVERARDI EPISCOPI SUPER ACQUISITIS TEMPORE SUE DATE

Everardus, divina permissione Ambianensis ecclesie minister humilis, omnibus presentes litteras inspecturis in Domino salutem. Cum episcopi seu cuicumque alii ecclesiarum prelati tanquam rerum ecclesiasticarum procuratores, non domini, conditionem ecclesie in nullo deteriorem sed cum omni diligentia meliorem facere teneantur, ita decet eos in acquisitionibus ecclesiarum suarum et ampliatione dignitatis earundem esse sollicitos et providos, ne imposterum per eorum incuriam seu negligentiam de rebus ecclesiasticis aliqua possit perturbatio suboriri, per quam occasionaliter dissolvatur ecclesiastice vinculum unitatis. Cum equidem tempore amministrationis nobis licet indignis a Deo credite quedam, non quanta vellemus sed saltem ecclesie nostre Ambianensis modica, donaverimus in perpetuum et apud nobilium mentes semiplenum bonum videatur quid sine adjectione relinquere, dilectis fiiiis nostris Johanni decano et capitulo Ambianensi ea duximus confirmare que de nostra receperunt gratia speciali, videlicet decimas novalium de Brassi in territorio de Coutre, de Bretelessart et de Moussures (2) et generaliter decimas omnium que in omnibus parochiis sue donationis vel jam facta sunt vel fieri contigerit in futurum : Decimam etiam de Novavilla (3), quam de manu Balduini Potatoris, militis, extorsimus,

Octobre 1222

(1) IV° Cartul. : Beati.
(2) II° Cartul. : Mossures.

(3) II° Cartul. : Nova Villula.

cujus proventus in anniversario fratris nostri Nicholai, bone memorie archidiaconi Pontivensis, dividentur. Confirmamus etiam eisdem quadraginta solidos quos eis concessimus annuatim capiendos ad domum que fuit janitoris nostri quam adquisivimus episcopatui in festivitate beate Katherine canonicis qui interfuerint distribuendos. Item decimam patris nostri de Aruella. Item centum solidos apud Miroalt, de dono dilecti filii viri nobilis Reginald (1) de Ambianis, quorum medietatem ad presens dictum capitulum recipiet in anniversario Mathildis quondam uxoris sue dividendam; et post mortem ipsius R. aliam medietatem percipiet, que in anniversario ipsius R. dividetur. Centum etiam solidos de dono dilecti filii viri illustris bone memorie Willelmi, comitis Pontivensis, in Ghishala (2) Abbatisville capiendos annuatim, et in anniversario suo distribuendos. Confirmamus etiam eisdem decimam de Bus quam de manu laica extorserunt. Duodecim etiam modios in decima de Bertramecort (3) a Hugone Bae qui jure hereditario decimam illam detinuerat comparatos. Item decimam de Kaici et decimam de Cantegnies (4), que fuit Manasserii, quondam cancellarii Ambianensis quam Florentius clericus recepit a capitulo tenendam tota vita sua, et post mortem ejus, ad capitulum libere reversuram. Item sextam partem molendinarie de Gremecort (5) cum curtillo adjacenti, de dono dilecti filii Bernardi, Pontivensis archidiaconi. Item molendinarie partem ad molendinum de Bonolio quod dicitur Arundel (6), quam dilecti filii capitulum Ambianense ab Herberto et heredibus ejus compararunt. Item duos modios bladi ad grangiam Bonolii ab Agnete et heredibus ejus comparatos. Item quatuor modios bladi meliores post sementem in grangia Guidonis de Buswion, ex dono dilecti filii Thome de Bova, cantoris Ambianensis. Item terram quandam apud Vaus, villam dictorum decani et capituli quam dilectus filius Gualterus de Sarton, canonicus Ambianensis, emit a Johanne, domino de Maiencort (7) et ecclesie nostre donavit. Item nemus de Ghisonvile a Guidone, majore de Revele, et aliud nemus ab Ingerranno in eodem territorio comparatum. Item partem molendinarie ad filios Johannis de Ver ex parte matris eorum ad ipsos in molendino de Ver pertinentem ;

---

(1) IIe, IIIe et IVe Cartul. : Reginaldi.
(2) IIe Cartul. : Ghihala ; IVe Cartul. ; Gishala.
(3) IVe Cartul. : Bertramecourt.
(4) IIe Cartul. : Canteignies.
(5) IIe Cartul. : Gremercort ; IVe Cartul. : Gremecourt.
(6) IIe Cartul. : Harondel.
(7) IVe Cartul. : Maiencourt.

majoriam etiam de Camons (1) que fuit Mathildis et Alelmi patris ejus. Item majoriam de Folies. Item terram quam ipsum capitulum a filio Hughechon (2) de Revella compararunt. Ad majorem igitur securitatem, ne capitulum valeat in posterum super hiis molestari predicta sigillatim presentibus litteris annotata et pontificali auctoritate confirmata sigilli nostri munimine roborari fecimus, salvo jure pontificali.

Datum per manum Egidii, cancellarii nostri, anno Domini M° CC° XX° secundo. mense octobri, feria IIII^a post festum beati Luce.

Cartul. I, f° 171, n° cclxxxvi ; II, f° 147 v°, n° cxxvii ; III, f° 110, n° cxxix ; IV, f° 67, n° cxxx.

181.

De XXX solidis censualibus quos dedit Maria de Firmitate.

Ego Maria, domina Firmitatis, notum facio universis presentem autenticum inspecturis quod ego, pro salute mea et antecessorum meorum dedi in elemosinam perpetuam capitulo ecclesie beate Marie Ambianensis triginta solidos parisiensium recipiendos singulis annis in festo sancti Remigii ; ita quidem quod XX solidi ex eisdem reddentur annuatim ab ecclesia sancti Wlfranni de Abbatisvilla quos michi et heredibus meis debebat eadem ecclesia, alios decem solidos reddet Renerus de Calceio (3) quos michi et heredibus meis ipse debebat pro decima de Tueffles quam tenet de me. Et ut hoc ratum maneat, presens scriptum sigilli munimine roboravi.

Actum anno Domini M° CC° vigesimo secundo, mense aprili.

Cartul. I, f° 170, n° cclxxx ; II, f° 145, n° cxx ; III, f° 108 v°, n° cxxiii ; IV, f° 65 v°, n° cxxiv.

Avril 1222 (v. st.)

182.

De Collatione parochiarum de Villari le Breteneus (4), de Helliaco, de Ribemont, de Plaissiaco et de conventione inter capitulum et domnum Ingerrannum.

Gaufridus Dei gratia Ambianensis episcopus, omnibus ad quos littere

Août 1224

(1) III° Cartul. : Camonz.
(2) II° Cartul : Huglechon.
(3) II°, III° et IV° Cartul. : Salceio.

(4) II°, III° et IV° Cartul. : Bretoneus ; V° Cartul. : Bretoneus. Au V° Cartul. le titre s'arrête ici.

presentes pervenerint eternam in Domino salutem. Noverit universitas vestra quod cum vir venerabilis Radulphus, quondam archidiaconus Pontivensis, altaria Sancti-Mathei de Folliaco (1), de Villari Le Breteneus (2), de Helliaco, de Ribemont et de Plaissiaco (3) cum jure patronatus et omnibus pertinentiis dictarum ecclesiarum, et donatione prebendarum Sancti-Mathei, nec non et quadam decima apud Hangest, in manu reverendi patris et predecessoris nostri Everardi, bone memorie episcopi Ambianensis, resignasset, et postmodum eidem resignationi suum dedissent assensum vir nobilis Galterus dominus Helliaci, Ingerrannus, frater ejus canonicus Ambianensis uxor quoque et filii et filie et fratres predicti Galteri, et quicquid juris hereditarii in omnibus predictis reclamare poterant, episcopo et ecclesie Ambianensi quitassent et abjurassent, de predictis altaribus et redditibus communi consensu predicti episcopi et capituli nostri, Galteri quoque, Ingerranni et filiorum ipsius Galteri, sicut intelleximus ordinatum est in hunc modum : quod episcopus Ambianensis patronatum haberet et donationem prebendarum in ecclesia Sancti-Mathei de Folliaco (4), capitulum vero Ambianense haberet collationem prebendarum quatuor aliarum ecclesiarum in perpetuum. Proventus autem dictorum altarium et decime de Hangest assignati et concessi sunt domino Ingerrano predicto et duobus filiis ipsius Walteri Teobaldo et Roberto, quamdiu viverent in seculo. Ita videlicet quod decedente ipso Ingerranno portio quam tenebat integre ad capitulum deveniret; et, si portio illa non valeret centum viginti librarum, de aliis partibus ipsi capitulo ab episcopo suppleretur defectus, et detraheretur si plus valeret. De hiis autem redditibus centum viginti librarum institui debent a capitulo ad servicium nostre matris ecclesie duodecim vicarii annui percipientes de summa predicta septuaginta duas libras, antiquo et consueto vicariorum numero non propter hoc diminuto. Quod autem de predicta summa remanserit cedet (5) in anniversaria et cotidiane distributionis augmentum. Decedente vero utrolibet predictorum Theobaldi et Roberti, portio ipsius decedentis ad episcopum et ecclesiam Sancti-Mathei reverteretur. Hanc igitur ordinationem ratam habentes et approbantes ob honorem Dei et nostre matris ecclesie

(1) IIe Cartul. : Foilliaco.
(2) IIe, IVe et Ve Cartul. : Bretouneus ; IIIe Cartul. : Bretoneus.
(3) IIe, IIIe, IVe et Ve Cartul. : Plaisseio.
(4) IIe et IIIe Cartul. : Foilliaco.
(5) IIe, IIIe et IVe Cartul. : Cadet.

Ambianensis et incrementum divini cultus, auctoritate pontificali et sigilli nostri munimine duximus confirmandam, statuentes ut perpetuis temporibus maneat illibata. Ne autem post decessum sepedicti Ingerranni, si quid de summa centum viginti librarum in portione ipsius deficeret inter episcopum et capitulum de supplemento posset oriri contentio, condictum est et statutum (1) inter nos et capitulum quod fidelis fieret infra hunc annum estimatio de valore portionis ejusdem, ut facta estimatione quantitas effectus appareret. Illud quoque sciendum quod nos attendentes quantos labores sustinuerit, quantas expensas fecerit pro revocandis ad ecclesiam redditibus supradictis, dominus noster et pater episcopus sepedictus, ad ipsius anniversarium pietatis intuitu assignavimus quatuor libras parisiensium de portione nostra capitulo nostro in perpetuum persolvendas.

Actum anno Domini M° CC° vigesimo quarto, mense Augusto.

Cartul. I, f° 153 v°, n° CLXXXII ; II, f° 197 v°, n° CXCIII ; III, f° 138, n° CLXXVIII ; IV, f° 82, n° LXXIX ; V, f° 32 v°, n° XXXV.

183.

De elemosina decime de Ausiaco (2).

Ego Hugo, miles (3) et dominus de Aussiaco (4, notum facio omnibus presentes litteras inspecturis quod, cum pater meus bone memorie Hugo, dominus de Ausiaco, ecclesie Ambianensi tres modios ad mensuram publicam de Ausiaco contulerit in elemosinam ob remedium anime sue et antecessorum suorum percipiendos in decimis quas tenebat, totum residuum earumdem decimarum in ordinatione venerabilis patris ac domini G. episcopi et magistri Cristiani, scholastici Ambianensis, reliquit per manum magistri Johannis, penitentiarii ecclesie ejusdem, istam concessionem per litteras suas confirmando, salvis tamen novem modiis in eisdem decimis in dictam mensuram capiendis, quinque modiis scilicet a monialibus de Willencort (5) et quatuor modiis a monialibus de

Septembre
1225

(1) II°, III° et IV° Cartul. : Constitutum.
(2) II° Cartul. : Auxiacho partout.
(3) *Miles* est omis au V° Cartulaire.

(4) III° et IV° Cartul. : Ausiaco ; IV° Cartul. Auxiaco.
(5) IV° Cartul. : Willencourt.

Moriaucort (1) annuatim. Ego vero, temporale commodum plus attendens quam saluti patris et antecessorum meorum consulens, dicte concessioni decimarum quam pater meus fecerat ecclesie memorate et ordinationi ipsius quantum potui contradicens, post multas monitiones a dicto episcopo michi factas, excommunicatus diutius Remis sedem metropolitanam apellavi, ubi diu litigando contra eumdem episcopum, et ad revocandum ejus sententiam in me latam laborando, tandem per ejusdem metropolitane sedis judicium, dicto episcopo in expensas litis condempnatus sententia, ejus districtioris excommunicationis remansi personaliter innodatus, et terra mea artissimo interim ligata tenebatur interdicto. Demum consilio bonorum virorum, post multas vexationes ad cor rediens, ad unitatem et pacem sancte ecclesie summo desiderio anhelans, dictam elemosinam patris mei de tribus dictis modiis factam ecclesie memorate et resignationem ejus per manum dicti penitentiarii domino episcopo et magistro Cristiano commissam benigne et suppliciter acceptavi, quicquid juris ante reclamaveram in decimis memoratis in manu domini episcopi resignans, salvis dictis novem modiis percipiendis annuatim ibidem a monialibus supranominatis. Promisi etiam, juramento corporaliter prestito, in dictis decimis me nichil reclamaturum de cetero, sed bona fide garandizaturum dictas decimas contra omnes qui in curia mea ad jus venire vellent de eisdem, et ad hoc meum obligavi heredem. Ad hec sciendum quod predictus venerabilis pater Ambianensis episcopus et magister Cristianus, de voluntate mea et assensu, concesserunt et assignaverunt ecclesie memorate Ambianensi totum residuum decimarum quas tenebat pater meus supra novem modios predictis monialibus assignatos et tres modios predicte ecclesie a patre meo legatos. Ut hec autem perpetuam obtineant firmitatem sigillo meo presentes litteras roboravi.

Actum anno Domini M° CC° XX° V° mense septembri.

Cartul. I, f° 181, n° cccxix ; II, f° 231, n° ccxli ; III, f° 161, n° ccxxvi ; IV, f° 95, n° cccxxvii ; V, f° 42, n° xliv.

184.

Janvier 1225 (v. st.)

CARTA DE COMPOSITIONE INTER NOS ET ABBATEM SANCTI JOHANNIS AMBIANENSIS.

Universis XPI fidelibus quibus presentes litteras videre contigerit,

(1) IV° Cartul. : Moreaucourt.

frater N(icholaus), Dei pacientia sancti Johannis Ambianensis dictus abbas, et ejusdem loci conventus, salutem in Domino. Noverit universitas vestra quod, cum causa verteretur inter ecclesiam beate Marie Ambianensis, ex parte una, et nos, ex altera, super situ et statu molendini siti versus Pontem de Mez (1), molentis cortices, videlicet utrum dictum molendinum situm sit in fundo majoris ecclesie Ambianensis vel non; secundo utrum per palos et terre appositionem vel quocumque alio modo, terram dicte ecclesie Ambianensis nos minoraverimus in aliquo ; tercio utrum nos penellum nostrum discurrere fecerimus per terram ecclesie Ambianensis memorate, tandem pro bono pacis, de consensu nostro et ecclesie sepedicte inquisitio debet fieri per cantorem Attrebatensem, magistrum R. et scholasticum Ambianensem magistrum Cristianum et magistrum Garnerum, canonicos Ambianenses, super prefatis articulis, predicti tres inquisitores veritatem inquisitam pro utraque parte referent ad capitulum Ambianense ut dicte querele per dictum capituli Ambianensis finem recipiant, et omnino sopiantur. Hoc factum est de communi assensu dictarum partium, et insuper statutum est pro pena, quod si alterutra pars a decano capituli Ambianensis, post inquisitionem factam, presumeret resilire, illa pars reliquas centum marchas argenti persolveret. Condictum est etiam quod tam predicta inquisitio quam capituli Ambianensis infra proximum Pascha complebuntur. In cujus rei testimonium utraque pars reliqua contulit in testimonium litteras suas sigillo proprio roboratas in testimonium et juvamen.

Actum anno Domini M° CC° XX° quinto, mense januario.

Cartul. I, f° 181, n° cccxviii ; II, f° 230, n° ccxl ; III, f° 160 v°, n° ccxxv ; IV, f° 95, n° ccxxvi ; V, f° 60, n° lxviii.

185.

Scriptum de censura (2) de Folies.

Johannes, decanus, et capitulum Ambianense, omnibus presentes litteras inspecturis in Domino salutem. Universitati vestre notum facimus quod

Avril
1225
(v. st.)

(4) V° Cartul. : Mes.

(5) II° Cartul. : 2° réd., III° et IV° Cartul : De decima.

nos dilecto concanonico nostro Ingerranno de Helli (1) ad vitam suam concessimus censuram de Folies cum appenditiis ejus et universis proventibus ejusdem ville ad nos pertinentibus, exceptis relevationibus et venditionibus et emendis ultra septem solidos, pro viginti libris parisiensium, et ducentis modiis frumenti nobis annuatim persolvendis sub hac forma : de predicta summa pecunie decem libras debet persolvere in nativitate sancti Johannis Baptiste, et decem libras in martyrio sancti Firmini ; frumentum predictum nobis debet persolvere omni anno infra festum sanctorum Tyburcii (2) et Valeriani, de meliori quod habebit de agricultura de Folies, et de redditibus nostris, et adducere sine aliquo sumptu nostro Ambianum in claustro ; et mensurari debet ad mensuram cellarii nostri sine aliquo sumptu nostro, per hominem ad hoc deputatum, qui juret quod fideliter mensurabit et pro ipso et pro nobis. Serviens quoque deputatus ab ipso ad custodiam domus de Folies jurabit quod nichil de frumento de Folies et appendiciorum ejus in alios usus convertetur nisi in sementem et necessariam sustentationem domus, donec census predictus nobis persolutus fuerit, quin ipse nobis denunciet quicquid de predicta annona noverit fuisse subtractum. Si autem agricultura et redditus nostri ad solutionem predicte summe non sufficiant, de blado equivalenti debet supplere defectum. Debet autem predictum frumentum per quadraginta modios, vel per quinquaginta, vel sexaginta modios secundum possibilitatem suam ad faciendam solutionem nostram adunare, et hoc denunciare decano vel cellerariis, ut ipsi faciant canonicos secundum ordinem stallorum recipere quod ad singulos pertinebit ; et ipsi debent judicare de frumento utrum tale sit quod non debeat recusari. Condictum est eciam inter nos quod, aliquo dampno interveniente, a solutione predicti census dictus Ingerrannus liber non esse poterit nisi per exercitum regium, vel per ignem communem qui de alio loco quam de propria domo evenerit, vel per communem tempestatem que in territorio de Folies acciderit et dampnum fecerit manifestum. Defectus enim seminis in terra pro communi tempestate non deputabitur (3). Hiis autem causis intervenientibus, si a solutione predicti census anno illo dictus Ingerrannus liber esse voluerit, tam ille qui

(1) IVe Cartul. : Hesli.
(2) IIIe Cartul. : Tyburtii.

(3) IIe Cartul. ; 2e réd. IIIe et IV Cartul. Reputabitur.

domum de Folies quam alii qui appendentia (1) ejus illo anno custodient, per juramentum suum quicquid dampno superfuerit nobis reddent, cum quibus sic juratis proprios custodes nostros instituemus si viderimus expedire. Si vero post festum sancti Andree dampnum quocumque modo supervenerit, dictus (2) Ingerrannus nichilominus predictum censum cum integritate persolvet. Representationem sacerdotum et collationem ecclesiarum pertinentium ad predictam censuram nobis retinuimus ; ita tamen quod sine consilio ejus predictis ecclesiis sacerdotes ordinare non debemus. Condictum est eciam quod homines nostros ad predictam censuram pertinentes manutenere, et pro causis et negociis eorum debet laborare sumptu proprio infra episcopatum, Ambianensem, et extra eundem episcopatum nostris sumptibus ordinatione nostra rationabiliter moderatis ; nec pro aliquo forefacto (3) poterit exigere ab aliquo homine nostro nisi legem communem duorum solidorum et sex denariorum ; et, si tale quid commissum fuerit quod majorem penam exigat, tantum septem solidos habebit pro illo forisfacto, residuum nostrum erit. Si tota communitas ville deliquerit, emenda nostra erit, salvis sibi septem solidis et dimidio de tota emenda. Homines nostros talliare poterimus, si nobis placuerit, et audire querimonias quas invicem habuerint. Illud quoque notandum est quod nos eidem Ingerranno dedimus centum libras cum quibus debet ponere alias centum libras de suo, infra instantem Nativitatem Domini, et de illis ducentis libris debet emere per visum nostrum hereditatem ad opus ecclesie nostre predicte ville de Folies ad jungendam ad solutionem cense prenotate. Et nos eidem concessimus quod, si de predicta summa terras emerit que venditiones nobis debeant, ipse venditiones habeat cum predictis ducentis libris convertendas in hereditatem nostre ecclesie comparandam, et ab ipso cum predicta censa tenendam. Sciendum est etiam quod predictus Ingerrannus quicquid ipse vel archidiaconus Pontivensis, avunculus ejus, edificavit apud Folies nobis concessit, et nobis dedit quicquid ibi in posterum edificaverit et quicquid apud Folies et pertinentiis ejus acquisierit ; et debet manerium nostrum de Folies in statu suo conservare, hoc excepto quod, si contingeret grangiam de Folies vel aliam domum ab ipso

---

(1) IIe Cartul. : 2e réd., IIIe et IVe Cartul. : Appendicia.

(2) IIe Cartul. : 2e réd., IIIe et IVe Cartul. : Dominus.

(3) IIe Cartul. : 2e réd., IIIe et IVe Cartul. : Forisfacto.

edificatam vastari per incendium, non teneretur ad faciendam eque bonam sed faceret qualem sibi viderit expedire. De hiis autem omnibus bona fide tenendis ipse nobis prestitit juramentum, et plegios dedit dilectos nostros Thomam de Bova prepositum, Theobaldum archidiaclionum Ambianensem, Johannem archidiaconum Rothomagensem, magistrum Garinum, archidiachonum Baiocensem, Galonem de Sarton et Galterum fratrem ejus, Theobaldum de Cruce, Symonem de Bestezi (1), Robertum Siccum, Galterum de Boillencort (2) et Matheum de Vilers, canonicos, sub tali forma : Quod si quis de canonicis portionem suam de predicta censa infra terminum prenotatum non habuerit, elapso termino, illud denunciet decano, vel cellerariis absente decano, si decetero ad ecclesiam recursum habere voluerit ; decanus vero vel cellerarius cui fuerit hoc denunciatum, sine dilatione summonebit domnum Ingerrannum et plegios predictos, si in civitate fuerint, aut denunciabit ad domos eorum, si absentes fuerint, ut infra quindecim dies fiat sol[utio] canonico conquerenti : Alioquin decanus vel ebdomadarius, eo absente, tam debitorem quam plegios auctoritate capituli, non propter hoc capitulo convocato, a choro suspendat et toto beneficio prebendali. De ipsis quoque viginti libris predictis similis fiat justicia, si non fuerint statutis terminis persolute. Si quis autem de predictis plegiis de seculo migraverit, vel prebenda Ambianensi cesserit, aut in partes transmarinos peregrinationem fecerit, domnus Ingerrannus, ad summonitionem nostram, alium substituere tenebitur. Illud quoque condictum est quod si memoratus Ingerrannus de seculo migraverit vel ad religionem se transtulerit, inter sementem completam et messem inchoatam, nos in statu illo recipiemus censuram nostram, et plegii sui erunt absoluti. Si autem hoc evenerit inchoata messe vel completa, plegii sui tenebuntur predictam censam nobis persolvere et terram nostram omni genere sementis quod annus expecierit seminatam, et reliquam ad opus anni sequentis, sicut tempus exigerit, optime cultam, quinto decimo die ante Nativitatem beati Johannis Baptiste nobis restituere, et proventus percipient quos ipse Ingerrannus erat (3) percepturus. Et in testimonium hujus conventionis et fidejussionis, predictus Ingerrannus et fidejussores sui sigilla sua presentibus

(1) IVᵉ Cartul.: Bestizi.
(2) IIIᵉ Cartul. : Bollencort ; IVᵉ Cartul. : Bouillencourt.
(3) IVᵉ Cartul.: Erit.

litteris in cyrographum divisis apposuerunt cum sigillo capituli nostri. Actum anno domini M° CC° vicesimo quinto, mense aprili.

<small>Cartul. II, f° 151 v°, n° cxxxiv, et f° 227 v°, n° ccxxxix ; III, f° 159, n° ccxxiv ; IV, f° 94, n° ccxxv.</small>

186.

De conventione inter Vicedominum Pinchonii et Episcopum Ambianensem de nemore de Guisonvile (1) et de aqua de Sela.

G., Dei gratia Ambianensis episcopus, omnibus ad quos littere iste pervenerint salutem in Domino. Noverit universitas vestra quod in nostra presentia constitutus Gerardus (2), dominus Pinchonii (3), vicedominus Ambianensis, concessionem et donationem subscriptam, factam ab ipso pro se et heredibus suis dilectis nostris decano et capitulo Ambianensi, recognovit. Qui etiam promisit quod, quam cito miles erit et sigillum habebit, dictum sigillum apponet eidem concessioni et donationi que talis est : Ego Gerardus (4), dominus Pinchonii (5), vicedominus Ambianensis, omnibus presentes litteras inspecturis notum facio quod, cum inter viros venerabiles decanum et capitulum Ambianense, et J[ohannem] bone memorie patrem meum, quondam vicedominum Ambianensem et dominum Pinchonii (6), super nemore de Guisonvile et super aqua de Sela, que defluit apud villam que dicitur Ver inter metas de (7) Tombes et de Losieres, questio esset suborta, et tandem etiam in quosdam de eisdem querelis a partibus esset compromissum, tandem post decessum patris mei, ego in capitulo Ambianensi, coram decano et capitulo Ambianensi constitutus siquid et quicquid juris in predictis habebam benigne et liberaliter dictis decano et capitulo Ambianensi, donavi et concessi, hoc excepto quod per predictam aquam piscator meus de inferiori aqua ad superiorem vel e converso cum nave sua poterit transire, sed ibidem piscari non poterit, cum piscatio sit dictorum decani et capituli. Sed si accusetur vel dicatur (8)

<small>11 Août 1226</small>

<small>
(1) IV° Cartul. : Gisonvile.
(2) II° Cartul. : 1ʳᵉ réd. : Girardus.
(3) III° et IV° Cartul. : Pinconii.
(4) II° Cartul. : 2° réd. : Girardus.

(5 et 6) III° et IV° Cartul. : Pinconii.
(7) V° Cartul. : Des Tombes.
(8) IV° Cartul. : Discatur.
</small>

piscator meus in dicta aqua piscatus fuisse, solvet pro emenda dictis decano et capitulo XII denarios vel coram baillivo de Ver, aut nuntio capituli proprio juramento firmabit quod ibidem non fuerit piscatus. In alia autem aqua de Sela tam superius quam inferius habent homines ecclesie Ambianensis liberum arroagium et communes usus, hoc excepto quod ibidem non possunt piscari, vel aquam in alia terra (1) divertere, vel illud impedimentum, quod dicitur casticiare (2), de novo ibidem facere sine licentia mea, precedenti statu qui modo ibi est non immutando a me vel impediendo, quibus (3) etiam infracturis de quibus impetebatur pater meus ante dictum compromissum michi a dictis decano et capitulo remissis. In aquis autem de Sela supra et infra predictas metas de Losieres et de (4) Tombes dicti decanus et capitulum nichil juris preterquam supradictum est, poterunt reclamare. Et hec omnia supradicta promisi pro me et heredibus meis in perpetuum bona fide observanda. Actum anno Domini M° CC° vicesimo sexto, mense Julio, sabbato post Magdalenam (5). Nos igitur, sicut ad nostrum spectat officium, que predicta sunt, ad petitionem ipsius Gerardi (6), dictis decano et capitulo auctoritate pontificali in perpetuum confirmantes, presentem cartam exinde confectam sigilli nostri fecimus munimine roborari.

Actum anno Domini M° CC° vicesimo sexto, mense augusto, in crastino beati Laurentii (7).

<small>Cartul. I, f° 153, n° ccxxxi ; II, f° 150 v°, n° cxxx ; 2° réd., f° 196 v°, n° cxcii ; III, f° 137 v°, n° clxxvii ; IV, f° 81 v°, n° clxxviii ; V, f° 76 v°, n° c.</small>

187.

Littera Willelmi Forsei (8), castellani Nigellensis.

Octobre 1226

Ego Willelmus Fursei, castellanus Nigellensis, notum facio presentibus

---

(1) IIe et Ve Cartul. : Ad alia loca ; IIIe et IVe Cartul. : In alia loca.

(2) IIe Cartul. : 1re réd. : Castigiare.

(3) IIe, IIIe et Ve Cartul. : Quibusdam.

(4) Ve Cartul. : Des Tombes.

(5) Dans le Ier et IVe Cartulaires et dans le IIe Cartulaire (1re réd.) se trouve insérée ici la phrase suivante : « Cartam vicedomini habemus sub forma proximo supradicta sigillo suo commutatam. »

(6) IIe Cartul. : 1re réd. : Girardi.

(7) Dans le IIe Cartulaire (2e réd.), les IIIe et IVe Cartulaires on lit ensuite : « Sub eadem forma habemus cartam vicedomini Ambianensis sigillo suo communitam », et au Ve Cartulaire la charte ainsi annoncée est transcrite, f° 76 v°, n° xcix.

(8) IVe Cartul. : Fursei.

et futuris quod Nicholaus de Belloramo, canonicus Ambianensis, in presentia nostra constitutus, recognovit se debere capitulo Ambianensi quinquaginta solidos annuatim solvendos parisiensium ad perpetuitatem infra octavam Pasche apud Ambianum capitulo supradicto super feodum quod de me tenet apud Marchel en le Garde ; super quo coram me prestitit juramentum se ita esse observaturum presentibus Radulpho, fratre ipsius Nicholai et Helvidi (1) sorore ejusdem, et hoc idem prestito juramento confirmantibus si ad ipsos R. H. feodum antedictum devolveretur. Et ad id observandum prefati (2) Nicholaus, R. et H. suos obligaverit (sic) heredes. Ego autem dictam assignationem dicto capitulo predictorum quinquaginta solidorum in perpetuum eidem capitulo solvendorum tamquam dominus feodi pro me et heredibus meis garandizare promisi. Si vero dictus Nicholaus quinquaginta solidos parisiensium emerit annuatim dicto capitulo Ambianensi solvendos, dictum feodum sepedicto Nicholao vel ejus heredibus libere revertetur, vel si ego dictus Willelmus XL^a libras parisiensium dictum Nicholaum vel ejus heredes solvere fecerim capitulo prenominato, similiter feodum antedictum ad eos libere revertetur. In cujus rei testimonium presentes litteras sigilli mei munimine roborari.

Actum anno Domini M° CC° XXVI°, mense octobri.

Cartul. II, f° 331, n° cccLII ; IV, f° 140, n° ccCxxxv.

188.

Magister Hugo de Curtillis, canonicus et officialis Ambianensis, omnibus presentes litteras inspecturis in Domino salutem. Noverit universitas vestra quod, cum ecclesia Ambianensis traxisset in causam coram nobis dominum Petrum de Malo Alneto, petens contra ipsum novem sextarios bladi annui redditus accipiendos ad molendinos de Orreville quos domina Gertrudis quondam uxor domini Hugonis Tacon, mater uxoris dicti Petri, dicte ecclesie in elemosinam contulerat pro anniversario suo faciendo, lite contestata sollempniter, testibusque quos dicta ecclesia producere voluit

Décembre 1226

(1) IVe Cartul. : Helvindi. (2) Il faut sans doute lire *prefatus*.

coram nobis ad intentionem suam probandam diligenter examinatis, post prestitum juramentum, depositionibus eorum publicatis factaque partibus copia earumdem, et omnibus rite actis, cum dicta ecclesia intentionem suam sufficienter probavisset, nos, de bonorum et jurisperitorum consilio, eidem ecclesie dictos novem sextarios bladi annui redditus accipiendos ad molendinos de Orrevile nomine elemosine pro anniversario dicte Gertrudis faciendo, contra dictum Petrum per diffinitivam sententiam adjudicavimus, actionem super expensis penes nos reservantes. In cujus rei testimonium presentes litteras inde confectas sigillo curie Ambianensis fecimus roborari.

Actum anno Domini M° CC° vicesimo sexto, mense decembri.

Cartul. I, f° 107 v°, n° cxvii.

189.

10 Janvier 1226 (v. st.)

Magister Hugo de Curtillis, canonicus et officialis Ambianensis, presbitero de Orrevile salutem. Auctoritate qua fungimur vobis mandamus quatinus ecclesiam Ambianensem de novem sextariis bladi annui redditus accipiendos ad molendinos de Orrevile quos eidem ecclesie contra dominum Petrum de Malo Alneto, nomine elemosine, per diffinitivam sententiam adjudicavimus pacifice gaudere faciatis, contradictores tam dictum Petrum quam alios per censuram ecclesiasticam compescendo. Datum sabbato post Epyphaniam, anno Domini M° CC° XXVI. Redd. litt.

Cartul. I, f° 107 v°, n° cxviii *bis*.

190.

De Censu apud Plachi pro terra empta a domino Radulpho de Baschoel (1).

1226

Apud Placi (2) in via qua tenditur ad Nantuel (3), Alelmus (4) de Placi

(1) Le titre ne se trouve que dans le II° Cartulaire.
(2) II° Cartul. : Plachi dans le reste de la charte.
(3) II° Cartul. : Nantueil.
(4) II° Cartul. : Allermus partout.

jure hereditario tenet de ecclesia Ambianensi quinque jornalia et dimidium terre sub annuo censu duodecim denariorum et duorum caponum ad Natale Domini solvendorum, quam terram predictam dictus Alelmus emit a Domino Radulpho de Bascouel (1) et extraxit libere et quiete de feodo quod dictus Radulphus tenebat a nobis et investitus fuit dictus Alelmus de dicta terra in capitulo, nec aliud debet de dicta terra preter predictum annuum censum.

Actum anno Domini M° CC° XXVI°.

Cartul. I, f° 107 v°, n° cxviii *ter* ; II, f° 352, n° ccclxxxiiii.

191.

De quitatione hominii domini de Bova.

S., decanus et capitulum Ambianense omnibus presentes litteras inspecturis in Domino salutem. Noverit universitas vestra quod cum dominus Robertus de Bova hominium nobis fecisset et super renovatione ejusdem hominii a nobis esset tractus in causam, tandem receptis ab eo octoginta libris parisiensium quas a nobis tenebat in feodum secundum quod in litteris Ingelranni patris sui continetur, eidem et suis heredibus dictum quitavimus hominium, quantum ad articulum hominii et octoginta librarum renuntiantes omni juri, salvis (2) et in suo vigore durantibus omnibus aliis articulis qui in litteris tam Roberti quondam domini de Bova avi sui, quam dicti Ingerranni patris sui continentur.

Actum anno Domini M° CC° XX° VII, mense Augusto.

Août 1227

Cartul. I, f° 171, n° cclxxxv ; II, f° 147 v°, n° cxxvi ; III, f° 110, n° cxxviii ; IV, f° 66 v°, n° cxxix.

192.

Apud Mautort in parrochia Sancti Johannis in calceia de Vimaco donavit nobis magister Bernardus, archidiaconus Pontivensis, redditum quem emit de

1222-1227

---

(1) II° Cartul. : Baschouel.   (2) II° Cartul. : Tamen.

proprio suo a Michaele de Mautort de assensu dominorum videlicet comitis Pontivensis et domini Garneri de Stratis militis, qui redditus plene valent octo libras parisiensium, de quo redditu et de duobus solidis parisiensium annui redditus quos annuatim debet Petrus Pictaviensis de Camons pro quodam pratello quem idem Petrus emit ab eodem archidiacono ad Nat *ale*] Domini reddendos statuit idem archidiaconus distribui in festo translationis beati Nicholai annuatim sexaginta solidos canonicis qui intererunt sic quindecim solidos in primis vesperis, quindecim in matutinis, quindecim in missa, quindecim in ultimis vesperis de quibus duo capellani Th. Ambianensis episcopi integram percipient portionem. Item de eodem redditu distribuentur capellanis qui intererunt quindecim solidi sicut superius dictum est distribuendi. Item de eodem redditu simili modo vicariis qui presentes erunt octo solidi distribuentur. Statuit etiam idem archidiaconus de eodem redditu anniversarium patris et matris sue sicut inter anniversaria est annotatum. Item de eodem redditu capientur sumptus unius cerei qui accendatur annuatim ad altam missam in post altari, si quid residuum fuerit convertatur in festo et anniversario ad usus canonicorum secundum formam expressam. Item donavit nobis idem archidiaconus octo modios medietatem bladi et medietatem avene ad mensuram Ambianensem comparatos apud Bellamquercum et reddendos apud Flesseroles expendendos omnibus canonicis et solis numeratis duobus capellanis Th. episcopi qui intererunt in elevatione Sacre Eucharistie in majori missa, que distributio incipiet et durabit per adventum Domini, et si quid residuum fuerit de adventu reservetur distribuendum ad Quadragesimum sequentem.

Cartul. I, f° 187, n° cccxxxv.

193.

SUPER ISTO NEGOTIO (DE SEPTIMANIS PERSONALITER FACIENDIS IN ECCLESIA NOSTRA A CANONICIS DIACONIS ET SUBDIACONIS) OBTENTE SUNT LITTERE APOSTOLICE CONFIRMATORIE ET ALIE CONSERVATORIE (1).

27 Janvier 1228

Gregorius, episcopus, servus servorum Dei, dilectis filiis decano et

(1) II°, III° et IV° Cartul. : Confirmatio Gregorii pape super eodem ; V° Cartul. : Littere domini pape de confirmatione eadem.

capitulo Ambianensi salutem et apostolicam benedictionem. Cum a nobis petitur quod justum est et honestum, tam vigor equitatis quam ordo exigit rationis ut id per sollicitudinem officii nostri ad debitum deducatur effectum. Insinuante sane venerabili fratre nostro J(oanne) Sabinensi episcopo, accepimus quod eo existente olim Ambianensi decano bone memorie E. Ambianensis episcopus de mandato apostolico pro divini augmento servitii anniversaria mortuorum sollempniter fieri et dari cotidianas distributiones canonicis qui divinis intersint officiis, certis ad hoc assignatis redditibus, ordinavit, constituens quod canonici facerent suas ebdomadas in suis ordinibus, et deputata sibi a cantore ministeria exequi procurarent, certa pena contra inobedientes pro qualitate ac quantitate excessuum constituta : Nos ergo ipsius Sabinensis precibus inclinati, quod super hoc ab eodem episcopo provide factum est, sicut in suis litteris continetur, auctoritate apostolica confirmamus, et presentis scripti patrocinio communimus. Nulli omnino hominum liceat...

Datum Laterani VI kal. februar. Pontificatus nostri anno primo.

Cartul. I, f° 140, n° clxxxvii ; II, f° 209, n° ccvii ; III, f° 146 v°. n° cxcii ; IV, f° 87, n° cxciii ; V, f° 84 v°, n° cix.

194.

De eodem (1).

Gregorius, episcopus, servus servorum Dei, venerabili fratri episcopo Silvanectensi salutem et apostolicam benedictionem. Exposuit nobis venerabilis frater noster J., episcopus Sabinensis, quod olim, existente eo Ambianensi decano, bone memorie E., Ambianensis episcopus, de mandato apostolico pro divini augmento servitii anniversaria mortuorum sollempniter fieri et dari cotidianas distributiones canonicis qui divinis intersunt officiis, certis ad hoc assignatis redditibus ordinavit, constituens quod canonici facerent suas ebdomadas in suis ordinibus, et deputata sibi a cantore ministeria exequi procurarent, certa pena contra inobedientes pro qualitate et quantitate excessuum constituta. Unde Sabinensis episcopus petiit ut

27 Janvier 1228

(1) II°, III° et IV° Cartul.: Conservatio delegata episcopo Silvanectensi super eodem ; V° Cartul. : Item confirmatio domini pape.

quod super hiis prefatus Ambianensis fecit apostolico roborare munimine dignaremur. Quocirca fraternitati tue per apostolica scripta mandamus quatinus ordinationem et constitutionem hujusmodi sicut provide facte sunt, inviolabiliter facias observari reformans in eis si quid per alicujus insolentiam inveneris deformatum, contradictores per censuram ecclesiasticam, appellatione postposita, compescendo.

Datum Laterani VI kal. februarii, pontificatus nostri anno primo.

Cartul. I, f° 140 v°, n° CLXXXVII ; II, f° 209 v°, n° CCVIII ; III, f° 147, n° CXCIII ; IV, f° 8", n° CXCIV ; V, f° 85, n° CX.

195.

Littere censuum de Bekerel (1).

Janvier 1228 (v. st.)

Magistri Odo, canonicus beati Nicholai, Hugo de Bellaquercu, officiales Ambianenses, omnibus presentes litteras inspecturis in Domino salutem. Noverit universitas vestra quod Johannes Macaire (2) et Richaldis, uxor ejus, in nostra constituti presentia recognoverunt se vendidisse capitulo Ambianensi quadraginta iiij^{or} solidos et viginti quinque capones annui census capiendos (3) in perpetuum in vico de Bekerel (4) pro viginti octo libris parisiensium sibi numeratis. Cui venditioni Firminus Panetarius et Marga, uxor ejus, qui in dicto censu dicebatur habere quinque solidos censuales, benignum prebuerunt assensum, coram nobis recognoscentes se pro illis V^e solidis censualibus sufficientem recepisse commutationem ; et tam idem Firminus et uxor ejus quam dicti Johannes et R., uxor ejus, prestito juramento promiserunt quod in supradictis quadraginta quatuor solidis et viginti quinque caponibus censualibus venditis aliquid de cetero non reclamarent, nec dictum capitulum super hiis per se vel per alios aliquatenus molestarent. Dicta Richaldi nichilominus recognoscente et juramento firmante nullum habere dotalicium in censu memorato. In cujus rei testimonium presentes litteras confici fecimus, et sigillo curie Ambianensis roborari.

(1) IVe Cartul. : Beckerel.
(2) IIe Cartul. : Machaire
(3) IVe Cartul. : Accipiendos.
(4) IIIe et IVe Cartul. : Beckerel.

Actum anno Domini M° CC° vicesimo octavo, mense januario.

Cartul. I, f° 182, n° cccxxii ; II, f° 233, n° ccxliii ; III, f° 162 v°, n° ccxxix ; IV, f° 96, n° ccxxx ; V, f° 74, n° xcv.

196.

De decima de Berni.

Ego Petrus, miles, dominus de Jumellis, tam presentibus quam futuris quibus presentes litteras videre contigerit, notum facio quod Wibertus de Jumellis, miles, frater meus, in presentia reverendi patris G. Dei gratia Ambianensis episcopi et mea constitutus, recognovit se vendidisse ecclesie Ambianensi totam decimam quam habebat apud Berni pro decem et octo libris parisiensium sibi numeratis, fide corporaliter prestita firmans quod in dicta decima nichil de cetero reclamaret, et ad hoc suos obligavit heredes. Et quia dictus Wibertus, frater meus, dictam decimam de me in feodum tenebat, ipsam in manu mea resignavit. Ego vero ad opus supradicte ecclesie Ambianensis in manu dicti episcopi resignavi eandem quo facto, sepedictus episcopus, de voluntate et assensu meo et supradicti fratris mei, magistrum Cristianum (1), canonicum et scholasticum Ambianensem, qui propter hoc presens erat nomine supradicte ecclesie, eadem decima investivit. Verum quia, ut superius est expressum, sepedicta decima de me in feodum teneri dinoscebatur, ipsam ecclesie Ambianensi me garandizaturum promisi contra omnes qui ad legem et justiciam vellent venire, vel si forte nollent, tamen possent compelli, et ad hoc idem meos heredes obligavi. In cujus rei testimonium, ad petitionem sepedicti fratris mei, presentes *litteras* sigilli mei munimine feci roborari.

Février 1228 (v. st.)

Actum anno Domini M° CC° XX° octavo, mense februario.

Cartul. I, f° 182, n° cccxxiii ; II, f° 233 v°, n° ccxlv ; III, f° 163, n° ccxxx ; IV, f° 96, n° ccxxxi ; V, f° 69, n° lxxxiv.

197.

Carta de decima de Berni.

G., divina permissione Ambianensis ecclesie minister humilis, omnibus

Mars 1228 (v. st.)

(1) II°, III°, IV° et V° Cartul. : Xpianum.

XPI fidelibus presentes litteras inspecturis eternam in Domino salutem. Noveritis quod veniens in presentia nostra Wibertus de Jumellis, miles, recognovit se vendidisse ecclesie Ambianensi totam decimam quam habebat apud Berni pro decem et octo libris parisiensium sibi numeratis : fide etiam interposita promisit quod in dicta decima nichil de cetero reclamabit et ad hoc suos obligavit heredes. Dominus vero Petrus de Jumellis, frater prefati Wiberti de quo dictus Wibertus dictam decimam in feodum tenere dicebatur, hanc venditionem approbans coram nobis et eandem decimam receptam de manu predicti Wiberti ad opus supradicte ecclesie Ambianensis in manu nostra libere resignans promisit garandizaturum eam ecclesie memorate contra omnes qui ad legem et justiciam vellent venire, vel, si forte nollent, possent compelli et ad hoc suos obligavit heredes. Nos autem de dicta decima in manu nostra resignata, prout superius est expressum, magistrum Cristianum (1), scholasticum Ambianensem, qui propter hoc presens erat, nomine ecclesie investivimus, et ad dictorum fratrum petitionem presentes litteras inde confectas sigilli nostri fecimus munimine roborari.

Actum anno Domini M° CC° XX° octavo, mense martio.

Cartul. I, f° 182, n° cccxxiv ; II, f° 234, n° ccxlvi ; III, f° 163 v°, n° ccxxxi ; IV, f° 96 v°, n° ccxxxii ; V, f° 69 v°, n° lxxxv.

198.

SUPER DECIMA DE BERNI.

Mars
1228
(v. st.)

Omnibus presentes litteras inspecturis magister E., officialis Belvacensis, salutem in Domino. Universitati vestre notum facimus, quod in nostra constituta presentia Beatrix de Hes, uxor Wiberti (2) de Jumellis militis, venditioni quam fecit idem W. capitulo Ambianensi de tota decima quam habebant iidem Wibertus (3) et Beatrix, uxor ejus, in territorio de Berni de assensu suo prebuit liberaliter et benigne, promittens sub fidei sue prestita religione, se in dicta decima, sive dotis titulo vel alia quacumque ex causa, nichil de cetero reclamaturam. Confessa est etiam dicta Beatrix se recompensationem sufficientem habere pro dote quam in dicta decima

(1) II°, III°, IV° et V° Cartul. : Xpianum.   (2 et 3) V° Cartul. : Guibertus.

habebat. In cujus rei testimonium presentes litteras sigillo curie Belvacensis, salvo jure alieno, fecimus communiri.

Actum anno Domini M° CC° XX° octavo, mense martio.

Cartul. I, f° 182, n° cccxxv; II, f° 234 v°, n° ccxlvii; III, f° 163 v°, n° ccxxxii; IV, f° 96 v°, n° ccxxxiii; V, f° 70, n° lxxxvi.

199.

De emptione censuum quorumdam apud Revellam.

Gaufridus, divina permissione Ambianensis ecclesie minister humilis, omnibus ad quos presentes littere pervenerint eternam in Domino salutem. Noverit universitas vestra quod constituti in presentia nostra Walterus, miles, et magister Robertus Foes, capellani ecclesie beate Marie Ambianensis (1), recognoverunt se in perpetuum vendidisse magistro Cristiano (2), scolastico Ambianensi, census triginta solidorum parisiensium sitos apud Revellam spectantes ad suas capellanias, pro decem et octo libris parisiensium, quos census idem scolasticus asseruit se emisse nomine capituli Ambianensis ad opus dictorum (3) festorum que ipse statuerat de novo. Nos igitur prefatam venditionem ratam habentes facta resignatione dictorum censuum ab ipsis capellanis in manu nostra, prefatum scolasticum investivimus de memoratis censibus nomine capituli in perpetuum recipiendis. In cujus rei testimonium, prefata pecunia postmodum numerata et persoluta, presentes litteras sigilli nostri munimine fecimus roborari.

Juin 1229

Actum anno Domini M° CC° vigesimo nono, mense junio.

Cartul. I, f° 183, n° cccxxxvii; II, f° 285, n° ccxlix; III, f° 164, n° ccxxxiv; IV, f° 96 v°, n° ccxxxv; V, f° 79, n° ciii.

200.

De compromissione contra Petrum de Gollencort (4).

Magistri Garnerus et Odo, beate Marie, et beati Nicholai Ambianensis canonici et Robertus de Bova, omnibus ad quos littere presentes pervenerint,

Juillet 1229

---

(1) II° Cartul. : Ambianis.
(2) II° Cartul. : Xpiano.
(3 IV° Cartul. : Duorum.

(4) IV° Cartul. : Gollencourt dans toute la charte ; V° Cartul : Goulcincort dans toute la charte.

eternam in Domino salutem. Universitati vestre notum facimus quod cum cause diu fuissent agitate inter capitulum Ambianense ex una parte, et abbatem et conventum Sancti-Fusciani in nemore, Petrum, dominum de Gollencort, ex altera, super quibusdam mariscis, divisionibus terrarum, censuum et reddituum ; tandem dicte partes pro bono pacis, in nos compromiserunt juramento firmantes, et coram officiali Ambianensi ad hoc se unanimiter astringentes, quod ab arbitrio nostro super premissis questionibus nullatenus resilirent, nec ad aliud judicium quantumcumque per nos prorogaretur arbitrium remearent. Nos vero, receptis testibus ex parte ecclesie Ambianensis, ad fundandam intentionem suam productis, ac partibus (1) ex parte dictorum abbatis et conventus sancti Fusciani et Petri, domini de Gollencort, pro parte eorum productis, receptis, publicatis et diligenter examinatis, ac quibusdam aliis testibus quos dicti abbas et conventus ac dictus Petrus vice versa super querelis inter se habitis producere voluerunt, depositionibus utrorumque testium diligenter inspectis. ordine juris in omnibus et per omnia observato, de prudentum virorum consilio, tanquam arbitri diffiniendo pronuntiavimus quod marisci siti inter ulmum de Kanival et Nonam (2) versus Remiercort (3), juxta cursum de Riveri usque Nonam (4) versus Domnum Martinum et Costenchi, debet tanquam proprium remanere ecclesie Ambianensi ; non obstante longa consuetudine pascuorum quam homines totius vicinitatis in eisdem mariscis hucusque habuerunt, cum ipsi ex eisdem consuetudinibus per aliquod privilegium censum annuum vel servicium defendi non possint. Ceterum interloquendo pronuntiavimus quod terragium ecclesie beati Fusciani durare debet a curtillo Yberti molendinarii juxta cursum de Reveri usque ad curtillum Rose et usque ad Novam (5) versus Dompnum Martinum, ac solum pratense, sicut dictum est et hospites ad ecclesiam beati Fusciani proprie pertinent, ac mansio Petri domini de Gollencort sita est in terra ecclesie sancti Fusciani superius memorate. Dicimus etiam quod dominus de Gollencort nichil juris habet in dicta terra, quamvis in processu temporis preteriti dominus Robertus de Bova, de consilio Alvredi Anglici servientis sui, per plures annos violenter extorserit census hominum in

(1 V° Cartul. . Testibus Remiercourt.
(2) V° Cartul, : Noiam. (4) II° Cartul. : Novam ; V° Cartul. : Noiam.
(3) II° et III° Cartul. : Rimiecort ; IV° Cartul. · (5) II°, IV° et V° Cartul, : Noiam

dicta terra manentium per indebitam subtractionem hostiorum (1) domuum hominum eorumdem, maxime cum predicta ecclesia beati Fusciani, ut per depositiones testium nobis constitit, pedagium et alia jura dominorum antea caperet in terra memorata ; absolventes penitus ecclesiam Ambianensem ab omni consuetudine pascendi pecora in predictis mariscis, et totius alterius servitutis, ac ecclesiam beati Fusciani ab omni extorsione terragii, census, pedagii et alterius juris cujuscumque quod dominus de Gollencort in dicta terra memorate ecclesie sancti Fusciani hactenus consuevit reclamare ; condempnantes dominum de Gollencort ad condignam restitutionem de censibus, pedagiis et terragiis et omnibus arreragiis de predicta terra sic extortis ecclesie Sancti-Fusciani memorate faciendam. In cujus rei testimonium presentes litteras fecimus sigillorum nostrorum testimonio roboratas.

Actum quinta feria post festum Magdalene, anno Domini M° CC° vigesimo nono, mense Julii.

Cartul. I, f° 183, n° cccxxviii ; II, f° 235, n° ccl. ; III, f° 164 v°, n° cclxxxv ; IV, f° 97, n° ccxxxvi ; V, f° 57, n° lxiv.

201.

De vadio decime de Corcellis (2).

G(aufridus), divina permissione Ambianensis ecclesie minister humilis, omnibus XPI fidelibus in Domino salutem ; Noverit universitas vestra quod Ingerrannus de Curcellis (3) in nostra presentia constitutus recognovit se invadiasse dilecto nostro magistro C. (Christiano), scholastico Ambianensi decimam suam sitam apud Curcellas usque ad sex annos complendos, pro viginti quinque libris parisiensium sibi numeratis ; ita quod, illis sex annis elapsis, non posset dictus Ingerrannus vel alius dictam decimam redimere nisi de uno festo sancti Remigii in aliud festum sancti Remigii, et sic dictam decimam in manu nostra resignavit. Super qua invadiatione promisit dictus Ingerrannus, fide prestita, quod nunquam ipsum Scholasticum vel ejus successorem per se vel per alium vexaret. Et quia Ada, mater ejus, habebat in dicta decima dotalicium, sicut ipsa dicebat, matri sue

Février
1229
(v. st.)

(1) IV° Cartul. : Ostiorum.
(2) IV° Cartul. : Curcellis dans toute la charte.
(3) V° Cartul. : Curcellis dans le reste de la charte.

sufficiens excambium dictus Ingerrannus assignavit de voluntate ipsius matris (1), que fide firmavit quod numquam quamdiu teneret invadiationem (2) illam in illa decima aliquid reclamaret. Prefatam vero invadiationem dominus Johannes de Corcellis (3), miles, de quo dicta decima tenebatur, concessit coram nobis, fide corporali prestita, se ratam habere et quod illam sicut dominus garandizaret, in manu nostra decimam resignans antedictam. Hanc autem invadiationem asseruit prefatus Scholasticus fecisse nomine capituli Ambianensis que ordinaverat in ecclesia Ambianensi. Cujus voluntati ratum assensum prebentes predicta fecimus sigilli nostri munimine roborari (4).

Actum anno Domini M° CC° XXIX° mense februario.

Cartul. II, f° 237, n° ccli ; III. f° 165, n° ccxxxvi ; IV, f° 97 v°, n° ccxxxvii ; V, f° 80, n° civ.

202.

CARTA PRECENTORIS DE PETRO, PREPOSITO DE VINARCORT (5) ET DE WAUNAST (6).

Février 1229 (v. st.)

Gaufridus, divina permissione Ambianensis ecclesie minister humilis ; universis ad quos littere iste pervenerint in Domino salutem. Noverit universitas vestra quod Petrus, prepositus de Vinarcort (7) in nostra constitutus presentia recognovit se pignori obligasse dilecto et fideli nostro O(doni), precentori ecclesie nostre Ambianensis terciam partem decime quam ipse possidebat in territorio del Waunast, ab instanti festo sancti Remigii usque ad sex annos penitus completos, pro decem libris parisiensium ab ipso precentore sibi numeratis. Completo autem termino sex annorum, portio dicte decime non poterit redimi nisi de anno in annum, et hoc infra festum sancti Remigii. Si autem dies propria beati Remigii preteriret (8) non redempta portione predicta, ipse precentor perciperet (9) fructus dicte portionis anni sequentis. Eufemia vero, uxor prefati Petri, simul cum eodem viro suo coram nobis comparens huic impignorationi

(1) IV° Cartul. : Sue.
(2) V° Cartul, : Invadiatio dicta.
(3) III° Cartul, ; Curcellis,
(4) V° Cartul. : Confirmari.
(5) IV° Cartul. : Vinarcourt.
(6) II° et IV° Cartul : Wannast.
(7) III° Cartul. : Vinarcourt,
(8) II°, III° et IV° Cartul. : Preterierit.
(9) II° et IV° Cartul. : Percipiet,

gratum prebuit assensum. Et cum ipsa diceret habere dotalitium in decima memorata, tamen confessa fuit sufficiens ab eodem viro suo excambium recepisse, videlicet duas partes residuas decime illius cum medietate omnium bonorum suorum ; sub prestito fidei sue corporaliter juramento tam ipsa quam vir ejus predictus, firmiter et fideliter promittentes se nunquam contra invadiationem istam venire quin totum terminum sex annorum plenius observent et ultra quamdiu predicta portio fuerit redimenda. Similiter Beatrix de Bethen*cort* (1), de cujus feodo decima ipsa descendere dicebatur, impignorationem istam benigne concessit et approbavit coram nobis per interpositam fidem, promittens et concedens quod portionem predictam tamquam domina feodi fideliter garandizabit sepedicto precentori vel cui ipse eam voluerit assignare, quamdiu redempta non fuerit. Nos autem de super memorata portione ab ipso Petro et ejus uxore ad opus ipsius precentoris in manu nostra resignata, ipsum precentorem, ad petitionem eorumdem, investivimus per totum terminum sex annorum et amplius, si redempta non fuerit, ab ipso possidenda. Et ut hoc firmum et stabile esset presentes litteras exinde confectas sigilli nostri munimine fecimus roborari.

Actum anno Domini M° CC° XX° IX°, mense februario.

Cartul. I, f° 154 v°, n° ccxxxiii ; II, f° 198 v°, n° cxciv ; III, f° 139, n° clxxix ; IV, f° 82 v°, n° clxxx.

203.

Dominus Odo precentor dedit in augmentum quotidianarum proventus vinee sue valentes annuatim quatuor libras, item in molendino de Ver I modium bladi, item apud Bonolium terram valentem ad bladum XXVI sextarios, ad avenam XXV sextarios, item apud Vals IIII modios et XI sextarios de decima, de terragio, et de terra juxta veterem ecclesiam sita, item ibidem XII denarios et duo capones de uno hospite, item apud Vinarcort II modios de vadimonio. Item dedit ecclesie LX solidos censuales quos habebat apud Revellam distribuendos in anniversario patris sui et matris sue.

Cartul. I, f° 135 v°, n° clxxviii.

(1) IV° Cartul. : Betencourt.

204.

DE COMMUTATIONE TERRE (1) MAJORIS DE FONTANIS.

11 Novembre 1230

J., decanus, et capitulum Ambianense omnibus ad quos littere iste pervenerint notum fieri volunt quod ipse decanus et capitulum supradictum grato et firmo prosequuntur assensu quicquid nobiles viri Galterus, dominus de Helli, Hugo de Morolio, dominus de Vilers in Boscagio, et Reinoldus (2), dominus de Kaisneto (3), duxerunt ordinandum de commutanda terra Petri majoris de Fontanis.

Actum anno Domini M° CC° XXX°, in festo sancti Martini hyemalis.

<small>Cartul. I, f° 183 v°, n° cccxxix ; II, f° 151 v°, n° cxxxiii ; III, f° 165 v°, n° ccxxxvii ; IV, f° 97 v°, n° ccxxxviii.</small>

205.

DE EODEM (4).

Novembre 1230

G., divina permissione Ambianensis ecclesie minister humilis, omnibus presentes litteras inspecturis in Domino salutem. Noveritis quod nos grato et benigno (5) prosequimur assensu quicquid nobiles viri Galterus, dominus de Helliaco, Hugo de Morolio, dominus de Vilers in Boscagio et Reinoldus (6), dominus de Kaisneto (7) duxerunt ordinandum (8).

Actum anno Domini M° CC° tricesimo, mense novembri.

<small>Cartul. I, f° 183 v°, n° cccxxx ; II, f° 151, n° ccxxxii ; III, f° 165 v°, n° ccxxxviii ; IV, f° 97 v°, n° ccxxxix.</small>

206.

LITTERE DECANI DE ROIA DE ABJURATIONE PETRI GELVIN (9).

Mai 1231

Viro venerabili et discreto magistro Hugoni de Bellaquercu, canonico

---

(1) IIe Cartul. : Terre Petri.
(2) IIe Cartul. : Renoldus.
(3) IVe Cartul. · Caisneto.
(4) IIe Cartul. . Scriptum episcopi de assensu commutationis terre Petri de Fontanis.
(5) IVe Cartul. : Firmo.
(6) IIe Cartul. : Renoldus.
(7) IVe Cartul. : Caisneto.
(8) IIe Cartul. : de commutanda terra Petri majoris de Fontanis.
(9) IIe Cartul. 1re réd. : Resignatio Petri Gelvin super mansione et terra sua de Roveroy.

et officiali Ambianensi, Mich[ael], decanus Roie (1), salutem in vero salutari. Vestre discretioni significamus quod nos ad mandatum vestrum secundum tenorem litterarum vestrarum, abjurationem Petri Gelvin (2), filiorum et filiarum ejus Petri, videlicet, Gerardi (3), clerici, Johannis, Odeline, Felisie (4) et Ade audivimus in hunc modum quod predicti Petrus Gelvin (5), Gerardus (6) clericus, et Johannes, filii ejusdem Petri, filie predicte, videlicet Odelina, Felisia et Ada, resignaverunt in manu nostra, spontanea voluntate, mansionem suam et terram suam sitam in territorio de Rouveroi (7), et quicquid juris habebant in predicta terra. Promiserunt etiam, fide interposita et prestito juramento, quod ipsi contra capitulum Ambianense nec per se nec per alium ullam super hoc de cetero moverent questionem. Ad istam abjurationem interfuerunt G., decanus de Parviler, domnus Asselinus (8), presbyter de Daumeri, G., capellanus beate Marie Ambianensis, Johannes, presbyter Sancti-Medardi in calceia, Willelmus, baillivus de Folies, Johannes de Louecort, Radulphus de Gardin (9), R. Soiars, Matheus Moriaus (10) et multi alii.

Datum feria V^a ante Pentecosten, anno Domini M° CC° tricesimo primo, mense maio.

Cartul. I, f° 162 v°, n° cclxv ; II, f° 150 v°, n° cxxxi, et 237 v°, n° ccliv ; III, f° 166, n° cxxxix ; IV, f° 97 v°, n° ccxl.

207.

De decimis et rebus de Rommescans (11).

Sciant omnes tam presentes quam futuri quod ego Johannes de Retois (12), filius et heres Richardi de Rotois (13), militis, vendidi de assensu et voluntate heredum meorum, et concessi et in presentia venerabilis patris Gaufridi,

1231

---

(1) IIe Cartul. 1re réd. : De Roie.
(2) IIe Cartul. 1re réd. : Glevin.
(3) IIe Cartul. : Girardi.
(4) IVe Cartul. : Felise.
(5) IIe Cartul. 1re réd. : Glevins.
(6) IIe Cartul. 1re et 2e réd. : Girardus.
(7) IIe Cartul. 1re et 2e réd. et IIIe Cartul. : Roveroi.

(8) IIe Cartul. 1re et 2e réd. : Anselmus.
(9) IVe Cartul. : De Garding.
(10) IIe Cartul. : Moreaus.
(11) IIe et Ve Cartul. : Romescans dans toute la charte.
(12) IIe Cartul. : Rothois ; IIIe et Ve Cartul. : Rotois.
(13) IIe Cartul. : Rothois.

Dei gratia Ambianensis episcopi, et coram multis aliis bonis viris, abjuravi abbati et canonicis Sancte-Marie de Augo omnes decimas tam in agris quam in curtillis et aliis omnibus rebus, quas Thomas Clericus, avunculus meus, tenebat, et ego et antecessores mei hereditarie possederamus apud Rommecans (1) et apud Daidincort (2) tenendas, dictis abbati et canonicis pacifice et quiete in liberam et perpetuam elemosinam. Sciendum est autem quod decime predicte debent singulis annis valere ad minus centum minas ad minam Albemarlie ; si vero aliquid defecerit de centum minis predictis in decimis prenominatis, ego Johannes vel heredes mei debemus restituere predictis abbati et canonicis in terris et redditibus bene et competenter apud Rommecans (3) ; et restitutionem ipsam tenebunt et possidebunt predicti abbas et canonici in perpetuam elemosinam et liberam ab omnibus rebus et quietam cum predictis decimis. Quod autem in eisdem decimis centum minas semper supercreverit totum erit abbatis et canonicorum liberum et quietum. Vendidi etiam abbati et canonicis unum jornale terre mee apud Rommecans retro masagium in quo manebat dictus Thomas, avunculus meus, tenendum in perpetuam et liberam elemosinam cum una via duodecim pedum in latitudine attingente a dicto jornali juxta dictum masagium usque ad communem viam ville de Rommecans. Pro hac autem venditione, concessione et abjuratione, dederunt michi predicti abbas et canonici centum quadraginta libras parisiensium, et ego sepedictus Johannes et heredes mei omnia predicta tenemur eis garandizare contra omnes. Licebit etiam sepedictis abbati et canonicis de omnibus supradictis tamquam de suo omnem suam voluntatem facere. Et ut hoc firmum et stabile perpetuo permaneret presentem cartam sigilli mei munimine roboravi.

Actum est hoc dominice Incarnationis anno M° CC° XXXI°.

Cartul. I, f° 183 v° n° ccxxxi ; II, f° 238, n° cclv ; III, f° 166, n° ccxl ; IV, f° 98, n° cxii ; V, f° 39, n° xxxix.

208.

De decima de Rommescans (4).

Noverint universi quod ego Franco de Bretuel 5), vicecomes de

(1) III° et IV° Cartul. : Rommescans dans tout le reste de la charte.
2) IV° Cartul. : Daidincourt.
(3) V° Cartul. : Romescamps dans le reste de la charte.
(4) II° et V° Cartul. : Romescans.
5) II° Cartul. : Bretueil.

Aubemarle (1), omnem venditionem et contentionem quam Johannes de
Rotois (2), filius et heres Richardi de Rotois (3) militis, fecit abbati et
conventui de Augo super decimis et omnibus rebus aliis apud Rommescans (4)
et apud Daidincort (5), sicut in carta dicti Johannis plenius continetur,
concessi et gratam habui, omittens totum dominium totius predicte venditionis
et conventionis. Sciendum est autem quod ego predictus Franco, dominus
feodi predicti Johannis, teneor garantizare predictis abbati et conventui
predictam conventionem et venditionem contra prenominatum Johannem et
heredes suos et omnes ex parte sua pro posse meo. Et ut hoc in
perpetuum firmum esset, presenti carte sigillum meum apposui in
testimonium et confirmationem.

Actum est hoc anno dominice Incarnationis M° CC° XXX° primo.

<small>Cartul. I, f° 183 v°, n° ccLxxxII ; II, f° 239, n° ccLvI ; III f° 166 v°, n° ccxII ; IV, f° 98, n° ccxIII ;
V, f° 39 v°, n° xL..</small>

209.

De terra empta apud Creusam (6).

Viro venerabili et discreto magistro Hugoni de Bellaquercu, canonico
et officiali Ambianensi G., decanus Pinchonii, debitam reverentiam cum
salute. Noverit vestra discretio quod nos ad mandatum vestrum apud
Bougainvile (7) personaliter accedentes concessiones Willelmi et Mathei,
liberorum Petri de Creusa, et Marie, uxoris ejus, recepimus super venditione
quam predicti Petri et Marie viro venerabili Ypolito cantori Ambianensi
fecerunt de tota terra quam habebant apud Creusam, et predictis Willelmo
et Matheo quia minores existunt dedimus singulis 11 denarios juxta
consuetudinem patrie pro concessione predicte venditionis, vocatis etiam
ad hoc videndum et audiendum de Bougainvile, de Osci 8 . et de

22 Novembre
1231

---

(1) II° Cartul. : Aubemarle ; V° Cartul. :
Albemarle.

2-3) II° Cartul. : Rothois.

(4) V° Cartul. : Romescamps.

(5) IV° Cartul. : Daidincourt.

(6) II°, III° et IV° Cartul. : Scriptum decani
Pinchonii super terra vendita cantori apud
Cretosam.

(7) V° Cartul. : Bogainvile dans le reste de la
charte.

(8) II° Cartul. : Ossi ; III°, IV° et V° Cartul. :
Oisci.

Revella presbyteris, et hoc vobis et omnibus presentes litteras inspecturis significamus.

Actum anno Domini M° CC° XXX° primo, in festo sancte Cecilie.

Cartul. I, f° 145, n° ccviii ; II, f° 221, n° ccxxviii ; III, f° 154, n° ccxiii ; IV, f° 91 v°, n° ccxiv ; V, f° 91 v°, n° cxxi.

210.

Carta curie Ambianensis de eodem (1).

Novembre 1231

Magister Hugo de Bellaquercu, canonicus et officialis Ambianensis, omnibus presentes litteras inspecturis in Domino salutem. Noverit universitas vestra quod Petrus, dictus major de Creusa, et Maria, uxor ejus, in nostra presentia constituti recognoverunt se vendidisse viro venerabili Ypolito, cantori Ambianensi, triginta et duo jornalie terre site in territorio de Creeuse (2), pro quinquaginta libris parisiensium sibi numeratis. Dicta vero Maria, que in dicta terra dotalitium habere dicebatur, coram nobis recognoscens et juramento firmans quod huic venditioni spontanea non coacta prebebat assensum, et quod a dicto Petro, marito suo, sufficiens et sibi gratum receperat excambium, videlicet quoddam managium et terram quam idem Petrus, maritus ejus, habebat apud Bougainvile (3), et pecuniam superius nominatam dictum dotalicium ad opus dicti cantoris et heredum suorum in manu spontanee resignavit. Promittentes, juramento prestito, tam ipsa quam dictus Petrus, maritus, quod in dicta terra vendita aliquid de cetero non reclamarent ; nec dictum cantorem, heredes aut successores ipsius super ea per se vel per alium aliquatenus molestarent. Nos vero de dicto dotalicio in manu nostra resignato, prout superius dictum est, cantorem investivimus antedictum. In cujus rei testimonium presentes litteras confici fecimus et sigillo curie Ambianensis roborari

Actum anno Domini M° CC° XXX° primo, mense novembri *(à l'encre rouge* : Tempore Jacobi decani).

Cartul. I, f° 145, n° ccix ; II, f° 221, n° ccxxix ; III, f° 155, n° ccxiv ; IV, f° 91 v°, n° ccxv ; V, f° 91 v°, n° cxxii.

---

(1) II° III° et IV° Cartul. : Carta officialis Ambianensis super eodem. ; V° Cartul. : Item de emptione Y. cantoris apud Creusam.

(2 II° et III° Cartul. : De Creuse ; IV° et V° Cartul. : De Creusa.

(3) V° Cartul. : Bogainvile.

211.

Carta de terra territorii del Maisnil (1) et de Doumeliers (2).

Janvier 1231 (v. st.)

Magister H(ugo) de Bellaquercu, canonicus et officialis Ambianensis, omnibus presentes litteras inspecturis in Domino salutem. Noverit universitas vestra quod cum Johannes de Rida et Enardus, frater ejus, recognovissent coram nobis capitulum Ambianense dampnificatum fuisse per eos de quadam terra sita in territorio del Maisnil, et in territorio de Domeliers (3) usque ad valorem centum marcharum argenti, tandem dicti fratres et Margareta, uxor dicti Johannis, in nostra presentia constituti totam terram quam habebant in dictis territoriis ex causa venditionis dicto capitulo penitus quitaverunt, et omne jus quod in dicta terra habebant vel habere poterant pro quinquaginta et quinque libris parisiensium sibi a dicto capitulo numeratis et predictis centum marchis argenti de dampnis et predictis in quibus eidem capitulo tenebantur. Dicta vero Margareta, que in dicta terra dotalicium habere dicebatur, coram nobis recognoscens et juramento firmans quod huic venditioni et quitationi spontanea non coacta prebebat assensum, et quod a dicto Johanne marito suo sufficiens et sibi gratum receperat excambium, videlicet quondam furnum situm apud Belvaccum (4) ad pontem Pinardi, dictum dotalitium ad opus dicti capituli in manu nostra spontanee resignavit. Huic autem venditioni et quitationi Emmelina, filia dicti Enardi, benignum prebuit assensum. Coram nobis, promittentes juramento corporaliter prestito tam dictus Johannes et Margareta, uxor ejus, quam dictus Enardus et Emmelina (5), filia ejus, quod contra hujusmodi venditionem et quitationem de cetero non venirent, nec dictum capitulum supra dicta terra per se vel per alium aliquatenus molestarent. Nos vero de dicto dotalicio in manu nostra resignato, prout superius dictum est, capitulum investivimus antedictum. In cujus rei testimonium presentes litteras confici fecimus et sigillo curie Ambianensis roborari.

Actum anno Domini M° CC° XXX° primo, mense januario.

Cartul. I, f° 147, n° ccxii ; II, f° 179, n° clxxi ; III, f° 125, n° clviii ; IV, f° 75 v°, n° clix ; V, f° 60 v°, n° lxix.

---

(1) II° Cartul. : Du Maisnil dans toute la charte.

(2) II° Cartul.: Domeliers dans toute la charte ; III° et IV° Cartul.: Dommeliers ; V° Cartul. : Carta de terra Enardi de Doumeliers.

(3) V° Cartul. : Doumelers.

(4) II°, III°, IV° et V° Cartul.: Belvacum.

(5) II° Cartul. : Emelina; V° Cartul.: Enmelina

212.

De eodem (1).

Février
1231
(v. st.)

Omnibus ad quos littere presentes pervenerint, magister Robertus de Auregniaco (2), officialis Belvacensis, salutem in Domino. Noverit universitas vestra quod cum Johannes de Rida et Enardus, frater ejus, recognovissent coram nobis capitulum Ambianense dampnificatum fuisse per eos de quadam terra sita in territorio del Maisnil (3) et in territorio de Doumeliers (4) usque ad valorem centum marcharum argenti, tandem dicti fratres et Margareta (5), uxor dicti Johannis, in nostra presentia constituti, totam terram quam habebant in dictis territoriis ex causa venditionis dicto capitulo penitus quitaverunt, et omne jus quod in dicta terra habebant vel habere poterant pro quinquaginta et quinque libris parisiensium sibi a dicto capitulo numeratis et pro dictis centum marchis argenti de dampnis predictis in quibus eidem capitulo tenebantur. Dicta vero Margareta, que in dicta terra dotalitium habere dicebatur, coram nobis recognoscens et juramento firmans quod huic venditioni et quitationi spontanea non coacta prebebat assensum et quod a dicto Johanne marito suo sufficiens et sibi gratum receperat excambium, videlicet quondam furnum situm apud Belvacum ad pontem Pinardi, dictum dotalicium ad opus dicti capituli in manu nostra spontanee resignavit. Huic etiam venditioni et quitationi Emmelina, filia dicti Enardi, suum benignum prebuit assensum coram nobis. Promittentes juramento corporaliter prestito tam dictus Johannes quam Margareta uxor ejus et Enardus et filia Emmelina (6) ejus quod contra hujusmodi venditionem et quitationem de cetero non venirent, nec dictum capitulum super dicta terra] 7) per se vel per alium aliquatenus molestarent, et quod pro posse suo dictam terram dicto capitulo garandizabunt, contra omnes qui stare voluerint juri et legi. Quia vero Petronilla, filia Johannis de Rida, et Jacobus, filius Enardi, in minori etate constituti, suum non poterant

---

(1) IIe, IIIe et IVe Cartul. : De eodem carta officialis Belvacensis ; Ve Cartul. : De terra empta apud Doumelers.

(2) Ve Cartul. : Aurigniaco.

(3) Ve Cartul. : De Maisnil.

(4) IIe Cartul. : Domeliers ; IVe Cartul. : Dommeliers ; Ve Cartul. : Doumeliers.

(5) Ve Cartul. : Margarita.

(6) IIe Cartul. : Emelina.

(7) Ces mots figurent aux IIe et Ve Cartulaires.

prebere consensum, promiserunt Enardus et Johannes, patres eorumdem, quod quando predicti liberi ad majorem etatem pervenerint quod ipsi dicte venditioni et quitationi suum prebebunt assensum, et si predicti liberi quando ad etatem legittimam pervenerint, facere hoc idem recusaverint, predicti (1) J. et E. promiserunt, prestito juramento se reddituros centum libras parisiensium capitulo memorato. In cujus rei testimonium nos ad instantiam partium presentes litteras sigillo curie Belvacensis munimine fecimus roborari.

Actum anno Domini M° CC° XXX°, primo, mense februario.

<small>Cartul. I, f° 147, n° ccxiii ; II, f° 179, n° clxxii ; III, f° 125 v°, n° clix ; IV, f° 75 v°, n° clx ; V, f° 60, n° lxx.</small>

213.

De concessione Johannis et Ernaudi fratrum de terris de Doumeliers (2).

Omnibus ad quos littere presentes pervenerint G., decanus Belvacensis, salutem in Domino. Noverit universitas [vestra] quod, cum Johannes et Enardus frater ejus recognovissent coram nobis capitulum Ambianense dampnificatum fuisse per eos de quadam terra sita in territorio del Maisnil (3) et in territorio de Doumeliers (4) usque ad valorem centum marcharum argenti, tandem dicti fratres et Margareta, uxor dicti Johannis, in nostra presentia constituti totam terram quam habebant in dictis territoriis ex causa venditionis dicto capitulo penitus quitaverunt, et omne jus quod in dicta terra habebant vel habere poterant pro quinquaginta et quinque libris parisiensium sibi a dicto capitulo numeratis et pro dictis centum marchis argenti de dampnis predictis in quibus eidem capitulo tenebantur. Dicta vero Margareta, que in dicta terra dotalicium habere dicebatur, coram nobis recognoscens et juramento firmans quod huic venditioni et quitationi spontanea non coacta prebebat assensum, et quod a dicto Johanne, marito suo, sufficiens et sibi gratum receperat excambium, videlicet quemdam

Février 1230 (v. st.)

<small>(1) III° Cartul. ; Patres.
(2) II°, III° et IV° Cartul. : De dampnis illatis per Johannem et Enardum super eodem ; V° Cartul. : Carta de terra empta apud Doumeliers.

(3) II° Cartul. : Du Maisnil ; V° Cartul. : De Maisnil.
(4) II° Cartul. : Domeliers ; III° et IV° Cartul. : Dommeliers.</small>

furnum situm apud Belvacum ad pontem Pinardi, dictum dotalicium ad opus ·dicti capituli in manu nostra spontanee resignavit. Huic etiam venditioni et quitationi Emmelina, filia dicti Enardi, suum benignum coram nobis prebuit assensum. Promittentes juramento corporaliter prestito tam Johannes quam Margareta, uxor ejus (1), et Enardus et ejus filia Emmelina quod contra hujusmodi venditionem et quitationem de cetero non venirent, nec dictum capitulum per se nec per alium aliquatenus molestarent, et quod pro posse suo dictam terram dicto capitulo garandizabunt contra omnes qui stare voluerint juri et legi. In cujus rei testimonium, ad instantiam partium, presentes litteras sigillo nostro fecimus sigillari.

Actum anno Domini M° CC° trigesimo, mense februario.

Cartul. I, f° 148 v°, n° ccxix ; II, f° 183, n° clxxviii ; III, f° 128, n° clxv ; IV, f° 77, n° clxvi.

214.

Carta de decima totius territorii de Villari ad Araules (2).

Mars 1231 (v. st.)

Gaufridus, divina permissione Ambianensis ecclesie minister humilis, omnibus presentes litteras inspecturis eternam in Domino salutem. Notum vobis facimus quod in nostra presentia constitutus Robertus, qui cognominatus est Prior, recognovit se nostre matri Ambianensi ecclesie in perpetuum vendidisse pro sexaginta et sex libris parisiensium sibi numeratis quicquid habere (3) dicebat in decima totius territorii de Villari ad Araules (4). Hanc venditionem benigne coram nobis concessit Huberga, uxor ejusdem Roberti, que etiam affirmavit se sufficiens excambium pro dotalicio quod reclamabat in eadem decima recepisse, videlicet novem boveria terre in aquosis site, et sic dictum dotalicium abjuravit. Sciendum preterea quod Robertus, filius domini Willelmi de Vilers, militis, de quo ista decima dicebatur teneri, et Johannes, dominus de Hangart, qui eam de suo feodo descendere proponebat, venditionem de ipsa factam ecclesie supradicte concesserunt coram nobis liberaliter et libenter, sub prestito juramento firmantes, cum eodem Roberto qui similiter hoc juravit, quod

(1) III° et IV° Cartul. : Tam Margareta quam Johannes maritus ejus.

(2) II° et III° Cartul. : Hec sunt que acquisivit ecclesia Ambianensis tempore Jacobi decani. Carta de decima ad Eraules ; IV° Cartul. : id..... de decima de Vilers ad Eraules ; V° Cartul. : Carta de decima Villaris ad Airaules.

(3) V° Cartul. : Se.

(4) IV° Cartul.: Vilers ad Eraules ; V° Cartul. : Villaris ad Airaules.

ecclesiam nostram super venditione hac et decima memorata nunqnam per se vel per alios presumerent molestare, sed pro posse suo, bona fide dicte ecclesie garandirent eandem, et ad hoc idem agendum suos obligarunt heredes. Elizabeth vero, mater prefati Johannis, que similiter in eadem decima aliquantulum juris reclamabat, predictam venditionem libere et benigne (1) concessit, sicut accepimus ex testimonio filii et heredis sui Johannis de Hangart (2), et Walteri, presbyteri de Hangart, et etiam Petri qui dicitur castellanus ipsius Elizabeth, servientis, ad nos propter hoc specialiter destinati. Qui juravit in anima ipsius Elizabeth quod ipsa prefatam venditionem concesserat. Et hoc idem filius suus Johannes coram nobis concessit, fide data promittens nullam se super hoc dicte ecclesie de cetero calumpniam illaturum, sed bona fide quantum in eo erit prefatam decimam garantizaturum ecclesie supradicte. Intelleximus preterea a nuntiis nostris magistro Laurentio de Mosterolo (3), canonico Ambianensi, et Willelmo, presbytero de Maceriis, capellano nostro, ad hoc specialiter destinatis, quod liberi eorumdem Roberti et uxoris sue, scilicet Elizabet Faukete (4), Helvydis, et Bernardus, concesserunt libenter quod pater eorum et mater fecerant de decima supradicta. Nos itaque, qui nostre matris ecclesie specialiter desiderare debemus commodum et profectum, decimam supradictam taliter comparatam et nobis a prefatis venditoribus et eorum dominis resignatam, ipsis volentibus et petentibus, nostre ecclesie contulimus possidendam perpetuis temporibus et habendam, presentem cartam exinde confectam et sigilli nostri pontificalis munimine roboratam dantes eidem ecclésie in testimonium veritatis.

Actum anno Verbi incarnati M° CC° tricesimo primo, mense martio.

Cartul. I, f° 145 v°, n° ccx ; II, f° 175 v°, n° clxix ; III, f° 122 v°, n° clvi ; IV, f° 74, n° clvii ; V, f° 44 v°, n° xlix.

215.

Carta de decima de Romescans (5).

Gaufridus, divina permissione Ambianensis ecclesie minister humilis,

Mars 1231 (v. st.)

(1) II° Cartul. : Et quiete ; III° Cartul. . Et quiete et benigne ; IV° Cartul. : Et quiete benigne.
(2) II° Cartul. : Hangard.
(3) V° Cartul. : Monsterolo.
(4) II° Cartul. : Faukette.
(5) III° et IV° Cartul. : Rommescans partout.

omnibus presentes litteras inspecturis in Domino salutem. Noverit universitas vestra quod constitutus in presentia nostra Johannes de Rothois (1) recognovit se vendidisse abbati et canonicis de Augo omnes decimas quas habebat apud Romescans (2) et apud Daidincort (3), super qua venditione litteras ipsius Johannis inspeximus sub hac forma : Sciant omnes.... anno M° CC° XXXI° *(Voir le texte n° 207)*. Sciendum est etiam quod Franco, vicecomes Albemarlie, a quo dicte decime et res alie predicte tenebantur in feodum, eas predictis abbati et canonicis garantizare coram nobis concessit, sicut in litteris suis super hoc confectis plenius continetur. Insuper memorati Franco, Johannes, Thomas, Johannis Avunculus et ..... frater ipsius Johannis, fide et juramento prestitis, firmiter promiserunt quod predictos abbatem et canonicos super predictis de cetero nullatenus molestabunt. Isabellis siquidem, mater ejusdem Johannis, quicquid in predictis, nomine dotalicii, juris habebat vel habere poterat sepedictis abbati et canonicis coram nobis guerpivit penitus et quitavit. Nos vero predictam venditionem ratam habentes et gratam, eandem predictis abbati et canonicis auctoritate pontificali duximus confirmandam. In cujus rei testimonium presentes litteras sigilli nostri appensione fecimus roborari.

Actum anno Verbi incarnati M° CC° XXX° primo, mense marcio.

Cartul. II, f° 239, n° CCLVII ; III, f° 166 v°, n° CCXLI ; IV, f° 98 v°, n° CCXLIII ; V, f° 40, n° XLI.

216.

CARTA CURIE AMBIANENSIS DE EODEM (4).

28 Mai 1232

Magister Hugo de Bella Quercu, canonicus et officialis Ambianensis, omnibus presentes litteras inspecturis in Domino salutem. Noverit universitas vestra quod Petrus et Walterus fratres in nostra presentia constituti recognoverunt se vendidisse capitulo Ambianensi totam terram quam Girardus, quondam pater eorum, de dicto capitulo tenuerat apud Doumeliers (5) et apud Maisnil pro undecim libris parisiensium, videlicet

(1) III°, IV° et V° Cartul. : Rotois.
(2) V° Cartul. : Rommescans.
(3) IV° Cartul. : Daidincourt.
(4) II° Cartul. : De emptione terre apud Domeliers a Petro et Waltero ; III° et IV° Cartul. :

Idem, mais apud Dommeliers ; V° Cartul. : De terra Walteri et Petri fratrum.
(5) II° Cartul. : Domeliers ; III° et IV° Cartul. : Dommeliers.

septem libris in quibus eidem capitulo tenebantur, et quatuor libris parisiensium sibi a dicto capitulo numeratis. Promittentes juramento corporaliter prestito quod contra hujusmodi venditionem de cetero non venirent, nec dictum capitulum aut aliquem ex parte ipsius super ea per se vel per alium aliquatenus molestarent. In cujus rei testimonium presentes litteras confici fecimus et sigillo curie Ambianensis roborari.

Actum anno Domini M° CC° XXX° secundo, mense maio.

<small>Cartul. I, f° 149 v°, n° ccxxi ; II, f° 184 v°, n° clxxx ; III, f° 129, n° clxvii ; IV, f° 77 v°, n° clxviii ; V, f° 66, n° lxxviii.</small>

217.

De contractu Johannis de Rida et Margarete, uxoris ejus (1).

Août 1232

G., decanus Belvacensis, omnibus presentes litteras inspecturis salutem in Domino. Noveritis quod, cum Johannes de Rida et Margareta, uxor ejus, viris venerabilibus decano et capitulo Ambianensi terram suam quam habebant in territorio de Doumeliers (2) et del Maisnil (3) vendidissent, et postmodum, Johanne de Rida defuncto, Margareta, uxor ejus, residuum medietatis quinquaginta librarum parisiensium ab eodem capitulo repeteret, dicto capitulo confitente quod eidem Johanni tenebantur in quadam summa pecunie in qua non tantum dicta Margareta sed etiam liberi ejus cum dicto Johanne defuncto portionem suam dicebantur habere, nec volebant predicti decanus et capitulum residuum debiti solvere dicte Margarete nisi de consilio amicorum dicti Johannis de Rida, sicuti per relationem magistri Hugonis, canonici Ambianensis, nobis extitit intimatum. Tandem de voluntate dicti magistri Hugonis et assensu qui ad hec se dicebat a decano et capitulo Ambianensi specialiter fuisse destinatum, et de consensu Haenardi (4), avunculi liberorum Margarete, et Margarete, et de assensu et mandato nostro, ita fuit ordinatum quod residuum pecunie pretaxate a predicto capitulo predicte Margarete persolveretur, salva tamen

<small>(1) II°, III° et IV° Cartul. : De pace inter nos et uxorem Johannis de le Ride super eodem ; V° Cartul. : Carta de terra empta in territorio de Doumeliers et de Maisnilio.

(2) II° Cartul. : Domeliers ; III° et IV° Cartul. : Dommeliers.

(3) V° Cartul. : Du Maisnil.

(4) V° Cartul. : Ænardi partout.</small>

portione que pertinet ad dictum Haenardum, fratrem dicti Johannis, de qua dicto Haenardo, sicut dicebat dictus magister H., propter defectum dicti Haenardi, nondum ad plenum fuerat satisfactum, et ideo de consensu dictorum Margarete et Hænardi et aliorum amicorum, liberorum dicti defuncti, propter solutionem factam residui dicte pecunie quam dictum capitulum predicte Margarete persolvit, pronuntiavimus dictos decanum et capitulum quantum ad hoc penitus liberari.

Actum anno Domini M° CC° trigesimo secundo, sexta feria ante Pentecosten.

<small>Cartul. I, f° 148 n° ccxv ; II, f° 181, n° clxxiv ; III, f° 126 v°, n° clxi ; IV, f°76, n° clxii ; V, f° 62 v°, n° lxxii.</small>

218.

De decima Girardi de Bus.

Juin 1232

Ego Robertus (1), miles, notum facio omnibus tam presentibus quam futuris quod cum Girardus de Bus, vavassor meus, et Matildis, uxor ejus, de assensu et voluntate bone memorie R. Frestel, quondam patris mei, pignori obligassent viris venerabilibus decano et capitulo Ambianensi, nonam garbam quam de feodo dicti R., quondam patris mei, tenebant in majori decima de Bus, similiter quicquid percipiebant in minori decima de Bus de hereditate dicte Matildis pro septuaginta libris parisiensium usque ad complementum decem annorum, et eisdem decem annis completis dicta decima posset redimi si vero peccunia redemptionis soluta non esset inter augustum et festum sancti Remigii, predicti decanus et capitulum fructus anni sequentis percipient, et sic deinceps de anno in annum quo usque predicta summa peccunie tempore prescripto a predictis G. et M., uxore ejus, vel heredibus prefatis decano et capitulo fuissent persoluta, prout in litteris dicti R. patris mei, plenius continebatur, iidem G. et M., ejus, uxor de assensu et voluntate mea predictam garbam nonam et quicquid percipiebant in minori decima de Bus, eisdem decano et capitulo obligarunt usque ad complementum trium annorum et modo superius annotato pro septuaginta et octo libris pari-

<small>(1) V° Cartul. : Frestiaus.</small>

siensium sibi numeratis. Hoc autem concesserunt et fide prestita coram me firmaverunt fideliter observandum Adam, Thomas et Clementia, liberi dictorum G[irardi] et M[atildis], uxoris sue, et etiam vavassores de Bus super omnia que de me tenent, videlicet Radulphus, Johannes et Petrus, et ego tamquam dominus hujusmodi invadiationem bona fide teneor garandire, me et meum ad hoc obligando heredem. In cujus rei testimonium presentem cartam sigillo meo confirmatam ecclesie Ambianensi concessi, venerabilem patrem ac dominum G., Dei gratia Ambianensem episcopum, humiliter requirens ut hoc idem, si placuerit, auctoritate pontificali dignetur confirmare.

Actum anno Domini M° CC° XXX° tricesimo II°, mense junio.

<small>Cariul. I, f° 162 v°, n° cclxiv ; II, f° 226, n° ccxxxvii ; III, f° 158, n° ccxxxii ; IV, f° 93, n° ccxxiii ; V, f° 68 v°, n° lxxxiii.</small>

219.

De pace facta inter episcopum et capitulum de Aquis inter Ambianum (1) et Camons.

Gaufridus, divina permissione Ambianensis ecclesie minister humilis, universis XPI fidelibus presentes litteras inspecturis eternam in Domino salutem. Noverit universitas vestra quod, cum inter nos ex una parte et capitulum Ambianense ex altera, orta fuisset controversia super aquis inter Camons et Ambianum, tandem de assensu decani et capituli et nostro, pro bono pacis consensimus in dilectos (2) fideles nostros Ypolitum, cantorem, et Girardum, penitentiarium Ambianensem, qui bona fide inquirerent tam a nostris quam a capituli hominibus et ab aliis, si viderent expedire, juratis de jure capituli contra nos, et, vice versa in omnibus aquis ex omni parte inter Ambianum et Camons. et diligenti inquisitione super hiis facta per limitationem legittimam, jus utriusque partis declararent, et declaratum assignarent utrique. Promisimus autem bona fide quod limitationem quam predicti cantor et penitentiarius facturi erant infra

18 Août 1232

<small>(1) IVe Cartul.: Ambianis.   (2) IIe, IIIe et IVe Cartul.: Dilectos filios fideles.</small>

Letare Jherusalem nuper preteritum per litteras nostras patentes sub cyrographo per dictum ipsorum confirmaremus, et partem cyrographi capitulo traderemus in testimonium perpetuum et munimen, ne de cetero inter nos et capitulum super hiis controversia posset suboriri. Actum fuit hoc anno Domini M° CC° tricesimo primo, in vigilia sancti Mathie apostoli. Dicti vero fideles Ypolitus, cantor, et Girardus, penitentiarius Ambianensis, in se hinc inde datis litteris arbitrii onere suscepto, suum in hunc modum arbitrium protulerunt : Universis XPI fidelibus ad quos littere iste pervenerint, Y., cantor, et G., penitentiarius Ambianenses, salutem in Domino. Cum inter reverendum patrem nostrum Gaufridum, episcopum, ex una parte et capitulum Ambianense ex altera, super multis articulis contentio orta esset de quibus proponebat capitulum quod episcopus injuriabatur eidem, hoc idem episcopo contra capitulum replicante, et quidam articuli ex recognitione domni episcopi capitulo declarati fuissent, super aliis in quibus, nisi fide oculata et antiquorum testimoniis juratorum non poterat fieri plena fides, de communi assensu ipsius episcopi et capituli fuit in nos, datis hinc inde litteris quod dicto nostro starent penitus, compromissum ita quod ad loca littigiosa aquarum personaliter accedentes, ab hominibus utriusque partis juratis, veritatem plenius inquirere curaremus, qua per dipositiones veraciter intellecta, tam episcopo quam capitulo jus suum assignaremus certis metis continuo limitatum. Nos igitur, pro bono pacis et discordia sopienda, onus hoc in nos suscipientes vel inviti, processimus sicut superius expressum est, jus suum utrique parti reddentes de bonorum consilio in hunc modum. Primo dicimus de Wencho quod in eo statu in quo modo est limitatum remaneat, de cetero non mutandum. Calceia. super (1) Grapinum, ultra metam per nos positam non amplius extendenda, ad talem punctum reducatur inter istam metam et salices quod quando aqua mediocriter currit, videlicet in octavis Pentecostes aliam aquam lambere possit super eandem calceiam. Et si forte aliquo tempore per aque violentiam calceia rumperetur, a molendinariis domni episcopi in punctum reduci poterit supradictum, aqua aquam, sicut dictum est, prolambente. De ventalio de Grapino quod petebat dominus episcopus reparari, aut ventalia de Camons (2) et de Beccherel (3) amoveri, sicut ipse dicebat inter predecessorem suum

(1) II°, III° et IV° Cartul. : Supra.
(2) II° Cartul. : Kamons.
(3) II° et IV° Cartul. : Bekerel.

Richardum et capitulum fu sse condictum, dicimus quod per depositiones testium juratorum non intelleximus aliquam super hoc conventionem intervenisse. Et ideo sufficiat domino episcopo ventalium quod idem Richardus fecit extra arcus de Hoket (1). De grognio juxta aream Johannis Vetule dicimus quod salices et illud quod calceiatum est debent tolli usque ad altitudinem aque : ita quod aqua quando mediocriter curret, sicut supra dictum est, de calceia supra Grapinum sit ejusdem altitudinis cujus aqua. Longitudo ejus debet retrahi spacio XV pedum, latitudo in medium quinque pedibus ampliari. Potest tamen palo et virga casticiari a palo qui fixus (2) apparet supra aquam usque ad firmam aream (3) predicti Johannis. Apertura fossati inter campum et mariscum debet esse latitudinis novem pedum. Casticiari vero potest ex utraque parte metarum palis et cleia singulari. Calceia de Tornello omnino tollatur et casticietur virga et palo et wasone (4) ab una ad aliam ripam, apertura remanente libera •quatuor et dimidii pedum. Cursus vero aque ab alveo aque superioris que dicitur Arva usque ad aperturam tornelli, insuper et apertura pretaxata non impediantur (5). Quod si aliquod impedimentum ibidem inventum fuerit, debet amoveri. Et quia multo posito labore intelligere non potuimus quod homines de Camons aliquando ad mandatum domini episcopi vel baillivorum suorum serrarent vel diserrarent kaios sancti Lupi nisi pro voluntate et utilitate sua, dicimus quod prefati homines de Camons libere utantur sua consuetudine quia sine contradictione aliqua usi sunt usque modo. Apertura excluse de Ravine quatuordecim pedum debet esse, semper habens ex parte versus Camons calceiam firmam ; versus Ambianis debet casticiari solum modo palo et virga, ita quod in parte versus Ambianum due sint aperture per quas navelli piscatorum possint transire Super limen quod est perpetuum in fundo aperture de Ravine potest in Nativitate Sancti Johannis Baptiste limen aliud superponi quod possit cingi corrigia mensuram decem et novem pollicum continente. Et inter hec duo limina possunt apponi dentes dimidii pedis et virgis clare claudi, et in festo Sancti Remigii limen superpositum debet tolli. Ripa de Laiboet navigio consumpta potest ab illo

(1) II° Cartul. : Hoketh ; V° Cartul. : Hoquet.
(2) II° Cartul. : Est.
(3) IV° Cartul. : Ambianis.
(4) II°, III° et IV° Cartul. : Wasono.
(5) II° et IV° Cartul. : Impediatur.

qui dampnificatum se viderit in hac parte usque ad debitum locum reparari, prout sibi viderit expedire. Super exclusam de Ravine (1 non debent molendinarii capituli retrahere, sed falcare possunt ibidem de becco prati de Laiboet (2) inferius usque ad molendina dicti capituli. Dicimus etiam quod piscatores domini episcopi non debent ponere nassas suas ante nassas piscatorum capituli ad retroversum, quod vulgaliter dicitur *Au Retor* 3. Antique autem ripe inter Ambianum et Camons in sua antiquitate remaneant. Quia vero nolumus ut de mensura longitudinis vel latitudinis super hiis que ordinavimus contentio ulterius oriatur, decrevimus predicta omnia in mensura pedis qui dicitur de villa Ambianensi firmiter observari. Ut autem super hiis que supra scripta sunt et bona fide ordinata inter episcopum et capitulum dissensio non valeat amplius suboriri, omnia de voluntate episcopi et capituli memoriali cyrographo per sigillorum nostrorum testimonia eidem cyrographo appensorum fecimus commendari. Actum anno dominice Incarnationis M° CC° tricesimo primo, XII° kal. aprilis in die sancti Benedicti abbatis. — Nos igitur pacem, et amorem dicti capituli conservare cupientes arbitrium predictorum Y et G., sicut plenius superius expressum est, tanquam bonum et laudabile dignum duximus acceptare, et memoriali cyrographo per sigilli nostri testimonium eidem cyrographo appensi commendare, unam partem cyrographi penes nos retinentes, et aliam partem eidem capitulo dantes in testimonium perpetuum et munimen.

Actum anno Domini M° CC° tricesimo secundo, mense augusto, feria quarta post assumptionem beate Marie Virginis.

Cartul. I, f° 146, n° ccxi ; II, f° 176 v°, n° cixx ; III, f° 123, n° clvii ; IV, f° 74 v°, n° clviii ; V, f° 51, n° lix.

220.

De Creusa quedam compositio inter capitulum et majorem.

Août 1232

Magister Hugo de Bella Quercu, canonicus et officialis Ambianensis omnibus presentes litteras inspecturis in Domino salutem. Noverit universitas vestra quod cum major de Creuse teneretur viris venerabilibus capitulo

---

(1) IV° Cartul. : Ravina.
(2) II° Cartul. : Laiboeth.
(3) II° et IV° Cartul. : Au Retour ; V° Cartul. Al Retour.

Ambianensi in centum et LX quinque libris parisiensium de quibus ad omnem hereditatem et terram prefati majoris ipsum capitulum fuerat assignatum, et jam pro defectu solutionis dicte summe, Ingerrannus de Buissi, miles, Petrus de Creuse, Ingelrannus, molendinarius de Ham, Ricardus Libruns (1), Milo de Ham, Ingerrannus Mouskes, Hugo de Mez (2), Elizabeth molendinaria, Robertus de Bougainvile (3), milites, et quidam alii, predicto majore supra dicta summa plegii in solidum essent, auctoritate curie Ambianensis, pro defectu solutionis excommunicationis vinculo innodati. Tandem supradicti plegii coram nobis in jure constituti tali conditione sue absolutionis beneficium super hoc sunt adepti de prefati capituli voluntate, quilibet dictorum plegiorum supra dicta summa se principalem debitorem constituit, hoc adjuncto quod Ricardus Oiseles et Johannes Faucrels (4) de Clari tenentur ipsi capitulo de prefato debito in centum libris parisiensium solvendis, videlicet quinquaginta libris in festo omnium sanctorum proximo venturo, et quinquaginta libris infra exitum maii proximo secuturi. Ita tamen quod si in altero terminorum predictorum prefati Ricardus et Johannes de Clari in solutione deficerent nos de ipsis justitiam debitam faciemus et prefati videlicet Ingerrannus de Buissi (5), miles, et alii consocii ipsius, nulla monitione premissa, in pristinam sententiam retrudentur, et in hoc se spontanei et unanimiter consenserunt Nec tamen propter hoc renunciat dictum capitulum assignamento ipsi (6) prius facto ad hereditatem et totam terram prenominati majoris, neque dictos debitores quondam plegios prefatum quitabit capitulum donec ipsi universum debitum fuerit persolutum, sed semper interim capitulo tenebuntur.

Actum anno Domini M° CC° XXX° secundo, mense Augusto.

Cartul. I, f° 179, n° cccxi , II, f° 193, n° clxxxvii ; III, f° 135, n° clxxiv ; IV, f° 81, n° clxxv.

(1) IIe, IVe et Ve Cartul : Li Bruns.
(2) IIe Cartul. : Mes.
(3) IIe Cartul. : Bogainvile ; on trouve dans les IIe et IIIe Cartul : Radulphus de Bogainvile, dans le IVe Cartul. : Radulphus de Bougainvile,

dans le Ve Cartul. : Radulphus de Bugainvile.
(4) IVe Cartul. : Faveriaux.
(5) IVe Cartul. : Buissy.
(6) IVe et Ve Cartul : Ipsi.

221.

De eodem (1).

Novembre 1232

G., decanus Belvacensis, omnibus litteras istas inspecturis, in Domino salutem. Noverint universi quod Petrus Milez (2), civis 3 Belvacensis et Emmelina Mileite (4) ejus uxor, neptis Einardi (5) de Rida, coram nobis constituti mera et spontanea voluntate sua fidem prestiterunt corporalem quod per se vel per alium aliquem ratione alicujus juris de cetero nichil reclamabunt vel facient reclamari in terra de Doumeliers 6) quam vendidit dictus Einardus (7) decano et capitulo beate Marie Ambianensis. In cujus rei testimonium litteras istas sigillo nostro fecimus roborari.

Actum anno Domini M° CC° XXX° secundo, mense novembri.

Cartul. I. f° 148, n° ccxvi ; II, f° 181 v°, n° cclxxv ; III, f° 127, n° clxii ; IV, f° 76 v°, n° clxiii ; V, f° 63, n° lxxii.

222.

De invadiatione domini Egidii de Mailli (8 .

Novembre 1232

Ego Egidius, miles dominus de Mailli (9), notum facio universis quod capitulo Ambianensi debeo ducentas libras parisiensium michi ab ipso capitulo libere commodatas et reddendas eidem capitulo de anno in annum donec plenarie fuerint persolute, de quinquaginta modiis frumenti quos de grangia mea de Acheu ad mensuram de Acheu (10) debeo sumere, et ad sumptus meos, quolibet anno, facere deduci infra mediam quadragesimam apud Durlendium vel Corbeiam, ubi melius inter me et capitulum

---

(1) II° Cartul. : Resignatio Petri Mileth et E. uxoris sue de eodem ; III° et IV° Cartul. : Resignatio Petri Milet ; V° Cartul. : De terra Ride empte apud Doumeliers.

(2) II°, III° et IV° Cartul. : Miles.

(3) IV° Cartul. : *Civis* manque.

(4) II°, III°, IV° et V° Cartul. : Milette.

(5) II° et III° Cartul. : Enardi.

(6) II° Cartul. : Domeliers ; III et IV° Cartul. : Dommeliers.

(7) II°, III° et IV° Cartul : Enardus.

(8) II° Cartul. : 1ʳᵉ version : De mutuo facto E. de Mailli super grangiam d'Acheu ; III° Cartul.: *Idem*..., de Acheu ; IV° Cartul. : *Idem*..., Malli..

(9) III° Cartul. . Malli.

(10) II° Cartul, : Dacheu.

poterimus concordare. In altera (1) villarum istarum fideliter in meis sumptibus reponendos (2) et custodiendos tali conditione quod nisi de consensu capituli nullam habeo potestatem eos inde tollendi vel alias convertend, sed infra festum beate Marie Magdalene, quolibet anno, potero eos vendere, nuncio capituli ad sumptus meos presente, et pecuniam exinde receptam omnino capitulo solvere quousque predictum debitum rehabebit. Quod si predictum festum transirem blado predicto non vendito, extunc capitulum illud pro voluntate sua venderet, et in sortem suam pecuniam converteret. Et si forte contigeret quod dictum capitulum per defectum solutionis, sive dicti bladi repositionis dampna incurreret, vel sumptus faceret, sive custus apponeret, ego dampna, sumptus et custus, secundum dictum suum, cum prefato debito eidem capitulo reddere tenerer. Et de hiis omnibus fideliter observandis venerabili patri Gaufrido, Ambianensi episcopo, chr'stianitatem meam exposui, ita quod, nula monitione premissa, si predicta non observarem, poterit me excommunicare et terram meam supponere interdicto. Et ad omnia ista quicquid de me contingat meos obligavi heredes. Et ut hec omnia rata sint et firma presentes litteras exinde confectas et sigilli mei munimine robo'atas eidem capitulo dedi in testimonium hujus rei et munimen.

Actum anno Domini M° CC° XXX° secundo, mense novembri.

<small>Cartul. I, f 152 v° n° ccxxvii ; II, f° 185, n° clxxxi, et 194 v°, n° cxc ; III, f° 129 n clxviii, et f° 136 ; IV, f° 77 v°, n° clxix.</small>

223.

De decimis et (3 grangiis de Malli (4) et de Bello Sartu (5).

Ego Egidius, dominus de Mailli (6), miles notum facio universis quod ego de consensu et voluntate Avicie, uxoris mee, et liberorum nostrorum Nicholai, primogeniti, Hugonis, Egidii, Soiheri (7), Elizabeth, Aelidis, Pairie, (8 Eustachie et Mathildis, consentiente etiam, volente et laudante

Novembre 1232

<small>
(1) II°, III° et IV° Cartul. : Autem.
(2) II°, III° et IV° Cartul. : Recipiendos.
(3) II° Cartul. . In.
(4) II° Cailli. : Mailli partout ; III° Cartul : Mailli, IV° et V° Cartul. : Mailli partout.
(5) V° Cartul. : Carta de decima de Mailli.
(6) III° Cartul. Malli
(7) II° Cartul. : Soyheri.
(8) II° III°, IV° et V° Cartul. : Paxie.
</small>

domino meo viro nobili Johanne de Suzane (1 , de quo tenebam decimam de Mailli (2) in feodum, vendidi totam eandem decimam imperpetuum capitulo beate Marie Ambianensis pro sexcentis libris parisiensium michi numeratis, et ipso domino meo Johanne et uxore mea et liberis supradictis consentientibus et approbantibus, assignavi prefato capitulo masuram unum jornale terre continentem in villa mea de Mailli 3), in loco competente et congruo ad faciendam grangiam capituli ab omni censu et exactione et justicia liberam. In qua masura (4 capitulum habebit omnimodam justiciam, excepto de illis qui non erunt servientes vel homines capituli qui causa cusjusque delicti confugient ad grangiam supradictam In servientes vel (5) homines cap'tuli nullum habebo dominium, sed omnis justicia penes capitulum remanebit de suis hominibus et servientibus, et etiam de omnibus malefactor'bus in eadem grangia. Condictum est etiam inter me et capitulum quod servientes mei et capituli (6 terragiantes et decimantes erunt quolibet anno obligati alter alteri juramento antequam terragium et decima colligantur, de decima et terragio colligendis fideliter servandis. Et sicut terragium meum adducitur ad grangiam meam, sic adducetur decima ad sumptus hominum meorum ad grangiam capituli. Et quoniam predicta Avicia, uxor mea, dotalicium habebat in decima memorata, sufficiens illi excambium donavi in terragio meo de Malli (7 , de consilio amicorum suorum, per manum venerabilis patris domini Gaufridi, tunc Ambianensis episcopi, volente hoc et laudante prefato domino meo Johanne ; sed et fratres mei Matheus, Willelmus et Petrus hiis omnibus venditioni et conventionibus suum prebuerunt assensum, affidantes quod prefatum capitulum nunquam inquietabunt, vel dampnificabunt de premissis. Quod et ego et Avicia, uxor mea, et liberi nostri fecimus, dictam decimam penitus abjurantes et bona fide promittentes coram prefatis episcopo et domino meo Johanne quod de cetero capitulum nullo modo inquietabimus, nec artem aut ingenium queremus quibus capitulum possit inquietari, dampnificari sive molestari : sed ego Egidius, pro posse meo, bona fide dicto capitulo dictas venditionem et conventiones teneor garandire. Et ad

(1) IIe, IIIe et Ve Cartul. : Susane.
(2) IIIe Cartul. : Malli.
(3) IVe Cartul. : Malli.
(4) IIe Cartul. : Mansura.

(5) Vel manque dans les IIe, IIIe et IVe Cartulaires.
(6) Ve Cartul. : Et capituli manque.
(7) IIIe Cartul. : Mailli.

hoc idem, de consensu domini mei Johannis, meos obligavi heredes, et hoc idem dominus meus Johannes, sub fide data in manu domini mei episcopi prefati promisit ; ad hoc idem similiter suos obligando heredes. Preterea scire vos volo quod totam decimam quam emeram a domino Roberto de Forcheuvile (1, milite, homine meo, domino, de Bello sartu, in territorio de Bello sartu sitam, quia idem Robertus de me tenebat in feodum, donavi et concessi per manum dicti episcopi imperpetuum elemosinam capitulo supradicto pro salute an me mee et antecessorum meorum, ipso Roberto coram episcopo presente et laudante et eandem decimam imperpetuum abjurante, et fide interposita promittente quod nunquam inquietabit capitulum super decima is a, sed ipse bona fide, pro posse suo, dicto capitulo garandizabit eandem ; 'n hoc idem consentientibus Beatrice, uxore sua, et liberis eorumdem, Roberto videlicet, primogenito eorum Johanne, Egidio, Theobaldo, Gaufrido, Margareta et Mathilde : qui omnes, sicut Robertus et Beatrix, hanc decimam abjurarunt, et in manu mea reddendam episcopo ad opus capituli posuerunt. Et quia Beatrix in eadem decima dotalicium habuerat, consilio meo et amicorum suorum, recepit sufficiens excambium a marito suo per manum episcopi, duodecim videlicet jornalia terre site in territorio de Bello Sartu que de me tenebatur in feodum, et quam de prefato Johanne tenebam. Qui etiam Johannes elemosinam istam capitulo factam voluit et concessit, et coram episcopo approbavit, sub fide data promittens quod capitulum non inquietabit de hac decima sicut nec de alia supradicta. Et sicut promiserat garandiam se laturum super venditione et conventionibus supradictis, sic et de ista decima fideliter sub juramento promisit penitus se facturum ad hoc similiter suos obligando heredes. Sed et illud presenti carte pro bono Ambianensis ecclesie ego et Robertus duximus inserendum de assensu virorum, uxorum et liberorum nostrorum, et etiam domini Johannis de Suzane (2, quod ubicumque in villa de Bello Sartu decima capituli deducatur sive in grangiam quam capitulum fecerit, emerit, sive locaverit, ad sumptus hominum de Bello Sartu libere deducetur, et capitulum eandem omnino habeat libertatem in grangia sua de Bello Sartu que eidem capitulo de grangia de Mailli superius est concessa. Hiis igitur venditione et conven-

---

(1) IIe Cartul. : Forkevile ; IIIe, IVe et Ve Cartul. . Forchevile.   (2) IIe, IIIe, IVe et Ve Cartul. : Susane.

tionibus et donatione decime de Bello Sartu, diligenter habitis et tractatis, sicut superius est expressum, predictam decimam de Mailli cum alia decima de Bello Sartu posuimus in manu domini episcopi tam ego quam dominus meus Johannes, Avicia, uxor mea, et liberi nostri 1 et fratres mei predicti reddendam capitulo et ab ipso capitulo perpetuis temporibus pacifice possidendam. Et episcopus ad petitionem nostram de decimis supradictis capitulum investivit, ipso Roberto, uxore sua et liberis eorumdem consentientibus et volentibus, sicut sigillum ipsius Roberti cum sigillo meo presenti carte appensum pro confirmandis omnibus que superius sunt expressa quantum ad me pertinet et Robertum testificatur.

Actum anno dominice incarnationis M° CC° XXX° secundo, mense novembri.

Cartul. I, f° 150, n° ccxxiv ; II, f 187 v°, n° rxxxiv ; III, f 131, cixxi IV 78 v , n ixxii ; V, f° 34 n° xxxvi.

224.

Carta domini Johannis de Susane (2, de decima de Malli 3.

Novembre 1232

Ego Johannes, dominus de Susane (4), miles, notum facio universis quod, dominus Egidius de Mailli, miles, homo meus, vendidit capitulo Ambianensi de assensu et voluntate mea pro sexcentis libris parisiensium sibi numeratis totam decimam quam habebat apud Mailli (5) et in pertinenciis ejusdem ville quam ipse Egidius de me tenebat in feodum et ipse Egidius de voluntate mea prefato capitulo assignavit masuram unum jornale terre continentem in eadem villa ad faciendam grangiam capituli ab omni censu et exactione et justicia liberam, in qua masura capitulum habebit omnimodam justiciam, excepto de illis qui non erunt servientes vel homines capituli qui causa cujusque delicti confugient ad grangiam supradictam. In servientes vel homines capituli nullum habebit dominium sed omnis justicia penes capitulum de suis hominibus et servientibus remanebit. et etiam de omnibus

(1) III° et IV° Cartul. : Mei.
(2) IV° Cartul. : Suzane.
(3) II°, III° et IV° Cartul. : Consensus Johannis de Susane ; V° Cartul. : De decima de Mailli et de Beausart.
(4) II° Cartul. : Sussane.
(5) III° Cartul. : Malli.

malefactoribus in grangia memorata. Condictum est etiam inter dominum Egidium et capitulum quod servientes ipsius Egidii et capituli terragiantes et decimantes erunt quolibet anno obligati alter alteri juramento, antequam terragium et decima colligantur, de decima et terragio colligendis fideliter et servandis. Et sicut terragium adducitur ad grangiam domini Egidii, ita debet adduci ad sumptus hominum ipsius Egidii ad grangiam capituli decima supradicta. Hanc venditionem et conventionem domina Avitia, uxor dicti Egidii, que dotalicium in dicta decima habebat, voluit et concessit; et per me recepit sufficiens excambium consilio amicorum suorum in terragio ejusdem ville de Mailli. Nicholaus, Hugo, Egidius, Soiher*us* (1), Elizabeth, Aelidis, Pavia, Eustachia et Mathildis liberi ejusdem Egidii et Avicie, necnon et Matheus, Willelmus et Petrus, fratres dicti Egidii, similiter concesserunt venditionem istam et conventiones superius expressas; et etiam prefata Avitia dotalitium quod habebat in dicta decima abjuravit contenta excambio supradicto. Dictus Egidius hanc decimam abjuravit et per juramentum firmavit predictas venditionem et conventiones se fideliter servaturum et contra omnes pro posse suo bona fide garandizaturum capitulo memorato, et ad hoc idem coram me suos obligavit heredes. Predicti fratres et liberi sui hec omnia coram me concesserunt et laudaverunt. Ego autem, de quo prefata decima tenebatur, venditionem et conventiones prescriptas laudavi, volui et approbavi, et per juramentum promisi quod prefatam decimam de cetero tanquam dominus terrenus garandirem dicto capitulo bona fide secundum posse contra omnes qui juri et legi stare voluerint nec quererem artem aut ingenium quibus dictum capitulum possit inquietari, dampnificari sive molestari, et ad hoc similiter faciendum meos obligavi heredes. Et postmodum prefatam decimam michi ab Egidio et Avicia liberis et fratribus supradictis redditam posui in manu venerabilis patris domini Gaufridi tunc Ambianensis episcopi predicto capitulo conferendam, quod et ipse ad petitionem meam fecit, et capitulum de eadem decima investivit perpetuis habenda temporibus. Preterea scire vos volo quod prefatus Egidius predicto capitulo pro salute anime sue et antecessorum suorum decimam quam emerat a domino Roberto de Forchevile, milite, homine suo, sitam in territorio de Biausart, per manum domini episcopi prefati de voluntate mea concessit et donavit. Quam donationem ad petitionem ipsius Egidii volui

---

(1) IIe Cartul. : Soyherus.

et concessi, et garandiam capitulo sicut de superius expresso promisi; et omne jus quod in dicta decima habebam in manu memorati episcopi resignavi, qui de eadem dictum capitulum ad petitionem meam et prefati Egidii investivit. Ut autem hec omnia perpetuis temporibus rata permaneant et inconcussa presentes litteras feci confici et dicto capitulo ad petitionem dictorum Egidii et Avicie liberorum et fratrum prefatorum tradidi in testimonium et munimen sigilli mei munimine roboratas.

Actum anno Domini M° CC° XXX° secundo, mense novembri.

Cartul. I, f° 151, n° ccxxv ; II, f° 189 v°, n° clxxxv ; III, f° 131 v°, n° clxxii ; IV, f° 79 v°, n° clxxiii ; V, f° 35 v°, n° xxxi.

225.

De eodem (1).

Mars 1232 (v. st.)

Gaufridus, divina permissione Ambianensis ecclesie minister humilis universis XPI fidelibus presentem paginam inspecturis eternam in Domino salutem. Noverit universitas vestra quod vir nobilis Egidius, miles, dominus de Mailli (2), in nostra constitutus presentia recognovit se...... vendidisse, etc. (*Le reste est identique aux chartes ci-dessus*).

Nos itaque, commodum et utilitatem nostre matris Ambianensis ecclesie desiderantes in omnibus ac volentes, de dictis decimis in manu nostra ad opus dicti capituli, sicut superius est expressum, resignatis. ad petitionem dictorum Egidii et Avicie et liberorum eorumdem et fratrum ipsius Egidii et Johannis de Susane (3), necnon et Roberti, uxoris sue et liberorum eorumdem, capitulum investivimus supradictum, presentes litteras super hiis confectas et sigilli nostri pontificalis auctoritate munitas eidem capitulo dantes in munimen et testimonium veritatis.....

Actum anno Verbi incarnati M° CC° tricesimo secundo, mense novembri.

Cartul. I, f° 151 v°, n° ccxxvi ; II, f° 191, n° clxxxvi ; III, f° 133 v°, n° clxxiii ; IV, f° 80, n° clxxiv ; V, f° 37, n° xxxviii.

(1) II°, III° et IV° Cartul. : Confirmatio G. episcopi super eodem ; V° Cartul. : Carta de decima de Malli.

(2) III° Cartul. : Malli.

(3) IV° Cartul. : Suzane.

226.

DE TERRA EMPTA APUD PLACHI AD OPUS COTIDIANE (1).

Magister Hugo de Bellaquercu, canonicus et officialis Ambianensis, omnibus presentes litteras inspecturis in Domino salutem. Noverit universitas vestra quod dominus Hugo de Busco Guidonis, miles, et Ada, ejus uxor, in nostra presentia constituti recognoverunt se vendidisse viris venerabilibus (2) decano et capitulo Ambianensi, ad opus cotidiane distributionis ecclesie Ambianensis, post decessum viri venerabilis Thome de Bova prepositi Ambianensis ecclesie, totam terram quam habebant inter viam per quam itur apud Belvacum et riveriam de Sele apud Plachi et omne jus et dominium quod habebant in dicta terra tam in exitibus quam censibus et rebus aliis, videlicet quinque solidos parisiensium et V capones censuales quos debet Petrus Bolengarius, tres solidos et tres capones censuales quos debet Warinus, duodecim denarios et unum caponem quos debet Faverellus, et XII denarios censuales quos debet Robertus mediator. Vendunt etiam eisdem decano et capitulo decem solidos parisiensium et IIII capones censuales, exceptis quinque solidis parisiensium censualibus quos ipse prefato preposito prius vendiderit, accipiendos singulis annis super tenementum suum de Ver, videlicet ad Pascha quinque solidos, in Assumptione beate Virginis V solidos, in festo beati Remigii V solidos et ad Natale Domini IIII capones, pro octoginta libris parisiensium sibi numeratis. Dicta vero Ada, que in predictis rebus venditis dotalicium habere dicebatur, coram nobis recognoscens et juramento firmans quod huic venditioni spontanea non coacta benignum prebebat assensum, et quod a dicto H. marito suo sufficiens et sibi gratum excambium receperat videlicet totam terram quam hospites sui quondam manentes apud Buscum Guidonis tunc manentes apud Heubecort (3) reliquerunt, dictum dotalicium et quicquid juris habebat vel habere poterat in predictis ad opus dictorum decani et capituli in manu nostra spontanee resignavit. Promittentes juramento corporaliter prestito tam ipsa quam dictus H. miles maritus ejus quod contra hujusmodi venditionem de cetero non venirent nec predictos

Mars
1232
(v. st.)

---

(1) IIe Cartul. : Cotidianum.
(2) IIe Cartul. : J. decano.
(3) IVe Cartul. : Heubecourt.

decanum et capitulum aut aliquem ex parte ipsorum super ea per se vel per alium aliquatenus molestarent Willelmo siquidem fratri dicti militis, Johanni et Petro, filiis dictorum H. militis et uxoris ejus Ade hujusmodi venditionem approbantibus coram nobis datus fuit unus denarius, cuilibet eorum, quia minores erant, secundum consuetudinem patrie pro concessione venditionis predicte ; et sciendum quod IIII^{or} modii bladi quos prefatus prepositus emerat a dicto milite assignata sunt super residuum terre dicti militis. Et de quatuor modiis et quindecim solidis parisiensium et quatuor caponibus censualibus super tenementum dicti militis assignatis potest idem prepositus ad opus servicii ecclesie Ambianensis pro voluntate sua ordinare. In cujus rei testimonium presentes litteras confici fecimus et sigillo curie Ambianensis roborari.

Actum anno Domini M° CC° XXX° secundo, mense marcio.

<small>Cartul. I, f° 153, n° ccxxix ; II, f° 195, n° cxci ; III, f° 136 v°, n° clxxvi ; IV, f° 81 v°, n° clxxvii ; V, f° 56, n° lxiii.</small>

227.

Carta domini Balduini de Wadencort (1), de decima ejusdem ville.

Octobre 1232

Ego Baldevinus (2), miles, dominus de Wadencort, notum facio universis presentes litteras inspecturis quod Guido de Wadencort, miles, homo meus, pro quinquaginta tribus libris parisiensium sibi numeratis, capitulo Ambianensis ecclesie, de consensu et voluntate mea, vendidit imperpetuum totam decimam quam de me tenebat in feodum apud Wadencort (3) ; promittens, prestito corporaliter juramento, quod ecclesiam Ambianensem super prefata decima et venditione supradicta nunquam de cetero inquietabit nec per se nec per alium dictam ecclesiam super prefatis decima et venditione molestabit : immo easdem dicte ecclesie pro posse suo contra omnes garandizabit, ad hoc idem suos obligando heredes. Maria similiter, uxor ejus, que in dicta decima dotalicium habebat, dictam venditionem coram me laudans, spontanea non coacta, et approbans, dictam decimam memorate ecclesie in perpetuum quitavit et abjuravit

<small>(1) IV° Cartul : Wadencourt partout.
(2) II°Cartul.. Baldewinus ; V° Cartul. : Balduinus.
(3) III° Cartul. : Vuadencort.</small>

eandem; et promisit sub prestito juramento se in dicta decima nichil de cetero reclamaturam, nec ratione dotalicii, nec aliquo alio titulo, recognoscens coram me se a marito suo prenominato sufficiens et sibi gratum de dicto dotalicio suo, de assensu et consilio amicorum suorum, excambium recepisse, videlicet quartam partem totius terragii quod dictus maritus suus habet in territorio de Wadencort. Insuper Emelina vero et Elizabeth, sorores prefati Guidonis, dicte venditioni benignum prebentes assensum juraverunt coram me nichil se in dicta decima de cetero reclamaturas, eandem decimam memorate ecclesie in perpetuum quitantes. Sepedictam igitur decimam michi tanquam domino terreno a prefatis Guidone, uxore sua et sororibus suis ad opus dicte ecclesie resignatam per manum reverendi patris nostri Gaufridi, Dei gratia Ambianensis episcopi, ad petitionem eorumdem capitulo tradidi memorato ; promittens, tanquam dominus terrenus, dictam decimam prefate ecclesie contra omnes qui juri et legi stare voluerint garandire : et ad hoc idem meos obligavi heredes. Ut autem hec omnia perpetuam obtineant firmitatem presentes litteras prefato capitulo tradidi sigilli mei munimine roboratas in testimonium et munimen.

Actum anno Domini M° CC° XXX° secundo, mense februario (1).

Cartul. I, f° 149 v°, n° ccxxii ; II, f° 185 v°, n° clxxxii ; III, f° 129 v°, n° clxix ; IV, f° 78, n° cixx ; V, f° 75, n° xcvii.

228.

Item de eodem (2).

Octobre 1232

Gaufridus, divina permissione Ambianensis ecclesie minister humilis, omnibus presentes litteras inspecturis eternam in Domino salutem. Noverit universitas vestra quod Guido, miles de Wadencort (3), in nostra presentia constitutus recognovit se vendidisse in perpetuum nostre matri Ambianensi ecclesie pro quinquaginta (4) libris parisiensium sibi numeratis totam decimam quam habebat apud Wadencort (5) et pertinenciis ejus, quam tenebat in feodum, ut dicebat, de domino Baldevino, milite, domino de

(1) II°, III°, IV° et V° Cartul. : Octobri.
(2) II°, III° et IV° Cartul. : Confirmatio G. episcopi super eodem.
(3) IV° Cartul. : Wadencourt partout

(4) II° III° IV° et V° Cartul. : Quinquaginta tribus.
(5) III° Cartul : Vuadencort.

Wadencort ; promittens sub fide data in manu nostra quod ecclesiam nostram super prefatis venditione et decima nunquam de cetero molestabit nec per se. nec per alium molestari procurabit, immo pro posse suo bona fide easdem venditionem et decimam prefate ecclesie garandizabit ; et ad hoc idem suos obligavit heredes. Et quoniam Maria, prefati Guidonis uxor, dotalicium habere dicebatur in decima memorata, de consilio amicorum suorum per manum nostram sufficiens et sibi gratum de dicto dotalicio recepit excambium, videlicet quartam partem terragii quod idem maritus suus habere dicebatur in territorio de Wadencort, et eandem decimam memorate ecclesie coram nobis quitavit imperpetuum, et abjuravit contenta de excambio supradicto. Emmelina siquidem et Elizabeth, sorores ejusdem Guidonis, coram prefato Baldevino sicut in carta ipsius Baldevini vidimus contineri, huic venditioni benignum prebuerunt assensum, et eandem decimam in perpetuum abjuraverunt, nichil de cetero in eadem decima reclamature. Insuper vero prenominatus Balduinus, de cujus feodo prefata decima pandere dicitur (1), dictam venditionem coram nobis laudans et approbans promisit se in dicta decima nichil de cetero reclamaturum, nec artem aut ingenium se quesiturum quibus memorata ecclesia super dictis venditione et decima possit inquietari, dampnificari, sive molestari, sed pro posse suo, bona fide contra omnes qui juri et legi stare voluerint, tanquam dominus terrenus, prefate ecclesie garandizabit easdem. Et ad hoc idem suos similiter obligavit heredes : et tam ipse quam prefati Guido et Maria prefatam decimam in manu nostra posuerunt reddendam ecclesie memorate : petentes a nobis ut de eadem memoratam ecclesiam investiremus ab eadem ecclesia perpetuis temporibus pacifice possidenda. Nos igitur, commodum et utilitatem nostre matris ecclesie desiderantes in omnibus ac volentes, de prefata decima in manu nostra taliter resignata, ad petitionem et instantiam dictorum Balduini, et Guidonis et Marie ecclesiam investivimus supradictam. presentes litteras super hiis confectas et sigilli nostri pontificalis auctoritate munitas eidem ecclesie dantes in munimen et testimonium veritatis.

Actum anno incarnationis dominice M° CC° XXX° secundo, mense octobri,

Cartul .I, f° 149 v°, n° ccxxiii ; II, f° 186 v°, n° clxxxiii ; III, f° 130, n° clxx ; IV, f° 78 v°, n° clxxi ; V, f° 75 v°, n° lxxvii.

(1) IV° Cartul. : Dicebatur.

229.

DE CONCESSIONE DOMUS QUE FUIT DOMNI GREGORII ET DOMNI WILLELMI DE DONNO MEDARDO (1).

Gaufridus, divina permissione Ambianensis ecclesie minister humilis, omnibus XPI fidelibus presentes litteras inspecturis eternam in Domino salutem. Noverit universitas vestra quod nos contulimus et concessimus in perpetuum capitulo nostro Ambianensi, ad faciendum capitulum suum et claustrum, domum que fuit domni Gregorii et domni Willelmi de Donno Medardo et domum matriculariorum cum tota terra que est retro domos illas usque ad clausuram virgulti nostri a muro domus nostre placitatorie usque ad murum hospitalarie. Ipsi autem concesserunt nobis quod dictas domos cum terra in usus alios quam predictum est non convertent, et quod de cetero facient festum beati Clementis, martyris, ad semiduplum, et nos luminare in eodem festo de nostro ministrabimus. In cujus rei testimonium et munimen litteras nostras eidem capitulo dari fecimus sigilli nostri appensione roboratas.

Actum anno gratie M° CC° XXX° secundo, mense aprili.

Avril 1232 (v. st.)

Cartul. I, f° 152 v°, n° ccxxviii ; II. f° 194, n° clxxxviii ; III, f° 135 v°, n° clxxv et 136 v° ; IV, f° 81, n° clxxvi ; V, f° 82, n° cvii.

230.

DE INSTITUTIONE CAPELLANIE IN HONORE SANCTI PAULI APOSTOLI IN ECCLESIA NOSTRA.

Omnibus XPI fidelibus presentes litteras inspecturis capitulum Ambianense in Domino salutem. Venerabilis patris nostri Johannis, Dei gratia Sabinensis episcopi, devotionem quam erga ecclesiam nostram sincero gerit affectu, quanta gratiarum actione possumus apud Deum et ipsum non immerito prosequentes, capellaniam quam in ecclesia nostra constituit (2) in honore Conversionis sancti Pauli, apostoli, cujus ordinationem

Avril 1233 (v. st.)

(1) II°, III°, IV° Cartul. : De domibus inter domum episcopi et hospitalariam ; V° Cartul. : De domo matriculariorum nobis concessa.
(2) II° et III° Cartul. : Instituit.

et donationem in manu sua et venerabilis viri Johannis decani nostri, si ipsum contingat eumdem supervivere episcopum retinuit, cum aliis in ecclesia nostra capellaniis connumerandam duximus tam ad servicium ecclesie nostre quam ad distributiones quas capellani alii sunt de cetero percepturi, de communi (1) assensu et omnium voluntate. Donatio vero capellanie post decessum prefati episcopi et decani ad nostram ecclesiam libere revertetur, sicut ipse episcopus pie voluit et salubriter ordinavit. Decime vero de Bernastre et de Guisencort nomine nostro extracte de manu laica, mediante pecunia ad hoc per dictum episcopum et decanum provisa, ad sustentationem capellani qui in ecclesia nostra in ordine sacerdotali tenebitur assidue sicut alii deservire concessimus in perpetuum assignari, ipsas decimas quantum in nobis est dicto capellano presenti auctentico confirmantes.

Actum anno Domini M° CC° tricesimo tercio, mense aprili.

Cartul. I, f° 156 v°, n° ccxlii ; II, f° 206, n° ccv et 241 v°, n° cclx ; III, f° 144 v°, n° cxc et 168 v°, n° ccxlv ; IV, f° 85 v°, n° cxci ; V, f° 88 v°, n° cxvi.

231.

De concessione Henrici de Auchi et Ode uxoris ejus (2)

Avril 1233 (v. st.)

Universis presentes litteras inspecturis, G. decanus Belvacensis, salutem in Domino. Noverit universitas vestra quod cum Henricus d'Auchi (3), et Oda, uxor ejus, coram nobis recognovissent capitulum Ambianensis ecclesie dampnificatum fuisse per eos de quadam terra sita in territorio de Doumeliers (4) usque ad quindecim libras parisiensium, tandem dicti Henricus et uxor ejus in nostra constituti presentia terram illam continentem videlicet decem jornalia et dimidium terre quam habebant in dicto territorio ex causa venditionis dicto capitulo penitus quitaverunt, et omne jus quod habebant in dicta terra vel habere poterant pro XV libris parisiensium sibi a dicto capitulo numeratis, et pro dictis XV libris dicti de

---

(1) II° et III° Cartul. : Communi eorum.
(2) II° et III° Cartul. : De dampnis illatis per per H. d'Auchi super eodem. V° Cartul. : Carta de terrâ Henrici d'Auchi apud Doumeliers.
(3) III° et IV° Cartul. . De Auchi.
(4) II° Cartul. : Domeliers ; III° et IV° Cartul. : Dommeliers.

dampnis memoratis in quibus eidem capitulo tenebantur ; dicta siquidem Oda uxor (1), que in dicta terra dotalicium habere dicebatur, coram nobis recognovit et juramento corporaliter prestito firmavit quod huic venditioni et quitationi spontanea non coacta prebebat assensum, et quod a dicto marito suo sufficiens sibi et gratum receperat excambium, videlicet IV libras parisiensium de dictis quindecim libris, ut dictum est, numeratis, dictum dotalicium ad opus dicti capituli resignans ; liberis eorumdem H. et ejus uxoris prefatis venditioni et quitationi assensum prebentibus, qui pro concessione venditionis et quitationis receperunt quilibet unum denarium. Et promiserunt prefati Henricus et ejus uxor quod dictum capitulum super dictis venditione et quitatione nunquam molestabunt, nec querent artem aut ingenium quibus ipsum capitulum possit molestari, inquietari, sive dampnificari, immo, pro posse suo, dicto capitulo contra omnes qui juri et legi stare voluerint terram garandizabunt memoratam; et hec omnia sub juramento corporaliter prestito promiserunt se firmiter imperpetuum observaturos. In cujus rei testimonium presentes litteras, ad petitionem et instantiam dictorum H. et uxoris ejus, dicto capitulo dedimus sigilli nostri munimine roboratas.

Actum anno Domini M° CC° XXX° tercio, mense aprili.

Cartul. I, f° 149, n° ccxx ; II, f° 184, n° clxxaix ; III, f° 128 v°, n° clxvi ; IV, f° 77 v°, n° clxvii ; V, f° 65, n° lxxvii.

232.

Ordinatio capellanorum Amrianensium.

Universis presentes litteras inspecturis, B(ernardus) archidiaconus Pontivensis, Y(politus) cantor et G(onterus), penitentiarius Ambianenses salutem in Domino. Noveritis quod cum a decano et capitulo nostro Ambianensi, ex una parte, et capellanis ecclesie nostre ex altera, de ordinando servicio a dictis capellanis ecclesie nostre Ambianensis exhibendo, sub pena XXX^a marcharum in nos fuisset compromissum, et facta a nobis inquisitione diligenti per testes ydoneos tam canonicos quam capellanos eosdem super servicio quod a capellanis est exhibitum de facto a tempore bone memorie

5 avril 1233

(1) II° Cartul. : Dicti H.

Th. episcopi, et quod de jure est exhibendum pro bono pacis inter capitulum et ipsos in posterum conservande, ita ordinamus quod capellani, sicut solent, scribantur in tabula suis septimanis per ordinem ad cantandum Alleluia et octavum responsorium, et etiam ad octavam lectionem, et qui super premissis maranchiam fecerit in diebus profestis pro pena solvat duos denarios, ad novem lectiones tres denarios, quando episcopus cantabit sex denarios, et de consilio cellerarii iste maranchie custodiende ab aliquo capellanorum convertantur in cereum arsurum ante ymaginem Crucifixi cum cereis ad quos tenetur dominus episcopus. Item, cum omnes qui chorum intrant tam superioris quam inferioris ordinis ex debito honestatis teneantur inchoare antiphonam. versus cantare et alia communia ad que nullus scribitur in tabula ad mandatum decani, precentoris, cantoris et etiam illius qui regit chorum, ordinamus quod ita de cetero faciant capellani, nisi canonicum habeant impedimentum cum eis fuerit mandatum a predictis vel ab aliquo eorum. Item, cum capellani teneantur ad servicium ecclesie esse assidui, sicut confitentur, ordinamus quod, si evidens esset contumatia alicujus eorum in servicio ecclesie, cellerarius possit arrestare portionem anniversariorum qui eum contingeret. Item, si contingat cessare in ecclesia nostra Ambianensi propter injurias ecclesie nostre illatas, ordinamus quod et capellani cessent nobiscum, preterquam in uno casu, scilicet si capitulum cessabit contra episcopum, in quo casu nichil ad presens determinamus. Item ordinamus quod requisiti a decano vel eo qui loco ejus erit, eant ad negotia ecclesie extra villam et (1) equitaturis et expensis ecclesie, et etiam intra villam euntes et extra habeant integram portionem quam haberent presentes in stallo. Item, si inordinate se habeant ingressi chorum, decanus potest eos ejicere a choro sicut alios qui chorum ingrediuntur. Item ad conservationem unitatis et pacis inter capellanos veteres et novos, et ut magis animentur ad servicium ecclesie, ordinamus et volumus ut quicquid de cetero donatum fuerit vel legatum capellanis omnibus, novis et veteribus insimul seu novis per se, aut (2) veteribus per se, omnes tam novi quam veteres percipiant equaliter in communi. Item, si capellani voluerint per se celebrare anniversarium alicujus benefactorum suorum, tali hora faciant quod non disturbetur servicium chori ; similiter aliud servicium suum taliter et tali hora faciant

---

(1) IIe, IIIe, IVe et Ve Cart. : In. (2) IIIe Cartul. : Et.

quod non turbetur chorus, nec presumant aliquod altare appropriare sibi, dum canonicus sacerdos velit ibidem celebrare. Item ordinamus quod capellani de cetero instituendi jurent coram donatore quod bona fide impendent servicium ecclesie. Item ordinamus quod capellania Giraudi (1) de Buimont (2), teneatur ad servicium ecclesie sicut alie. Item ordinamus quod vicarii ecclesie possint in profestis diebus juvare capellanos, sicut solent. Item capellani cum canonicis presbyteris excommunicent in processionibus quando continget aliquos ecclesie malefactores excommunicari. In supradicta ordinatione, si verbum sit obscurum sive ambiguum, declarandi potestatem et interpretandi nobis reservamus, reservata nichilominus decano Belvacensi judici a Domino Papa delegato, confirmatione, executione et coherticione super predictis.

Actum anno Domini M° CC° XXX° tercio, feria sexta post dominicam in qua cantatur *Quasi modo*.

Cartul. I, f° 155 v°, n° ccxxxix ; II, f° 203 v°, n° ccii ; III, f° 142 v°, n° clxxxvii ; IV, f° 84 v°, n° clxxxviii ; V, f° 80 v°, n° cv.

233.

De invadiatione decime de Beham cujus medietas debet cedere ex parte Cancellarii in ablutione pauperum in Quadragesima.

Gaufridus, divina permissione Ambianensis ecclesie minister humilis, universis presentes litteras inspecturis eternam in Domino salutem. Noverit universitas vestra quod Robertus de Buz (3) et Helvydis (4), uxor ejus, in nostra presentia constituti recognoverunt se pignori obligasse ecclesie Ambianensi et magistro Martino, capellano ejusdem ecclesie, duas partes totius decime sue de Beham (5) in instanti augusto percipiendas et deinceps singulis annis quousque eandem decimam per octo annos perceperint pro octies viginti libris parisiensium sibi plenarie numeratis ; tali conditione apposita quod, illis octo augustis elapsis non poterunt dictus Robertus aut uxor sua seu aliquis ex parte ipsorum dictam decimam

Juillet 1233

(1) II° Cartul. : Girardi; V° Cartul. : Gerardi.
(2) II°, III°, IV° et V° Cartul : Buiemont; II°, III° et IV° Cartul. : Quam s. fecit Johannes Bighe et instituit in ecclesia Ambianensi.
(3) II°, III° et V° Cartul ; Bus.
(4) II°, III° et IV° Cartul. Helvidis partout ; V° Cartul. : Helevydis.
(5) V° Cartul. : Beam.

redimere nisi de festo beati Remigii in aliud festum beati Remigii. Dicta vero Helvydis, uxor dicti Roberti, que in dicta decima dotalicium habere dicebatur, coram nobis recognoscens et juramento firmans quod huic impignorationi spontanea, non coacta, prebebat assensum, et quod a dicto Roberto, marito suo, sufficiens et sibi gratum, receperat excambium, videlicet XX et sex jornalia terre dicti Roberti, mariti sui, que idem Robertus eidem Helvydi pro commutatione dicti dotalicii coram nobis assignavit; idem dotalicium et quicquid habebat vel habere poterat in dicta decima, durante hujusmodi impignoratione, ad opus dictorum ecclesie et capellani in manu nostra spontanee resignavit, promittentes juramento prestito tam ipsa quam dictus Robertus, maritus ejus, quod contra hujusmodi impignorationem de cetero non venirent, nec dictos ecclesiam et capellanum, aut aliquem ex parte ipsorum super premissis per se vel per alium jure dotalicii aut aliquo alio jure aliquatenus molestarent. In cujus rei testimonium presentes litteras in cyrographum divisas ad instantiam partium confici fecimus, et sigilli nostri munimine roborari.

Actum anno Domini M° CC° XXX° III, mense julio.

Cartul. I, f° 156, n° ccxl.; II, f° 205, n° cciii ; III, f° 143, n° clxxxix ; IV, f° 85, n° clxxxix ; V, f° 87 v°, n° cxv.

234.

De impignoratione decime de Beham.

Juillet 1233

Ego Willermus de Cantepre (1), miles, notum facio omnibus tam presentibus quam futuris quod cum Robertus de Buz (2), homo meus, pignori obligasset ecclesie Ambianensi et magistro Martino, capellano ejusdem ecclesie, duas partes totius decime sue de Beham in instanti augusto percipiendas, et deinceps singulis annis quousque eandem decimam per octo augustos perceperint, pro octies viginti libris parisiensium eidem Roberto numeratis, ita quod illis octo augustis elapsis, non poterit dictus R. vel alius dictam decimam redimere nisi de festo beati Remigii in aliud festum beati Remigii, ego dictam impignorationem laudans et approbans

(1) II°, III° et IV° Cartul. : Contepre ; V° Cartul. : Cantepic. (2) II° et V° Cartul. ; Bus.

promisi me eam tanquam dominus contra omnes qui juri et legi stare vellent garandizaturum bona fide, durante termino prenotato et deinceps de anno in annum quousque dicta decima ab eodem R. vel ejus heredibus termino predicto sit redempta, me et meis ad hoc obligando heredes. In cujus rei testimonium presentes litteras eisdem ecclesie et capellano tradidi sigilli mei munimine roboratas.

Actum anno Domini M° CC° XXX° tercio, mense julio.

Cartul. I, f° 142, n° cxcvii ; II, f° 213, n° ccxvii ; III, f° 149 v°, n° ccii ; IV, f° 88 v°, n° cciii ; V, f° 87 v°, n° cxiv.

235.

De sententia lata contra Johannem de Donno Medardo (1) quondam canonico Sancti Aceoli (2) et Domnum J. avunculum ejus.

Octobre 1233

Omnibus ad quos littere iste pervenerint, J. decanus et capitulum Ambianense salutem in Domino. Notum vobis facimus quod cum in ecclesia Sancti Aceoli (3) nobis immediate subjecta (4) plurima nobis denuntiata fuissent corrigenda, ego decanus, ex officio meo assumptis mecum ex parte capituli viris de capitulo providis et discretis, ad predictam ecclesiam personaliter accessimus; et facta inquisitione diligenti tam de capite quam de membris per juramentum ipsorum, invenimus Johannem de Donno Medardo juniorem, ejusdem ecclesie canonicum, tanta infamia laborantem et talia facientem quod dicere turpe est et facere turpius. Quod omnes qui audierunt mirati sunt quomodo idem Johannes in eadem ecclesia poterat sustineri. Fur enim erat et loculos habens ; non solum hoc vitio laborabat, sed etiam incontinentia manifesta, intrans et exiens die ac nocte abbatiam absque abbatis licentia, per quecumque ei loca placebat, alias maleficus et molestus existens sociis ejusdem ecclesie universis. Preterea Johannem prefati Johannis avunculum seniorem, qui se gerebat canonicum ecclesie predicte, invenimus alterius fuisse religionis et professionis, in ecclesia scilicet Sancti Judoci in nemore, Premonstratensis ordinis; ubi in habitu religionis et professionis quam fecerat, per spacium octo annorum

(1) II° Cartul: ; Dompno Medardo partout.
(2) IV° Cartul. : Acceoli partout.
(3) III° Cartul. : Acceoli.
(4) II°, III° et IV° Cartul. : Subjecti.

commorando ibidem in subdiaconum et diaconum fuerat ordinatus. Cum ergo in aliis que duximus inquirenda satis honeste abbatis ministerio et aliorum canonicorum temporalia et spiritualia tractarentur, ne scabies unius totum gregem inficeret, prefatum Johannem juniorem, communicato prudentum consilio, quia nec penitens videbatur, et vocatus venire contempserat, murum transgrediens abbatie ne teneri valeret, per diffinitivam sententiam ipsum in perpetuum privavimus ab officio et beneficio ecclesie supradicte. Johannem vero seniorem, qui consilium dederat prefato malefico nepoti suo, sicut ipse nobis recognovit, ut non in presentia nostra appareret, quia alterius religionis et professionis, sicut predictum est, extiterat et sibi prebendam Sancti Aceoli usurpaverat, veritate suppressa, simulata ymagine in predicta ecclesia conversatus, pronuntiavimus ecclesiam Sancti Aceoli non teneri eidem, ipsi caritatis intuitu consulentes ut ad ecclesiam in qua primo religionem intraverat et professionem fecerat, pro anime sue salute rediret, quia de cetero non poterat nec debebat in choro vel in capitulo Sancti Aceoli tanquam ejusdem loci canonicus conversari.

Actum est hoc anno Domini M° CC° XXX° tercio, mense octobri.

Cartul. I, f° 154 v°, n° ccxxxiii ; II, f° 199 v°, n° cxcv ; III, f° 139 v°, n° clxxx ; IV, f° 83, n° clxxxi.

236.

De venditione molendini de Sancto Mauritio (1).

Novembre 1233

Magister R(icardus) de Sancta Fide, domini Ambianensis clericus et officialis, omnibus presentes litteras inspecturis in Domino salutem. Noverit universitas vestra quod Rogerus, furnarius (2) de Sancto Mauricio (3) et Beatrix, uxor ejus, in nostra presentia constituti recognoverunt se in perpetuum vendidisse viris venerabilibus decano et capitulo Ambianensi quicquid juris habebant vel habere poterant in molendino de Sancto Mauritio pro XXX^{ta} libris parisiensium sibi numeratis. Dicta vero B. que in dicto molendino dotalicium se dicebat habere, coram nobis recognoscens et juramento firmans quod huic venditioni spontanea non coacta prebebat assensum, et quod a dicto Rogero, marito suo, sufficiens et sibi gratum

(1) II° Cartul. : Mauricio ; V° Cartul. : De blado empto super molendinum sancti Mauricii.

(2) II° Cartul. : Fornarius.
(3) V° Cartul. : Mauritio.

receperat excambium, videlicet quartam partem furni Sancti Mauritii et mediatem domus dicti R. site in eadem villa dictum dotalicium et quicquid juris habebat in dicto molendino ad opus dictorum decani et capituli in manu nostra spontanee resignavit ; promittentes juramento prestito tam ipsa quam dictus R., maritus ejus, quod contra hujusmodi venditionem de cetero non venirent, nec dictos decanum et capitulum aut aliquem ex parte ipsorum super ea per se vel per alium aliquatenus molestarent. Hugoni siquidem filio et heredi ipsorum in minori etate existenti datus fuit unus denarius, secundum patrie consuetudinem, pro concessione venditionis predicte. In cujus rei testimonium presentes litteras confici fecimus et sigillo curie Ambianensis roborari.

Actum anno Domini M° CC° tricesimo tercio, mense novembri.

Cartul. I, f° 156 v°, n° ccxli ; II, f° 205 v°, n° cciv ; III, f° 144, n° clxxxix ; IV, f° 85 v°, n° cxc ; V, f° 10 v°, n° lxxxviii.

237.

De divisione parrochiarum del (1) Sauchoi et del Galet (2).

J., decanus, et capitulum Ambianense, dilecto suo magistro Matheo, presbytero de Cateu (3), salutem in Domino. Significamus vobis quod parochia de Saucheio et de Galeto que hactenus una fuit, et nobis subjecta est pleno jure, de prudentum consilio, propter multa que ibidem imminebant pericula, feria tertia ante festum sancti Nichasii, in nostro capitulo Ambianensi divisa fuit, vaccante eadem ex resignatione domini Johannis, quondam illius ecclesie sacerdotis, et divisa fuit in duas partes, in illam de Saucheio, et in illam de Galeto. Illam parochiam de Galeto domino Roberto canonice possidendam, illam vero de Saucheio, quam necdum contulimus, prefato Roberto ad tempus visitandam commendavimus et curandam, retinentes nobis super ordinatione predictarum ecclesiarum quid et quantum videlicet utraque parochia in temporalibus debent (4) habere potestatem. Ordinatum etiam fuit in capitulo quod ille qui amministrabit

1233

1) II° Cartul. : Du.
(2) II° Cartul. : Galeth.
(3) II° et IV° Cartul : Catheu ; III° Cartul. : Chateu.
(4) II°, III° et IV° Cartul : Debeat.

in ecclesia de Galeto et commendatam habebit ecclesiam de Saucheio, quamdiu dictus Johannes vixerit ducens vitam secularem, duodecim libras parisiensium solvet annuatim domino Johanni, VI libras in Nativitate (1) sancti Johannis, et alias sex libras in Nativitate Domini. Unde vobis mandamus quatinus ad locum de Galeto personaliter accedentes, dictum Robertum in corporalem possessionem mittatis, populo convocato, et hoc ipsum plebi de Saucheio significare curetis, scientes quod sepedictus Johannes prefatas visitabit ecclesias et ibidem temporalia percipiet usque ad crastinum Circumcisionis instantis.

Datum Ambiani anno Domini M° CC° XXX° tercio in die beati Nichasii, martyris.

Cartul. I, f° 155, n° ccxxxv ; II, f° 200, n° cxcvi ; III, f° 140, n° clxxxi ; IV, f° 83 v°, n° clxxxii.

238.

De eodem.

1233

J., decanus, et capitulum Ambianense omnibus ad quos littere iste pervenerint eternam (2) in Domino salutem. Noverit universitas vestra quod nos, vacante ecclesia del (3) Saucheio et del Galet (4) ex resignatione domini Johannis Cokart, quondam illius ecclesie sacerdotis, que hactenus una fuit et nobis subjecta est pleno jure, propter multa pericula que ibidem ex locorum distantia sepius imminebant, ad instantiam et clamorem utriusque locorum populi, de prudentum consilio, prefatam ecclesiam in duas partes seu in duas parochias duximus dividendam, in illam scilicet del (5) Sauchoi et in illam del Galet (6). Illam quidem del Galet domno Roberto de Cateu (7) presbytero contulimus canonice possidendam. Illam autem del (8) Sauchoi eidem Roberto curandam ad tempus duximus commendare. Nam dictus Robertus, sive alius qui in ecclesia del Sauchoi et del Galet (9 ministrabit, tenetur reddere singulis annis prefato Johanni presbytero, quamdiu vixerit in habitu seculari, duodecim libras parisiensium duobus

(1) IV° Cartul. : Matutinis.
(2) III° et IV° Cartul. : Eternam manque.
(3) II° et IV° Cartul. : De.
(4) II° Cartul. : Galeth.
(5) II° Cartul. : Du ; III° Cartul. ; De.
(6) II° Cartul. : Galeth.
(7) II° Cartul. : Catheu.
(8) II° Cartul. : De.
(9) II° Cartul. : Galeth.

terminis, videlicet VI libras in Nativitate (1) sancti Johannis et alias sex in Nativitate Domini. Super ordinatione vero dictarum ecclesiarum et valore earumdem et quantum videlicet utraque parochia in temporalibus debeat habere, quis vero et quotus sufficere populus ecclesie debeat utrique nobis retinemus potestatem plenariam, donec super hoc a nobis plenius fuerit provisum, deliberatione prehabita diligenti In cujus rei testimonium litteras nostras sub cyrographo divisas utrique tradidimus presbytero, sigilli nostri munimine roboratas.

Actum anno Domini M° CC° XXX° tercio, in die beati Nichasii.

_{Cartul. I, f° 155, n° CCXXXVI ; II, f° 201, n° CXCVII ; III, f° 140 v°, n° CLXXXII ; IV, f° 83 v°, n° CLXXXIII.}

239.

DE EODEM CONFIRMATIO.

G , divina permissione Ambianensis ecclesie minister humilis, omnibus presentes litteras inspecturis salutem in Domino. Noverit universitas vestra quod nos factum karissimorum nostrorum decani et capituli Ambianensis grato prosequentes assensu super divisione et ordinatione parochiarum del (2) Sauchoi et del Galet (3), quam divisionem decenter et honeste intelleximus esse factam, auctoritate pontificali confirmamus, donationem parochie del Galet cum alia del Sauchoi quam tenet capitulum ab antiquis temporibus similiter eidem capitulo confirmantes sub testimonio pontificalis, sigilli presenti scripto appensi.

Actum anno Domini M° CC° tricesimo tercio, mense decembri.

Décembre 1233

_{Cartul. I, f° 174, n° CCXXXVII ; II, f° 201 v°, n° CXCVIII ; III, f° 141, n° CLXXXIII ; IV, f° 83 v°, n° CLXXXIV.}

240.

COMPOSITIO INTER NOS ET CANONICOS SANCTI NICHOLAI SUPER QUIBUSDAM DECIMIS ET CENSIBUS (4).

Jacobus , decanus ecclesie Ambianensis, totumque ejusdem ecclesie capitu-

Décembre 1233

(1) IV° Cartul. : Matutinis.
(2) II° Cartul. : Du.
(3) II° Cartul. : Galeth.

(4) Le titre donné à cette charte dans le 1er cartulaire étant manifestement erroné, nous lui substituons celui des II°, III° et IV° cartulaires.

lum, omnibus presentes litteras inspecturis in Domino salutem. Universitati vestre notum facimus quod nos tenemur singulis annis reddere de communitate nostra in Nativitate sancti Johannis Baptiste canonicis Sancti-Nicholai Ambianensis triginta solidos monete currentis in civitate Ambianensi et quatuor modios bladi et avene per medium capiendos in horreo nostro sito in suburbio juxta Sanctum Laurentium, pro portione majorum et minorum decimarum que eos contingebat in suburbio et civitate Ambianensi, et in anniversariis bone memorie Theobaldi quondam episcopi Ambianensis decem solidos, et Engelbrandi quondam canonici Ambianensis duos solidos et duos capones ad faciendum anniversaria eorum, et pro excambio census quem habebant in domo de Stratis quem nobis cum toto jure suo dimiserunt. Dedimus eis in ejusdem census recompensatione (1) duodecim denarios et duos capones censuales ad nos spectantes singulis annis capiendos super domum Milonis de Sorchi, de fundo terre domus illius cum toto jure quod habebamus in predicto censu. In cujus rei testimonium presentes litteras sigilli nostri munimine fecimus roborari.

Actum anno Domini M° CC° XXX° tercio, mense decembri.

Cartul. I, f° 155, n° ccxxxviii ; II, f° 203, n° cci ; III, f° 142, n° clxxxvi ; IV, f° 84 v°, n° clxxxvii

241.

De terra Petri de Villari apud Domeliers (2).

Décembre 1233

Magister Ricardus de Sancta Fide, domini Ambianensis clericus et officialis, omnibus presentes litteras inspecturis salutem in Domino. Noverit universitas vestra quod cum Petrus de Vilers et Eremburgis, uxor ejus, coram nobis recognovissent capitulum Ambianensis ecclesie dampnificatum fuisse per eos de quadam terra sita apud Maisnil in territorio de Domeliers usque ad XXX^a marchas argenti, tandem dicti P. et E., uxor ejus, in nostra constituti presencia, terram illam quam de dicto capitulo tenebant, et omne jus quod in eadem terra habebant vel habere poterant dicto capitulo penitus quitaverunt pro duodecim libris parisiensium sibi numeratis, et pro dictis XXX^a marchis argenti de dampnis memoratis

(1) IIIe et IVe Cartul. : Recompensationem. (2) IIIe et IVe Cartul. : Dommeliers partout ; Ve Cartul. : Doumeliers.

in quibus eidem capitulo tenebantur. Dicta vero E., uxor dicti P., juravit coram nobis se non habere dotalicium in terra memorata, et juramento corporaliter prestito firmavit quod huic venditioni et quitationi spontanea non coacta prebebat assensum, liberis eorumdem P. et E., uxoris ejus, videlicet Radulpho, Johanne et Beatrice prefatis venditioni et quitationi assensum prebentibus, qui pro concessione venditionis et quitationis receperunt quilibet unum denarium ; et promiserunt prefati P. et E., uxor ejus, quod dictum capitulum super dictis venditione et quitatione nunquam molestabunt, nec querent artem aut ingenium quibus ipsum capitulum possit molestari, inquietari sive dampnificari, immo pro posse suo dicto capitulo contra omnes qui juri et legi stare voluerint terram garandizabunt memoratam. Et hec omnia sub juramento corporaliter prestito promiserunt dicti P. et E., uxor ejus, et liberi eorum Balduinus (1), Johannes et Beatrix se in perpetuum firmiter observaturos. In cujus rei testimonium presentes litteras confici fecimus et sigillo curie Ambianensis sigillari.

Actum anno Domini M° CC° XXX° III, mense decembri.

Cartul. II, f° 242, n° cclxi ; III, f° 169, n° ccxlvi ; IV, f° 99 v°, n° ccxlvi ; V, f° 25 v°, n° xxv.

242.

De portione presbyterorum del Galet et du Sauchoi (2).

Décembre 1233

Jacobus, decanus, et capitulum Ambianense omnibus presentes litteras inspecturis salutem in Domino. Noveritis quod cum villa de Galet (3) de cura ecclesie de (4) Sauchoi, que nobis subjecta est pleno jure ab antiquis temporibus extitisset, nos, propter longiorem villarum distantiam videntes periculum (5) imminere, vacante dicta ecclesia del Sauchoi ex resignatione Johannis presbyteri qui in ea curatus longo tempore deservierat, accedente etiam venerabilis patris Gaufridi tum episcopi Ambianensis assensu, ordinavimus ut in utraque villa curatus presbiter resideret nobis tam in spiritualibus quam temporalibus responsurus, sicut sacerdos del Sauchoi consueverat quando singulariter villam utramque possidebat in

(1) IV° et V° Cartul. : Radulfus..
(2) II° Cartul. : De Sauchoi et de Galeth. partout.
(3) IV° Cartul. : Del.
(4) II° Cartul. : Du ; V° Cartul. : Del partout.
(5) V° Cartul. : Animarum periculum.

cura. Cum igitur sacerdos del (1) Sauchoi decimam territorii de Galet cum tercia parte lanarum et agnorum et aliarum minutarum decimarum cum aliis obventionibus parochialibus, et terram septem minarum sementis perciperet annuatim ratione succursus que in villa del Galet (2) antiquitus exercebat, et in utraque villa vellemus propter periculum presbyterum assignari, supplicantibus super hoc nobis fratribus milicie Templi qui de suo ad hoc instituendum largiti sunt liberaliter et libenter, retenta nobis in perpetuum cura del (3) Galet, sicut prius curam ecclesie del (4) Sauchoi habebamus, ne bovi trituranti foret os alligatum, statuimus quod sacerdotes de cetero in utraque villa futuri et curam pro divisa habituri divisam habeant portionem. Sacerdos quidem de Sauchoi habeat duas partes majoris decime de Galet tantum ; tercia pars cedat sacerdoti de Galet, et uterque sacerdos in parochia sua habeat obventiones parochiales, salvis natalibus que nobis debentur, tertiamque partem lanarum et agnorum et aliorum minutorum, salvo hoc quod nos de jure patronatus contingit. Terram vero arabilem quam predicti Templarii ecclesie de Galet in augmentum cantuarii providerunt, tres sementis modios continentem, sacerdos del Galet (5) omnino habebit cum predicta terra que continet VII minas sementis. Sacerdos enim del (6) Sauchoi duos modios in grangia nostra et terram arabilem quam habebat apud Sauchoi cum parte sua lanarum et agnorum et minute decime ejusdem ville cum aliis obventionibus parochialibus, sicut habuit ab antiquo, salvo jure patronatus, percipiet annuatim. Et sic uterque sacerdos beneficiis, pro utriusque rata superius expressis, contentus, nobis in perpetuum de cura tam in spiritualibus quam in temporalibus respondebit.

Actum anno Domini M° CC° XXX° III°, mense decembri.

Cartul. I, f° 179 v°, n° cccxiii ; II, f° 201 v°, n° cxcix ; III, f° 141, n° clxxxiv ; IV, f° 84, n° clxxxv ; V, f° 47 v°, n° liv.

(1) IV° Cartul. : De.
(2) III° Cartul. : Galeth.
(3) IV° Cartul. : De Galet.
(4) IV° Cartul. : De.
(5) III° Cartul. : Galeth ; IV° Cartul. : De.
(6) IV° Cartul. : De.

243.

DE DIVISIONE VI DENARIORUM CANONICIS QUI INTERFUERINT MATUTINIS IX LECTIONUM QUANDO IN MISSA VI DENARII DIVIDUNTUR ET DE II DENARIIS DE COTIDIANA DIVIDENDA AB ASCENSIONE DOMINI IN ANTEA CANONICIS QUI INTERFUERINT AD TOTAM HORAM PRIMAM OMNI DOMINICA QUA DICITUR « DEUS, DEUS MEUS, RESPICE » (1).

Jacobus, decanus, et capitulum Ambianense, omnibus presentes litteras inspecturis salutem in Domino. Cum Dominus de largitate paterna nobis annonam temporalem multiplicare de die in diem licet immeritis non obsistat, dignum est ut ad augmentum servicii sui de beneficiis que nobis largitus est largius insistamus ad laudem et gloriam ipsius et sanctorum in quibus gloriosus est et laudandus. Inde est quod considerantes nocturnum officium esse gravius quam diurnum, ex deliberatione honesta duximus statuendum ut in omnibus festis novem lectionum in quibus in missa tantummodo distribuebantur canonicis VI denarii, similiter et in matutinis, de cetero preter quotidianam canonicis qui interfuerint sex denarii dividantur ad solatium laboris qui magis in matutinis quam diurno officio noscitur provenire (2) Ordinatum est preterea et statutum in capitulo quod ab instanti Ascensione Domini in antea omni die dominica qua cantatur hora prima « Deus, Deus meus respice in me », preter denarium consuetum de quotidiana alius denarius hiis qui predicte hore interfuerint dividetur.

Actum anno Domini M° CC° XXX° III°, mense februario.

Février 1233 (v. st.)

Cartul. I, f° 180, n° cccxiv ; II, f° 202 v°, n° cc et f° 242 v°, n° cclxii ; III, f° 141 v°, n° clxxxv et f° 169, n° ccxlvii ; IV f° 84, n° clxxxvi ; V, f° 71 n° lxxxix.

244.

DE OBLATIONIBUS RESTITUTIS CANONICIS PRESBYTERIS A CAPELLANIS SANCTI-NICHOLAI.

Anno Domini M° CC° XXX° tercio reddiderunt capellani Sancti-Nicholai, per sententiam domini episcopi, capitulo Ambianensi oblationem quam

1233

(1) II° Cartul., 2° vers., III° Cartul. 2° vers. et V° Cartul. : De augmentatione distributionis nostre cotidiane.

(2) La charte s'arrête à *provenire* dans la 2° version du III° Cartulaire et dans le V° Cartulaire.

ipsi receperunt in missa celebrata in inhumatione Vencentii clerici scolaris filii Maineri Balbi, qui sepultus fuit apud Sanctum-Nicholaum.

Cartul. I, f° 107, n° cxviii.

245
Note sur le mesurage des bois du Chapitre.

Anno Domini M° CC° XXX° III° mensurata fuerunt nemora Ambianensis ecclesie ab Arnulpho de Durlendio in hunc modum :

Apud Revellam.

Nemus de Guisonville quod quondam fuit Guidonis majoris continet LXXII jornalia. Item nemus de Guizonville quod quondam fuit patris domini Roberti de Revella IIII^{xx} et VII jornalia. Item nemus quod dicitur Floscus Lamberti VII jornalia X virge minus.

Apud Duri.

Nemus juxta Amelli continet bis centum et IX jornalia et XXX virgas. Item nemus juxta ortos de Duri octies XX et sex jornalia. Item nemus de Garberimonte bis centum et XII jornalia. Item nemus inter Duri et Ambianum XVII jornalia et dimidium.

Apud Creeuse.

Nemus de Creeuse supra villam quod dicitur Li Deffois continet centum et IIII^{or} jornalia. Item nemus de Fossa Louverethe LIX jornalia.

Item nemus del Vies Piere XXXV jornalia et dimidium.

Apud Reumaisnil.

Nemus del Destroit de Reumaisnil continet XV jornalia et 1 quarterium. Item nemus juxta Reumaisnil quod est commune canonicis manentibus ibidem XV jornalia et dimidium.

Apud Fontanas.

De foresta de Fontanis vendidit dominus Ingerrannus de Helliaco XLVII jornalia et dimidium. In venditione vero Eustachii prepositi de Catheu remanent XI^{xx} jornalia IIII et dimidio minus. Summa tocius foreste XIII^{xx} jornalia et VI jornalia de nemore venali.

Ad mensuram Belvaci,

In nemore de Bonolio XLV jornalia.

In Moiemont VIII^{xx} jornalia et IIII.

In Bus Aubert XXVIII jornalia et XL virge.

In bosco qui dicitur Au Deffois de Sauchoi XXIII jornalia et dimidium et XX virge.

Et hoc totum est ad mensuram Belvaci.

Ad mensuram Ambianensem.

In venditione domini Ingerranni de Helli LIII jornalia XVI virgis minus, In venditione Eustachii de Catheu XII^{xx} jornalia XVI virgis minus. Summa tocius foreste XIIII^{xx} jornalia et XII et dimidium et VIII virge.

Apud Bonolium L jornalia et VI virge.

In Moiemont IX^{xx} jornalia et II et dimidium et XVII virge.

Item in Bus Aubert XXXI jornalia et dimidium et II virge.

In bosco qui dicitur Au Deffois de Sauchoi XXVI jornalia et I quarterium.

El Faeu de Doumeliers XXX jornalia et dimidium,

En le Perriere XXXI jornalia et dimidium.

In campo Droart XXXIII jornalia.

En le Haie de Wadencourt XXIII jornalia et dimidium Et hoc est ad mensuram Belvacensem.

Ad mensuram Ambianensem.

El Faeu de Doumeliers XXXIIII jornalia VII virgis minus.

En Le Perrière XXXV jornalia et IIII virge.

In campo Droart XXXVI jornalia et dimidium et XXI virge.

En Le Haie de Wadencourt XXV jornalia et dimidium et IX virge Summa nemorum de Belvac.... ad mensuram Belvacensem VI^c et XLII jornalia et LX virge.

Ad mensuram vero Ambianensem VII^c jornalia et XIII.

Cartul. I, f° 187 n° cccxxxvi.

246.

LITTERE SUPER COMPROMISSO FACTO IN ARCHIDIACONUM ET PENITENTIARIUM AMBIANENSES DE DECIMA PECHIE TERRE VINAGII (1) DE PONTOILES (2).

Universis presentes litteras inspecturis abbas et conventus Foresten-

Août 1234

(1) II° Cartul, 1re vers. et III° Cartul. 1re vers: Vivarii ; IV° Cartul. : Vinarii.
(2) II° Cartul. 2° vers. ; III° Cartul. 2° vers. et V° Cartul. : Compromissio facta inter abbatem et conventum Forestensis monasterii et capitulum.

sis monasterii salutem in Domino. Noverit universitas vestra quod cum inter viros venerabiles decanum et capitulum Ambianense ex una parte et nos ex altera, super decima cujusdam pechie terre site versus Pontoiles de novo ad agriculturam redacte, in qua solebat esse vivarius, quam decimam dicebamus ad nos pertinere de jure, ipsi vero ex altera parte dictam decimam ad se pertinere dicebant, controversia verteretur ; tandem de bonorum virorum consilio, cum ipsis super hiis in viros venerabiles Th. archidiaconum et G. penitentiarium Ambianenses benigne compromisimus : promittentes sub pena centum librarum parisiensium reddendarum prefatis decano et capitulo, si ab arbitrio dictorum archidiaconi et penitentiarii resiliremus, nos quicquid prefati archidiaconus et penitentiarius super premissis sive compositione sive arbitrali sententia ordinabunt inviolabiliter observare. In cujus rei testimonium litteras presentes confici fecimus et sigillorum nostrorum munimine roborari.

Actum anno Domini M° CC° XXX° quarto, mense augusto.

<small>Cartul I, f° 141 v°, n° cxciv ; II, f° 212, n° ccxiv et f° 243, n° cclxiii ; III, f° 148 v°, n° cxcix et f° 169 v°, n° ccxlviii ; IV, f° 88, n° cc ; V, f° 88 v°, n° cxvii.</small>

247.

De eodem.

Aout 1234

Magister Ricardus de Sancta Fide, domini Ambianensis clericus et officialis, omnibus presentes litteras inspecturis in Domino salutem. Noverit universitas vestra quod, cum inter viros venerabiles J. decanum, et capitulum Ambianense ex una parte, et viros religiosos abbatem et conventum Forestensis monasterii ex altera, super decima cujusdam pechie terre site versus Pontoiles de novo ad agriculturam redacte in qua solebat esse vivarius, quam decimam utraquepars dicebat ad se de jure pertinere, controversia verteretur, tandem ipsi de bonorum virorum et jurisperitorum consilio super hiis in viros venerabiles Th. archidiaconum et G. penitentiarium Ambianenses compromiserunt ; promittentes, sub pena C. librarum parisiensium a parte que ab arbitrio resiliret parti alteri arbitrium observanti reddendarum. se quicquid prefati archidiaconus et penitentiarius super premissis sive compositione seu sententia arbitrali ordinarent, inviolabiliter observare. In cujus rei testimonium presentes litteras confici fecimus et sigillo curie Ambianensis roborari.

Actum anno Domini M° CC° XXX° quarto, mense augusto.

<small>Cartul I, f° 142, n° cxcv ; II, f° 212 v°, n° ccxv et f° 243 v°, n° cclxiiii ; III, f° 149, n° cc et f° 170, n° ccxlix ; IV, f° 88, n° cci ; V, f° 89, n° cxviii.</small>

248.

De sententia lata a domino episcopo in dyocesim

G., divina permissione Ambianensis ecclesie minister humilis, universis presentes litteras inspecturis salutem in Domino. Noverint universi quod cum in mandato quod a nobis emanavit de ferenda generalis interdicti sententia in nostra dyocesi inter cetera continetur : « Si quis autem dictam sententiam noluerit observare, extunc infra triduum noverit se suspensum », per istam clausulam generalem non intelleximus nec intelligimus aliquid facere contra constitutionem Lateranensis concilii : *Irrefragabili*, nec aliquam jurisdictionem acquirere in singulos de capitulo cathedrali ex hoc facto, nec remittere.

Datum Ambianis, anno Domini M° CC° XXX° quarto, mense octobri, in crastino beati Dyonisii.

<small>Cartul I, f° 142, n° cxcvi ; II, f° 213, n° ccxvi ; III, f° 149 v°, n° cci ; IV, f° 88 v°, n° ccii.</small>

Octobre 1234

249.

Littere de XVI jornalibus terre ex una parte, et IIII^{or} ex altera que dominus episcopus concessit sorori sue per vitam suam.

G., divina permissione Ambianensis ecclesie minister humilis, universis presentes litteras inspecturis eternam in Domino salutem. Noverit universitas fidelium quod nos dedimus et concessimus, intuitu caritatis, dilecte sorori nostre Ade, quamdiu vixerit, sexdecim jornalia terre site in territorio de Mirowalt (1) que acquisivimus a dilecto filio majore de Mirowalt (2) et filio ejus Waltero de heredum suorum voluntate et

Décembre 1234

<small>(1 IIe Cartul. : Mirowaut ; IVe Cartul. : Mirovaut.</small>

<small>(2) IIe et IVe Cartul. : Mirovaut ; IIIe Cartul. : Mirovalt.</small>

assensu. Item contulimus eidem Ade alia quatuor jornalia terre sita inter Hevi (1) et Moustiers quam acquisivimus ab Elizabeth molendinaria... marito et heredibus ipius ; volumus tamen quod totalis predicta terra post mortem dicte Ade ad episcopatum Ambianensem revertatur. Ut igitur ista collatio rata sit et firma, presentes litteras eidem Ade tradidimus sigilli nostri et dilectorum filiorum capituli Ambianensis munimine roboratas.

Actum anno Domini M° CC° XXX° quarto, mense decembri.

Cartul. I, f° 141 v°, n° cxci ; II, f° 211, n° ccxi ; III f° 148, n° cxcvi ; IV f° 87 v°, n° cxcvii.

250.

DE DECIMA DE BURES (2) VERSUS AUSSIACUM (3).

Décembre 1234

Magister R. de Sancta-Fide, canonicus et officialis Ambianensis, omnibus presentes litteras inspecturis in Domino salutem. Noverit universitas vestra quod Marga, relicta domini Guarini de Demerchecort (4), militis, in nostra presentia constituta benigne quitavit viris venerabilibus J. decano, et capitulo Ambianensi quicquid habebat vel habere poterat in quadam decima sita in valle de Bures juxta Colretum. Huic autem quitationi Balduinus (5) Li Walois (6), Hugo de Sancto-Acheolo (7), Eustachius de de Aussiaco (8) coram nobis benignum prebuerunt assensum, cum Ada sorore sua, qui, inquam, fratres et soror sunt liberi dictorum M. et quondam dicti W., expresse renuntiantes tam ipsi liberi quam..., mater eorumdem omni juri quod habebant vel habere poterant in eadem. Promittentes juramento prestito tam ipsa mater quam ejus liberi quod contra hujusmodi quitationem de cetero non venirent, nec dictos decanum et capitulum aut aliquem ex parte ipsorum super ea per se vel per alium aliquatenus molestarent. In cujus rei testimonium presentes litteras confici fecimus et sigillo curie Ambianensis roborari.

Actum anno Domini M° CC° XXX° quarto, mense decembri.

Cartul I, f° 142 v°, n° cxcviii ; II, f° 213 v°, n° ccxviii; III f° 150 n° cciii ; IV f° 88 v°, n° cciv ; V, f° 44, n° xlviii.

(1) II° et IV° Cartul. : Ham ; III° Cartul. : Hem.
(2) II°, III° et IV° Cartul. : Buires partout.
(3) III°, IV° et V° Cartul : Ausiacum ; II° Cartul. : Auxiacum.
(4) IV° Cartul. : Demerchecourt.

(5) II° Cartul. : Baldewinus ; III° Cartul : Baldevinus.
(6) V° Cartul. : Waloys.
(7) IV° Cartul. : Acceolo.
(8) II° Cartul. : Auxiaco.

251.

Littere de forestagio quod emit capitulum a Haimeto (1) de Fontanis (2) et fratre suo.

Magister R. de Sancta-Fide, canonicus et officialis Ambianensis, omnibus presentes litteras inspecturis in Domino salutem. Noverit universitas vestra quod Haimericus et Firminus fratres in nostra existentes presentia, de consilio amicorum suorum coram nobis existentium, videlicet Petri Aquagii, Manesseri Aquagii, Ricardi de Ver, Johannis Fabri, Wicardi filii Haimeti (3) et Bartholomei de Haignes (4), quitaverunt viris venerabilibus J., decano, et capitulo Ambianensi pro centum solidis parisiensium sibi numeratis forestagium quod habere dicebantur in nemore de Fontatis (5) et quicquid habebant in eadem villa, preterquam domum suam et terram arabilem ; promittentes juramento prestito tam ipse H. quam dictus F., quod contra hujusmodi quitationem de cetero non venirent, nec dictos decanum et capitulum aut aliquem ex parte ipsorum super ea per se vel per alium aliquatenus molestarent. In cujus rei testimonium presentes litteras confici fecimus et sigillo curie Ambianensis roborari.

Actum anno Domini M° CC° XXX° quarto, mense decembri.

Décembre 1234

Cartul. I, f° 142 v°, n° cxcix ; II, f° 214, n° ccxix ; III. f° 150, n° cciv ; IV, f° 88, v°, n° ccv ; V, f° 92, n° cxxiii.

252.

Carta Auberti molendinarii de Ver de uno managio juxta molendinum.

Magister Ricardus de Sancta Fide, canonicus et officialis Ambianensis omnibus presentes litteras inspecturis in Domino salutem. Noverit universitas vestra quod Aubertus de Ver, molendinarius, et Adeluya, uxor ejus,

Décembre 1234

---

(1) II° Cartul. : Haimero ; III° et IV° Cartul. : Haimerico.
(2) II°, IV° et V° Cartul. : Fontanis.
(3) II° Cartul : Haimeri.
(4) V° Cartul. : Hoignes.
(5) II°, III°, IV° et V° Cartul : Fontanis.

in nostra presentia constituti recognoverunt se vendidisse, nimia necessitate ipsos ad hec compellente, sicut juramento firmaverunt coram nobis, capitulo Ambianensi quoddam managium situm apud Ver prope molendinum et areas suas versus Bascouel (1) ante dictum managium sitas, pro tresdecim libris parisiensium sibi numeratis ; dicta vero Adeluya coram nobis recognoscens et juramento firmans quod huic venditioni spontanea non coacta benignum prebebat assensum, et quod in predictis managio et areis a se et marito suo insimul acquisitis nullum habebat dotalicium; et, si forte in eisdem aliquod haberet dotalicium aut jus aliud, ad opus dicti capituli manu nostra spontanee resignavit. Huic autem venditioni Petrus et Johannes, filii dictorum Auberti et Adeluye, ac Thomas et Renerus molendinarius, fratres dicti Auberti, coram nobis benignum prebuerunt assensum, promittentes juramento prestito tam ipsi fratres et filii quam Adeluya et Aubertus, maritus ejus, quod contra hujusmodi venditionem de cetero non venirent, nec dictum capitulum aut aliquem ex parte ipsius super ea per se vel per alium aliquatenus molestarent. Nos vero de predictis in manu nostra resignatis, prout dictum est, capitulum investivimus antedictum. In cujus rei testimonium presentes litteras confici fecimus et sigillo curie Ambianensis roborari.

Actum anno Domini M° CC° XXXIIII°, mense decembri.

Cartul II, f° 244 v°, n° ccLxvi ; III, f° 170 v°, n° ccLi ; IV, f° 100, n° ccxLviii ; V, f° 59 v°, n° xLvii.

253.

Compositio facta inter Episcopum et Capitulum Ambianense super quodam planketo sive haustorio (2) in rivis aquarum.

Janvier 1234 (v. st.)

Gaufridus, divina miseratione Ambianensis ecclesie minister humilis, omnibus presentes litteras inspecturis eternam in Domino salutem. Cum inter nos et capitulum Ambianense contentio orta esset super quodam planketo sive haustorio facto in rivo subtus vicum Mathildis Blanquesmains (3) ex licentia cellerariorum, capitulo proponente quod ipsum erat

(1) III° et V° Cartul : Bascuel ; IV° Cartul. : Bascoiel.
(2) II° Cartul. : Compositio inter nos et epispum de planketis inter Ravinam et Gondrain ; III° et IV° Cartul. : id...... Gondreain ; VII° Cartul. : De planquetis et haustoriis fiendis de licencia capituli vel celerarii.
(3) II° Cartul. : Blansquesmains ; IV° et VII° Cartul. : Blankesmains.

in possessione in rivis aquarum molendinorum suorum, ab exclusa que dicitur Ravine usque ad locum qui dicitur Gondrain, dandi licentiam faciendi planketa sive haustoria quandocunque requiritur, et quod hac usi erant consuetudine quod quotiens hujusmodi contingebat fieri non debebat, nisi prius ex licentia a suis cellerariis expetita et obtenta ab eis, dum tamen piscatio episcopi impediri non posset ; quo probato dicebat capitulum quod planketum sive haustorium littigiosum de licentia cellerariorum factum deberet manere, vel, probato quod allias in loco littigioso de licentia decani vel cellerariorum plancketum fuisset ibidem, posset ibi fieri sine contradictione planketum ; ne videremur contentioni et emulationi contra dictum capitulum deservire, quod jura tenetur episcopalia conservare, pro bono pacis ordinavimus (1) inter nos et capitulum sepedictum ut tres boni viri de ipso capitulo assumantur, videlicet cantor, penitentiarius et magister Richardus officialis Ambianensis, qui super prefato articulo et consimilibus et omnibus aliis contentionibus et controversiis que quandoque mergunt vel emergere posse viderentur in aquis et rivis Ambianensibus ad capituli fluentibus molendina, a Ravina usque ad Gondrain, ut dictum est, ordinent et disponant quicquid eis visum fuerit bona fide per inquisitionem diligentem tam a nostris quam ab hominibus capituli et aliis quos viderint expedire, sub juramento interposito faciendam. Ita tamen quod ea que plana viderint et aperta, prout est hactenus usitatum per dictum suum plane reddant partibus et aperte, et quod dubium viderint quam citius commode poterunt sub prefata inquisitione et compositione amicabili terminabunt quatinus super premissis nulla de cetero contentio oriatur. In cujus rei testimonium presens scriptum sub sigillo nostro et sigillo capituli fecimus communiri.

Actum anno Domini M° CC° XXX° quarto, mense januario.

Cartul. I, f° 144 v°, n° ccvi ; II, f° 219, n° ccxxvi ; III, f° 153 v°, n° ccxi ; IV, f° 90 v°, n° ccxii. VII, f° 2.

254.

De emenda Roberti de Revella, militis (2).

Magister Ricardus de Sancta-Fide, canonicus et officialis Ambianen-

Janvier 1234 (v. st.)

(1) VII° Cartul. : Ordinamus.

(2) II°, III° et IV° Cartul : Pro injuria illata servientibus decani et cancellarii.

sis, omnibus presentes litteras inspecturis in Domino salutem. Noverit universitas vestra quod cum dominus Robertus de Revella, miles, et Bernardus, frater ejus, excommunicati fuissent a viris venerabilibus decano et capitulo Ambianensi et a nobis tales denuntiati pro eo quod cum decanus et cancellarius misissent duos servientes suos, videlicet Godardum et Symonem, ut ipsi Nicholao, majori suo de Revella, ex parte dominorum suorum preciperent quod ipse, invocato hominum de Revella auxilio, adduceret Ambianum Galterum dictum Villarium (1), qui eis quedam arrieragia debebat de firma sua, que super hoc ab eis monitus pluries et citatus reddere non volebat, nec venire coram eis, et dictus major prefatum Galterum usque in domum suam adduxisset ut eum postmodum mitteret Ambianum, predicti Robertus, miles, et B., ejus frater, audito hoc, villam de Revella intravescunt (2) que est villa capituli Ambianensis, et cum venissent ad domum majoris, dicti miles et ejus frater eandem domum intrantes violenter, ut dicitur, invaserunt servientem cancellarii, et percussit eum dictus miles cum manu in capite faciens sibi sanguinem in naso, ejus coifam in capite dirrumpendo, et hominem captum videlicet Galterum qui erat homo dictorum dominorum liberaverunt, ita quod postea non apparuit dictus homo in confusionem Ambianensis ecclesie et maximum detrimentum. Tandem reversus ad cor dictus miles et etiam frater suus se obtulerunt capitulo coram nobis jurantes se satisfacturos eidem capitulo de illatis sibi injuriis et servientibus passis ad mandatum dicti capituli secundum quod per inquisitionem faciendam super dubiis a duobus canonicis ad hoc deputandis a capitulo per testes ydoneos et juratos forisfacti veritas melius appareret, et super hoc sepedictus, Robertus miles pro emenda prosequenda ad dictum capituli dedit in abandonum prefato capitulo terram suam quam tenet de vicedomino Ambianensi, et res suas, presente eodem vicedomino domino ligio dicti militis consentiente in hoc et tanquam domino approbante, donec idem miles et ejus frater dictum forisfactum ad mandatum dicti capituli plenius emendassent. Et insuper dominus Renaudus, miles, frater et homo ligius vicedomini memorati, ad petitionem dicti Roberti plegium se pro eo constituit et obligavit se predicto capitulo per abandonium terre sue quam tenet de vicedomino et per abandonium rerum suarum, presente dicto vicedomino et fratre suo tan-

(1) IIe, IIIe, et IVe Cartul. : Villanum.   (2) IIe, IIIe et IVe Cartul. : Intraverunt.

quam domino approbante, quod, si dictus Robertus emendas non faceret quas ditarent decanus et capitulum super injuriis sibi et servientibus suis factis ipse Renaudus dictum militem et fratrem ejus compelleret ad ad emendas faciendas, et redderet capitulo quicquid dominus Robertus et et ejus frater reddere capitulo ad dictum capituli tenentur (1). Post hec tam dominus Robertus quam frater ejus emendaverunt capitulo, nobis presentibus et juraverunt se facturos et tenere omnia que superius sunt expressa et pacem tenere de cetero cum ecclesia Ambianensi, hominibus servientibus, et omnibus rebus (2) suis bona fide. Sed etiam, cum vellemus de bonorum consilio ipsius Roberti veritatem audire prestito juramento super injuriis antedictis et de prefati Galteri hominis capituli evasione et liberatione, dictus R., miles, totum recognovit sicut superius est annotatum, Hoc addito quod intentio sua fuit a principio dictum Walterum replegiare vel per plegios rehabere sed cum audisset a vetulis quod dictus Galterus male tractabatur mutavit voluntaten quam habebat et intulit injurias antedictas. Recognovit et sub juramento suo quod ipse fecit poni insidias servientibus decani et cancellarii in strata ne redirent libere Ambianum. Nos igitur ad preces dictorum militum Renaudi et Roberti, approbante vicedomino eorum domino ligio, presenti scripto in testimonium veritatis, sigillum curie duximus apponendum.

Actum anno Domini M° CCC° XXX° quarto, mense januario

Cartul. I, f° 144, n° ccv ; II, f° 218, n° ccxxv ; III, f° 152 v°, n° ccx : IV, f° 90, n° ccxi.

255.

Carta de emptione domus domini Roberti de Estrees (3).

Ego Robertus, miles, dominus de Estrees (4), notum facio universis quod cum decanus et capitulum Ambianense contra me proposuissent multa dampna sibi per me et meos provenisse de tenemento quod, de ipsis tenebam ad censum in claustro ipsorum, quod patris mei fuerat et de ipsis similiter ad censum tenuerat, sed dampna illa usque ad valorem centum librarum parisiensium coram officiali Ambianensi estimata fuissent

Février 1234 (v. st.)

(1) II° et IV° Cartul. : Tenerentur.
(2) II° et III° Cartul. : Viris.
(3) II°, III°, IV° et V° Cartul. : De Stratis.
(4) II° Cartul. : Destrees.

que a me capitulum sibi refundi penitus repetebat, nolens eorum offensionem incurrere, cum scirem ipsos plurimum per me dampnificatos fuisse, tandem prefatorum decani et capituli voluntati me supponens, dictum tenementum in manus eorum reddidi, et Ambianensi ecclesie imperpetuum habendum liberum et solutum de me et meis concessi, receptis de beneficio ejusdem ecclesie sexaginta libris parisiensium, et coram predicto officiali Ambianensi penitus abjuravi ; promittens sub juramento me nichil omnino de cetero in eodem tenemento reclamaturum, sed bona fide dicte ecclesie de cetero garandizaturum, et ad hoc ipsum fideliter observandum meos omnes obligavi heredes sub pena centum marcarum sterlingorum predicte ecclesie refundendorum ad verum dictum capituli per abandonium totius terre mee et rerum mearum, si ego vel quicumque alius super hoc de cetero dictam ecclesiam molestaret, inquietaret, vel quodcumque gravamen inferret. Hec autem omnia de assensu Elizabeth uxoris mee et filii mei Ponchardi (1) primogeniti, et aliorum heredum meorum facta sunt et confirmata in presenti carta sigilli mei munimine roborata, et insuper officialem rogavi ut litteras curie Ambianensis et dicte ecclesie super hoc traderet in testimonium veritatis.

Actum anno Domini M° CC° XXXIIII°, mense februario.

Cartul. I, f° 141, n° CLXXXIX ; II, f° 210, n° CCIX ; III, f° 147, n° CXCIV ; IV, f° 87, n° CXCV ; V, f° 85 v°, n° CXI.

256.

DE EODEM.

Février 1234 (v. st.)

Magister R(icardus de Sancta-Fide, canonicus et officialis Ambianensis, omnibus presentes litteras inspecturis in Domino salutem. Noverit universitas vestra quod dominus Robertus de Stratis, miles et domina Elizabet uxor sua, in nostra presentia constituti recognoverunt se vendidisse viris venerabilibus J. decano et capitulo Ambianensi quandam masuram sitam Ambianis in claustro juxta domum viri venerabilis E(gidii), cancellarii Ambianensis. Dicta vero E., que in dicta masura dotalicium habere dicebatur, coram nobis recognoscens et juramento firmans quod huic vendi-

(1) II°, III° et IV° Cartul. : Pinchardi.

tioni spontanea non coacta benignum prebebat assensum, et quod a dicto domino R., marito suo, sufficiens et sibi gratum receperat excambium, videlicet medietatem capitalis managii siti (1) apud Guiencort (2), et medietatem nemoris siti retro Stratas de domino Gamelino de Sordon, (3) milite. Dictum dotalicium ad opus dictorum J, decani, et capituli in manu nostra spontance resignavit. Huic autem venditioni Pontius (4), filius et heres eorumdem, coram nobis benignum prebuit assensum. Promittentes, juramento prestitô tam ipse filius quam parentes ejusdem quod contra hujusmodi venditionem de cetero non venirent, nec dictos decanum et capitulum super ea per se vel per alium aliquatenus molestarent. Nos vero de dicto dotalicio in manu nostra resignato, prout dictum est, decanum et capitulum investivimus antedictos. Promisit etiam idem miles per interpositum juramentum quod ipsis (5) dictis... decano et capitulo contra omnes qui juri et legi stare vellent dictam masuram bona fide garandiret, In cujus rei testimonium presentes litteras confici fecimus et sigillo curie Ambianensis roborari.

Actum anno Domini M° CC° XXXIIII°, mense februario.

Cartul. I, f° 141, n° cxc ; II, f° 210 v°, n° ccx ; III, f° 147 v°, n° cxcv ; IV, f° 87 v°, n° cxcvi ; V, f° 86, n° cxii.

257.

Littere de xxvi sextariis tam bladi quam avene et ordei quos decanus (6) Nigelle debet reddere decano et capitulo usque ad iii annos.

Magister Ricardus de Sancta Fide, canonicus et officialis Ambianensis, omnibus presentes litteras inspecturis in Domino salutem. Noverit universitas vestra quod domnus Alermus (7) de Perausello (8), decanus de Nigilla (9) supra mare, promisit coram nobis se redditurum viro venerabili J., decano, et capitulo Ambianensi ab instante augusto usque ad tres

Février 1234 (v. st.)

(1) IV° Cartul. : Suî.
(2) IV° Cartul. : Guiencourt.
(3) III° et IV° Cartul. : Sourdon.
(4) IV° Cartul. : Pontinus.
(5) III°, IV° et V° Cartul. : Ipse.
(6 Nigelle est en abrégé au 1er cartulaire, mais cette abréviation est développée dans le II°, le III°, et le IV°.
(7) II° Cartul. : Allermus.
(8) II°, III° et IV° cartul. : Perouselle.
(9) II°, III° et IV° Cartul. : Nigella.

annos, quolibet anno, viginti et sex sextarios, videlicet decem avene, octo siliginis et octo ordei ad mensuram Pontivensem, pro decima de feodo Heudemer cum ejus pertinentiis quam venerabilis pater J., episcopus Sabinensis, dicitur emisse. In cujus rei testimonium presentes litteras confici fecimus et sigillo curie Ambianensis roborari.

Actum anno Domini M° CC° XXX° IIII°, mense februario.

Cartul. I, f° 141 v°, n° cxcii ; II, f° 211 v°, n° ccxii ; III, f° 148 v°, n° cxcvii ; IV, f° 88, n° cxcviii.

258.

De terris majoris de Creusa (1).

Février 1234 (v. st.)

J., decanus, et capitulum beate Marie Ambianensis, omnibus presentes litteras inspecturis salutem. Noveritis quod, finito et completo assignamento quod habemus pro ecclesia nostra super terras que quondam fuerunt... majoris nostri de Creusa, dilectus concanonicus (2) noster R. Ruffus tenebit easdem terras in assignamentum suum. Quod assignamentum tenebimur defendere et ei garandizare tanquam domini adversus eos qui super hoc juri et legi se presentare voluerint, quousque ad easdem terras triginta et quatuor libras parisiensium receperit de proventibus earumdem, vel alio modo de dicta pecunia integraliter ei fuerit satisfactum. In cujus rei testimonium presentes litteras sigilli nostri munimine duximus roborandas.

Actum anno Domini M° CC° XXX° quarto, mense februario.

Cartul. I, f° 141 v°, n° cxciii ; II, f° 212, n° ccxiii ; III, f° 148 v°, n° cxcviii ; IV, f° 88, n° cxcix.

259.

De invadiatione medietatis decime de Louvrechi (3).

Mars 1234 (v. st.)

Ego Ingerrannus dictus Cornus de Encra (4), miles, dominus de Rouverel, notum facio omnibus presentes litteras inspecturis quod ego de

---

(1) II° Cartul. ; De assignamento R. Ruffi super terra majoris de Cretosa ; III° Cartul. : *même titre*... Ruphi ; IV° Cartul. : *même titre*... Ruffi.

(2) II°, III° et IV° Cartul. : Filius noster R. Ruffus canonicus noster.

(3) V° Cartul. : Littere Ingerrani Le Cornu de decima de Lovrechi.

(4) II° Cartul. : Enchra.

assensu et voluntate Mathildis, uxoris mee, et Ostonis (1), filii mei primogeniti, et aliorum heredum meorum, laudantibus et approbantibus dominis meis J. de Pratellis et R. de Couciaco (2) de quibus tenebam decimam de Louvrechi, medietatem totius dicte decime capitulo Ambianensis ecclesie pignori obligavi pro centum et quinquaginta libris parisiensium michi numeratis. Ita quod dictum capitulum tenebit eam pacifice et quiete a festo beati Remigii nuper preterito usque ad novem annos ; et, postquam elapsi (3) fuerint illi novem anni, dicta decima non poterit redimi nisi de festo beati Remigii in aliud festum beati Remigii. Promisi etiam prefato capitulo, fide prestita corporali, quod, durante impignoratione ista, dictum capitulum occasione ipsius decime non inquietabo, nec queram artem vel ingenium quod dictum capitulum de prefata decima molestari valeat vel dampnificari, sed contra omnes bona fide garandizabo, et ad hoc me et meos obligavi heredes. Quia vero dicta Mathildis, uxor mea, in prefata decima dotalitium habebat, ego ei assignavi sufficiens et gratum sibi excambium de consilio amicorum suorum, aliam videlicet medietatem decime memorate quam ipsa gratanter recepit ; et rogavi dominum episcopum Ambianensem ut impignorationem et conventiones predictas dicto capitulo confirmaret. In cujus rei testimonium presentes litteras sigilli nostri munimine roboravi.

Actum anno Domini M° CC° XXX° quarto, mense marcio.

Cartul., I., f° 142 v°, n° cci ; II, f° 215, n° ccxxi ; III, f° 150 v°, n° ccvi ; IV, f° 89, n° ccvii ; V, f° 45, n° l.

260.

De eodem (4).

Omnibus XPI fidelibus presentes litteras inspecturis, Johannes de Pratellis, miles, dominus Reneval (5), salutem in Domino. Noverit universitas vestra quod constitutus in presentia nostra Ingerrannus dictus Cornus de

Mars 1234 (v. st.)

---

(1) II° et III° Cartul. : Othonis ; IV° Cartul. : Otonis.

(2) II° Cartul. : Contciacho ; III° et IV° Cartul. : Conciaco ; V° Cartul. : Couchiaco.

(3) Elapsi omis dans le 1ᵉʳ cartulaire figure dans les II°, IV° et V°.

(4) V° Cartul. : De garandizatione decime de Louvrechi.

(5) II° et III° Cartul. : De Reneval.

Encra (1), miles, dominus de Rouverel, homo meus, recognovit se invadiasse capitulo Ambianensis ecclesie, de assensu et voluntate Ostonis 2, filii sui primogeniti, et aliorum liberorum suorum, medietatem totius illius decime de Louvrechi quam de me tenet in feodum, pro centum et quinquaginta libris parisiensium sibi numeratis. Ita quod dictum capitulum prefatam medietatem decime quiete et pacifice absque ullo servitio meo, possidebit a festo beati Remigii post augustum proximo preteritum (3) usque ad novem annos. Ita quod, postquam elapsi fuerint illi novem anni, dicta decima non poterit redimi nisi de festo beati Remigii in aliud festum beati Remigii. Ego vero dictam invadiationem laudans et approbans ad petitionem prefati Ingerranni concessi et promisi tanquam dominus me dictam invadiationem contra omnes qui juri et legi stare voluerint coram me garandizaturum bona fide post decessum nobilis domine Gode, matris mee, que in dicta decima dotalitium habet tanquam domina fundi, quamdiu ecclesia dictam invadiationem possidebit et deinceps de anno in annum quousque dicta decima ab eodem Ingerranno vel ejus heredibus redempta fuerit termino memorato me et meos ad hoc obligando heredes. In cujus rei testimonium presentes litteras sigilli mei munimine roboravi.

Actum anno Domini M° CC° XXXIV°, mense marcio.

Cartul. I, f° 143, n° ccii ; II, f° 215 v°, n° ccxxii ; III, f° 151, n° ccvii ; IV, f° 89, n° ccviii ; V, f° 45 v°, n° li.

261.

DE EODEM (4).

Mars 1234 (v. st.)

Omnibus XPI fidelibus presentes litteras inspecturis Robertus de Couchi (5), miles, dominus de Pinon, salutem in Domino. Noverit universitas vestra quod Ingerrannus dictus Cornus de Encra, miles, dominus de Rouverel, homo meus, in mea et uxoris mee Gode constitutus presentia, recognovit... se invadiasse... medietatem totius decime de Louvrechi quam de me tenet in feodum.... Ego vero dictam invadiationem laudans et

(1) II° Cartul. : Enchra.
(2) II°, III° et IV° Cartul. : Otonis.
(3) V° Cartul. : Preterito.

(4) V° Cartul. ; Littere domini R. de Couchi de decima de Lovrechi.
(5) II°, III° et IV° Cartul. : Conchi.

approbans.... concessi et promisi tanquam dominus me dictam invadiationem per totam vitam uxoris mee garandizaturum quamdiu ecclesia dictam invadiationem possidebit et deinceps de anno in annum, quousque... In cujus rei testimonium de assensu G., prefate uxoris mee, presentes litteras sigilli mei munimine roboravi.

Actum anno Domini M° CC° XXXIV°, mense marcio.

Cartul. I, f° 143, n° cciii ; II, f° 216, n° ccxxiii ; III, f° 151 v°, n° ccviii ; IV, f° 89 v°, n° ccix.

262.

Item de eodem (1).

G., divina permissione Ambianensis ecclesie minister humilis, omnibus presentes litteras inspecturis eternam in Domino salutem. Noverit universitas vestra quod Ingerrannus dictus Cornus de Encra (2), miles, dominus de Rouverel, in nostra presentia constitutus recognovit se pignori obligasse de assensu et voluntate Mathildis, uxoris sue et Ostonis (3), filii sui primogeniti, et aliorum heredum suorum, medietatem totius decime de Louvrechi capitulo Ambianensi... laudantibus et approbantibus dominis suis J. de Pratellis et R. de Conchiaco (4), militibus, de quibus decimam tenere dicitur supradictam... Dicta vero Mathildis, que in dicta decima dotalitium habere dicebatur, dicte impignorationi, benignum coram nobis prebens assensum, recognovit in presentia nostra quod ipsa a dicto marito suo sufficiens et sibi gratum de dicto dotalicio suo de consilio amicorum suorum receperat excambium videlicet...., dictum dotalicium quantum ad dictam impignorationem abjurans contenta excambio supradicto. Et sub juramento prestito tam ipsa quam maritus ejus et heredes eorum supradicti promiserunt coram nobis spontanee et benigne quod dictum capitulum super conventionibus et pignore prenotatis nullatenus molestabunt, nec querent artem aut ingenium quibus dictum capitulum super premissis possit inquietari, dampnificari sive molestari, memoratis J. de Pratellis et R. de Conchiaco (5), de quibus dicta decima tenetur, huic impignorationi benignum assensum prebentibus..., sicut in eorum litteris vidimus

Mars 1234 (v. st.)

(1) V° Cartul. : Littere domini episcopi de Louverechi.
(2) II° Cartul. : Enchra.
(3) II°, III° et IV° Cartul. : Otonis.
(4) V° Cartul. : Couchiaco.
(5) V° Cartul. : Couchiaco.

contineri; dicto Ingerranno sub juramento suo firmiter promittente dictam impignorationem contra omnes bona fide se dicto capitulo garandizaturum; ipso Ingerranno petente a nobis ut conventionem et impignorationem supradictas dicto capitulo confirmare vellemus. Cujus petitioni annuentes dictas impignorationem et conventionem eidem capitulo auctoritate pontificali duximus confirmandas presentes litteras sigilli nostri munimine roborantes in testimonium veritatis.

Actum anno Domini M° CC° XXX° quarto, menso martio.

Cartul. I, f° 143 v°, n° ccıv ; II, f° 216 v°, n° ccxxıv ; III, f° 151 v°, n° ccıx ; IV, f° 89 v°, no ccx ; V, f° 46 v°, n° lıı.

263 (1).

Memoriale.

1234

Anno Domini M° CC° XXX° quarto, dominica post festum beati Mathei, apostoli et evangeliste, cum Nicholaus, thelonearius, colligeret tributa et jura thelonii in civitate Ambianensi pro domino rege et episcopo, ipse cepit, auctoritate sua, a Clarbaudo, homine nostro ligio, majore de Camons, vademonium suum, petens ab ipso tributum et thelonium pro duobus sive tribus barellis waisdii quod creverat in feodo suo franco quod tenet de nobis apud Camons, quod waisdium dictus major vendiderat in foro Ambianensi. Tunc dictus major, sentiens se gravari in hoc, fecit citari dictum Nicholaum coram nobis, et nos intelleximus per testes ydoneos et juratos quod dictus major non debebat thelonium de feodo suo. Unde dictus N. dictum vademonium dicto majori reddidit, et emendam de forefacto pro vadio capto nobis vadiavit reddendam, presentibus Alelmo de Riveri, Guidone Gombert, Theobaldo Colon (2) et Hugone dicto majore, testibus juratis.

Cartul. I, f° 157, n° ccxlıı ; II, f° 222, n° ccxxx ; III, f° 155 v°, n° ccxv ; IV, f° 91 v°, n° ccxvı.

(1) II°, III° et IV° Cartul. : De emenda thelonearii pro vadio sumpto a majori de Camons.

(2) II°, III° et IV° Cartul. : Calon.

264.

Littere de lapidicinis canonicorum Pinchonie.

Universis presentes litteras inspecturis, nos capitulum Beati-Martini Pinchoniensis notum facimus quod nos vendidimus procuratoribus fabrice ecclesie Ambianensis ad opus ejusdem fabrice, a festo beati Remigii ultimo preterito usque ad undecim annos penitus completos pro quinquaginta libris parisiensium, totum illud quod habemus in quarrariis de Bello-Manso et in eisdem nos de jure contingit (1) in omnibus rebus tam altis quam bassis ; dantes eidem (2) fabrice potestatem et licentiam ut naves ipsius fabrice veniant per terram et aquam nostram ad reportandos lapides et faisellum (3) reponendum prope lapidicinas, ubi locus se reddiderit propiorem in terra nostra secundum quod videbitur expedire, et ad utilitatem fabrice fuerit et profectum. In cujus rei testimonium presentes litteras sigillo nostri capituli fecimus roborari.

Actum anno Domini millesimo ducentesimo tricesimo quarto, mense marcio.

Cartul. I, f° 142 v°, n° cc ; II, f° 214 v°, n° ccxx ; III, f° 150 v°, n° ccv ; IV, f° 89, n° ccvi.

1234

265.

Carta de pace reformata inter capitulum et Renaldum, quondam prepositum de Croissi (4).

Gaufridus, divina permissione Ambianensis ecclesie minister humilis, omnibus presentes litteras inspecturis eternam in Domino salutem. Noverit universitas vestra quod Renaldus, miles, quondam prepositus de Croissi, in nostra presentia constitutus, recognovit quod quicquid ipse tenebat de capitulo Ambianensi apud Croissi (5), in territorio ejusdem ville, tenebat nomine feodi vel nomine prepositure. Que autem tenebat nomine feodi sunt hec : mansum (6) juxta monasterium, grangia cum curtillo,

Juin 1235

---

(1) II°, III° et IV° Cartul. : Contigerit.
(2) II°, III° et IV° Cartul. : Ejusdem ecclesie.
(3) II°, III° et IV° Cartul. : Faissellum.

(4) III° Cartul : Croisci partout ; IV° Cartul. : Croisci.
(5) IV° Cartul : Croisci dans le reste de la charte.
(6) IV° Cartul. : Masura.

hospites cum redditibus, terre sue campestres cum terragiis suis, molendinum cum nassa subtus molendinum ; ita quod ab introitu planketi usque ad nassam nichil faciet capitulum quod noceat nasse : item cursus aque diverti non poterit ut noceat molendino vel nasse et quamvis capitulum possit purgare alveum, non tamen purgabit eum in dampnum molendini vel nasse. Hec autem que predicta sunt sibi retinuit dictus Renaldus cum solita communitate ville sicut antea habuerat, et de hiis remanet homo ligius capituli. Furnum vero et omnia alia que habebat et tenebat apud Croissi de capitulo Ambianensi et in territorio ejusdem ville idem Renaldus recognovit se vendidisse dicto capitulo per istam compositionem pro ducentis libris parisiensium sibi numeratis, huic venditioni Johanne, fratre ipsius Renaldi, benignum coram nobis assensum prebente. Et promiserunt tam ipse R. quam Johannes, frater suus, quod super dicta venditione prefatum capitulum nullatenus de cetero molestabunt vel molestari procurabunt, et hoc coram nobis juramento corporaliter prestito firmaverunt, qui Johannes pro concessione dicte venditionis quatuor libras parisiensium a dicto capitulo recepit ; memorato Renaldo sub eodem juramento promittente quod venditionem istam prefato capitulo contra omnes qui juri et legi stare voluerint garandizabit bona fide ; et ad hec omnia observanda firmiter et tenenda suos obligavit heredes. Juliana vero, uxor dicti Renaldi, que in dicta venditione in premissis contentis dotalicium habere dicebatur spontanea non coacta huic venditioni coram nobis benignum prebuit assensum, recognoscens quoque a dicto Renaldo, marito suo, sufficiens et sibi gratum de dotalicio suo receperat excambium, videlicet IV^{or} libras parisiensium capiendas quolibet anno in molendino ipsius Renaldi apud Croissi. Quod dotalicium ipsa coram nobis abjuravit contenta excambio supradicto, et eciam idem dotalicium in manu nostra ad opus dicti capituli resignavit, promittens quod capitulum super dicta venditione numquam inquietabit aut molestabit ratione dotalicii, vel quocumque alio jure non queret artem aut ingenium quibus dictum capitulum super dicta vendicione possit inquietari, vel dampnificari, et hoc idem sub juramento suo firmavit, De quo dotalicio in manu nostra totaliter (1) resignato ad petitionem dicte Juliane capitulum investivimus antedictum. Omnia vero alia que habebat et tenebat apud

(1) IVe et Ve Cartul. : Taliter.

Croissi de capitulo Ambianensi et in territorio ejusdem ville vendidit sepedictus Renaldus capitulo per istam compositionem. Ut igitur hec omnia perpetua permaneant firmitate, presentibus litteris in cyrographum divisis dictum capitulum et memoratus Renaldus sigilla sua cum nostro sigillo appenderunt in testimonium veritatis et munimen.

Actum anno Domini M° CC° XXXV°, mense junio.

Cartul. II, f° 245, n° cclxvii ; III, f° 171, n° cclii ; IV, f° 100, n° ccxlix ; V, f° 58 v°, n° lxvi.

266.

Item de Croissi (1).

Recognovit dominus Renaldus, miles, quondam prepositus de Croissi, quod quicquid ipse tenebat de capitulo Ambianensi apud Croissi et in territorio ejusdem ville tenebat nomine feodi vel nomine prepositure. Que autem tenebat... (*ut supra* n° 265). Actum anno Domini M° CC° XXX° V°, mense junio, feria II ante Nativitatem beati Johannis Baptiste. De hiis debent haberi littere domini episcopi dupplices sub cyrographo et concessiones fieri et resignatio dotalicii fieri, et excambium dari sicut fuit firmatum et juratum a dicto Renaldo coram officiali Ambianensi.

Actum ut supra.

Vers 1235

Cartul. II, f° 246, n° cclxviii ; III, f° 171, n° ccliii ; IV, f° 100 v°, n° ccl ; V, f° 92 v°, n° cxxiv.

267.

Littera de capellania de Tylloloy.

J(acobus), decanus Ambianensis, totumque ejusdem loci capitulum, universis presentes litteras inspecturis salutem in Domino. Noverit universitas vestra quod domina E. de Tylloloi, dicta Duchoise, capellaniam quam ipsa pro anima sua et animabus antecessorum suorum in ecclesia de Tylloloi, salvo jure parochiali, instauravit, conferet quoad vixerit et filius suus

Septembre 1235

(1) III° et IV° Cartul. : Croisci partout,

Johannes, dominus de Jumailes, miles, post decessum dicte E. similiter, cuicumque voluerint persone, dum tamen sit ydonea, et personam illam cui ipsi dictam capellaniam conferre voluerint nobis presentabunt, et post decessum illorum duorum, donatio dicte capellanie ad nos revertetur. Et nos, ipsis duobus sublatis de medio, dictam capellaniam conferemus ydonee persone, videlicet dyacono vel presbitero. In cujus rei testimonium presens scriptum sigillo capituli nostri fecimus roborari.

Actum anno M° CC° XXX° V°, mense septembri.

Cartul. IV, f° 145 v°, n° CCCLIII.

268.

DE VENDITIONE QUINQUE HOSPITUM APUD CROISSI (1).

Novembre 1235

Magister Ricardus de Sancta-Fide, canonicus et officialis Ambianensis, omnibus presentes litteras inspecturis in Domino salutem. Noverit universitas vestra quod Asselina de Croscyaco (2), dicta Majorissa, recognovit coram nobis se vendidisse viris venerabilibus decano et capitulo Ambianensi, de assensu et voluntate Nicholai, filii et heredis ejusdem Asseline et Agnetis, uxoris dicti N., in nostra presentia existentium, quinque hospites manentes apud Croysiacum (3), videlicet Leodegarium, Johannem Haistaut tenentem duas hostisias, Johannem Oriaut, Reginaldum Rusticum, et Noeletum, liberum hominem, pro XV^m libris parisiensium sibi numeratis. Dicta vero Agnes, que in eisdem hospitibus dotalicium habere dicebatur, coram nobis recognoscens et juramento firmans quod huic venditioni spontanea non coacta prebebat assensum, et quod de dotalicio quod ibi dicebatur habere sibi sufficiens et gratum receperat excambium, videlicet, campum de Feukeroy (4) dictum dotalicium ad opus dictorum decani et capituli in manu nostra spontanee resignavit. Promittentes juramento prestito tam dicte mulieres quam dictus Nicholaus quod contra hujusmodi venditionem de cetero non venirent, nec dictos decanum et capitulum aut aliquem ex parte ipsorum per se vel per alium super ea aliquatenus molestarent. Nos

(1) III° et IV° Cartul. : Croisci.
(2) III° et V° Cartul. : Croysciaco ; IV° Cartul. : Croisciaco.
(3) III° et VI° Cartul. : Croisciacum ; V° Cartul. : Croissiacum
(4) IV° Cartul. : Feukeroi.

vero de dicto dotalicio in manu nostra resignato, prout dictum est, decanum et capitulum investivimus antedictos. In cujus rei testimonium presentes litteras confici fecimus et sigillo curie Ambianensis roborari.

Actum anno Domini M° CC° XXX° V°, mense novembri.

<small>Car ul. II, f° 243 v°, n° cclxv ; III, f° 170, n° ccl ; IV, f° 99 v°, n° ccxlvii ; V, f° 70, n° lxxxvii.</small>

269.

LITTERE COMITIS PONTIVENSIS DE VENDITIONE DECIME DE MAISECORT (1).

Symon, comes Pontivensis, omnibus presentes litteras inspecturis in Domino salutem. Noveritis quod nos, venditionem tocius decime de Maisencort (2) quam dominus Hugo de Auxiaco (3), homo meus, miles, fecit capitulo Ambianensi ratam habemus et gratam, eandem decimam memorato capitulo, tanquam dominus terrenus, de cujus feodo dicta decima dependet, in perpetuum confirmantes. In cujus rei testimonium presentes litteras sigillo meo roboravimus.

Anno Domini actum M° CC° XXXV°, mense marcio.

<small>Cartul. II, f° 246 v°, n° clxix ; III, f° 172, n° ccliv ; IV, f° 100 v°, n° ccli ; V, f° 43 v°, n° xlvii.</small>

Mars
1235
(v. st.)

270.

DE COMPOSITIONE (1) FACTA INTER CAPITULUM ET PETRUM MAJOREM DE FONTANIS.

Ego Petrus, quondam major de Fontanis, omnibus presentes litteras inspecturis notum facio quod cum propter multiplices injurias exleges et dampna que irrogaveram capitulo Ambianensi quicquid tenebam a predicto capitulo apud Fontanas et in appenditiis ejusdem ville forisfecissem et liberi homines ecclesie Ambianensis, pares mei, terram meam ut forisfactam in manu sua tenerent, et postmodum et tempore debito reddidissent dicto capitulo ut forisfactam, et capitulum diu eam pacifice

Juillet
1236

<small>(1) IV° Cartul. : Maisecourt.
(2) III° Cartul. : Masencort ; IV° Cartul. : Maisecourt ; V° Cartul : Masecort.
(3) III° et IV° Cartul. : Ausiaco ; V° Cartul. : Aussiaco.
(4) Le 1er Cartulaire porte par erreur *Emptione*.</small>

tenuisset, tandem post multiplices supplicationes factas tam a me quam ab amicis meis ut mecum misericorditer agere dignaretur, dictum capitulum humiliter et benigne condescendens petitioni mee michi reddidit omnes terras meas arabiles tam feodales quam villanas, et totum nemus quod ante meum fuerat in territorio de Fontanis, mansum et molendinum cum bannariis et nassam et cursum aque ad molendinum ; ita quod si calceia rupta fuerit, potero eam libere reparare, et capere cespitem in marisco, si ibi fuerit, sin autem de crono (1) lapidicine propinquioris, ad calceiam (2) reparandam quociens necesse fuerit, nec capitulum nec homines capituli nec aliquis ex parte capituli aliquid poterunt facere in aqua vel extra propter quod cursus aque ad molendinum impediatur. Pro hospitibus vero quos habebam apud Fontanas, pro dono debet michi facere dictum capitulum sufficiens excambium ad dictorum virorum venerabilium, penitentiarii, magistrorum Garneri Moureth (3), Hugonis de Curtillis et Hugonis de Bella Quercu, et tam dicti hospites quam donum libere et absolute remaneant penes capitulum de assensu et voluntate mea. Majoria insuper tota, quam capitulum diu tenuerat tanquam suam, penes capitulum remanebit. Ego vero attendens liberalitatem et misericordiam ipsius capituli quam erga me faciebat, et recolens dampnorum et injuriarum quas multociens ecclesie Ambianensi intuli, si quid juris habebam in dicta majoria, illud totum jus imperpetuum (4) elemosinam pro remedio anime mee et antecessorum meorum sepedicto capitulo contuli et concessi pro injuriis et dampnis dicto capitulo a me illatis que estimo usque ad ducentas libras parisiensium. Et sciendum quod ego terras villanas tenebo ad usum et consuetudinem ville de Fontanis : Cetera vero omnia que michi gratis reddidit capitulum memoratum, videlicet mansum, molendinum cum nassa et bannariis, terras feodales, et nemus, excambium hospitum et doni, ut homo ligius de capitulo tenebo. Nec est pretermittendum quod si ego vel heres meus contra predicta in aliquo veniremus, capitulum omnia que michi, ut dictum est, reddidit, caperet in manu sua irrequisitis paribus meis et absque lesione fidei erga me vel heredem meum tanquam sua propria teneret quousque ego vel heres meus reddidissemus ducentas marchas argenti ad pondus trecense pro

---

(1) V° Cartul. : Croono.
(2) V° Cartul. : ad calceiam tantum reparandam.
(3) IV° Cartul. : Mouret.
(4) II° Cartul. : In perpetuam.

pena capitulo memorato, fructibus qui perciperentur capitulo non computatis in sortem. Promisi etiam sub juramento prestito quod ego non desaisiam me de dicta terra neque in parte neque in toto, nec heredem meum saisiam nec faciam saisiri quousque heres meus coram capitulo et paribus meis supradicte ordinationi suum prebuerit assensum, et inde dederit litteras suas patentes. Et propter hoc specialiter observandum preter penam supradictam, tam personam meam quam heredem meum et terram supradictam obligo ad penam ducentarum marcharum in forma obligationis supradicte capitulo (1) : super omnibus autem proventibus totius terre predicte quos hactenus recepit capitulum, ego dictum capitulum quito penitus et absolvo. Et ut ista rata et inconcussa permaneant imperpetuum presentibus litteris sigillum meum apposui et pares mei, videlicet domini Otho de Encra (2), Garinus de Beeloy (3), Hugo de Fourdinoi (4), Garinus, major de Ver, Galterus de Salceto, et Reginaldus de Croisci (5), milites, et magister Garnerus, canonicus Ambianensis et insuper dominus Gerardus de Conchiaco, penitentiarius, et magistri Hugo de Curtillis et Hugo de Bellaquercu, canonici Ambianenses, similiter sigilla sua cum meo presentibus litteris apposuerunt in hujus rei testimonium et munimen.

Actum anno Domini M° CC° XXX° sexto, mense Julio.

_{Cartul. I, f° 163, n° CCLXVI ; II, f° 246 v°, n° CCLXX ; III, f° 172, n° CCLV ; IV, f° 101, n° CCLII ; V, f° 23, n° XXIII.}

271.

CARTA CUJUSDAM HOSTISIE QUAM DOMINUS REGINALDUS DE CROISSI VENDIDIT (6).

Août 1236

Magister Ricardus de Sancta-Fide, canonicus et officialis Ambianensis, omnibus presentes litteras inspecturis in Domino salutem. Noveritis quod dominus Reginaldus, miles, quondam prepositus de Croissi (7), recognovit coram nobis se vendidisse capitulo Ambianensi pro XX libris et XV solidis parisiensium sibi persolutis hostisiam cum ejusdem hostisie perti-

---

(1) Ve Cartul. : Capitulo antedicto.
(2) IIe Cartul. : Enchra.
(3) IVe Cartul. : Beeloi.
(4) IIe Cartul : Fordynoi.
(5) IIe et Ve Cartul. : Croissi.
(6) et (7) IIIe et IVe Cartul. : Croisci.

nenciis quam Ingerrannus, filius Laurentii, tenere dicebatur de ipso, et eciam census et terragia que dictus Laurentius et ejus filius Ingerrannus dicto capitulo annuatim reddebant : ita quod in premissis et eorum pertinenciis nichil juris retinuit idem miles, domina siquidem Juliana, uxor prefati militis, coram domino Johanne, tunc decano de Conteio, ad hoc ex parte nostra destinato, sicut idem decanus nobis ore proprio retulit que Juliana in premissis dotalicium habere dicebatur recognoscens et juramento firmans quod venditioni huic spontanea non coacta benignum prebebat assensum. Et quod a dicto milite, marito suo, sufficiens et sibi gratum receperat excambium, videlicet masuram Johannis carnificis, dictum dotalicium ad opus prefati capituli in manu ejusdem decani spontanee resignavit. Promiseruntque, juramento prestito tam dicta domina coram dicto decano quam dictus miles coram nobis quod contra hujusmodi vendicionem de cetero non venirent, nec dictum capitulum aut aliquem ex parte ipsius super ea per se vel alium aliquatenus molestarent. Nec[non] nos de dicto dotalicio in manu dicti decani resignato, prout dictum est, capitulum investivimus antedictum. In cujus rei testimonium presentes litteras confici fecimus, et sigillo curie Ambianensis roborari.

Actum anno Domini M° CC° XXX° sexto, mense augusto.

Cartul. II, f° 248, n° CCLXXI ; III, f° 173, n° CCLVI ; IV, f° 101 v°, n° CCLIII ; V, f° 22 v°, n° XXII.

272

Littere de pace petri quondam majoris de Fontanis

Octobre 1236

Magister Richardus de Sancta-Fide, canonicus et officialis Ambianensis, omnibus presentes litteras inspecturis in Domino salutem. Noverit universitas vestra quod Petrus, quondam major de Fontanis, in presentia nostra constitutus, non compulsus nec coactus, sed de propria voluntate ductus omnia que in sequentibus litteris continentur observaturum fideliter se promisit « .Ego Petrus...» (*ut supra* n° 270.) Nos vero ad petitionem decani et capituli Ambianensis, de assensu et voluntate dicti Petri, quondam majoris, presentes litteras testimonio sigilli curie Ambianensis fecimus roborari.

Actum anno Domini M° CC° XXX° sexto, mense octobri.

Cartul. I, f° 163 v°, n° CCLXVII ; II, f° 249, n° CCLXXII ; III, f° 173 v°, n° CCLVII : IV, f° 101 v°, n° CCLIV ; V, f° 24, n° XXIV.

273.

Item de Rommescans (1)

Gaufridus, divina permissione Ambianensis ecclesie minister humilis, omnibus presentes litteras inspecturis eternam in Domino salutem. Noverit universitas vestra quod cum abbas et conventus de Augo emissent a Johanne de Rotois omnes decimas quas ipse habebat apud Rommescans et Daidincort (2), de assensu et voluntate Franconis de Britolio, vicecomitis de Alba Marlia, qui dominium habere dicebatur in eisdem decimis, et eciam de assensu et voluntate matris ipsius Johannis et aliorum amicorum et heredum suorum, sicuti in litteris nostris et litteris ipsius Franconis et etiam Johannis predicti, nomine ipsorum abbatis et conventus exinde confectis plenius continetur. Quo comperto et audito a viris venerabilibus J(acobo), decano, et capitulo Ambianensi, ipsi ad nos venerunt, vendicionem dictarum decimarum reclamantes, et eas loco dictorum abbatis et conventus habere volentes ; tandem dicti abbas et conventus coram nobis propter hoc venientes quitaverunt dictis decano et capitulo totum jus quod habebant vel habere poterant in omnibus decimis supradictis, et illud in manu nostra ad opus dictorum decani et capituli spontanee resignaruut et litteras quas de contractu dictarum decimarum habebant decano et capitulo reddiderunt prenotatis. Et nos, hujusmodi quitationem et resignationem approbantes et benigne volentes, presentes litteras super hoc confectas, in hujus rei testimonium et munimen prefatis decano et capitulo tradi fecimus sigilli nostri appensione roboratas.

Actum anno Domini M° CC° XXXVI° mense novembri, dominica post festum beati Martini hyemalis.

16 nov. 1236

Cartul. II, f° 240 v°, n° ccLvIII ; III, f° 167 v°, n° ccxLIII ; IV, f° 99, n° ccxLIV ; V, f° 41, n° xLII.

274.

De eodem Compositio facta inter episcopum et capitulum Ambianense super quodam planqueto sive haustorio in rivis aquarum (3).

Universis presentes litteras inspecturis Ypolitus, cantor, G. peni-

Novembre 1236

(1) III° et IV° Cartul. : Rommescans purtout.
(2) IV° Cartul. : Daidincourt ; V° Cartul. : Dadincort.
(3) II°, III° et IV° Cartul. : Scriptum ordinatorum super eodem ; V° Cartul. : Item de rivo de Ravine ; VII° Cartul. : Adhuc de dictis planquetis et haustoriis.

tentiarius, et Magister R. de Sancta-Fide, canonicus et officialis Ambianensis salutem in Domino. Noverit universitas vestra quod cum controversia esset inter venerabilem patrem G., Dei gratia Ambianensem episcopum, ex una parte, et viros venerabiles decanum et capitulum Ambianense, ex altera, super quodam planqueto sive haustorio facto subtus vicum Mathildis Blanquesmains (1), ex licentia cellerariorum, capitulo proponente quod ipsum erat in possessione in rivis aquarum molendinorum suorum ab exclusa que dicitur Ravine usque ad locum qui dicitur Gondreain (2) dandi licentiam faciendi planketa sive haustoria quandocumque requiritur, et quod hac usi erant consuetudine quod quotiens hujusmodi contingebat fieri, non debebat nisi prius ex licentia a suis cellerariis expetita et obtenta ab eis, dum tamen piscatio episcopi non posset impediri. Quo probato, dicebat capitulum quod planketum sive haustorium littigiosum de licentia cellerariorum factum deberet manere, vel probato quod alias in loco littigioso de licentia decani vel cellerariorum planketum fuisset ibidem, posset ibi fieri sine contradictione planketum. Tandem memoratus pater Ambianensis episcopus, ex una parte, et dicti decanus et capitulum super prefato articulo et consimilibus et omnibus aliis contentionibus et controversiis quecumque emergunt vel emergere posse videntur (3) in aquis et in rivis Ambianensibus ad capituli fluentibus molendina a Ravina usque ad Gondreain, ut dictum est, ordinaremus et disponeremus quicquid nobis visum fuerit bona fide per inquisitionem diligentem tam ab hominibus domini episcopi quam ab hominibus capituli et aliis quos viderimus sub juramento prestito faciendam. Ita tamen quod ea que plana viderimus et aperta, prout est hactenus (4) per dictum nostrum plane partibus redderemus, et aperte, et quod dubium viderimus quamcitius commode possemus sub prefata inquisitione compositione amicabili terminaremus, quatinus super premissis nulla de cetero contentio orietur. Nos vero inquisitione diligenti facta tam ab hominibus domini episcopi quam ab hominibus capituli et aliis qui de hujusmodi pleniorem habebant notitiam, inspectis etiam locis de quibus aliqua poterit (5) suboriri contentio et diligenter consideratis, de bonorum et jurisperitorum consilio per arbitralem sententiam pronuntiavimus. Haustoria

---

(1) IIe, IIIe et VIIe Cartul. : Blankesmains ; IVe Cartul. : Blankes mains.
(2) IIe, IVe et VIIe Cartul. : Gondrain partout.
(3) IIe, IIIe, IVe, V^e et VIIe Cartul. : Viderentur

(4) IIe, IIIe, IVe, V^e et VIIe Cartul. : Hactenus usitatum.
(5) IIe, IIIe, IVe, V^e et VIIe Cartul. : Poterat

planketa, verginas, pontes debere fieri de licentia decani et capituli Ambianensis in rivis Ambianensibus a Ravina usque ad Gondreain, nullius alterius licentia requisita; ita quod piscatio domini episcopi non impediatur, vel cursus aque sicut in registro vidimus contineri sub his verbis : De rivis aquarum que fluunt ad molendina canonicorum secundum jus antiquum ecclesie recognovimus quod nec episcopus nec alius potest ibi facere nisi per canonicos quod impediat molendina, nec canonici possunt ibi facere quod impediat piscationem episcopi vel cursum navicularum. Dicimus etiam quod molendinarii capituli Ambianensis possunt libere falcare vel retrahare quotiens voluerint a molendinis capituli usque ad nassam de Gondreain. Ut autem hec omnia rata permaneant et firma, presentes litteras et cyrographum divisas et sigillis nostris munitas utrique parti dedimus in testimonium hujus rei perpetuum et munimen.

Actum anno Domini M° CC° XXX° sexto, mense novembri

Cartul. I, f° 144 v°, n° ccvii ; II, f° 220, n° ccxxvii ; III, f° 154, n° ccxii ; IV, f° 91, n° ccxiii ; V, f° 90, n° cxx ; VII, f° 2, n° iv.

275.

SCRIPTUM G. EPISCOPI DE EODEM [DE POSSESSIONE USUS IN COMMUNIBUS PASCUIS DE THOIS].

G., divina permissione Ambianensis ecclesie minister humilis, dilectis filiis decano et presbyteris Ambianensis dyocesis ad quos littere iste pervenerint in Domino salutem. Mandamus et precipimus quatinus decimas novorum sartorum in parochiis virorum religiosorum abbatis et conventus de Flai (1) ad nostram matrem ecclesiam pertinentes faciatis eidem ecclesie deliberari et reddi, sicut habetur in carta bone memorie E., predecessoris nostri, eidem ecclesie indulta cujus vobis ostenditur rescriptum, excepta quantitate vel quotitate que contingit pro cantuario sacerdotis, nisi sint aliqui qui habeant certam quantitatem vel quotitatem modiorum cantuarii ratione.

16 Août 1223 à 1236

Datum in crastino Assumptionis beate Virginis.

Cartul. I, f° 171 v°, n° cclxxxviii ; II, f° 149 v°, n° cxxix ; III, f° 112 v°, n° cxxxi ; IV, f° 67 v°, n° cxxxii.

(1) II° et IV° Cartul. : Flay.

276.

DE TERRA EMPTA (1) APUD BOUCHUERRE (2).

Décembre 1236

Theobaldus, archidiaconus Ambianensis, omnibus presentes litteras inspecturis in Domino salutem. Cum Robertus de Folies et Beatrix, uxor ejus, haberent in territorio de Bocheurel (3) circiter triginta et septem jornalia terre que de viris venerabilibus decano et capitulo Ambianensi tenere dicebantur, noverit universitas vestra quod ipsi Robertus et Beatrix in nostra presentia constituti recognoverunt se vendidisse dictis decano et capitulo decem et octo jornalia cum septem virgis terre de terra predicta, que sita sunt in quatuor pechiis. Dicta vero Beatrix, que in dicta terra dotalicium se dicebat habere, coram nobis recognoscens et juramento firmans quod huic venditioni spontanea non coacta benignum prebebat assensum, et quod a dicto Roberto, marito suo, sufficiens et sibi gratum receperat excambium, videlicet IX jornalia terre de terra sibi et dicto R., marito suo, in dicto territorio residua que de dictis decano et capitulo tenetur, dictum dotalicium ad opus dictorum decani et capituli in manu nostra spontanee resignavit. Promittentes juramento prestito tam dicta Beatrix quam dictus Robertus, maritus ejus, quod contra hujusmodi venditionem de cetero non venirent, nec dictos decanum et capitulum aut aliquem ex parte ipsorum super predicta terra eisdem decano et capitulo ab ipsis vendita per se vel per alium aliquatenus molestarent. Nos vero de dicto dotalicio in manu nostra resignato, prout dictum est, magistros Odonem de Bougainville (4), Bernardum de Maineriis, canonicos et tunc celerarios Ambianenses ad opus decani et capituli investivimus predictorum.

Actum, sede Ambianensi vacante, anno Domini M° CC° XXXVI° mense decembri.

Cartul. II, f° 250 v°, n° CCLXXIII ; III, f° 175, n° CCLVIII ; IV, f° 103 v°, n° CCLV ; V, f° 26, n° XXVI.

(1) V° Cartul. : Comparata.
(2) III° Cartul.: Buchuere; V° Cartul.: Buchuerre
(3) III° et V° Cartul. : Boucheurel : IV° Cartul. : Boucluerre.
(4) III°, IV° et V° Cartul. : Bougainvile.

277.

CARTA DOMINI HUGONIS DE AUSIACO (1) DE VENDITIONE DECIME DE RAISTIAUS (2), ET OCTAVE PARTIS TERRAGII EJUS LOCI, ET DECIMARUM DE MAMES, DE FRAISICORT (3) ET CORREEL ET DECIME DE MAISECORT.

Ego Hugo, dominus de Ausiaco (4), miles, notum facio universis presentibus et futuris quod ego vendidi in perpetuum capitulo Ambianensi totam decimam quam habebam apud Raistiaus cum octava parte terragii quod habebam ibidem, totas etiam decimas quas habebam apud Mames, Fraisincort (5) et Correel, necnon et totam decimam quam habebam apud Misecort (6) quam tenebam de domino comite Pontivensi. videlicet quenlibet modium earumdem decimarum pro viginti quinque libris parisiensium michi numeratis. Quas omnes decimas cum dicta octava parte terragii in manu venerabilis patris domini G., Ambianensis episcopi, ad opus dicti capituli resignavi : petens ab eo ut de eisdem prefatum capitulum investiret, quod et fecit. Promisi etiam coram eodem episcopo sub juramento prestito quod nunquam dictum capitulum supra memoratis decimis et terragio aliquatenus per me vel per alium de cetero molestabo, nec queram artem aut ingenium quibus dictum capitulum possit super premissis inquietari, dampnificari, sive molestari. Immo prefatam decimam de Raistiaus (7) cum octava parte terragii, nec non et memoratas decimas de Mames, de Fraisincort (8), de Correel tamquam venditor et tamquam dominus terrenus de cujus feodo memorate decime et terragium dependent, necnon et prefatam decimam de Maisecort quam tenebam de domino comite Pontivensi ipsi capitulo contra omnes qui juri et legi stare voluerint bona fide garandizaturum me promitto. Et si per defectum garandizationis mee memoratum capitulum dampna incurreret, aut sumptus vel custus apponeret, ego centum libras parisien-

Mars
1236
(v. st.)

(1) IIe Cartul. : Auxiaco partout.
(2) IIe Cartul. : Rastiaus partout ; IIIe, IVe et Ve Cartul. : Rastiaus.
(3) IIe, IIIe et Ve Cartul : Fraisincort; IVe Cartul. : Fraisincourt partout.
(4) Ve Cartul. : Aussiaco.
(5) IIe Cartul : Frasincort.
(6) IIe, IIIe et Ve Cartul. : Maisecort ; IVe Cartul. : Maisecourt partout.
(7) IIIe et Ve Cartul. : Rastiaus.
(8) IIe Cartul, : Frasincort.

sium ipsi capitulo redderem de pena cum dampnis, custibus et sumptibus memoratis per expositionem omnium reddituum meorum quos habeo apud Ausiacum et alibi. Et ad omnia ista, sicut superius sunt expressa, firmiter tenenda pariter et implenda me et meos in perpetuum obligavi heredes. Et quia Mabilia, uxor mea, in prefatis decimis et terragio dotalicium habebat, sufficiens et sibi gratum de dicto dotalicio ei dedi excambium, videlicet quinque modios ad mensuram Pontivensem, medietatem frumenti et medietatem avene, capiendos annuatim in terragiis que habeo apud Ausiacum et alibi ; per istud excambium memoratum dotalicium abjuravit ipso excambio contenta. Ut autem hec omnia perpetuam obtineant firmitatem presentes litteras sigillo meo sigillatas eidem capitulo dedi in testimonium veritatis perpetuum et munimen

Actum anno Domini M° CC° XXX° quinto, mense martio.

Cartul. I, f° 181 v°, n° cccxx ; II, f° 232, n° ccxlii ; III, f° 162, n° ccxxvii ; IV, f° 95, n° ccxxviii ; V, f° 42 v°, n° xv.

278.

Littere Comitis Pontivensis de venditione decime de Maisecort (1)

29 Mars 1236 (v. st.)

Ego Hugo, dominus de Ausiaco (2), miles, notum facio universis quod si decime de Raistiaus (3) cum octava parte terragii de Rastiaus, de Mames, de Maisecort (4), de Fraisincort (5) et de Correel quas ego vendidi capitulo Ambianensi, videlicet quemlibet modium earumdem decimarum pro viginti quinque libris parisiensium michi numeratis, non valuerint per istos proximos tres annos viginti quatuor modios ad mensuram Pontivensem, ego teneor ipsi capitulo supplere defectum ; et, si plus valuerint, michi pecuniam idem capitulum solvet ad valorem secundum rationem venditionis predicte. In cujus rei testimonium presentes litteras ipsi capitulo sigillo meo dedi sigillatas.

Actum anno Domini M° CC° XXX° sexto, in vigilia Pasche.

Cartul. I, f° 182, n° cccxxi ; II, f° 233, n° ccxliii ; III, f° 162 v°, n° ccxxviii ; IV, f° 96, n° ccxxix ; V, f° 43 v°, n° xlvi.

(1) IV° Cartul. : Maisecourt ; V° Cartul. : De valore decimarum domini Hugonis de Auxiaco.
(2) V° Cartul. : Aussiaco.
(3) II°, III°, IV° et V° Cartul. : Rastiaus.
(4) IV° Cartul : Maisecourt.
(5) II° Cartul ; Frasincort ; IV° Cartul. : Fraisincourt.

279.

Carta de venditione terre Matebrune de Croissi (1)

Ego Reginaldus de Croissi (2), miles, notum facio universis tam presentibus quam futuris quod Petrus Matebrune et Walterus, filius ejus, homines mei ligii, vendiderunt in perpetuum J., decano, et capitulo Ambianensi pro viginti duabus libris et sex solidis et septem denariis parisiensium sibi numeratis sex jornalia et XXXVIII virgas terre, que terra vocatur Li Camps (3) du (4) Kaisne, et totum terragium et donum que habebant apud Moienessart, que omnia tenebant de me in feodum cum alio feodo quod de me tenent. Johannes vero, Ingerrannus et Ermengardis, liberi dicti Petri, Aelina, uxor ipsius Petri, et Emelina, uxor dicti Walteri, huic venditioni benignum prebuerunt assensum. Et quia dicte Aelina et Emelina in predictis venditis dotalicium habebant, a memoratis maritis suis sufficiens et sibi gratum de dotalicio suo receperunt excambium, videlicet dicta Aelina omnes avesnas quas dictus Petrus habet apud locum qui vocatur Le Croc, et dicta Emmelina quinque jornalia terre sita in valle de Biaulaincort (5), et juraverunt tam dicti Petrus et Walterus quam uxores eorum predicte et liberi memorati quod in predictis venditis nichil de cetero per se vel per alium vel alios reclamabunt aut reclamari procurabunt, nec querent artem aut ingenium quibus dicti decanus et capitulum super premissis possint inquietari, dampnificari sive molestari. Et quia Agnes et Petrus, liberi dicti Walteri, in minori etate erant const'tuti, utrique datus fuit denarius pro concessione et in recognitionem dicte venditionis. Memorati vero Petrus et Walterus omnia premissa, ut dictum est, ad opus dictorum decani et capituli vendita, in manu mea reddiderunt. Et ego ad petitionem ipsorum de premissis venditis dictos decanum et capitulum investivi, nichil dominii, servicii sive cujuscumque juris alterius michi vel heredi meo in perpetuum retinens in eisdem; Johanne, fratre et herede meo, in omnibus supradictis benignum

Novembre
1237

(1) IIIe et 4^e Cartul.: Croisci.
(2) IIIe Cartul.: Cressi; IVe Cartul.: Croisci; Ve Cartul.: Cressi.
(3) IIIe, IVe et Ve Cartul.: Cans.
(4) Ve Cartul.: Del Kaisne.
(5) IVe Cartul.: Beaulaincourt.

assensum prebente, necnon et Juliana, uxore mea, omnia premissa volente et approbante. Et quia Juliana, uxor mea, dotalicium habebat in dicto feodo vendito, ego ei sufficiens et sibi gratum de dicto dotalicio dedi excambium, videlicet residuum feodi quod de me tenent Petrus et Walterus memorati, et tam ego quam dicta uxor mea et Johannes, frater meus, juravimus, tactis sacrosanctis, quod numquam aliquo titulo in predictis venditis aliquid de cetero reclamabimus, aut reclamari procurabimus, nec eciam dictos decanum et capitulum super premissis aliquatenus molestabimus aut procurabimus molestari. Et ut hec omnia perpetuam obtineant firmitatem presentes litteras sigillo meo sigillatas dictis decano et capitulo dedi in testimonium hujus rei et munimen.

Actum anno Domini M° CC° XXX° VII°. mense novembri.

Cartul. II, f° 251, n° CCLXXIV; III, f° 175, n° CCLIX; IV, f° 103 v°, CCLVI; V, f° 78 v°, n° CI.

280.

CARTA DE TERRA EMPTA APUD CROISSI (1)

Mars 1237 (v. st.)

Magister A[llermus] de Nulliaco, canonicus et officialis Ambianensis, omnibus presentes litteras inspecturis in Domino salutem. Noverint universi quod Nicholaus, quondam major de Croissi (2), et Agnes, ejus uxor, in nostra presentia constituti, se recognoverunt vendidisse capitulo Ambianensi, pro VII libris parisiensium et dimidia, sibi numeratis, duo jornalia et dimidium terre site in territorio de Croissi (3), que, inquam terra vocatur Caurois. Dicta vero Agnes, que in dicta terra vendita dotalicium dicebat se habere, coram nobis recognoscens et juramento firmans quod huic venditioni spontanea non coacta benignum prebebat assensum, et quod a dicto N[icholao], marito suo, sufficiens et sibi gratum, receperat excambium, videlicet terram quam idem N[icholaus] habebat in eodem territorio supra Vaucellum, dictum dotalicium ad opus dicti capituli in manu nostra spontanee resignavit. Promittentes juramento prestito tam dicta Agnes quam maritus ejus quod contra hujusmodi venditionem de cetero non venirent, nec dictum capitulum aut

(1) III° et IV° Cartul. : Croisci partout.   (2-3) V° Cartul. : Croischi.

aliquem ex parte ipsorum super ea per se vel per alium nomine dotalicii sive aliquo alio nomine aliquatenus molestarent nec molestari procurarent. In cujus rei testimonium presentes litteras confici fecimus et sigillo curie Ambianensis roborari.

Actum anno Domini M° CC° XXX° VII°, mense marcio.

Cartul. II, f° 252, n° cclxxv ; III, f° 176, n° cclx ; IV, f° 103 v°, n° cclvii ; V, f° 79, n° cii.

281.

Carta de decima empta apud Pucheuviler (1).

Mai 1238

Ego Adam, dominus de Pucheuviler (2) notum facio universis quod ego de consensu et voluntate Mabilie, uxoris mee, Baldevini (3, primogeniti mei, Roberti, Marge, Agnetis, Marie, Felicie, Matildis, liberorum meorum, et Roberti, fratris mei, vendidi in perpetuum decano et capitulo Ambianensi totam decimam quam ego habebam in territorio de Pucheuviler, videlicet in territorio quod dicitur territorium Ville, in territorio de Cuerviler (4), in territorio de Belesaises et in omnibus aliis locis infra metas parrochie de Pucheuviler ; duo etiam managia sita apud Pucheuviler ante domum meam ultra viam, in quibus manserunt Hawidis Le Cousteriere (5) et Henricus Anglicus et Aelidis, uxor ipsius, ab omni servitio, censu, exactione et omni consuetudine seu jure libera et quieta, ad faciendam grangiam ad opus dictorum decani et capituli ; in quibus dicti decanus et capitulum omnimodam habebunt justiciam, excepto de illis qui non erunt servientes vel homines capituli, qui causa cujuscumque delicti confugerint ad grangiam supradictam. In servientes vero vel homines capituli dicti nullum habebo dominium, sed omnis justicia penes capitulum remanebit de suis hominibus et servientibus et etiam de omnibus malefactoribus in eadem grangia. Vendidi etiam de voluntate et mandato hominis mei Egidii, vavassoris, Emelina, uxore ipsius Egidii, et Roberto, nepote ejus, consentientibus, totam decimam quam habebat in predictis territoriis infra metas de Pucheuviler ; que decime continent circiter quadraginta quatuor modios et quatuor sextarios.

(1 2) II° Cartul. ; Pucheviler.
(3) II° Cartul. : Balduini.
(4) II° et V° Cartul. : Cuerviler.
(5) V° Cartul. : Cousteiriere.

mea videlicet quadraginta tres Egidii vero viginti duos sextarios, Et vendidi quemlibet modium pro quindecim libris parisiensium, michi et predicto Egidio, vavassori, pro rata sua, numeratis ; ita tamen quod si in fine triennii, facta collatione fructuum pro tribus annis, appareat predictas decimas pauciores aut plures modios continere, secundum quantitatem modiorum solvetur plus a predictis decano et capitulo michi et prefato Edigio, vel a me pro rata utriusque decime quod amplius solutum est reddetur. Super quo decanus et capitulum tenentur michi tradere litteras suas patentes. Et ego, ex parte mea, pro me et pro vavassore supradicto prestiti cum litteris istis presentibus fidejussores usque ad centum libras parisiensium, videlicet Ansculphum (1) de Bellaquercu, Petrum Gaffelli, (2) Johannem Robini et Hugonem Candelarium decano et capitulo Ambianensi quemlibet eorum in solidum obligando. Et tunc cum de certo precio dictarum decimarum constiterit super venditione earumdem pro certo precio, litteras meas de novo confectas, manentibus omnibus aliis que in presentibus litteris apponuntur, dictis decano et capitulo presentibus litteris michi redditis, tradere teneor. Predictis etiam decano et capitulo vendidi jus quod habebam in hominibus meis quo tenentur predictas decimas adducere ad grangiam meam ; ita quod dicti homines prefatas decimas, absque custu et sumptu capituli, ad grangiam dictorum decani et capituli apud Pucheuviler quolibet anno in perpetuum adducere tenentur. Promisi etiam pro me et pro dicto Egidio, vavassore, me super hoc principaliter obligando, de voluntate ipsius et ad petitionem ejusdem in hoc renuntians beneficio fidejussorum de debitore prius conveniendo, me facturum quod, quando dicte decime colligentur, terragiatores in omnibus territoriis de Pucheuviler vocabunt servientes dictorum decani et capituli, ut videant separationem decimarum et terragii, et quolibet anno jurabunt quod fideliter dictas decimas a terragio separabunt. Totum autem presentem contractum vir nobilis Hugo, comes sancti Pauli, dominus meus, ad petitionem meam benigne approbavit, eidem prestans auctoritatem et consensum, sicut in ejus litteris ad petitionem meam confectis dictis decano et capitulo traditis plenius continetur. Universum autem jus quod ego et uxor mea et liberi mei et Egidius et uxor sua et nepos ejus superius nominati habebamus in prefatis decimis

(1) IIe Cartul. : Ausculphum.   (2) IIe Cartul. : Gafelli.

ad opus dictorum decani et capituli in manu episcopi Ambianensis spontanee resignavimus. Qui ad petitionem meam et aliorum predictorum prefatas decimas tradidit cum omni jure superius expresso dictis decano et capitulo futuris temporibus in perpetuum pacifice possidendas. De predictis autem omnibus prefati decano et capitulo garandiam contra omnes qui juri et legi stare vellent, et ad hoc meos obligavi heredes : in eo quod spectat ad Egidium, me et heredes meos principaliter obligando. In cujus rei testimonium presentes litteras sepedictis decano et capitulo tradidi sigilli mei munimine roboratas.

Actum anno Domini M° CC° tricesimo octavo, mense maio.

Cartul. I, f° 165 v°, n° cclxx ; II, f° 252 v°, n° cclxxvi ; III, f° 176 v°, n° cclxi ; IV, f° 105, n° clix ; V, f° 4, n° i.

282.

Confirmatio comitis sancti Pauli.

Ego Hugo de Castellione, comes sancti Pauli et Blesis, universis presentibus et futuris presentes litteras inspecturis notum facio quod Adam de Pucheuviler, homo meus, de assensu et voluntate mea, vendidit in perpetuum ecclesie beate Marie Ambianensis totam decimam quam habebat apud Pucheuviler in territorio de Morviler, in territorio quod dicitur territorium Ville et in territorio de Belesaises, et etiam in omnibus aliis territoriis et locis sitis infra metas parochie de Pucheuviler, necnon et decimas quas tenent homines sui de Pucheuviler infra metas parochie supra dicte cum grangia quadam que est ante domum dicti Ade apud Pucheuviler ultra viam, quam dicta ecclesia in perpetuum liberam et quietam tenebit et possidebit absque omni servitio et exactione. In qua grangia dicta ecclesia omnimodam justiciam de hominibus et servientibus ibidem existentibus habebit preter altam. Totalis vero dicta decima ad dictam grangiam ab hominibus dicti Ade adducetur sine aliquo custu dicte ecclesie, sicut dicti homines ad domum ipsius Ade eam adducebant, sive ad grangiam ipsius. Et ne aliquorum molestia memorata ecclesia in posterum inquietari valeat, dictam venditionem hac presenti carta mea, tanquam dominus de quo premissa tenebantur, approbo et confirmo, nichil dominii, servitii, sive cujuslibet alterius juris in premissis michi

Avril 1238

vel heredi meo in perpetuum retinendo, excepta, ut dictum est, alta justicia in grangia supradicta. Et ad ista observanda pariter et tuenda me et meos in perpetuum obligavi heredes. Ut autem ista omnia perpetuam obtineant firmitatem, presentes litteras sigillo meo sigillatas dicte ecclesie dedi in testimonium hujus rei perpetuum et munimen.

Actum anno Domini M° CC° XXX° octavo, mense aprili.

Cartul. I, f° 168 v°, n° CCLXXVII ; II, f° 261, n° CCXCIV ; III, f° 182, n° CCLXVIII ; IV, f° 107, n° CCLXV ; V, f° 8 v°, n° V.

283.

Item de decima de Pucheuviler (1)

Mai 1238

Ego Adam, dominus de Pucheuviler, notum facio universis presentes litteras inspecturis quod ego, de voluntate Johannis de Erchil, hominis mei, et ad petitionem ipsius, totam decimam suam quam a me tenebat in territorio de Pucheuviler ubicumque infra metas parochie ejusdem ville, continentem circiter quinque modios sextario et dimidio minus per modios, vendidi decano et capitulo Ambianensi quemlibet modium pro quindecim libris parisiensium, de quibus eidem Johanni triginta tres libre solute sunt ; quadraginta vero residue a dictis decano et capitulo retinebuntur quousque mater ejusdem Johannis et Balduinus, frater ejus, Maria, Eufemia et Matildis, sorores, presentem contractum approbaverint eidem consensum adhibendo. Actum est autem in presenti contractu quod prefati decanus et capitulum ad presens plenam medietatem prefate decime percipientes, pro alia medietate quam dicti Johannis mater pro dotalicio suo percipit percipient medietatem terragii dicti Johannis quod a me tenet in eodem territorio, quousque mater ipsius sublata fuerit de medio vel presentem contractum approbaverit cum liberis suis, dotalicio suo et omni alii juri renuntiantes absolute ; quibus factis dicti decanus et capitulum prefatas XL libras eidem Johanni vel ejus heredi persolvere tenebuntur. Sciendum est autem quod prefata decima in fine triennii pro certo precio estimabitur facta collatione fructuum trium annorum in tota decima vel in medietate interim perceptorum ; et si tunc appareat prefatam deci-

(1) III° Cartul. : Pucheviler.

mam pauciores modios continere, quicquid plus debito eidem Johanni apparebit esse solutum, ego Adam prefatis decano et capitulo usque ad C. libras parisiensium promitto me redditurum ; si vero prefatam decimam apparuerit plures modios continere, a dictis decano et capitulo dicto Johanni plus solvetur ad rationem XV librarum pro modio, sicut superius expressum est. Vendidi etiam prefatis decano et capitulo, pro dicto Johanne ad petitionem ipsius, jus adducendi passive dictam decimam quam habet in hominibus meis ; ita quod homines mei de Pucheuviler eandem decimam ad grangiam dictorum decani et capituli apud Pucheuviler adducere quolibet anno, absque custu et sumptu decani et capituli, perpetuo tenebuntur. Ad cujus decime separationem faciendam a terragio terragiatores vocare tenentur servientes decani et capituli ; et quolibet anno jurabunt quod prefatam decimam a terragio fideliter separabunt. Totum autem presentem contractum vir nobilis Hugo, comes Sancti Pauli, dominus meus, ad petitionem meam benigne approbavit eidem prestans auctoritatem et consensum sicut in ejus litteris ad petitionem meam confectis et dictis decano et capitulo traditis plenius continetur. Dictus vero Johannes et Johanna, soror ejus, universum jus quod habebant in dicta decima, in manu episcopi ad opus dictorum decani et capituli spontanei resignarunt ; qui ad petitionem ipsorum dictis decano et capitulo prefatam decimam tradidit cum omni jure superius expresso futuris temporibus in perpetuum pacifice possidendam. De predictis autem omnibus promisi prefatis decano et capitulo garandiam contra omnes qui juri et legi stare voluerint, et ad hoc meos obligavi heredes, renuntians quantum ad omnia supradicta nove constitutioni de fidejussore non conveniendo debitore prius non discusso. In cujus rei testimonium presentes litteras sepedictis decano et capitulo tradidi sigilli mei munimine roboratas.

Actum anno Domini M° CC° tricesimo octavo, mense maio.

Cartul. I, f° 166, n° ccLxxi ; II, f° 254, n° ccLxxvII ; III, f° 177 v°, n° ccLxII ; IV, f° 104, n° cLvIII ; V, f° 5 v°, n° II.

284.

Item de eodem.

Ego Adam, dominus de Pucheuviler, notum facio universis quod ego

Mai 1238

de consensu et voluntate Mabilie, uxoris mee, Balduini, primogeniti mei, Roberti, Marge, Agnetis, Marie, Felicie, Matildis, liberorum meorum, et Roberti, fratris mei, vendidi in perpetuum decano et capitulo Ambianensi totam decimam quam ego habebam in territorio de Cuerviler, in territorio de Belesaises et in omnibus aliis locis infra metas parochie de Pucheuviler. duo etiam managia sita apud Pucheuviler.

(Cette charte est un simple résumé des deux précédentes).

Actum anno gratie M° CC° tricesimo octavo, mense maio.

_{Cartul. I, f° 166 v°, n° cclxxii ; II, f° 255 v°, n° cclxxviii ; III, f° 278 v°, n° cclxiii ; IV, f° 105 v°, n° cclx ; V, f° 6 v°, n° iii.}

285.

Item de Pucheuviler.

Mai 1238

Magister A[llermus] de Nulliaco, canonicus et officialis Ambianensis, omnibus presentes litteras inspecturis in Domino salutem. Noverit universitas vestra quod Adam, dominus de Pucheuviler, in nostra presentia constitutus promisit decano et capitulo Ambianensi quod si in fine triennii ab instante augusto computandi, facta computatione modiorum decime quam ipsis vendiderat, sicut confessus est coram nobis, appareret ipsum a dictis decano et capitulo plus debito recepisse, ad rationem XV librarum pro modio universum superfluum eisdem redderet usque ad C libras parisiensium ; et super hoc, ad petitionem ipsius, constituerunt se fidejussores in solidum coram nobis Asculphus, Petrus Gaffelli (1), Johannes Robini, Hugo Candelarius, burgenses de Bellaquercu. In cujus rei testimonium presentes litteras dictis decano et capitulo dedimus sigilli curie Ambianensis munimine roboratas.

Actum anno gratie M° CC° tricesimo octavo, mense maio.

_{Cartul. I, f° 167, n° cclxxiii ; II, f° 257, n° cclxxix ; III, f° 179. n° cclxiv ; IV, f° 106, n° cclxi ; V, f° 11 v°, n° 8.}

286.

Carta de Sessollieu.

Juin 1238

Ego Ingerrannus, dominus de Sessollieu, miles, notum facio universis

(1) IIe et IVe Cartul. : Gafelli.

presentes litteras inspecturis quod ego vendidi in perpetuum Girardo, decano, et capitulo Ambianensi pro quadraginta libris parisiensium mihi numeratis quandam masuram sitam apud Sessollieu contiguam masure dictorum decani et capituli, in qua sita fuit grangia eorumdem et contiguam muro ville de Sessolliu (1) in parte posteriori, liberam et quietam ab omni censu et exactione. Ita quod dicti decanus et capitulum supra dictum murum poterunt edificare, si voluerint, secundum quantitatem dictarum duarum masurarum ; sed, si contingat guerram moveri versus villam de Sessollieu, ego et homines mei poterimus ibidem defendere sicut in aliis partibus dicti muri. Omnimodam autem justiciam de hominibus et servientibus et familiis eorumdem in dictis masuris existentibus habebunt decanus et capitulum memorati et ego nullam justiciam in eosdem potero exercere. Sed, si contingat alios quam predictos homines vel servientes vel familias eorum mesleiam ibidem facere vel foris factum (2) aliud, justicia de illis penes me remanebit. Per istam autem venditionem et pro dicta pecunia concessi eisdem decano et capitulo necnon et servientibus et familiis et hominibus eorum ibidem manentibus et ad dictum locum venientibus omnimoda usagia ville de Sessollieu libera et quieta tam in puteo, furno, frocto, herbagiis, marra quam in quarreriis, sabulariis et aliis, hoc excepto quod, si contingat puteum vel furnum vel marram dicte ville reparari, serviens dictorum decani et capituli manens in loco supradicto rationabiles expensas ad reparationem eorumdem apponet sicut unus de dicta villa. Et quia dicta masura vendita erat cujusdam hominis mei videlicet Everardi Barbarii tunc temporis absentis, ego eandem masuram contra ipsum et suos et quoscumque alios dictis decano et capitulo garandire et etiam ista omnia prout sunt superius expressa tenere et firmiter observare sub fide mea prestita promisi bona fide ; et ad ea omnia observanda pariter et tenenda meos in perpetuum obligavi heredes. Ut autem ista omnia robur obtineant perpetuum, presentes litteras sigillo meo sigillatas dictis decano et capitulo dedi in testimonium hujus rei perpetuum et munimen.

Actum anno Domini M° CC° XXX° VIII°, mense junio.

Cartul. III, f° 183, n° CCLXIX ; V, f° 30, n° XXXII.

(1) V° Cartul. : Sessollieu.   (2) II° et V° Cartul. : Forefactum.

287.

Item Carta de Sessaulieu (1)

Juin 1238

Arnulphus, divina permissione Ambianensis ecclesie minister indignus, omnibus presentes litteras inspecturis eternam in Domino salutem. Noverit universitas vestra quod Ingerrannus, dominus de Sessaulieu (2), miles, in nostra presentia constitutus recognovit se vendidisse dilectis filiis Girardo decano et capitulo Ambianensi pro quadraginta libris parisiensium sibi numeratis quandam masuram sitam apud Sessaulieu contiguam masure dictorum decani et capituli, in qua sita fuit grangia eorumdem decani et capituli, et contiguam muro ville ejusdem in parte posteriori, liberam et quietam ab omni censu et exactione. Ita quod dicti decanus et capitulum supra dictum murum poterunt edificare, si voluerint, secundum quantitatem duarum dictarum masurarum ; sed si contingat guerram moveri versus villam de Sessaulieu, dictus Ingerrannus et homines sui poterunt ibidem defendere sicut in aliis partibus ejusdem muri. Omnimodam autem justiciam de hominibus et servientibus et familiis eorumdem decani et capituli in dictis masuris existentibus, idem decanus et capitulum in perpetuum habebunt, et idem Ingerrannus nullam justiciam in eosdem poterit exercere ; sed si contingat alios quam predictos homines vel servientes vel familias ipsorum ibidem mesleiam facere vel fore factum aliud, justicia de illis penes ipsum remanebit. Per istam autem venditionem et pro dicta pecunia dictus Ingerrannus concessit coram nobis dictis decano et capitulo, necnon et hominibus et servientibus et familiis eorumdem ibidem manentibus vel ad dictum locum venientibus omnimoda usuagia ville de Sessaulieu libera et quieta tam in puteo, furno, frocto, herbagiis, marra, quam in quarreriis, sabulariis et aliis, hoc excepto quod, si contingat puteum vel furnum vel marram reparari, serviens dictorum decani et capituli manens in loco supradicto rationabiles supradictas (3) expensas ad reparationem predictorum apponet sicut unus de dicta

---

(1) IIIe Cartul.: Sessolliu ; IVe et V^e; Cartul. : Sessollieu partout.

(2) IIIe Cartul. : Sessollieu dans le reste de la charte.

(3) IVe et Ve Cartul. : Supradictas manque.

villa. Et quia dicta masura vendita erat cujusdam hominis dicti Ingerranni, videlicet Everardi dicti Barbarii, tunc temporis absentis, idem Ingerrannus eamdem masuram contra ipsum Everardum et suos alios (1) quoscumque dictis decano et capitulo garandire, et similiter omnia premissa, prout sunt expressa, tenere et firmiter observare sub fide prestita coram nobis promisit bona fide. Et ad ea omnia observanda pariter et tenenda suos in perpetuum obligavit heredes. In hujus autem rei testimonium et munimen presentes litteras sigillo nostro dictis decano et capitulo dedimus sigillatas.

Actum anno Domini M° CC° XXXVIII° mense junio.

Cartul. II, f° 262 v°, n° cclxxxv ; III, f° 183 v°, n° cclxx ; IV, f° 108, n° cclxvii ; V, f° 30 v°, n° xxxiii.

288.

Confirmatio Vicedomini de terra de Pucheuviler

Ego Girardus, vicedominus Ambianensis, dominus Pinchonii, notum facio universis presentes litteras inspecturis quod Adam de Pucheuviler, homo meus, vendidit in perpetuum ecclesie Beate Marie Ambianensi quadraginta jornalia terre sita in territorio de Pucheuviler in duabus pechiis, videlicet apud Le Gievre viginti jornalia quindecim virgis minus, et in cultura supra vallem Gamelonis viginti et quindecim virgas, juxta terram Hugonis Guerrel de monte in vallem, videlicet quodlibet jornale pro septem libris parisiensium ipsi Ade numeratis. Ego vero de cujus feodo dicta terra ratione dominii, servitii sicut (2) alterius cujuscumque juris habebam vel habere poteram, nichil in eadem michi vel heredi meo de premissis in perpetuum retinendo, et ad ista omnia firmiter observanda pariter et tuenda me et meos in perpetuum obligavi heredes. Et ut hec omnia obtineant firmitatem, presentes litteras confici feci et sigillo meo sigillatas dicte ecclesie dedi in testimonium hujus rei et munimen perpetuum.

Août 1238

Actum anno Domini M° CC° tricesimo octavo, mense augusto.

Cartul. : I, f° 167 v°, n° cclxxv ; II, f° 258, n° cclxxxi ; III, f° 180, n° cclxvi ; IV, f° 106 v°, n°ccixiii ; V, f° 9, n° vi.

(1) III° Cartul. : Suos manque.   (2) II° et V° Cartul. : Sive.

289.

DE TERRA EMPTA APUD PUCHEUVILER

Septembre 1238

Ego Adam, dominus de Pucheuviler, notum facio universis presentes litteras inspecturis quod ego vendidi imperpetuum ecclesie beate Marie Ambianensi pro ducentis et octoginta libris parisiensium michi numeratis quadraginta jornalia terre sita in territorio de Pucheuviler in duabus pechiis, videlicet apud le Gievre in Viconia viginti jornalia et decem virgas, et in cultura supra vallem Gamelonis, juxta terram Hugonis Guerrel de monte in vallem, XX^i. jornalia decem virgis (1) minus, libera et quieta ab omni terragio, censu, exactione sive alterius modi jurisdictione, domino meo Girardo, vicedomino Ambianensi, domino Pinchonii, de quo dictam terram tenebam, istam venditionem laudante et approbante, necnon et Mabilia, uxore mea, Balduino primogenito filio meo, et aliis liberis meis Roberto, Marga, Agnete, Maria, Felicia, Matilde et etiam Roberto, fratre meo, eamdem venditionem volentibus et concedentibus et in manu dicti vicedomini dictam terram mecum ad opus dicte ecclesie ponentibus et mecum similiter jurantibus quod in dicta terra nichil de cetero aliquo titulo reclamabunt aut reclamari procurabunt, et quod non querent artem aut ingenium quibus dicta ecclesia super premissis possit inquietari et dampnificari sive molestari, dicto domino meo, vicedomino, eandem ecclesiam ad petitionem meam et aliorum prenominatorum de dicta terra in manu (2) sic reddita investiente per litteras suas sigillo suo sigillatas dictam terram ipsi ecclesie confirmante. Per istam siquidem venditionem concessi in perpetuum dicte ecclesie hominibus et servientibus ejusdem apud Pucheuviler manentibus vel commorantibus omnia usuagia et aisiamenta ville de Pucheuviler sicut homines mei de Pucheuviler debent in eadem villa, promittens eidem ecclesie de dicta terra firmam garandiam me laturum contra omnes qui juri et legi stare voluerint, et ad hoc idem meos in perpetuum obligavi heredes. Ut autem ista omnia robur obtineant firmitatis perpetuum, presentes litteras sigillo meo sigillatas dicte ecclesie dedi in testimonium hujus rei et munimen.

Actum anno Domini M° CC° tricesimo octavo, mense septembri.

Cartul. I, f° 167, n° CCLXXIV ; II, f° 257, n° CCLXXX, III, f° 179 v°, n° CCLXV ; IV, f° 106, n° CCLXII ; V, f° 7, n° IV.

(1) II° Cartul.: Virgas. (2) II°, III°, IV° et V° Cartul.: Manu sua.

290.

De Pucheuviler

Arnulphus, divina permissione Ambianensis ecclesie minister humilis, universis Christi fidelibus eternam in Domino salutem Noverit universitas vestra quod Adam de Pucheuviler in nostra presentia constitutus recognovit se vendidisse in perpetuum dilectis filiis decano et capitulo Ambianensi totam decimam...

Septembre 1238

Après la relation de la vente de la dime de Puchevillers contenue dans la charte 272 suprà du 1ᵉʳ cartulaire, Arnoul ajoute ces mots :

«... Et quia Emelina, uxor dicti Egidii, in decima de mandato et voluntate ipsius Egidii, ut dictum est, vendita dotalitium habere dicebatur, sub juramento suo coram nobis recognovit quod spontanea non coacta dicte venditioni assensum prebebat, et quod a dicto marito suo sufficiens et sibi gratum excambium receperat, videlicet quatuor jornalia terre ipsius Egidii sita in territorio de Cuerviler apud Le Marleis sub eodem juramento asserens et affirmans quod dictos decanum et capitulum super dicta decima ratione dotalicii sive aliquo alio modo nullatenus de cetero molestabit aut vexabit...

La charte relate ensuite la vente au chapitre par Adam de Pucheuviler des quarante journaux de terre dont il est question au n° 274 du 1ᵉʳ Cartulaire, puis elle ajoute :

Et quoniam prefata Mabilia, uxor dicti A. in decima et terra ipsius A. ut dictum est, a dicto A. venditis, dotalicium dicebatur habere, ipsa, coram nobis dictis venditionibus benignum prebens assensum, juravit coram nobis spontanea non coacta quod de dotalitio suo quod in eisdem habebat sufficiens et sibi gratum a dicto marito suo receperat excambium, videlicet de annuo censu apud Kaisnoi septem modios avene et triginta solidos parisiensium, et sexies viginti capones apud Pucheuviler, IIII*ᵒʳ* libras parisiensium et duos modios avene de quarterio de Waregnies (1), et quadraginta jornalia terre sita apud Le Gievre, et in cultura supra vallem Gamelonis supradicti. Dictum dotalicium ad opus dictorum decani et

(1) IIᵉ Cartul. : Wareignies.

capituli in manu nostra resignans contenta excambio supradicto, et a-serens sub juramento prestito quod decanum et capitulum super premissis ratione dotalicii sive quocumque alio titulo nullatenus de cetero molestabit aut procurabit molestari, dicto A sub juramento suo promittente dictis decano et capitulo super dicta terra firmam garand'am contra omnes qui juri et legi stare voluerint se daturum; et ad hoc idem suos in perpetuum heredes obligando. Nos igitur commodum et utilitatem dilectorum filiorum decani et capituli predictorum in omnibus volentes ac desiderantes, de dictis decimis, ut superius dictum est, in manu nostra resignatis decanum et capitulum investivimus memoratos, easdem decimas cum omni jure earum auctoritate pontificali ipsis in perpetuum confirmantes et presentes litteras nostras sigillo nostro sigillatas eis dantes in hujus rei testimonium perpetuum et munimen.

Actum anno Domini M° CC° tricesimo octavo, mense septembri.

Cartul. : I, f° 167 v°, n° cclxxvi ; II, f° 258, n° cclxxxii ; III, f° 180 v°, n° cclxvii ; IV, f° 106 v°, n° cclxiv ; V, f° 9, n° vii.

291.

Carta de molendino de Biaufait

Septembre 1238

Magister Allermus (1) de Null[iaco] (2), canonicus et officialis Ambianensis, omnibus presentes litteras inspecturis in Domino salutem. Noveritis quod Richerus de Biaufait et Ermengardis, uxor ejus, recognoverunt coram nobis se vendidisse decano et capitulo Beate Mar'e Ambianensis pro quatuor viginti et decem libris parisiensium sibi persolutis universa que tenebant apud Biaufait de dictis decano et capitulo, videlicet quicquid habebant in molendino de Biaufait et terris quas habebant apud Fontanas et Bonolium. Dicta vero Ermengardis coram nobis recognovit et juramento firmavit quod huic venditioni spontanea non coacta benignum prebebat assensum, et quod a dicto Richero, marito suo, pro jure quod in dictis rebus venditis habebat, sufficiens et sibi gratum receperat excambium, videlicet decem jornalia terre site in territorio de Salouel (3) in una pechia ad hayam Galteri clerici tenenda et possidenda ab ipsa nomine

(1) III° et IV° Cartul. : Alermus.
(2) IV° Cartul. : Nuelliaco.
(3) III°, IV° et V° Cartul. : Saloiel partout.

dotalicii post decessum Herberti, patris dicti Richeri, ac XL libras parisiensium de quibus dictus Richerus dictam E[r]mengardim ad redditum molendini sui de Salouel quem tenet de domino Hugone de Salouel milite, salva vita dicti Herberti, assignavit coram nobis tali conditione quod ipsa hujusmodi assignamentum post decessum ipsius Herberti possidebit, quousque idem Richerus de dictis XL libris ad opus dicte Ermengardis emerit redditum quem ipsa et heredes ipsius possidebunt nomine hereditatis, et si forte contigeret quod dictus Richerus non emerit redditum de XL libris predictis ipsa Ermengarde vivente, heredes ipsius Ermengardis dictum assignamentum post ipsius Ermengardis decessum tenerent quousque de proventibus dicti assignamenti usque ad valorem XL librarum parisiensium receperint ad plenum. Et dicta Ermengardis quicquid juris habebat vel habere poterat tam nomine hereditatis quam alio aliquo nomine in rebus expressis superius in manu nostra ad opus dictorum decani et capituli resignavit. Promittentes juramento prestito tam dicta Ermengardis quam ejus maritus quod contra hujusmodi venditionem de cetero non venirent, nec dictos decanum et capitulum, aut aliquem ex parte ipsorum, super premissis per se vel per alium nomine hereditatis, seu alio aliquo nomine, aliquatenus molestarent, aut molestari procurarent. In cujus rei testimonium presentes litteras confici fecimus et sigillo curie Ambianensis roborari.

Actum anno Domini M° CC° XXX° VIII., mense septembri.

Cartul.: II, f° 263 v°, n° CCLXXXVI; III, f° 184, n° CCLXXI; IV, f° 108 v°, n° CCLXVIII, V, f° 21 v°, n° XX.

292.

CARTA DE DECIMA DE MOSSURES (1).

Ego Radulphus Li Escornes et Maria, uxor mea, notum facimus universis presentes litteras inspecturis quod nos decimam nostram majorem et minutam quam habebamus in territorio de Mossures, tam in villa quam extra villam, cum homagio Roberti Callevout et eorum pertinentiis vendidimus viris venerabilibus decano et capitulo Ambia-

Octobre 1238

(1) III°, IV° et V° Cartul.: Moussures partout.

nensi pro quadraginta (1) libris parisiensium nobis numeratis, de assensu et voluntate et concessione omnium liberorum nostrorum et heredum nostrorum, necnon et Ingerranni de Mossures de quo predictam tamquam de domino proximo tenebam De cujus voluntate et concessione in manu reverendi patris A[rnulphi], Dei gracia Ambianensis episcopi, dictam decimam cum homagio predicto et pertinentiis eorumdem ad opus dictorum decani et capituli resignavimus. Qui, ad petitionem nostram, de voluntate ipsius Ingerranni, necnon et liberorum et heredum nostrorum concessione, ipsos investivit de eisdem Promisimus autem bona fide dictis decano et capitulo quod ipsos numquam super predictis molestabimus aut molestari procurabimus, sed ipsos super premissis bona fide contra omnes defendemus, ad hec omnia nos et nostros obligando heredes. Pro omnibus vero superius expressis firmiter observandis, nos, liberi et heredes nostri corporale prestitimus juramentum ; et ut ista omnia rata permaneant et firma presentes litteras ipsis decano et capitulo sigillis nostris dedimus sigillatas.

Actum anno Domini M° CC° XXXVIII°, mense octobri.

Cartul. II, f° 265 v°, n° cclxxxviii ; III, f° 185 v°, n° cclxxiii ; IV, f° 109 v°, n° cclxx ; V, f° 12, n° ix.

293.

Item de decima de Mossures (2).

Octobre 1238

Ego Ingerrannus, dominus de Mossures, notum facio universis presentes litteras inspecturis quod Radulphus Li Escornes et Maria, uxor ejus, totam decimam suam majorem et minutam quam habebant in territorio de Mossures (3) tam in villa quam extra villam cum homagio Roberti Caillevout... vendiderunt... Ego vero, de cujus feodo premissa dependebant, coram memorato episcopo corporale prestiti juramentum quod nichil ratione dominii, servicii, sive cujuscumque alterius juris in predictis nullatenus per me vel per alium reclamabo vel reclamari procurabo et quod dictos decanum et capitulum super eisdem numquam de cetero per me vel per

(1) III°, IV° et V° Cartul. : Quadringentis.   V° Cartul. : Moussures.
(2) III° et IV° Cartul. : Moussures partout.   (3) V° Cartul. : Moussules.

alium molestabo aut vexabo. Immo ipsis decano et capitulo perpetuam de premissis feram garandiam contra omnes qui ratione proximi dominii sive proprietatis coram judice moverint questionem, ad hoc idem meos obligando heredes. In cujus rei testimonium presentes litteras dictis decano et capitulo tradidi sigillo meo sigillatas.

Actum anno domini M° CC° XXXVIII°, mense octobri.

<small>Cartul. II, f° 266, n° cclxxxix ; III, f° 186, n° cclxxiv ; IV. f° 109, v°, n° cclxxi ; V, f° 12, v°, n° x.</small>

294.

Carta episcopi de decima de Mossures (1).

Arnulphus, divina permissione Ambianensis ecclesie minister humilis, universis XPI fidelibus presentes litteras inspecturis eternam in Domino salutem. Noverit universitas vestra quod Radulphus Li Escornes et Maria, ejus uxor, in nostra presentia constituti de assensu et voluntate liberorum et heredum suorum vendiderunt viris venerabilibus decano et capitulo Ambianensi totam decimam majorem et minutam quam habebant in territorio de Mossures tam in villa quam extra villam, cum homagio Roberti Caillevout (2), qui dicte decime carriagium habere dicebatur, pro quadringentis libris parisiensium sibi numeratis... Prefata vero Maria, de cujus hereditate predicta decima proveniebat, a dicto Radulfo, marito suo, receperat excambium, videlicet (3) vineam et totam terram suam quam habebat apud Britolium (4) ; omni juri quod habebat in dicta decima spontanea non coacta renunciavit affirmans prefato excambio loco dicte decime se esse contentam. Prefatus insuper Radulphus et liberi sui prenominati omni juri quod habebant in tota decima tam in custodia decime nostre quam ejusdem benigne cum dicta M. in posterum renuntiantes, dictam decimam ad opus dictorum decani et capituli in manu nostra resignaverunt ; et nos ad petitionem ipsorum dictos decanum et capitulum investivimus de eadem. Quoniam autem prefatus Radulphus et Maria, ejus uxor, predictam decimam vendiderunt valentem triginta unum modios ad

Octobre
1238

<small>(1) III°, IV° et V° Cartul.: Moussures partout.
(2) V° Cartul. : Callevout.
(3) Vineam ne se trouve que dans le V° cartulaire ; mais la conjonction *et* qui le suit montre qu'il n'y a là qu'une omission dans les autres.
(4) V° Cartul. : Britholium.</small>

mensuram Ambianensem, medietatem bladi et medietatem avene, ad probationem quantitatis modiorum in ipsa venditione actum est inter partes quod dicta decima collecta tribus annis continuis proximo venturis, facta collatione anni ad annum, valor decime estimabitur æquali portione tocius summe modiorum trium annorum cuilibet anno assignata... Et si dicta decima inveniatur minus valere quam dictum est, dicti Radulphus et uxor ejus de blado equivalente, videlicet apud Croissi, supplere tenentur ; si vero plus valere quam dictum est, inveniatur, dicti decanus et capitulum residuum pro rata precii retinebunt. Memoratam vero venditionem et omnes conditiones prout superius sunt expresse prefatus R. et M., ejus uxor, liberi et heredes eorum, coram nobis juramento corporaliter prestito promiserunt tactis sacrosanctis euvangeliis se bona fide in perpetuum servaturos... Presentem autem venditionem... Ingerrannus de Mossures, de quo dictus R. et M., ejus uxor, dictam decimam cum homagio tenebant, coram nobis benigne concessit ad opus dictorum decani et capituli omni juri quod habebat in eisdem renuncians et promittens juramento corporaliter prestito quod in ipsis nichil de cetero reclamabit. Nos vero, hujusmodi venditionem laudantes et approbantes, et dictam decimam cum homagio et pertinenciis eorum ipsis decano et capitulo auctoritate pontificali confirmantes, presentes litteras sigillo nostro sigillatas ipsis dedimus in testimonium hujus rei perpetuum et munimen.

Actum anno Domini M° CC° XXXVIII°, mense octobri.

Cartul. II, f° 266 v°, n° ccxc ; III, f° 186 v°, n° cclxxv ; IV, f° 110, n° cclxxii ; V, f° 13, n° xi.

295.

Item de Mossures (1).

Novembre 1238

Ego Radulphus Li Escornes et Maria, uxor mea, notum facimus universis presentes litteras inspecturis, quod cum nos vendidissemus viris venerabilibus decano et capitulo Ambianensi totam decimam majorem et minutam quam habebamus apud Mossures tam in villa quam extra villam valentem triginta unum modios ad mensuram Ambianensem, medietatem bladi et medietatem avene, ad probationem quantitatis modiorum, in ipsa venditione

(1) III°, IV° et V° Cartul.: Moussures partout.

actum fuit inter nos et ipsos quod dicta decima collecta tribus annis continuis proximo venturis, facta collatione anni ad annum, valor decime estimabitur equali portione tocius summe modiorum trium annorum cuilibet anno assignata. Et si dicta decima inveniatur minus valere quam dictum est, nos de blado equivalenti, videlicet apud Croissi (1), supplere tenemur ; si vero plus valere quam dictum est inveniatur, dicti decanus et capitulum pro rata precii de hoc quod superfuerit nobis persolvent. Ad tollendum vero omnem suspitionem, postmodum inter nos et ipsos decanum et capitulum taliter fuit ordinatum quod nos servientem nostrum cum serviente ipsorum habebimus per triennium in collectione decime memorate, et tam serviens noster quam ipsorum serviens jurabunt quolibet anno in initio messium quod dictam decimam fideliter colligent et servabunt ; qui inquam servientes quolibet anno coram dictis decano et capitulo de proventibus dicte decime et valore ejusdem receptis in capitulo computabunt. Et ut ista rata sint et firma presentes litteras sigillis nostris sigillatas ipsis decano et capitulo dedimus in testimonium hujus rei et munimen.

Actum anno domini M° CC° XXXVIII°, mense novembri.

Cartul. II, f° 267 v°, n° ccxci ; III, f° 187, n° cclxxvi ; IV, f° 111, n° cclxxv ; V, f° 15, n° xiii.

296.

Item de decima de Romescans (2).

Ego Walterus de Bretencort, miles, notum facio universis presentes litteras inspecturis quod ego venditionem quam Johannes de Rotois, filius et heres Ricardi de Rothois (3), militis, fecit viris venerabilibus decano et capitulo Ambianensi de assensu et voluntate Franconis de Bretueil (4), vicecomitis Albemarlie domini sui, super decimis apud Rommescans et Daidincort (5) sitis, quas decanus et capitulum predicti retraxerunt de jure suo ab abbate et conventu de Augo quibus dictus Johannes eas vendiderat, et eciam super quodam jornali terre sito apud Romescans, et

Novembre 1238

(1) III° et IV° Cartul. : Croisci.
(2) III° et IV° Cartul. : Rommescans partout.
(3) III°, IV° et V° Cartul. : Rothois.
(4) III°, IV° et V° Cartul. : Bretuel.
(5) IV° Cartul. : Daidincourt, V° Cartul Dadincort.

omnibus rebus aliis in carta dicti Johannis plenius contentis, tamquam superior dominus ratam habeo et firmam ; promittens decano et capitulo easdem decimas, terram et omnes res alias et conventiones in dicti Johannis carta contentas, tamquam dominus superior, contra omnes qui juri et legi stare voluerint, bona fide garandire, ad hec eadem garandizanda pariter et tenenda decano et capitulo supradictis me et meos in perpetuum obligando heredes. In cujus rei testimonium perpetuum et munimen presentes litteras decano et capitulo sigillo meo dedi sigillatas.

Actum anno Domini M° CC° XXX° VIII° mense novembri.

Cartul. II, f° 241, n° cclix ; III, f° 168, n° ccxliv ; IV, f° 99, n° ccxlv ; V, f° 41 v°, n° xliii.

297.

Janvier 1238 (v. st.)

Cyrographum de domo Willelmi quondam decani de Abbatisvilla.

Arnulphus, Dei gratia Ambianensis episcopus, omnibus ad quos littere iste pervenerint eternam in Domino salutem. Supra omnia que in sancta ecclesia ministrorum suorum officio sunt agenda, illuc precipue debet poni nostre devotionis affectus ubi cotidie immolatur et sumitur nostra substantia JHC XPC in conspectu omnium quamvis invisibiliter angelorum, sicut ait Apostolus : « Nonne omnes sunt administratorii spiritus in ministerium missi, propter eos qui capiunt hæreditatem salutis » ; cujus hereditatis misterium capere non valentes, quibus manna datum est manducare, quid hoc esset sub admiratione querebant, et non erat qui aperiret librum et solveret signacula ejus donec veniret qui mittendus erat mediator Dei et hominum responsurus et docturus in cena : « Hoc est corpus meum qui pro vobis tradetur. Hoc facite in mee memoriam passionis. » Quod bene intelligens et fideliter docens Apostolus dicebat : « Quotienscunque panem istum manducabitis et calicem hunc bibetis mortem Domini annunciabitis donec veniat. » Homo judicatus denuo judex. Sic igitur infidelium questione soluta, et jam ecclesia fidelium corroborata in fide, multi fideles in laudem illius et gloriam et honorem qui mortis ministrum moriens superavit ; pro tanti regis victoria ornaverunt faciem templi coronis aureis, tantum tractantibus et ministrantibus sacramentum divicias plurimas et predia conferentes. Quorum vestigiis cupiens inherere sacerdos providus et discretus Guillermus de Abbatisvilla, sana mente, sanoque consilio, salubriter ordinavit ut post decessum suum de triginta libris annui redditus quas nostre matri Ambianensi ecclesie acquisivit sibi ab eadem ecclesia in festo S^{ti} Remigii tota vita sua annuatim reddendas cuilibet ejusdem ecclesie canonicorum in majori missa presentium ad elevationem et ostensionem preciosi Corporis Jhesu XPI duo denarii per cotidiane distributionis ministrum, sine omni diminutione distributionis alterius, singulis diebus, durante predicta summa pecunie dividantur. Sed speramus in eo a quo cuncta bona procedunt quod in odore istius unguenti multi alii currere conabuntur ut per totum annum habere valeat talis distributio cursum suum. Nos autem factum prefati Willermi de radice caritatis exortum in Domino commendantes, et sicut amandum est, et favorabile prosequentes, institutionem de elemosina supradicta laudamus et approbamus, et sigilli pontificalis munimine roboramus, perpetuis temporibus conservandam, sub anathemate prohibentes ne quis predictum redditum in alios usus convertere, vel huic carte exinde confecte ausu temerario contraire presumat. Quod autem capitulum Ambianense huic institutioni consensum prebuerit et assensum, sigillum autem ipsius cum nostro appensum approbat et confirmat.

Actum anno Domini M° CC° XXX° VIII°, mense januario.

<small>Cartul. II, f° 264, n° CCLXXXVII ; III, f° 184 v°, n° CCLXXII ; IV, f° 109 ; n° CCLXIX ; V, f° 72, n° XCI.</small>

298

D<small>E COMPOSITIONE DECIME</small> B<small>ELLEQUERCUS SUB PENA QUINGENTARUM MARCHARUM</small>.

Universis presentes litteras inspecturis I., prior humilis Aquicinctensis (1) et totus ejusdem loci conventus, salutem in Domino. Noveritis quod nos venerabili patri nostro domino Wil[lelmo], Dei gratia abbati Aquicinctensi plenam et liberam contulimus potestatem componendi et ordinandi inter nos, ex una parte, et viros venerabiles Girardum, decanum, et capitulum Ambianense, ex alia, super decima de Bellaquercu quam emimus a

15 Mai 1239

<small>(1) Dans le IVe cartulaire ce nom est écrit Aquicintensis ou Acquicintensis au cours de toute la charte et des quatre chartes suivantes.</small>

Johanne de Ambianis et Agnete, uxore sua, promittentes quod quicquid per prefatum venerabilem patrem nostrum Acquicinctensem abbatem, et per venerabilem virum Girardum, decanum Ambianensem, super predicta decima fuerit compositum, sive ordinatum, ratum habebimus et firmum ; et hoc promittimus sub pena quingentarum marcharum ad pondus Trecense, quas bona fide promittimus reddere decano et capitulo Ambianensi, si contra prefatum arbitrium sive ordinationem venerabilis patris nostri, et venerabilis viri prefati decani veniremus. Hec autem ordinatio facta fuit, interveniente consensu et auctoritate sepedicti venerabilis patris nostri abbatis Acquicincti. In cujus rei testimonium presentes litteras sepedictis decano et capitulo Ambianensi sigilli nostri munimine tradidimus roboratas.

Actum anno Domini M° CC° XXXIX°, in die sancto Pentecosten.

Cartul. II, f° 271 v°, n° ccxcv ; III, f° 190, n° cccxxx ; IV, f° 111 v°, n° cccxxvii ; V, f° 26 v°, n xxvii.

299

Carta de compositione facta decime Bellequercus.

Mai 1239

In nomine Patris et Filii et Spiritus sancti Amen. Universis XPI fidelibus presentes litteras inspecturis Willermus, divina permissione Aquicinttensis monasterii minister humilis, et Girardus, decanus Ambianensis, eternam in Domino salutem. Noverit universitas vestra quod, cum esset dissencio inter Aquicinct[um], ex una parte, et ecclesiam Ambianensem ex altera, super decimam de Bellaquercu quam utraque earum dicebat se emisse a Johanne de Ambianis et Agnete, uxore sua, tandem dicte ecclesie, bonorum virorum interveniente consilio, in nos tamquam in compositores, sive compositores, sive ordinatores amicabiles, sub pena quingentarum marcarum ad pondus Trecense compromiserunt. Nos autem bonorum virorum et jurisperitorum usi consilio, inter ipsas ecclesias super dicta dissencione, pro bono pacis, ita duximus ordinandum : quod dicta decima remanebit pleno jure penes ecclesiam Aquicinctensem, que, pro viginti quinque modiis bladi et pro viginti quinque modiis avene annuis ad mensuram Ambianensem, concessit (1) in perpetuum capitulo Ambianensi

(1) La confirmation de cette charte par l'évêque Arnould (plus loin n° 301), qui en reproduit le

modiationem suam de Pucheuviler cum detrimento et augmento et omni periculo percipiendam et habendam ad undecim modios estimatam, sex bladi et quinque avene ad mensuram Ambianensem. Residuum vero quinquaginta modiorum, videlicet decem et novem bladi et viginti avene tenetur reddere capitulo Ambianensi bona fide dicta ecclesia Aquicinctensis apud Flaisseroles (1), sicut crescit in terra sine admixtione ordei, avene, siliginis, seu alicujus alterius admiscibilis in garba vel in grano. Debet autem solvi bladum singulis annis infra Nativitatem Domini, et avena infra Pascha sequens. Et quantum ad istos triginta et novem modios, periculum omnium casuum fortuitorum spectat ad ecclesiam Aquicinctensem, excepto periculo guerre communis si contingat eam fieri in territorio vel in villa Bellequercus. Nos eciam, de mutua dilectione Aquicinctensis ecclesie et capituli Ambianensis, presumentes, pro bono pacis, de grangia in qua dicta decima Bellequercus consueverat reponi et managio ita duximus ordinandum quod pleno jure Aquicinctensi ecclesie remanebunt. Et quoniam similiter super (2) hoc in nos non fuit compromissum, vir venerabilis cancellarius Ambianensis, Egidius nomine, communis amicus utriusque partis constituit se debitorem centum marcharum ad pondus Trecense pro utraque parte erga alteram, de hac ultima ordinatione facta de grangia et managio Bellequercus firmiter et fideliter observanda. Stabit autem utraque istarum ordinationum si ordinatio facta de decima Bellequercus de consilio bonorum et jurisperitorum Parisius, vel saltem domini Pape consona inveniatur canonicis institutis ; sin autem, neutra stabit. Et ut ista omnia robur obtineant firmitatis, et propter labilem hominum memoriam, memoriali scripto ista omnia fecimus annotari et sigillorum nostrorum munimine presens scriptum fecimus roborari in testimonium hujus rei et perpetuum munimen.

Actum anno Domini M° CC° XXXIX°, mense mayo.

Cartul. II, f° 270 v°, n° ccxciv ; III, f° 189, n° cclxxix ; IV, f° 111 v°, n° cclxxvi ; V, f° 26 v°, n° xxviii.

texte, y apporte la variante ci-après « concessit capitulo Ambianensi decimas suas de Pucheuviler, de Henrisart cum detrimento et augmento et omni periculo percipien las et habendas, ad undecim modios estimatas .. »

(1) La confirmation d'Arnould modifie le texte ainsi : « apud Flaisseroles ad prefatam mensuram, de communi blado grangie de Flaisseroles sicut crescet. »

(2) Super manque dans le II° Cartulaire.

300

CONCESSIO CONVENTUS ACQUICINCTENSIS DE COMPROMISSIONE INTER DECANUM ET
ABBATEM.

Mai 1239

Universis XPI fidelibus presentes litteras inspecturis J., prior humilis Acquicinctensis, totusque ejusdem loci conventus, salutem in Domino. Noverit universitas vestra quod nos compositionem et ordinationem amicabilem factam per venerabilem patrem nostrum abbatem Acquicinctensem et Girardum (1), decanum Ambianensem, super grangia deputata ad recipiendam decimam Bellequercus et managio ejusdem, gratam et ratam habemus ; et de consensu et auctoritate dicti patris nostri et abbatis Wille[l]mi promittimus bona fide nos firmiter observaturos. In cujus rei testimonium presentes litteras sigillo nostro fecimus roborari.

Actum anno Domini M° CC° XXXIX°, mense mayo.

<small>Cartul. II, f° 272, n° ccxcvi ; III, f° 190, n° cclxxxi ; IV, f° 112, n° cclxxviii ; V, f° 27 v°, n° xxix.</small>

301

CONFIRMATIO DECIME DE BELLAQUERCU ET LITTERE ACQUICINCTENSIS (2) ECCLESIE.

Mai 1239

Arnulphus, divina permissione Ambianensis episcopus, universis XPI fidelibus presentes litteras inspecturis eternam in Domino salutem. Cum inter ecclesiam Acquicinctensem, ex una parte, et ecclesiam Ambianensem, ex altera super decima de Bellaquercu, et eciam super grangia et managio in quibus dicta decima consuevit reponi, que omnia utraque earum dicebat se emisse a Johanne de Ambianis et Agnete, uxore sua, dissensio moveretur : tandem dicte ecclesie, bonorum virorum interveniente consilio, in viros venerabiles Willermum abbatem Acquicinctensem et Girardum, decanum Ambianensem, tamquam in compositores et ordinatores amicabiles, sub pena quingentarum marcharum ad pondus Trecense, super

---

(1) III°, IV° et V° Cartul. : Gerardum.   (2) III° et V° Cartul. : Aquicinctensis partout.

dictis decima, grangia et managio compromiserunt. Quorum ordinatorum inspeximus ordinationem sub hac forma : In nomine Patris et Filii et Spiritus Sancti... *Suit la reproduction de la charte n° 299*... Nos vero ordinationem premissam auctoritate pontificali, sub forma superius expressa, duximus confirmandam, eandem sigillo nostro roborantes, in hujus rei testimonium perpetuum et munimen. Amen.

Datum anno Domini M° CC° XXXIX°, mense mayo.

<small>Cartul. II, f° 272, n° ccxcvii ; III, f° 190 v°, n° ccixxxii ; IV, f° 112, n° cclxxix ; V, f° 28, n° xxx.</small>

302

Societas Aquicinctensis ecclesie.

Universis XPI fidelibus presentes litteras inspecturis Willermus, divina miseratione Aquicinctensis monasterii minister humilis, totusque ejusdem loci conventus, perpetuam in Domino salutem. Sicut caritas inter omnes virtutes locum obtinet principalem et primum, sic debet a fidelibus universis et ab illis precipue quibus specialiter ceciderunt funes sortis dominice in preclaris principaliter et primo diffundi, quia quanto diffusius extendere (1) ramos suos, tanto eos (2) qui eam diffuderint felicius obumbrabit. Cum igitur venerabilis ecclesia Ambianensis nos et ecclesiam nostram ab antiquo dilectionis sincere brachiis sit amplexa, et nos eandem ecclesiam dilexerimus quasi fraterne visceribus caritatis, nos dilectionem nostram istam, licet antiqua sit, antiquari volentes, ad ipsius conservationem perpetuam, de communi assensu capituli nostri et capituli Ambianensis confederationem et societatem perpetuam, que instar habet fraternitatis, inter ipsas duximus contrahendam. Ut autem a spiritu pocius quam a carne sumat ista confederatio inicium et augmentum, ita duximus statuendum in primis et deinceps firmiter observandum quod canonici Ambianensis ecclesie et monachi Aquicinctenses orationum omniumque bonorum que fient hinc inde perpetuam amodo societatem habebunt, et

<small>Juillet 1239</small>

<small>(1) Extendere ne se trouve que dans le V° cartulaire.   (2) III°, IV° et V° Cartul. : Eis.</small>

singulis annis, semel videlicet, ecclesia nostra Aquicinctensis pro omnibus defunctis canonicis ecclesie Ambianensis et ecclesia Ambianensis pro omnibus defunctis monachis Aquicincti sollempne servicium celebrabit sicut in anniversario sollempni suorum facere consuevit ; quod sexto idus junii annuatim statuimus celebrandum. In qua die ordinavimus et statuimus refectionem tredecim pauperum et pictanciam generalem conventus ad valorem centum solidorum parisiensium monete. Verum ut hec societas salutaris non sit prorsus absque gratie condimento ; et sicut defunctis suffragia exhibentur, sic et vivis solacium impendatur, visum est nobis et ipsis similiter satis congruum, satis bonum ut in consiliis mutuo impendendis, sedulos et benignos, in beneficiis et recursibus plenarie caritatis, si alii alios in necessitatibus suis requisierint, hylares et humanos nos invicem exhibere curemus. Adjecerunt eciam Ambianenses canonici quod si ego abbas et prior Aquicinctensis in choro ecclesie Ambianensis servicio divino interfuerimus, nobis et monachis nostris qui nobiscum interfuerint, tanquam canonicis suis largitio distributionum impendetur, ut per hec exteriora indicia magis luceat interior sancte dilectionis affectus. Ne igitur hujus sancti federis species et ornatus vetustate dierum aut oblivionis incuria emarcescat, utile visum fuit nobis hujus pie confederationis tenorem sigillorum nostrorum testimonio roborari et taliter roboratum in perpetuam transfundere noticiam futurorum.

Actum anno Domini M° CC° XXXIX°, mense julio.

Cartul. II, f° 273 v°, n° ccxcviii ; III, f° 191 v°, n° cclxxxiii ; IV, f° 112 v°, n° cclxxx ; V, f° 29, n° xxxi.

303

De decima empta a domino R. de Revella.

Juillet 1239

Ego Robertus de Revella, miles, notum facio universis presentes litteras inspecturis quod ego, de assensu et voluntate Marie, uxoris mee, et heredum meorum, vendidi in perpetuum pro quater viginti et decem libris parisiensium michi numeratis viris venerabilibus Girardo, decano, et capitulo Ambianensi terciam partem totius decime quam habebam apud Boecort, in territorio de Forviler, et tenebam in feodum de domino Roberto de Bova, domino de Fouquencans, et de domino Manassero, domino de Demuin 1), militibus. Promittens sub juramento corporaliter prestito quod numquam contra istam venditionem veniam aliquo modo, et quod dictos decanum et capitulum per me vel per alium supra dicta tertia parte decime vendita numquam molestabo aut vexabo. Immo eandem tertiam partem ipsis decano et capitulo contra omnes qui juri et legi stare voluerint garandizabo, et ad hoc idem me et meos in perpetuum obligavi heredes. Dictam tertiam partem dicte decime in manu venerabilis patris domini Arnulphi, Dei gratia tunc Ambianensis episcopi, ad opus dictorum decani et capituli resignans. Nec est omittendum quod ego, de assensu et voluntate dicte uxoris mee et heredum meorum predictorum, dedi et concessi dictis decano et capitulo alias duas partes dicte decime in perpetuum ab ipsis tenendas et possidendas pacifice, libere et quiete, si eas voluerint redimere a viris religiosis abbate Sancti-Fusciani in nemore quibus a me pignori tenetur obligata, promittens dictas duas partes decime sic datas et concessas dictis decano et capitulo garandire, sicut et dictam tertiam partem venditam, cum ipse ab ipsis redempte fuerint, vel ad ipsos devenerint aliquo modo : et ad hoc idem meos in perpetuum heredes obligavi. Promittens sub juramento prestito quod nunquam per me vel per alium contra hujusmodi donationem et concessionem veniam aut venire attemptabo ; dictas duas partes in manu dicti episcopi ad opus dictorum decani et capituli resignando, et petendo ab eodem episcopo ut ipse dictam tertiam partem venditam et duas alias partes sic datas et concessas, dummodo eas redimant dicti decanus et capitulum, ipsis decano et capitulo confirmaret : quod et fecit. In cujus rei noticiam et testimonium veritatis perpetuum presentes litteras ipsis decano et capitulo dedi sigilli mei munimine roboratas.

Actum anno Domini M° CC° XXXIX°, mense julio.

Cartul. II, f° 274 v°, n° ccxcix ; III, f° 192, n° cclxxxiv ; IV, f° 113, n° cclxxxi ; V, f° 19, n° xvii.

304

LITTERE DE EMPTIONE DECIME DE BOECORT (2).

Ego Robertus de Bova, dominus de Fouquencamp, miles, et ego Ma-

Juillet 1239

IV° Cartul. : Demuyn. (2) IV° Cartul. : Boecourt partout.

nasserus, dominus de Demuin (1), miles, notum facimus universis presentes litteras inspecturis quod nos venditionem tercie partis tocius decime quam dominus Robertus de Revele habebat apud Boecort in territorio de Forviler et tenebat de nobis in feodum, quam idem Robertus fecit viris venerabilibus G., decano, et capitulo Ambianensi pro quater viginti et decem libris parisiensium eidem R. a predictis decano et capitulo plenarie persolutis, ratam habemus et gratam, necnon et nihil dominii, servicii sive cujuscumque alterius juris nobis vel heredibus nostris in dicta tercia parte decime vendita in perpetuum retinendo. Immo totum dominium, totum jus et servitium quod habebamus in dicta tertia parte decime in perpetuam predictis decano et capitulo Ambianensi concedimus elemosinam. In cujus rei testimonium presentes litteras dictis decano et capitulo dedimus sigillorum nostrorum munimine roboratas.

Actum anno Domini M° CC° XXXIX°, mense julio.

Cartul. II, f° 275, n° ccc ; III, f° 192 v°, n° cclxxxv ; IV, f° 113, n° cclxxxii ; V, f° 20, n° xviii.

305

Item de decima de Boecort (2).

Juillet 1239

Arnulphus, divina permissione Ambianensis episcopus... Noverit universitas vestra quod Robertus de Revele, miles, in nostra presentia constitutus recognovit se vendidisse decano et capitulo Ambianensi... tertiam partem tocius decime quam habebat apud Boecort... in perpetuum dictam terciam partem venditam et alias duas partes ad opus dictorum decani et capituli in manu nostra resignans, et petens a nobis ut dictam terciam partem et alias duas partes, dummodo eas redimant, ipsis decano et capitulo confirmaremus ; quod et fecimus. Predicte siquidem venditioni dicte tertie partis, necnon et donationi et concessioni aliarum dictarum duarum partium, Maria, uxor dicti Roberti, Hugo Clericus, et Bernardus, fratres ipsius Roberti, Ada et Marga, sorores ejusdem Roberti, Johannes et Ingerrannus, liberi ipsius, et Matheus, maritus Perrote sororis dicti Roberti, coram nobis benignum prebuerunt assensum... Nec est omittendum Perrota, uxor dicti Mathei, soror prefati Roberti et liberi ejus Robinus,

(1) IV° Cartul. : Demuyn.   (2) IV° Cartul. : Boccourt.

primogenitus, Petrus et Johannes, Marga et Elysabeth, coram dilecto filio Petro, clerico, ad hoc a nobis specialiter misso, dictas venditionem et donationem et concessionem benigne concesserunt...; et, quia dicti liberi in minori etate erant constituti, cuilibet datus fuit denarius in recognitionem et pro concessione premissorum, sicut ipso clerico accepimus referente. Et ut ista omnia robur obtineant firmitatis perpetuum presentes litteras sigillatas sigillo nostro ipsis decano et capitulo dedimus in testimonium hujus rei perpetuum et munimen.

Actum anno Domini M° CC° XXXIX°, mense julio.

Cartul. II, f° 275 v°, n° ccci ; III, f° 193, n° cclxxxvi ; IV, f° 113 v°, n° cclxxxiii ; V, f° 20, n° xix.

306

Memorialia quoramdam nobis ab Episcopo Arnulpho redditorum

Anno Domini M° CC° XXXIX° mense augusti reddidit nobis dominus episcopus Ambianensis Arnulphus possessionem nostram de oblatione facta in missa quam idem dominus episcopus celebravit in exequiis magistri Johannis Aloe, decani Folliacensis, in altare sancti Firmini confessoris. Ecclesia enim inunxerat dictum magistrum Johannem extrema unctione et hoc scriptum est pro memoriali. Item eodem anno, eodem mense, feria VI^a post Assumptionem Beate Virginis Marie habuimus hujusmodi similiter oblationem in exequiis domini Thome Le Quaille factis apud Sanctum Martinum de Gemellis. Item eodem anno accidit mense julii quod officialis Ambianensis sententiam suspensionis dedit de facto in dominum Petrum de Noientel, presbyterum Sancti Suplicii, qui inmediate subest capitulo Ambianensi; quod capitulum denuntiavit episcopo in vestiario retro altare majoris ecclesie nostre. Qui episcopus sentiens officialem male fecisse, respondit quod non habebat ratum factum officialis in hoc, sed revocabat quicquid fecerat. Similiter sententia suspensionis lata per officialem in presbyterum nostrum de Ver, eo quod idem presbyter non fuerat exequutus mandatum officialis sicut debuisset de monitione et excommunicatione proferenda in dominum Garinum, majorem de Ver, occasione ecclesie nostre, revocata fuit ob hanc causam quod officialis non poterat animadvertere in eum, sed poterat et debebat querimoniam

Août 1239

suam deponere capitulo, et capitulum debebat, si constaret ei de offensa precipere presbyterum quod emendam faceret officiali secundum qualitatem delicti et hoc ipsum contigit eodem anno et mense junio.

Cartul. I, f° 185.

307

DE ANNIVERSARIO SYMONIS, COMITIS PONTIVENSIS.

Octobre 1239

Ego Maria, comitissa Pontivensis et Monsteroli, notum facio universis presentes litteras inspecturis quod vir nobilis Symon, quondam comes Pontivensis et Monsteroli, dilectus maritus (1) meus, ad obitum suum, dum adhuc in sua bona permaneret memoria, pro anniversario suo faciendo in festo beati Mathei evangeliste, pro remedio anime sue, constituit et legavit ecclesie beate Marie de Ambianis quadraginta solidos parisiensium, ad vicecomitatum meum de Abbatisvilla, annuatim in festo Sancti Remigii capiendos Ego autem tamquam domina et heres, de bona voluntate mea, et eciam ad petitionem predicti comitis, mariti mei karissimi, assignavi predictos quadraginta solidos, sicut superius est expressum. In cujus rei testimonium predicte ecclesie tradidi litteras meas sigillo meo confirmatas.

Actum anno Domini M° CC° XXXIX°, mense octobri.

Cartul. II, f° 277, n° cccii; III, f° 194, n° cclxxxvii; IV, f° 114, n° cclxxxiv; V, f° 71 v°, n° xc.

308

DE NEMORIBUS DE DURI

30 Juillet 1240

G[erardus], decanus, et capitulum Ambianense, omnibus presentes litteras inspecturis eternam in Domino salutem. Noverit universitas vestra quod cum in capitulo nostro generali dudum ordinatum fuisset quod quilibet canonicorum nostrorum haberet unum jornale nemoris annexum prebende sue percipiendum singulis annis in perpetuum in nemoribus ecclesie sitis apud Duri, tandem pro ecclesie nostre utilitate communi, de consensu singulorum extitit ordinatum quod in instanti anno quilibet canonicorum percipiet quinque jornalia

(1) Maritus ne se trouve que dans le V° Cartulaire.

nemoris antedicti, cellerario nostro pro quatuor ex eis VIII libras parisiensium soluturus, videlicet IV^{or} libras in Assumptione beate Virginis (1), sub pena centum solidorum, et IV^{or} libras in festo Sancti Remigii, sub pena similiter centum solidorum. Que pecunia in usus distributionum ecclesie converteretur, nec in alios usus converti poterit quacumque necessitate urgente. In quatuor autem annis sequentibus, dicti canonici a perceptione suorum jornalium in dictis nemoribus abstinebunt ; in cujus recompensationem quolibet dictorum annorum quatuor, percipient singuli in Natali Domini XL^a solidos parisiensium, de quibus factum est eis assignamentum ad census ecclesie nostre omnibus terminis tocius anni recipiendos per quamdam personam ad id cum dicto cellerario deputandam. Quod si dicti census ad hoc non sufficerent, cellerarius perficere teneretur. Postquam vero dicti V^e anni, videlicet ille qui instat et sequentes quatuor transacti fuerint, dicti canonici ad perceptionem suorum jornalium in sepedictis nemoribus revertentur, nec interim quicquam attemptabitur a quocumque quominus possint ibidem in perpetuum recipere sua jornalia secundum quod fuerat primitus ordinatum, nisi forte omnium interveniente consensu ad id specialiter vocatorum duceremus aliter ordinandum unici contradictione plenissime valitura. Nos autem volentes singula robur firmissimum obtinere, ea sub specialis religione juramenti promisimus observanda, excommunicantes nichilominus omnes illos qui per se vel per alios presentem ordinationem infringere conabuntur, excepto solutionis dictarum octo librarum articulo quem juramento seu excommunicationi voluimus subjacere. In cujus rei testimonium presentes litteras dilecto concanonico nostro magistro Ricardo de Fornivalle (2) sub sigillo capituli duximus concedendas.

Datum in crastino octabarum beate Marie Magdalene, anno Domini M° CC° XL°

Cartul. II, f° 277, n° cccIII ; III, f° 194, n° cclxxxVIII ; IV, f° 114, n° cclxxxV.

309

Item de Mossures (3)

Ego Girardus, vicedominus Ambianensis et dominus Pinchonii, notum facio universis presentes litteras inspecturis quod cum Radulphus li Escornes

15 Septembre 1240

(1) IVe Cartul. : Beate Marie.
(2) IIIe et IVe Cartul. : Richardo de Furnivalle.
(3) IIIe, et IVe Cartul. : Moussures dans toute la charte.

de consensu Ingerranni de Mossures (1), domini sui et hominis mei, totam decimam suam de Mossures tam in villa quam extra villam majorem et minutam cum homagio Roberti Caillevout et eorum pertinenciis decano et capitulo Ambianensi vendidisset et in manu episcopi Ambianensis ad opus eorum resignasset, consensu meo de cujus feodo et dominio erant minime super hoc habito, et propter eamdem decimam cum homagio et pertinenciis de consilio hominum meorum parium dicti Ingerranni in manu mea saisivissem, tandem ad instanciam dictorum decani et capituli vendicionem predictorum decime, homagii et pertinenciis et resignacionem eorumdem in manu episcopi ad opus eorum factam benigne concessi, prout in ejus litteris et litteris Radulphi Li Escornes (2) super hoc confectis plenius continentur, renuncians eis omni juri quod habebam vel habere poteram in eisdem et promittens quod in dicta decima, hominagio et pertinenciis nihil de cetero reclamabo nec decanum et capitulum seu aliquos ex parte eorum super hiis molestabo seu molestari procurabo, eisdem ad perpetuam ipsius decime homagii et pertinentium garandiam contra omnes qui juri et legi stare voluerint me et successores meos in perpetuum obligando et adjuvandum eos bona fide specialiter contra Radulphum et ejus heredes licet juri et legi stare nolentes si super predictis ab ipsis sive aliquo eorum fuerint molestati. Ingerrannus eciam predictus ad perpetuum dictorum decime et homagii et pertinencium garandiam decano et capitulo faciendam contra omnes qui juri et legi stare voluerint obligatus est, sicut in jure coram me recognovit in presentia parium suorum hominum meorum, presentibus eciam ibidem coram me magistris Garnero Moreth (3) et Hugone de Bellaquercu et dominis Roberto dicto Ruffo (4) et Nicholao de Belloramo, canonicis Ambianensibus, ibi ex parte dictorum decani et capituli constitutis. Sciendum est autem quod pro predictis venditione et resignatione concedendis et approbandis et pro aliis, prout superius sunt distincta, a me decano et capitulo faciendis, ego ab ipsis recepi centum libras parisiensium plenarie persolutas; et maxime, cum predicti R. et Ingerrannus in garandia super predictis decano et capitulo debita defecissent, ad majorem autem securitatem decano et capitulo super predictis faciendam, ego omnia, prout superius sunt distincta, tactis sacrosanctis euvangeliis me fideliter observaturum proprio jura-

1) Ve Cartul.: Moussures dans le reste de la charte.
(2) IVe Cartul.: Lescorne.
(3) IVe Cartul.: Mouret.
(4) IIIe, IVe et Ve Cartul.: Rufo.

mento firmavi. In cujus rei testimonium et munimen presentes litteras eisdem tradidi sigilli mei· munimine roboratas.

Actum anno Domini M° CC° XL° in die Exaltationis sancte Crucis.

Cartul. II, f° 268, n° ccxcii; III, f° 187 v°, n° cclxxvii; IV, f° 110 v°, n° cclxxiv; V, f° 14, n° xii.

310

De firma vinearum de Noientel

Universis presentes litteras inspecturis G[erardus], decanus, et capitulum Ambianense eternam in Domino salutem. Noveritis quod nos quicquid habemus apud Noientel in vineis, hospitibus et omnibus aliis, dilecto concanico nostro magistro Ricardo de Fornivalle, quamdiu canonicus ecclesie nostre fuerit, tenendum concessimus pariter et habendum, sub annuo censu X^m librarum parisiensium, nobis in festo Omnium Sanctorum, annis singulis, solvendarum. Super quo, ne fides dubitationi subjaceat, presentes litteras inde confectas eidem magistro concessimus sigilli nostri appensione munitas.

Datum anno Domini M° CC° XL°, dominica post Nativitatem ejusdem Domini.

30 Decembre 1240

Cartul. II, f° 278, n° cciv.

311.

Item de Mossures (1)

Magister Thomas de Carnoto, canonicus et officialis Ambianensis, omnibus presentes litteras inspecturis salutem in Domino. Noverit universitas vestra quod cum Radulphus li Escornes et Maria, uxor ejus, totam decimam suam majorem et minutam quam habebant apud Mossures (2) tam in villa quam extra villam cum homagio Roberti Caillevout et eorum pertinenciis vendidissent viris venerabilibus decano et capitulo Ambianensi pro quadringentis libris parisiensium ipsis numeratis de assensu et concessione omnium liberorum et heredum suorum necnon et Ingerranni de Mossures (3), de quo predicta tamquam de domino proximo prefati Radulphus et ejus uxor tenebant, de ejus eciam volun-

Janvier 1241 (v. st.)

1) III° et IV° Cartul.: Moussures partout.   (3) V° Cartul.: Mossules.
(2) V° Cartul.: Moussules.

tate et concessione in manu reverendi patris Arnulphi, Dei gratia Ambianensis episcopi, dictam decimam cum homagio predicto et pertinenciis eorumdem ad opus dictorum decani et capituli resignarant, et postmodum, in dicta venditione adjectum fuisset inter prefatos decanum et capitulum, Radulphum et ejus uxorem, ad probationem quantitatis modiorum ipsius decime, quod ipsa collecta tribus annis continuis proximo post venturis facta collatione anni ad annum valor decime estimaretur, equali portione tocius summe modiorum trium annorum cuilibet anno assignata, et si dicta decima non inveniretur valere per annum XXXI modia, medietatem bladi et medietatem avene ad mensuram Ambianensem, dicti Radulphus et ejus uxor de blado equivalenti, videlicet apud Croissi (1), supplere tenerentur; et si plus inveniretur valere quam dictum est, prefati decanus et capitulum pro rata precii de hoc quod superesset persolverent dictis Radulpho et ejus uxori, prout tam in litteris prefatorum decani et capituli et dictorum Radulphi et ejus uxoris quas vidimus plenius continetur, tandem dicto Radulpho sublato de medio, prefata Maria existente vidua ex cujus parte premissa vendita proveniebant, quitavit in perpetuum predictis decano et capitulo Ambianensi coram nobis totum superexcrescens dicte decime et quidquid habebat juris vel habere poterat in eodem pro quadraginta libris parisiensium a dictis decano et capitulo ipsi persolutis, nichil de cetero in superexcrescenti dicte decime sive in decima, homagio et pertinenciis eorumdem supradictis aliquo titulo in perpetuum per se vel per alium reclamatura, Petro ejusdem Marie primogenito, Roberto et Johanne liberis suis dicte quitationi coram nobis benignum prebentibus assensum; et tam ipsis quam dicta Maria promittentibus coram nobis quod dictos decanum et capitulum de cetero super premissis per se vel per alium *nunquam* inquietabunt, dampnificabunt sive molestabunt prefatis decano et capitulo similiter promittentibus coram nobis quod ipsi, si contingat aliquo tempore dictam decimam non excedere summam triginta unius modiorum prenotatam sive usque ad dictam summam non valere, dictam Mariam vel ejus heredes nullatenus occasione hujusmodi molestabunt aut vexabunt, inmo contenti erunt de hoc quod in dicta decima et ejus pertinenciis contigerit obvenire. In cujus rei testimonium presentes litteras dictis decano et capitulo dedimus sigillo curie Ambianensis sigillatas.

Actum anno Domini M°CC°XLI, mense januario.

Cartul. II, f° 269 v°, n° ccxciii; III, f° 188 v°, n° cclxxviii; IV, f° 111, n° cclxxv; V. f° 15 v°, n° xiv.

1 III° et IV° Cartul.: Croisci.

312

Litteræ de Kaisneel

Ego Laurentius, dominus de Kaisneel (1), notum facio universis presentes litteras inspecturis quod ego vendidi in perpetuum viris venerabilibus decano et capitulo Ambianensi pro ducentis et quadraginta libris parisiensium michi numeratis, centum jornalia terre mee in una pechia sita inter villam de Ver et villam de Saleu cum omni prato meo et molendino meo quod vocatur Peteigni (2), cliario et nassa ad capiendum pisces in eodem molendino et in omnibus pertinenciis predictorum sitis inter easdem villas, de assensu et voluntate Agnetis, uxoris mee et omnium liberorum, fratrum, sororum et heredum meorum, necnon et nobilis viri Girardi, domini de Pinkonio (3) et vicedomini Ambianensis, de quo predicta in feodum tenebam. Ita tamen quod ego vel serviens meus, loco mei, molneiam meam liberam habebo in dicto molendino, et per istam venditionem omnes homines mei venient per bannum molere ad dictum molendinum quamdiu ibi fuerit molendinum ; et si contingeret ibi molendinum non esse, dicti homines mei poterunt molere ubicumque eisdem placebit, nec tenebitur capitulum molneiam meam vel servientis mei molere liberam ad alia molendina sua. De voluntate vero et concessione dicti Girardi, vicedomini Ambianensis, necnon et Agnetis, uxoris mee, et omnium liberorum et heredum meorum, in manu reverendi patris Arnulphi, Dei gratia Ambianensis episcopi, omnia predicta, prout superius sunt expressa, ad opus dictorum decani et capituli resignavi : qui ad petitionem meam, de voluntate jam dicti vicedomini et Agnetis, uxoris mee, et omnium liberorum et heredum meorum concessione, ipsos investivit de eisdem. Promisi autem sub juramento corporaliter prestito quod nunquam de cetero contra hujusmodi venditionem per me vel per alium veniam aut venire procurabo, et quod dictos decanum et capitulum super premissis aut aliquo premissorum nullatenus vexabo aut molestari procurabo, immo ipsos super omnibus premissis bona fide defendam, ad hec omnia me et meos in perpetuum obligando heredes. Pro omnibus vero superius expressis firmiter observandis, ego et uxor mea, liberi, sorores, heredes mei corporale prestitimus

Mars
1241
(v. st)

(1) IIIe Cartul. : Kaineel.
(2) IIIe, IVe et Ve Cartul. : Petegni.
(3) IIIe, IVe et Ve Cartul. : Pinchonii.

juramentum. Et ut ista omnia rata permaneant et firma presentes litteras dictis decano et capitulo sigilli mei tradidi munimine roboratas.

Actum anno Domini M° CC° XL° primo, mense marcio.

Cartul. II, f° 279, n° cccvi ; III, f° 195 v°, n° ccxci ; IV, f° 114 v°, n° cclxxxviii ; V, f° 17 v°, n° xvi.

313

Item littere de Kaisneel

Mars 1241 (v. st.)

Ego Girardus, vicedominus Ambianensis, dominus Pinchonii, notum facio..... quod Laurencius de Kaisneel vendidit decano et capitulo Ambianensi... centum jornalia terre..., que omnia idem Laurentius de me tenebat in feodum...., omnia premissa vendita ad opus dictorum decani et capituli in manu mea tanquam domino de quo tenebantur reddens et resignans et petens quod de eisdem ipsos decanum et capitulum investirem. Quod et feci, quitans ipsis decano et capitulo in perpetuum totum jus et dominium quod in premissis habebam vel habere poteram, et concedens eisdem quod ipsi faciant quando voluerint pontem per quem molentes possint deferre bladum suum ad molendinum in dicto molendino, solummodo pedes sine equo vel alia vectura; et eciam ipsis decano et capitulo similiter promittens omnia ista, prout sunt expressa, me garandisaturum contra omnes qui juri et legi voluerint stare, ad hoc idem et alia premissa observanda firmiter et tenenda me et meos in perpetuum obligando heredes. Et ut ista omnia perpetua stabilitate nitantur presentes litteras dictis decano et capitulo dedi sigillo meo sigillatas in hujus rei testimonium perpetuum et munimen. Actum anno Domini M° CC° XL° primo, mense marcio.

Cartul. II. f° 280, n° cccvii ; III, f° 196, n° ccxcii ; IV, f° 115, n° cclxxxix ; V, f° 16 v°, n° xv.

314

De eodem

Mars 1241 (v. st.)

Arnulphus, divina permissione Ambianensis episcopus, universis XPI fidelibus eternam Domino salutem. Noverit universitas vestra quod Laurentius de Kaisneel in nostra presentia constitutus recognovit se vendidisse... decano et capitulo Ambianensi centum jornalia terre sue... Cui venditioni Emmelina et Helvidis, sorores ejusdem Laurentii, benignum coram nobis prebuerunt assensum et juraverunt coram nobis tam dictus Laurentius quam dicte Emmelina et Helvidis quod numquam de cetero contra hujusmodi venditionem per se vel per alium venient... Et quia Garinus, filius dicti Laurentii primogenitus, in minori etate erat constitutus, datus fuit ei denarius secundum consuetudinem patrie pro concessione et in recognitionem dicte venditionis. Agnes siquidem, uxor dicti Laurentii, que in predictis venditis dotalicium habere dicebatur, juravit coram nobis quod spontanea non coacta dicte venditioni assensum prebebat et quod a dicto marito suo sufficiens et sibi gratum receperat de dicto dotalicio suo excambium, videlicet omnia que dictus Laurentius habebat apud Taisni (1) tam in censibus quam in caponibus, denariis, decima, terragio et aliis; promittens sub juramento suo quod in premissis venditis nullatenus aliquid de cetero ratione dotalicii sive aliquo alio titulo per se vel per alium reclamabit, ipsum dotalicium in manu nostra ad opus dictorum decani et capituli resignando, contenta excambio supradicto et petendo a nobis ut de ipso dictos decanum et capitulum investiremus et illud auctoritate pontificali confirmaremus eisdem. Quod et fecimus prefato vicedomino dictam venditionem..laudante et approbante.,. Et ut ista omnia perpetuam obtineant firmitatem presentes litteras sigillo nostro sigillatas dictis decano et capitulo dedimus in hujus rei testimonium perpetuum et munimen. Actum anno Domini M° CC° XL° primo, mense marcio.

Cartul. II, f° 280 v°, n° 308; III, f° 196 v°, n° ccxciii ; IV, f° 115 v°, n° ccxc ; V, f° 18.

315

De filio fabri de Noientel.

Universis presentes litteras inspecturis presbiter de Noientel salutem in Domino. Cum Johannes, filius Theobaldi, fabri, de Noientel, et Emmeline, uxoris ejus, hominum decani et capituli Ambianensis, detineretur in claustro Ambianensis, carceri mancipatus in carcere dictorum decani et capituli pro quodam homicidio quod idem Johannes dicebatur perpetrasse erga Dionisium (2), filium Johannis Leschoier (3), et dicti Theobaldus et Emmelina, uxor ejus, peterent a

6 Mai 1141

(1) III°, IV° et V° Cartul. : Tasni.
(2) IV° Cartul. : Dyonisium:
(3) III° et IV° Cartul. : Lescohier.

venerabili viro Ricardo de Fornivalle (1), cancellario Ambianensi, qui vice dictorum decani et capituli homines dictorum decani et capituli manentes apud Noientel justiciat cum majore eorum qui manet in dicta villa qui, auctoritate dicti Ricardi, homines dictos justiciat et audit placita eorum, ut, si placeret eidem Ricardo, eis filium suum predictum Johannem recrederet per plegios sufficientes : ita quod quociens dictus Ricardus dictum Johannem citaret coram eo, idem Johannes venire teneretur et staret juri coram eo. Sed cum dicti Theobaldus et Emmelina, ejus uxor, dictos plegios habere non possent, sicut asserebant, vestre significamus universitati quod dicti Theobaldus et Emmelina, ejus uxor, fide prestita corporali, promiserunt coram nobis, et ad hoc omnia bona sua tam mobilia quam immobilia que de dictis decano et capitulo tenere dicuntur, quod quocienscumque dictus Ricardus citaverit dictum Johannem, filium predictorum Theobaldi et Emmeline, de stando juri super premissis coram eo, ipsi dictum J. filium suum adducent in curia dictorum decani et capituli ad standum juri coram eodem Ricardo, quod nisi facerent, penam dictorum bonorum suorum omnium se noverint incurrisse ; ita quod de dictis bonis, post dictam penam commissam, dictus Ricardus, cancellarius, suam facere posset penitus voluntatem. Huic autem ordinationi interfuerunt Bartholomeus Clericus (2), Bernerus li Caleures, Wiardus Li Blons, Andreas li Carpentiers, Johannes Miles, Hugo de Avesnes (3), Vincentius Maistrie (4), et Petrus Orrains et Arnulphus, major Sancti-Firmini.

Actum anno Domini M° CC° XL°, primo, in octava Ascensionis.

Cartul. II, f° 278 v°, n° cccv ; III, f° 195 v°, n° ccxcvi ; IV, f° 114 v°, n° cclxxxvii.

316

De censibus domorum presbiteri sancti Firmini.

Juin 1241

Arnulphus, Dei gratia Ambianensis episcopus, universis presentes litteras inspecturis in Domino salutem. In litteris bone memorie predecessoris nostri Gaufridi, episcopi Ambianensis, nobis oblatis, vidimus contineri : quod cum ecclesiam Ambianensem, tempore pie recordationis Everardi episcopi Ambianensis, tunc eidem ecclesie presidentis, contigisset incendio corruisse,

(1) III° et IV° Cartul.: Richardo de Furnivalle.
(2) III° Cartul. : Clerius.
(3) IV° Cartul. : Avennes.
(4) IV° Cartul. : Vicentius.

per eundem Everardum, episcopum, accedente consensu cleri et populi Ambianensis, fuerat ordinatum, et erat necesse quatinus fundamentum dicte ecclesie ampliaret, ad quas ampliationes ecclesiam B¹¹ Firmini Confessoris retro sitam cedere oportebat. Et quoniam illa ecclesia parrochianis suis erat invia et occulta, et hospitalaria domus periculose sedebat ad tocius urbis, sicut visum est, detrimentum predicte fuit ordinationi adjectum quod ecclesia beati Firmini ad domum hospitalariam et hospitalaria, apud magnum pontem, ad locum quem emit Johannes de Croy (1), quondam civis Ambianorum, laudabiliter transferrentur. Attendentes itaque quod hec fuit mutatio dextere Excelsi, administrationis nostre tempore, quod prefati predecessores nostri, eorum interveniente obitu, non potuerunt supplere, volentes, ad instanciam capituli nostri et civium Ambianensium, sedem parochie beati Firmini in domo que fuerat hospitalarie fecimus collocari, sed quoniam locus ille canonicis et parrochianis beati Firmini sufficere non valebat, et presbiteri ejusdem loci curati proprias mansiones non habebant, ex quorum remotione maximum cotidie toti parrochie periculum imminebat ; maxime cum ipsi semper debeant esse parati ad exhibenda parrochianis suis, prout necessitas exigit, ecclesiastica sacramenta, ad instanciam et preces multas dilecti filii Roberti, presbiteri ejusdem curati loci, ac parrochianorum suorum, per nos et prefatum capitulum extitit ordinatum ut domus quam Gregorius, quondam sacerdos, ex dono bone memorie Everardi episcopi tenuerat et alia domus eidem contigua que fuerat Willelmi (2) de Dompno-Medardo (3 quondam canonici beati Firmini Confessoris, et eciam terra quam pie recordationis Gaufridus, episcopus predecessor noster, capitulo concesserat circa domos illas, memorati cederent confessoris, et dicti Roberti, presbiteri, ac successorum suorum presbiterorum perpetue mansioni sub annuo censu octo librarum parisiensium, reddendo in perpetuum capitulo memorato a dicto Roberto, presbitero et ejus successoribus presbiteris, pro mansione sua ibidem habenda, et fabrica supradicte ecclesie amplianda, videlicet in festo sancti Martini Hyemalis, centum solidos, et in dominica in Albis LX solidos, pro quibus idem Robertus, presbiter, tam dictam mansionem quam obventiones altaris ipsum ac successores suos presbiteros contingentes penes dictum capitulum obligavit. Decanus vero et dictum capitulum tam dictas domos quam terram memoratam tenentur erga omnes eidem Roberto ac suis successoribus presbiteris garaudire. Hec igitur divino, ut credimus,

(1) III° Cartul. : Croii.
(2) III° et IV° Cartul. : Guillelmi.

(3) IV° Cartul. : Domno.

provisa consilio, de consensu, voluntate et predicti capituli et canonicorum beati Firmini Confessoris dictarum domorum et obventionum obligationem approbatum annotari sub cyrographo fecimus et conscribi, et tam sigillo capituli quam nostro signari in hujus rei testimonium et munimen, Actum anno Domini M° CC° XL°, primo, mense junio.

<small>Cartul. II, f° 286, n° cccxiv ; III, f° 200 v°, n° ccxcix ; IV, f° 117 v°, n° ccxcvi.</small>

317

LITTERE DE ORDINATIONE ALTARIUM DE FOILLIACO, DE PLAISSEIO (1) (ET DE VILLARI LE BRETONEUX) TEMPORE ARNULPHI, EPISCOPI.

Avril
1241
(v. st.)

Arnulphus, Dei gratia Ambianensis episcopus, omnibus presentes litteras inspecturis in Domino salutem. Noverit universitas vestra quod cum vir venerabilis Radulphus, quondam archidiaconus Pontivensis, altaria Sancti-Mathei de Foilliaco(2), de Villari Le Bretouneus(3), de Helliaco, de Ribemont, de Plaisseio, cum jure patronatus et omnibus pertinenciis predictarum ecclesiarum, et donatione prebendarum Sancti-Mathei, necnon et quadam decima apud Hangestum in manu reverendi patris ac predecessoris nostri Everardi, bone memorie, episcopi Ambianensis, resignasset, et postmodum eidem resignationi suum dedisset assensum, vir nobilis Galterus, dominus Helliaci, Ingerrannus, frater ejus, canonicus Ambianensis, uxorque dicti Galteri, filii et filie et fratres ejusdem Galteri, et quicquid juris hereditarii vel quasi in omnibus predictis reclamare poterant, episcopo et ecclesie Ambianensi quitassent et abjurassent de predictis altaribus et redditibus, communi consensu(4) dicti episcopi et capituli nostri, Galteri quoque, Ingerranni et filiorum ipsius Galteri ordinatum fuit in hunc modum quod episcopus Ambianensis patronatum haberet et donationem prebendarum in ecclesia Sancti-Mathei de Foilliaco : capitulum vero Ambianense haberet collationem predictarum quatuor aliarum ecclesiarum in perpetuum videlicet de Villari le Bretouneus(5), de Helliaco, de Ribemont, de Plaisseio(6). Proventus autem predictorum altarium et decime de Hangesto assignati fuerunt et concessi

<small>(1) V° Cartul. : Plasseio.
(2) III° et IV° Cartul. : Folliaco.
(3) III° et V° Cartul. : Bretoneus.
(4) IV° Cartul, : Assensu.

(5) V° Cartul. : Bretoneus dans tout le reste de la charte.
(6) III° Cartul,: Plaisseio· V° Cartul.: Plesseio.</small>

domino Ingerranno predicto et duobus filiis ipsius Galteri, Theobaldo et Roberto quamdiu viverent in seculo, ita videlicet quod decedente ipso Ingerranno, portio quam tenebat integre ad capitulum deveniret, et si portio illa non valeret centum viginti libras, de aliis partibus ipsi capitulo ab episcopo suppleretur defectus, et detraheretur si plus valeret et episcopo redderetur. Dictus vero Ingerannus, in nostra presentia constitutus, portionem ipsam contingentem, videlicet decimam quam tenuit apud Foilliacum et decimam de Hangesto in territorio de Baullencort (1), altare de Villari le Bretouneus cum oblationibus et decimis majoribus et minutis, altare similiter de Plasseio (2) cum oblationibus et decimis majoribus et minutis, cum collatione dictarum IV^{or} ecclesiarum, videlicet de Villari le Bretouneus, de Helliaco, de Ribemont, de Plasseio (3), et iterum quinquaginta octo libras et decem solidos quas debet episcopus Ambianensis annuatim de thesauraria Ambianensi, videlicet in Pascha quatuordecim libras et duodecim solidos et dimidium, et totidem in Pentecosten, et residuum in festo sancti Remigii in manu nostra ad opus dicti capituli libere resignavit. Nos autem, ad petitionem ipsius Ingerranni, de portione predicta predictos decanum et capitulum investivimus. Ita tamen quod si proventus illi non sufficerent ad summam dictarum CXX^{ti} librarum, defectus a nobis et successoribus nostris dictis decano et capitulo suppleretur. Si vero dicti proventus dictas CXX^{ti} libras excederent, nobis et successoribus nostris superexcrescens a dictis decano et capitulo redderetur. De prefatis autem CXX^{ti} libris, assensu nostro et capituli, sic est ordinatum, quod decedente sepedicto Ingerrano, instituentur duodecim vicarii annui ad servicium nostre matris ecclesie percipientes de summa pecunie predicta annuatim septuaginta duas libras, antiquo et consueto vicariorum numero non propter hoc diminuto. De residuo vero prefate pecunie summe cedent XX^{ti} libre in augmentum quatuor anniversariorum de Helliaco, et XII^m libre distribuende in festo sancti (4) Mathei duplo, de quibus tam cappellanis quam vicariis in choro assiduis XL^a solidi dividentur, et IV^{or} libre in festo sancti Salvii semiduplo et sexaginta solidi in festo sanctorum Warlosii et Luxoris semiduplo, in festo similiter sancti Domicii semiduplo sexaginta solidi et in festo beate Ulphie (5) semiduplo sexaginta solidi, et in festo Translationis faciei beati Johannis Baptiste semiduplo sexaginta solidi canonicis dividentur ; et preter

---

(1) IVe Cartul.: Baullencourt.
(2) IIIe et IVe Cartul. : Plaisseio.
(3) IVe et Ve Cartul.: Plaisseio.

(4) IVe et Ve Cartul. : Beati.
(5) IIIe, IVe et Ve Cartul. : Wlphie.

hec, in hiis sollempnitatibus antiqua et consueta distributio non cessabit. Hec autem omnia, prout superius sunt expressa, approbamus et concedimus, et auctoritate pontificali confirmamus. In cujus rei testimonium presens scriptum sigilli nostri munimine duximus roborandum.

Actum anno Domini M° CC° XL° primo, mense aprili.

Cartul. II, f° 282, n° cccix ; III, f° 197 v°, n° ccxciv; IV, f° 116, n° ccxci: V, f° 31 v°, n° xxxiii.

318

LITTERA SIVE CYROGRAPHUS CENSUUM SUPER MANSO DE BOUCHART.

Août
1242

G. et capitulum Ambianense omnibus presentes litteras inspecturis salutem in Domino. Noverit universitas vestra quod cum Jacobus Boules, civis Ambianensis, et Maria, uxor sua, dedissent imperpetuum Johanni, presbitero Sancti-Jacobi Ambianensis sub annuo censu sexaginta decem solidorum parisiensium eisdem Jacobo et Marie et heredibus suis a dicto presbitero et successoribus ejusdem presbiteri in eodem tenemento in duobus terminis reddendorum, videlicet in Natali Domini triginta quinque solidorum, parisiensium, et in festo beati Petri ad vincula tantundem, totum tenementum quod tenebant de nobis situm Amb*ianis* retro molendinum nostrum de Bouchart, quod fuit quondam Terrici Monioth; Ita quod idem Jacobus, uxor et successores sui, census pro dicto tenemento nobis et aliis debitos, videlicet nobis octo denarios et duos capones, ecclesie Sancti-Martini de Gemellis tres solidos et quatuor capones, et domino episcopo Ambianensi XII denarios parisiensium pro tribus rivulis sitis in eodem tenemento persolvent; nos vero, quibus idem presbiter prefatum tenementum integre contulit in elemosinam, super dictum tenementum non poterimus aliquem censum vendere vel elemosinare, vel ipsum tenementum dividere, vel per partes ad censum dare, sed poterimus dictum tenementum pro volontate nostra integrum dare, integrum vendere et integrum elemosinare. Et ut hec omnia rata sint et firma presentes litteras in cyrographo divisas sigilli nostri munimine fecimus roborari.

Actum anno Domini M° CC° quadragesimo secundo, mense augusto.

Cartul. IV, f° 160.

319

DE PACTO CANCELLARII ET DECANI SUPER JUSTITIA COMMUNITATIS REVELLE (1).

Omnibus presentes litteras inspecturis G., decanus Ambianensis, eternam in Domino salutem. Noveritis quod nos, ex una parte, et venerabilis concanicus noster (2), cancellarius Ambianensis, ex altera, invicem promisimus quod si quando prebenda Ambianensis cui adjunctum fuerit id quod habet communitas apud Revellam. ad alterum nostrum devenerit, quamdiu simul fuerimus, decanus et cancellarius justicia hominum ejusdem communitatis nobis duobus erit communis. In cujus rei testimonium presentes litteras dicto cancellario duximus concedendas sigilli nostri appensione munitas.

Actum anno Domini M° CC° XLII°, feria VI^a post inventionem beati Firmini martyris.

16 Janv. 1242 (v. st.)

Cartul. II, f° 285 v°, n° cccxiii ; III, f° 200, n° ccxcviii ; IV, f° 117 v°, n° ccxcv.

320

LITTERA EPISCOPI DE CONCESSIONE COLLATIONIS CAPELLANIARUM CAPITULO
IN PARROCHIIS SUIS (3)

Arnulphus, Dei gratia Ambianensis episcopus, universis presentes litteras inspecturis eternam in Domino salutem. Noveritis quod nos dilectis in XPO filiis decano et capitulo Ambianensis ecclesie in perpetuum dedimus et concessimus collationem universarum et singularum capellaniarum hactenus constructarum atque in futurum construendarum infra fines parrochialium ecclesiarum quarum ad ipsos presentatio jure pertinet patronatus. Dictam collationem eisdem decano et capitulo auctoritate pontificali confirmantes litteras presentes super hoc confectas et sigilli nostri munimine roboratas dictis decano et capitulo dedimus in perpetuum veritatis testimonium et munimen.

Actum anno Domini M° CC° XLII°, mense marcio.

Mars 1242 (v. st.)

Cartul. II, f° 285 v°, n° cccxii ; III, f° 200 v°, n° ccxcvii ; IV, f° 117 v°, n° ccxciv ; V, f° 94.

(1) IVe Cartul. : de Revele.
(2) IIIe et IVe Cartul.: Concanonicus noster R.
(3) IIIe Cartul.: Littera episcopi de concessione collationis capituli ; IVe Cartul. : Littera episcopi de concessione collationis capellaniarum.

321

De Calido Monte.

Mars 1242 (v. st.)

Ego Hugo, miles dominus de Calido Monte, universis tam presentibus quam futuris presentes litteras inspecturis notum facio quod in mea presentia constituti Adam, dictus Tenevaus et Aelidis (1), uxor ejus, recognoverunt se in perpetuum vendidisse legitima venditione viris venerabilibus decano et capitulo Ambianensi quartam partem tertie partis tocius decime site in territorio de Calido Monte cum quarta parte carriagii ejusdem tercie partis quam de me tamquam de domino tenebant, pro sexaginta et duabus libris parisiensium a dictis decano et capitulo eisdem plenarie numeratis. Qui Adam et Aelidis (2), uxor ejus, de voluntate et concessione mea, et omnium liberorum et heredum suorum, dictam quartam partem tercie partis tocius decime supradicte cum ejusdem pertinentiis et cum quarta parte cariagii dicte tercie partis, ad opus dictorum decani et capituli in manu reverendi patris Arnulphi, Dei gratia Ambianensis episcopi, resignarunt. Qui episcopus, ad petitionem meam et dictorum Ade et Aelidis (3), necnon et liberorum suorum et heredum concessione, dictos decanum et capitulum investivit de eisdem. Ipsis Adam et Aelayde (4) suo juramento prestito promittentibus coram dicto episcopo quod predictos decanum et capitulum super premissis nullatenus molestabunt, aut molestari procurabunt, immo dictos decanum et capitulum super premissis contra omnes bona fide defendent, et ad hoc idem suos in perpetuum obligaverunt heredes. Ego vero, de cujus dominio premissa dependebant, coram memorato episcopo corporale prestiti juramentum quod nichil ratione dominii, servicii, sive cujuscumque alterius juris, in predictis aliquatenus per me vel per alium reclamabo vel reclamari procurabo, et quod dictos decanum et capitulum super eisdem numquam de cetero per me vel per alium molestabo aut vexabo, immo ipsis decano et capitulo perpetuam de premissis feram garandiam contra omnes qui juri et legi stare voluerint, et etiam contra dominos superiores, si super premissis ipsos decanum et capitulum deinceps molestarent, inquietarent, seu etiam pertubarent. Ad hoc idem me et

---

(1) III⁰ et V⁰ Cartul. : Aelaydis ; IV⁰ Cartul. : Aelaidis.

(2) III⁰, IV⁰ et V⁰ Cartul. : Aelaidis.

(3) III⁰ et V⁰ Cartul. : Aelaydis ; IV⁰ Cartul. : Aelaidis.

(4) IV⁰ et V⁰ Cartul. : Aelaidi.

meos obligando heredes. In cujus rei testimonium perpetuum et munimen dictis decano et capitulo presentes litteras sigillo meo tradidi sigillatas.

Actum anno Domini M° CC° XLII°, mense marcii.

<small>Cartul. II, f° 283 v°, n° cccx ; III, f° 198 v°, n° ccxcv ; IV, f° 116 v°, n° ccxcii ; V, f° 92 v°.</small>

322

De eodem.

Arnulphus, divina permissione Ambianensis episcopus, universis XPI fidelibus eternam in Domino salutem, Noverit universitas vestra quod Adam dictus Tenevians et Alaydis (1), uxor ejus, in nostra presentia constituti recognoverunt se vendidisse in perpetuum dilectis filiis decano et capitulo Ambianensi... quartam partem tercie partis tocius decime site in territorio de Calido Monte cum quarta parte cariagii ejusdem tercie partis... dictis Adam et Aelayde (2) dictam quartam partem... cum ejusdem pertinenciis et cum quarta parte cariagii dicte tercie partis ad opus dictorum decani et capituli resignantibus in manu nostra et eciam nobis petentibus ut dictos decanum et capitulum investiremus de premissis, quod et fecimus. Et quia Matheus, primogenitus dictorum Ade et Aelidis (3), Hugo, Maria et alii liberi eorumdem in minori etate erant constituti, cuilibet ipsorum datus fuit unus denarius secundum consuetudinem patrie pro concessione et in recognitionem dicte venditionis. Et quoniam prefata Aclaydis (4) in premissis venditis dotalicium habere dicebatur, ipsa coram nobis juravit quod spontanea non coacta dicte venditioni assensum prebebat et quod a dicto marito suo sufficiens et sibi gratum receperat excambium de dotalicio suo, videlicet novem jornalia terre sita in dicto territorio in monte Grimoldi, dictum dotalicium in manu nostra ad opus dictorum decani et capituli resignans et illud in perpetuum abjurans contenta excambio supradicto... memorato Hugone de cujus feodo premissa vendita dependere dicebantur dicte venditioni benignum coram nobis assensum prebente, et sub juramento prestito firmiter promittente se in premissis venditis ratione dominii, servicii sive cujuscumque juris alterius aliquid

<small>Mars 1242 v. st.)</small>

<small>(1) IIIe Cartul.: Aclaydis ; IVe et Ve Cartul. : Aclaidis.</small>
<small>(2) IVe Cartul. : Aelaide.</small>
<small>(3) IVe et Ve Cartul. : Aclaidis.</small>
<small>(4) IVe et Ve Cartul. : Aclaidis.</small>

de cetero nullatenus per se vel per alium reclamaturum..., et eciam premissa vendita dictis decano et capitulo.., **garandizaturum**...

Nos vero dictorum decani et capituli commodum volentes et profectum, premissa vendita, ut dictum est, ad opus ipsorum in manu nostra resignata eisdem auctoritate pontificali in perpetuum duximus confirmanda, presentes litteras sigillo nostro sigillatas ipsis dantes in hujus rei testimonium perpetuum et munimen.

Actum anno Domini M° CC° XLII°, mense marcio.

<small>Cartul. II, f° 284, n° cccxi ; III, f° 199 v°, n° ccxcvi ; IV, f° 116 v°, n° ccxciii ; V, f° 93 v°.</small>

323

DE PREDICATORIBUS.

Juin 1243

Universis presentes litteras inspecturis, frater Hugo, prior ordinis predicatorum in Francia, salutem in Domino. Noverit universitas vestra quod cum viri venerabiles decanus et capitulum Ambianense benignum prebuissent assensum ad hoc quod fratres nostri ordinis in civitate Ambianensi, cum eorum pace domum possent habere, salvo in omnibus jure suo, ecclesiarum et parrochiarum suarum, et dicti fratres postmodum emissent XIII jornalia terre site Amb[ianis] ante Sanctum Dionisium in pratis intra fines parrochie Sancti Michaelis que dicto capitulo tam in temporalibus quam in spiritualibus dicitur esse pleno jure subjecta, in qua terra dictum capitulum habebat eciam censum annuum, XXIX denarios et VI capones, tamquam domini fundi, et percipiebat decimam in eadem, occasione quorum idem capitulum fratres nostros de dicta terra recusabat saisire, donec scilicet plenissime cautum esset indempnitati tam ecclesie sue quam subjectarum suarum, tandem inter ipsum capitulum et presbiterum S^{ti} Michaelis, ex una parte, et fratres nostros ad hoc a nobis destinatos, ex altera, taliter extitit ordinatum : quod pro dicto censu et fructibus decime in perpetuum nobis quitandis et percipiendis a nobis in posterum [ex] proventibus temporalibus oblationum omnium in ecclesia nostra in perpetuum faciendarum, in quibus dicta terra eidem capitulo et ecclesie S^{ti} Michaelis sibi pleno jure subdite, sicut dicitur, tenebatur memoratis capitulo et ecclesie S^{ti} Michaelis, pro rata sua, capitulo pro rata XIIII solidos, presbitero, pro rata

XL° solidos parisiensium, quatuor jornalia et dimidium de dicta terra a parte remotiori a civitate duximus concedenda. Quam terram prefati capitulum et presbiter S^{ti} Michaelis pacifice et quiete possidebunt in perpetuum : capitulum videlicet in recompensatione census et proventuum decime que ibidem habebat, que quidem XIIII solidis parisiensium annuis fuerint estimata, presbiter vero S^{ti} Michaelis, pro fructibus oblationum suarum quas nobis in perpetuum percipiendas concessit, estimatis XL° annuis solidis parisiensium. Ita tamen quod tam capitulum quam presbiter partes capient de dicta terra pro rata estimationis pecunie memorate, retentis nichilominus eidem presbitero oblationibus faciendis in ecclesia nostra tam in pecunia quam in cera, quandocumque ex parrochianis suis aliquem contigerit apud nos eligere sepulturam : quod et in aliis parrochiis Ambianensibus extra muros que similiter dicuntur in suis parrochianis ubicumque simile jus ferantur habere, eque volumus retineri. In parrochiis quoque que intra muros sunt, in quarum parrochianorum sepulturis, eorum qui plus quam septennes fuerint, dominus episcopus oblationem cere et presbiteri canonici oblationem pecunie, et minorum VII annis, presbiter illius loci oblationem tam cere quam pecunie dicuntur habere, idem volumus observari. Dictum capitulum pro dicta terra quam ei concessimus in perpetuum possidendam, totum censum sibi debitum in predictis XIII jornalibus et fructus decime dicte terre in perpetuum nobis quitavit, confirmans concessionem nobis factam a prefato presbitero S^{ti} Michaelis de proventibus omnium oblationum que fient in ecclesia nostra secundum prefatum modum in perpetuum percipiendis a nobis. Jus autem percipiendi oblationes modo supradicto, presbiter et dictum capitulum nobis ex causa donationis in perpetuum concesserunt, capitulo eciam jus decime quod habebat in predicta terra nobis liberaliter remittente. Ordinatum etiam fuit ut fratres nostri ordinis in terra supradicta commorantes capitulo Ambianensi habenti ibidem, sicut dicitur, jurisdictionem spiritualem subditi sint in spiritualibus sicut prelato, scilicet, ut teneantur venire ad citationes capituli, servare interdicta et sententias, venire ad processiones sollempnes : non pulsare de nocte ad matutinas scienter antequam pulsatum fuerit in ecclesia majori : nisi in festis Sancti Dominici, Dedicationis ecclesie nostre et sancti in cujus honore fundabitur ecclesia nostra, nec in sabbato Pasche pulsabunt fratres nostri nisi prius pulsato in ecclesia majori. Nec audient fratres nostri confessiones parrochianorum ecclesiarum Ambianensium subjectarum capitulo, nisi de consensu illius ad quem spectat concessio. Si vero fratres nostri contra aliquem de predictis articulis venire presumpserit, poterit capitulum interdicere locum nostrum. Sciendum tamen est quod dictum capitulum Ambianense non habebit curam prioris aut fratrum in predicto loco commorantium ; nec habebit institutionem vel destitutionem prioris, nec visitationem supra priorem aut fratres ; nec faciet prior fratrum nostrorum predicti loci obedientiam capitulo supradicto. Si quod autem privilegium impetratum fuerit ab ordine nostro contra aliquem de articulis supradictis ; volumus et concedimus quod non prosit nobis illud privilegium contra capitulum Ambianense, sed sit irritum et inane quantum ad articulos supradictos : Nec possumus eo uti contra capitulum memoratum. Hanc autem ordinationem approbantes in perpetuum valituram sigilli nostri appositione confirmamus et sigillo magistri nostri ordinis bona fide procurabimus confirmari.

Datum anno Domini M° CC° quadragesimo tercio, mense junio.

Cartul. II, f° 287 v°, n° cccxvi ; III, f° 201 v°, n° ccci ; IV, f° 118. n° ccxcviii.

324

De excambio domorum presbiteri Sancti Firmini.

Juillet
1243

Arnulphus, Dei gratia Ambianensis episcopus, universis presentes litteras inspecturis eternam in Domino salutem. Noverit universitas vestra quod dilectus filius Robertus de Fontanis, presbiter Sancti-Firmini-Confessoris, domum quam Gregorius quondam sacerdos ex dono bone memorie Everardi, predecessoris nostri, tenuerat, et aliam domum eidem contiguam que fuerat Willermi de Dompno (1) Medardo, quondam canonici dicti Beati Firmini, et eciam terram quam pie recordationis Gaufridus, predecessor noster, capitulo Ambianensi concesserat circa domos easdem teneret de dicto capitulo sub annuo censu octo librarum parisiensium, in perpetuum eidem capitulo reddendarum pro mansione sua ibidem habenda, et fabrica ipsius ecclesie Beati Firmini amplianda. Pro quibus octo libris idem Robertus, presbiter, tam dictam mansionem quam obventiones altaris ipsum ac successores suos presbiteros contingentes obligaverat penes capitulum memoratum, sicut in litteris nostris super hoc confectis plenius continetur, tandem cum dicta terra non videretur sine dictis domibus sufficere ad dictam fabricam ampliandam, nos tam ipsius capituli quam dicti

(1) IV° Cartul.: Domno.

presbiteri accedente consensu, domos prefatas, cum quadam portione ejusdem terre cedere voluimus fabrice memorate, facientes eidem presbitero pro illis domibus excambium ad quasdam domos edificatas de bonis ipsius fabrice in portione terre site juxta dictam ecclesiam quam ab hospitalaria Ambianensi duxeramus emendam, ita quod dictus presbiter easdem domos de dicto capitulo teneret sub annuo censu superius annotato obligatas eadem obligatione penes ipsum capitulum qua et ipse obligate fuerant pro quibus ipse in excambium erant date, dictarum etiam obventionum obligatione penes idem capitulum nichilominus remanente. Ceterum quum prefatum capitulum priores domos que dicte cesserunt fabrice tenebatur dicto presbitero ac suis successoribus garandire, Nos pro ipsa fabrica domos quas in excambium dedimus sibi suisque successoribus garandire tenemur excepto honore dicti census. In quorum testimonium atque robur presentes litteras in cyrographum divisas et sigillorum tam nostri quam capituli appensione munitas huic capitulo et inde presbitero duximus concedendas.

Actum anno Domini M° CC° XLIII°, mense julio.

Cartul. II, f° 287, n° cccxv ; III, f° 201, n° ccc ; IV, f° 118, n° ccxcvii.

325

De pulsatione campanarum in processionibus (1).

Anno Domini M° CC° XL° III°, in capitulo nostro generali quod fuit post festum B° Marie Magdalene, concessit nobis reverendus pater Arnulphus, Dei gratia Ambianensis episcopus, quod in omnibus processionibus, in intervallo quod eatenus habitum fuerat inter appellationem processionis et clangorem qui fit quando processio rediens intrat chorum, pulsentur due minime campane continuo, et quod in omnibus magnis duplis sine *Cum eo*, clangores qui eatenus facti fuerant cum sex campanis minoribus, extunc fierent cum octo de turre versus claustrum, videlicet, Gentiana et Benedicta, supperadditis aliis sex. In magnis vero duplis ad *Cum eo*, adderentur due maxime illis octo, excepto clangore qui fit in fine misse qui solummodo fit cum octo.

Cartul. II, f° 294, n° cccxviii ; III, f° 206, n° ccciii ; IV, f° 121, n° ccc.

1243

(1) IV° Cartul.: De nova concessione domini episcopi super ampliatione pulsationis in processionibus magnorum duplorum clangoribus.

326

DE EMPTIONE QUINQUE MODIORUM BLADI ET V AVENE, SINGULIS CANONICIS,
OMNI ANNO, AD DISTRIBUTIONES CELLERARII FACIENDAS.

Septembre 1243

Universis presentes litteras inspecturis, G[erardus], decanus et capitulum Ambianense eternam in Domino salutem. Quoniam bona que devotione fidelium quondam ecclesie nostre collata sunt, in usus quarumdam distributionum, sive in obsequiis defunctorum sive in sanctorum festivitatibus, pro ipsorum arbitrio deputanda, in usus alios plerumque contingebat converti, necessitate qualibet ingruente, ita quod ipsas distributiones multotiens saltem ad tempus oportebat cessare ; nos huic incommodo remedium adhibere volentes et in posterum precavere volentes ne unquam erogantium vota et ultime voluntates de cetero defraudentur, nostro vel successorum nostrorum negligentia vel abusu, ordinavimus in capitulo nostro generali, scilicet in crastino majoris festi beati Firmini, martyris, omnium qui presentes fuerunt vel esse voluerunt, necnon et reverendi patris Arnulphi, Dei gratia Ambianensis episcopi, concorditer accedente consensu quod cum nongente et viginti libre parisiensium ad dictas distributiones faciendas, necnon et ad nostros vicarios exhibendos singulis annis, posse sufficere videantur, secundum quod perpendere potuimus indagatione sagaci de bonis cellarii nostri, ad valorem dictarum nongentarum et viginti librarum annui redditus sequestrentur in manus cellerarii nostri ad hoc a capitulo specialiter deputati, ea conditione quod, superveniente necessitate quacumque, nichil penitus de dicta summa subtrahi poterit in usus alios convertendum, quominus dictas distributiones vel vicariorum sumptus retardari seu cessare oporteat vel etiam defalcari Que quidem nongente et viginti libre unde haberi debeant duximus annotandum. Primitus institutum est ut unusquisque canonicorum tam presentium quam futurorum solvat singulis annis dicto cellerario decem libras, videlicet centum solidos infra diem Sancti-Remigii et centum solidos infra diem Ascensionis dominice subsequentis, ita quod quicumque ad diem non solverit, ex tunc ab introitu chori noverit se suspensum. Ita tamen quod solutioni dicte pecunie ipsius suspensionis absolutio sit annexa ; et ad majorem artationem, singulis diebus quibus dictam pecuniam ultra diem prefixam detinuerit, capitulo tenebitur in duodecim denariis pro pena, nulli omnino ex canonicis aliquatenus remittenda ; ut etiam dictus cellerarius debitum principale non possit recipere sine pena, nec alicui tam ab eodem cellerario quam ab ipso capitulo dari possint inducie quantecumque quominus teneatur ad dictas suspensionem vel penam. Pro dictis autem decem libris, recipient singuli canonici a dicto cellerario decem modios, videlicet medietatem bladi et medietatem avene, singulis annis infra dominicam qua cantatur Esto Michi, preter corpus prebende sue, hoc modo quod penes eundem cellerarium sequestrabuntur de redditibus cellarii nostri per manum alterius cellerarii qui scilicet electus fuerit ad ; ecclesie negocia procuranda, et penes quem totum residuum remanebit. Quadringenti et decem modii, medietas scilicet bladi et medietas avene, et quandocumque cellerarius distributor simul habebit quadraginta et unum modios bladi, faciet totum simul diligenter misceri, et de taliter mixto singulis canonicis singulos modios mensurari donec quinque modii perficiantur eisdem. Similiter et de avena, nisi quia eam non aliter oportebit misceri quam per quadragenos et unum modios in uno acervo preposita singulis canonicis per singulos modios, sicut predictum est, mensurari debebit. Hanc autem distributionem bladi et avene, sicut predictis capitulis est distincta, jurabit cellerarius distributor ea die qua fuerit ad hoc a capitulo deputatus, fideliter et equaliter se facturum et quod per ipsum non stabit quominus infra pretaxatum terminum sit completa. Ita quoque et alius cellerarius negotiorum provisor jurabit ea die qua electus fuerit quod dictos quadringentos et decem modios dicto cellerario distributori fideliter ministrabit, nec per ipsum stabit quominus possit eos distribuisse infra dominicam prenotatam. Et quoniam bladi ad bladum est differentia, visum est annotari debere unde sint quadringenti et decem modii assumendi. Assumentur itaque de Mailli, duodecim modii bladi et totidem avene. — De Berbiieres, undecim modii bladi et totidem avene. — De Gameignicort novem modii bladi et totidem avene. — De Gratepanche, octo modii bladi et totidem avene. — De Cachy, sex modii et dimidius bladi et totidem avene. — De Gentele, quinque modii et dimidius bladi et totidem avene. — De Carorivo, quinque modii et dimidius bladi et totidem avene. — De Feraria, quinque modii bladi et totidem avene. — De prebendis de Dury, quatuor modii bladi et totidem avene. — De Villaribus in Boscagio, tres modii et dimidius bladi et totidem avene. — De Bus in Artoys, tres modii et dimidius bladi et totidem avene. — De Cretosa, tres modii bladi et totidem avene. — De Bellosartho, tres modii bladi et totidem avene. — De Berny, tres modii bladi et totidem avene. — De Sancto Laurencio, duo modii bladi et totidem avene. — De Fracto molendino duo modii bladi et totidem avene. — De Mouton-viler, unus modus et dimidius, et totidem avene. — De Saveuses, unus modius et dimidius bladi et totidem avene. — De Curchellis, unus modius et quatuor sextarii et dimidium bladi et totidem avene. — A Warino dicto Cantore, unus modius et quatuor sextarii bladi. et totidem avene. — Ab Aloudo de Dury, duodecim sextarii et dimidius bladi et totidem avene. — A Martino Francisco, tres sextarii bladi et totidem avene. — De granariis Ambianensibus, sexaginta sex modii et duodecim sextarii bladi et totidem avene. — De Vinarcort, duodecim modii bladi et viginti modii avene. — De Chilli, octo modii bladi et quatuor avene. — De Louvrechi, quatuor modii et sex sextarii bladi et quatuor modii avene. — De Boecort, tres modii et septem sextarii bladi et duo modii avene. — De Castello, tres modii et quinque sextarii bladi. — De Novavilla, tres modii bladi et duo modii et dimidius avene. — De Polivilla, duo modii et dimidius bladi et duo modii avene. — De Bus Sancti Petri, tres modii bladi et tres modii et duodecim sextarii avene. — De Henressart, duo modii bladi et totidem avene. — De molendinis de Croissi, tres modii bladi. — De dono de Fontanis, duo modii et dimidius avene. — De Vallibus, unus modius et VIII sextarii avene. — A Matheo de Croissi, tres mine bladi et totidem avene. — A Laurencio de Croissi, sex mine avene. — Ab hospitibus maiorisse de Croissi decem sextarii avene. — Summa : ducenti et quinque modii bladi et totidem avene quos a cellerario negociorum provisore recipiet, et canonicis distribuet, sicut predictum est, cellerarius distributor, duobus videlicet canonicis S[ti]-Acheoli et S[ti]-Martini-de-Gemellis in ecclesia nostra deservientibus computatis ; in quo etiam et duos canonicos quos instituit Theobaldus, episcopus, ceteris volumus pares esse. Si vero foraneus aliquis fuerit, dictus cellerarius negociorum provisor loco ipsius, ad dictas decem libras distributori tenebitur nomine ecclesie et dictos decem modios loco ipsius similiter sibi nomine ecclesie retinebit. Ita quoque et ecclesia S[ti]-Martini-de-Gemellis, loco canonici decedentis pro quo recipit annuale, et ad dictas decem libras tenebitur et dictos decem modios recipiet eo anno. Quod si canonicus decedens suam perfecerit residentiam, necdum aliquid solverit aut solvisse debuerit, ipse nec dictos decem modios recipiet, nec ad dictas decem libras compelletur solvendas : sed erit loco suo dictus cellerarius negotiorum provisor. Si autem primos centum solidos solverit qui decedit, quinque tantum modios recipiet, scilicet medietatem bladi et medietatem avene, et erit idem cellerarius tam de residuis quinque modiis quam de ultimis centum solidis loco suo. Sed si jam receperit decem modios, non nisi primis centum solidis persolutis, omnia bona sua pro ultimis centum solidis remanebunt penes ipsam ecclesiam obligata. Si vero plus quam quinque modios et minus quam decem receperit, bona sua non nisi pro rata ecclesie tenebuntur, et sepedictus cellerarius, negotiorum provisor, sibi in residuo utriusque succedet. Precipue autem notandum est quod si quando dicte censure minus valeant, cellerarius negotiorum provisor tenebitur ad supplendum defectum. Si vero sit econtrario, totum excrementum revertetur ad ipsum. Ceterum preter dictas quadringentas et decem libras quas canonici solvent, ut dictum est, recipiet et cellerarius distributor de censibus ecclesie constitutis per urbem centum quinque libras parisiensium. De minutis decimis Ambianensibus, sexaginta et decem libras. — De Herbagio, XL(1) libras. — De anniversario Th[eobaldi] episcopi, XXVII libras. — A domino episcopo Ambianensi, XXVI libras. — De Bures, XXII libras. — A presbitero S^{ti}-Hylarii, XVI libras. — De Reneri exclusa, quindecim libras. — De Calido Monte, XII libras. — A presbitero de Cretosa (2), X libras. — De Roumescans (3), IX libras. — De Castello, VIII libras. — A Roberto de Fontanis, presbitero S^{ti}-Firmini Confessoris, pro domo in qua manet, VIII libras. — Ab archiepiscopo Rothomagensi, VI libras et X solidos. — De Megio, X libras. — A presbitero S^{ti}-Jacobi extra muros, X libras. — A presbitero S^{ti}-Sulpicii ultra pontem, VI libras. — A presbitero S^{ti}-Michaelis, LX et quindecim solidos. — A presbitero S^{ti}-Remigii, XXX solidos. — A presbitero S^{ti}-Mauricii, XX solidos. — A decano Ambianensi, pro Nigellula, quatuor libras et X solidos. — De Nigella supra mare, IIII^{or} libras. — De vaccis de Camons, IIII^{or} libras. — De Gyhala Abbatisville, C solidos. — De vicecomitatu Abbatisville, XL solidos. — De pesagio Ambianensi, XL solidos. — De Mes, LX solidos. — De Baugenceyo (4), LX decem solidos. — De Villanova, XXXI solidos et VI denarios. — De Sancto-Luciano Belvacensi, XXX solidos. — De minutis decimis de Feraria, XXX solidos. — A domino Matheo de Roya (5), XX solidos. — A magistro Odone de Bougainvile, XVI solidos, pro domo que fuit Willermi Flascart — A domino Johanne de Baienviler, X solidos. — A Wiberto de Tueffles, X solidos. — A Laurencio de Croissi, XIIII solidos et VI denarios. — A Matheo de Croissi, VI solidos. — A majore de Gratepanche, duos solidos. — De piscaria de Grapin, XXX solidos.

De furno Longe Aque XX solidos. Summa reddituum in pecunia numerata :

(1) Dans l'original les sommes sont en toutes lettres, mais elles figurent ici en chiffres comme dans le cartulaire pour abréger.

Quingente et decem libre parisiensium, que cum predictis quadringentis libris et decem libris solvendis a canonicis, sicut superius est expressum, perficiunt summam nongentarum et viginti librarum, que ad usus cellarii nostri sufficere dicebantur (1).

Quemadmodum autem dictum est de censuris bladi et avene, si quedam ex istis censuris pecunie numerate plus minusve valeant quam sit dictum, cellerarius negotiorum provisor et excrementum habebit et supplebit defectum. Eodem quoque modo si propter multitudinem aut paucitatem mansionariorum majores sint vel minores expense, idem cellerarius et excrementum habebit et supplebit defectum. Preterea de anniversariis instituendis in posterum, est addendum quod nulli qui non sit de gremio ecclesie nostre obligabimus nos ad anniversarium in quo sit distributio facienda, nisi prius redditus fuerint comparati. De venditione vero domorum claustralium que converti solita est in anniversaria canonicorum decedentium, volumus antiquam consuetudinem districtius observari, videlicet quod emptor in receptione clavium ipsius domus, penes cellerarium distributorem deponat bona pignora de argento, vel auro, vel eque sufficientia, et ea redimat infra XL dies, nisi de communi consensu et voluntate capituli sollempniter pulsati fuerint ex causa inducie prorogate ; alioquin extunc ab introitu chori noverit se suspensum. Quod si suspensionem parvi pendere videatur, ipsa domus sibi poterit interdici, vel ipse alias ad aliquam penam rationabilem condempnari. Postquam autem cellerario distributori precium domus fuerit persolutum in nullos alios usus quam in ipsius defuncti anniversarium nullo penitus subtracto convertetur, et ne pro spe pecunie diucius detinende comparatio reddituum impediatur ab aliquo, vel forsitan retardetur ; dicta pecunia cuiquam mutuo dari non poterit, nec etiam ipsi ecclesie, nisi forte casus immineat unde videatur passura grave scandalum seu jacturam, et tunc eciam ad restitutionem tenebitur infra mensem ab eo die quo comparandi redditus poterunt inveniri ; et, si per annos aliquot non inveniantur redditus comparandi, interim anniversarium fiet quidem, sed in eo distributio nulla fiet donec fuerint de dicta pecunia redditus comparati. De festivitatibus quoque instituendis hoc addimus quod nullam recipiemus amodo, vel augmentabimus jam receptam, nisi prius redditibus comparatis, nec aliquam fieri sustinebimus, nisi secundum antiquas et approbatas consuetudines aliarum. Quod etiam de vicariis instituendis eque volumus observari. Cum autem pro novis anniversariis seu festivitatibus,

(1) Ce paragraphe ne figure pas dans l'original.

redditus in blado et avena fuerint comparati, alicui ex canonicis vel saltem alicui laico dabuntur ad censuram pecunie numerate, vel cellerarius negotiorum provisor loco ejus distributori providebit de pecunia numerata, ne umquam canonicos qui servitio interfuerint oporteat distributionem debitam in crastinum expectare. Hec omnia et singula ut perpetuis temporibus inconcussa permaneant et illesa, presentem ordinationem sub specialis religione juramenti promisimus firmiter et inviolabiliter observandam ; excommunicantes nichilominus omnes illos qui eam per se vel per alios ausu temerario infringere conabuntur, vel ei in aliquo contrahire, nisi forte consilio saniori de communi consensu et voluntate tam dicti domini episcopi quam singulorum de capitulo aliquid addendum seu minuendum videbitur, vel in melius commutandum. In quorum testimonium et munimen sigillis domini episcopi et nostro presentes litteras duximus roborandas.

Actum anno Domini millesimo ducentesimo quadragesimotercio, mense septembri.

Original F^{ds} du Chapitre. G 674. Sceau unique sur lacs de soie rouge en cire brune représentant un évêque assis. — Contre-sceau, tête d'évêque mitré. — Cartul. II, f° 289 v°, n° cccxvii ; III, f° 203 v°, n° cccii ; IV, f° 119, n° ccic.

327

De emendatione pro quinque clericis suspensis a Ballivo. (1).

In nomine Patris et Filii et Spiritus Sancti. Amen. Arnulphus, Dei gratia Ambianensis episcopus, omnibus presentes litteras inspecturis, salutem in Domino sempiternam. Noverit universitas vestra quod cum Gaufridus de Milliaco confessus fuerit coram nobis in jure quod ipse sabbato post festum sancti Martini estivalis, tunc ballivus Ambianensis, quinque clericos quos sui servientes ceperant sexta feria precedente, et in vili prisonia detinebant, fecit per civitatem Ambianensis turpissime ac crudelissime distrahi et suspendi, licet iidem etiam de facto nec confessi, nec convicti fuissent, quorum et si alterum affuisset, quia coram non suo judice, non valeret, nec. quod insollentius est, fuissent eciam per diffinitivam sentenciam condempnati, quod et si precessisset, quia tamen non a suo judice, nullius foret roboris aut valoris : et postmodum dictus Gaufridus super hoc nostro juraverit se staturum mandato, datis fidejussoribus, videlicet Adam filio suo, genero suo dicto Walois, Everardo sororio suo, Roberto de Bestesi, Rainaldo de Bestesi et Hunaldo

1er Décembre 1244

(1) IVe Cartul.: Carta de emenda Gaufridi de Milliaco pro morte flagitiosa clericorum.

de Staplis. Ita quod si ipse Gaufridus nostro minus pareret mandato, dicti fidejussores ad penam quam eidem Gaufrido inflixissemus singuli tenerentur, et nichillominus causa quam habebamus contra ipsum Gaufridum super dicto delicto, ad eum statum reverteretur in quo erat ante dictas juratoriam et fidejussoriam cautiones, nos die assignata dicto Gaufrido ad crastinum S^u Andree coram nobis Ambianis ad audiendum mandatum nostrum super pena sibi a nobis pro dicto maleficio infligenda : de prudentum virorum consilio eidem Gaufrido infliximus talem penam, videlicet quod ipse sabbato proximo, post horam primam, et ante Vesperos, nudus pedes et sine vestibus, exceptis camisia et brassis de sacco, laqueo suspensorio circa collum qui vulgariter dicitur *hars*, manibus retro dorsum manifeste ligatis, eo modo quo ligari solent latronibus, qui ad patibulum ducebantur, a loco qui dicitur Mala Domus iter arripiat eundi ad furcas vel ad locum furcarum, et ibi, quantulacumque statione peracta, per ecclesiam S^u-Montani sub eodem scemate revertatur, ubi, solutis manibus, uno ex corporibus clericorum dictorum sibi imposito, palla serica ipsius Gaufridi emenda sumptibus, cooperto, ipsum inde suis humeris deferat ad matricem ecclesiam sollempniter ac devote, et inde iterum ad publicam juxta Sanctum-Dyonisium sepulturam, simili modo et in quatuor diebus continuo sequentibus, processurus, et reliqua IIII^{or} corpora delaturus, observatis usquequaque conditionibus antedictis. Quibus expletis, teneatur tam in Remensi ecclesia quam in cathedralibus ecclesiis omnibus per Remensem provinciam constitutis, necnon et in ecclesiis Rothomagensi, Senonensi, Parisiensi et Aurelianensi secundum modum prehabitum, videlicet nudus, ut dictum est, et laqueo circa collum, ligatis manibus retro dorsum, processionibus sollempnibus interesse diebus dominicis vel festivis, in quibus scilicet de more sit processio celebranda ; nec secum in dictis processionibus seu corporum relationibus aliquos habeat qui ipsum in simili habitu comitentur quasi in solacium sue pene ; et in singulis processionibus legi faciet hujus scripti tenorem, et jurabit quod nunquam, ubicumque terrarum fuerit, erit in amministratione cujuscumque officii cui jurisdictio sit annexa. Jurabit etiam quod infra tempus singula faciet in eodem contenta, relaturus a dictarum ecclesiarum capitulis patentes litteras sub sigillis eorum continentes quando et qualiter inflictam sibi penam prosequutus fuerit apud eos, ita quod has omnes processiones expleverit infra Pascha. Ceterum quoniam ad abolendum tam enormis facti vestigium, pena non sufficit que post se memoriam non relinquat, ne saltem aliis transeat in exemplum unde prestetur audacia presumendi similia vel pejora, volumus ut quinque pelves argenteas, singulas quinque marcharum ad pondus Trecense, suis faciat sumptibus fabricari, et emat redditus annuos ad valorem septuaginta quinque librarum parisieusium ad quinque cereos faciendos ponderis trium librarum singulos, et in ecclesia Ambianensi arsuros perpetuis temporibus ante thecas, et assignet eosdem redditus ecclesie memorate, ita quod infra diem Pentecostes tam dictarum pelvium fabrica quam dicti redditus emptio et assignatio consummentur. Et tandem intra Nativitatem beati Johannis Baptiste iter arripiat ad terram Jherosolomitanam eundi, numquam inde de cetero reversurus, nisi de nostra et singulorum de Ambianensis capitulo voluntate. Quod et in ceteris prescriptis articulis volumus observari.

Actum in dicto crastino S^{ti}-Andree, anno Domini M° CC° XL° IIII°.

Cartul. II, f° 294, n° cccxix ; III, f° 206 v°, n° ccciv ; IV, f° 121, n° cccι.

328

DICTUM ARBITRORUM PRO EMENDA VILLE AMBIANENSIS SUPER EODEM (1).

G[erardus] decanus, H[ugo] prepositus, R[icardus] archidiaconus, Magister A[llermus] de Nulliaco (2), canonicus Ambianensis, Firminus Ruffus, Matheus de Croy (3) et Johannes de Cokerel (4) cives Ambianenses, universis presentes litteras inspecturis, salutem in Domino. Noverit universitas vestra quod cum dominus Matheus Monetarius, major Ambianensis, promisit, juramento super hoc corporaliter prestito, reverendo patri Arnulpho Dei gratia Ambianensi episcopo, in capitulo Ambianensi, coram nobis, nomine civitatis emendam ad arbitrium omnium nostrum vel majoris partis, Deo et ecclesie faciendum pro facto flagicioso decem et septem scolarium quos Firminus Gounors, prepositus regis in civitate Ambianensi violenter cepit feria VI^a post festum beati Martini estivalis proximo preteritum, et cum multis injuriis enormibus cum quibusdam ministris suis violenter duxit ad berefredum, in qua ductione unus scolarium ita fuit graviter vulneratus quod ipsa nocte expiravit, sequenti autem die, quinque de dictis scolaribus a berfredo usque ad furcas distraxit et eos furcis suspendit ita viliter eos tractando in distractione et suspensione

Vers 1244

(1) IV° Cartul.: De emenda majoris et scabinorum Ambianensium super supere oddem facto.
(2) III° et IV° Cartul.: Nuelliaco.
(3) III° Cartul.: Croi.
(4) III° et IV° Cartul.: Kokerel.

quod a seculo non est auditum de aliquo latrone quantumcumque famoso ; et
licet prefatus major se et civitatem constanter assereret fuisse innocentem
quantum ad necem dictorum scolarium, quia tamen immanitas tanti sceleris in
civitate Ambianensi fuerat perpetrata, quod absque culpa aliquorum de civitate
fieri non potuit, ideo, sicut dixit, prefatam promisit emendam ut ira Dei, si qua
esset propter hoc, contra aliquos de civitate, placaretur, et ecclesia honoraretur
que in personis ministrorum suorum tractatorum sicut dictum est gravissimam
injuriam erat passa, adiciens quod propter hoc non convinceretur ipso facto.
Nos autem ad petitionem prefati majoris et reverendi patris Arnulphi, Dei gratia
Ambianensis episcopi, ordinationem predicte emende in nos recepimus, receptis
fidejussoribus ab ipso majore nobis Firmino Ruffo, Matheo de Croy (1), Johanne
de Cokerel (2) et Firmino de Sorchi, Nicholao monetario, Bartholomeo Strabone,
Johanne Manipeni, Radulpho de Ypre, Milone Rapine, Wilardo Heraut (3),
Henrico Greffin, Ricardo Ravin, quorum quilibet, juramento super hoc
corporaliter prestito, promisit reverendo patri Arnulpho, Dei gratia Ambianensi episcopo, sub pena mille marcharum, quod major ad arbitrium omnium
nostrum, vel majoris partis, exequeretur, sicut dictum est, emendam. Nos
autem diligenti deliberatione super hoc prius habita emendam ad honorem Dei
et ecclesie concorditer ordinavimus in hunc modum, quod major prefatus, ad
placandum offensam majestatis divine, et ad reformationem honoris ecclesie
quem in personis ministrorum suorum amisit, sex capellanias instituet, ita
quod quelibet earum sit valoris viginti librarum parisiensium ; hoc adjecto quod
due prime instituentur infra instans festum beati Remigii alie vero due infra
festum sancti Remigii secundo sequens, due vero ultime infra festum sancti
Remigii tercio sequens. Et sciendum est quod si redditus sufficiens ad duas
primas capellanias infra instans festum sancti Remigii possit inveniri infra
dictum festum, major tenetur illum emere et dictis capellaniis assignare. Si
vero infra dictum terminum invenire non possit, major reddet pro qualibet
earum infra festum sancti Remigii viginti libras parisiensium et sic de secundis et
terciis faciendum. Si vero infra instans festum sancti Remigii redditus sufficiens
ad duas cappellanias inveniri non possit, et possit inveniri infra secundum festum
sancti Remigii, infra illud festum tenetur emere sufficientem redditum ad quatuor
capellanias, et eum IIII^{or} capellaniis assignare, et similiter est, quantum ad

(1) IIIe Cartul.: Croi.
(2) IIIe et IVe Cartul.: Kokerel.
(3) IIIe et IVe Cartul.: Heraud.

tercium festum sancti Remigii, faciendum. Si vero neque infra primum festum sancti Remigii, neque secundum, neque infra tercium redditus possit inveniri, major tandiu cuilibet cappellanorum pro quolibet anno reddet viginti libras parisiensium, quousque XX librarum redditus ab ipso majore capellanie sue fuerit assignatus. Ordinavimus insuper quod de dictis capellaniis due instituentur in cimiterio S^{ti}-Dionisii ob remedium predictorum scolarium et aliorum fidelium defunctorum, et construetur ibi cappella de communibus elemosinis in qua, qualibet die, celebrabitur missa pro defunctis ab altero capellanorum ibidem deservientium pro septimana sua, et nichilliminus illi duo capellani ad servicium majoris ecclesie more aliorum capellanorum tenebuntur, excepto officio misse sue pro defunctis. In majori vero ecclesia alie quatuor ad duo altaria competentia instituentur, quarum due deputabuntur ad celebrandam missam qualibet die in honore Beate Virginis : alie vero due deputabuntur ad celebrandam missam qualibet die de Spiritu Sancto. Capellani vero deservientes in prefatis capellaniis missas suas per septimanas celebrabunt et isti quatuor ultimi capellani sicut et primi ad servicium majoris ecclesie quamadmodum et alii tenebuntur. Adjecimus etiam in nostra ordinatione, quia Matheus dictus Madoullars, custos berfredi, creditur et dicitur fuisse causa sive occasio prefati sceleris, ut ab omni servicio majoris et scabinorum in perpetuum de cetero sit amotus. Huic autem ordinationi nostre a nobis facte concorditer, prefati Arnulphus, Dei gratia Ambianensis episcopus, et major benigne consenserunt ; et secundo, major promisit prefato episcopo quod emendam, prout secundum tenorem nostre ordinationis est distincta, fideliter exequetur. In cujus rei testimonium et munimen prefati episcopus et major sigilla sua cum sigillis nostris presentibus litteris appenderunt.

Datum... (*sic*).

Cartul. II, f° 295 v°, n° cccxx ; III, f° 207 v°, n° cccv ; IV, f° 121 v°, n° cccii.

329

De residentia canonicorum.

Universis presentes litteras inspecturis A[rnulfus], divina permissione Ambianensis episcopus, salutem in Domino sempiternam. Admonet nos cura suscepti regiminis ut non solum pro statu ecclesie nostre, immo pro salute singulorum

8 février
1247
(v. st.)

simus solliciti, precipue ut evitetur quod interdum formidari potest periculum animarum. Hinc est quod cum supplicatum fuisset Sedi Apostolice pro statutis quibusdam nostre Ambianensis ecclesie super residentia canonicorum ejusdem scolarium temperandis, litteras ipsius super hoc nobis directas recipimus in hec verba :

« INNOCENTIUS, Episcopus, Servus servorum Dei, venerabili fratri episcopo Ambianensi salutem et apostolicam benedictionem. Licet, sicut te referente didicimus, statutum sit in Ambianensi ecclesia, firmatum juramento et per Sedem Apostolicam confirmatum, ut canonicis residentibus ad hoc quod integre fructus prebendarum suarum percipiant sufficiat per sex menses residere personaliter annis singulis in eadem. Quia tamen ex eo quod canonici ejusdem disciplinis scholasticis insistentes, si per annum integrum in scolis non fuerint, tenentur secundum ipsum statutum ad hoc ut ipsius anni faciant fructus suos per medietatem illius temporis quo a studio, aliquo casu, eos abesse contingit in eadem ecclesia personaliter residere, in eos qui contra venirent, excommunicationis sententia promulgata, frequenter generatur scandalum, et ex parjurio quod interdum committitur, formidatur periculum animarum, de ipsorum salute solliciter supplicasti ut super hoc salubre remedium apponere curaremus, Nos igitur cupientes et animarum obviare periculis, et in agro studii querentibus scientie margaritam, eo libentius impendere gratiam et favorem, quo per eos ecclesia decentius decoratur, Fraternitati tue presentium auctoritate concedimus ut, de proborum ecclesie supradicte consilio, hujusmodi rigorem statuti temperare valeas, et quod obscurum in eo fuerit declarare non obstantibus juramento, confirmatione ac sententia supradictis, faciens quod super hoc statuendum duxeris, per censuram ecclesiasticam, appellatione remota, firmiter observari, aliis constitutionibus et consuetudinibus approbatis ipsius ecclesie in suo robore duraturis ».

« Datum Lugduni VII Idus februarii, Pontificatus nostri anno secundo ».

Nos igitur, ut que ad premissa perjurii periculum prorsus in posterum excludatur, ne propter incertum constitutionis proficiendi et studendi oportunitas subtrahatur, ut studentium pium juvetur propositum et via facilius pateat discentibus ad doctrinam quibus Summi Pontifices laboris eorum fructum multiplicem attendentes in suis constitutionibus in multis providere salubriter curaverunt, virorum venerabilium decani et capituli Ambianensis in hoc accedente consensu, constitutionem premissam declarantes, ut tamen a predecessorum nostrorum vestigiis non recedamus omnino quorum videtur fuisse intentio ut canonicorum in ecclesia personaliter deservientium quoad onus residentie conditio potior habeatur, auctoritate Apostolica duximus ordinandum quod si canonicus Ambianensis, petita licentia, sicut moris est, in Ambianensi ecclesia, ad locum ubi competens habetur studium se transferat et ibi residentiam per octo menses faciat, vel si partem temporis prefiniti in ecclesia, et partem residuam in scolis perfecerit, quoad fructus augusti proximo futuri dicatur residentiam complevisse Quod si, in scolis completis sex mensibus, contingat ipsum a studio recedere per residuum temporis memorati, videlicet per duos menses, infra terminum inchoande residentie tenebitur in Ambianensi ecclesia residere. Similiter, si pauciori tempore quam sex mensibus in scolis resederit, recedens residuum octo mensium in ecclesia proficiet, diebus quibus ad locum studii properaverit vel ad ecclesiam redierit in tempore residentie computatis. Si vero prenotatis modis, videlicet in scolis seu tam in ecclesia quam in scolis completis sex mensibus, contingat ipsum decedere, Augusti proximo subsequentis faciet fructus suos, dum tamen tantum supersit tempore quod infra kalendas septembris per duos menses posset, si viveret in ecclesia residentiam facere personalem. Quam ordinationem modis superioribus prenotatam omni consensu capituli nostri, ad canonicos qui peregre proficisci voluerint duximus prorogandam constitutione de residentia presentium in ecclesia que tempore semestri concluditur et aliis predecessorum nostrorum constitutionibus seu prefate Ambianensis ecclesie approbatis consuetudinibus in aliquo non mutatis, potestatem compellendi rebelles, si qui fuerint, auctoritate nobis in hac parte commissa plenarie reservantes, et ut quod de bonorum consilio plurima deliberatione prehabita ordinatum est, in rectitudine questionis scrupulum, non debeat in posterum devenire, ordinationem premissam sigilli nostri munimine duximus roborandam.

Actum anno Domini M° CC° XL° sexto, feria sexta post Purificationem beate Marie.

<small>Cartul. I, f° 164, n° CCLXVIII.</small>

330

De eodem littere Domini Pape.

Innocentius, episcopus, servus servorum Dei, dilectis filiis decano et capitulo Ambianensi salutem et apostolicam benedictionem. Justis petentium desideriis dignum est Nos facilem prebere consensum, et vota que a rationis tramite non

4 Mai 1246

discordant effectu prosequente complere. Significastis siquidem Nobis quod licet ex statuto ecclesie vestre juramento firmato et confirmato per Sedem Apostolicam canonicis in ipsa ecclesia residentibus ad hoc quod integre fructus prebendarum suarum ejusdem ecclesie percipiant sufficiat in ea per sex menses annuatim personaliter residere ; quia tamen ex eo quod canonici ejusdem ecclesie disciplinis scolasticis insistentes, si per annum integrum in scolis non existerent, tenebantur secundum dictum statutum ad hoc ut ipsius anni facerent fructus suos per medietatem illius temporis quo a studio aliquo casu illos abesse contingeret in eadem ecclesia residere personaliter, excommunicationis sententiam incurrebant, et generabatur frequenter scandalum, et ex perjurio quod committebatur interdum formidabatur periculum animarum, Nos tandem venerabili fratri nostro Ambianensi episcopo ad ejus instantiam duximus concedendum, ut de proborum virorum ecclesie predicte consilio hujusmodi rigorem statuti prefati temperare valeret, quodque in eodem statuto obscurum existeret declarare, ac quod super hoc statueret per censuram ecclesiasticam, appellatione remota faceret firmiter observari, non obstantibus juramento, confirmatione ac sententia supradictis aliis constitutionibus et consuetudinibus approbatis ipsius ecclesie in suo robore duraturis. Qui hujusmodi concessionis forma servata prefati statuti rigorem temperande, sic duxit deliberatione provida ordinandum quod, si canonici Ambianenses sui capituli petita licentia et obtenta, prout fieri consuevit, per octo menses in studio in loco aliquo ubi competens fuerit studium residentiam fecerint, aut priusquam ad scolas accedant per partem temporis prefiniti fuerint residentes in ecclesia supradicta, et postmodum scolis compleverint octo menses vel per menses aliquos ab initio in scolis, vel parte in ecclesia et residuo in scolis residentiam facientes residuum temporis residentie in ecclesia perfecerint memorata, mensis augusti proximo sequentis faciant fructus suos. Si vero canonicum. completis sex mensibus in scolis vel parte in ecclesia et residuo in scolis, mori contingat, prefatos fructus nichilominus percipiat eo modo ac si personaliter in dicta ecclesia resedisset, dum tamen tali decedat tempore quod residuum octo mensium, si viveret in ecclesia vel in scolis, infra terminum institutum complere inchoatam residentiam potuisset. Hujusmodi ordinationem auctoritate ordinaria, vestro accedente consensu, ad prefato ecclesie canonicos de vestra licentia juxta ipsius ecclesie consuetudinem peregrinari volentes, statuit prorogari, prout in ejus litteris confectis exinde dicitur plenius contineri ; unde nos humiliter supplicastis ut cum prorogatio hujusmodi, premissis juramento, confirmatione et sententia obstantibus, nullum videatur habere vigorem, providere super hoc de benignitate solita curaremus, vestris igitur supplicationibus inclinati quod ab eodem episcopo provide factum est in hac parte hiis non obstantibus, auctoritate apostolica confirmamus et presentis scripti patrocinio communimus. Nulli ergo omnino hominum liceat hanc paginam nostre confirmationis infringere vel ei ausu temerario contraire. Si quis autem hoc attentare presumpserit indignationem omnipotentis Dei et beatorum Petri et Pauli apostolorum ejus se noverit incursurum.

Datum Lugduni IIII Nonas Maii, Pontificatus nostri anno quinto.

Cartul. I, f° 165, n° cclxix.

331

De terra quam Johannes Roveles vendidit apud Croissi

Universis presentes litteras inspecturis magister Anselmus de Lehericuria, canonicus et officialis Ambianensis in Domino Salutem. Noveritis quod Johannes de Croissy dictus Roveles et Emelina, ejus uxor, recognoverunt coram nobis se legitime et in perpetuum vendidisse viris venerabilibus decano et capitulo Ambianensi pro viginti sex libris et quatuor solidis parisiensium sibi persolutis sex jornalia dimidium et quinque virgas, vel circiter, terre site in territorio de Croissyaco in duabus pechiis, quarum una vocatur campus de Quercu, quatuor jornalia et triginta virgas continens, et alia vocatur Boiauval, duo jornalia et viginti quinque virgas continens. Dicta vero Emelina que in dicta terra vendita dotalitium habere dicebatur, coram nobis recognoscens et juramento firmans quod huic venditioni spontanea, non coacta, benignum prebebat assensum, et quod a dicto Johanne, marito suo, sufficiens et sibi gratum receperat excambium videlicet unum modium bladi capiendum annuatim ad molendinum dicti Johannis in Croissiaco et duas pechias terre site in territorio predicto, quarum una sita est in valle episcopi et alia sita est in loco qui dicitur Arkenval, dictum dotalicium ad opus dictorum decani et capituli in manu nostra spontanee resignavit. Promittentes juramento prestito tam dicta Emelina quam dictus Johannes, ejus maritus, quod contra hujusmodi venditionem de cetero non venirent, nec dictos decanum et capitulum aut aliquem qui ex parte eorum dictam terram tenebit, super ea per se vel per alium nomine dotalicii, seu aliquo alio nomine aliquatenus molestarent nec molestari procurarent. In cujus rei

Décembre 1249

testimonium presentes litteras confici fecimus, et sigillo curie Ambianensis roborari.

Actum anno Domini millesimo ducentesimo quadragesimo nono, mense decembri.

Cartul. I, f° 158, n° ccxlix.

332

De venditione terre quam Thomas, miles fecit apud Doumeliers

Décembre 1249

Universis presentes litteras inspecturis magister A[nselmus] de Lehericuria, canonicus et officialis Ambianensis, salutem in Domino. Noveritis quod dominus Thomas de Doumeliers, miles, in nostra presentia constitutus recognovit se legittime et in perpetuum vendidisse viris venerabilibus decano et capitulo Ambianensi pro triginta libris et septem solidis parisiensium sibi persolutis septem jornalia triginta septem virgis minus vel circiter terre site in territorio de Doumeliers in duabus pechiis sitis in fine ville de Doumeliers versus Francum castrum : quarum una contigua est vie de Caveis que tendit de Doumeliers versus Le Croc ; alia contigua est culture Mainsendis. Huic autem venditioni Johannes, filius et heres militis prenotati, benignum coram nobis prebuit assensum. Heudebergis siquidem, uxor dicti militis, que in dicta terra vendita dotalitium habere se dicebat, coram dilecto nostro Matheo de Catheu, capellano Ambianensi, ad ipsam propter hoc ex parte nostra specialiter destinato, eidem venditioni benignum prebuit assensum, recognoscens coram eodem capellano et juramento firmans quod a dicto Thoma, marito suo, sufficiens et sibi gratum receperat excambium, videlicet quamdam pechiam terre site in territorio memorato, que vocatur Vallis de Liniere, dictum dotalicium ad opus dictorum decani et capituli in manu ejusdem capellani spontanee resignavit : promittentes, juramento prestito, tam dictus miles Johannes, ejus filius, coram nobis, quam dicta H*eudebergis* coram dicto capellano, sicut idem capellanus cui fidem adhibemus, nobis retulit viva voce, quod contra hujusmodi venditionem de cetero non venirent, nec dictos decanum et capitulum eorum mandatum, sive aliquem qui ex parte ipsorum dictam terram tenebit, super eadem terra per se vel per alium nomine dotalicii, hereditatis, minoris etatis, seu aliquo alio nomine aliquatenus molestarent nec molestari procurarent. Nos vero, volentes tam ea que coram nobis quam ea que coram dicto capellano de mandato nostro quantum ad premissa acta fuerant jurata et recognita robur firmitatis obtinere, presentes litteras confici fecimus et sigillo curie Ambianensis roborari.

Actum anno Domini millesimo ducentesimo quadragesimo nono, mense decembri.

<small>Cartul. I, f° 158 v°, n° CCLI.</small>

333.

<small>DE CONCESSIONE DOMINI DE DARGIES DE COLLATIONE CAPELLANIE DE CATHEU.</small>

Ego Reginaldus, dominus de Dargies et de Catheu, miles, notum facio omnibus presentes litteras inspecturis quod cum ego viros venerabiles decanum et capitulum Ambianense super collatione capellanie castri de Catheu quam dicebam ad me pertinere ratione excadentie ex parte bone memorie nobilis mulieris Avitie, quondam domine de Catheu et de Britholio, que hujusmodi capellaniam in dicto castro fundaverat, molestarem et vexarem; et postmodum cum ex concessione et dono ejusdem domine, et per litteras ipsius super hoc confectas et ipsis decano et capitulo concessas et deliberatas michi constaret collationem predicte capellanie ad ipsos pertinere, et viderem quod nullum jus haberem in eodem, tandem ad cor rediens, saniori fretus consilio, promisi bona fide et ad hec me et meos heredes obligavi quod prefatos decanum et capitulum super collatione sepedicte capellanie nullatenus molestarem, nec procurarem per alium de cetero molestari. In cujus rei testimonium presentes litteras prefatis decano et capitulo tradidi sigilli mei munimine roboratas.

<small>Juillet 1251</small>

Actum anno Domini M° CC° quinquagesimo primo, mense julio.

<small>Cartul. I, f° 159, n° CCLII.</small>

334

<small>DE TERRA EMPTA A JOHANNE DICTO WAITEBUS APUD REVELLAM.</small>

Universis presentes litteras inspecturis magister A[nselmus] de Lehericort,

<small>1252</small>

canonicus et officialis Ambianensis, in Domino salutem. Cum Johannes Waitebus, Eligius Warinus, Reginaldus et Robertus, fratres, et Maria dicta Parva, soror eorumdem, vendiderint viris venerabilibus decano et capitulo Ambianensi in perpetuum tria jornalia et duodecim virgas, vel circiter, terre site in territorio de Revella, in duabus pechiis, quarum una sita est inter Pissi et Revellam, juxta terram Johannis de Perronsel, et altera sita est inter terram Nicholai, majoris de Revella, et terram Roberti dicti Vivet, pro quatuordecim libris et duobus solidis et octo denariis parisiensium, sibi persolutis, sicuti in litteris curie Ambianensis super hoc confectis plenius continetur, noveritis quod Adam Berte et Nicholaus, major de Revella, homines dictorum decani et capituli, coram nobis propter hoc constituti, promiserunt quod si dicti decanus et capitulum aliquam molestationem, vexationem, aut custus seu dampna incurrerent super hujusmodi terra per deffectum garandie dictorum fratrum et sororis eorumdem, ipsi Adam et Nicholaus, major, dictos decanum et capitulum super hoc indempnes conservarent; et quantum ad hoc se constituerunt dicti Adam et Nicholaus, major, pro dictis fratribus et eorum sorore erga prefatos decanum et capitulum, videlicet dictus Adam anteplegium et dictus Nicholaus, major, retroplegium, coram nobis fidejussores. Nec est omittendum quod dicti fratres et Maria, eorum soror, ad majorem securitatem faciendam de dicta terra tenenda et possidenda ab ipsis decano et capitulo, et etiam de custibus et dampnis, si que incurrerent per defectum garandie dictorum fratrum et eorum sororis, assignaverunt coram nobis eosdem decanum et capitulum ad totam portionem ipsos fratres et sororem contingentem in managio, quod quondam fuit Roberti le Vallet, sito apud Revellam. In cujus rei testimonium presentes litteras confici fecimus et sigillo curie Ambianensis roborari.

Actum anno Domini M° CC° quinquagesimo secundo, feria secunda ante Circumcisionem Domini.

Cartul. I, f° 157, n° CCXLIV.

335

DE EODEM.

Décembre 1252

Universis presentes litteras inspecturis magister A[nselmus] de Lehericuria, canonicus et officialis Ambianensis, in Domino salutem. Noveritis quod Johannes Waitebus, Eligius de Revella, Warinus de Beeloy, Reginaldus de Beeloy, Robertus de Beeloy, fratres, et Maria dicta Parva, soror eorum, coram nobis propter hoc constituti, recognoverunt se bene et legitimme vendidisse viris venerabilibus decano et capitulo Ambianensi in perpetuum pro XIIII libris et duobus solidis et octo denariis sibi persolutis, sicuti recognoverunt coram nobis, tria jornalia et duodecim virgas vel circiter terre site in territorio de Revella in duabus p^chiis quarum una sita est inter villam de Pissi et Revellam juxta terram Johannis de Perrousel et altera sita est inter terram Nicholai Majoris et terram Roberti dicti Vivet ; que quidem terra vendita prefatis fratribus et eorum sorori, nomine excadentie ex parte Awrill, quondam matris eorumdem, provenire dicebatur ; et promiserunt juramentis prestitis tam dicti fratres quam dicta Maria, soror eorumdem quod contra hujusmodi venditionem de cetero non venirent, nec dictos decanum et capitulum aut aliquam ex parte ipsorum super dicta terra vendita per se vel per alium nomine hereditatis, excadentie seu aliquo alio nomine aliquatenus molestarent nec molestari procurarent. In cujus rei testimonium presentes litteras confici fecimus et sigillo Ambianensis curie roborari.

Actum anno Domini M° CC° quinquagesimo secundo, mense decembri.

Cartul. I, f° 157, n° CCXLV

336

De venditione modii bladi quem Perrota dicta de Aurelianis reclamabat in territorio de Liniere

Universis presentes litteras inspecturis magister A[nselmus] de Lehericuria, canonicus et officialis Ambianensis, in Domino salutem. Cum Perrota dicta de Aurelianis. uxor Johannis de Haloy, diceret se percipere debere unum modium bladi et avene per medium ad mensuram de Fontanis, annui redditus in territorio de Liniere ; diceret etiam se habere jus in quinque jornalibus vel circiter terre site in territorio de Fontanis, jure hereditario ex parte parentum ipsius Perrote, et super hiis venerabiles viros decanum et capitulum Ambianense qui in dictis redditu et terra jus habere se dicebant, diu molestasse et inquietasse diceretur ; noveritis quod ipsa Perrota, de auctoritate dicti Johannis,

Décembre
1252

mariti sui, coram nobis propter hoc venientis Godardus, Johannes, Sanson et Maria, liberi ejusdem Perrote, coram nobis propter hoc constituti, quitaverunt prefatis decano et capitulo imperpetuum totum jus quod habebant aut reclamare poterant tam nomine hereditatis et excadentie quam alio quocumque nomine in terra et redditu supradictis : promittentes, juramentis prestitis, tam dicti Perrota et Johannes, maritus ejus, quam dicti liberi quod contra hujusmodi quitationem de cetero non venirent, nec dictos decanum et capitulum aut aliquem ex parte ipsorum super premissis, seu aliquo premissorum per se vel per alium aliquo quocumque nomine aliquatenus molestarent nec molestari procurarent. In cujus rei testimonium presentes litteras confici fecimus et sigillo curie Ambianensis roborari.

Actum anno Domini millesimo ducentesimo quinquagesimo secundo, mense decembri.

Cartul. I, f° 158 v°, n° CCL.

337

DE VENDITIONE JURIS QUOD HABEBAT IN AQUIS DE CAMONS GALTERUS, DICTUS MAJOR, ET UXOR SUA

Janvier 1252 (v. st.)

Universis presentes litteras inspecturis, magister A[nselmus] de Lehericuria, canonicus et officialis Ambianensis, in Domino salutem. Noveritis quod Walterus dictus Major, et Johanna, uxor ejus, manentes apud Camons, coram nobis propter hoc constituti recognoverunt se bene et legittime vendidisse et in perpetuum quitavisse viris venerabilibus decano et capitulo Ambianensi totum jus quod habebant aut reclamare poterant tam nomine hereditatis et excadentie ex parte parentum ipsius Walteri quam alio quocumque nomine in aquis que vulgariter nominantur Le Oissel, le Bies et le Penel, sitis juxta villam de Camons, pro VII^{em} libris parisiensium sibi persolutis, sicuti confessi fuerunt dicti Walterus et Johanna coram nobis. Dicta siquidem Johanna coram nobis recognovit et juramento firmavit quod in dictis aquis nullum habebat dotalicium, et si forte ibidem aliquod haberet dotalicium aut jus aliud, illud idem ad opus dictorum decani et capituli spontanee in manu nostra resignavit : promittentes juramento prestito dicti Walterus et Johanna, uxor ejus, quod contra hujusmodi venditionem de cetero non venirent, nec dictos decanum et capitulum aut aliquem ex parte ipsorum super ea per se vel per alium, nomine hereditatis, seu aliquo alio nomine aliquatenus molestarent nec molestari procurarent. Preterea scire volumus universos quod Robertus dictus Villanus, piscator, manens apud Camons, recognovit coram nobis se accepisse ad annuam et perpetuam firmam a prefatis decano et capitulo aquas superius nominatas, tenendas et possidendas ab ipso Roberto et ejus heredibus in perpetuum pro XI solidis parisiensium annui redditus a dicto Roberto et ejus heredibus singulis annis in perpetuum in Nativitate beati Johannis Baptiste Ambianensi celerario dictorum decani et capituli persolvendis, prout idem Robertus juramento firmavit prestito coram nobis, et ad hec se et heredes suos per expositionem omnium bonorum suorum mobilium et immobilium obligavit. In cujus rei testimonium presentes litteras confici fecimus et sigillo Ambianensis curie roborari.

Actum anno Domini millesimo ducentesimo quinquagesimo secundo, mense januario.

<small>Cartul. I, f° 157 v°, n° ccxlvi.</small>

338

Littera Johannis dicti li Tillus de Longa aqua

Universis presentes litteras inspecturis, magister A[nselmus de Lehericort (1), canonicus et officialis Ambianensis, in Domino salutem. Noveritis quod Johannes dictus Li Tillus de Longa Aqua et Beatrix (2), ejus uxor, coram nobis propter hoc constituti recognoverunt se hereditarie vendidisse Ricardo de Caoulieres, clerico, pro novemdecim libris parisiensium sibi persolutis, prout confessi fuerunt coram nobis, octo jornalia et dimidium terre site in territorio de Longa Aqua in tribus peciis, quarum una sita est juxta terram Agnetis Waularde (3), altera sita est in campo de le Roinse, juxta terram majoris de Longa Aqua, et altera sita est in loco qui vulgariter dicitur Brunmarkais (4), juxta terram Johannis de Curte, nimia necessitate ipsos Johannem et Beatricem ad hoc compellente, sicuti juramento firmarunt prestito coram

Février
1252
(v. st.)

<small>(1) IVe Cartul. Lehericuria.
(2) IVe Cartul. Beatris.
(3) IVe Cartul. Waullarde.
(4) IVe Cartul. Brunmarkays.</small>

nobis : promittentes idem Johannes et Beatrix, uxor ejus, sub ejusdem juramenti religione quod contra hujusmodi venditionem de cetero non venirent, nec dictum Ricardum, heredes, successores aut aliquem ex parte ipsius super ea per se, vel per alium nomine dotalicii, hereditatis seu alio quocumque nomine aliquatenus molestarent nec molestari procurarent. In cujus rei testimonium presentes litteras confici fecimus et sigillo Ambianensis curie roborari.

Actum anno Domini M° CC° LII°, mense februario.

<small>Cartul. II, f° 331 v°, n° cccliii ; IV, f° 138 v°, n° cccxxx.</small>

339

LITTERA DE EMPTIONE TRESDECIM JORNALIUM TERRE APUD VELANAM

Avril
1252
(v. st.)

Ego Eustachius dictus Dyabolus, universis presentes litteras inspecturis vel audituris facio manifestum quod ego de assensu et voluntate domini Johannis de Andenarde, militis, et nobilis mulieris domine Mathildis, uxoris ejus, relicte quondam viri nobilis domini Gerardi, vicedomini Ambianensis et domini Pinchonii, tunc curatoris heredis Pinchonii, necnon et Aelidis, uxoris mee, et liberorum meorum, vendidi imperpetuum bene et legitime viris venerabilibus decano et capitulo Ambianensi pro quadraginta quatuor libris parisiensium michi persolutis tredecim jornalia terre mee in una pechia site in sarmasia de Velane in loco qui dicitur Haya Tylioli, roya ad royam terre magistri Albini, capellani Ambianensis, juxta territorium de Contres, et octavam garbam terragii quam in dictis tredecim jornalibus terre vendite jure hereditario percipiebam et habebam, cum omni jure quod habebam aut habere poteram in predictis tredecim jornalibus et octava garba in futurum et ad presens, que omnia de vicedomino Pinchonii tenebam tanquam domino principali. Quam terram et terragium ad opus dictorum decani et capituli in manu dictorum Johannis, militis, et domine resignavi ; qui dominum Ursonem, capellanum Ambianensem, loco dictorum decani et capituli de predictis tredecim jornalibus terre et octava garba cum omni jure supradicto ad instantiam meam saisierunt et investierunt. Et ego tamquam venditor legittimus coram dictis domino Johanne, milite, et domina Mathilde, uxore ejus, et etiam in jure coram officiali Ambianensi promisi et creantavi, et juravi quod contra hujusmodi venditionem do cetero non veniam nec aliquid in predictis terra et terragio venditis imposterum reclamabo nec dictos decanum et capitulum aut aliquem ex parte ipsorum super premissis aliquatenus molestabo nec molestari procurabo. Immo ipsos de predictis in perpetuum pacifice et quiete gaudere permittam et contra omnes qui juri et legi stare voluerint bona fide premissa garandizabo et in omnibus ipsos quantum ad premissa indempnes conservabo, ad hec supra dicta fideliter et firmiter observanda me et meos heredes imperpetuum obligando, nichil dominii, servicii, relevagii, homagii, corveie, exactionis seu cujuscumque alterius juris in predictis terra et terragio venditis michi et heredibus meis imperpetuum retinendo. Sciendum est eciam quod ego teneor sub pena quadraginta quatuor librarum parisiensium predictam venditionem per heredem Pinchoniensem, cum ad etatem devenerit, facere creantare. In cujus rei testimonium et munimine (*sic*) presentes litteras sigillo meo roboratas, eisdem decano et capitulo tradidi ad securitatem et confirmationem premissorum.

Actum anno Domini M° CC° quinquagesimo secundo, mense aprili.

Cartul. VI, f° 81 v°, n° LV.

340

Littera de eodem

Nos Johannes de Andenarde, miles, et nobilis mulier Mathildis, relicta viri nobilis Gerardi, quondam vicedomini Pinchonii, uxor nostra, omnibus presentibus et futuris notum facimus quod Eustachius, dictus Dyabolus, homo noster et eciam heredis Pinchonii, de assensu et voluntate nostra, Aelidis, uxoris sue, et liberorum suorum propter hoc coram nobis venientium, vendidit imperpetuum bene et legittime viris venerabilibus decano et capitulo Ambianensi pro quadraginta quatuor libris parisiensium sibi persolutis, tredecim jornalia terre sue in una pechia site in Sarmasia de Velane, in loco qui dicitur Haya Tylioli, juxta territorium de Contres et octavam garbam terragii quam in dictis tredecim jornalibus terre vendite jure hereditario possidebat et habebat, cum omni jure quod habebat vel habere poterat in futurum et ad presens in tredecim jornalibus predictis terre et octava garba terragii

Avril
1252
(v. st.)

supradicti, que omnia de dicto herede Pinchoniensi quem habemus in tutela et ballivia nostra tenebat idem, et tamquam de domino principali. Quam terram et terragium ad opus dictorum decani et capituli dictus Eustachius in manu nostra libere resignavit, et nos, loco et nomine dicti heredis tamquam domini principalis dominum Ursonem capellanum Ambianensis ecclesie loco dictorum decani et capituli de predictis tredecim jornalibus terre et octava garba terragii cum omni jure supradicto ad instanciam dicti Eustachii investivimus et saisivimus, promittentes nos loco et nomine dicti heredis Pinchonii tamquam domini principalis, et dictus Eustachius tamquam venditor legitimus... quod contra hujusmodi venditionem de cetero non venimus, nec aliquid in dictis terra et terragio venditis per nos seu per dictum heredem vel per alium, preterquam sanguinem, latronem et altam justiciam, prout antea idem heres et nos consueveramus, reclamabimus in futurum nec dictos decanum et capitulum vel aliquem ex parte ipsorum super predictis molestabimus... Et ad hec omnia supradicta fideliter ac firmiter observanda nos et dictum heredem imperpetuum obligamus nichil dominii, servicii, relevagii, homagii, corveie, exactionis seu cujuscumque alterius juris preterquam latronem, sanguinem et altam justiciam prout saperius est expressum... retinendo. In cujus rei testimonium presentes litteras sigillorum nostrorum munimine roboratas ad instanciam dicti Eustachii predictis decano et capitulo tradidimus ad confirmationem premissorum et testimonium perpetuum et munimine.

Actum anno Domini millesimo ducentesimo quinquagesimo secundo, mense aprili.

Cartul. VI, f° 82 v°, n° LVI.

341

LITTERE DECANI ET CAPITULI TESTIMONIALES DE CENSU DEBITO COMITI SANCTI PAULI DE CONTRACTU WATIGHETI.

Juin 1253

Universis presentes litteras inspecturis vel audituris Bernardus de Mainneriis, decanus et capitulum Ambianense in Domino salutem. Noverit universitas vestra quod nos tenemus et in perpetuum tenere debemus de viro nobili Guidone de Castellione, comite Sancti Pauli, et heredibus suis septuaginta et quinque jornalia terre site in territoriis de Noevirele, de Melta et de Omencort in diversis pechiis, viginti et unum modios bladi et avene per medium ad mensuram de Encra percipiendos singulis tribus annis in perpetuum, videlicet quolibet anno septem modios, et tresdecim capones censuales. Que omnia dominus Watigetus de Villa subtus Corbeiam, miles, homo domini Balduini de Wadencort, militis, hominis dicti Guidonis, comitis, vendidit nobis sicuti in litteris ipsius comitis super hoc confectis et nobis traditis plenius continetur, per decem solidos parisiensium annui redditus dicto comiti et ejus heredibus a nobis apud Encram in diebus Nativitatis Domini infra Epiphaniam persolvendos. Ita tamen quod si nos in solutione dictorum X^m solidorum predictis diebus infra Epiphaniam deficere contigerit, dictus comes vel ejus heres saisire poterit et tenere omnes terras et tenementa supradicta, quoadusque de dictis decem solidis et duobus solidis et dimidium parisiensium pro emenda dicto comiti et ejus heredibus ad plenum fuerit satisfactum. Sciendum est etiam quod dictus comes et heredes sui omnes justicias altas et bassas habent in omnibus terris et tenementis supradictis, exceptis justiciis duorum solidorum et dimidium parisiensium quas nos, si aliquis forisfaceret in predictis terris et tenementis, nobis in perpetuum retinemus. In cujus rei testimonium presentes litteras confici fecimus et sigilli capituli nostri munimine roborari.

Actum anno Domini M° CC° L° tercio, mense junio.

Cartul. I, f° 161, n° CCLVII.

342 (1)

29 Septembre 1253

Universis presentes litteras inspecturis B(ernardus de Maneriis), decanus totumque capitulum Ambianense eternam in Domino salutem. Noveritis quod nos dedimus ad firmam viro venerabili H(onorato Cloquette), archidiacono Pontivensi, ad vitam suam, domum nostram de Bosco et quicquid ecclesia nostra habet ibi tam in terris, terragio et decimis quam in rebus aliis et in territorio de Liniere, pro LX libris parisiensium nobis singulis annis persolvendis in terminis inferius annotatis, videlicet XX libris ad Purificationem beate Virginis, XX libris infra octavas Pentecostes, et XX libris in festo beate Marie Magdalene subsequente.

Datum anno Domini M° CC° LIII°, in die beati Michaelis Archangeli.

1) Sans rubrique au cartulaire.

343

Littera Wilardi de Bonolio

Février 1253 (v. st.)

Universis presentes litteras inspecturis, magister Anselmus de Lehericurie, canonicus et officialis Ambianensis, in Domino salutem. Noveritis quod Wilardus de Bonolio Aquoso, et Laurentia, ejus uxor, recognoverunt coram nobis se hereditarie vendidisse viris venerabilibus decano et capitulo Ambianensi pro septem libris et dimidia parisiensium sibi persolutis unum jornale terre site in territorio de Bonolio Aquoso, in una pecia ad Ulmellum de Bousane, et redditum et donum trium minarum seminature terre site in eodem territorio in loco qui dicitur ad campum Henrici. Recognoverunt et iidem Wilardus et Laurentia, ejus uxor, se hereditarie vendidisse eisdem decano et capitulo pro quatuor libris et dimidia parisiensium sibi persolutis, sexaginta virgas terre site in territorio supradicto, juxta terram Willelmi dicti Canis, nimia necessitate ipsos ad hoc compellente, sicuti ipsi juramento prestito firmaverunt coram nobis. Hiis autem venditionibus Willermus dictus Li Rendus, filius predicte Laurentie, benignum prebuit assensum. Promittentes siquidem juramento prestito tam dictus Wilardus, Laurentia ejus uxor quam Willermus predictus quod contra hujusmodi venditiones de cetero non venirent nec dictos decanum et capitulum aut aliquem ex parte ipsorum nomine hereditatis, dotalicii sive aliquo alio nomine molestarent nec molestari procurarent, immo predicta vendita eisdem decano et capitulo erga omnes juri et legi parere volentes bona fide garandirent. In cujus rei testimonium presentes litteras confici fecimus et sigillo curie Ambianensis roborari.

Actum anno domine M° CC° LIII° mense februario.

Cartul. II, f° 338, n° cccLxv.

344

De ordinatione luminarii quam Ypolitus fecit inter Episcopum et Decanum

1er Juin 1254

Universis presentes litteras inspecturis magister A. de Lehericort, canonicus et officialis Ambianensis in Domino salutem. Noveritis quod (*sic*) nos litteras venerabilis viri Ypoliti, quondam cantoris Ambianensis, inspexisse in hec verba : « Universis presentes litteras inspecturis, Ypolitus, cantor Ambianensis ecclesie, eternam in Domino salutem. Publice utile est ut eorum que pro bono pacis ordinata sunt litterarum perempni testimonio noticia transeat ad posteros quantum ordo rei geste statu possit consistere firmiore. Quapropter in publicam volumus venire noticiam quod cum inter reverendum patrem dominum Arnulphum, Ambianensem episcopum, ex una parte, et venerabilem virum Gerardum, decanum nostrum Ambianensem, ex altera, questio verteretur super luminari decedentium Ambianensium, ad amputandam in posterum omnem discordie materiam, nos in quos a dictis partibus supradicta controversia extitit compromissum, ita de prudentum virorum consilio ordinavimus quod decanus habebit luminare omnium manentium in claustro nostro Ambianensi tam clericorum quam laicorum, exceptis canonicis et capellanis et vicariis Beati-Nicholai et Beati-Firmini Confessoris, quorum curam habet dictus dominus episcopus. De personis similiter canonicorum et capellanorum et vicariorum capituli, ubicumque maneant, decanus percipiet luminare. Sed de familiis predictorum extra claustrum manentium, si intra muros civitatis manentes decesserint, habebit dictus episcopus luminare. Si autem aliquis extraneus sanus et incolumis in claustrum venerit, si ibidem decesserit, decanus habebit luminare. Si vero aliquis egrotans sustentatur, portatur equo, quadriga, seu modo alio, in claustrum aliunde veniens ibidem decesserit, percipiet dominus episcopus luminare. De omnibus presbiteris Ambianensis dyocesis, si interdictione (*sic*) domini episcopi fuerint, quocumque modo in claustrum venerint sani seu infirmi, si ibidem decesserint, idem episcopus recipiet luminare. De capellanis autem suis quorum curam gerit, ubicumque manserit, percipiet episcopus similiter luminare. Ne igitur premissa iterum in recidive questionis scrupulum redigantur, predictam compositionem fecimus annotari et cum sigilli nostri appositione sigillorum venerabilis patris episcopi et G. decani predictorum. ad majorem hujusmodi rei confirmationem procuravimus munimine roborari. Actum anno Domini M° CC° quadragesimo, mense decembri. » Datum hujus nostre littere anno domini M° CC° quinquagesimo quarto, in crastino Pentecostes.

Cartul. I, f° 159, n° CCLIII.

345

De Gyleberto Morelli et ejus uxore apud Duriatum

Universis presentes litteras inspecturis magister Anselmus de Lehericurie,   19 Juin 1254 canonicus et officialis Ambianensis, salutem in Domino. Noveritis quod Gylebertus dictus Morellus et Maria, uxor ejus, recognoverunt coram nobis se hereditarie vendidisse viro venerabili domino Mauritio, precentori Ambianensi, pro sex libris et duobus sextariis bladi sibi persolutis, octies viginti virgas terre site in territorio de Duriato in una pechia ad Roinsoium, juxta terram predicti precentoris. Dicta siquidem Maria ex parte cujus dicta terra vendita provenire dicebatur, coram nobis recognoscens et juramento firmans quod huic venditioni spontanea non coacta benignum prebebat assensum et quod a dicto Gyleberto, marito suo, sufficiens et sibi gratum receperat excambium, quod nomine hereditatis possidebit et habebit, videlicet quamdam domum cum appendiciis sitam apud Duri, juxta domum Anselli, et duo jornalia terre site super quarreriam, juxta terram Passeti, omne jus quod habebat, habere sive reclamare poterat in dicta terra vendita ad opus dicti precentoris in manu nostra spontanee resignavit. Nec est omittendum quod Petrus, frater dicte Marie, vendicioni predicte benignum coram nobis prebuit assensum. Promittentes... juramento prestito tam dictus Gylebertus, Maria uxor ejus quam Petrus, frater dicte Marie, quod contra hujusmodi venditionem de cetero non venirent nec dictum precentorem, heredes, successores, quocumque modo in dicta re vendita successerint, aut aliquem ex parte ipsius super ea per se vel per alium nomine dotalicii, hereditatis, sive aliquo alio nomine aliquatenus molestarent nec molestari procurarent. In cujus rei testimonium presentes litteras confici fecimus et sigillo curie Ambianensis roborari.

Actum anno Domini M° CC° quinquagesimo quarto, mense junio, feria VI* ante Nativitatem Beati Johannis Baptiste.

Cartul. I, f° 152 v°, n° ccclxxi.

346

Carta de eodem (1).

Octobre 1254

Ego Johannes de Renaudivalle, notum facio universis presentes litteras inspecturis quod ego de assensu et voluntate Ysabelle, uxoris mee, et Petri,

(1) Cette charte se trouve au cartulaire placée après la suivante, et c'est sans doute par suite de cette interversion que le rubricateur lui a donné le titre qui convenait à cette dernière.

primogeniti filii mei, et aliorum heredum meorum, vendidi decano et capitulo Ambianensi managium meum quod habebam apud Renaudivallem, in introitu ville, cum omnibus appenditiis ejusdem managii quod tenebam de Bernardo, fratre meo, et quod idem Bernardus tenebat de Drogone de Ambianis, et XXII jornalia terre mee vel circiter site in territorio de Renaudivalle in diversis pechiis, videlicet in quadam pechia que vocatur Pechia et continet octo jornalia vel circiter, in aliam XIII jornalia vel circiter, que site sunt in loco qui dicitur Morsac, et est juxta semitam, sive in semita que tendit de Renaudivalle ad villam de Vaus, que octo jornalia et XIIII jornalia vel circiter tenebam de domino Galtero de Maiencort, milite, et Renero Penart, vavasore ; et isti duo tenebant terras istas prenominatas de Drogone de Ambianis. Et predicti duo, miles scilicet et vavasor, habent in predictis terris terragium et donum ; quod donum tale : de XXX^{ta} garbis redditur una. Item vendidi eis similiter XXVIII jornalia, parum plus aut parum minus, terre mee site in eodem territorio de Renaudivalle in V° pechiis, quarum prima continet circiter duo jornalia et sita est in quodam loco qui dicitur Au Cortil au Puch ; secunda que continet circiter quatuordecim jornalia et est sita juxta Sanctum-Dionisium in una parte, et juxta terram domini Galteri de Choisi, militis, ex altera ; tercia pechia que continet V° jornalia et XX^{ti} virgas, vel circiter, et est sita in loco qui dicitur Li Bus Oelier, videlicet juxta terram Johannis vavasoris, ex una parte, et juxta terram predicti Galteri de Choisi, militis, ex altera ; quarta pechia que continet circiter tria jornalia et quaterviginti virgas, et sita est ad viam que tendit apud Corbeiam, videlicet juxta terram Johannis Platel de Choisi, in una parte, et juxta terram Johannis, vavasoris, ex altera ; quinta pechia que continet circiter tria jornalia et sexaginta virgas, et sita est in loco qui vocatur Le Longier, videlicet juxta semitam que tendit a villa de Vauls apud Savieres. Que XXVIII jornalia ego tenebam de Drogone de Ambianis per tres solidos et dimidium annui redditus, eidem Drogoni, vel certo mandato suo, in festo sancti Remigii singulis annis reddendos et per tres solidos et dimidium de relevagio de herede in heredem, et sunt libera ab omni redditu, exceptis in tribus jornalibus qui vocantur Le Longier, in quibus dominus Galterus de Choisi, miles, capit medietatem terragii, et Alermus de Grantcort et Bernardus de Choisi, nepos predicti Galteri, aliam medietatem, et in uno jornali similiter quod nominatur Le Potente contento in XIV^m jornaliis superius nominatis. Et idem Drogo habet in omnibus illis terris prenominatis omnem altam justiciam sine prejudicio juris alieni. Item vendidi eis medietatem terragii quam habebam in sex jornalibus terre que dicitur Le Bus Oelier, que dominus Galterus de Choisi tenet. Et hec omnia superius nominata vendidi eis pro ducentis et undecim libris parisiensium mihi persolutis plenarie. Et ego teneor eis bona fide garandire omnia premissa contra omnes qui juri et legi stare vellent; et ad hoc ipsum me et meos omnes obligavi heredes, et rogavi dominum Drogonem de Ambianis quod ad hoc ipsum se erga dictos decanum et capitulum pro amore meo obligaret. Nec est omittendum quod si dicti decanus et capitulum, occasione predicti managii et predictarum terrarum venditarum dampna vel custus incurrerent, ego Johannes et uxor mea Ysabella, Petrus, primogenitus meus, et alii heredes mei plenarie tenebimur restaurare; et ego et uxor mea renuntiavimus expresse exceptioni non numerate pecunie et omni auxilio juris canonici et civilis a jure vel a principe indulto sive indulgendo. In cujus rei testimonium presentes litteras sepedictis decano et capitulo tradidi sigilli mei munimine roboratas.

Actum anno Domini M° CC° quinquagesimo quarto, mense octobri.

Cartul. I, f° 160, n° CCLIV.

347

De venditione terrarum et managii que Johannes de Renautval fecit capitulo

Octobre 1254

Universis presentes litteras inspecturis ego Drogo de Ambianis, dominus de Vinarcort, notum facio quod ego venditionem quam Johannes de Renautval et Ysabella, uxor sua, fecerunt de voluntate et assensu Petri, primogeniti filii sui, et aliorum heredum suorum venerabilibus viris decano et capitulo Ambianensi managii sui quod habebant apud Renautval in aditu ville, et circiter viginti duorum jornalium terre sue site in territorio ejusdem ville de Renautval, in quatuor pechiis, prout in ipsius Johannis litteris super hoc confectis plenius continetur, laudavi, concessi et tamquam dominus superior de quo predicta tenentur modis omnibus approbavi. Ceterum vero noverint universi quod Johannes de Renautval, homo meus, et Ysabella, uxor sua, propter hoc in presentia mea constituti, recognoverunt se vendidisse, de assensu et voluntate Petri, primogeniti filii sui et aliorum heredum suorum, prefatis decano et capitulo pro ducentis et undecim libris parisiensium sibi plenarie persolutis viginti octo jornalia et sexaginta virgas, parum plus aut parum minus, terre sue site in territorio ejusdem ville de Renautval in quinque pechiis, quarum prima continet circiter duo jornalia et sita est in quodam loco qui vocatur Au Courtil Au Puch ; secunda pechia continet circiter quatuordecim jornalia, et est sita juxta Sanctum-Dyonisium, ex una parte, et juxta terram domini Walteri de Coisi, militis, ex altera ; tertia pechia continet circiter V° jornalia et viginti virgas, et est sita in quodam loco qui vocatur Li Bus Oelier, videlicet juxta terram Johannis, vavassoris, ex una parte, et juxta terram predicti domini Walteri de Coisi, militis, ex altera ; quarta pechia continet circiter tria jornalia et quaterviginti virgas, et est sita ad viam que tendit apud Corbeiam, videlicet juxta terram Johannis Platel de Coisi, ex una parte. et juxta terram Johannis, vavassoris, ex altera ; quinta pechia continet circiter tria jornalia et sexaginta virgas, et sita est in quodam loco qui vocatur Li Longiers, videlicet juxta semitam que tendit a villa de Vallibus apud Savieres ; quam terram predicti decanus et capitulum ad tres solidos et dimidium parisiensium censualium solvendorum annuatim apud Vinarcort michi vel heredi meo in festo sancti Remigii, et ad tres solidos et dimidium parisiensium relevii, de decano [in] decanum libere absque omni servicio de me et heredibus meis in perpetuum tenebunt et habebunt. Nec est omittendum quod si dicti decanus et capitulum, occasione predicte terre sibi vendite, dampna vel custus incurrerent, predicti Johannes et Ysabella, ejus uxor, eisdem decano et capitulo plenarie tenebuntur restaurare ; et ad id agendum suos obligaverunt heredes, renuntiantes quantum ad hoc expresse exceptioni non numerate peccunie et omni juris auxilio a jure vel a principe indulto seu etiam indulgendo. Ego vero dictam venditionem ad instantiam et petitionem predictorum Johannis et Ysabelle, ejus uxoris, ratam habens, predictam terram antedictis decano et capitulo sub forma predicta tanquam dominus de quo tenetur benigne concessi tenendam in perpetuum et pacifice possidendam, et promisi eis adversus omnes qui juri super hoc et legi voluerint stare bona fide garandire. In cujus rei testimonium presentes litteras sepedictis decano et capitulo tradidi sigilli mei munimine roboratas.

Actum anno Domini M° CC° quinquagesimo quarto, mense octobri.

Cartul. 1, f° 159 v°, n° CCLIV.

348.

DE DECIMIS APUD RUAM QUAS DOMINUS ROBERTUS DE LAVIERES VENDIDIT

Ego Robertus, miles et dominus de Laviers, notum facio universis presentes litteras inspecturis quod ego de voluntate et assensu domine Petronille, uxoris

Octobre
1254

mee, Johannis, filii mei et heredis, Marie, Margarete et Petronille, filiarum mearum, vendidi bene et legitime in perpetuum venerabilibus viris decano et capitulo Ambianensi, pro ducentis et sexaginta libris parisiensium michi plenarie persolutis, totam decimam cum reportagiis et aliis pertinentiis ad eandem decimam spectantibus que habebam apud Ruam, in territoriis infra metas parochiarum ejusdem ville : et promisi, fide et juramento corporaliter prestitis, quod contra hujusmodi venditionem, prout superius est expressa, de cetero non veniam, nec dictos decanum et capitulum aut aliquem ex parte ipsorum super ea per me vel per alium, nomine hereditatis, seu alio aliquo nomine aliquatenus molestabo, nec procurabo molestari, sed dictam venditionem prefatis decano et capitulo contra omnes juri et legi parere volentes bona fide garandizabo. Et ad hec omnia et singula firmiter ac inviolabiliter observanda, me et meos heredes obligavi, expresse quantum ad hoc renuntians exceptioni non numerate pecunie et omnibus aliis exceptionibus que possent obici contra hujusmodi instrumentum et factum. In cujus rei testimonium presentes litteras predictis decano et capitulo tradidi sigilli mei munimine roboratas.

Actum anno Domini M° CC° quinquagesimo quarto, mense octobri
Cartul. I, f° 158, n° ccxlvii.

349.

Concessio comitisse in Pontivo de eodem

Octobre 1254

Nos Johanna, Regina Castelle et comitissa Pontivi et Monsteroli, notum facimus universis presentes litteras inspecturis quod dominus Robertus, miles et dominus de Laviers, homo noster, recognovit coram nobis se, de asssensu et voluntate domine Petronille, uxoris sue, Johannis, filii sui et heredis, Marie, Margarete, et Petronille filiarum suarum, bene et legitime vendidisse... [ut supra]... decano et capitulo Ambianensi totam decimam cum reportagiis... que habebat apud Ruam. Nos vero predicta Johanna dictam venditionem, prout superius est expressa, volumus et concessimus, eamdem venditionem, tanquam dominus a quo omnia predicta immediate tenebantur in feodum confirmantes. In cujus rei testimonium presentes litteras, ad petitionem dicti Roberti, militis, predictis decano et capitulo tradidimus sigilli nostri munimine roboratas.

Actum anno Domini M° CC° quinquagesimo quarto, mense octobri.
Cartul. I, f° 158, n° ccxlviii.

350

LITTERA DOMINI ROBERTI, QUONDAM DOMINI DE BOVA.

Universis presentes litteras inspecturis, Magister Anselmus de Lehericuria, canonicus et officialis Ambianensis in Domino salutem. Noveritis quod bone memorie Robertus, quondam dominus de Bova, miles, in suo testamento legavit ecclesie B^{te} Marie Ambianensis quadraginta libras parisiensium ad emendum redditus pro anniversario suo in perpetuum faciendo. Legavit etiam in eodem testamento fabrice ecclesie ejusdem decem libras parisiensium, sicut Gregorius de Dompno (1) Medardo, clericus, ad hoc ex parte nostra specialiter destinatus, in ordinatione testamenti dicti domini Roberti, sigillo ipsius R. Roberti sigillati vidit plenius contineri, et prout idem Gregorius, clericus, cui fidem quantum ad hoc duximus adhibendam, nobis retulit voce viva. In cujus rei testimonium presentes litteras confici fecimus et sigillo curie Ambianensis roborari.

Datum anno Domini M° CC° LIIII°, die lune post festum B^{ti} Petri ad vincula.

3 août 1254

IIe Cartul., f° 333 v°, n° ccclviii ; IV, f° 141, n° cccxl.

351

LITTERA JOANNIS DICTI HORMAIN.

Universis presentes litteras inspecturis Magister A[nselmus] de Lehericuria, canonicus et officialis Ambianensis, salutem in Domino. Noveritis quod Johannes dictus Hormain recognovit coram nobis se hereditarie vendidisse Huberto de S^{to}-Justo, pro triginta et duabus libris parisiensium sibi persolutis, totam hereditatem quam ex excadentia Agnetis Hormain, quondam matris ipsius Johannis habere dicebatur, seu poterat reclamare in molendino de Formentel (2), sito Amb[ianis] ante molendinum quod vocatur Hapetarte. Anna siquidem, cum qua dictus Johannes dicitur in facie ecclesie sponsalia contraxisse, que in eodem molendino ratione dotalicii assignamentum habere dicebatur, coram nobis recognoscens et juramento firmans quod huic venditioni spontanea non coacta benignum prebebat assensum, et quod a dicto Johanne, affidato suo, sufficiens

Janvier 1254 (v. st.)

(1 IVe Cartul. : Domno.   (2) IVe Cartul. : Fourmentel.

et sibi gratum receperat excambium, videlicet pecuniam venditionis predicte, dictum dotalicium et assignationem ad opus dicti Huberti in manu nostra spontanea resignavit. Huic autem venditioni Rikerus(1), filius dicti Johannis, benignum prebuit assensum, coram nobis promittentes juramento prestito tam dicta Anna quam dicti Johannes et Richerus quod contra hujusmodi venditionem de cetero non venirent nec dictum H., heredes aut successores ipsius, quoquo modo in re vendita successerint, super ea per se vel per alium nomine dotalicii, assignamenti, elemosine, hereditatis, excadentie, minoris etatis seu aliquo nomine aliquatenus molestarent nec molestari procurarent. In cujus rei testimonium presentes litteras confici fecimus et sigillo curie Ambianensis roborari.

Actum anno Domini M° CC° LIIII°, mense januario.

II° Cartul., f° 333, n° cccLvi ; IV, f° 140 v°, n° cccxxxviii.

352

Littera Agnetis dicte Le Tillue.

19 février 1254 (v. st.)

Universis presentes litteras inspecturis, magister Anselmus de Lehericort, canonicus et officialis Ambianensis, in Domino salutem. Noveritis quod Agnes dicta Le Tillue, dum esset vidua, et Johannes Li Tillus, filius et heres ipsius, recognoverunt coram nobis se hereditarie vendidisse Ricardo de Caoulieres, clerico, pro XV libris parisiensium sibi persolutis octo jornalia terre site in territorio de Longa aqua, in una pechia, juxta terram Johannis de Glisi et terram Girardi dicti Leureus, promittentes juramento prestito corporali tam dicta Agnes quam dictus Johannes, filius et heres ipsius Agnetis, quod contra hujusmodi venditionem de cetero non venient(2), nec dictum Ricardum, clericum, heredes aut successores ipsius quoquo modo in re predicta successerint, super ea per se vel per alium nomine dotalicii, hereditatis, acquestus, elemosine seu alio aliquo nomine aliquatenus molestarent, nec molestari procurarent. In cujus rei testimonium presentes litteras confici fecimus, et sigillo curie Ambianensis roborari.

Actum anno Domini M° CC° L° IV°, mense februario, feria VI post *Invocavit me*.

II° Cartul., f° 329, n° cccxLviii ; IV, f° 138 v°, n° cccxxxi.

(1) IV° Cartul. : Richerus.   2) IV° Cartul. : Venirent.

353

LITTERA DE DOMINO ROBERTO QUONDAM DOMINO DE BOVA.

17 mars
1254
(v. st.)

Universis presentes litteras inspecturis, Magister Anselmus de Lehericuria, canonicus et officialis Ambianensis, in Domino salutem. Noveritis quod cum decanus et capitulum Ambianense traxissent in causam coram nobis dominum Nicholaum de Rumeigni (1), militem, dominum de Bova, et formaverint petitionem suam contra ipsum in hunc modum dicentes quod dominus Robertus bone memorie, quondam dominus de Bova, miles, in ultima voluntate qua decessit, legavit dictis decano et capitulo quadraginta libras parisiensium; unde cum dominus Nicholaus teneretur ad solvendum legata ipsius Roberti, ratione nobilis mulieris domine Elyzabeth, uxoris dicti Nicholai, quam habet in potestate sua in bonis ejusdem in diocesi Ambianensi existentibus, que successit domino Roberto, quondam fratri suo, tamquam heres, et ejus hereditatem adiit cum effectu, petebant dicti decanus et capitulum dictas XLe libras sibi reddi, et ad hoc solvere compelli, die assignata super hoc ad deliberandum, Robertus Dictus Bataille, clericus, procurator substitutus, coram nobis pro dicto milite a Roberto, ballivo de Bova, generali procuratore ipsius militis, per litteras ejusdem militis, habentem super hoc potestatem litem contestando, confessus fuit legatum factum fuisse, dictam dominam Elysabeth esse heredem dicti Roberti de Bova, et ejus hereditatem adiisse cum effectu, et dictum Nicholaum teneri ad solvendum legata dicti Roberti de Bova, ratione dicte mulieris, et alia in libello dictorum decani et capituli contenta esse vera : et cum super hoc ulterius esset dies assignata ad procedendum coram nobis prout de jure esset procedendum, dictus Robertus, ballivus, verus procurator, eadem prout superius sunt expressa, confessus est coram nobis ; et cum dictus Robertus procurator aliquam causam sufficientem non allegasset coram nobis, quare dictus miles de dictis decem libris minime satisfacere teneretur, nos de bonorum consilio, dictum R obertum], ballivum dicti militis, in dictis XL^a libris nomine procuratorio, dictis decano et capitulo condemnavimus et assignavimus diem solutionis dicte pecunie faciende dictis decano et capitulo infra diem dominicam qua cantabitur *Invocavit me*, dicto R. Ballivo procuratore in hoc consentiente et approbante. In cujus rei testimonium presentes litteras confici fecimus et sigillo curie Ambianensis roborari.

Actum anno Domini M° CC° LIIII°, feria IIII^a post *Isti sunt dies*.

IIe Cartul., f° 334, n° CCCLIX ; IV, f° 141 v°, n° CCCXLI.

(1) IVe Cartul. : Rumegni.

354

De terra empta a domino de Watigheto de villa sub Corbeia

Avril
1253
(v. st.)

Ego Watighetus de Villa sub Corbeia, miles, notum facio universis presentes litteras inspecturis quod ego de assensu et voluntate domini Balduini de Wadencort, militis, domini mei, et etiam viri nobilis Guidonis de Castellione, comitis sancti Pauli, domini superioris, Margarete uxoris mee, Lucie filie mee et Florentii mariti ejus, vendidi bone et legittime venerabilibus viris decano et capitulo Ambianensi imperpetuum pro quingentis libris et C. solidis parisiensium michi persolutis septuaginta et quinque jornalia terre mee site in territoriis de Noevirele, de Melta et de Omencort, in diversis pechiis, quarum una continens XX jornalia sita est in cultura mea ante Meltam, libera ab omni terragio, exceptis sex jornalibus illorum XX jornalium in quibus prior de Encra percipit annuatim ; alia continens XXII jornalia sita est in cultura mea ante Noevirele ; alia continens XII jornalia sita est ante Omencort juxta mariscum : alia continens quatuor jornalia sita est ad nemus Auberti Ponchel ; alia continens XVII jornalia sita est sub Sancto-Vedasto juxta Noevirele : et viginti unum modium bladi et avene per medium ad mensuram de Encra percipiendos quibuslibet tribus annis in perpetuum modo inferius annotato et tresdecim capones censuales percipiendos et habendos ab ipsis decano et capitulo vel eorum mandato, videlicet dictos capones in Nativitate Domini, singulis annis in perpetuum. bladum vero et avenam tempore duorum fructuum quando scilicet terra blado erit onerata, bladum, et quando avena erit onerata, avenam, in quibuslibet tribus annis in perpetuum, videlicet V modios bladi et totidem avene et septem capones in duodecim jornalibus terre que tenere dicitur hereditarie Aelidis, filia Wermondi majoris de Melta, quatuordecim sextarii bladi et totidem avene ad dictam mensuram in tribus jornalibus terre que Petrus de Harbonieres tenere dicitur hereditarie, sita prope cressonarios de Heripont ; et sexdecim sextarios bladi et totidem avene ad dictam mensuram, et duos capones in quatuor jornalibus terre site juxta predictam culturam meam de Noevirele que Belinus de Noevirele hereditarie tenere dicitur et quatuor sextarios bladi et totidem avene ad eamdem mensuram et duos capones in dimidio jornali terre site ante Noevirele quod tenere dicitur hereditarie Johannes filius Clarentini ; et triginta duo sextarios bladi et totidem avene ad predictam mensuram et duos capones in quatuor jornalibus et uno quartario terre site in Valle Amelini quam Robertus de Milencort hereditarie dicitur possidere. Ita quod memorate persone, que prenominatas terras modo premisso hereditarie tenent, seu ipsorum heredes ibidem crescentes non possunt nec poterunt colligere vel inde levare quousque fuerit sufficienter cautum capitulo de summa grani debita reddenda terminis consuetis ; quod si non fecerint, tenebunt ad penam contra tales statutam secundum legem et consuetudinem municipii de Encra. Et promisi fide et juramento corporaliter prestitis quod contra hujusmodi venditionem non dictos decanum et capitulum aut aliquem ex parte ipsorum super premissis seu aliquo premissorum per me vel per alium, nomine hereditatis seu aliquo quocumque nomine aliquatenus molestabo, nec procurabo de cetero molestari. Promisi etiam sub ejusdem fidei et juramenti religione quod predictam venditionem, prout superius est expressa, prefatis decano et capitulo contra omnes ad jus et legem venire volentes bona fide garandizabo, et ad hec omnia et singula predicta firmiter observanda me et meos heredes obligavi. In cujus rei testimonium presentes litteras ipsis decano et capitulo tradidi sigilli mei munimine roboratas.

Actum anno Domini M° CC° quinquagesimo tertio, mense aprili.

Cartul. I, f° 136 v°, n° CLXXXI

355

CARTA DE EODEM.

Ego Balduinus de Wadencort, miles, notum facio universis presentes litteras inspecturis quod cum dominus Watighetus de Villa sub Corbeia miles, homo meus, vendiderit bene et legittime venerabilibus viris decano et Capitulo Ambianensi..... septuaginta et quinque jornalia terre..... idem vero Watighetus de omnibus et singulis premissis coram me, tanquam coram domino propinquiore de quo premissa tenentur in feodum, scriptum ad opus dictorum decani et capituli dissaisivit. Et ego prefatus B., miles, predictam venditionem prout superius est expressa volens, concedens, laudans, et approbans de assensu et voluntate viri nobilis Guidonis de Castellione,

Avril
1253
(v. st.)

comitis sancti Pauli, domini superioris, prefatos decanum et capitulum ad instantiam et petitionem dicti Watigheti de omnibus et singulis premissis investivi solempniter et saisivi, promittens fide et juramento corporaliter prestitis quod in omnibus et singulis premissis prefatos decanum et capitulum nec aliquem ex parte ipsorum molestabo nec molestari procurabo ab eis seu ab aliquo ex parte ipsorum propter hoc ratione servitii seu alterius cujuscumque juris aliquid exigam nec exigi procurabo ; et ad hec omnia firmiter ac fideliter observanda me et meos heredes obligavi. In cujus rei testimonium presentes litteras ipsis decano et capitulo tradidi sigilli mei munimime roboratas.

Actum anno Domini M° CC° quinquagesimo tercio, mense aprili.

Cartul. I, f° 137, n° CLXXXII.

356

ITEM DE EODEM.

Avril
1253
(v. st.)

Nos Guido de Castellione, comes Sancti Pauli, notum facimus universis presentes litteras inspecturis quod cum dominus Watighetus de Villa sub Corbeia, miles, homo domini Balduini de Wadencort, militis, hominis nostri, vendiderit de assensu et voluntate dicti Balduini domini sui propinquioris etc..... nos hujusmodi venditionem..... approbamus et confirmamus nichil dominii, servitii, seu cujuslibet alterius juris in premissis nobis vel heredibus nostris imperpetuum retinentes, excepta alta justicia quam in premissis terris nobis et heredibus nostris retinemus et preter decem solidos parisiensium censuales reddendos michi et heredibus meis singulis annis apud Encram in diebus Nativitatis Domini infra Epiphaniam ita quod si dicti decem solidi non redderentur in termino assignato ego et heredes mei possemus requirere duos solidos et dimidium pro emenda, et pro censu et emenda recurrere ad tenementa. Et ad ista observanda pariter et tuenda me et meos heredes obligavi. In cujus rei testimonium presentes litteras predictis decano et capitulo tradidi sigilli mei munimine raboratas.

Actum anno Domino millesimo ducentesimo quinquagesimo, tertio mense aprili.

Cartul. I, f° 137 v°, n° CLXXXIII.

357

CARTA CURIE AMBIANENSIS DE EODEM.

Universis presentes litteras inspecturis, magister A. de Lehericuria, canonicus et officialis Ambianensis, in Domino salutem. Noveritis quod dominus Watighetus de Villa sub Corbeia, miles, recognovit coram nobis se bene et legittime vendidisse de assensu et voluntate domine Margarete uxoris ipsius militis, domicelle Lucie, filie et heredis eorumdem, et Florentii mariti ejusdem domicelle coram nobis propter hoc comparentibus, venerabilibus viris..... In cujus rei testimonium presentes litteras ipsis decano et capitulo tradidimus sigilli curie Ambianensis munimine.

Actum anno domini M° CC° quinquagesimo tercio, mense aprili.

Cartul I, f° 138 v°, n° CLXXXIV

Avril 1253 (v. st.)

358.

LITTERA MATHEI DICTI BULOTE ET EMMELINE, UXORIS SUE

Universis presentes litteras inspecturis, officialis Ambianensis in Domino salutem. Noveritis quod Matheus dictus Bulote et Emmelina, ejus uxor, recognoverunt coram nobis se bene et legittime et in perpetuum vendidisse venerabilibus viris decano et capitulo Ambianensi pro septem libris et dimidia parisiensium sibi persolutis, sicuti recognoverunt coram nobis, sex minas bladi et avene per medium, ad mensuram de Bonolio, quas habere se dicebant singulis annis in grangia dictorum decani et capituli, quam habent, ut dicitur, apud Boscum. Dicta siquidem Emmelina coram nobis recognoscens et juramento firmans quod huic venditioni spontanea non coacta benignum prebebat assensum, et quod in dicta re vendita nullum habebat dotalicium ; et, si forte aliquod ibi haberet dotalicium aut jus aliud, illud idem in manu nostra ad opus dictorum decani et capituli resignavit, promittentes juramento prestito tam dictus Matheus quam dicta Emmelina, ejus uxor, quod contra hujusmodi venditionem de cetero non venirent, nec dictos decanum et capitulum, aut aliquem ex parte ipsorum super ea per se vel per alium nomine dotalicii, hereditatis, acquestus, elemosine seu aliquo alio nomine aliquate nusmolestarent nec moles-

21 juin 1255

tari procurarent. In cujus rei testimonium presentes litteras confici fecimus et sigillo Ambianensis curie roborari.

Actum anno Domini M° CC° LV° feria II ante festum beati Johannis Baptiste, mense junio.

Cartul. II, f° 329 v°, n° cccxlix ; IV, f° 139, n° cccxxxii.

359.

De terra de Bertramecort empta a Domino Roberto de Bus

Ego Robertus, dominus de Bus et heres de Carorivo, et ego Clementia dicti Roberti uxor et domina de Bus, et heres, notum facimus universis presentes litteras inspecturis quod nos pro utilitate et necessitate nostra vendidimus viris venerabilibus decano et capitulo Ambianensi XXXII jornalia terre que vocantur Alodia de Baellon in territorio de Bertramecort sita, libera ab omni servitio, terragio, corveia et omni alia exactione pro II^c. libris parisiensium nobis plenarie persolutis. Et de assensu et voluntate nostra emerunt dicti decanus et capitulum a Jacobo dicto Nepote presbiteri, quoddam managium cum ejus pertinentiis situm in villa nostra de Bus, que omnia dictus decanus et capitulum tenebunt et pacifice possidebunt per duos solidos parisiensium annui census in diebus Nativitatis Domini infra Epiphaniam persolvendos : et si per negligentiam dictorum decani et capituli dicti duo solidi termino predicto non essent soluti, ipsi tenerentur nobis in duodecim denariis parisiensium tantummodo pro emenda. Concessimus etiam eisdem decano et capitulo quod ipsi de cetero servientes sive modiatores ipsorum habeant communitatem et usagium in furno, molendino, puteo et marra, et aliis communitatibus ville nostre de Bus, sicuti et ceteri homines ville nostre de Bus. Concessimus etiam eisdem decano et capitulo totam justiciam servientium ipsorum in dicto managio commorantium, excepta alta justicia quam penes nos retinemus. Retinuimus etiam quod aliqui malefactores non habeant refugium nec garandiam in dicto managio. Et si aliquis potens vel nobilis seu quicumque alius turbaret possessionem dictorum decani et capituli ita quod [*non*] possent pacifice gaudere de dicta terra, contra quos possemus eos garandire, tenemur eisdem reddere dictas ducentas libras infra quadraginta dies post submonitionem ipsorum decani et capituli, et terra supradicta ad nos reverteretur. Managium vero dicti decanus et capitulum de nobis

1255

per censum supradictum cum supradictis libertatibus, communitatibus et conventionibus per censum superius annotatum eisdem remaneret. Promisimus etiam quod si predictas II^{c.} libras parisiensium non redderemus eisdem decano et capitulo ad terminum prenotatum, et ipsi custus vel dampna incurrerent seu expensas facerent in foro ecclesiastico vel seculari, nos eisdem decano et capitulo omnes custus et omnia dampna usque ad viginti libras parisiensium cum debito principali reddere teneremur. Volumus etiam et concedimus quod si homines nostri seu alii, quicumque sint, velint accipere terras et decimas eorum quas habent in territorio de Bus et de Bertramecort sive ad culturam sive ad modiationem, quod ipsi libere et pacifice sine aliquo servicio nobis facto seu faciendo accipere poterunt. Et hec omnia, sicut superius sunt expressa, sub prestitis juramentis promisimus fideliter per nos et per ballivos nostros tenere et observare ; et ad hoc nos et nostros obligavimus heredes.

Actum anno Domini M° CC° quinquagesimo quinto.

Cartul. I. f° 136, n° CLXXX.

360.

DE COMPOSITIONE FACTA PER MAGISTRUM JOHANNEM DE NEMESIO CLERICUM ET ALMARRICUM DE MOLENDINO, MILITEM, SUPER LIMITATIONE MOLENDINI DE PASSAVANT ET STRATE PUBLICE (1).

Cum capitulum Ambianense, jure suo ut dicebant, utentes, in molendino suo quod dicitur Passavant poni fecissent quamdam soleam novam super veterem in ea parte qua molendinum ipsum jungitur strate regis, ita quod eorum carpentarius gressum unum, quod ei non licebat, de calceia extraxisset ; et postmodum idem carpentarius de positione hujus timens redargui, prepositum regis vocavisset visurum utrum bene fecisset, et dictus prepositus vel mandatum ipsius dictam positionem solee approbasset et de approbatione hujusmodi petisset duodecim denarios pro jure regis, secundum quod fit in limitatione aliorum locorum civitatis ipsius, accipiens et in pignus securim carpentarii pro XII denariis predictis, et dictum capitulum arbitrantes ex dictis vocatione, approbatione et pignoris acceptione sibi prejudicium generari, auctoritate pro-

23 août 1256

(1) Cartul. IV. Scriptum magistri Johannis de Nemosio clerici et domini Almarrici de Medino militis.

pria dictam soleam novam, adhibitis sibi testibus, ammovissent et iter tum posuissent ; et ballivus hoc in regis injuriam reputans factum esse, utramque soleam tam novam quam veterem amoveri fecisset ; et rursum cum dictum capitulum, jure suo, ut dicebant, utentes in calceia que est super penellum de Dunelino limitassent, et palos figi fecissent, et ballivus reputans dictos palos cursum navium impedire, ipsos eradicare fecisset, propter que duo ipsum capitulum per quosdam de suis accedentes ad regem petissent restitui. cum a longis temporibus, ut dicebant, fuissent in pacifica possessione, vel quasi, talia faciendi, tandem nos, magister Johannes de Nemesio (1) et Almarricus de Medimmo, miles domini regis, specialiter a rege missi ad inquirendum de possessione et jure domini regis, et ipsorum, super premissis, de quorumdam civium Ambianensium consilio, cum ipso capitulo de pace tractavimus in hunc modum, quod ipsi de cetero quocienscumque volent casticiare in dicto molendino, et in alio quod dicitur Ratiers, et in aliis molendinis conjunctis viarie domini regis, si qui sint a quacumque parte strate regis jungantur, vocabunt prepositum domini regis qui, sive per alium, venerit, sive non, ipsi nichillominus ad dictam casticiationem seu limitationem faciendam procedent, dummodo vocatus fuerit sub testimonio competenti, nec tamen dictus prepositus dictos XII denarios vel quicquam poterit ab eis exigere pro interessendo hujusmodi casticie faciende : quod si forte prepositus ibi non interfuerit, et dictam casticiam minus juste appareat factam esse, ipsi ad monitionem prepositi factum suum corrigere tenebuntur, et licet in contemptum regis nichil asserant se fecisse, pro honore tamen regis et reverencia, pro gresso extracto emendabunt domino regi, Super facto vero palorum tractavimus quod in utroque latere calceie super dictum penellum licebit eis ripam munire et usque ad palos veteres figere palos novos, ita tamen quod caput calceie non ultra quemdam palum veterem qui est juxta quemdam gressum quem eis ostendimus protendatur. Quem tractatum coram ipsis canonicis in capitulo recitatum, presentibus etiam ballivo, majore et scabinis Ambianensibus, duximus acceptandum ; et decanus vice capituli ballivo Ambianensi vice domini regis, coram nobis super predictis 'duobus fecit manualem emendam, regis tamen ipsius beneplacito in omnibus reservato. Ne autem formam verborum super compositione premissa variari contingat, sigilla nostra presente cedule duximus appendenda.

Actum anno Domini M° CC° LVI°, in vigilia beati Bartholomei Apostoli.

Cartul. II, f° 297 v°, n° cccxxi, III, f° 208 v°, n° cccvi, IV, f° 122, n° ccciii.

(1) Cartul. IV, Nemosio.

361.

Anno Domini M° CC° L° septimo kalendas februarii fecit Maria dicta Villana, soror domini Roberti tunc presbiteri de Megio, homagium B. tunc decano Ambianensi et capitulo de tribus modiis bladi obvenientibus ei jure hereditario in molendino de Clenkain spectante ad dominium capituli, et dedit tunc plegio domino Arnulpho de Altaribus celerario de sexaginta solidis parisiensium de relevagio.

Cartul. I, f° 133 v°, n° CLXXIII.

362.

Sciendum est quod dominus Urso, capellanus, recepit de capitulo Ambianensi domum que fuit quondam bone memorie domini Arnulphi episcopi Ambianensis retro ecclesiam Sancti-Michaelis Ambianensis sitam pro VI libris parisiensium annuatim singulis annis celerario capituli Ambianensis reddendis ab eodem quamdiu vivet et post mortem ejus dicte sex libre distribui debent in anniversario ejus secundum ordinationem decani et capituli Ambianensis, et de istis VI libris annui redditus posuit tantam summam peccunie, videlicet LX libras parisiensium in rebus emptis a domino Watigeto, quod sexaginti solidi dicti redditus annui remanent solvendi a capitulo et alios LX solidos annui redditus adhuc debet.

Actum anno Domini M° CC° L° VIII°. mense januario.

Cartul. I, 117, n° CXLIX.

Janvier 1258 (v. st.)

363.

LITTERA GILEBERTI DE AUXIACO (1).

Universis presentes litteras inspecturis, magister Johannes de Bellaquercu, canonicus et officialis Ambianensis, in Domino salutem. Cum Gilebertus de Auxiaco et Eva, ejus uxor, recognoverint coram nobis se teneri viris venerabilibus decano et capitulo Ambianensi in triginta et quatuor solidis parisiensium

Février 1259 (v. st.)

(1) Cartul. IV, Aussiaco.

anuui et perpetui census capiendis singulis annis ab eisdem decano et capitulo super cameras quas habere dicuntur dicti Gilebertus et Eva, ejus uxor, Ambiani in vico de Wastello, videlicet, in festo sancti Remigii IX solidi, in Nativitate Domini IX solidi, in Pascha VIII solidi, et in Nativitate beati Johannis Baptiste VIII solidi ; et promiserint coram nobis dicti Gilebertus et ejus uxor Eva, dictos XXXIIII^{or} solidos parisiensium eisdem decano et capitulo, prout dictum est, se reddituros et soluturos ad terminos antedictos, noveritis quod iidem Gilebertus et Eva, ejus uxor, recognoverunt coram nobis se hereditarie et in perpetuum vendidisse eisdem decano et capitulo pro triginta solidis parisiensium sibi persolutis, sicut recognoverunt coram nobis, duos solidos parisiensium annui et perpetui census capiendis ab eisdem decano et capitulo super cameras predictas, videlicet, in Pascha XII denarios, et in Nativitate beati Johannis Baptiste XII denarios parisiensium, quos quidem duos solidos cum XXXIIII^{or} solidis parisiensium predictis dicti Gilebertus et Eva, ejus uxor, promiserunt coram nobis se reddituros et soluturos quolibet anno predictis decano et capitulo in terminis antedictis. Hiis autem venditionibus et promissionibus Johannes, filius dictorum Gileberti et Eve, benignum prebuit assensum coram nobis. Promittentes juramentis prestitis tam dicti Gilebertus et Eva, ejus uxor, quam dictus Johannes, eorumdem filius et heres, quod contra hujusmodi venditionem et promissionem de cetero non venirent nec dictos decanum et capitulum aut aliquem ex parte ipsorum super premissis seu aliquo premissorum per se vel per alium nomine dotalicii, hereditatis, acquestus, elemosine, minoris etatis seu aliquo alio nomine aliquatenus molestarent nec molestari procurarent. In cujus rei testimonium presentes litteras confici fecimus et sigillo curie Ambianensis roborari.

Actum anno Domini M° CC° LIX°, mense februario.

Cartul. II, f° 336 v°, n° cccLxiii, IV, f° 144 v°, n° cccxLix.

364.

LITTERA DOMINI DE MOROLIO PRO PAIAGIO, CHAIAGIO ET TRAVERSO

Mars 1259 (v. st.)

Je Bernars, chevaliers, sires de Morueil, fais savoir a tous chiaus qui ches lettres verront que je weil et gré et ottroi que li bles et toute autre maniere de grain le dyen et le capitre del Eglize Nostre-dame d'Amiens, qui soient de leurs rentes sans marcaandise, soient mené et passé paisiulement sans paier a moi ne a mes hoirs paiage, chaiage et sans paier nule maniere de travers, parmi mes yaues et parmi me vile de Morueul. Et pour iche li dyens et li chapitles de le dicte eglize, par le franchise de leur volenté, ont quittié a moi et a mes hoirs a tous jours les vint soulz es quiey je estoie tenus a aus par le raison de leur eauwe dont je avoie le passage de aus. En tele maniere que se li bles ou autre maniere de grain qui fust le dyen ou as chanonnes del devant dit capitle, de leurs rentes sans marcaandise, estoient destourbe par moi ou par me gent quil ne passassent parmi me vile de Morueil, ou parmi mes yaues issi comme desseure est contenu et espressé, je ou mes hoirs. se de mi estoit deffalli, sommes tenu a restorer au complaignant le damage apparissant qu'il porroit monstrer par boine prueve quil avoit eu par moi ou par mon hoi. Et que che soit ferme cose et estable, je ai ches presentes lettres seelees de men seel. Chi fut fait en lan del Incarnacion nostre Seigneur mil et cc et chinquante noef, el mois de mars.

Cartul. II, f° 353, n° CCCLXXXVIII.

365.

De Molendino de Fourmentel.

Universis presentes litteras inspecturis, magister Johannes de Bellaquercu, canonicus et officialis Ambianensis in Domino Salutem. Noveritis quod Bartholomeus, filius quondam Petri Ogeri et Laurentia dicta Hormain, ejus uxor, recognoverunt coram nobis se legittime et hereditarie vendidisse Huberto de Sancto Justo et Agneti, tunc ejus uxori, septem annis, sicut dicunt et amplius jam elapsis pro quadraginta et novem libris parisiensium in numerata pecunia sibi plenarie persolutis, totam partem quam habebant in molendino de Fourmentel sito Ambiani prope molendinum de Hapetarte, quam tenuerant, ut dicebant, de viris venerabilibus decano et capitulo Ambianensi. Predicta vero Laurentia, ex parte cujus dicta pars provenire dicebatur, coram nobis recognoscens et juramento firmans quod huic venditioni spontanea non coacta benignum prebuerat et prebebat assensum et quod a dicto Bartholomeo, marito suo, sufficiens et sibi gratum receperit excambium, videlicet quandam domum sitam Ambiani in magno vico prope vicum qui dicitur Vicus Remigii, textoris, ex opposito domus

Août 1260

quondam Martyni Morne, dictam partem ad opus dicti Huberti quam resignaverat, ut dicebat, in manu nostra spontanee resignavit, dicto excambio contenta quod nomine hereditatis possidebit. Promittentes juramento prestito tam dictus B. quam dicta L., ejus uxor, quod contra hujusmodi venditionem non venirent nec dictum H., heredes aut successores ipsius super dicta parte per se vel per alium nomine hereditatis, dotalicii sive quoque alio nomine molestarent nec molestari procurarent. Nec est omittendum quod idem H. illam partem predictam Johanne dicte de Nigella uxori sue dedit coram nobis nomine dotalicii possidendam. In cujus rei testimonium presentes litteras confici fecimus et sigillo curie Ambianensis roborari.

Actum anno Domini M° CC° LX°, mense augusto.

Cartul. IV, f° 132, n° ccclxix.

366.

27 Septembre 1260

Anno Domini Millesimo CC° LX" die lune post festum beati Firmini martyris in capitulo generali continuato a die precedenti unanimi consensu statutum fuit quod quicumque canonicus ambianensis de cetero emet domum claustralem a capitulo ambianensi ante receptionem clavium de precio domus satisfaciat competentes in pecunia videlicet vel saltem per pignora aut fidejussores ydoneos satis dabit de solvendo dicto precio infra quadraginta dies traditionem clavium subsequentes.

Item statutum fuit quod canonici qui de domibus suis aliquid debent capitulo de grossis fructibus prebendarum suarum nichil a medio percipient donec de dictis debitis ecclesie fuerit in pecunia satisfactum. Et in hoc consenserunt omnes debitores predicti promittentes per juramento prestito ecclesie quod contra hoc non venient sed id fideliter observabunt. Nomina autem debitorum sunt hec : Dominus Renaldus de Sessauliu VI^{xx} libr^{as}. Magister Arnulphus de de Dargies XLVII libr^{as}, Dominus Rollandus XXX libr^{as} ; Dominus Gaufridus de Moncellis LXX libr^{as}. Magister Johannes de Aquosis VI^{xx} libr^{as}. Magister Hugo de Bellainval C libr^{as} ; Magister Henricus de Flui IIII^{xx} libr^{as} ; Magister Odo XX libras; pro Magistro J. marescallo. Summa V^c libras et IIII^{xx} et VII libras preter id quod debet fabrica, et id quod in arca est et debitum maximum Petri Coci de quo habemus pignora.

Cartul. I, f° 184, n° cccxxxiii et cccxxxiv.

367.

Littera Radulphi de Flers et uxoris sue

Universis presentes litteras inspecturis, magister Johannes de Bellaquercu, canonicus et officialis Ambianensis, in Domino salutem. Noveritis quod Radulphus de Flers et Agnes, ejus uxor, recognoverunt coram nobis se hereditarie et in perpetuum vendidisse viris venerabilibus decano et capitulo Ambianensi pro centum solidis parisiensium sibi persolutis septem solidos parisiensium annui et perpetui census capiendos quolibet anno in Nativitate Domini super managium ipsorum Radulphi et Agnetis situm apud Ver, juxta managium Marge Fanuele, nimia necessitate ipsos ad hoc compellente, sicuti juramento prestito firmaverunt coram nobis, promittentes sub ejusdem juramenti religione, tam dictus Radulphus quam dicta Agnes, ejus uxor, quod contra hujusmodi vendicionem de cetero non venirent, nec dictos decanum et capitulum aut aliquem ex parte ipsorum super ea per se vel per alium nomine dotalicii, hereditatis, acquestus, elemosine, seu aliquo alio nomine aliquatenus molestarent nec molestari procurarent. In cujus rei testimonium presentes litteras confici fecimus et sigillo ambianensis curie roborari.

Actum anno Domini M° CC° LX°, mense septembri.

Cartul. II, f° 333 v°, n° ccclvii ; IV, f° 140 v°, n° cccxxxix.

Septembre 1260

368.

Littera Guidonis de Colombiers (1).

Universis presentes litteras inspecturis magister Johannes de Bellaquercu, canonicus et officialis Ambianensis, in Domino salutem. Noveritis quod Guido de Colombiers (2) et Emmelina, ejus uxor, recognoverunt coram nobis se hereditarie vendidisse viris venerabilibus decano et capitulo Ambianensi pro C. solidis parisiensium sibi persolutis, septem solidos parisiensium annui et perpetui

Octobre 1260

(1) IV° Cartul. Coulombiers.   (2) IV° Cartul. Coulombiers.

census capiendos quolibet anno, in Nativitate Domini, super managium ipsorum Guidonis et Emeline situm apud Ver, juxta grangiam dictorum decani et capituli, et juxta managium Radulphi de Flers. Huic autem venditioni, prout superius est expressa, Petrus de Pissi, nepos ipsius Guidonis, benignum prebuit assensum coram nobis, nimia necessitate ipsos G. E. et P. ad hoc compellente, sicut juramentis corporaliter prestitis firmaverunt coram nobis : promittentes sub ejusdem juramenti religione tam dicti G. et E. ejus uxor, quam Petrus predictus, quod contra hujusmodi venditionem de cetero non venirent, nec dictos decanum et capitulum, aut aliquem ex parte ipsorum super ea per se vel per alium nomine dotalicii, aquestus, elemosine, minoris etatis, seu aliquo alio nomine aliquatenus molestarent nec molestari procurarent. In cujus rei testimonium presentes litteras confici fecimus, et sigillo curie Ambianensis roborari

Actum anno Domini M° CC° LX° mense octobri.

Cartul. II, f° 327 v°, n° cccxlv ; IV, f° 137 v°, n° cccxxvii.

369.

De terra de Castello.

Février
1260
(v. st.)

Universis presentes litteras inspecturis magister J. de Bellaquercu, canonicus et officialis Ambianensis, salutem in Domino. Noveritis quod Alermus (1), major de Castello et Maria ejus uxor recognoverunt se hereditarie vendidisse viris venerabilibus decano et capitulo ecclesie beate Marie Ambianensis pro tredecim libris et quinque solidis parisiensium sibi plenarie persolutis octies viginti et quatuor virgas vel circiter terre libere ab omni exactione seu coustuma, terragio, redditibus, censibus et rebus aliis, site in territorio de Castello in una pechia juxta quarreriam ex una parte, et juxta curtillos Petri Barbete ex altera. Dicta vero Maria, uxor dicti Alermi, recognoscens et juramento firmans quod in dicta terra vendita nullum habebat dotalitium, et si forte ibidem haberet dotalitium aut jus aliud ad opus dictorum decani et capituli Ambianensis, spontanee resignavit. Huic autem venditioni Adam, Petrus Clericus. Robertus, Ada et Maria, eorumdem liberi, benignum prebuerunt assensum, promittentes et juramento

(1) IV° Cartul. Allermus.

firmantes tam dicti Alermus major, Maria ejus uxor, quam Adam, Petrus Clericus, Robertus, Ada et Maria, eorumdem liberi, coram Petro de Catheu, clerico ad hoc ex parte nostra specialiter destinato, sicuti idem Petrus de Catheu, clericus, nobis retulit voce viva, quod contra hujusmodi venditionem de cetero non venirent, nec dictos decanum et capitulum Ambianense, vel aliquem ex parte ipsorum super ea per se vel per alium nomine dotalicii, hereditatis, acquestus, elemosine, excadentie, victus, assignamenti, minoris etatis, seu aliquo alio nomine molestarent, nec molestari procurarent : Nec est omittendum quod domnus Symon, presbyter de Castello, qui in dicta terra vendita terciam partem terragii, unum sextarium avene et duodecim denarios parisiensium censuales habere se dicebat ratione presbyterii sui, recognoscens et juramento firmans quod huic venditioni spontaneus non coactus benignum prebuit assensum, et quod a dicto Alermo, Maria uxore sufficiens et sibi gratum receperat excambium ; videlicet super quamdam aliam pechiam terre site in eodem territorio juxta curtillum Radulphi de Espaigni et juxta viam per quam itur de Castello apud Rouverel, capiendam tertiam partem terragii, unum sestarium avene et duodecim denarios parisiensium censuales sicuti in terra dicta vendita superius nominata percipiebat et habebat de auctoritate reverendi patris B., Dei gratia Ambianensis episcopi, interveniente et consentiente.

Datum anno Domini millesimo CC° sexagesimo, mense februario.

Cartul. I, f° 176, n° ccciv, III, f° 4, IV, f° 150, n° ccclxvi.

370

Anno Domini millesimo CC° LX° primo, die lune post Ascensionem Domini in capitulo generali continuato a crastino Ascensionis predicte unanimi consensu presentium statutum fuit quod quandocumque decedente canonico Ambianensis ecclesie executores testamenti canonici defuncti infra octo dies a die mortis debent apperire testamentum et publice legere in capitulo, ac de bonis et debitis inventarium facere, et infra annum a tempore mortis de omnibus receptis et distributis in capitulo computare et reddere rationem. Si vero defunctus fuerit canonicus diversarum ecclesiarum et extra civitatem et dyocesim Ambianensem decesserit ac aliunde executores elegerit, de bonis que in civitate vel dyocesi Ambianensi erunt hoc idem dicti executores per se vel ydoneum procuratorem

6 Juin 1261

infra tempus competens secundum locorum distantiam facere tenebuntur voluntate tamen decedentium nichilominus libera remanente.

Eodem die tradita fuit viro venerabili a preposito ecclesie Ambianensis ad vitam suam villa de Nigellula propre Carum Rivum cum appendiciis pro octo libris parisiensium annuis et octo libris cere.

Eodem die traditus fuit magistro Thome Graffin ad vitam redditus de Castello prope Morolium pro VIII° libris parisiensium annuis et VIII° libris cere.

Eodem die tradita fuit magistro Hugoni de Bellainval prebenda de Saleu, ita quod ipse debet reddere capitulo annuatim XXX libras, item VII libras pro terris emptis a Warino ad anniversarium magistri Hugonis quondam prepositi ecclesie Ambianensis, item XX libras cere annuatim. De prebenda autem predicta sunt hec et hec (*le texte s'arrête ici*).

Cartul. I, f° 187, n° 336.

371

DE HUBERTO DE SANCTO-JUSTO ET MOLENDINO DE FOURMENTEL.

4 Juillet 1261

Universis presentes litteras inspecturis magister J[ohannes] de Bellaquercu, canonicus et officialis Ambianensis, salutem in Domino. Noveritis quod Hubertus de Sancto-Justo et Johanna dicta de Nigella, ejus uxor, vendiderunt coram nobis et se legittime vendidisse recognoverunt venerabilibus viris decano et capitulo Ambianensi pro quadraginta libris parisiensium sibi in numerata pecunia persolutis, sicut recognoverunt coram nobis, portionem quam habebant in molendino de Fourmentel sito Ambiani, quod tenere dicitur de decano et capitulo pronotatis : quam portionem idem Hubertus emerat, ut dicebat, a Laurentia Hormain et ejus marito, nimia necessitate ipsos ad hoc compellente, sicuti dicti H[ubertus] et J[ohanna], ejus uxor, juraverunt coram nobis. Predicta vero J[ohanna] que in dicta portione vendita dotalitium habere dicebatur coram nobis recognoscens et juramento firmans quod huic venditioni spontanea non coacta benignum prebebat assensum, dictum dotalicium ad opus dictorum decani et capituli in manu nostra spontanee resignavit sub ejusdem juramenti religione promittentes dicti J. et H. quod contra hujusmodi venditionem de cetero non venirent nec dictos decanum et capitulum aut aliquem ex parte ipsorum nomine hereditatis, dotalitii seu aliquo alio nomine aliquatenus molestarent nec molestari procurarent. Predicta vero portio estimata est ad duos modios bladi annuos ad mensuram Ambianensem, et cedere debet in usus anniversarii bone memorie Alermi de Noelli, quondam episcopi Ambianensis. In cujus rei testimonium presentes litteras confici fecimus et sigillo curie Ambianensis roborari.

Actum anno Domini M° CC° sexagesimo primo, mense julio, die lune post octavam Beati Johannis Baptiste.

Cartul. IV, f° 151, v° n° CCCLXVIII.

372

De octo jornalibus venditis ab Augustino et uxore ejus apud Revellam.

Juillet 1261

Universis presentes litteras inspecturis, magister J[ohannes] de Bellaquercu, canonicus et officialis Ambianensis, salutem in Domino. Noveritis quod Radulphus Augustini et Beatrix, ejus uxor, recognoverunt coram nobis se imperpetuum vendidisse viris venerabilibus decano et capitulo Ambianensi ad opus anniversarii bone memorie Alermi de Noelli, quondam Ambianensis episcopi, pro sexaginta libris parisiensium ipsis Radulpho et Beatrici persolutis, octo jornalia vel circiter terre site in territorio de Revella in diversis pechiis, quarum una continens circiter unum jornale et novem virgas sita est in territorio de Revella juxta terram Roberti Barbe, ad crucem : altera continens circiter unum jornale et viginti virgas sita est in loco qui dicitur Genesteaus Richeri, juxta terram Johannis de Perousel : alia continens duo jornalia vel circiter sita est juxta curtillium Hugonis de Novo Vico, ex parte una, et juxta terram Radulphi de Attrebato, ex altera ; et altera pechia continens duo jornalia et unum quarterium, vel circiter terre sita est versus villam de Fluy, juxta terram Johannis de Perousel, et terram Radulphi de Waylli, quas quidem terrarum pechias dicti Radulphus et Beatrix, durante matrimonio inter ipsos, acquisierant, ut dicebant. Dicta vero Beatrix coram nobis recognoscens et juramento firmans quod huic venditioni spontanea non coacta benignum prebebat assensum et quod in dicta terra vendita nullum habebat dotalitium et si forte ibidem aliquod haberet dotalitium aut jus aliud, illud in manu nostra ad opus dictorum decani et capituli spontanee resignavit, promittentes [fide] et juramento prestitis firmantes tam dictus Radulphus Augustini quam dicta B. uxor ejus quod contra hujusmodi venditionem de cetero non venirent nec dictos decanum et capitulum aut aliquem ex parte ipsorum super ea per se vel per alium nomine hereditatis, dotalicii, victus, acquestus seu aliquo alio nomine in foro ecclesiastico vel seculari aliquatenus molestarent nec molestari procurarent. In cujus rei testimonium presentes litteras confici fecimus et sigillo curie Ambianensis roborari.

Actum anno Domini M° CC° sexagesimo primo, mense julio.

Cartul. IV, f° 152, n° ccclxx.

373

Littera Michaelis de Raineval.

Février
1261
(v. st.)

Universis presentes litteras inspecturis, magister J[ohannes] de Bellaquercu, canonicus et officialis Ambianensis, in Domino salutem. Noveritis quod Michael de Raineval et Gonesina (1), ejus uxor, recognoverunt coram nobis se hereditarie et in perpetuum vendidisse viris venerabilibus decano et capitulo Ambianensi pro XV^m libris parisiensium sibi persolutis, sicuti recognoverunt coram nobis, tria jornalia terre sita in territorio de Sessaulieu (2), in una pechia, inter calceiam per quam itur de Ambianis apud Belvacum et culturam domini de Sessaulieu (3) subtus quarreriam dicte ville, nimia necessitate ipsos ad hoc compellente, sicuti juramento prestito firmarunt coram nobis ; promittentes sub ejusdem juramenti religione tam dictus Michael quam dicta Gonesina ejus uxor quod contra hujusmodi venditionem de cetero non venirent nec dictos decanum et capitulum aut aliquem ex parte ipsorum super ea per se vel per alium nomine dotalicii, hereditatis, acquestus, elemosine seu aliquo alio nomine aliquatenus molestarent nec molestari procurarent. In cujus rei testimonium presentes litteras confici fecimus et sigillo Ambianensis curie roborari.

Actum anno Domini M° CC° LXI°, mense februario.

Cartul. II, f° 332, v° n° ccclv.

(1) IV° Cartul. : Genesina dans toute la charte.   (2 et 3) IV° Cartul. : Sessaulieu.

374

De eodem (1).

Universis presentes litteras inspecturis, B[ernardus,] permissione divina Ambianensis ecclesie minister humilis, H[enricus,] decanus, totumque ejusdem ecclesie capitulum, eternam in Domino salutem. Cum secundum Apostolum, qui de altario (*sic*) vivunt eidem teneantur et debent deservire, ad honus non debet aliquatenus imputari, si illi qui ecclesiasticis stipendiis sustentantur, ad serviendum ecclesie salutaribus ordinationibus salubriter alligentur. Licet autem patrum et predecessorum nostrorum qui circa servicium capellanorum ecclesie nostre frequenter vigilasse videntur, precepta super hoc pluries emanaverunt et statuta, tamen propter naturalem plurium ad non parendum promptitudinem, fructus ex hiis modicus est secutus. Cum ex culpa servitorum circa ipsum servicium defectus pluries sentiamus, unde propensiore cura convenit provideri, ne per aliquorum insolentiam, intermisso officio ecclesie debito ab antiquis patribus instituto, ira Dei viventis, cui pensum servitutis cum laudis gloria sine diminutione statutis temporibus debemus impendere, in nos gravius exardescat. Hinc est quod predecessorum ipsorum nostrorum nos vestigiis inherentes, qui super ordinatione servitii curiose laborasse videntur, eorum statuta super hoc ab ipsis edita, et precique constitutionem quam reverendus pater O., Dei gratia Thusculanus episcopus tunc apostolice sedis legatus, olim edidit, necnon et ordinationem venerabilium virorum Bernardi, archidiaconi Pontivensis, Ypoliti, cantoris, et Gonteri, penitentiarii quondam Ambianensis in quos Adamo, decano et capitulo Ambianensi, ex una parte, et capellanis ejusdem ecclesie, ex altera, sub certa pena super hoc extitit compromissum, prout in registro ecclesie Ambianensis plenius continetur, diligentius recensentes ad augmentum cultus divini et observationem ejusdem, eorum statuta a quibus per aliquorum insolentiam multipliciter recessum fuerat, renovantes et aliqua superaddere cupientes, communi voluntate et consensu, duximus statuendum quod capellani de cetero instituendi in Ambianensi ecclesia, sive per creationem nove capellanie, sive ex voluntate alicujus earum que jam ibidem fundate sunt, instituantur, ad cujuscumque collationem pertineant, jurent coram domino episcopo instituendi

Mars 1261
(v. st.)

___
(1) IVᵉ Cartul. : Ordinatio capellanorum majoris ecclesie quomodo debent deservire in eadem.

ab ipso ; alii vero coram decano et capitulo quod bona fide servient in Ambianensi ecclesia, et statuta Ambianensis ecclesie super hoc edita fideliter observabunt. Verum quia in ordinatione dictorum Bernardi, quondam archidiaconi Pontivensis et ejus collegarum qui super servitio a capellanis Ambianensis ecclesie usque ad eorum tempora exhibito et de jure in posterum exhibendo, inquisitione facta diligenti per testes ydoneos tam capellanos quam canonicos cum maturitate debita processerunt, vidimus contineri quod capellani ecclesie assidui teneantur ut ad serviendum assidue efficacius animentur ; statuimus quod de corpore et de proventibus cujuslibet capellanie, vel si vacat ad presens aliqua, vel cum pro tempore vacaverint, vel etiam si alique de novo create fuerint ad cujuscumque collationem pertineant, assumentur novem libre parisiensium distribuende per manum alicujus quem ad hoc episcopus et capitulum deputaverint, capellano cui predicta capellania fuerit assignata ; ita quod ex hiis habeat capellanus idem in matutinis tres denarios, in missa anniversarii et in majori missa duos denarios, in vesperis et in completorio unum deuarium ; residuo, si quod fuerit, ad usus ejusdem capellanie fideliter reservato. Cum vero quatuor vel quinque, vel amplius vacaverint, capellani in eis instituti poterunt sibi aliquem de seipsis vel aliunde ydoneum eligere cum consilio tamen episcopi et decani Ambianensis qui pro tempore fuerint, qui eis, ut premissum est, distribuat et reservet, qui etiam ipsis capellanis teneatur rationem reddere de receptis, portione quam percipere consueverunt aliquociens in nostra Ambianensi ecclesia non mutata seu aliquatenus diminuta. Quod si capellani sibi minuerint, aut evidenti infirmitati detenti fuerint quantum ad perceptionem distributionum suarum, pro presentibus et deservientibus habeantur. Item ad conservationem unitatis, et ad tollendam sectionis vel divisionis materiam in ecclesia nostra, statuimus quod capellani celebraturi anniversarium vel officium pro defunctis, vigiliam celebrent in choro una cum aliis, hora et diebus quibus in choro anniversarium celebratur cum sollempnius et celebrius possit ibi quam alibi celebrari, nisi aliquod anniversarium faciant iidem capellani quod non fiant iu ecclesia cathedrali. Missas vero pro anniversariis suis singuli celebrent ubi et quando sibi placuerint, non contenti missa que in choro conventualiter celebratur, ut per oblationem divini muneris multiplicem creator generis humani pro salute vivorum et requie defunctorum magis propicius habeatur, et salvo eo quod aliquociens in choro in distributione anniversarii percipere consueverunt. Si quid pro anniversario, vel pro aliquo alio inter se distribuendum fuerit, illud distribuant prout sibi viderint expedire. Sane autem cum ministerium altaris in quo Unigenitus

Filius eterno Patri pro salute humani generis victimatur, sit tam ad subsidium vivorum quam ad remedium defunctorum, capellanis universis et singulis obnixe injungimus et precipimus districte ut quanto frequentius commode et cum devotione poterint, missas celebrent, ut multiplicatis intercessoribus divina misericordia facilius impetretur. Cum ex hoc tam celebrantis affectus quam fidelium assistentium zelus et devotio ad bonorum omnium exercicium excitetur, ceterum cum non sit acceptabile Deo servicium quod non ex corde procedit, et juxta sententiam Apostoli, lingua et spiritu, corde et voce in Dei ecclesia sit psallendum, statuimus ut capellani, cum presentes in choro fuerint, cum mente devota psallant cum aliis, ne si muti in stallo fuerint, effigiem statue representent, cum non sufficiat exhibere presentiam corporalem nisi et voce psallendo reddantur laudes Altissimo prout temporis qualitas exigit et requirit. Ad hec quia nonnulli de capellanis, pro voluntate sua, causa studii se absentant, ne sic ecclesia aliquorum cum fictis occasionibus servitoribus defraudetur sibi debitis, statuimus ut nullus capellanus presumat se, causa studii, absentare, nisi ab episcopo sui capellani, et alii a capitulo petierint licenciam et obtinuerint ad tempus eamdem : quod si hoc presumpserit aliquis, fructibus augusti subsequentis et proventibus aliis ad capellaniam suam spectantibus privabitur, in distributiones capellanorum residentium, sub forma superius expressa, convertendis. Et quoniam nonnulli metu pene aliquociens a sua negligentia revocantur, statuimus quod capellani, juxta ordinationem premissorum arbitrorum, secundum ordinem suum septimanis suis scribantur, sicut solent, in tabula ad cantandum *alleluia*, octavum responsorium, et ad legendum octavam lectionem, et officium ad quod inscripti fuerint, exequentur fideliter et devote. Quod si super hiis maranciam fecerint, in diebus profestis, pro pena solvant duos denarios, ad novem lectiones, tres denarios ; cum vero cantabit episcopus, sex denarios solvere teneantur. Quia vero singulis diebus non fit tabula in ecclesia, et etiam quando fit, non omnes scribantur in tabula, juxta ordinationem prefati domini Legati, statuimus quod capellani qui, singulis diebus, matutinis aut misse aut vesperis de die non interfuerint pro marancia matutinarum aut misse aut vesperarum duos denarios, nisi legitima causa absentes fuerint vel in servitio episcopi, solvere teneantur. Potest enim dominus episcopus duos de capellanis, sive plures in suo retinere servitio, quando visum fuerit expedire, marancie autem capellanorum capituli seu pena pro maranciis debita per cellerarium Ambianensem, vel per aliquem alium ab ipso cellerario, vel a capitulo deputandum, et marancie capellanorum episcopi per aliquem ab ipso episcopo deputandum, leventur per arrestationem distributionum quas ab antiquo percipere consueverunt, vel que de novo secundum presentem ordinationem sunt institute, et per arrestationem majorum fructuum, auctoritate nostra, videlicet episcopi et capituli faciendam. Que marancie ad aliquem certum usum, ratione previa, prout nobis episcopo et capitulo bonum videbitur, deputentur ; et jurabunt collectores maranciarum quod fideliter colligent marancias ab omnibus qui committent. Capellanis autem qui de cetero instituti fuerint in Ambianensi ecclesia, si contra presentem ordinationem scienter venerint, premissa monitione competenti, tamquam juramenti transgressoribus, interdicatur ingressus chori, et nichillominus ad privationem capellaniarum procedetur, si in non parendo contumaces inveniantur finaliter vel rebelles. Nos igitur secuti majorum nostrorum vestigia circa servicium capellanorum hec ad presens statuimus, aliis universis que super servicio, statu et honestate capellanorum, tam per dictum dominum Legatum quam per memoratos arbitros ordinata fuerunt, secundum quod in nostro, ut dictum est, continetur registro, in aliquo non mutatis. Ad perpetuam autem rei memoriam sigilla nostra presentibus duximus apponenda.

Actum anno Domini M° CC° sexagesimo primo, mense marcio.

Cartul. II, f° 306, n° cccxxv ; IV, 125 f° v°, n° cccvi.

375

LITTERA MILONIS DE BONOLIO.

29 Avril 1262

Universis presentes litteras inspecturis magister Johannes de Bellaquercu, canonicus et officialis Ambianensis, in Domino salutem. Noveritis quod dominus Milo de Bonolio, presbiter capellanus ecclesie Beati Michaelis Belvacensis, recognovit coram nobis se hereditarie et in perpetuum vendidisse viris venerabilibus decano et capitulo Ambianensi undecim minas uno quarterio minus bladi ad mensuram de Bonolio, quas idem Milo in molendino de Bonolio, ratione hereditatis sue habere dicebatur, pro decem et octo libris et dimidia parisiensium sibi plenarie persolutis sicuti recognovit coram nobis. Promittens juramento in verbo Domini prestito quod contra hujusmodi venditionem de cetero non veniret, nec dictos decanum et capitulum, aut aliquem ex parte ipsorum super ea per se vel per alium nomine hereditatis, aquestus, elemosine, seu alio aliquo nomine aliquatenus molestaret, nec molestari procuraret. In cujus rei testimonium presentes litteras confici fecimus et sigillo Ambianensis curie roborari.

Actum anno Domini M° CC° LXII°, mense aprili, sabbato post *Misericordias Domini.*

Cartul. II, f° 328, n° cccxlvi ; IV f° 138, n° cccxxviii.

376

Littera Radulphi de Marcello, militis.

Ego Radulphus de Marcello, miles, universis presentes litteras inspecturis notum facio quod cum dilectus frater meus, dominus Nicholaus dictus de Belloramo, quondam canonicus Ambianensis, teneretur singulis annis viris venerabilibus decano et capitulo Ambianensi in L^a solidis parisiensium in perpetuum solvendis infra octavas Pasche super feodum quem tenebat apud Marcellum en le Garde, quem tenebat de viro nobili domino Willelmo Forseii, castellano Nigellensi, ego, tamquam heres dicti Nicholai qui ex ejus successione dictum feodum adeptus sum, hujusmodi quinquaginta solidos parisiensium singulis annis Ambiani vel alibi ubi voluerint predictis decano et capitulo, vel eorum certo mandato in perpetuum reddere promitto bona fide infra octavas Pasche. Et ad hec firmiter observanda, me et meos heredes presentes et posteros obligo.

In cujus rei testimonium presentes litteras sigilli mei munimine roboravi.

Actum anno Domini M° CC° LXII°, die mercurii post dominicam qua cantatur *Jubilate.*

3 Mars 1262 (v. st.)

Cartul. II, f° 331, n° cccli. IV, f° 139 v°, n° cccxxxiv.

377

De emptione decimarum de Framerivile et de Ramecort (1) a Balduino milite de Longavalle

Ego Balduinus de Longavalle, miles, notum facio omnibus presentibus et

14 Juin 1262

(1) IV° Cartul. : Rainecourt.

futuris, quod ego vendidi bene et legittime venerabili viro et discreto decano et capitulo Ambianensi totam decimam de Framerivile et de Ramecort (1) et locorum adjacentium cum omnibus reportagiis, pertinentiis et juribus ad dictam decimam spectantibus, sicut eam tenuerunt fratres, pater et predecessores mei, hereditarie possidebam et habebam ab ipsis, Decano et capitulo, vel eis quibus eam duxerint assignandam ; item duo jornalia terre sita in territorio de Frameriville, apta ad faciendum managium et grangiam pro dicta decima, si voluerint, reponenda, libera ab omni censu, justicia alta et bassa, et jure ac dominio seculari quocumque, pro mille et novies centum libris parisiensium, de quibus michi satisfactum est in pecunia legittima numerata de quingentis libris parisiensium. Dictam autem decimam in manu domini episcopi Ambianensis resignare teneor simpliciter infra mensem ipsis decano et capitulo ab eodem episcopo assignandam. Item procurare teneor sumptibus meis consensum, confirmationem et litteras domini regis Francorum super venditione predicta, necnon consensum nobilis viri domini mei Willelmi de Longavalle, militis, fratris mei, et uxorum nostrarum, insuper et heredum meorum et magistri Ingerranni fratris mei et facere omnes legittimas werpitiones et resignationes et punctos qui debent et solent fieri secundum usum et legem patrie, in talibus venditionibus. Et si forte ea que premissa sunt et conventa inter nos infra instans festum Omnium Sanctorum non curarem totaliter adimpleri, et si contigeret dictam venditionem debitum infra dictum terminum non habere effectum, ego infra quadraginta dies subsequentes teneor dictis decano et capitulo restituere apud Ambianum in bona pecunia et legittima quingentas libras predictas sub pena centum librarum parisiensium reddendarum eisdem cum sorte predicta. Actum est etiam inter nos quod dicti decanus et capitulum fructus instantis augusti dicte decime integre et libere percipient et habebunt, sive plene perficiatur venditio, sive eam contingat rescindi : et eisdem quito ex nunc et concedo fructus predictos. Et promitto premissa omnia et singula me fideliter et legittime impleturum et contra eam non venturum, ad ea me et heredes meos bona mobilia et inmobilia specialiter et generaliter obligando. Volo etiam et concedo quod si dicti decanus et capitulum pro repetitione dictarum quingentarum librarum, custus, dampna et expensas incurrerent quomodocumque, ego eis ad plenum dictum suum teneor restaurare, et de eis fideliter adimplendis fidejussores et debitores principales, quemlibet in solidum constitui pro me dominos Willelmum de Longa-

(1) IVᵉ Cartul. : Ramecourt.

valle, Bernardum de Morolio primogenitum, Petrum de Jumellis, milites.

Datum anno Domini M° CC° LX° secundo, mense Junio, feria III°, post diem Beati Barnabe Apostoli.

II° Cartul., f° 313 v°, n° CCCXXVIII ; IV, f° 129 v°, n° CCCIX.

378

De Eodem

Ego Bernardus, miles. dominus Morolii, notum facio omnibus presentibus et futuris quod cum Balduinus de Longavalle, miles, de precio venditionis decime de Framerivile et de Ramecort (1) a viris venerabilibus et discretis decano et capitulo Ambianensi quibus dictam decimam vendidit receperit in pecunia numerata quingentas libras Parisiensium et promiserit quod nisi infra festum Omnium Sanctorum proximo venturum consensum, confirmationem et litteras domini et illustris regis Francorum obtinere curaret necnon et consensum nobilis viri domini Guillelmi de Longavalle, militis. fratris et domini sui et litteras super hoc et alia omnia adimpleret infra dictum terminum que ad perfectionem dicte venditionis spectant et in suis litteris continentur, que etiam conventa sunt inter ipsos, dictas quingentas libras infra XL dies dictum festum Omnium Sanctorum sequentes dictis decano et capitulo in pecunia legitima apud Ambianum restituet sub pena centum librarum Parisiensium reddendarum eisdem cum sorte predicta, ego de dicta pecunia sic reddenda me pro dicto B. erga dictos decanum et capitulum constituo fidejussorem et debitorem principalem in solidum promittens et ad hoc me, heredes meos et bona mea specialiter et generaliter obligans quod nisi dominus B. de predictis quingentis libris cum pena centum librarum satisfecerit infra terminum prenotatum, ego ad plenum satisfaciam eisdem decano et capitulo de tota pecunia memorata infra vicesimum diem Natalis Domini subsequentis, quod me facturum promitto sub pena centum librarum Parisiensium reddendarum eisdem decano et capitulo cum sorte principali et penis aliis et cum dampnis sumptibus et expensis que propter hoc fecerint si inventus fuero in defectu.

Juin 1262

Datum anno Domini M° CC° LX° secundo, mense junio.

Cart. II, f° 318, n° CCCXXXV ; IV, f° 132, n° CCCVI.

(1 IV° Cartul. : Rainocourt.

379

Littera Milonis dicti Hoche avaine

Août
1262

Universis presentes litteras inspecturis, magister J. de Bellaquercu, canonicus et officialis Ambianensis in Domino salutem. Noveritis quod dominus Milo Hoche avaine (1), clericus, in nostra propter hoc presentia constitutus, recognovit se donasse ex nunc capitulo Ambianensi pro suo anniversario, patris et matris, Sarreque sororis ejusdem Milonis, faciendo in ecclesia Ambianensi, quatuor libras et quatuor capones annuatim capiendos supra domum Petri Le Caron sitam Ambiani in vico de Corchon (2), juxta domum que fuit quondam Theobaldi molendinarii, reddendos iis terminis : tertia pars cum quatuor caponibus solvuntur in Natali Domini, altera tercia ad Pascha, ultima tercia pars ad festum Beati Petri ad vincula. Item quatuor solidos et quatuor capones censuales in quibus tenetur ei hospitale Sancti Lupi, pro cameris de quatuor molendinis ad Natale solvendos. Item viginti denarios et obolum, unum caponem et dimidium censuales reddendos ab Arnulpho Greffin (3) et capiendos supra cameras Canterane (4) super fossatum. Item domum suam in qua manet, sitam in vico Sancti Walarici : ita tamen quod pro dicta domo, si capitulum habere eam perpetuo voluerit post mortem dicti Milonis, reddant Radulpho Hoche Avaine, mitrito suo, viginti libras, et Roberto filio Ydore de Saumier (5) alias viginti libras. Si autem dictum capitulum domum prefatam sic honeratam habere non voluerit, vendatur domus, et quod plus fuerit ultra quadraginta libras, in augmentum anniversarii predictorum convertatur : Si minus quadraginta libras vendita fuerit, precium inter predictos Robertum et Radulphum dividatur equaliter. Preterea pro anniversario predictorum recognovit similiter idem Milo se donasse capellanis et magnis vicariis ecclesie Ambianensis viginti quinque solidos censuales capiendos supra domum magne cousturarie de Attrebato, sitam juxta domum Theobaldi quondam molendinarii, reddendos hiis terminis ; videlicet terciam partem ad Natale, aliam ad Pascha, aliam ad Augustum : ita tamen quod de dictis viginti quinque solidis reddantur ecclesie Beati Johannis Ambianensis annuatim pro domo predicta et pro domo Petri Le 6) Caron

(1) IVᵉ Cartul. : Hoche Avene.
(2) IVᵉ Cartul. : Courion.
,3) IVᵉ Cartul. : Grefin.

(4 IVᵉ Cartul. : Canturane.
(5) IVᵉ Cartul. : Sannuner.
6) IVᵉ Cartul. : De.

XL° denarii, hiis terminis : XII denarios et duos capones in Natali Domini, et IV denarios ad hastiludium, duodecim denarii ad festum Beati Firmini martyris. Nec est pretereundum quod dictus Milo in omnibus predictis sic donatis retinet usum fructum quamdiu vitam duxerit corporalem. Post ejusque discessum fiet anniversarium ejus pro ipso et aliis nominatis specialiter personis, prout superius est expressum. In cujus rei testimonium presentes litteras ad instanciam dicti Milonis confici fecimus et sigillo curie Ambianensis roborari.

Actum anno Domini M° CC° LXX° II°, mense augusto (1).

Cartul. II, f° 330, n° cccl ; IV, f° 139, n° cccxxxiii.

380

De eodem.

Ego Willelmus, miles, dominus Longevallis et de Framerivile, notum facio omnibus presentibus et futuris quod cum Balduinus de Longavalle, miles, frater meus, de precio venditionis decime de Framerivile, et de Ramecort (2), a viris venerabilibus et discretis decano et capitulo Ambianensi, quibus dictam decimam vendidit, receperit in pecunia numerata quingentas libras parisiensium et promiserit quod, nisi infra festum Omnium Sanctorum proximo venturum consensum, confirmationem et litteras domini et illustris regis Francorum obtinere curaret, necnon et consensum meum, et litteras super hoc, et alia omnia adimpleret infra dictum terminum que ad perfectionem dicte venditionis spectant, et in suis litteris continentur, que eciam conventa sunt inter ipsos, dictas quingentas libras infra quadraginta dies dictum festum Omnium Sanctorum sequentes dictis decano et capitulo in pecunia legittima apud Ambianum restituet sub pena centum librarum parisiensium reddendarum eisdem cum sorte predicta, ego de dicta pecunia sic reddenda me pro dicto B. erga dictos decanum et capitulum constituo fidejussorem et debitorem principalem in solidum, promittens, et ad hoc me, heredes meos et bona mea specialiter et generaliter obligans, quod nisi dictus B. de predictis quingentis libris cum pena centum librarum satisfecerit infra terminum prenotatum, ego ad plenum satis-

1262

(1) Cette charte a été par erreur imprimée parmi celles datées de 1262.   (2) IV° Cartul. : Rainecourt.

faciam eisdem decano et capitulo de tota pena centum librarum parisiensium reddendarum eisdem decano et capitulo cum sorte principali et penis aliis et cum dampnis, sumptibus et expensis que propter hoc fecerint si inventus fuero in defectu.

Datum anno Domini M° CC° LX° secundo, mense junio.

Cartul. II, f° 316 v°, n° cccxxxii ; IV, f° 131, n° cccxiii.

381

De eodem.

Juin 1262

Ego Petrus, dominus de Jumellis, miles, notum facio..... *(Texte identique à la charte précédente).....* me pro dicto B..... constituo fidejussorem.....

Datum anno Domini M° CC° LXII°, mense junio.

Cartul. II, f° 317, n° cccxxxiii ; IV, f° 131 v°, cccxiv.

382

De eodem.

Septembre 1262

Variante du n° 377 :... necnon et duo jornalia terre, sita in territorio de Framerivile inter Ramecort (1) et Framerivile et le Bos, apta ad faciendum managium pro dicta decima si voluerint reponenda..... Nichil omnino in dicta decima et ad eam pertinentibus cum dicta terra et managio michi et meis heredibus retinebo. Hanc autem venditionem feci de voluntate et consensu expresso ac spontaneo Helvidis, uxoris mee, et heredum meorum, de auctoritate eciam et mandato curatoris eisdem heredibus dati, necnon nobilis viri fratris ac domini mei Willelmi de Longavalle, militis, et magistri Ingerranni fratris mei, ipsisque scientibus, consencientibus, volentibus et mandantibus dictam decimam cum predictis ad eam pertinentibus in manu reverendi patris episcopi Ambianensis ad opus dictorum decani et capituli pure ac simpliciter resignavi. Promittens, bona fide.....

Actum anno Domini M° CC° LXII°, mense septembri.

Cartul. II, f° 315, n° cccxx ; IV, f° 130 v°, n° cccxi.

(1) IV° Cartul. : Ramecourt.

383

De eodem.

Ego magister Ingerrannus de Longavalle, canonicus Peronensis, notum facio universis tam presentibus quam futuris quod ego ratam habeo et firmam venditionem factam a domino Balduino, fratre meo, milite, canonicis Ambianensibus de decima de Framiravilla (1), prout continetur in instrumento super dicta venditione confecto, renuntians omni juri meo cuicumque, si quod habeo, in predictis. In cujus rei testimonium et munimen presentes litteras dedi dictis canonicis Ambianensibus sigillo meo proprio sigillatas.

Datum anno Domini M° CC° LXII°, mense septembri, in die martis post festum beatorum Egidii et Lupi.

26 Septembre 1262

Cartul. II, f° 317 v°, n° cccxxxiv ; IV, f° 132, n° cccxv.

384

De eadem littera Willermi de Longavalle.

Ego Willermus de Longavalle, miles, notum facio omnibus presentibus et futuris quod ego habeo gratam et ratam et acceptam (2) venditionem seu concessionem tocius decime de Framerivile et de Ramecort (3) et locorum adjacentium ad dictam decimam pertinentium cum duobus jornalibus terre...., quam venditionem fecit Balduinus de Longavalle, miles, frater et homo meus ligius de assensu et voluntate uxoris sue ac heredum suorum viris discretis decano et capitulo Ambianensi..... promittens nichillominus sub debito juramenti quod contra hujusmodi venditionem ratione dominii elemosine seu alio quocumque jure per me vel per alium non veniam in futurum, nec dictos decanum et capitulum seu alium habentem causam ex (4) ipsis super predictis molestabo vel molestari procurabo et quod in predictis aliquid nullo jure reclamabo. Immo ex nunc predictam totam decimam cum suis pertinenciis ac dictis duobus

Septembre 1262

(1) IV° Cartul. : Fremerivilla.
(2) IV° Cartul. : acceptavi.
(3) IV° Cartul. : Ramecourt.
(4) IV° Cartul : ab.

jornalibus terre extra meum feodum pono penitus et expresse. In cujus rei testimonium presentem cartam seu cautionem predictis decano et capitulo dedi et concessi liberaliter ad petitionem et instantiam dicti Balduini, fratris mei militis sigilli mei munimine robaratam.

Actum anno Domini M° CC° sexagesimo secundo, mense septembri.

_{Cartul. II, f° 314 v°, n° cccxxix ; IV, f° 130, n° cccx.}

385

Confirmatio Regis de eodem.

Septembre 1262

Ludovicus, Dei gratia Francorum rex. Noverint universi presentes pariter et futuri quod nos litteras Guillelmi de Longavalle, militis, vidimus in hec verba... (*La charte reproduit le texte du n° 383*). Nos autem premissa omnia et singula, prout superius continentur, quantum in nobis est, ad petitionem dicti Guillelmi, volumus, concedimus et auctoritate regia confirmamus, salvo jure nostro in aliis et eciam alieno. In cujus rei testimonium et munimem presentes litteras sigilli nostri fecimus impressione muniri.

Actum anno Domini M° CC° LXII°, mense septembri.

_{Cartul. II, f° 316, n° cccxxxi ; IV, f° 131, n° cccxii.}

386

Littera Hugonis de Roseria, domini Autiole.

Janvier 1262 (v. st.)

Universis presentes litteras inspecturis, ego Hugo de Roseria, dominus Antiole, notum facio quod ego necessitate urgente et oppressus onere gravissimo debitorum, de consilio amicorum meorum, vendidi, tradidi et deliberavi bene et legittime, et ad usus et consuetudines terre, viris venerabilibus et discretis decano et capitulo Ambianensi ad opus cujusdam capellanie in ecclesia Ambianensi fundate, ut dicitur, et ibidem deserviende totam decimam quam habebam in villis et territoriis de Antiola et de Frageviler (1), et in locis vicinis, cum omnibus juribus et pertinenciis ad me ratione dicte decime spectantibus possidendam et habendam in perpetuum et hereditarie ab eis vel ab eo cui dictam decimam duxerint assignandam,

(1) IVe Cartul. : Frogeviler.

pro ducentis et XL libris parisiensium michi ab ipsis legittime persolutis, promittens et ad hoc me et heredes meos obligans juramento a me super hoc nichilominus corporaliter prestito, quod contra dictam venditionem non veniam, nec ipsos vel alium ex parte ipsorum, dictam decimam tenentem super ea molestabo nec molestari procurabo, sed garandizabo eis contra omnes juri et legi parere volentes. Promitto etiam me facturum et curaturum per me et heredes meos sub pena precii memorati quod dicti decanus et capitulum pacifice et quiete gaudebunt de decima antedicta, me heredes meos predictos et omnia bona mea mobilia et inmobilia ad hoc specialiter et generaliter obligando. Promitto preterea me facturum et procuraturum quod dicta venditio in assisiis de Dullendo per ballivum et homines domini regis judicabitur legittima et super hoc dicti homines litteras suas dabunt decano et capitulo antedictis, item quod dominus rex, de quo dictam decimam tenebam in feodum, venditionem predictam per suas patentes litteras confirmabit. Que omnia procurare teneor infra dominicam qua cantatur *Invocabit me*. Actum est etiam inter nos quod dicti decanus et capitulum dictam decimam per tres annos continuos colligi facient per aliquem fidelem et juratum quod si inventa fuerit valere quolibet anno quinque modios bladi et avene per medium ad mensuram Dullendii vel amplius, manebit contractus sicut superius est expressus. Si autem minus quinque modiis annuis valuerit, tenebor justum precium pro quantitate defectus restituere decano et capitulo supradictis, et de hoc constitui pro me fidejussores et principales debitores. In cujus rei testimonium presentes litteras eisdem decano et capitulo tradidi sigilli mei munimine roboratas.

Datum anno Domini M° CC° LX° secundo, mense januario.

Cartul. II, f° 320, n° cccxxxviii ; IV, f° 133, n° cccxix.

387

CONFIRMATIO VENDITIONIS DECIMARUM DE ANTIOLA ET DE FRAGEVILER (1) A DOMINO REGE FRANCORUM.

Ludovicus, Dei gratia Francorum rex, notum facimus universis tam presentibus quam futuris, nos litteras Hugonis de Roseria, domini Antiole

Février 1262 (v. st.)

(1) IV° Cartul. : Frogeviler.

armigeri, vidisse in hec verba : Universis... *Texte du n° 386* Nos autem ad petitionem memorati Hugonis, venditionem predictam, sicut superius continetur, volumus, concedimus et ratam habemus, et eam auctoritate regia confirmamus, salvo jure in omnibus alieno. Quod ut ratum et stabile permaneat in futurum presentem paginam sigilli nostri fecimus impressione muniri.

Actum apud Vicenas anno Domini M° CC° LX° II°, mense februario.

Cartul. II, f° 320 v°, n° cccxxxix ; IV, f° 133 v°, n° cccxv.

388

Venditio decimarum de Verton ab Hugone dicto Rabboth (1) et ejus heredibus.

Juin 1263

Universis Xpi fidelibus presentem cartam visuris vel audituris, Henricus dictus Rabos salutem in Domino sempiternam. Noverit universitas vestra me vendidisse pro ducentis et quinquaginta libris parisiensium michi pre manibus numeratis et plenarie persolutis, decano et capitulo Ambianensi omnes decimas tam majores quam minores quas habebam et habuerant Gaufridus (2), pater meus, et Sarra, mater mea, apud Verton. Minute vero consistunt in hiis videlicet : in omnibus domibus que sunt edificate vel edificari possunt ibidem : omnes decimas de agnis et lanis, de pullis gallinaciis et anseribus, de vitulis de porcellis, de pontranis et de omnibus que de bestiis possunt nasci de quibus decima percipi debeat, et quatuor pisces de duabus navibus, quolibet die quo ad mare ibidem in quadragesima ibitur ad piscandum, et omnia alia ad nos tempore venditionis hujus pertinentia que minutarum decimarum appellatione comprehenduntur. Hanc autem venditionem feci de assensu Johannis, primogeniti filii mei et heredis, et de assensu Ade, Petri et Willelmi, fratrum meorum, necnon et de assensu Sarre, uxoris mee : qui omnes predicte venditioni benignum prebuerunt assensum, firmantes omnes et singuli, juramento proprio, quod contra hujusmodi venditionem nullo tempore venirent, nec decanum et capitulum, seu capellanos, ad cujus opus premissa empta fuerunt, aliquo tempore molestarent seu facerent per alium molestari. Et adjecit predicta uxor mea quod ipsa spontanea et non coacta renunciabat omni juri quod

(1) IV° Cartul. : Rabot.   (2) IV° Cartul. : Guifridus.

ratione dotalicii vel alio sibi competebat vel poterat competere in premissis, prout in carta Ambiani super hoc confecta plenius continetur. Hanc autem venditionem dictis decano et capitulo et capellanis pro tempore premissa possidentibus garandizare teneor, et ad hoc me, heredes meos et quoslibet successores meos presenti carta obligo ad usus et consuetudines patrie contra omnes qui juri et legi parere voluerint. Et si predicti decanus, capitulum et capellani, pro defectu garandie mee, heredum meorum vel successorum sumptus facerent, aut dampna incurrerent, omnia dampna et sumptus sic factos eisdem restituere tenerer ad plenum renuncians in hac parte exceptioni non numerate, non solute pecunie, doli et fori, omnique alii exceptioni et rei que possent obici contra presens instrumentum vel factum. Subponens me jurisdictioni cujuscumque judicis quem decanus, capitulum et capellani adire voluerint qui possit compellere me, heredes seu successores meos ad premissa servanda, et corpora, et bona tam mobilia quam inmobilia, si forte premissis, quod absit, in aliquo contrairemus. Et in omnibus hiis renuncio omni beneficio juris tam canonici quam civilis, omnique rei et exceptioni que possent contra presens instrumentum vel factum dici. Et quia predictas decimas a domino Johanne de Primeu, milite, tenebam in feodum, ipsius consensum huic venditioni tamqnam domini intervenire procuravi, prout in litteris suis confirmationis expresse continetur. In cujus rei robur, testimonium et munimen has presentes litteras dictis decano, capitulo et capellanis tradidi sigilli mei proprii appensione signatas.

Actum anno Domini M° CC° LXIII°, mense junii.

Cartul. II, f° 322, n° cccxl ; IV, f° 134, n° cccxxi.

389

Confirmatio a domino Johanne de Brimeu de decimis de Verton.

Omnibus hec visuris, Johannes, miles et dominus de Brimeu, et Ysabella, uxor ejus, salutem in vero salutari. Litteras Henrici Rabot, hominis nostri ligii, vidimus, legimus et diligenter inspeximus in hec verba : Universis... Nos autem dictam venditionem ratam et gratam habentes

Juin
1263

eam laudamus, approbamus et ipsam venditionem decano capitulo Ambianensibus et capellanis predictis, ad instantiam et petitionem dicti Henrici in manu mortua confirmamus. In cujus rei testimonium et munimen has presentes litteras nostras patentes prefatis decano et capitulo Ambianensibus et capellanis tradidimus sigillarum nostrorum munimine roboratas.

Datum anno Domino M° CC° LXIII°, mense junii.

Cartul. II, f 325 *bis*, n° cccxliii ; IV, f° 136 v°, n° cccxxv.

390

Littera comitis Sancti-Pauli de decimis de Verton.

Juin
1263

Omnibus hec visuris Guido, comes Sancti-Pauli, salutem in Domino. Litteras Henrici Raboth (1), hominis ligii Johannis domini de Brimeu, militis et hominis nostri vidimus, legimus et diligenter inspeximus in hec verba : Universis Henricus dictus Rabos... Nos autem, habita super premissis diligenti deliberatione, et inspecta confirmatione predicti Johannis de Brimeu, militis, hominis nostri, dictam venditionem, prout continetur in littera dicti Henrici, venditoris, ratam et gratam habentes, eam laudamus, volumus et approbamus, et dictis decano et capitulo et capellanis, tamquam secundus dominus, in manu mortua confirmamus. Ita tamen quod capellani ibidem residentes, seu alter illorum quamdam missam pro nobis, qualibet ebdomada, dumdiu vixerimus in presenti, de Spiritu sancto, vel de Beata Maria Virgine, teneantur celebrare, et nobis viam universe carnis ingressis, predicti capellani, seu alter illorum teneantur etiam qualibet ebdomada, quamdam missam in memoriam nostram pro fidelibus defunctorum in perpetuum celebrare. In cujus rei robur, testimonium et munimen has presentes litteras nostras patentes prefatis decano, capitulo et capellanis tradidimus sigilli nostri munimine roboratas.

Datum anno Domini M° CC° LXIII°, mense junii.

Cartul. II, f° 326, n° ccclxiv ; IV, f° 137, n° cccxxvi.

(1) IV° Cartul. : Rabot.

391

Item de Henrico dicto Raboth.

Officialis Ambianensis decano christianitatis in Mousterolo salutem. Auctoritate qua fungimur vobis mandamus quatinus uxorem Henrici Raboth, cum ea festinatione qua poteritis ad vestram presentiam personaliter evocatam, resignationem dotalicii quod habere dicitur in quibusdam redditibus a dicto Henrico, marito suo, venditis decano et capitulo Ambianensi ad opus fundationis quarumdam capellaniarum pro salute anime bone memorie magistri Laurentii, quondam penitentiarii Ambianensis, adhibita sollempnitate que in talibus adhiberi consuevit, diligenter audiatis, et quod super hoc inveneritis, nobis sine more dispendio fideliter rescribatis.

Datum anno Domini M° CC° LXIII°, dominica post Decollationem Beati Johannis Baptiste.

<small>Cartul. IV, f° 134 v°, n° cccxxii.</small>

2 Septembre 1263

392

Item de eodem.

Viro venerabili et discreto officiali Ambianensi, V... decanus Xpianitatis in Mousterolo, salutem cum omni reverencia et honore. Noveritis quod nos, ad mandatum vestrum presentibus hiis annexum, conventiones habitas inter viros venerabiles et discretos decanum et capitulum Ambianense ad opus fundationis quarumdam capellaniarum pro salute anime bone memorie magistri Laurentii, quondam penitentiarii Ambianensis, ex una parte, et Henricum dictum Raboth (1) de Verton, et Sarram ejus uxorem, ex altera, et dictarum conventionum circumstancias diligenter audivimus loco domini. In nostra igitur propter hoc presentia constituti dicti Henricus et Sarra, ejus uxor, recognoverunt se hereditarie vendidisse ad legem et legitime werpisse dictis decano et capitulo Ambianensi ad opus fundationis dictarum capellaniarum pro CC.ᵢˢ et quinquaginta libris parisiensium..... *ut supra* n° 388. Huic autem

Septembre 1263

<small>(1) IVᵉ Cartul. : Rabot.</small>

venditioni et werpitioni recognoverunt coram nobis dictus Henricus et Sarra, ejus uxor, assensum se prebuisse spontaneos pariter et consensum, promittentes dicti Henricus et ejus uxor fide et juramento ab ipsis corporaliter prestitis coram nobis quod contra dictas venditionem et werpitionem non venient..... Et specialiter dicta Sarra, uxor dicti H., sub fide et juramento ab ipsa ut dictum est corporaliter prestitis, promisit quod in premissis ratione dotis seu dotalicii..... nichil..... reclamabit. Recognovit eciam dicta Sarra, uxor dicti Henrici, sibi esse factum excambium sufficiens, videlicet ad sexaginta jornalia terre feodalis ipsius Henrici site in loco qui dicitur vulgariter a Famerel Conchil, inter terram domini Jacobi de Contes, militis, ex uno latere et inter terram domini Henrici dicti de Contes, militis, ex alio et ad quatuor libras annui census siti in burgo et in marisco de Verton cum proventibus et excadentiis cujusdam vicecomitatus quem habet dictus Henricus apud Verton, que predicta tenentur de domino Johanne de Brimeu, milite, in feodum. Item recognovit etiam dicta Sarra quod spontanea non coacta.... predictis venditioni et werpitioni benignum prebuit assensum pariter et consensum. Insuper dicti Henricus et Sarra, ejus uxor, quantum ad omnia supradicta renunciaverunt expresse exceptioni doli mali,.... et omnibus exceptionibus juris et facti, omnibus litteris apostolicis et regiis impetratis et impetrandis et aliis quibuscumque omnibus privilegiis et indulgenciis a domino papa concessis et concedendis, omni constitutioni et statuto, omnibus cavillationibus et auxiliis que possent contra presens instrumentum obici seu in posterum allegari. In quorum omnium testimonium ad instanciam et petitionem dictorum Henrici et Sarre, uxoris sue, nos conventiones predictas sigillo decanatus Xpianitatis Mousteroli communitas ad vos mittimus sigillo curie Ambianensis ad perpetuam rei memoriam roborandas.

Datum anno Domini M° CC° LXIII°, mense septembri.

Cartul. II, f° 323, n° cccxli ; IV, f° 134 v°, n° cccxxiii.

393

De obligatione decime de Plachi et de Perrousel facta ab Eustachio de Novavilla.

Septembre 1263

Ego Eustachius de Novavilla, armiger, notum facio universis quod ego decimas quas teneo a viris venerabilibus decano et capitulo Ambianensi in feodum in territoriis de Plachi, de Perrousel et de Fossemanant dictis decano et capitulo pignori obligavi pro septies viginti libris parisiensium, michi ab eisdem in pecunia numerata persolutis per manum viri venerabilis de Bellaquercu, penitentiarii Ambianensis, fructibus percipiendis in dicta decima durante pignore in sortem minime computandis, tali videlicet conditione apposita quod ego possim redimere dictam decimam quolibet anno, in festo Sancti Remigii. pro dictis septies viginti libris parisiensium. Et nisi dicta die redimero. decimas predictas, fructus augusti sequentis erunt decani et capituli predictorum, Ad quam conventionem tenendam et observandam et garandizandam me et heredes meos obligo, fide prestita corporali. In cujus rei testimonium presentes litteras prefatis decano et capitulo tradidi sigilli mei munimine roboratas.

Actum anno Domini M° CC° LXIII°, mense septembri.

Cartul. II, f° 318 v°, n° cccxxxvi ; IV, f° 132, n° cccxvii.

394

Item, de eadem obligatione.

Universis presentes litteras inspecturis, officialis Ambianensis salutem in Domino. Noveritis quod Eustachius de Novavilla, armiger, domicella Aelidis, ejus uxor, et domina Hawidis (1), mater dicti E., existens vidua, recognoverunt se pignori obligasse viris venerabilibus decano et capitulo Ambianensi pro septies viginti libris parisiensium sibi per manus viri venerabilis J. de Bellaquercu, penitentiarii Ambianensis, persolutis, omnes decimas quas ipsi E., A. et H. habebant et percipiebant in territoriis de Plachi et de Perrousel et de Fossemanant ; quas quidem decimas dictus Eustachius aut ejus heredes poterunt quolibet anno redimere in die beati Remigii in octobri. Quod nisi fecerint, fructus augusti sequentis dictarum decimarum erunt decani et capituli predictorum. Asseruit etiam idem Eustachius quod dictas decimas a dictis decano et capitulo tenebat in feodum. Dicte siquidem A. et H. que in dictis decimis dotalicia se habere dicebant, recognoscentes et juramentis prestitis firmantes quod huic impignorationi spontanee non coacte benignum prebebant assensum, et quod a dicto Eustachio sufficiencia et sibi grata receperant excambia, videlicet dicta domicella decimam quam habet idem E. apud

Octobre
1263

(1) IV° Cartul. : Hauvidis.

Boscoel (1) et dicta domina Hawidis (2) in molendino de Novavilla ad valorem dotalicii quod habebat in decimis impignoratis dicta dotalicia ad opus dictorum decani et capituli spontanee resignarunt, promittentes et juramentis prestitis firmantes tam dicte mulieres quam dictus Eustachius quod contra hujusmodi impignorationem non venirent nec dictos decanum et capitulum aut aliquem ex parte ipsorum super dictis decimis per se vel per alium nomine hereditatis, dotalicii, victus seu aliquo alio nomine in foro ecclesiastico vel seculari aliquatenus molestarent nec molestari procurarent salva sibi conditione redempcionis supradicte. Hec autem omnia prout superius sunt expressa acta fuerunt, recognita et jurata coram Hugone dicto Le Volant, curie Ambianensis notario ad hoc ex parte nostra specialiter destinato, sicut idem clericus cui fidem adhibemus nobis retulit voce viva. Nos vero volentes ea que coram dicto clerico de mandato nostro speciali acta fuerint recognita et jurata robur firmitatis obtinere, presentes litteras confici fecimus, et sigillo curie Ambianensis roborari.

Actum anno Domini M° CC° LXIII°, mense octobri, dominica ante diem beati Remigii.

Cartul. II, f° 319, n° cccxxxvii ; IV, f° 132 v°, n° cccxviii.

395

Littera Domini Pape missa decano Noviomensi.

18 Juillet 1262

Urbanus, episcopus, servus servorum Dei, dilecto filio decano Noviomensi, salutem et apostolicam benedictionem. Dilecti filii decanus et capitulum Ambianensis ecclesie nobis humiliter supplicarunt ut, cum privilegia, instrumenta et littere ac alia munimenta ejusdem ecclesie una cum ipsa ecclesia, peccatis exigentibus, sint combusta, ex quorum defectu super hiis que antea pacifice possidebant, plures eis questiones moventur, providere super hoc misericorditer curaremus. Volentes igitur indempnitati ejusdem ecclesie remedio quo possumus subvenire, discretioni tue per apostolica scripta mandamus quatinus ad eamdem ecclesiam personaliter accedens, libros antiquos et registra, seu capitularia ejusdem ecclesie in quibus transcripta predictorum habentur cum diligentia videas, et si per antiquiores ipsius ecclesie super hoc juratos legittime

(1 IV° Cartul. : Bascoel.   2 IV° Cartul. : Hauvidis.

tibi constiterit quod transcripta hujusmodi cum originalibus sic combustis que ipsi antiquiores integra viderint non discordent, transcripta ipsa facias in publica redigi munimenta, decernens auctoritate nostra eis tamquam scripturis autenticis fidem omnimodam adhiberi, contradictores per censuram ecclesiasticam apellatione postposita compescendo.

Datum Viterbii XV Kal. Augusti, Pontificatus nostri anno primo.

Cartul. IV, f° 142, n° cccxlii.

396

Littera decani Noviomensis.

Universis presentes litteras inspecturis, decanus Noviomensis, judex sive executor a domino Papa datus, in Domino salutem. Cum nos secundum tenorem mandati apostolici ad nos propter hoc obtenti ad Ambianensem ecclesiam personaliter accedentes, libros antiquos et registra et capitularia ipsius ecclesie in quibus transcripta instrumentorum, privilegiorum, litterarum et munimentorum ipsius ecclesie una cum ipsa ecclesia combustorum habentur, vidimus diligenter, et cum per prepositum et precentorem ipsius ecclesie, et alios antiquiores ipsius ecclesie super hoc juratos, nobis legittime constiterit quod transcripta hujusmodi et registra nobis exhibita, quorum originalia cum ipsa ecclesia sunt combusta, predicti antiquiores integra viderint, et quod ipsa transcripta ab ipsis originalibus sic combustis cum ipsa ecclesia non discordent, et propter hoc de bonorum et jurisperitorum consilio, ipsa transcripta decreverimus in publica redigi munimenta, et ipsis ita redactis, tamquam scripturis autenticis de cetero fides omnimoda valeat adhiberi ; noveritis quod nos, quantum ad compulsionem contradictorum, si qui fuerint, discretis viris magistris Thome, dicto Campulo (1), canonico Sancti-Firmini confessoris Ambianensis, et Johanni de Boures, canonici Sancti-Firmini Vinarcurtis (2), vel eorum alteri ex justa causa committimus vices nostras donec eas duxerimus revocandas.

11 Octobre 1263

Datum anno Domini M° CC° LXIII°, die jovis post festum Sancti Dionisii

Cartul. II, f° 335, n° clclx ; IV, f° 142, n° cccxliii.

1 IVᵉ Cartul. : Canipulo. 2 IVᵉ Cartul. : Vinacurtis.

397

EXECUTIO DECANI NOVIOMENSIS, DE COMBUSTIONE PRIVILEGIORUM ET ALIARUM LITTERARUM COMBUSTARUM CUM ECCLESIA AMBIANENSI.

1264

Universis presentes litteras, inspecturis (Egidius), decanus Noviomensis, judex sive exequutor a domino Papa delegatus, in Domino salutem. Litteras domini Urbani pape quarti non abolitas, non cancellatas, in nulla sui parte viciatas, cum vera bulla et filo integro, prout prima facie apparebat, nos vidisse et recepisse noveritis in hec verba :

Urbanus... *Texte du n° 395.*

Quarum auctoritate litterarum ad Ambianensem ecclesiam personaliter accedentes, libros antiquos, registra et capitularia ipsius ecclesie, in quibus transcripta predictorum habentur vidimus diligenter et cum per prepositum et precentorem ipsius ecclesie, et quosdam antiquiores ipsius ecclesie super hoc juratos, nobis legittime constiterit quod per transcripta hujusmodi et registra nobis exhibita, quorum originalia cum ipsa ecclesia sunt combusta, predicti antiquiores integra viderint, et quod ipsa transcripta ab ipsis originalibus sic combustis cum ipsa ecclesia non discordent ; de bonorum virorum et jurisperitorum consilio, ipsa transcripta decrevimus in publica redigi munimenta, ut ipsis ita redactis, tamquam scripturis autenticis fides omnimoda de cetero valeat adhiberi : contradictores et rebelles per censuram ecclesiasticam compescendo. In cujus rei testimonium, presentes litteras sigillo nostro fecimus roborari.

Actum anno Domini M° CC° LXIII°, mense octobri, die jovis post festum beati Dionisii martiris.

Cartul. II, f° 309, n° cccxxxvi ; IV, f° 127 v°, n° cccvii.

398

DE EXECUTIONE DECANI NOVIOMENSIS.

Octobre
1263

Universis presentes litteras inspecturis B. (1), permissione divina abbas Sancti-Martini (2) de Gemellis Ambianensis in Domino salutem. Noveritis nos litteras venerabilis viri E. decani Noviomensis, anno Domini M° CC° LXIIII° *(sic)*,

(1 IVe Cartul. : H.   (2) IVe Cartul. : Martyni.

feria VI in paschalibus, non abolitas, non cancellatas, nec in aliqua sui parte viciatas vidisse in hec verba : Sanctissimo Patri ac Domino Urbano, Dei providentia summo pontifici, suus humilis et devotus filius E., decanus Noviomensis, pedum oscula beatorum litteras a Sanctitate vestra michi transmissas pro ecclesia Beate Marie Ambianensis, filia ecclesie Romane devota, non abolitas, non cancellatas, non rasas, nec in aliqua sui parte viciosas prout mihi prima facie apparebat, noveritis me recepisse et diligenter inspexisse in hec verba :

Urbanus... *Texte du n° 395.*

Quarum auctoritate litterarum ad ecclesiam Ambianensem personaliter accedens, libros antiquos, registra (1) et capitularia ipsius ecclesie in quibus transcripta predictorum habentur mihi per capitulum Ambianense exhibita recepi, et cum ea diligentia qua potui diligenter inspexi. Et cum per prepositum et precentorem et quosdam alios antiquiores ipsius ecclesie super hoc juratos et diligenter examinatos, michi legittime constiterit per transcripta hujusmodi et registra (2) mihi exhibita, quorum originalia cum ipsa ecclesia sint combusta, quod predicti antiquiores dictorum transcriptorum originalia integra viderint, et quod ipsa transcripta litteris presentibus appensa ab ipsis originalibus sic combustis cum ipsa ecclesia non discordent, de bonorum virorum et jurisperitorum consilio, ipsa transcripta decrevi in publica redigi munimenta, ut, ipsis ita redactis, tamquam scripturis autenticis fides omnimoda de cetero debeat adhiberi, contradictores et rebelles per censuram ecclesiasticam compescendo. In cujus rei testimonium presentes litteras sigilli mei appensione signatas, sancte Paternitati Vestre transmitto. Et si bonitati et Sanctitati Vestre placuerit quod per me de mandato vestro gestum est in hoc facto, ad perpetuam memoriam et dicte ecclesie securitatem dignemini auctoritate Apostolica confirmare.

Actum anno Domini M° CC° LXIII°, mense octobri.

Cartul. II, f° 335 v°, n° cccLxi ; IV, f° 142 v°, n° cccxLiv.

399

Item de eodem.

Universis presentes litteras inspecturis, officialis Ambianensis in Domino

Mars 1263 (v. st.)

1 IV° Cartul. : Regestra.   2) IV° Cartul. ; Regestra.

salutem. Noveritis quod Henricus dictus Rabbos de Verton et Sarra recognoverunt se hereditarie vendidisse......*(ut supra n° 388)*...... Hec autem omnia, prout superius sunt expressa, acta fuerunt et jurata et recognita coram dilecto nostro V..., decano Xpianitatis in Mousterolo ad hoc ex parte nostra specialiter destinato, sicuti tam in ipsius decani litteris quam nostris ad ipsum propter hoc directis et nobis remissis plenius continetur. Nos vero volentes ea que coram dicto decano de mandato nostro acta fuerunt jurata et recognita robur firmitatis obtinere presentes litteras confici fecimus et sigillo curie Ambianensis roborari.

Actum anno Domini M° CC° LXIII°, mense marcio.

Cartul. II, f° 324 v°, n° cccxlii ; IV, f° 135 v°, n° cccxxiv.

400

Littera Johannis de Falkemberga.

Mars 1263 (v. st.)

Universis presentes litteras inspecturis officialis Ambianensis in Domino salutem. Noverint universi quod Johannes de Falkemberga, civis Ambianensis homo capituli, recognovit coram nobis se accepisse ad annuum et perpetuum censum a dicto capitulo septem jornalia et dimidium vel circiter terre ipsius capituli site in territorio de Revella in quinque peciis, quarum prima sita est juxta magnam viam per quam itur de Revella apud Fluy, juxta terram Johannis de Perrousel : secunda sita est juxta terram que vocatur Le Couturele et juxta terram Godefridi de Buillon : tercia sita est retro curtillos de Revella, juxta terras predicti capituli et juxta terram Godefridi de Perrousel : quarta sita est juxta terram Johannis Ogeri, et quinta sita est retro managium Maineri Ferathe (1) juxta terram Warini Laplamie, quam terram magister Hugo de Bellainval, quondam canonici Ambianensis, emisse dicitur ab Augustino Anglico, sexterario pro XXXV solidis parisiensium dicto capitulo ab ipso Johanne et ejus heredibus quolibet anno in perpetuum, scilicet in Nativitate Domini medietatem, et in Pascha aliam medietatem persolvendis. Nec est omittendum quod dictus Johannes et ejus heres, cum censu predicto reddet et solvet census et alia que ratione dicte terre debentur. Et de predicto censu sic reddendo, dictus Johannes

(1) IV° Cartul. : Ferache.

assignavit dictum capitulum ad totam terram et ad omnia alia que tenet de capitulo supradicto. In cujus rei testimonium presentes litteras confici fecimus et sigillo Ambianensis curie roborari.

Actum anno Domini M° CC° LXIII°, mense marcio, feria iiii^a post *Invocavit me*.

Cartul. II, f° 337 v°, n° ccclxiv ; IV, f° 144 v°, n° cccl.

401

Urbanus, episcopus, servus servorum Dei, dilectis filiis decano et capitulo Ambianensi salutem et apostolicam benedictionem. Hiis que ab ecclesiarum prelatis et personis pro ipsarum utilitatibus et divini cultu nominis provide statuuntur libenter adicimus apostolici muniminis firmitatem, ut intemerata consistant que nostro fuerunt presidio communita. Cum igitur, sicut peticio vestra nobis exhibita continebat, vos ut cultus divinus in ecclesia vestra vigeat cupientes, venerabilis fratris nostri episcopi Ambianensis ad hoc accedente consensu, deliberacione provida inter alia statueritis ut capellani perpetui de cetero in ecclesia instituendi predicta juramentum prestent quod bona fide in ecclesia ipsa servient et statuta super hoc edita fideliter observabunt prout in litteris inde confectis dicitur plenius contineri, Nos vestris supplicacionibus inclinati quod super hoc a vobis et eodem episcopo provide factum est ratum habentes et firmum, id auctoritate apostolica confirmamus et presentis scripti patrocinio communimus. Nulli ergo omnino hominum liceat hanc paginam nostre confirmacionis infringere vel ei ausu temerario contraire. Si quis autem hoc attemptare presumpserit, indignacionem omnipotentis Dei et Beatorum Petri et Pauli apostolorum ejus se noverit incursurum. Datum apud Urbem Veterem XV Kal. augusti, pontificatus nostri anno tercio.

18 Juillet 1264

Cartul. II, f° 354 v°, n° 393.

402

Littera Avicie de Offeignies (1).

Universis presentes litteras inspecturis officialis Ambianensis in Domino salutem. Noveritis quod Avicia, soror Roberti de Offei*gn*es (2) que numquam

Novembre 1264

(1) IV° Cartul. : Offegines.   (2) IV° Cartul. : Offegenes.

nupsit, existens sui juris, recognovit coram nobis se hereditarie vendidisse et in perpetuum viris venerabilibus decano et capitulo Ambianensi pro XX^{ti} libris parisiensium, dicte Avicie ad plenum persolutis, sicut ipsa recognovit coram nobis V^e jornalia terre site in territorio de Revella in quodam loco qui dicitur Puteus cardonis, in una pecia, juxta terram Johannis Strabonis, promittens juramento prestito quod contra hujusmodi venditionem de cetero non veniret nec dictos decanum et capitulum aut aliquem ex parte ipsorum super ea per se vel per alium nomine hereditatis, acquestus, elemosine, seu alio aliquo nomine aliquatemus molestaret nec molestari procuraret. In cujus rei testimonium presentes litteras confici fecimus et sigillo curie Ambianensis roborari.

Actum anno Domini M° CC°, LXIII°, mense novembri.

Cartul. II, f° 332, n° cccliv ; IV, f° 140, n° cccxxxvi.

403

Item de Capellanis ecclesie Beate Marie Ambianensis.

Janvier 1264 (v. st.)

Universis presentes litteras inspecturis, officialis Ambianensis in Domino salutem. Noveritis nos anno Domini M° CC° LXIIII, mense januario, feria III^a ante festum beati Vincentii, martyris, litteras Bernardi, Dei gratia episcopi, Henrici, decani, et capituli Ambianensis, non abolitas, non cancellatas, nec in aliqua sui parte viciatas vidisse in hec verba : (*ut supra*).

Cartul. IV, f° 128, n° cccviii ; II, f° 310, n° cccxxxvii.

404

Littera Marie de Sorchi (1).

Février 1264 (v. st.)

Universis presentes litteras inspecturis officialis Ambianensis in Domino salutem. Noveritis quod cum Maria de Sorchi, quondam uxor Xpophori Cophyn (2), civis Ambianensis, in puram et perpetuam elemosinam viris venerabilibus decano et capitulo Ambianensi dederit et concesserit viginti solidos parisiensium annui redditus ad faciendum quolibet anno anniversarium suum

---

1) IVe Cartul. : Sorchy dans toute la charte.   (2) IVe Cartul. : Cofin.

in ecclesia Ambianensi in perpetuum quolibet anno in Natali domini persolvendis, sicuti idem Xpophorus recognovit coram nobis, predictus autem Xpophorus in nostra presentia propter hoc constitutus assignavit dictos decanum et capitulum de predictis viginti solidis parisiensium quolibet anno in perpetuum percipiendis ab eisdem et habendis ad census ipsius Xpophori quos habere dicitur Ambian*i* supra domos que quondam fuerunt Kenonis in vico qui dicitur vicus de Merderon ante parvos Maisellos, promittens juramento corporaliter prestito quod contra hujusmodi assignamentum de cetero non veniret, nec dictos decanum et capitulum, aut aliquem ex parte ipsorum super dicto assignamento per se vel per alium aliquo nomine aliquatenus molestaret, nec molestari procuraret, et quod dictum assignamentum non fecerat in fraudem juris alieni. In cujus rei testimonium presentes litteras confici fecimus, et sigillo curie Ambianensis roborari.

Actum anno Domini M° CC° sexagesimo quarto, mense februario, feria III*a* post dominicam qua cantatur *Exurge*.

Cart. IV, f° 138, n° cccxxix ; f° 328 v°, n° cccxlvii.

405

Item de eodem.

Clemens, episcopus, servus servorum Dei, dilecto filio decano ecclesie Noviomensis salutem et apostolicam benedictionem. Quoniam parum esset privilegiorum dare presidia si defensionis super hiis non haberent munimen quibus eadem concedantur. Cum sicut in lege dicitur : « Parum sit in civitate jus esse nisi qui tueatur illud existat », dignum et conveniens esse videtur ut indulta que ecclesiis et personis ecclesiasticis Apostolica Sedes indulsit, cum expedit, deffendatur. Cum igitur dilecti filii decanus et capitulum Ambianense, sicut iidem nobis insinuare curarunt a nonnullis qui nomen Domini in vacuum recipere non formidant multiplices molestias patiantur : Nos et dictorum decani et capituli providere quieti et presumptorum maliciis obviare volentes, discretioni tue per apostolica scripta mandamus quatinus ipsis decano et capitulo presidio deffensionis assistens, non permittas eos in personis vel bonis suis contra indulta privilegiorum Sedis Apostolice ab aliquibus indebite molestari, molestatores hujusmodi per censuram ecclesiasticam, appellatione postposita,

22 Juin
1265

compescendo, non obstante si aliquibus ab eadem Sede indultum existat quod interdici, suspendi vel excommunicari, seu extra vel ultra certum locum ad judicium evocari per litteras Sedis ejusdem non possint, nisi eedem littere plenam et expressam de verbo ad verbum fecerint de indulto hujusmodi mentionem attentius provisurus quod de hiis que cause cognitionem exigunt, vel que indulta hujusmodi non contingunt te nullatenus intromittas. Et si secus presumpseris tam presentes litteras quam eciam processum quem per te illarum auctoritate haberi contingerit omnino carere juribus ac nullius fore decernimus firmitatis. Hujusmodi autem mandatum nostrum sic sapienter et fideliter exequaris ut ejus fines quomodo libet non excedat, presentibus post triennium minime valituris.

Datum Perusii X Kal. Julii, pontificatus nostri anno primo.

Cartul. IV, f° 143 v°, n° cccxlvi.

406

De capellania de Tilloloy.

21 Août 1265

Universis presentes litteras inspecturis, officialis Ambianensis in Domino salutem. Cum antecessores Radulphi de Cramailes, armigeri, fundaverint quamdam capellaniam constructam et in perpetuum deserviendam in parrochia de Tylloloy in qua parrochia decanus et capitulum Ambianense jus obtinent patronatus, cujus cappellanie collatio idem Radulphus, armiger, dicebat ad ipsum pertinere, et ipsi decanus et capitulum sint et fuerint in possessione conferendi capellanias fundatas in parochiis in quibus jus obtinent patronatus, et super hiis litteris episcoporum Ambianensium sint muniti, ut dicebant, et super dicta collatione ejusdem capellanie dictus armiger coram dictis decano et capitulo refferret questionem, asserens jus presentandi in dicta capellania ad ipsum debere pertinere seu spectare : noveritis quod dictus Radulphus in nostra presentia constitutus, bono consilio fretus, omne jus, si quod habebat, habere aut reclamare poterat in collatione capellanie predicte, eisdem decano et capitulo penitus quitavit, et illud in manu nostra ad opus predictorum decani et capituli resignavit, volens et concedens quod ipsi decanus et capitulum de cetero et in perpetuum de collatione dicte capellanie gaudeant pacifice et quiete. Qui quidem decanus et capitulum dictam capellaniam, jure suo utentes et sue possessioni innitentes, magistro Johanni de Loecort, ad preces ejusdem Radulphi, pietatis intuitu, dederunt et concesserunt coram nobis. In cujus rei testimonium presentes litteras confici fecimus et sigillo curie Ambianensis roborari.

Actum anno Domini M° CC° LXV°, mense Augusto, die veneris post Assumptionem Beate Marie, virginis.

Cartul. II, f° 339, n° CCCLXVII ; IV, f° 145 v°, n° CCCLIV.

407

Universis presentes litteras inspecturis officialis Ambianensis salutem in Domino. Noveritis quod Herbertus, dictus de Kais, armiger, et domicella Ysabella ejus uxor, filia quondam domini Johannis de Cherisy, militis, recognoverunt coram nobis se bene, legittime, hereditarie et imperpetuum vendidisse viris venerabilibus decano et capitulo Ambianensi pro sexaginta libris parisiensium sibi persolutis, sicuti recognoverunt coram nobis, septem jornalia terre, septem virgis terre minus, site in territorio de Hangesto in duabus pechiis quarum prima sita est in campo de Conlonviler juxta terram Roberti filii Sancte (*sic*), et secunda sita est in campo de Quertu, quam quidem terram venditam tenebant de decano et capitulo antedictis. Promittentes juramentis corporaliter prestitis dicti Herbertus et domicella ejus uxor quod contra hujusmodi venditionem de cetero non venirent nec dictos decanum et capitulum aut aliquem ex parte ipsorum super ea per se vel per alium nomine dotalicii, hereditatis, acquestus, elemosine seu aliquo alio nomine aliquatenus molestarent nec molestari procurarent. In cujus rei testimonium presentes litteras confici fecimus et sigillo curie Ambianensis roborari.

4 Septembre 1265

Actum anno Domini M° CC° LX° quinto, mense septembri, feria sexta post Decollationem beati Johannis Baptiste.

Cartul. VI, f° 96 v°, n° LXVIII.

408

De decem solidis quos debet Petrus de Domeliers (1).

Universis presentes litteras inspecturis, officialis Ambianensis in Domino

Septembre 1365

(1) De domo Petri de Domeliers apud Sanctum Mauritium.

salutem. Noveritis quod Petrus de Domeliers, clericus, recognovit coram nobis se accepisse ad annuum et perpetuum censum à viris venerabilibus decano et capitulo Ambianensi quoddam managium cum ejus appenditiis situm apud Sanctum-Mauricium, juxta managium Johannis majoris pro X solidis parisiensium, singulis annis in perpetuum, videlicet V solidis parisiensium in Nativitate Domini, et V solidis parisiensium in Pascha eidem decano et capitulo, cum duobus solidis parisiensium, singulis annis in perpetuum ad terminos predictos, majorisse de Sancto-Mauricio, et ejus heredibus persolvendis ab eodem clerico et heredibus ejusdem. In cujus rei testimonium presentes litteras confici fecimus et sigillo Ambianensis curie roborari.

Actum anno Domini M°CC°LV°, mense septembri, per Wibertum.

Cartul. II, f° 338 v°, n° ccclxvi ; IV, f° 145 v°, n° ccclii.

409

COMPOSITIO INTER CAPITULUM ET PRESBITERUM DE PLAISSETO (1).

Novembre
1265

Universis presentes litteras inspecturis Henricus, decanus et capitulum Ambianense salutem in Domino. Cum controversia mota fuisset inter dominum Johannem, presbiterum de Placeto (2) de Roisinviler, ex una parte, et nos, ex altera, super decimis magnis totius territorii dicte ville de Placeto, in quibus dicebat et dicit se habere carionum, vacuum forragium. hautonum et groinum cum duobus modiis bladi ad mensuram loci ejusdem capiendis in eisdem ratione carioni predicti, et recipiendis ab eodem presbitero antequam aliquid capiatur ab aliquo in eisdem, die in pleno capitulo a nobis assignata ad ordinandum super premissis, dicto presbitero coram nobis personaliter comparente et nobis humiliter supplicante quod super premissis secundum Deum ordinaremus prout videremus ecclesie nostre et ipsi expedire, Nos autem post multas altercationes, de assensu et voluntate omnium et singulorum canonicorum qui ibidem intererant, ac presbiteri ejusdem, ita ordinavimus, et volumus, et consentimus quod dictus dominus Johannes, quamdiu vitam duxerit corporalem, et erit presbiter loci ejusdem, habeat et percipiat pacifice et quiete omnes decimas nostras quas ibidem habemus pro sex modiis bladi et duobus modiis avene ad mensuram Corbeiensem, quolibet anno, nobis ab ipso presbitero in festo

(1) IV° Cartul. : Plasseto.   (2) IV° Cartul : Plateto.

Omnium Sanctorum apud Placetum persolvendis. Cui ordinationi presbiter benignum prebuit assensum, et ad solvendum nobis dictos sex modios bladi et duos modios avene quolibet anno, ut dictum est supra, se obligavit coram nobis. In cujus rei testimonium presentes litteras eidem presbitero tradidimus sigilli capituli nostri munimine roboratas.

Actum anno Domini M° CC° LX quinto, mense novembri.

<small>Cartul. II, f° 343 v°, n° CCCLXX ; IV, f° 147 bis v°, n° CCCLVIII.</small>

410

LITTERA DE DECIMA DE KIERRIEU.

A tous chiaus ki ches presentes lettres verront. Nous Bernars chevaliers, sires de Kierrieu et Beetris, feme de chu chevalier, faisons savoir ke nous le tierche partie de toute le dime de Kierrieu et des appendanches de chele dime de tout le teroir de chele meisme vile de Kierrieu et dautre teroir en quelconques maniere nous i aviens dime chest à savoir autretant de dime ke lostelerie de Saint-Iehan d'Amiens en tient, pour le pourfit apparant temporel et espirituel de nous et de nos enfans tous et de nos hoirs, a honmes honnerables et discres le dien et le capitre d'Amiens bien et loialment, yretaulement et perpetuelment vendimes, otroiames et quitames a tenir a avoir d'aus et de leur kemant quitement et empais pour V chens et dis livres de par isis] a nous entièrement et plainnement en bone et loial pecune paies et nombres; lequele vente et l'otroi fesimes de le volonte et de lassentement expres Robert et Gerat chevaliers, et tous nos autres enfans et nos oirs et adechertes de le bone volente et du bon assentement de noble honme Jehan segneur de Pinkegni et vidame d'Amiens no segneur de qui nos tenons chele dime qui audevant dit markie sen bon assentement mist si com il est contenu en ses lettres qui de che et seur che sont faites et seelees de sen seel. Et volons et otrions ke li diens et li capitres devant dit le devant dite dime par aus ou par leurs serians, les queus a che faire vaurront estaulir, queillent et rechoivent quitement et empais et mechent en sauf et wardent en le vile de Kierrieu, sans nul contredit de no part ou de nos enfans et nos hoirs et sans nul emcombrement et enpeeskement couvert ou appert a faire, en lieu loial et sousfisant par louaige ou en autre maniere lau il le porront miex trouver. Et pramesines a dechertes nous et tout no enfant et nostre oir devant dit ke en chele dime du tout dore en avant nule chose ne reclamerons, ne chele dime a ferme

<small>Février 1265 (v. st.)</small>

ne a chense tenrons ne queillerons par nous ne par autrui ne querrons ne ne procuerrons ke chele dime a nous ne aucun de nos enfans ne a autrui en no nom ni en leur non soit baillie ni otroiie a queillier ne a tenir a ferme ne en autre maniere. ne ne querrons cause art ne engien ne matere en aucun tans de venir encontre les choses et les convenenches devant dites ; mais icheles convenches tant comme bon et loial vendeur contre tous ki a droit vaurroient venir warandir et deffendre sonmes tenu. Et se il avenoit ke par no cupe ou par defaute de no warandison li devant dit diens et capitres faisoient cous ou avoient damaches pour lacoison de descombrier ou empeeskement de nous ou de nos oirs en court de crestiente ou en court laie en quelconques maniere ke che fust, nous tous cous et tous damages ensi fais à aus rendre et restaulir seriemes tenu, le vente le markie et les convenenches devant dites en leur forche et en leur vertu perseverant et demourant. Et a che avons nous obligie nous et nos oirs. Et pour che ke che soit ferme chose et estaule nous avons baillies ches presentes lettres as devant dis diens et capitre seelees de nos seiaus.

Che fu fait en l'an de l'incarnation Nostre Segneur M. CC. et LXV el mois de fevrier.

Cartul. VI, f° 56 v°, n° xxxii.

411

Ordinatio capellanorum majoris ecclesie, quomodo debent desservire in eadem (1).

20 Mars 1265 (v. st.)

Universis presentes litteras inspecturis, B[ernardus], Dei gratia Ambianensis episcopus, eternam in Domino salutem. Noverint universi quod cum inter nos, ex una parte, et viros venerabiles decanum et capitulum Ambianense, ex altera, super diversis articulis seu capituli discordia mota esset, tandem inter nos et ipsos in hunc modum unanimiter extitit ordinatum (2). De capellaniis igitur fundatis et fundandis infra fines parrochiarum in quibus parrochiis dicti decanus et capitulum habent jus patronatus, voluimus et consentimus quod servetur et maneat in robore suo littera bone memorie Arnulphi, quondam episcopi, predecessoris nostri, et quod etiam per nos confirmetur, excepta capellania de Robo-

(1) IV° Cartul. : De capellanis in parrochiis nostris. (2) IV° Cartul. : Concordatum.

reto prope Lehunum, de qua sic inter nos et ipsos extitit ordinatum, quod si per legittimam inquisitionem inventum fuerit quod in ejus fundatione statutum fuerit ut dicta capellania deserviretur in capella nostra sita in managio nostro apud Roboretum, nos dicte capellanie collationem habeamus. Si autem statutum fuerit quod in parrochia ville predicte deserviretur, dicti decanus et capitulum habeant jus patronatus in eadem, nisi per sufficiens excambium nos illud jus, consentientibus decano et capitulo, duxerimus retinendum. De collatione vero cappellanie sancti Johannis de Roveroi (1) in Abbatisvilla per nos facta, ordinatum est quod nos eam revocabimus et faciemus eam infra diem Parasceven (2) a presbitero cui eam contulimus libere resignari, a dictis decano et capitulo cui voluerint conferendam. De fractione vero claustri quondam facta in persona Johannis de Kaisneto, ita consensimus quod Renerus de Cahon (3) et Michael, janitor noster, qui culpabiles fuerunt, ut dicitur, pro delicto hujusmodi facient in capitulo Ambianensi emendam manualem. Sed taxatio et exactio emende committetur voluntati et arbitrio virorum venerabilium... Prepositi, Precentoris Ambianensis, ac etiam magistri Willelmi de Melloto, officialis nostri, si duo alii non potuerint concordare. Si vero dicte persone Renerus et alii noluerint emendare, nos eos a nostro servitio, quousque emendaverint, permisimus (4) amovere. De oblationibus vero quas petunt canonici presbiteri Ambianenses, compromisimus sub pena centum librarum in viros discretos magistros A[nsellum], prepositum Ambianensem et Guillelmum de Melloto, officialem nostrum, ita quod recepta de dictis oblationibus ponantur in manibus eorumdem. De sexaginta vero libris quas revera dicti decanus et capitulum mutuaverunt bone memorie Allermo, quondam predecessori nostro, pro negociis Ecclesie exequendis, consensimus quod nos dictam pecuniam infra festum Omnium Sanctorum proximo sequens, dictis decano et capitulo integraliter persolvamus. De quinquaginta vero libris parisiensium quas dicti decanus et capitulum petunt a nobis de emenda Mathei de Bellavalle, quam emendam dicunt a nobis ad opus fabrice eisdem promisisse, consensimus quod nos eisdem pro dicta emenda satisfaciemus de triginta tribus libris et XII solidis parisiensium quotienscumque cameras necessarias juxta thesaurariam ecclesie ad opus matriculariorum et aliorum ministrorum ecclesie contigerit fabricari. De pulsatione vero magnarum campanarum ita extitit ordinatum, quod in anniversariis episco-

---

(1) IVᵉ Cartul. : Rouveroy.
(2) IVᵉ Cartul. : Parasceves.
(3) IVᵉ Cartul. : Chaom.
(4) IVᵉ Cartul. : promisimus.

porum et fundatorum ecclesie et aliis attingentibus summam decem librarum vel excedentibus dictam summam et aliis in quibus scriptum est et expressum in matrologio quod pulsetur sollempniter de assensu predecessorum nostrorum episcoporum Ambianensium, ita tamen quod predicta anniversaria numerum viginti duorum anniversariorum non excedat, sic fiet quod in vigilia primo excitabuntur magne campane bis in una parte percuciende, et in tercia pulsatione que dicitur *Glais* pulsabuntur ad plenum, et eodem modo fiet in matutinis et in missa. Solvent autem decanus et capitulum duodecim denarios sicut consueverunt, et nos residuum persolvemus. Volumus autem quod iste articulus sic maneat quamdiu vitam duxerimus corporalem, nec nostrum obliget successorem. De presentatione vero officialis nostri Ambianensis volumus quod fiat fides dictis decano et capitulo per litteras vel alio modo, sicut fieri consuevit. Ut autem premissa omnia firma maneant ac eciam illibata, sigillum nostrum presentibus litteris duximus apponendum.

Datum anno Domini M° CC° sexagesimo quinto, sabbato ante ramos Palmarum.

Cartul. II, f° 304 v°, n° cccxxiii ; IV, f° 125, n° cccv.

412

De compositione communitatis hominum de Fontanis et capituli, super usuagio mariscorum de Fontanis (1).

Universis presentes litteras inspecturis, officialis Ambianensis in Domino salutem. Cum homines et communitas de Fontanis. villa capituli Ambianensis, sibi ab eodem capitulo injuriam dicerent esse factam super usagio pasture communis quam se olim habuisse dicebant in pratis et marescis (2) subtus villam, quorum pars non modica per vivarium tegitur, et aliis supra villam versus vivarium de Catheu (3), et per ipsum capitulum eis fuisse subtractam, super quo apud dominum regem Francorum illustrem et in assisiis Ambianensibus nonunquam et (4) in capitulo multiplicem deposuerant questionem, tandem saniori ducti consilio, dominorum suorum pacem et amorem servare volentes, totam

(1) IV° Cartul., n° ccclxv : Littera de controversia pascuorum de Fontanis.
(2) IV° Cartul. : Marescis.
(3) IV° Cartul. : Cateu.
(4) IV° Cartul. : etiam.

questionem hujusmodi et quidquid juris habebant vel habere poterant in pratis et marescis (1) predictis, voluntati penitus et arbitrio capituli unanimiter commiserunt : ita videlicet quod viri venerabiles A[nselmus], prepositus, magister Joannes de Friscans, domini Walterus de Foilliaco et Girardus de Lamberti Sarto, canonici Ambianenses, ab ipsis hominibus et communitate, volente et consentiente capitulo memorato, assumpti fuerunt ad hoc et electi quod ipsi ville ipsius commoditatibus et ejusdem capituli consideratis et diligenter inspectis tam in ipsis pratis et marescis (2) quam in aliis juribus et usagiis dicte ville ad capitulum spectantibus ordinarent et statuerent, vice capituli, largiendo, remittendo, ac etiam compensando secundum quod viderent ad utilitatem et pacem ville et capituli facienda. Ad que tractanda et agenda ex parte hominum et communitatis ville predicte fuerunt procuratores constituti Albinus Faber, Petrus Li Carons, Ricardus de Ver et Godardus de Aurelianis ; qui procuratores et homines juraverunt pro se et pro tota communitate quod quicquid super premissis ordinarent seu statuerent alte et basse ipsi et eorum heredes ac successores in perpetuum fideliter observarent. Hec autem omnia, prout superius sunt expressa, acta fuerunt, jurata et recognita coram Ingerranno de Sancto Richario, clerico, curie Ambianensis notario ad hoc ex parte nostra specialiter destinato, sicuti idem clericus cui fidem adhibemus nobis retulit voce viva. Ipsi vero ordinatores pronunciaverunt prout in litteris eorumdem quibus plenam fidem adhibemus, vidimus contineri hoc modo. (3). — Omnibus hec visuris. Anselmus, prepositus, magister Johannes de Friscampis, domini Walterus de Foilliaco, Girardus de Lamberti Sarto, canonici Ambianenses, salutem in Domino. Cum homines et communitas de Fontanis subtus Catheu, villa capituli Ambianensis, sibi ab eodem capitulo injuriam dicerent esse factam super usagio pasture communis quam se olim habuisse dicebant in pratis et mariscis subtus villam, quorum pars non modica per vivarium tegitur et aliis supra villam versus vivarium de Catheu, et per ipsum capitulum eis fuisse subtractum, super quo apud dominum Regem Francorum illustrem, et in assisiis Ambianensibus non nunquam in capitulo ipso multiplicem deposuerant questionem, tandem saniori ducti consilio, dominorum suorum pacem et amorem servare volentes, totam questionem hujusmodi, et

---

(1) IV° Cartul. : Marescis.
(2) IV° Cartul. : Marescis.
(3) La charte suivante est reproduite seule au II° Cartul., f° 341 v°, n° CCCLXIX, sous le titre de « Scriptum arbitriorum de eodem » et au IV° cartulaire, f° 147 v°, n° CCCLVI sous le titre « De eodem ».

quicquid juris habebant vel habere poterant in pratis et mariscis predictis voluntati penitus et arbitrio capituli unanimiter commiserunt : ita videlicet quod nos quatuor ab ipsis hominibus et communitate, volente et consentiente capitulo memorato, assumpti fuimus et electi ad hoc quod nos ville ipsius commoditatibus et ejusdem capituli consideratis et diligenter inspectis tam in ipsis pratis et mariscis quam in aliis juribus et usagiis dicte ville ad capitulum spectantibus, ordinaremus et statueremus vice capituli, largiendo, remittendo, ac etiam compensando secundum quod videremus ad utilitatem et pacem ville et capituli faciendum. Ad que tractanda et agenda ex parte hominum et communitatis predicte ville fuerunt procuratores constituti Albinus Faber, Petrus Li Carons, Ricardus de Ver (1), Godardus de Aurelianis, qui procuratores et homines juraverant pro se et tota communitate quod quicquid super premissis ordinaremus seu statueremus alte et basse ipsi et eorum heredes aut successores in perpetuum fideliter observabunt. Nos autem communicato capituli ipsius consilio et obtento assensu de juribus ipsius ville, inquisitione prius facta pro bono et pace ejusdem nobis commissa ab eodem capitulo potestate, ordinamus et statuimus in hunc modum : quod homines de Fontanis ponent cum voluerint equos suos, asinos (2) et vaccas ad pascendum in pratis dicti capituli sitis supra villam de Fontanis inter curtillos ville predicte et vivarium de Catheu ; ita siquidem quod dominis suis decano et capitulo Ambianensi reddent annuatim unum denarium pro quolibet equo et unum obolum pro quolibet asino, et unum obolum pro qualibet vacca. De pisis faciendis in territorio de Fontanis contra morem solitum, sic ordinamus quod pisa facient cum voluerint in terris suis nec inde ultra' aliquid solvent quam sicut de aliis segetibus solvere consueverunt. Item, cum sit usitatum antiquitus ut quando homines de Fontanis submoventur ut veniant ad vineam capituli excolendam, vel ad fossata dicti capituli reparanda, iidem homines seu quilibet eorum tenentur annuatim ad tres diurnas brachiales seu manuales corvias, nos autem per dictum nostrum seu ordinationem in hoc dictos homines relevamus quod ad unam tantum corveiam, vel ad solutionem quatuor denariorum parisiensium pro dicta corveia, si capitulum voluerit quilibet dictorum hominum quantum ad culturam vinee et fossatorum reparationem annuatim tenebitur, aliis corveis in nullo mutatis, sed in statu suo antiquo manentibus. Item in fine sic ordinamus quod omnis actio, omnis petitio dictorum hominum contra dictum capitulum quantum ad paschua vel pasturas, et in

(1) IV⁰ Cartul. : Richardus. (2) IV⁰ Cartul. : asynos.

loco ubi est vivarium capituli et in locis circumadjacentibus et generaliter in omnibus paschuis seu pratis dicti territorii in perpetuum sit sublata : nec possint isti vel ejus successores dicto capitulo in judicio ecclesiastico vel seculari vel alibi movere de cetero aliquam questionem, quia per gratiosam sibi ordinationem nostram predictam omni juri et actioni quod vendicabant vel vendicari poterant in premissis tam per nostrum dictum quam per suam spontaneam voluntatem ab ipsis extitit renunciatum. In cujus rei robur, testimonium et munimen, presentes litteras dicto capitulo tradidimus sigillorum nostrorum munimine roboratas. Datum anno Domini M° CC° LX° quinto, mense februari.

Nos autem dictam ordinationem licitam et honestam, et prefatis hominibus fructuosam, et ea que coram dicto clerico de mandato nostro acta fuerunt, jurata et recognita laudamus, approbamus et in perpetuum ad peticionem partium sigillum curie Ambianensis presentibus duximus apponendum.

Actum anno Domini M° CC° LXV°, mense marcio.

Cartul. IV, f° 146, n° CCCLV ; II, f° 339 v°, n° CCCLVIII ;

413

Littera de eodem.

Je Robers, chevaliers, sires du Bus en Artois et de Alonvile, li aisnes fiex me sire Bernart, chevalier et sire de Kierrieu, et me dame Beetris se femme, fach savoir a tous chiaus ki ches lettres verront et orront ke a le vente ke li devant dis Bernars et Beetris ont faite a honmes honneraules et discres le dien et le capitre d'Amiens de toute le dime ke chil Bernars et Beetris avoient en tout le teroir en le vile de Kierrieu et des appartenanches ou en autre teroir en quelconques maniere avoient ou pooient avoir dime, chest a savoir autretant comme l'ostelerie de Saint Jehan d'Amiens en tient, et si conme il est contenu es lettres des devant dis Bernart et Beetris seelees de leur seiaus ke li Diens et li Capitres devant dit ont seur le vente et le markie devant dis, je Robers devant dis, conme fix et oirs des devant dis Bernart et Beetris, weul, loo, otroi et aproeve et consent. Et en chele dime je dore en avant nul droit et nule segnourie retieng ou reclaim, ne ne reclamerai. Et pramet par men sairement ke contre cheste vente et chest markie ne venrai dore en avant ne en chele dime

29 Mai 1266

aucune chose reclamerai, ne le dien et le capitre devant dis ne ame de leur part seur chele dime ne molesterai ne ne procuerrai estre molestes, ne ne querrai art, ni engien ou matere par coi li diens et li capitres devant dis puissent seur che estre empeeskie, moleste, ne dampnefie. Et par deseure je voil et otroi ke li diens et li capitres devant dit le devant dite dime par aus ou par leur serjans queillent et rechoivent quitement et empais et mechent en sauf et wardent en le vile de Kierrieu sans nul contredit de me part et sans nul encombrement ou empeekement couvert ou a part a faire en lieu loial et soufissant par louaige ou en autre manière lau il le porroit mix trouver, et a che moi et mes oirs oblige je. Et pour che ke che soit ferm et estaule a perpetuite et a tous jours sans rapeler, ches presentes lettres au dien et au capitre devant dis ai baillies et otriies selees et confremees de mon seel. Che fu fait en l'an de l'incarnation Nostre Segneur MCCLXVI, el mois de mai le samedi apres le Trinite.

Cart. VI, f° 57 v°; n° xxxiii.

414

COMPOSITIO INTER CAPITULUM ET DOMINUM ROBERTUM A HARGEULIEU, MILITEM (1).

3 Septembre 1266

Universis presentes litteras inspecturis, Officialis Ambianensis in Domino salutem. Noveritis quod dominus Robertus de Hargienlieu, miles, coram nobis in jure constitutus recognovit quod serviens institutus seu instituendus, quicumque sit in communi (2) decima virorum venerabilium decani et capituli Ambianensis et dicti Roberti, militis, in territorio de Croissi colligenda, quicumque sit et quotiens instituatur seu fuerit institutus, prestabit juramentum in presentia dictorum decani et capituli, seu eorum mandati, quod portionem et omne jus ipsorum decani et capituli seu eorum mandati, pro posse suo fideliter observabit. Trituratores eciam qui dictam decimam in grangia ipsius militis repositam seu reponendam triturabunt ; similiter jurabunt coram ipsis decano et capitulo, seu eorum mandato, quod jus eorumdem decani et capituli fideliter in omnibus observabunt.

(1) Cartul. IV. De grangiâ de Croyssi.   (2) Cartul. IV, In communitium.

Si vero trituratores ad hoc instituti seu instituendi minus sufficientes seu inutiles, vel étiam infideles ipsi decano et capitulo videantur, de consilio ipsorum decani et capituli amovebuntur, alii autem loco ipsorum ad dictam decimam triturandam instituti similiter jurabunt de jure capituli observando sub forma superius expressa. Et promisit dictus miles quod dictam decimam triturari non faciet aliquo modo nisi per tales qui prius juramentum fidelitatis fecerint sub forma predicta. Hec autem omnia prout superius sunt expressa promisit dictus miles juramento suo se fideliter et inviolabiliter observaturum, ad hoc se et heredes suos obligando. In cujus rei testimonium presentes litteras confici fecimus et sigillo Ambianensis curie roborari.

Actum anno Dominini M° CC° XVI°, mense septembri, feria VI^a post Decollationem Beati Johannis Baptiste.

Cartul. II, f° 344, n° ccclxxi ; IV, f° 148, n° 359.

415

Item de eodem.

Clemens, episcopus, servus servorum Dei, dilecto filio decano Noviomensi salutem et apostolicam benedictionem. Sub religionis habitu vocantibus studio pie vite, ita debemus esse propicii ut in divinis beneplacitis exequendis malignorum non possint obstaculis impediri. Cum itaque dilecti filii decanus et capitulum Ambianense, a nonnullis qui nomen Domini recipere in vaccuum non formidant, graves sicut accepimus super possessionibus et aliis bonis suis patiantur injurias et jacturas, Nos, eorumdem decani et capituli providere quieti et malignorum maliciis obviare volentes, discretioni tue per apostolica scripta mandamus quatenus decanum et capitulum predictos pro divina et nostra reverentia favoris oportuni presidio prosequens, non permittas ipsos contra indulta privilegiorum Apostolice Sedis ab aliquibus indebite molestari, molestatores hujusmodi per censuram ecclesiasticam, appellatione post posita, compescendo, attentius provisurus ne de hiis que cause cognitionem exigunt, vel que indulta hujusmodi non contingunt, te aliquatenus intromittas. Nos enim, si secus presumpseris, tam presentes litteras quam eciam processum quem per te illarum aucto-

12 Octobre
1266

ritate haberi contigerit, omnino carere juribus, ac nullius fore decernimus firmitatis. Hujusmodi ergo mandatum nostrum sic sapienter et fideliter exequaris ut ejus fines quomodo libet non excedas, presentibus post triennium minime volituris.

Datum Viterbii IIII idus Octobris, Pontificatus nostri anno secundo.

Cartul. IV, f° 144, n° 348.

416

24 Octobre 1266

Clemens, episcopus, Servus Servorum Dei, dilectis filiis decano et capitulo Ambianensi salutem et apostolicam benedictionem. Petitio vestra nobis exhibita continebat : quod nonnulli ecclesie vestre canonici ab Apostolica Sede sibi obtinuerant concedi ut redditus et proventus prebendarum quas in dicta ecclesia obtinent in absentia cum ea integritate percipere valeant, cotidianis distributionibus dumtaxat exceptis, cum qua illos perciperent si personaliter in ipsa ecclesia residerent, sicque pretextu concessionis hujusmodi in eadem ecclesia residentiam non curant facere personalem ; propter quod ecclesia ipsa debito ministrorum obsequio destituta defectum patitur non modicum in divinis. Nos itaque, salubre super hoc remedium adhibere volentes, devotionis vestre precibus inclinati, auctoritate vobis presentium indulgemus ut ad exhibendum alicui ecclesie prefate canonico proventus prebende sue in absentia non teneamini, nec ad id compelli possitis per apostolicas litteras impetrandas, nisi eedem littere de prefata ecclesia et hac indulgentia specialem et expressam fecerint mentionem, decernentes excommunicationis, suspensionis et interdicti sentencias, si quas inter vos vel vestrum aliquem seu dictam ecclesiam contra hujusmodi tenorem indulgentie promulgari contigerit, irritas et nullius existere firmitatis. Nulli ergo omnino hominum liceat hanc paginam nostre concessionis et constitutionis infringere vel ei ausu temerario contraire. Si quis autem hoc attemptare presumpserit indignationem Omnipotentis Dei et Beatorum Petri et Pauli apostolorum ejus se noverit incursurum.

Datum Viterbii VIII kal. novembris, Pontificatus nostri anno secundo.

Cartul. IV, f° 143 v°, n° 347.

417

DE SEX MODIIS EMPTIS A JOHANNE MOLENDINARIO (1) IN MOLENDINO DE FONTANIS.

Novembre 1266

Universis presentes litteras inspecturis officialis Ambianensis in Domino salutem. Noveritis quod Johannes de Fontanis subtus Catheu, molendinarius, et Eva, ejus uxor, recognoverunt coram nobis se hereditarie et in perpetuum vendidisse bene et legittime viris venerabilibus decano et capitulo Ambianensi pro sexies viginti libris parisiensium sibi persolutis, sex modios bladi annui redditus capiendos, habendos et recipiendos quolibet anno ab ipsis decano et capitulo in molendino de Fontanis, de redditu quem ipse Johannes et Eva (2) habere dicuntur in molendino predicto, tali conditione apposita quod dicti Johannes et Eva, ejus uxor, infra annum sequentem tempus contracti venditionis predicte, dictum redditum venditum dictorum sex modiorum qui sunt et debentur esse ad mensuram de Fontanis, vel in toto vel in parte, aut alter eorumdem redimere poterunt : ita quod pro quibuslibet viginti libris, si quas solvere contigerint, dicti Johannes et Eva, ejus uxor, vel alter eorumdem, infra annum predictum dictis decano et capitulo unum modium bladi dicti redditus venditi rehabebunt. Dicta vero Eva que in predictis sex modiis bladi venditis dotalicium dicebat se habere, coram nobis recognoscens et juramento firmans quod huic venditioni spontanea non coacta benignum prebebat assensum et quod a Joanne marito suo sufficiens et sibi gratum receperat excambium videlicet omnia que idem Johannes ejus maritus in dicto molendino habere dicitur, dictum dotalicium in manu nostra ad opus dictorum decani et capituli spontanee resignavit. Promittentes juramentis corporaliter prestitis tam dictus Johannes quam dicta Eva ejus uxor quod contra hujusmodi venditionem de cetero non venirent nec dictos decanum et capitulum aut aliquem ex parte ipsorum super ea per se vel per alium nomine dotalicii, hereditatis, acquestus, elemosine seu aliquo alio nomine aliquatenus molestarent nec molestari procurarent. In cujus rei testimonium presentes litteras confici fecimus et sigillo Ambianensis curie roborari.

Actum anno Domini M° CC° sexagesimo sexto, mense novembri.

Cartul. II, f° 344 v°, n° cccLxxII ; IV, f° 147, n° 357 ; VI, f° 97, n° 69.

(1) IV. De sex modiis bladii in molendino de Fontanis.
(3) Cartul. VI. Tenent et dicuntur.

418

CARTA DE EMPTIONE AGRICULTURE LXIII JORNALIUM APUD HANGESTUM.

26 Janvier 1266 (v. st.)

Universis presentes litteras inspecturis officialis Ambianensis in Domino salutem. Noveritis quod Johannes dictus Roussiaus, Maria Roussele, uxor, et Maria Roussele, existens sui juris et vidua, mater predicti Johannis, recognoverunt coram nobis se hereditarie et imperpetuum vendidisse bene et legittime viris venerabilibus decano et capitulo Ambianensi pro quater viginti libris parisiensium et centum solidis ejusdem monete sibi plenarie persolutis, sicuti recognoverunt coram nobis, agriculturam sive waagnariam quam habere dicebantur in sexaginta tribus jornalibus vel circiter terre site in territorio de Hangesto, inter Hangestum et Pierrepont, cum omni jure quod habebant, habere seu reclamare poterant in terra predicta ; quam quidem agriculturam sive waaignariam et jus tenebant, ut dicebant, de decano et capitulo supradictis. Dicte vero Maria uxor et Maria mater ipsius Johannis que in predicta agricultura sive waaignaria vendita dotalicia habere dicebantur coram nobis recognoscentes et juramento firmantes quod huic venditioni spontanee, non coacte benignum prebebant assensum, et quod a dicto Johanne sufficien*tia* et sibi grata receperant excambia, videlicet dicta Maria uxor managium ipsius Johannis cum ejus appendiciis situm apud Hangestum juxta managium Johannis Argonel, et dicta Maria, mater ejusdem Johannis, viginti libras parisiensium de pecunia venditionis predicte, dicta dotalicia in manu nostra ad opus decani et capituli predictorum spontanee resignarunt promittentes juramentis corporaliter prestitis tam dictus Johannes ; Maria ejus uxor quam Maria mater ejusdem Johannis quod contra hujusmodi venditionem de cetero non venirent nec dictos decanum et capitulum aut aliquem ex parte ipsorum super ea per se vel per alium nomine dotalicii, hereditatis, acquestus, elemosine, assignamenti, victus, sustentationis, seu alio aliquo nomine aliquatenus molestaret nec molestari procuraret. In cujus rei testimonium presentes litteras confici fecimus et sigillo ambianensis curie roborari.

Actum anno Domini M° CC° LX° sexto, mense januario, feria secunda ante Purificationem beate Marie virginis.

Archives de la Somme, Fonds du Chapitre, arm. IV, liasse 73, n° 3. Cartul. II, f° 345 v°, n° CCCLXXIII ; VI, f° 95, n° 67.

419

Littera de eodem

Avril 1266

Je Jehans, sires d'Audenarde, chevaliers et je Mahaus, feme du devant dit Jehan, vidamesse de Pinkegni, faisons savoir a tous chiaus qui ches letres verront et orront ke nous le vente ke mestre. Bernars chevaliers sires de Kierrieu et me dame Beetris se feme, nostre home, de l'assentement expres Robert et Gerart chevaliers leurs fiex et de tous leurs autres enfans et leurs oirs, ont faite a homes honeraules et discres le dien et le capitre d'Amiens de toute le dime ou de le tierche partie de toute le dime ke chil Bernars et Beetris avoient en tout le teroir ou en le vile de Kierrieu et des apartenanches ou en autre teroir en quelconques maniere avoit ou pooient avoir dime, chest a savoir autretant de dime que lostelerie de saint Jehan d'Amiens en tient, lequele dime li devant dit Bernars et Beetris tenoient en fief de Jehan segneur de Pinkegni et vidame d'Amiens et de nous ensement par raison de douaire que je Mahaus devant dite j'ai, si comme il est contenu es letres des devant dis Bernars et Beetris seelees de leurs seiaus que li diens et li capitres devant dit ont seur le vente et le markie devant dis, je Jehans et Mahaus se feme devant dit volons, otrions, loons, aprovons et consentons. Et si est asavoir ke nous en chele dime dore en avant nul droit ne nule segnerie retenons, mais nous et nostre oir du tout de chele dime nous enissons et hors de no main et de no fief chele dime metons et werpissons et prometons par nos sairemens que contre cheste vente et chest markie ne verrons dore en avant ne par raison de douaire ne en autre maniere, ne en chele dime aucune cose ne reclamerons, ne le dien et le capitre devant dis ne ame de leur part seur chele dime ne molesterons ne ne procuerrons estre moleste, ne ne querrons art, engien ne matere par coi li diens et li capitres devant dit puissent seur che estre enpeekie, moleste, ne dampnefiie. Et a che nous et nos oirs obliions. Et pour che que che soit ferm et estaule a perpetuite et a tous jours sans rapeler ches presentes letres a le priere et a le requeste des devant dis Bernart et Beetris et de tous leurs enfans et leurs oirs au dien et au capitre devant dis avons nous baillies et otries seelees et confremees de nos seiaus.

Che fu fait en lan de l'incarnacion Nostre Segneur M° CC° et LX sis el mois d'avril.

Archives de la Somme, Fonds du Chapitre, arm. V, liasse 48, n° 1, Cartul. VI, f° 58, n° xxxiv.

420

ITEM DE EODEM.

23 Mars 1267

Clemens, episcopus, servus servorum Dei, dilectis filiis decano et capitulo Ambianensi salutem et Apostolicam benedictionem. Solet annuere Sedes Apostolica piis votis, et justis postulationibus favorem benivolum impertiri. Exhibita siquidem nobis vestra petitio continebat quod cum privilegia, instrumenta, littere ac alia munimenta ecclesie vestre per incendium quod vobis fortuitus casus et miserabilis intulit, consumpta fuissent, et felicis recordationis Urbanus Papa predecessor noster super jactura hujusmodi vobis et eodem ecclesie affectu paterno compatiens, ac periculis que ex ipsorum privilegiorum, instrumentorum, litterarum et munimentorum carentia ipsi ecclesie super bonis suis, in posterum possent accidere cupiens precavere, ad vestram instantiam dilecto filio Noviomensi decano dedit suis litteris in mandatis, ut personaliter ad ecclesiam ipsam accedens libros antiquos et regestra, seu capitularia ipsius ecclesie in quibus predictorum habebantur transcripta inspiceret diligenter. Et si per antiquiores ipsius ecclesie juratos constaret sibi legittime transcripta hujusmodi cum originalibus sic combustis que ipsi antiquiores integra viderant minime discordarent, transcripta ipsa in publica redigi faceret munimenta, decernens auctoritate apostolica eis tamquam scripturis autenticis fidem omnimodam adhiberi ; contradictores per censuram ecclesiasticam, appellatione postposita, compescendo. Verum prefatus decanus Noviomensis, hujusmodi mandato recepto, et ipsius fidelis ac diligens executor, quod sibi in hac parte mandatum extitit, effectui mancipavit, prout in ipsius decani Noviomensis litteris super hoc confectis plenius dicitur contineri. Nos itaque vestris supplicationibus inclinati, quod ab eodem decano Noviomensi super hoc provide factum est ratum et firmum habentes, id auctoritate apostolica confirmamus et presentis scripti patrocinio communimus. Nulli ergo omnino hominum liceat hanc paginam nostre confirmationis infringere vel ei ausu temerario contraire. Si quis autem hoc attemptare presumpserit, indignationem omnipotentis Dei et beatorum Petri et Pauli apostolorum ejus se noverit incursurum.

Datum Viterbii, X Kal. April. Pontificatus nostri anno tercio.

Cartul. IV, f° 143, n° CCCXLV.

421

DE OSMONDO DE VER.

Universis presentes litteras inspecturis officialis Ambianensis salutem. Noveritis quod Osmundus de Ver, armiger, et domicella Ysabella, ejus uxor, recognoverunt in jure coram nobis se hereditarie et imperpetuum vendidisse bene et legittime pro viginti sex libris parisiensium sibi plenarie persolutis, viris venerabilibus decano et capitulo Ambianensi quadraginta solidos parisiensium annui redditus capiendos et percipiendos singulis annis in furno ipsorum Osmondi et Ysabelle quem habere dicuntur apud Ver, videlicet in festo Beati Remigii viginti solidos et in Pascha viginti solidos parisiensium. Dicta vero domicella Ysabella que in dicto furno dotalicium dicebat se habere coram nobis recognoscens et juramento firmans quod huic vendicioni spontanea non coacta benignum prebebat assensum, et quod a dicto Osmondo, marito suo, sufficiens et sibi gratum receperat excambium, videlicet managium ipsius Osmundi cum ejus appendiciis situm apud Ver juxta managium dictorum decani et capituli dictum dotalicium in manu nostra ad opus dictorum decani et capituli, spontanee resignavit, promittentes juramentis corporaliter prestitis tam dictus Osmondus quam dicta Ysabella ejus uxor quod contra hujusmodi vendicionem de cetero non venirent contra dictos decanum et capitulum aut aliquem ex parte ipsorum super ea per se vel per alium nomine dotalicii, hereditatis, acquestus, elemosine seu aliquo alio nomine aliquatenus molestarent nec molestari procurarent. In cujus rei testimonium presentes litteras confici fecimus et sigillo Ambianensis curie roborari.

Mai
1267

Actum anno Domini M° CC° LX° septimo, mense maio.

Cartul. IV, f° 148, n° CCCLX.

422

De Maria uxoris Johannis le Vielle.

11 Novembre 1267

Universis presentes litteras inspecturis officialis Ambianensis in Domino salutem. Noveritis quod Maria dicta Vetula, relicta Johannis Le Vielle, existens sui juris et vidua, et Robertus de Riveri, filius ejus, recognoverunt coram nobis se bene, legitime, hereditarie et imperpetuum vendidisse viris venerabilibus decano et capitulo Ambianensi viginti octo denarios parisiensium censuales quos habere dicebantur super tres cameras sitas Ambiani inter domum que quondam fuit Mathei de Vilaribus, Ambianensis canonici, et domum du Lourseignol, singulis annis, quem censum ipsi Johannes et Maria, durante matrimonio inter ipsos, acquisierant, ut dicebant, per quadraginta solidos Turonensium sibi plenarie persolutis, sicuti recognoverunt coram nobis. Quem censum idem Robertus et Maria tenentur garandire contra omnes juri et legi parere nolentes, per omnium bonorum suorum mobilium et immobilium expositionem coram nobis promittentes juramentis corporaliter prestitis tam dicta Maria quam Robertus, ejus filius quod contra hujusmodi venditionem et premissam alia de cetero non venient nec dictos decanum et capitulum aut aliquem ex parte ipsorum super ea per se vel per alium nomine dotalicii, hereditatis, acquestus, elemosine seu alio aliquo nomine aliquatenus molestarent nec molestari procurarent. In cujus rei testimonium presentes litteras confici fecimus et sigillo Ambianensis curie roborari.

Actum anno Domini M° CC° LX° VII, mense novembri, in die Beati Martini hyemalis.

Cartul. IV, f° 148 v°, n° CCCLXI.

423

De Sagalone de Bonolio.

Décembre 1267

Universis presentes literas inspecturis officialis Ambianensis in Domino salutem. Noveritis quod Sagalo, dictus li Escachiers, et Agathes, ejus uxor, recognoverunt in jure coram nobis se hereditarie et imperpetuum vendidisse decano et capitulo Ambianensi unum modium bladi et avene per medium ad mensuram de Bonolio, quem ipsi Sagalo et Agathes habebant et recipiebant quolibet anno, in domo de nemore, ex latere et hereditate ipsius Agathes pro undecim libris et dimidia parisiensium, sibi plenarie persolutis. Dicta vero Agathes que in predicto modio bladi et avene per medium vendito jus hereditatis dicebat se habere, coram nobis recognoscens et juramento firmans quod huic venditioni spontanea non coacta benignum prebebat assensum et quod a dicto Sagalone marito suo sufficiens et sibi gratum receperat excambium videlicet quoddam managium cum ejus appendiciis situm apud Croyssi juxta domum Ysabelle Bulote, dictum jus in manu nostra ad opus decani et capituli predictorum spontanee resignavit. Promittens juramentis corporaliter prestitis tam dictus Sagalo quam Agathes ejus uxor quod contra hujusmodi venditionem de cetero non venirent nec dictos decanum et capitulum aut aliquem ex parte ipsorum super ea per se vel per alium nomine hereditatis, dotalicii, acquestus, elemosine seu aliquo alio nomine aliquatenus molestarent nec molestari procurarent. In cujus rei testimonium presentes litteras confici fecimus et sigillo curie Ambianensis roborari.

Actum anno Domini M° CC° LX° VII°, mense decembri.

Cartul. IV, f° 149, n° CCCLXII.

424

De Thoma de Fontanis.

Universis presentes litteras inspecturis officialis Ambianensis in Domino salutem. Noveritis quod Thomas de Fontanis, filius quondam Petri, majoris de Fontanis, et domicella Maria, ejus uxor, recognoverunt in jure coram nobis se bene, legittime, hereditarie et imperpetuum vendidisse viris venerabilibus decano et capitulo Ambianensi pro sexaginta duabus libris parisiensium sibi plenarie persolutis, omnia que ipsi Thomas et Maria habebant apud Fontanas et alibi, que ad presens tenebant decano et capitulo antedictis. Dicta vero domicella Maria, que in premissis venditis dotalicium dicebat se habere, coram nobis recognoscens et juramento firmans quod huic venditioni spontanea non coacta benignum prebebat assensum et quod a dicto Thoma marito suo sufficiens et sibi gratum receperat excambium, videlicet novem jornalia terre site in territorio de Courchelles, juxta semitam de

5 Décembre 1267

Buyssi, in loco qui dicitur les Noes, in una pechia, dictum dotalicium in manu nostra ad opus decani et capituli predictorum spontanee resignavit. Promittentes juramentis corporaliter prestitis tam dictus Thomas quam Maria ejus uxor quod contra hujusmodi venditionem de cetero non venirent nec dictos decanum et capitulum aut aliquem ex parte ipsorum super ea per se vel per alium nomine dotalicii, hereditatis, acquestus, elemosine, victus seu aliquo alio nomine aliquatenus molestarent nec molestari procurarent. In cujus rei testimonium presentes litteras confici fecimus et sigillo Ambianensis curie roborari.

Actum anno Domini M° CC° LX° VII°, mense decembri in vigilia beati Nicholai hyemalis.

Cartul. IV. f° 149, n° CCCLXIII.

425

DE CONCORDIA FACTA INTER EPISCOPUM ET CAPITULUM PER ARCHIEPISCOPUM REMENSEM.

5 Mai 1268

Universis presentes litteras inspecturis, Johannes, permissione divina Remensis archiepiscopus, salutem in Domino. Inter venerabilem fratrem Bernardum, Dei gratia Ambianensem episcopum et dilectos filios capitulum Ambianense, cum ad ipsorum ecclesiam accessissemus causa visitationis officium exercendi, gravem reperimus ortam materiam questionis, eo quod Bernardus de Osemont et Bernardus de Caubert, laycus, proponebantur ecclesiam de Mez fregisse seu violasse, et immunitatem ipsius; unde capitulum predictum processerat et inquisitionem fecerat contra dictos Bernardos, et per dictum episcopum contra Sancti-Remigii Ambianensis et de Mez presbiteros, et contra fratres predicatores Ambianenses processus erant habiti et sententie late, quarum occasione capitulum Ambianense suspenderat organa et a divinis cessabat, ideoque discors erat altercatio inter ipsos. Tandem pars utraque nostris suasionibus acquievit et item episcopus ordinationi, arbitrio, voluntatique nostris super premissis se omnino submisit, in nos suam transfundens totaliter potestatem ut alte et basse nostrum super hoc beneplacitum faceremus. Capitulum quoque similiter per nos voluit hujus cuncta sopiri, arbitrio et voluntati nostre super hiis pariter se supponens.

Nos itaque tam nobilem, tam sublimem ecclesiam dolentes divini cultus honore carere, debitisque celebritatis officiis mutam esse, ex commissa nobis ab episcopo et capitulo potestate decernimus, volumus, dicimus, ordinamus quod sententias latas et processus omnes habitos per episcopum tam contra Sancti Remigii Ambianensis et de Mez presbiteros quam contra fratres predicatores, quorum occasione decanus et capitulum Ambianense a divinis cessabant, nullas et nullos, irritas et irritos nuntiamus. Et si qua emenda a Bernardo et Bernardo occasione fractionis ecclesie de Mez, seu violationis vel immunitatis ejusdem facta est episcopo, volumus et dicimus esse nullam, et quod per hoc in nullo prejudicetur decano et capitulo, nec episcopo jus aliquod acquiratur. Quia vero dictum capitulum ab exactione seu petitione emende et pene debitarum a Bernardo et Bernardo pro fractione seu violatione ecclesie de Mez et immunitatis ejusdem hac vice ad preces nostras destitit et abstinuit, et se ordinationi nostre omnino supposuit, dicimus pro bono pacis quod propter processum vel inquisitionem habitam et factam per capitulum, vel occasione injuriarum, dampni seu expensarum, vel occasione quacumque causam istam tangente, nolumus aliquam satisfactionem vel emendam prestari, sed omnia sint in eodem statu quo erant ante fractionem ecclesie de Mez et tempore litis mote : pena tamen salva fractoribus per nos secundum quod nobis videbitur infligenda. In quorum omnium robur et testimonium presentes litteras sigillo nostro fecimus roborari.

Datum Ambianis anno Domini M° CC° LX° octavo, die sabbati post festum Inventionis sancte Crucis.

Cartul. IV, f° 149 v°, n° cccLxv.

426

FONTENELLES DANS DURY (1).

Je Engerrans Heudebiers, escuiers, fais savoir à tous cheaus ki ches presentes letres verront et orront que jai vendu bien et loiaument a perpetuite a mes segneurs le dien et le capitre de l'eglise Nostre Dame d'Amiens pour chinquante et deus livres de parisis dont je me tieng a paies tout plaine-

Octobre
1268

(1) Titre écrit au xvii° siècle.

ment tout le droit, tout le terage et toute le segnourie qe ie avoie ou pooie avoir u terooir de Duri en un liu qe ou apele Fonteneles, lesqueles choses vendues je tenoie en fief de mon segneur Huon de Riencourt chevalier, et les sui tenus a warandir au devant dit dien et le capitre et a leur commant encontre tous cheaus qi a droit et a loi vaurroient venir ad us et a coustumes du pais. En tel maniere qe se li devant dit diens et li capitres ou leur commans avoient cous ou damages ou faisoient despens fust en court laie ou en court de crestiente en quelque maniere que che fust par le defaute de me warandison ou pour lacoison de mi, je tous cous et tous damages par leur voir dit seroie tenus arrendre a aus ou a leur commant sans plus faire ne dire en contre, et arrestorer a plain, et a che tenir fermement et warder ai je obligie moi et men oir et par mon sairement. Et qe che soit ferme chose et estaule je Engerrans devans noumes ai baillies ad devans dis dien et le capitre ches presentes letres seelees de men seel.

En l'an del incarnation Nostre Segneur Mil IIe et LXVIII, u mois de Octembre.

<small>Original scellé sur double queue de parchemin, en cire brune. — Archives départem — Fonds du Chapitre, arm. IV, liasse 37, n° 3.
Cartul. VI, f° 93, n° LXIV.</small>

427

Littera domini de Riencourt pro... Ingerranno Heudebier

Octobre 1268

Je Hues de Riencourt, chevaliers, sires de chele meesme vile, fais savoir a tous cheaus ki ches presentes letres verront et orront qe Engerrans Heudebiers de Vaus, escuiers, mes hom, est venus par devant mi et a reconnut tant comme par devant segneur qil a vendu bien et loyaument a perpetuite a honnerables honmes et discres le dien et le capitre de l'eglise Nostre Dame d'Amiens, pour chinquante et deus livres de Paris dont ses gres est fais tout plainement tout le droit, tout le terage et tout le segnourie qe il avoit ou pooit avoir u terooir de Duri en un liu qe on apele Fonteneles, lesqueles choses vendues li devans dis Engerrans tenoit de mi en fief. A lequele vente devant dite je Hues devans nonmes donne mon bon assentement et le lo, otroi et apruef comme sires, et le sui tenus a warandir le choses vendues ad devans dis dien et le capitre ou a leur commant frankement comme sires en contre tous cheaus qi a droit et a loi vaurroient venir et a che tenir fermement et warder ai je obligie moi et men oir. Et qe che soit ferme chose et estaule je Hues devans dis ai baillies ad devans dis le dien et le capitre ches presentes letres a le requeste du devant dit Engerran et a se priere, seelees de men seel en lan del Incarnation Nostre Segneur Mil II^c et sessante wit u mois de octembre.

<small>Original scellé sur double queue de parchemin en cire brune. — Archives départem. Fonds du Chap., arm. IV, liasse 37, n° 3.
Cart. VI, f° 93 v°, n° LXV.</small>

428

Littera Ingerranni Heudebier et uxoris ejus

Universis presentes inspecturis officialis Ambianensis in Domino salutem. Noveritis quod Ingerrannus dictus Heudebiers, armiger, et domicella Agnes, ejus uxor, recognoverunt coram nobis se bene, legittime, hereditarie et im perpetuum vendidisse viris venerabilibus decano et capitulo Ambianensi pro quinquaginta et duabus libris parisiensium sibi plenarie persolutis, sicuti recognoverunt coram nobis, omne jus et omne dominium que ipsi I. et A. habebant... in territorio de Duri in loco qui dicitur Fonteneles. Dicta vero domicella Agnes, que in premissis venditis dotalicium dicebat se habere, coram nobis recognoscens et juramento firmans quod huic venditioni spontanea non coacta benignum prebebat assensum et quod a dicto Ingeranno, marito suo, sufficiens et sibi gratum receperat excambium, videlicet totum terragium quod idem Ingerrannus habere dicitur in territorio de Saissemont, dictum dotalicium in manu nostra ad opus decani et capituli predictorum spontanee resignavit. Huic autem venditioni et omnibus conventionibus predictus Johannes dictus Heudebiers, filius et heres ipsorum Ingeranni et Agnetis, benignum prebuit assensum coram nobis. Promittentes juramentis corporaliter prestitis tam dicti Ingerrannus et Agnes ejus uxor quam Johannes eorum filius quod contra hujusmodi venditionem et conventiones de cetero non venirent nec dictos decanum et capitulum aut aliquem ex parte ipsorum super premissis seu aliquo premissorum per se vel per alium nomine dotalicii, hereditatis, acquestus, elemosine, victus, assignamenti, seu aliquo alio nomine aliquatenus molestarent nec molestari procurarent. In cujus rei testimonium presentes litteras confici fecimus et sigillo Ambianensis curie roborari.

<small>27 Octobre 1268</small>

Actum anno Domini M° CC° LX octavo in vigilia apostolorum Symonis et Jude.

Original scellé sur double queue de parchemin en cire blonde. — Arch. de la Somme. Fonds du Chapitre, arm. IV, liasse 37, n° 3.
Cartul. VI, f° 94, n° LXVI.

429

DE MAGISTRO WARINO RAPINE (1).

Mars
1268
(v. st.)

Universis presentes litteras inspecturis officialis Ambianensis in Domino salutem. Noveritis quod magister Warinus dictus Rapine, canonicus Sancti Wlfagii in Rua, recognovit coram nobis se hereditarie et imperpetuum vendidisse viris venerabilibus decano et capitulo Ambianensi pro sex libris Turonensium sibi persolutis tres solidos et sex capones censuales quos habere se dicebat supra tres domos claustri Ambianensis sitas inter domum scholastici Ambianensis et vicum per quem itur ad domum domini Reginaldi de Sessiaulieu, canonici Ambianensis, videlicet supra domum que dicitur domus cathedre, supra domum in qua manet dominus Godefridus de Couchi (2), et supra domum in qua manet magister Robertus Normannus, canonicus Ambianensis, promittens juramento corporaliter prestito quod contra hujusmodi venditionem de cetero non veniret nec dictos decanum et capitulum aut aliquem ex parte ipsorum super ea per se vel per alium nomine hereditatis, acquestus, elemosine, seu alio aliquo nomine aliquatenus molestaret nec molestari procuraret. In cujus rei testimonium presentes litteras confici fecimus et sigillo Ambianensis curie roborari.

Actum anno Domini M° CC° LXVIII°, mense marcio.

Cartul. IV, f° 149 v°, n° CCCLXIV ; VI, f° 39 v°, n° XV.

430

SEXAGINTA SOLIDORUM PARISIENSIS ANNUI CENSUS A MILONE RABUISSON.

5 Mai
1269

Universis presentes litteras inspecturis officialis Ambianensis in Domino salutem. Noveritis quod Milo dictus Rabuissons, civis Ambianensis, recognovit se

(1) Littera de tribus solidis et sex caponirus censualibus empis a magistro Garino Rapine.
(2) IV° Cartul. : Conchi.

bene, legittime, imperpetuum et hereditarie vendidisse viris venerabilibus decano
et capitulo Ambianensi pro quinquaginta libris Parisiensium sibi ad plenum
persolutis, sexaginta solidos parisiensium annui census, in quibus dicti
decanus et capitulum predicto Miloni teneri dicebantur pro quadam domo
sita Ambian*is* in foro inter domum Nicholai, dicti Ber*u*ier, et domum quondam
Milonis Torele. Huic autem venditioni Willelmus dictus Rabuissons, nepos
et heres ipsius Milonis Rabuisson, benignum prebuit assensum. Promittentes juramentis corporaliter prestitis tam dictus Milo Rabuissons quam
Willelmus, ejus heres et nepos, quod contra hujusmodi venditionem de
cetero non venirent nec dictus decanum et capitulum aut aliquem ex parte
ipsorum super ea per se vel per alium nomine hereditatis, acquestus,
elemosine, seu aliquo alio nomine aliquatenus molestarent. Hec autem
omnia, sicut superius sunt expressa, acta fuerunt, jurata et recognita coram
Wiberto Ruffo, clerico, curie Ambianensis notario ad hec ex parte nostra
specialiter destinato, sicuti idem clericus, cui fidem adhibemus, nobis retulit
voce viva. Nos vero, volentes ea que coram dicto Wiberto acta fuerunt,
jurata et recognita de mandato nostro robur firmitatis obtinere, presentes litteras
confici fecimus et sigillo Ambianensis curie roborari.

Actum anno Domini M° CC° LX° nono, dominica post Ascensionem Domini.

Cartul. VI, f° 39, n° xlv.

431

Littera Guiffridi, majoris de Gratepanche, de emptione decime
de Gratepanche.

Universis presentes litteras inspecturis, ego Guifridus, dictus major de
Grate panche, notum facio quod ego bene, legitime, hereditarie et in perpetuum vendidi de assensu et voluntate Petri, dicti Baiart de Grate panche,
domini mei, Johannis de Fransules, armigeri, domini secundi, et etiam
viri nobilis Geberti de Dargies, domini superioris, Beatricis, uxoris mee,
Thome, primogeniti, Firmini clerici, filiorum et aliorum liberorum et heredum,
Petri, Roberti, Johannis, et Thome, fratrum meorum, viris venerabilibus decano
et capitulo Ambianensi, ad opus cujusdam capellanie in ecclesia Ambianensi
majori constructe, pro centum libris parisiensium michi ab ipsis plenarie

Décembre
1269

persolutis : totum jus quod habebam, habere seu reclamare poteram, quocumque nomine, in tota decima sita in territoriis de feodo Heugeri et de Longo prato sitis inter Grate panche et Oresmiax, videlicet sextam garbam totius decime dictorum territoriorum : quam quidem decimam venditam assero valere, quolibet anno, quinque modios tam bladi quam avene ad mensuram Ambianensem ; et pro tot modiis decimam predictam vendidi, videlicet, unumquemque modium pro viginti libris parisiensium michi, ut predictum est, persolutis. Et de qua quidem decima in manu dicti Petri Baiart, domini mei proximioris, ad opus dictorum decani et capituli me disesivi ; et ipse Petrus eosdem decanum et capitulum, ad instanciam et petitionem meam, Beatricis, uxoris mee, filiorum, heredum et fratrum meorum predictorum qui de eadem in manu ejusdem Petri se dissaisierunt, saisivit et investivit nichil penitus in eadem decima detinentes. Et sciendum est quod ego Guifridus predictus dictam decimam erga omnes juri et legi parere volentes dictis decano et capitulo et eorum mandato teneor et promitto juramento et fide corporaliter prestitis garandire tanquam bonus et legitimus venditorde eadem promittens sub ejusdem fidei et juramenti religione quod contra hujusmodi venditionem de cetero non venirem. Nec dictos decanum et capitulum aut aliquem ex parte ipsorum super ea per me vel per alium nomine hereditatis, acquestus, elemosine, assignamenti, excadentie, seu aliquo alio nomine aliquatenus molestabo nec molestari arte quacumque vel ingenio procurabo, renuncians expresse exceptioni non numerate pecunie et non solute, omni auxilio juris canonici et civilis et omnibus aliis que possent obici contra hoc instrumentum et factum. Et ad hec omnia premissa firmiter et fideliter observanda me et meos obligavi heredes. In cujus rei testimonium presentes litteras eisdem decano et capitulo tradidi sigilli mei munimine roboratas.

Actum anno Dommini M° CC° LX° nono, mense decembri.

Cart. IV, f° 153, n° cccLxxii

432

LITTERA PETRI, DICTI BAIART DE GRATEPANCHE, DE EODEM.

Décembre 1269

Universis presentes litteras inspecturis ego Petrus, dictus Baiars de Grate panche, notum facio quod Guifridus dictus maior de Gratepanche, homo meus, recognovit coram me tanquam coram domino propinquiore se bene, legitime, hereditarie et in perpetuum vendidisse assensu et voluntate Beatricis uxoris sue, Thome primogeniti, Firmini clerici filiorum et aliorum liberorum et heredum Petri Johannis, Roberti et Thome fratrum suorum viris venerabilibus decano et capitulo Ambianensi ad opus cujusdam cappellanie in ecclesia Ambianensi majori constructe pro centum libris parisiensium......... totum jus quod habebat.......... in tota decima sita in territoriis de feodo Heugeri et de Longo prato......... quam quidem decimam ipse G. tenebat de me in feodum..... ; et ego prefatus Petrus predictam venditionem et alia prout superius sunt expressa volens, laudans et approbans de assensu et voluntate Johannis de Fransules armigeri domini mei et Goberti, domini de Dargies, armigeri, domini superioris, prefatos decanum et capitulum ad instantiam et petitionem dictorum Guifridi, Beatricis, Thome, Firmini filiorum et aliorum liberorum et heredum Petri, Johannis, Roberti et Thome, fratrum ipsius G., propter hoc coram me venientium de predicta decima et toto jure que habebat idem in predictis territoriis vel habere aut reclamare poterat investivi solempniter et saisivi, promittens fide et juramento corporaliter prestitis quod super premissis seu aliquo premissorum prefatos decanum et capitulum vel aliquem ex parte ipsorum non molestabo nec molestari procurabo nec ab eis seu ab aliquo ex parte ipsorum propter hoc ratione servicii seu alterius cujuscumque juris aliquid exigam nec exigi procurabo nichil dominii servicii seu cujuscumque alterius juris in premissis mihi vel heredibus meis imperpetuum retinendo. Promittens sub ejusdem fidei et juramenti religione quod predictam venditionem, prout superius est expressa, prefatis decano et capitulo contra omnes juri et legi parere volentes garandisabo ad hoc me et heredes meos in perpetuum obligando. In cujus rei testimonium presentes litteras eisdem decano et capitulo tradidi sigilli mei munimine roboratas.

Actum anno Domini M° CC° LX° nono, mense decembri.

Cartul. IV. f° 153 v°, n° CCCLXXIII.

433

LITTERA JOHANNIS DOMINI DE FRANSSURES, DE EODEM.

Universis presentes litteras inspecturis ego Johannes, dominus de Fransures, armiger, notum facio quod Guifridus, dictus major de Gratepanche, homo

Décembre 1269

Petri, dicti Baiart, hominis mei..... recognovit se vendidisse..... viris venerabilibus decano et capitulo Ambianensi..... totum jus quod habebat..... in territoriis de feodo Heugeri et de Longo prato.... Et sciendum est quod ego tanquam dominus secundus predictam decimam venditam eisdem decano et capitulo teneor et promitto firmiter et bona fide contra omnes juri et legi parere volentes et mandato eorumdem garandire. Quam quidem venditionem, saisitionem et alia que superius sunt expressa tanquam dominus secundus volo, laudo, approbo et confirmo nichil penitus in eadem decima dominii, servicii, judicii sive alterius cujuscumque juris michi vel heredibus meis in perpetuum retinendo, promittens firmiter et bona fide tenens quod super premissis seu aliquo premissorum prefatos decanum et capitulum aut aliquem ex parte ipsorum non molestabo nec procurabo ab aliquo molestari arte vel ingenio qualicumque. In cujus rei testimonium presentes litteras eisdem decano et capitulo ad instantiam et petitionem ipsorum G. et P. tradidi sigilli mei munimine roboratas.

Actum anno Domini M° CC° LX° nono, mense decembri.

Cartul. IV, f° 154 v°, n° cccLxxiv.

434

LITTERA GOBERTI, DOMINI DE DARGIES, DE EODEM

Décembre 1269

Universis presentes litteras inspecturis ego Gobertus, armiger, dominus de Dargies, notum facio quod Guifridus, dictus maior de Gratepanche, de assensu et voluntate Petri dicti Baiart, domini seu hominis Johannis de Fransures, hominis mei... recognovit se vendidisse decano et capitulo Ambianensi...,... totum jus quod habebat....... in tota decima sita in territorio Heugeri et de Longo prato..... Quam quidem venditionem et saisitionem et alia que superius sunt expressa tanquam dominus superior volo, laudo, approbo et confirmo nichil penitus in eadem decima dominii, servicii, seu alterius cujuscumque juris, michi vel heredibus meis imperpetuum retinendo, promittens bona fide *(ut supra)*...... In cujus rei testimonium presentes litteras eisdem decano et capitulo ad instanciam et petitionem ipsorum G. Petri Baiart et Johannis de Fransures hominis mei tradidi sigilli mei munimine roboratas.

Actum anno domini M° CC° LX° nono, mense decembri.

Cart. IV, f° 155, n° ccclxxv.

435

Littere de terra empta apud Rumegni

Décembre 1269

Je Wis Galobie, sires en partie de Saint Vaast en le Cauchie, et je Ysabiaus, femme du devant dis Wion, faisons savoir a tous chels qui ches lettres verront ke nous pour tres grant besoing ki a che nous contraignoit et pour paier detes ke nous devions, ki nous peussent tourner a grand damache se nous ne les paissons, avons vendu bien et loiaument et iretaulement a Jehan Prieus de Rumegni et a demisele Maroie se femme tout le fief entièrement ke nous tenions de houneraules houmes du dien et du capitre d'Amiens, assis a Rumegni et el teroir et pres du tereoir de chele ville, sauve le vie de le devant dite Maroie ki les fruis et les ressues de chu fief devoit tenir se vie, pour L lb. de parisis, ke li devant dit Jehan et Maroie nous en ont paie plainement en boine mounoie bien contee et pour I fief qui muet de l'iretage de le devant dite Maroie ke outient de honeraule père monsegneur le veske d'Amiens, assis a Rumegni et el tereoir de chele ville, le quel fief contient de monsegneur le veske d'Amiens. Li devant di Jehan et Maroie nous en nont doune iretaulement en tenanche des orendroit et nous en nont mis en saisine et en houmages monsegneur le veske devant dit en escange du fief devant dit vendu, avoec les L lb. de Parisis devant dites ke li devant dis Jehans et Maroie nous en nont paie. Et en tel maniere que el devant dit fief contient de mon segneur le veske. Il demeure au devant dit Jehan iretaulement XII journeus de tere qui sien sûnt par raison de l'acat kil fist jadis du quint de chu fief, ke damoiselle Maroie ki fu femme Willaume de Marchel laissa iadis au devant dis Willaume. Et ches XII journeus de tere li devant dis Jehans et li oir tenront dore en avant de nous ou de nos oirs, si comme il est contenu en unes autres lettres que li devant dit Jehans et Maroie ont de nous seelees de nos seaus es lettres l'official d'Amiens que nous leur en avons baillies. Et cheste vente nous soumes tenu a warandir as devant dis Jehan et Maroie et a leur oirs ou a leurs successeurs as us et as coustumes du pais contre tous chels qui a droit et a loi en vauroient venir si comme bon et loial vendeur. Et est a savoir que li devant dis Jehans a vendu sen propre iretage ki lui vint de sen pere pour nous payer les L lb. devant dites. Et si est a savoir que le devant dite Maroie de nostre assentement a douné pour Dieu et en aumosne au devant dit Jehan sen baron toute le partie du fief devant dit contient du dien et du capitre devant dis. Et nous avons quitie iretaulement par le raison de le vente devant dite au devant dit Jehan Prieus et a ses oirs tout che ke nous peussons ou atendissons a avoir de droiture par le raison de l'escange du devant dit fief contient de mon segneur le veske, ou par quelconque autre raison el devant dit fief contient des devant dis dien et capitre. Et si avons fait metre le devant dit Jehan en le saisine et en l'oumage du fief devant dit vendu par le dien devant dit en qui main nous nous estions dessaisi du fief devant dit vendu, et li avions rendu et guerpi du tout en tout a saisir le devant dit Jehan. Et li avons creante par no foi ke nous avons mise corporelment ke nous ne venrons jamais encontre cheste vente ne encontre l'aumosne devant dite ne encontre les otres devant dis, et ke jamais par non d'iretage, de prochainnete d'escaanche de don, de lais, d'aumosne ou par quelconque autre non el devant dit fief vendu ne en auqune cose de chu fief riens ne clamerons, ne pour l'aquoison de ches coses vendues ou d'aucune de ches coses le devant dit Jehan ou les oirs au aucun de le (*sic*) part ne molesterons ne ne procuerrons a molester en aucune maniere par nous ne par autrui. Et a toutes ches coses et chasqunes devant dites tenir et warder loiaument nous avons obligie nous et nos oirs et toutes nos coses presentes et avenir envers le devant dit Jehan Prieus et envers ses oirs. Et en tesmoingnaige de cheste chose nous avons as devant dis Jehan Prieus et Maroie se femme ballies ches presentes letres seelees de nos seaus. Che fut fait en l'an del incarnation Nostre Segneur, mil et deus chens et soissante neuf el mois de decembre.

Cart. VI, fol. 73. n° xlviii.

436

Littera de eodem.

Décembre 1269

Je Wis Galobie, sires en partie de Saint Vaast en le Cauchie et je Ysabiaus, femme du devant dit Wion, faisons savoir a tous chels ki ches lettres verront ke comme Jehans Prieus de Rumegni barons demiselle Maroie de Sains sereur de le devant dite Ysabel se fust estaulis detes et respondans pour nous et a no requeste de pluiseurs detes, envers pluiseurs creanchiers, et nous n'eussons mie du nostre par quoi nous peussons paier ches detes, ne dont nous en peussons aquiter le devant dit Jehan Prieus sans faire vente et a no trop grand domache de no propre iretage dont nous devons vivre, et dont nostre enfant doivent estre soutenu et nourri, li devant dis Jehans et demisele Maroie, pour che ke nous paissons ches detes et ke nous les en delivrons du tout en tout nous ont fait tel grace ke il nous doune iretaulement, sauve le vie de le devant dite Maroie des fruis et des ressues, tout le fief qui muet de l'iretage de le devant dite Maroie, ki il tenoient douneraules houmes du dien et du capitre d'Amiens, assis a Rumegni et el terroir et pres du tereoir de chele vile, et le fief ki muet de l'iretage de le devant dite Maroie ke il tenoient de noble houme mon segneur Oton Dencre, chevalier, segneur de Luilli, assis a Rumegni et el tereoir de chel ville. Et si nous ont li devant dit Jehans Prieus et Maroie se femme fait metre en le saisine et es houmages des fiefs devant dis par les segneurs devant dis pour vendre ches coses lau ou nous porrons pour les devant dites detes paier, et pour les devant dis Jehan et Maroie aquiter de ches detes du tout en tout, sauf che que le devant dite demisele Maroie rechevra et ara tant comme ele vivera les fruits et les ressues des deux fies devant dis et ke nous et chil a qui nos venderons ches fies serons tenu a deservir ches fies envers les segneurs devant dis tant comme le devant dite Maroie vivera. En tel maniere ke ele ne puist estre destourbee de de le rechoite par defaute de serviche ne d'autre cose de no part. Et en tesmoignage de cheste cose nous avons as devant dis Jean Prieus et Maroie se femme ballies ches presentes lettres seelees de nos seaus. Che fu fait en l'an del incarnation Nostre Segneur mil et deus chens et soissante nuef, el mois de décembre.

Cart. VI. f° 74 v°, n° XLIX.

437

Littera de eodem

Universis presentes litteras inspecturis officialis Ambianensis salutem in Domino. Noveritis quod Guido dictus Galobye, dominus in parte ville Sancti

7 Janvier
1269
(v. st.)

Vedasti in calceya et Ysabella, ejus uxor, recognoverunt in jure coram nobis se..... vendidisse..... Johanni dicto Prieus de Rumegni et domicelle Marie ejus uxori quemdam feodum..... situm apud Rumegni....; et quia dicta Ysabella, uxor dicti G., in predictis duobus feodis integraliter venditis jus ratione hereditatis habere se dicebat, dictus G. dedit et concessit in jure coram nobis eidem Ysabelle uxori sue in excambium hereditatis sue videlicet medietatem tocius terre quam idem G. apud Sanctum Vedastum in calceia et in territorio ejusdem ville habere dicitur; quod quidem excambium ipsa gratanter accepit juramento suo firmans illud esse sufficiens et sibi gratum, dictum jus in manu nostra ad opus dictorum Johannis et Marie ejus uxoris et heredum eorumdem spontanee resignavit promittentes....... In cujus rei testimonium presentes litteras confici fecimus et sigillo curie Ambianensis roborari.

Actum anno Domini M° CC° sexagesimo nono, mense januario in crastino Epiphanie Domini.

Cart. VI, f° 75 v°, n° L.

438

LITTERA DE EMPTIONE QUATUORDECIM JORNALIUM TERRE SITE APUD REVELE

Février 1269 (v. st.)

Universis presentes litteras inspecturis officialis Ambianensis in Domino salutem. Noveritis quod Robertus de Offegnies et domicella Beatrix, ejus uxor, recognoverunt coram nobis se hereditarie et imperpetuum vendidisse viris venerabilibus decano et capitulo Ambianensi pro sexaginta libris parisiensium sibi persolutis, sicuti recognoverunt coram nobis, quatuordecim jornalia terre vel circiter, site in territorio de Revella in tribus pechiiis, quarum prima sita est in quodam loco qui dicitur le Kaisnois, juxta terram dictorum decani et capituli, secunda sita est juxta portam Johannis de Falkemberga et juxta terram ipsorum decani et capituli et tertia sita est in quodam loco qui dicitur Tuluel, juxta terram Mameri Ferathe. Dicta vero Beatrix, que in dicta terra dotalicium dicebat se habere, coram nobis recognoscens et juramento firmans quod huic venditioni spontanea non coacta benignum prebebat assensum et quod a dicto Roberto, marito suo, sufficiens et sibi gratum receperat excambium videlicet quoddam managium ipsius

R. cum ejus appenditiis situm apud Revele juxta managium Ogeri Strabonis et medietatem pecunie venditionis predicte dictum dotalicium in manu nostra ad opus decani et capituli spontanee resignavit, promittentes juramentis corporaliter prestitis tam dictus Robertus quam Beatrix ejus uxor quod contra hujusmodi venditionem de cetero non venirent nec dictos decanum et capitulum aut aliquem ex parte ipsorum super ea per se vel per alium nomine dotalicii, hereditatis, acquestus, elemosine seu aliquo alio nomine aliquatenus molestarent nec molestari procurarent... In cujus rei testimonium presentes litteras confici fecimus et sigillo Ambianensis curie roborari.

Actum anno Domini M° CC° LX° nono, mense februario.

<small>Original, Arch. du départ¹ de la Somme. Fds du Chap., arm. 5, liasse 52, n°11 ;Cart. VI, f° 35 v°, n° ix.</small>

439

Littera officialis Ambianensis, de eodem.

(Avril 1270 v. st.)

Universis presentes litteras inspecturis officialis Ambianensis in Domino salutem. Noveritis quod Guifridus, dictus maior de Gratepanche, et Beatrix, ejus uxor, recognoverunt coram nobis se....... vendidisse....... decano et capitulo Ambianensi totum jus quod ipsi habebant in tota decima sita in territoriis de feodo Heugui et de Longo prato....... Dicta vero Beatrix, que in predicta decima dotalicium dicebat se habere, coram nobis recognoscens et juramento firmans quod huic venditioni spontanea non coacta benignum prebebat assensum et quod a dicto Guifrido marito suo sufficiens et sibi gratum receperat excambium videlicet quadraginta libras parisiensium de pecunia venditionis predicte, resignavit dotalicium in manu nostra ad opus decani et capituli predictorum spontanee resignavit,

In cujus rei testimonium presentes litteras confici fecimus sigillo Ambianensis curie roborari.

Actum anno Domini M° CC° septuagesimo, mense aprili.

<small>Cart. N, f° 155, v°, n° lcclxxvi.</small>

440

DE MOLENDINO DE FONTANIS.

4 Novembre 1270

Universis presentes litteras inspecturis officialis Ambianensis in Domino salutem. Noveritis quod Eva, relicta Johannis molendinarii de Fontanis subtus Catheu, existens vidua et sui juris, et Agnes et Maria, filie ipsius Eve, heredes dicti Johannis, et filie existentes quatuordecim annorum et amplius, sicut ipse Agnes et Maria, sorores juraverunt coram nobis, dicta Eva, matre ipsarum, presente, et hoc idem prestito juramento asserente, recognoverunt in jure coram nobis, videlicet, dicte Agnes et Maria sorores, se bene et legittime, hereditarie et imperpetuum vendidisse viris venerabilibus decano et capitulo Ambianensis ecclesie totam partem, totam hereditatem et totum jus quam et quod dicte Agnes et Maria sorores habebant, habere seu reclamare poterant quocumque modo et ex quacumque causa ex successione et excadencia dicti Johannis molendinarii quondam patris eorumdem, in toto molendino de Fontanis subtus Catheu, et in omnibus pertinentiis ejusdem; quod molendinum situm est ante managium Petri dicti Fabri et ante domum que quondam fuit dicti Johannis molendinarii. Et dicta Eva, mater ipsarum Agnetis et Marie, recognovit in jure coram nobis se vendidisse eisdem decano et capitulo Ambianensi totum dotalicium suum et totum jus quod ipsa Eva habebat et habere seu reclamare poterat quocumque modo et ex quacumque causa in toto eodem molendino et in omnibus partinenciis ejusdem pro sexaginta libris parisiensium eisdem Eve. Agneti et Marie a dictis decano et capitulo plenarie persolutis, sicut ipse Eva Agnes et Maria recognoverunt coram nobis. Et dicta Eva predictum dotalicium suum quod habebat in dicto molendino ad opus dictorum decani et capituli in manu nostra spontanee resignavit. Et promiserunt tam dicta Eva quam dicta Agnes et Maria juramentis ab eisdem prestitis coram nobis quod contra hujusmodi venditiones de cetero non venient et quod dictos decanum et capitulum aut aliquem ex parte ipsorum nomine hereditatis, dotalicii, victus, assignamenti, elemosine, minoris etatis seu alio aliquo nomine vel aliqua alia ratione per se vel per alium in foro ecclesiastico vel seculari super premissis aliquatenus non molestabunt nec molestari procurabunt, nec aliquid in predictis rebus venditis amodo reclamabunt, sed easdem res venditas dictis decano et capitulo Ambianensi contra omnes garandizabunt in futurum. In cujus rei testimonium presentes litteras confici fecimus et sigillo Ambianensis curie roborari.

Actum anno Domini M° CC° septuagesimo, mense novembri, feria tercia post diem Omnium Sanctorum.

Cartul. VI, f° 98, n° 70.

441

LITTERA DE EMPTIONE QUATUOR JORNALIUM TERRE APUD VACARIAM.

1ᵉʳ Avril 1270 (v. st

Universis presentes litteras inspecturis, officialis Ambianensis in Domino salutem. Noveritis quo Sagalo Yvremans et Ada, ejus uxor, recognoverunt coram nobis se hereditarie et imperpetuum vendidisse viris venerabilibus decano et capitulo Ambianensi quatuor jornalia terre, vel circiter, site in in territorio de Vaccaria in una pechia, in loco qui dicitur Seur le Re, juxta terram Johannis dicti Renart, pro viginti libris parisiensium sibi plenarie persolutis, sicuti recognoverunt coram nobis. Dicta vero uxor dicti Sagalonis que in dicta terra dotalicium dicebat se habere, coram nobis recognoscens et juramento firmans quod huic venditioni spontanea non coacta benignum prebebat assensum et quod a dicto Sagalone, marito suo sufficiens et sibi gratum receperat excambium, videlicet unum jornale terre site in territorio de Thois in una pechia juxta terram que vocatur Houdent, dictum dotalicium in manu nostra ad opus dictorum decani et capituli spontanee resignavit. Promittentes juramento corporaliter prestito tam dictus Sagalo quam dicta Ada ejus uxor quod contra hujusmodi venditionem de cetero non venirent nec dictos decanum et capitulum aut aliquem ex parte ipsorum super ea per se vel per alium nomine dotalicii, hereditatis, elemosine, acquestus, seu aliquo alio nomine aliquatenus molestarent nec molestari procurarent. In cujus rei testimonium presentes litteras confici fecimus et sigillo Ambianensis curie roborari.

Actum anno Domini M° CC° septuagesimo, feria tercia post Annuntiationem dominicam.

Original. Arch. départ. de la Somme, F^{de} du Chapitre, armoire 6, liasse 20, pièce n° 2. Scellé sur double queue d'un sceau disparu.

Cart. IV, f° 36 v°, n° 10.

442

Llttera de emptione facta a Johanne de Avesna in molendinis de S^to Mauricio.

16 Mai 1271

Universis presentes litteras inspecturis officialis Ambianensis in Domino salutem. Noveritis quod Johannes de Avesna et Maria, ejus uxor, recognoverunt coram nobis se bene, legittime, hereditarie et imperpetuum vendidisse viris venerabilibus decano et capitulo Ambianensi octodecimam partem quam habebant in molendinis de S^to Mauritio provenientem eisdem Johanni et Marie ex latere dicte Marie, et omne jus quod habebant, habere seu reclamare poterant in dictis molendinis, cum quadam masura sita juxta unum de dictis molendinis deversus domum domini Gerardi de Lamberti sarto, canonici Ambianensis, quam tenet, decano et capitulo antedictis pro sexdecim libris parisiensium ipsis Johanni et Marie plenarie persolutis sicuti recognoverunt coram nobis. Dicta vero Maria coram nobis recognoscens et juramento firmans quod huic venditioni spontanea non coacta benignum prebebat assensum, et quod a dicto Johanne, marito suo, sufficiens et sibi gratum receperat excambium de dictis octodecima parte molendinorum predictorum, et masura provenientibus ipsis Johanni et Marie ex latere Marie supradicte, ut asseruerunt coram nobis, videlicet, decem jornalia terre site in territorio de S^to Mauricio in loco qui dicitur les Feukerois, dictas octodecimam partem molendinum predictorum et masuram cum omni jure quod habebat habere seu reclamare poterat in eisdem spontance resignavit promittentes juramentis corporaliter prestitis tam dictus Johannes quam dicta Maria ejus uxor quod contra hujusmodi venditionem de cetero non venirent nec dictos decanum et capitulum aut aliquem ex parte ipsorum super ea per se vel per alium nomine hereditatis, dotalicii, acquestus, elemosine, victus, assignamenti seu aliquo alio nomine aliquatenus molestarent nec molestari procurarent. In cujus rei testimonium presentes litteras fecimus et sigillo Ambianensis curie roborari.

Actum anno Domini M° CC° septuagesimo primo, mense maio, sabbato post Ascensionem Domini.

Original, Archiv. départ. de la Somme, F^ds du Chap. Armoire 2, liasse 79, n° 1. — Sceau disparu
Cart. VI, f° 55, n° 30.

443

Littera Joannis Braier de emptione de Albo fossato.

Universis presentes litteras inspecturis, nos Johannes dictus Braiers et Ysabella ejus uxor notum facimus quod ego Johannes Braiers et ego Ysabella ejus uxor, de auctoritate et assensu ejusdem Johannis mariti mei et tutoris Hugonis, filii mei et heredis, pro ipso Hugone et ejus nomine specialiter consencientis, pro nostra necessitate urgente meliorem et utiliorem nobis contractum facere non valentes, sicut per prestita juramenta cum manu tercia bonorum et fide dignorum affirmavimus, et eciam de assensu et voluntate Hugonis Havet, Johannis ejus fratris, armigerorum, domicelle Ysabelle, eorumdem sororis, liberorum quondam domini Johannis, militis domini de Assartiaus, dominorum proximorum pro indiviso nostrorum, Gerardi de Essartiaus, domini ejusdem loci, armigeri, secundi domini, et viri nobilis domini Goberti militis, domini de Dargies, domini superioris, vendimus bene, legittime, hereditarie et imperpetuum viris venerabilibus decano et capitulo Ambianensi totam decimam quam habebamus apud Album Fossatum et in territorio ejus loci et aliis territoriis, in quibuscunque locis existat, provenientem nobis ex latere mei Ysabelle predicte, quam tenebamus de dictis Hugone, Johanne, fratribus, armigeris et domicella Ysabella eorum sorore pro indiviso tamquam primis dominis, et omne jus quod habebamus, habere seu reclamare poteramus quocunque nomine in eadem, pro ducentis et sexaginta libris nobis plenarie persolutis, de qua quidem decima in manibus dictorum Hugonis, Johannis et domicelle Ysabelle dominorum nostrorum proximorum, ad opus dictorum decani et capituli nos dissaisivimus et ipsi Hugo, Johannes et Ysabella de eadem decima eosdem decanum et capitulum ad instanciam et petitionem nostram saisiverunt et investierunt nichil penitus in eadem decima retinentes. Et sciendum est quod nos Johannes Braiers et Ysabella, ejus uxor, dictam decimam a nobis, ut predictum est, venditam erga omnes juri et legi parere volentes tamquam legittimi venditores dictis decano et capitulo et eorum mandato, tenemur et promittimus juramentis et fide corporaliter prestitis garandire. Promittentes sub ejusdem juramenti et fidei religione quod contra hujusmodi venditionem de cetero non veniemus nec dictos decanum et capitulum aut aliquem ex parte ipsorum super ea per nos vel per alium nomine hereditatis, acquestus,

Mai 1271

elemosine, assignamenti, excadencie seu alio aliquo nomine aliquatenus molestabimus nec molestari arte quacunque vel ingenio procurabimus in futurum. Et si dicti decanus et capitulum aut aliquis ex parte ipsorum occasione premissorum per deffectum garandisationis nostre sumptus seu expensas facerent seu dampna aut interesse incurrerent in foro ecclesiastico vel seculari aut alio quocunque modo, omnes sumptus, expensas ac dampna et interesse omnia, de quibus crederemus eisdem per simplex dictum eorumdem absque alia probatione, reddere ac restituere teneremur decano et capitulo prelibatis ; renunciantes expresse exeptioni non numerate et non solute pecunie, omni auxilio juris canonici et civilis et omnibus aliis que possent obici seu proponi contra presens instrumentum et factum. Et ad hec omnia premissa firmiter et fideliter observanda nos et nostros obligamus heredes. In cujus rei testimonium presentes litteras eisdem decano et capitulo tradidimus sigillorum nostrorum munimine roboratas.

Actum anno Domini M° CC° septuagesimo primo mense maio .

Original. Archives de la Somme. F^{ds} du Chapitre. — Armoire 3, liasse 33, n° 1.— Scellé de deux sceaux pendus sur double queue de parchemin ; le premier à gauche rond, de 43 millimètres de diamètre, porte dans son champ une épée et comme légende S. Joannis Braier; le second placé à droite est ogival et mesure environ 46 milli- mètres dans son plus grand axe ; il porte une fleur de lis allongée, et comme légende S. Demoisele Isabele Rovelee.

Cartul. IV, f° 256, n° 377.

444

Littera Goberti, Domini de Dargies, de garantisatione Johannis Braier.

Mai 1271

Universis presentes litteras inspecturis, ego Gobertus, miles, dominus de Dargies, notum facio quod Johannes dictus Braiers, et Ysabella ejus uxor de auctoritate et assensu ejusdem Johannis mariti sui et tutoris Hugonis filii et heredis eorumdem pro ipso Hugone et ejus nomine specialiter consentientis et etiam de assensu de voluntate Hugonis Havet, Johannis ejus fratris, armigerorum, domicelle Ysabelle..... et etiam..... de assensu et voluntate mei qui sum dominus superior, vendiderunt..... decano et capitulo Ambianensi totam decimam quam habebant apud Album fossatum et in territorio ejusdem loci et aliis territoriis..... Quam quidem venditionem et saisitionem et alia que superius sunt expressa tanquam dominus superior volo, laudo et approbo nichil penitus in eadem decima dominii, servitii seu alterius cujuscumque juris mihi vel heredibus meis in perpetuum retinendo, promittens bona fide quod super premissis seu aliquo premissorum prefatos decanum et capitulum aut aliquem ex parte ipsorum non molestabo nec molestari procurabo arte vel ingenio qualicumque. In cujus rei testimonium presentes litteras eisdem decano et capitulo tradidi sigilli mei munimine roboratas.

Actum anno domini M° CC° septuagesimo primo, mense mayo.

Cartul. IV, f° 156 v°, n° 378. — Cartul. VI, f° 90, 62.

445

Littera Gerardi, domini de Essartiaus de eadem decima.

Universis ..., ego Gerardus, armiger, dominus de Essartiaus, filius et heres quondam domini Johannis, domini de Essartiaus, militis, notum facio quod Johannes dictus Braiers et Ysabella ejus uxor, homines mei... in mea presentia propter hoc personaliter constituti recognoverunt se. . vendidisse... viris venerabilibus decano et capitulo Ambianensi totam decimam quam habebant apud Album Fossatum et in territorio ejusdem loci ac aliis territoriis... Et sciendum est quod ego Gerardus predictus tamquam dominus secundus predictam decimam venditam eisdem decano et capitulo teneor et promitto. ... garandire. Quam quidem venditionem, saisitionem et alia que superius sunt expressa tanquam dominus secundus volo, laudo, approbo et confirmo, nichil penitus in eadem decima dominii, servitii sive alterius cujuscumque juris michi vel heredibus meis imperpetuum retinendo; promittens firmiter et bona fide quod super permissis seu aliquo premissorum prefatos decanum et capitulum aut aliquem ex parte ipsorum non molestabo nec procurabo ab aliquo molestari arte vel ingenio qualicumque. In cujus rei testimonium presentes litteras eisdem decano et capitulo tradidi sigilli mei munimine roboratas.

Mai 1271

Actum anno domini millesimo ducentesimo septuagesimo primo, mense mayo.

Original. Archives dép. de la Somme, ıF^{ds} du Chap. — Armoire 3, liasse 33, n° 2. — Scellé sur double queue de parchemin d'un sceau qui a disparu.

Cartul. IV, f° 157, n° 379.

446 .

Littera Hugonis et Johannis dicti Havet, de eadem decima.

Universis presentes litteras inspecturis, nos Hugo dictus Haves, Johannes

Mai 1271

Haves ejus frater, armigeri, et Ysabella eorumdem soror, liberi quondam Johannis de Essartiaus, militis, domini ejusdem loci, notum facimus quod quod Johannes dictus Braiers et Ysabella ejus uxor, homines nostri pro indiviso..... in nostra presentia propter hoc personaliter constituti recognoverunt tamquam dominis suis propinquioribus pro indiviso se..... vendisse viris venerabilibus decano et capitulo Ambianensi totam decimam quam habebant apud Album fossatum et in territorio ejusdem loci ac aliis territoriis..... et nos predictam venditionem et alia prout superius sunt expressa volentes, laudantes et approbantes de assensu et voluntate Girardi de Essartiaus, armigeri, domini nostri, et viri nobilis domini Goberti de Dargies, militis, domini superioris, prefatos decanum et capitulum ad instanciam et petitionem dictorum Johannis et Isabelle de predicta decima... investivimus solempniter et saisivimus, nichil penitus in eadem retinentes. Promittentes fide et juramento corporaliter prestitis quod prefatos... non molestabimus nec ab eisdem... propter hoc ratione servicii seu alterius cujuscumque juris aliquid exigamus nec exigi procurabimus, nichil dominii, servicii seu cujuscumque alterius juris in premissis nobis vel heredibus nostris imperpetuum retinendo. Promittentes eciam sub ejusdem fidei et juramenti religione quod predictam venditionem, prout superius est expressa, prefatis decano et capitulo contra omnes juri et legi parere volentes garandizabimus bona fide ad hec nos et heredes nostros imperpetuum obligando. In cujus rei testimonium presentes litteras eisdem decano et capitulo tradidimus sigillorum nostrorum munimine roboratas.

Actum anno Domini M° CC° septuagesimo primo, mense maio.

Original. Archives de la Somme. F^{ds} du Chapitre. — Armoire 3, liasse 33, n° 2. — Scellé de trois sceaux sur double queue : celui de Haves à gauche, celui de Jehan de Essartiaus au centre et celui d'Isabelle à droite. V. Demay. *Inventaire des sceaux de l'Artois et de la Picardie*, n°^s 1918, 1919, 1220 Cartul. IV, f° 158, n° 380. — Cart. VI, f° 78, 70.

447

LITTERA SUB SIGILLO CAPITULI DE EODEM.

28 Mars 1271 (v. st.)

Universis presentes litteras inspecturis decanus et capitulum Ambianense in Domino salutem. Omnibus volumus esse notum quod capellania Emmeline dicte Hoche Avaine, quam habet Guifridus, capellanus viri venerabilis magistri

Petri, precentoris nostri, Ambianensis ecclesie capellanus perpetuus, in nostra ecclesia habet, habere et percipere debet annis singulis medietatem decime site apud Album Fossatum et in aliis quibuscumque locis, quam nos emimus a Johanne armigero dicto Le Braier et Ysabelle, ejus uxore, quamquam in litteris super hujusmodi decima empta confectis tam ipsorum Johannis et ejus uxoris quam suorum dominorum, de dicta medietate sive partitione nulla mentio habeatur. Aliam vero medietatem predicte decime recepimus in solutum a dicto precentore pro precio domus que fuit magistri Thome de Goudecort, in anniversario ejusdem Thome distribuendam annis singulis in nostra ecclesia faciendo. In cujus rei testimonium presentes litteras sigilli nostri munimine fecimus roborari.

Actum anno Domini M° CC° septuagesimo primo, die martis post Magdalenam.

<small>Original. Archives départ. de la Somme. F^{ds} du Chapitre, arm. 3., liasse 33, n° 3. — Scellé sur double queue du sceau ogival du Chapitre.
Cartul. IV, f° 159, n° ccclxxxi</small>

448.

Littera domini Alermi de Soues militis.

Je Aliaumes de Soues, chevaliers, fais savoir à tous chiaus ki ches presentes letres verront ke conme controversie et discorde fuissent mutes entre les homes honeraules et discres le dien et le capitre d'Amiens d'une part et moi Aliaume d'autre part seur le justiche haute et basse des mares ki sont assis entre le vile du Mege et le vile de Soues et sur les mares devant dis, le quele justiche et les ques mares li diens et li capitres disoient que il appartenoient à aus, et lequele justiche et les ques mares je disoie ensement que il apartenoient à moi Aliaume devant dis et li devant dit diens et chapitres desissent que je n'avoie nul droit en le justiche ne es mares devant nomes, je Aliaumes, chevaliers devant dis d'une part, et li diens et li capitres devant noume d'autre part nous soumes mis en arbitres, seur chele controversie, discorde, justiche et les mares devant dis, sil est a savoir en homes honeraules. J., dien d'Amiens et monsegneur Renaut de Sessiaulieu canone d'Amiens, et monsegneur Jehan de Fourdinoy chevalier, tant comme en amiaules composeurs. Et pramet par le saire-

Mars
1273
(v. st.)

ment de men cors et seur paine de sessante livres de pa*risis* que je tenrai fermement et perpetuelment sans rapeler canques li arbitre devant dit seur chele discorde, controversie, justiche et les mares devant dis de haut et de bas diront, ordeneront et pronuncheront. Et a che fermement tenir et warder perpetuelment a (*sic*) je obligie moi et mes oirs. En tesmoignage de cheste chose, et que soit ferm et estaule j'ai ches presentes letres seelees de men seel. En l'an del incarnation Nostre Segneur MCC et sessante XIII, el mois de march.

Cartul. VI. f° 89 v°, n° LXI.

449.

Littera domini de Harenis pro concordia facta de mariscis de Soues

Mars 1273 (v. st.)

Je Henris, sire d'Araines, chevaliers, fach savoir à tous chiaus ki ches presentes lettres verront que comme controversie et discorde fuissent mutes entre les houmes honeraules et discres le dien et le capitre d'Amiens d'une part, et monsegneur Aliaume de Soues, cheval*ier*, men home, d'autre part, seur le justiche haute et basse des mares ki sont assis entre le vile du Mege et le vile de Soues, li diens et li capitres devant dit d'une part, et Aliaumes chevalier devant noumes d'autre part, de consel de bones gens, seur chele controverse discorde, justiche et les mares devant dis se sont mis en arbitres,... et canques il est deseur dit tant comme en moi est, wel, loe et aprovere comme sires Aliaume devant dit, et promet en bone foi tant comme à moi apartient que je et mi oir tenrons fermement et perpetuelment canques li arbitre devant dit seur chele discorde, controversie, justiche et les mares devant dis de haut et de bas diront et ordeneront et pronuncheront. Et a che fermement tenir et warder perpetuelment a (*sic*) je obligie moi et mes oirs. Et pour che que che soit ferme cose et estaule j'ai ches lettres seelées de men seel en l'an del incarnation Nostre Segneur mil deus chens et sessante XIII, el mois de march.

Cartul. VI, f° 88 v°, n° LXI

450.

De decima de Gaissart.

Décembre 1274

Universis presentes litteras inspecturis, Bernardus, Dei gracia Ambianensis episcopus, salutem in Domino sempiternam. Noverit universitas vestra quod in nostra presentia personaliter propter hoc constitutus Thomas de Bours, armiger, recognovit in jure coram nobis se pignori obligasse viris venerabilibus decano et capitulo ecclesie nostre Ambianensis, nomine ipsius ecclesie pro octies viginti libris parisiensium eidem Thome ab ipsis decano et capitulo traditis et plenarie numeratis, omnes et singulas decimas quas ipse Thomas habet in territorio de Gaissart, et quicquid juris habet vel habere potest quocumque modo in eisdem, tali modo quod dicti decanus et capitulum seu eorum mandatum dictas decimas percipient, tenebunt et habebunt et fructus et proventus percipient earumdem donec idem Thomas vel ejus heres dictas octies vigintilibras parisiensium eisdem decano et capitulo plenarie reddiderit, fructibus et proventibus libras dictarum decimarum minime computandis vel convertendis in sortem, vel solucionem peccunie supradicte. Quas decimas ipse Thomas promisit coram nobis, juramento prestito, eisdem decano et capitulo sumptibus ipsius Thome propriis contra omnes juri et legi parere volentes fideliter garandire donec eisdem decano et capitulo peccuniam reddiderit antedictam; et si forte ipsi decanus et capitulum aut eorum mandatum per defectum garandie ipsius Thome custus et dampna aliqua incurrerent, idem Thomas ipsis per dictum eorum reddere teneretur, renuncians idem Thomas coram nobis specialiter et expresse omni auxilio juris canonici et civilis, exceptioni non numerate peccunie, doli, fori, deceptionis, beneficio restitutionis in integrum et omnibus aliis exceptionibus et rationibus tam juris quam facti que eidem Thome vel ejus heredi valere possent et nocere decano et capitulo memoratis. Et ad premissa servanda firmiter tenenda idem Thomas per suum juramentum se et bona sua ac ejus heredem quocumque modo, cum sibi succedere contingat, obligavit coram nobis, decano et capitulo supradictis. Promittens idem, Thomas, sub predicti religione juramenti, quod contra premissa seu aliquod premissorum non veniet, sed predicta, prout superius sunt expressa, fideliter tenebit et firmiter observabit. Nos vero habita super hoc deliberatione diligenti, penssatis que in talibus sunt penssenda premissa, prout superius sunt expressa, volumus, approbamus, concedimus et eisdem consentimus. In cujus rei testimonium presentes litteras confici fecimus et sigilli nostri munimine roborari.

Datum anno Domini M° CC° septuagesimo quarto, mense decembri.

Cartul. VI. f° 47 v°, n° xxiii.

451

Littera de eodem

Décembre 1274

Universis presentes litteras inspecturis officialis Ambianensis salutem in Domino. Noveritis quod Thomas dictus de Bours, armiger, in jure coram nobis, et domicella Aelidis ejus uxor coram Reginaldo de Sorel clerico nostro jurato, ad ipsam propter hoc ex parte nostra specialiter destinato, sicut idem Reginaldus, cui fidem super hoc adhibemus nobis, retulit voce viva, recognoverunt se pignori obligasse viris venerabilibus et discretis decano et capitulo ecclesie Ambianensis nomine ipsius ecclesie pro octies viginti libris parisiensium omnes et singulas decimas quas habent in territorio de Gaissart et quicquid juris habent..... in eisdem. Dictus vero Thomas dedit et concessit coram nobis dicte Aelidi ejus uxori in excambium sui dotalicii, quod ipsa se habere dicebat in dictis decimis, quadraginta jornalia vel circiter terre sue site juxta terram Henrici de Bours in duabus pechiis in locis que vocantur le Bus Raimbourt et Campus Aubert ; quod excambium ipsa Aelidis gratanter accepit et dicte obligationi ac eciam conventioni dictarum decimarum spontanea non coacta benignum prebuit assensum, et dictum dotalicium ad opus dictorum decani et capituli spontanee resignavit. Promittens juramentis prestitis videlicet dictus Thomas coram nobis, et dicta Aelidis ejus uxor coram dicto Regnaldo clerico, quod contra hujusmodi obligationem et eciam convencionem non venirent nec dictos decanum et capitulum aut aliquem ex parte ipsorum super premissis vel aliquo premissorum per se vel per alium nomine dotalicii, victus, hereditatis, acquestus, assignamenti, elemosino aut aliquo alio nomine aliquatenus molestarent nec molestari procurarent in foro ecclesiastico vel seculari sed dictas decimas pignori obligatas, ut dictum est, dictis decano et capitulo et eorum mandato contra omnes juri et legi parere volentes bona fide garandirent per omnium bonorum suorum mobilium et inmobilium expositionem ; et ad hoc se et suos obligarunt heredes donec eisdem decano et capitulo vel eorum mandato dictam peccuniam reddiderint et solverint ad plenum, fructibus et proventibus dictarum decimarum in sortem vel in solutionem dicte peccunie, ut dictum est, minime computandis seu etiam convertendis ; tali modo quod si dicti decanus et capitulum aut eorum mandatum per deffectum garandie ipsorum Thome et Aelidis, hujus uxoris, quoquo modo custus vel dampna incurrerent, ipsi Thomas et Aelidis, ejus uxor, eisdem decano et capitulo vel eorum mandato omnes custus et dampna propter hoc habita ad plenum restituere tenerentur sub prestitis juramentis ab eisdem et per expositionem omnium rerum suarum renunciantes expresse quantum ad hoc, dictus Thomas coram nobis et dicta Aelidis, ejus uxor, coram dicto Reginaldo clerico, omni auxilio juris... Nos vero volentes ea que ab ipso Thoma coram nobis et a dicta Aelide ejus uxore coram dicto R. clerico nostro acta sunt, recognita et promissa super premissis robur firmitatis obtinere presentes litteras confici fecimus et sigillo curie Ambianensis roborari. In cujus rei testimonem et munimen.

Actum anno Domini M° CC° septuagesimo quarto, mense decembri.

Cartul. 6. f° 48 v°, n° xxiv.

452.

Littera de eodem.

Universis presentes litteras inspecturis officialis Ambianensis salutem in Domino. Noveritis quod Thomas dictus de Bours armiger in nostra presencia constitutus recognovit quod littere quas tradidit viris venerabilibus et discretis decano et capitulo Ambianensis ecclesie super obligationem tocius decime quam habet in territorio de Gaissart sunt sigillate proprio sigillo ipsius Thome quo utitur idem Th.... Quod ad peticionem ipsius Th. omnibus quorum interest tenore presentium volumus esse notum.

Décembre 1274

Actum anno Domini M° CC° septuagesimo quarto mense decembri.

Cartul. VI f° 49 v°, n° xxv.

453

Littera domini Alermi de Soues, militis, super concordatione facta de mariscis sitis inter Megium et Soues.

Universis presentes litteras inspecturis, J(oannes), decanus Ambianensis ecclesie, R. de Sessiaulieu, ejusdem ecclesie canonicus, et Johannes de

Avril 1274 (v. st.)

Fourdynoy, miles, in Domino salutem. Cum inter decanum et capitulum Ambianensis ecclesie predicte, ex parte una, et dominum Alermum de Soues, militem, ex altera, controversia et discordia essent mote super mariscis sitis inter villam de Megio et villam de Soues, et super justicia alta et bassa ipsorum mariscorum, cujusmodi mariscos et justiciam altam et bassam decanus et capitulum predicti dicebant ad ipsos pertinere et ipsum Alermum, militem, nullum jus habere in eisdem, et quos mariscos et justiciam pred.ctam dictus Alermus, miles, petebat et dicebat ad ipsum pertinere et dicti decanus et capitulum ex parte una et dictus Alermus miles assensu et voluntate viri nobilis domini Henrici de Harenis, militis, de quo dicebat predicta se tenere, interveniente, ex altera; super hujusmodi controversia, discordia, mariscis et justicia, in nos tamquam amicabiles compositores compromisissent, promittentes sub pena sexaginta librarum parisiensium se firmiter et inviolabiliter servaturos quicquid nos super hujusmodi controversia, discordia, mariscis et justicia de alto et basso diceremus, proferremus et ordinaremus, se et successores suos ad hoc obligantes, sicut in litteris dictorum decani et capituli, ex parte una, et ipsius Alermi, militis, ex altera, plenius continetur; noveritis quod nos ad locum predictum personaliter accedentes, veritate super hiis pro posse nostro fideliter inquisita, habita inter nos deliberatione diligenti ad removendum inter partes predictas omnem controversiam et discordiam super premissis, et ne inter easdem partes et eorum successores super mariscis et justicia hujusmodi controversia vel discordia orriri possit in futurum, nos, pro bono pacis super mariscis predictis et justicia predicta eorumdem mariscorum, dictum et arbitrium nostrum proferimus et ordinamus in hunc modum qui sequitur, videlicet, quod marisci predicti conmunes remanebunt quantum ad pascua inter homines et villam de Megio, et homines et villam de Soues, prout usque nunc exstiterunt. Et in dictis mariscis ex traverso metas seu bonnas apponi et figi mandamus et fecimus versus villam de Soues in conspectu et visu plurium ibidem estancium ad rei geste memoriam. De justicia vero alta et bassa dictorum mariscorum ita proferimus et ordinamus quod dicti marisci et justicia tota alta et bassa dictorum mariscorum a villa de Megio usque ad metas seu boñas predictas dictis decano et capitulo et eorum successoribus quiti et liberi imperpetuum remanebunt. Et tota justicia alta et bassa in dictis mariscis a villa de Soues usque ad metas seu boñas predictas eidem Alermo, militi, et ejus heredibus erit et remanebit in futurum.

In quorum testimonium et munimen presentes litteras confici fecimus, et sigillorum nostrorum munimine roborari.

Datum anno Domini M° CC° septuagesimo quarto, mense aprili

Cartul. VI. f° 87 v°, n° LIX.

454.

LITTERA DE MAJORIA DE DOUMELIERS.

Ego Johannes de Doumeliers. armiger, notum facio universis presentes litteras inspecturis et visuris quod ego, de assensu et voluntate Marge, uxoris mee, pro nostra utilitate evidenti, bene et legittime, hereditarie et imperpetuum vendidisse venerabilibus viris decano et capitulo Ambianensis ecclesie pro quadraginta libris parisiensium michi in bona et legali pecunia bene numerata ab ipsis ad plenum persolutis, totam majoriam meam quam ego habebam et tenebam de ipsis decano et capitulo in villa de Doumeliers et in pertinenciis et territorio ejusdem ville ubicumque et in quibuscumque se extendat tam in villa quam in campis, et totum jus quod habebam et habere et reclamare poteram quocumque modo et ex quacumque causa in majoriam pertinent et possunt pertinere, retentis michi quibusdam et singulis libertatibus, videlicet, quod ego ad putheum dicte ville veniens post primam ad adhotatum ad aquam trahendam primus admittar, item quod sum liber et immunis ab oneribus refectionum calceiarum, mararum, sonagii, puthei, omni waskeio et tallia ville, item quod possim, si velim, ad furnum dicte ville panem meum coquere ad trigesimum panem. Et de dicta majoria cum omnibus pertinenciis et omni jure quod habebam et habere poteram in eadem, ut dictum est, in manibus dictorum decani et capituli tamquam in manibus dominorum fundi ad opus eorum et eorumdem successorum nomine dicte venditionis in presencia liberorum hominum ipsorum decani et capituli ad hec specialiter vocatorum me dissaisivi. Et promitto et ad hoc me obligo eisdem decano et capitulo quod ego faciam et curabo fratrem et heredem meum propinquiorem qui absens est ad presens, dictam vendicionem approbare et ratificare, et eidem consentire. Quam venditionem, ut dictum est, factam, ego Johannes predictus promitto juramento meo prestito et me obligo eisdem decano et capitulo contra omnes juri et legi parere volentes garandire

23 Novembre 1276

et observare firmiter et fideliter in futurum. Promittens sub ejusdem juramenti mei religione quod contra dictam venditionem de cetero non veniam nec dictos decanum et capitulum vel aliquem ex parte ipsorum super ea per me vel per alium aliquatenus molestabo nec molestari procurabo, et ad premissa tenenda, adimplenda et observanda me, heredes meos eisdem decano et capitulo obligo. In cujus rei testimonium presentes litteras eisdem decano et capitulo tradidi sigillo sigillatas.

Actum anno Domini M° CC° septuagesimo sexto, mense novembri, die veneris ante festum beati Andree apostoli.

Cartul. VI. f° 37, n° xi.

455.

Littera officialis de eodem.

29 Mars 1276 (v. st.)

Universis presentes litteras inspecturis Officialis Ambianensis salutem in Domino. Noveritis quod Johannes de Doumeliers armiger et Marga ejus uxor recognoverunt se hereditarie vendidisse..... venerabilibus viris de capitulo Ambianensis ecclesie pro quadraginta libris parisiensium.... . majoriam suam..... in villa de Doumeliers .... Hec autem omnia, prout sunt superius sunt expressa, acta fuerunt, jurata, promissa et recognita coram dilecto nostro Hugone de Alliaco clerico nostro ad hoc ex parte nostra specialiter destinato, sicut idem Hugo cui fidem plenariam adhibemus nobis retulit voce viva. Nos vero volentes ea que coram dicto Hugone clerico nostro de mandato nostro acta sunt, jurata, promissa et recognita, prout superius est expressum, robur firmitatis obtinere, presentes litteras confici fecimus et sigillo curie Ambianensis roborari.

Datum anno Domini M° CC° septuagesimo sexto, die veneris ante dominicam in Ramis Palmarum.

Cartul. VI. f° 37 v°, n° xii.

456

Littera Eustachii de Nova Villa

Mai 1277

Ego Eustachius de Nova Villa, armiger, notum facio universis quod ego oppressus onere gravissimo debitorum, pro utilitate mea, et ad majus dampnum evitandum, necessitate urgente compulsus jurata et probata coram hominibus liberis Johannis de Nouvion, armigeri, et nobilis viri vicedomini Ambianensis, domini Pinchonii, dominorum meorum, cui necessitati alias commodius subvenire non poteram, de consilio amicorum meorum, de assensu et voluntate Mabille, uxoris mee, vendidi bene et legittime, hereditarie et imperpetuum ac in manu mortua cum omnibus sollempnitatibus que de jure seu de consuetudine debent et possunt in talibus adhiberi, viris venerabilibus decano et capitulo Ambianensi quicquid tenebam de ipsis decano et capitulo in feodum in villa predicta de Nova villa et appenditiis ejusdem tam in managio dicte ville, majoria et omnibus que ad ipsam majoriam pertinent, dono, terragiis, decimis, molendino quam aliis rebus quibuscumque, ac eciam decimas quas habebam apud Perrousel, Plachy et Fossemanant, quas, jam diu est, pignori obligaveram, pro sexies viginti libris parisiensium decano et capitulo antedictis. Item vendidi dictis decano et capitulo sub forma supradicta, de assensu et voluntate Johannis de Nouvion, predicti domini mei propinquioris, quicquid tenebam de ipso Johanne in feodum in predicta villa de Nova villa et appendiciis ejusdem in quibuscumque rebus, existat, tam in hospitibus, censibus, terragiis, terris arabilibus, decimis, pratis, nemoribus, feodo seu feodis, retrofeodo seu retrofeodis, quam rebus aliis quibuscumque et specialiter totum feodum integraliter quem Walterus, clericus, patruus meus, de me tenebat apud Reumaisnil, cum homagio et servicio ad Ronchinum, et cum omni jure quod habebam vel habere poteram aut reclamare in ipso feodo; de quo feodo predictus Walterus, ad petitionem meam, predictis decano et capitulo in presentia mea homagium fecit. Item vendidi dictis decano et capitulo sub forma supradicta, de assensu et voluntate nobilis viri domini Johannis, vicedomini Ambianensis domini Pinchoniensis domini mei, quicquid tenebam de ipso in feodum immediate in predicta villa et appendiciis ejusdem in quibuscumque rebus existat tam in cursu aque, rota molendini, restannatorio quod vulgariter dicitur relays, nassa, aqua, quam aliis rebus quibuscumque, que omnia vendidi sub forma supradicta dictis decano et capitulo, exceptis tribus jornalibus vel circiter terre site in territorio de Sessaulieu que teneo de dictis decano et capitulo, pro sexcentis et triginta libris parisiensium quitus michi a dictis decano et capitulo plenarie persolutis preter ventas, quibus iidem decanus et capitulum tam sibi pro eo quod de eis tenebatur quam dictis Johanni de Nouvion, armigero, et vicedomino Ambianensi satisfecerunt ad plenum ; de quibus omnibus sic venditis, ut supradictum est, videlicet de hiis que tenebam in feodum a predictis decano et capitulo in manibus eorum coram hominibus liberis eorumdem me dissaisivi et devestivi; de aliis vero omnibus et singulis que a predictis Johanne de Nouvion, armigero, et vicedomino Ambianensi, dominis meis, in feodum tenebam, ut supra dictum est, in manibus eorum coram liberis hominibus eorumdem ad opus dictorum decani et capituli similiter me dissaisivi et devestivi et ad instanciam et petitionem meam dicti Johannes de Nouvion et vicedominus Ambianensis de predictis rebus venditis quantum ad ea que de eist enebam dictos decanum et capitulum in presentia dictorum liberorum hominum suorum saisiverunt et investiverunt. Promittens juramento corporaliter prestito quod contra hujusmodi venditionem de cetero per me vel per alium non veniam in futurum, nec dictos decanum et capitulum aut aliquem ex parte ipsorum per me vel per alium nomine hereditatis, acquestus, elemosine, excadentie seu alio aliquo nomine supra dictis rebus venditis molestabo seu molestari procurabo, nichil juris vel dominii vel aliquid aliud penitus in premissis venditis seu aliquo premissorum michi et successoribus meis retinendo sed contra omnes juri et legi parere volentes garandiam super premissis eisdem promitto, ad hec omnia et singula premissa firmiter et fideliter observanda me et meos heredes imperpetuum obligando In cujus rei testimonium et munimen presentes litteras eisdem decano et capitulo tradidi sigilli mei munimine roboratas.

Actum anno Domini millesimo ducentesimo septimo, mense mayo.

Cartul. VI, f° 50 v°, n° xxvi.

457

Littera de eodem

Mai
1277

Universis presentes litteras inspecturis, ego Johannes de Nouvion, armiger, notum facio quod Eustachius de Nova villa, armiger, homo meus, oppressus onere... debitorum pro utilitate... necessitate... compulsus probata coram hominibus meis... et coram hominibus... vice domini ambianensis... domini mei superioris..., recognovit coram me tanquam domino propinquiori se... vendidisse. . decano et capitulo ambianensi quicquid idem Eustachius in predicta villa de Nova villa... de me tenebat.... de quibus sic venditis quantum ad ea que de me tenebat .. in manu mea tanquam in manu domini propinquioris .. coram hominibus meis liberis se dissaisivit et divestivit. Et ego prefatus Johannes de Nouvion predictam venditionem et alia, prout superius sunt expressa, volens, laudans et approbans de assensu et voluntate predicti vicedomini ambianensis domini mei superioris prefatos decanum et capitulum ad instanciam et petitionem predicti Eustachii de omnibus et singulis predictis que de me tenebantur in presentia liberorum hominum meorum saisivi et investivi. Promittens fide et juramento corporaliter prestitis quod super premissis... decanum et capitulum... non molestabo..., nec ab eis... dominii, homagii, teneure, judicii seu jurisdictionis... michi et heredibus meis imperpetuum retinendo sed quicquid juris, dominii vel jurisdictionis seu alterius rei in predictis venditis habebam vel habere poteram do, concedo et quito et amortiso totaliter decano et capitulo ante dictis. Promittens quod predictam venditionem prefatis decano et capitulo contra omnes juri et legi parere volentes bona fide garandizabo, exceptis reverendo patri ambianensi episcopo et domino lege Francorum. ad hec me et meos heredes obligando. In cujus rei testimonium et munimen presentes litteras ad instanciam et petitionem predicti Eustachii de Nova villa prefatis decano et capitulo tradidi sigilli mei munimine roboratas.

Actum anno Domini millesimo ducentesimo septuagesimo septimo, mense mayo.

Cartul. VI, f° 51 v°, n° xxvii.

458

Littera vicedomini de Nova villa

Universis presentes litteras inspecturis, ego Johannes, vicedominus ambianensis et dominus Pinchonii, miles, notum facio quod Eustachius de Nova villa, armiger, homo meus et homo Johannis de Nouvion, armigeri, hominis mei, oppressus onere debitorum. necessitate jurata et probata coram hominibus meis liberis de Pinchonio, et hominibus liberis predicti Johannis de Nouvion presentibus, cui necessitati alias commodius subvenire non poterat. recognovit coram me, tamquam domino superiore, se bene, legitime, hereditarie et imperpetuum ac in manu mortua vendidisse de assensu et voluntate Mabilie, uxoris sue, et de assensu Johannis de Nouvion, predicti hominis mei propter hoc in presentia mea constituti viris venerabilibus decano et capitulo Ambia-

Mai
1277

nensi quicquid idem Eustachius in villa de Nova villa et appenditiis ejusdem ville tenebat in feodum de Johanne de Nouvion, homine meo... de quibus omnibus... quantum ad ea que de Johanne de Nouvion, predicto homine meo, in feodum tenebat in manu predicti Johannis hominis mei idem Eustachius dissaisivit... Qui quidem Johannes de Nouvion ipsos decanum et capitulum de premissis... saisivit et investivit, item idem Eustachius... quantum ad ea que de me tenebat in feodum immediate... in manu mea... coram hominibus meis liberis se dissaisivit et devestivit. Et ego ad instantiam et petitionem dicti Eustachii, ipsos decanum et capitulum de predictis omnibus et singulis, in presentia hominum meorum liberorum, saisivi et investivi. Quas quidem venditiones et saisitiones et alia...., tamquam dominus superior quantum ad ea que dictus Eustachius in feodum tenebat de Johanne de Nouvion homine meo et tanquam dominus propinquior quantum ad ea que predictus Eustachius de me tenebat in feodum immediate laudo, approbo et eisdem consentio et eciam eas confirmo nichil penitus in premissis venditis seu aliquo premissorum dominii, homagii, teneure, justicie seu jurisdictionis et cujuscum que servicii, seu alterius cujuslibet juris michi et heredibus meis imperpetuum retinendo, sed quicquid juris dominii vel justicie in predictis venditis habebam vel habere poteram cedo, concedo et quito totaliter et admortiso decano et capitulo antedictis, salva omni justicia et dominio, et piscaria in dicta aqua michi et heredibus meis retentis. Ita tamen quod aliqua ingenia in ipsa aqua ego et heredes mei apponere, vel tendere non poterimus prope nassam dicti molendini a jactu unius marcelli, nec eciam alibi in ipsa aqua aliqua ingenia apponere de super dictum molendinum que habeant aditum vel aperturam desuper a dicto molendino usque ad magnam Selam ..., quas quidem venditiones et saisitiones tanquam dominus superior quantum ad ea que dictus Eustachius in feodum tenebat de Johanne de Nouvion homine meo et tanquam dominus propinquior quantum ad ea que predictus Eustachius de me tenebat in feodum immediate laudo, approbo et eidem consentio et eciam eas confirmo et de premissis... tamquam dominus quondam sive superior vel immediatus promitto bonam et legittimam prestare garandiam... contra omnes juri et legi parere volentes exceptis domino meo superiore ambianensi episcopo et domino rege Francorum, promittens bona fide quod contra premissa... non veniam in futurum. Nec est omittendum quod cursum aque de Sela venientis seu currentis ad molendinum de Nova villa predicta non divertam nec impediam qualitercumque, vel faciam impediri quominus currat ad dictum molendinum libere et quiete sicut facere consuevit :

Quod si impedimentum vel obstaculum ibi esset qualibet ratione, dicti decanus et capitulum auctoritate propria sine contradictione qualibet, illud possent libere amovere vel facere amoveri. Ita tamen quod per dictam amotionem non possint sibi acquirere dominium, justiciam seu jus aliquod aliud quod sit in meum prejudicium et gravamen in aqua predicta. Et ad hec omnia et singula premissa me et meos heredes et successores imperpetuum obligo et astringo. Supplico eciam reverendo patri ac domino B., Dei gracia episcopo Ambianensi, de cujus feodo que de ipso teneo res vendite predicte existunt quatinus predictis suum velit adhibere consensum. In cujus rei testimonium et munimen ad preces et instanciam Eustachii de Nova villa et Johannis de Nouvion predictorum presentes litteras dictis decano et capitulo tradidi sigilli mei muninine roboratas.

Actum anno Domini millesimo ducentesimo septuagesimo septimo, mense mayo.

Cartul. VI, f° 52 v°, n° xxix.

459

Littera de eodem

Universis presentes litteras inspecturis ego Johannes de Nouvion, armiger, notum facio quod ego a venerabilibus viris decano et capitulo Ambianensis ecclesie recepi centum et quatuor libras parisiensium pro ventis terre Eustachii de Nova villa, armigeri, quam de me tenebat, quam dictus Eustachius dictis decano et capitulo vendidit. Item recepi ab ipso domino Gerardo, canonico, pro dicto Eustachio viginti sex libras parisiensium in quibus idem Eustachius michi tenebatur. Item recepi ab eodem domino Gerardo, canonico, pro Laurencio Turkessin sexaginta decem solidos parisiensium in quibus dictus Laurentius michi tenebatur super quibus peccuniarum summis. Ego Johannes de Nouvion predictus dictos decanum et capitulum, necnon et dictum Laurencium et Eustachium omnino quito, et de eis me teneo pro pagato. In cujus rei testimonium presentes litteras sigilli mei munimine tradidi roboratas.

11 Juin 1277

Datum annun Domini millesimo septuagesimo septimo, in die beati Barnabe apostoli.

Cartul. VI, f° 52 v°, n° xxviii.

460

Littera de duodecim jornalibus terre emptis a Petro Torquefel

25 Juin
1277

Universis principes litteras inspecturis Ambianensis officialis salutem in Domino. Noveritis quod Petrus dictus Torkefel de Putheo villari et Eva, ejus uxor, vendiderunt et recognoverunt in jure coram nobis se bene, legittime, hereditarie, et imperpetuum vendidisse viris venerabilibus decano et capitulo Ambianensis ecclesie pro quinquaginta quatuor libris parisiensium sibi ab ipsis decano et capitulo plenarie persolutis duodecim jornalia vel circiter terre site in territorio de Putheo villari, in loco qui dicitur le Vicoigne, in una pechia, juxta terram domini Walonis de Bartangle, milite, ex parte una, et terram Ade, clerici de Bellaquercu, ex altera, et aboutat ad terram abbatis et conventus Sancti-Johannis Ambianensis. Dicta vero Eva recognovit et affirmavit coram nobis quod in dicta terra nullum habebat dotalicium. Et si forte dotalicium vel jus aliquod aliud habebat in eadem, illud in manu nostra ad opus dictorum decani et capituli spontanee resignavit. Promittentes juramentis prestitis coram nobis tam dictus Petrus quam dicta Eva ejus uxor quod contra dictam venditionem decetero non venient nec dictos decanum et capitulum aut alterum eorum vel aliquem ex parte ipsorum per se vel per alium nomine hereditatis, acquestus, elemosine, dotalicii, victus, assignamenti, excadentie seu aliquo alio nomine in foro ecclesiastico vel seculari molestabunt nec molestari procurabunt, sed dictam terram venditam dictis decano et capitulo contra omnes juri et legi parere volentes garandizabunt. Et ad hec omnia et singula firmiter tenenda et observanda dicti Petrus et Eva se et bona sua et suos heredes obligaverunt coram nobis. In cujus rei testimonium presentes litteras confici fecimus et sigillo curie Ambianensis roborari.

Actum anno Domini M° CC° septuagesimo septimo, in crastino Nativitatis beati Johannis Baptiste.

Cart. VI, f° 39 v°, n° xxiii.

FIN DU TOME PREMIER

MÉMOIRES
DE LA
SOCIÉTÉ DES ANTIQUAIRES
DE PICARDIE.

DOCUMENTS INÉDITS CONCERNANT LA PROVINCE.
TOME QUATORZIÈME

(1ᵉʳ FASCICULE)

CARTULAIRE DU CHAPITRE
DE LA
CATHÉDRALE D'AMIENS.

AMIENS
Imprimerie YVERT et TELLIER, 64, Rue des Trois-Cailloux, et Galerie du Commerce, 10.
A Paris, chez Alphonse PICARD et Fils, Libraires, Rue Bonaparte, 82.

1897

MÉMOIRES
DE LA
SOCIÉTÉ DES ANTIQUAIRES
DE PICARDIE.

DOCUMENTS INÉDITS CONCERNANT LA PROVINCE.
TOME QUATORZIÈME

2ᵉ FASCICULE)

CARTULAIRE DU CHAPITRE
DE LA
CATHÉDRALE D'AMIENS.

AMIENS
Imprimerie YVERT et TELLIER, 37, Rue des Jacobins, et Rue des Trois-Cailloux, 52
A Paris, chez Alphonse PICARD et Fils, Libraires, Rue Bonaparte, 82

1905

www.ingramcontent.com/pod-product-compliance
Lightning Source LLC
Chambersburg PA
CBHW051126230426
43670CB00007B/699